Das Reichsgesetz

betreffend die

Erwerbs- und Wirthschafts Genossenschaften.

Vom 1. Mai 1889.

Kommentar

zum paktischen Gebrauch für Juristen und Genossenschaften

herausgegeben

von

Ludolf Parisius und Dr. jur. **Hans Crüger.**

Erste und zweite Ausgabe.

Berlin.
Verlag von J. Guttentag
(D. Collin).
1890.

Vorwort.

Nachdem ich 1868 und 1876 im Verlage von J. Guttentag zu Berlin Kommentare zum preußischen Genossenschaftsgesetze vom 27. März 1867 und zum norddeutschen Genossenschaftsgesetze vom 4. Juli 1868 herausgegeben hatte, erklärte ich mich auf Ersuchen der Verlagshandlung im Voraus gern bereit, auch das neue Gesetz zu kommentiren. Aber die genaue Kenntniß des Entwurfs und seiner Abweichungen vom bisherigen Gesetze ließ es mir von vornherein mehr als zweifelhaft erscheinen, ob ich einen ausführlichen, gründlichen Kommentar werde so zeitig herstellen können, daß er beim Inkrafttreten des Gesetzes fertig vorliege. Ich war deshalb erfreut, in der Person des Herrn Gerichtsassessors Dr. jur. Hans Crüger, welcher seit drei Jahren die Stelle des ersten Sekretärs der Anwaltschaft des allgemeinen Verbandes der deutschen Erwerbs- und Wirthschaftsgenossenschaften verwaltet, einen Mitarbeiter zu gewinnen, der reiche Gelegenheit hatte, die Rechtsverhältnisse und wirthschaftlichen Bedürfnisse zahlreicher und verschiedenartiger Genossenschaften kennen zu lernen.

Unsere gemeinsame Arbeit wurde durch die erheblichen Veränderungen, die der Gesetzentwurf im Reichstage erfuhr, wider Erwarten erschwert. Dennoch konnte die Verlagshandlung den eigentlichen Kommentar bereits im September 1889, also vor dem Inkrafttreten des Gesetzes versenden. Im Einverständniß mit uns versprach sie dabei, Einleitung, Sachregister und die von uns zur Vollständigkeit des Kommentars für unentbehrlich erachteten, im § 171 Abs. 2 des Gesetzes angekündigten Bekanntmachungen der

Zentralbehörden der Einzelstaaten in vier bis fünf Wochen nachzuliefern. Es war vorausgesetzt, daß diese Bekanntmachungen, die nach dem Reichsgesetz vor dem 1. Oktober 1889 zu erwarten waren, spätestens Mitte Oktober allesammt vorliegen würden. Diese Voraussetzung traf nicht zu. Insbesondere blieb Preußen mit seiner Bekanntmachung, auf deren Abdruck wir Werth zu legen hatten, im Rückstande. Inzwischen war die erste Ausgabe des im September versendeten Kommentars bereits so weit vergriffen, daß Anfang Dezember 1889 ein zweiter unveränderter Neudruck bewirkt werden mußte. —

Die preußische Bekanntmachung ist im Reichsanzeiger erst am Weihnachtsabend erlassen. Die Verzögerung gestattete, im Nachtrage einige wichtige praktische Erfahrungen aus dem ersten Vierteljahre der Gültigkeitsdauer des neuen Gesetzes mitzutheilen.

Charlottenburg, 12. Januar 1890.

Ludolf Parisius.

Abkürzungen.

Zahlen ohne weiteren Zusatz bedeuten die §§ dieses Gesetzes.

A.B.[2] = Bekanntmachung betreffend die Führung des Genossenschaftsregisters und die Anmeldungen zu demselben vom 11. Juli 1889.

A.G.[4] = Gesetz betreffend die Kommanditgesellschaften auf Aktien und die Aktiengesellschaften vom 18. Juli 1884.

Begr. I[1] = Begründung des I. Entwurfs.

Begr. II[1] = Begründung des II. Entwurfs.

Bl.f.G. = Blätter für Genossenschaftswesen.

C.P.O.[2] = Reichs-Civilprozeßordnung.

E.G. = Eingetragene Genossenschaft.

Entw. I[2 3] = Entwurf eines Gesetzes betreffend die Erwerbs- und Wirthschaftsgenossenschaften nebst Begründung und Anlage. Amtliche Ausgabe. Berlin 1888 (Verlag von Franz Vahlen).

Entw. II[2 3] = Entwurf eines Gesetzes 2c. vorgelegt dem Reichstag am 27. November 1888 (Drucksachen des Reichstags, 7. Legislaturperiode, IV. Session 1888/1889 Nr. 28).

G.K.G.[2] = Gerichtskostengesetz.

G.R. = Genossenschaftsregister

Ges. von 1868[2 3] = Gesetz betreffend die privatrechtliche Stellung der Erwerbs- und Wirthschaftsgenossenschaften vom 4. Juli 1868 (Bundesgesetzblatt des Norddeutschen Bundes, ausgegeben den 15. Juli 1868 Nr. 24).

G.V.G.[2] = Gerichtsverfassungsgesetz.

H.G.B.[4] = Handelsgesetzbuch.

Komm.[2 3] = Fassung des Gesetzes nach den Beschlüssen der VII. Kommission des Reichstags (Drucksachen des Reichstags, 7. Legislaturperiode, IV. Session 1888/1889 Nr. 132).

Komm.Ber.[1] = Bericht derselben Kommission (dieselben Drucksachen).

K.K.O.[2] = Konkursordnung.

R.G.[1] = Entscheidungen des Reichsgerichts in Civilsachen.

R.G.B.[1] = Reichsgesetzblatt.

R.O.H.[1] = Entscheidungen des Reichsoberhandelsgerichts.

Rtg.[2] [3] = Fassung des Gesetzes nach den Beschlüssen des Reichstags in zweiter Lesung (Drucksachen des Reichstags, 7. Legislaturperiode, IV. Session 1888/1889 Nr. 145).

Rtg. III[2] [3] = Fassung des Gesetzes nach den Beschlüssen des Reichstags in dritter Lesung (Drucksachen Nr. 186).

St.G.B.[2] = Strafgesetzbuch für das Deutsche Reich.

---

[1] Die lateinischen Zahlen bezeichnen den Band, die arabischen die Seite.

[2] Die beigefügte Zahl bezeichnet den Paragraphen.

[3] Ist die Abkürzung in lateinischen Lettern gedruckt, so bedeutet dies, daß die Fassung des Gesetzes sich hier zuerst findet.

[4] Die beigefügte Zahl bedeutet den Artikel.

Inhaltsverzeichniß.

Erster Theil.

Gesetz, betreffend die Erwerbs- und Wirthschaftsgenossenschaften vom 1. Mai 1889.

Zweiter Theil.

Dritter Theil.

Einleitung.

I. Zur Geschichte der deutschen Genossenschaftsbewegung.

Die ersten „auf dem Prinzip der Selbsthülfe der Betheiligten beruhenden deutschen Genossenschaften der deutschen Handwerker und Arbeiter" sind von dem Kreisrichter Hermann Schulze-Delitzsch — geboren am 29. August 1808, gestorben am 29. April 1883 — in den Jahren 1849 und 1850 in seiner Heimathsstadt Delitzsch ins Leben gerufen. Er behandelte diese „ersten rohen Anfänge" in einer 1850 veröffentlichten Schrift „Mittheilungen über gewerbliche und Arbeiterassoziationen". Diese Assoziationen sollten die Handwerker und Arbeiter von den Wegen der nach Staatsunterstützung lüsternen Zünftler und der von oben herab zentralisirenden Sozialisten ablenken. Schon drei Jahre darauf im März 1853 beschrieb er in seinem „Assoziationsbuch für deutsche Handwerker und Arbeiter" die 12 in Delitzsch und den Nachbarstädten Eilenburg und Bitterfeld errichteten Assoziationen, zwei Krankenkassen, zwei Vorschußvereine, zwei Konsumvereine und sechs Rohstoffassoziationen von Tischlern, Schuhmachern, Schneidern, und fügte Statuten, Formulare, Anweisungen zur Buchführung bei. In diesem Buche trat er den Handwerkern und Arbeitern mit einem vollständigen Assoziationssystem gegenüber, zugleich aber mit der Erklärung, daß diese Arten Assoziationen nur Vorstufen des Gewerbebetriebs für gemeinschaftliche Rechnung, der Produktivgenossenschaft seien. Anfangs 1854 gab Schulze bereits ein besonderes Blatt für seine Assoziationen heraus in der zunächst achtmal jährlich erscheinenden Abtheilung der deutschen Gewerbezeitung „Innung der Zukunft", aus welcher in allmählicher langsamer Vergrößerung die „Blätter für Genossenschaftswesen" geworden sind. Von seinen Assoziationen traten in den nächsten Jahren schnell die Vorschußvereine in den Vordergrund. Im März 1855 widmete Schulze ihnen sein Buch „Vorschuß- und

Kreditvereine als Volksbanken". Damals, als erst acht Vorschußvereine bestanden, wagte Schulze zu prophezeien, „daß es in nicht ferner Zeit keine Stadt in Deutschland geben werde, welche nicht ein solches Institut nachzuweisen haben würde".

Aus diesen ersten Anfängen entwickelte sich die deutsche genossenschaftliche Bewegung. Der vorsorglichen, unermüdlichen Thätigkeit „des Vaters des deutschen Genossenschaftswesens" ist auch das bisherige deutsche Genossenschaftsgesetz, das „Gesetz betreffend die privatrechtliche Stellung der Erwerbs- und Wirthschaftsgenossenschaften vom 4. Juli 1868", zu verdanken. Auch auf Entstehung und Inhalt des neuen Gesetzes hat noch Schulze-Delitzsch sowie der von ihm begründete allgemeine Verband der Erwerbs- und Wirthschaftsgenossenschaften einen hervorragenden Einfluß geübt. Es liegt nicht in unserer Absicht, etwa in Fortsetzung der von Parisius in der Einleitung seines 1876 erschienenen Werkes: „Die Genossenschaftsgesetze im deutschen Reiche" für die Zeit bis 1875 gegebenen Darstellung, jenen Einfluß nachzuweisen. Mit dem 1. Oktober, mit dem Inkrafttreten des Gesetzes vom 1. Mai 1889, beginnt ebenso wie nach Erlaß des Gesetzes vom 5. Juli 1868, voraussichtlich ein neuer Aufschwung des deutschen Genossenschaftswesens. Zum Verständniß des neuen Gesetzes aber ist die an sich sehr lehrreiche Bewegung in den Jahren von 1875 bis 1889 kaum von hervorragender Wichtigkeit. Wenigstens wird sich wahrscheinlich erst nach mehrjähriger Erfahrung der Genossenschaften beurtheilen lassen, welche Folgen gewisse, die praktische Entwickelung beeinflussende Neuerungen dieses Gesetzes hervorgerufen haben.

Wir werden uns daher im Allgemeinen mit einem flüchtigen Blick auf den Stand der Genossenschaftssache in Deutschland am 1. Oktober 1889 begnügen können. Nur in einer Beziehung erheischt das Gesetz eine Ausnahme. Dasselbe verleiht den bestehenden und künftig entstehenden genossenschaftlichen Verbänden, von denen, als der rechtlichen Persönlichkeit entbehrend, die bisherige Gesetzgebung nichts kannte, durch den vierten Abschnitt eine dauernde Bedeutung. Thatsächliche Mittheilungen über Entstehung und bisherige Wirksamkeit des genossenschaftlichen Verbandswesens erscheinen um so angemessener, als Einrichtungen namentlich des von Schulze begründeten allgemeinen Verbandes und seiner Unterverbände die Vorschläge zu jenem Gesetzesabschnitt veranlaßt haben, die in der Hauptsache von den gesetzgebenden Faktoren genehmigt und in das Gesetz aufgenommen sind.

Auf eine von Schulze und acht Leitern genossenschaftlicher Kreditvereine erlassene Einladung versammelte sich um Pfingsten 1859 zu Weimar „der erste Vereinstag deutscher Vorschuß- und Kreditvereine, welche auf der Selbsthülfe der Kreditbedürftigen aus dem kleinen und mittleren Gewerbestande beruhen" und beschloß „ein Zentral-Korrespondenzbüreau der deutschen Vorschuß- und

Kreditvereine" zu begründen, um dessen Leitung Schulze ersucht wurde. Bis Dezember 1859 hatten sich 32 Vereine betheiligt. Langsam ging es damit weiter. Im Auftrage des „dritten Vereinstages der auf Selbsthülfe gegründeten deutschen Vorschuß-, Kredit- und Rohstoffvereine" Halle a/S. Pfingsten 1861 erließ der dort gewählte „engere Ausschuß der deutschen Genossenschaften" einen öffentlichen Aufruf zum Beitritt. Die Zentralstelle wurde 1861 zur „Anwaltschaft der deutschen Erwerbs- und Wirthschaftsgenossenschaften". Auf dem Vereinstage zu Potsdam Pfingsten 1862, als sich ohne Zuthun des Anwaltes besondere Verbände für das Königreich Sachsen und für den Mittelrhein gebildet hatten, ward auf Schulzes Antrag die Bildung von Landes- und Provinzial-Unterverbänden angerathen und für dieselben ein Statutentwurf genehmigt. Schon die folgenden Vereinstage zu Görlitz und Mainz vollendeten die Organisation. In Görlitz 1863 wurde über Grundzüge beschlossen. In Mainz 1864 nahm der sechste allgemeine Vereinstag „das Organische Statut des Allgemeinen Verbandes der auf Selbsthülfe beruhenden deutschen Erwerbs- und Wirthschaftsgenossenschaften" an, welches mit sehr geringen Aenderungen bis heute gilt.

Die Grundzüge dieser Organisation geben wir im Anschluß an eine Darstellung der „Jahresberichte" der Anwaltschaft folgendermaßen an: Die Geschäfte des allgemeinen Verbandes führt der gewählte Anwalt — seit Schulzes Tode der Reichstagsabgeordnete Rechtsanwalt a. D. Friedrich Schenck, geb. 19. Dezember 1827 — mit förmlich eingerichtetem Büreau. Die dem Verbande beigetretenen Vereine beschicken durch Abgeordnete einen jährlich stattfindenden allgemeinen Vereinstag, welcher als oberste Instanz die gemeinsamen Interessen überwacht, deren Wahrnehmung bei der Gesetzgebung, ebenso wie die Ertheilung von Rathschlägen und Gutachten an die einzelnen Vereine bei ihrer Organisation und bei allen einschlagenden geschäftlichen Vorkommnissen dem Anwalt übertragen ist. „Als Zwischenglieder zwischen den Zentralorganen und den einzelnen Vereinen sind Unter- oder Provinzial- oder engere Landesverbände gebildet, welche die Vereine einzelner deutscher Länder, Provinzen oder gewisser Klassen der Genossenschaften umfassen und die Wahrnehmung von deren Sonderinteressen, sowie die Vermittelung mit den Zentralstellen zu ihrer Aufgabe haben. Indem sie einestheils dem allgemeinen Vereinstage durch besondere Versammlungen vorarbeiten, anderntheils dessen Beschlüsse in ihrem Bereiche zur Geltung bringen, greifen sie lebendig in das Getriebe ein. Die von ihnen gewählten Vorstände bilden als engeren Ausschuß eine Körperschaft, welche dem Anwalt in der Zwischenzeit zwischen den Vereinstagen und insbesondere bei Ordnung der Finanzen des Verbandes zur Seite steht" ...

Der gegenwärtige Bestand der zum allgemeinen Verbande gehörigen Vereine ist im letzten Jahresbericht des Anwalts (Sommer 1889) auf 1150 angegeben, von denen 1014 Unterverbänden angeschlossen sind. Im nachfolgenden Verzeichniß der Unterverbände ist das Stiftungsjahr, der Ort, von welchem die Leitung erfolgt, und der Bestand vom 1. Oktober 1889 angeführt.

1) 1861. Verband sächsischer Kreditgenossenschaften. — Chemnitz. 29 Vorsch.-V.

2) 1862. V. Erwerbs- u. Wirthschaftsgenossenschaften am Mittelrhein. — Wiesbaden 57 Vorsch.-V.

3) 1862. V. der Kredit-G. von Rheinland, Westfalen, nebst Lippe u. Waldeck. — Ruhrort. 36 Vorsch.-V.

4) 1862. V. der Erwerbs- u. Wirthschafts-G. Schlesiens. — Breslau. 69 Vereine (68 Vorsch.-V., 1 Produktivgen.).

5) 1863. V Norddeutscher G. von Mecklenburg, Vorpommern und Rügen. — Ribnitz. 43 Vereine (42 Vorsch.-V, 1 Hypothekenversicherungsv.).

6) 1863. V. der Thüringischen Erwerbs- u. Wirthschafts-G. — Ilmenau. 97 Vereine (96 Kredit-V, 1 Verkaufsgen.).

7) 1864. V. der Vorschuß-V. zu Berlin. — Berlin. 21 Vorsch.-V.

8) 1864. V. der Kredit-G. im Regierungsbezirk Magdeburg u. Herzogthum Braunschweig. — Halberstadt. 34 Vorsch.-V.

9) 1864. V. der Erwerbs- u. Wirthschafts-G. für die südliche Hälfte der Prov. Sachsen u. das Herzogth. Anhalt. — Merseburg. 35 Vorsch.-V.

10) 1864. V. der Erwerbs- u. Wirthschafts-G. in Ost- und Westpreußen. — Insterburg. 67 Vorsch.-V.

11) 1864. V. der deutschen Erwerbs- u. Wirthschafts-G. der Provinz Posen. — Posen. 25 Vorsch.-V.

12) 1864. V. hessischer Vorsch.-V — Cassel. 21 Vorsch.-V.

13) 1864. V. der Vorschuß- u. Kredit-V. von Pommern und den Grenzkreisen der Mark Brandenburg. — Stettin. 29 Vorsch.-V

14) 1864. V. der Kredit-Gen. der preußischen Lausitz. — Guben. 19 Vorsch.-V.

15) 1864. V. der Erwerbs- u. Wirthschafts-G. von Westbrandenburg. — Havelberg. 20 Vorsch.-V.

16) 1865. V. der wirthsch. G. in Württemberg. — Ulm. 49 Vorsch.-V. (Zuerst als Verband der G. von Württemberg und Baden begründet.)

17) 1865. V. der Konsumvereine der Prov. Brandenburg. — Berlin. 18 Kons.-V.

18) 1866. V. der Oberbadischen Genossenschaften. — Konstanz. 37 Vorsch.-V.

19) 1866. V. der Pfälzischen Kreditgen. — Neustadt a/H. 23 Vorsch.-V.

20) 1867. V. der Kredit- u. Vorsch.-V. von Nordwestdeutschland. — Husum. 43 Vorsch.-V.

21) 1867. V. der Konsumvereine der Provinz Sachsen und der angrenzenden Provinzen und Staaten. — Magdeburg. 62 Vereine (58 Konsum-, 3 Produktiv-, 1 Rohstoff-, 1 Baugen.).

22) 1868. V der Fränkischen Kredit- und Vorsch.-V. — Miltenberg. 32 Vorsch.-V.

23) 1868. V. der Unterbadischen Genossenschaft. — Karlsruhe. 49 Vorsch.-V.

24) 1869. V. der Schlesischen Konsumvereine. — Breslau. 14 Konsum-V.

25) 1870. V. der Erwerbs- u. Wirthschafts-G. der Provinz Starkenburg. — Darmstadt. 33 Vereine (32 Vorsch.-V., 1 Gewerbehdl.-V.).

26) 1871. V. der Konsumvereine der Lausitz. — Görlitz. 25 Konsum-V.

27) 1872. V. sächsischer Konsumvereine. (Der Verband bestand in Sonderstellung schon seit 1869.) — Chemnitz. 29 Konsum-V.

28) 1872. V. süddeutscher Konsumvereine. (Der Verband bestand in Sonderstellung schon seit 1867.) — München. 27 Konsum-V.

29) 1872. V. Rheinisch-Westfälischer Konsum-, Produktiv- und Baugesellschaften. — Lüdenscheid. 11 Konsum-V.

30) 1876 V. landwirthschaftlicher G. der Provinz Preußen. — Insterburg. 19 Vereine (16 Molkerei-, 3 landw. Konsum-V.).

31) 1877 V. thüringischer Konsumvereine — Jena. 35 Vereine (34 Konsum-, 1 Rohstoff-V.).

32) 1878. V. bayerischer Genossenschaften. — München. 17 Vereine (10 Vorsch.-V., 1 Bau- 6 Produktiv-G.).

33) 1884. V. der Niedersächsischen Erwerbs- u. Wirthschafts-G. — Hannover. 15 Vorsch.-V.

34) 1888. V. Nordwestdeutscher Konsumvereine. — Bremen. 6. Konsum-V.*)

Außer den 1128 Vereinen, welche die Mitglieder der 34 Unterverbände bilden, waren noch 140 Vereine vorhanden, die bisher zwar dem allgemeinen Verbande, aber keinem Unterverbande angehörten, nämlich 102 Vorschuß- und Kreditvereine, 29 Konsumvereine, 6 Rohstoff-, 2 Bau- und 1 Produktivgenossenschaft. Zusammen umfaßte der allgemeine Verband also 1268 Vereine.

Die Zahl der verbundenen Vereine hatte seit zehn Jahren zwischen 1000 und 1150 geschwankt. An die Stelle ausgeschiedener oder aufgelöster Vereine traten neue. Eine ständig fortschreitende Entwickelung in Statuten, Einrichtung und Geschäftsführung der Genossenschaften wurde erzielt:

1) durch die enge Verbindung der Unterverbände und ihrer Leiter mit dem allgemeinen Vereinstage und dem Anwalt. Die Vereinstage wechselten den Ort. Sie fanden statt: 1. 1859 zu Weimar, 2. 1860 Gotha, 3. 1861 Halle a/S., 4. 1862 Potsdam, 5. 1863 Görlitz, 6. 1864 Mainz, 7. 1865 Stettin, 8. 1866 Cassel, 9. 1867 Quedlinburg, 10. 1868 Leipzig, 11. 1869 Neustadt a/H. und Magdeburg Konsumvereinstag, 12. 1871 Nürnberg, 13. 1872 Breslau, 14. 1873 Konstanz, 15. 1874 Bremen, 16. 1875 München, 17. 1876 Danzig, 18. 1877 Wiesbaden, 19. 1878 Eisenach, 20. 1879 Stuttgart, 21. 1880 Altona, 22. 1881 Cassel (zum zweiten Mal), 23. 1882 Darmstadt (letzter von Schulze besuchter und geleiteter Vereinstag), 24. 1883 Halberstadt (Wahl Schencks zum Anwalt), 25. 1884 Weimar (zum zweiten Mal), 26. 1885 Karlsruhe, 27 1886 Kolberg, 28. 1887 Plauen im Vgtl., 29 1888 Erfurt, 30. 1889 Königsberg i. Pr.

Die Unterverbandstage finden einen bis drei Monate vor dem

*) Im Laufe der Jahre sind einzelne Verbände entstanden und wieder eingegangen, z. B. Verband der Genossenschaften im Saarbecken (1868 bis 1882), Verband norddeutscher Schuhmachergenossenschaften (1867 bis 1872), Verband deutscher Baugenossenschaften (1875 bis 1876) u. s. w.

allgemeinen Vereinstage, ebenfalls mit Wechsel des Ortes, statt. Ihnen wohnt der Anwalt oder ein von ihm beauftragter Vertreter der Anwaltschaft bei.*) Die auf ein Jahr gewählten Verbandsdirektoren haben die Verpflichtung, die allgemeinen Vereinstage zu besuchen und dort den Sitzungen des engeren Ausschusses beizuwohnen; sie erhalten dazu Reisekosten und Tagegelder aus der Kasse des allgemeinen Verbandes.

2) durch die regelmäßigen Druckschriften des allgemeinen Verbandes. Das Organ desselben, die Blätter für Genossenschaftswesen, eine Fortsetzung der zuerst achtmal jährlich erschienenen Innung der Zukunft, vollenden demnächst ihren 35. Jahrgang (1888 47 Bogen). Die Jahresberichte über die auf Selbsthülfe gegründeten deutschen Erwerbs- und Wirthschaftsgenossenschaften sind aus den bescheidensten Anfängen zu einem großen statistischen Musterwerk angewachsen.**) Ueber die einzelnen allgemeinen Vereinstage ist jedesmal im Auftrage derselben ein (nicht stenographischer) ausführlicher Bericht nebst Darstellung der Finanzen u. dgl. vom Anwalt veröffentlicht und jedem Vereine des allgemeinen Verbandes zugesendet.***)

3) Den Zwecken des Verbandes diente ferner die von den verbündeten Vereinen 1864 mit einem Kommanditaktienkapital von 810000 Mk. begründete, jetzt mit 21 Millionen Mk. dotirte Deutsche Genossenschaftsbank von Sörgel, Parrisius u. Co. in Berlin (Kom-

*) Regelmäßige Vertreter waren von 1865 bis jetzt Kreisrichter a. D. Ludolf Parisius, von 1868 bis 1883 einschl. Dr Fritz Schneider, der erste Sekretär der Anwaltschaft, seit 1888 Gerichtsassessor Dr. Hans Crüger, zur Zeit erster Sekretär der Anwaltschaft.

**) Die ersten Jahresberichte „über die deutschen Vorschußvereine" für die Jahre 1854, 1855, 1856, 1857 und 1858 sind in dem Sammelwerk: „Die Entwickelung des Genossenschaftswesens in Deutschland" von Schulze-Delitzsch 1870 wieder abgedruckt. Als besonderes Buch erschien zuerst der Jahresbericht für 1859 „über die auf dem Prinzip der Selbsthülfe der Betheiligten beruhenden deutschen Genossenschaften der Handwerker und Arbeiter"; 1860 lautete der Titel „über die auf Selbsthülfe gegründeten deutschen Erwerbs- und Wirthschaftsgenossenschaften des kleinen Gewerbsstandes", 1861 ebenso, nur zuletzt „des kleinen und mittleren Gewerbestandes", von 1862 bis 1888 ebenso unter Fortfall der letzten Worte. Die Jahresberichte bis 1881 sind von Schulze-Delitzsch, der für 1882 von Dr. F. Schneider als stellvertretendem Genossenschaftsanwalt, die folgenden v. F. Schenck, Anwalt des allgemeinen deutschen Genossenschaftsverbandes, herausgegeben. Von dem Jahresbericht erhalten alle diejenigen Genossenschaften ein Freiexemplar, welche die ihnen übersandte statistische Tabelle rechtzeitig ausfüllten und einsandten.

***) Vgl. Fr. X. Pröbst: „Die Grundlehren der deutschen Genossenschaften nach den Beschlüssen der allgemeinen Vereinstage systematisch dargestellt und eingeleitet mit einer Skizze der Geschichte des allgemeinen Vereinstages." — Die einzelnen Unterverbandsdirektoren senden gedruckte Berichte und Mittheilungen über die Untervereinstage aus, die Verbände süddeutscher Konsumvereine und der Konsumvereine der Provinz Sachsen in Form von Zeitschriften.

manditgesellschaft auf Aktien), mit der Bestimmung, den Genossenschaften die Großbankverbindungen zu vermitteln und als Zentralgeldinstitut zu dienen, mit einer 1871 eröffneten Kommandite in Frankfurt a/M.

In den ersten Jahren der genossenschaftlichen Bewegung hatten sich die Genossenschaften öfters über die aus Uebelwollen gegen die Personen oder aus büreaukratischem Mißtrauen entsprungenen Versuche zu beklagen, ihre Wirksamkeit zu hemmen oder in bestimmte Richtungen hin einzuzwängen. Eingedenk dieser Erfahrungen haben Schulze-Delitzsch und seine Freunde beharrlich auch jede ihnen angebotene Förderung oder Unterstützung des Staates stets grundsätzlich abgelehnt. Als die preußische Regierung im August 1865 eine aus Arbeitgebern und Arbeitern zusammengesetzte Kommission unter andern die Frage berathen ließ, was geschehen könne, „um die auf Selbsthülfe beruhenden Genossenschaften (Vorschuß- und Kreditvereine, Vereine zur Beschaffung von Rohstoffen, Konsumvereine, Produktivassoziation) zu fördern", nahm der gerade in Stettin tagende siebente allgemeine Vereinstag auf Antrag von Parisius eine Resolution an, in deren erstem Satze erklärt wurde: einzige Förderung, welche die Genossenschaften von der preußischen wie von jeder anderen Staatsregierung beanspruchen, sei, daß sie sich aller Versuche, die Genossenschaften der polizeilichen Kontrole zu unterstellen, fernerhin enthalten und dem von Schulze 1863 im Abgeordnetenhause eingebrachten Genossenschafts-Gesetzentwurfe zustimmen, — und dessen letzter Satz lautete:

> „**Alle Versuche der Staatsregierungen**, die auf Selbsthülfe beruhenden Erwerbs- und Wirthschaftsgenossenschaften im Allgemeinen oder innerhalb einer einzelnen Berufsklasse durch positive Einmischung **fördern** zu wollen, müssen als ihnen **schädlich** zurückgewiesen werden."

Diesen Grundsätzen ist der von Schulze-Delitzsch vor einem Menschenalter begründete Verband stets treu geblieben.

Andere Verbände, welche erst entstanden sind, nachdem durch Erlaß des Genossenschaftsgesetzes von 1868 die Hauptschwierigkeit der Bewegung aus dem Wege geräumt war, haben sich zu positiven Förderungen und Unterstützungen einzelner Regierungen weniger spröde verhalten.

In zweiter Linie kommt der (Raiffeisensche) Anwaltschaftsverband zu Neuwied in Betracht.

Friedrich Wilhelm Raiffeisen (geb. 30. März 1818 zu Hamm a/Sieg im Kreise Altenkirchen, gestorben am 11. März 1888 zu Heddesdorf) hat als Bürgermeister der Bürgermeisterei Flammersfeld im Dezember 1849 den gemeinnützigen und wohlthätigen Zwecken gewidmeten „Flammersfelder Hülfsverein zur Unterstützung unbemittelter Landwirthe" und sodann, als er Bürgermeister von Heddesdorf geworden war, im Mai 1854 den „Heddesdorfer Wohlthätigkeitsverein" ins Leben gerufen, der neben dem Zweck, das Geldbedürfniß der Mitglieder zu befriedigen „auch die Aufgabe hatte, für die Erziehung verwahrloster Kinder zu sorgen, arbeitslosen Einwohnern, besonders entlassenen Sträflingen Beschäftigung zu geben und eine Volksbibliothek zu errichten". Da diese „verschiedenen Geschäftszweige in ein und derselben Genossenschaft sich direkt nicht vereinigen ließen", erfolgte im Jahre 1864 die Umwandlung des Vereins in den „Heddesdorfer Darlehnskassenverein". Nachdem dieser Verein mehrere Jahre*) bestanden und sich bewährt hatte, „gelang es erst, in der Nachbarschaft verschiedene andere Vereine zu gründen. Seitdem haben sich dieselben in einer rascheren Folge über einen großen Theil der Rheinprovinz und dann auch in verschiedenen anderen Landestheilen und Staaten verbreitet". So schildert Raiffeisen in seiner, zuerst im März 1866 erschienenen Schrift die ersten Anfänge seiner Vereine, die sich 1868 sofort unter das Genossenschaftsgesetz stellten. Nachdem Raiffeisen als „ersten und wichtigsten Grundsatz" angenommen hatte, daß der Vereinsbezirk des Darlehnskassenvereins möglichst klein abgegrenzt werde und sich in der Regel nur auf ein Kirchspiel von 1000 bis 2000 Seelen erstrecke, stellte sich bald die Nothwendigkeit heraus, den kleinen Vereinen in einem größeren Verbande einen festen Halt für die Zukunft zu bieten. „Zunächst wurde eine Anlehnung an die Verwaltungsorganisation angestrebt." Verhandlungen mit Verwaltungsbehörden blieben fruchtlos. Ein weiterer Plan, den Bankverkehr der Vereine mit den Kreis-, Spar- und Darlehnskassen und deren Rückhalt an die Rheinische Provinzial-Hülfskasse zu vermitteln, scheiterte, da auf einer im Juni 1869 in Neuwied veranstalteten Versammlung von den anwesenden Verwaltungsbeamten (Oberpräsident, Regierungspräsidenten, Regierungsräthe, Landräthe) sich keiner dafür aussprach. Auf den Weg der Selbsthülfe verwiesen, begründete Raiffeisen 1872 die „Rheinische landwirthschaftliche Genossenschaftsbank, Eing. Gen." und 1874 die „Deutsche landwirthschaftliche Generalbank, Eing. Gen." zu Neuwied, und als diese aufgelöst wurden (s. unten S. 66) 1876 die Aktiengesellschaft „Landwirthschaftliche Zentraldarlehnskasse". In Anlehnung daran wurde nun neben einem die an der Bank bethei-

*) Bei Raiffeisen in seinem Buche, dessen Titel in vierter (1883) und fünfter (1889) Auflage lautet: „Die Darlehnskassenvereine, in Verbindung mit Konsum-, Verkaufs-, Winzer-, Molkerei-, Versicherungs- u. s. w. Genossenschaften als Mittel zur Abhülfe der Noth der ländlichen Bevölkerung. Praktische Anleitung zur Gründung und Leitung solcher Genossenschaften", ist angegeben, daß dies erst ca. acht Jahre später, also 1872 geschehen sei (4. Aufl. S. 8, 5. Aufl. S. 6). Es wird ein Druckfehler vorliegen und drei Jahre heißen müssen, da 1867 und 1868 nach der Zeitschrift für den landwirthschaftlichen Verein für Rheinpreußen 18 Darlehnskassen hinzukamen. Die erste Auflage des Raiffeisenschen Buches hat den Titel: „Die Darlehnskassen-Vereine als Mittel zur Abhülfe der Noth der ländlichen Bevölkerung, sowie auch der städtischen Handwerker und Arbeiter."

ligten Darlehnskassen umfassenden Zentralkassenverband am 26. Juni 1877 der Anwaltschaftsverband mit dem Sitze in Neuwied gebildet. Beide Verbände waren durch Personalunion vereinigt. Der Direktor der Zentraldarlehnskasse fungirte zugleich als Anwalt, und der Aufsichtsrath der ersteren auch als Anwaltschaftsrath. Später ist dies dahin geändert, daß der Anwaltschaftsverband eine Abtheilung des Zentralkassenverbandes ist. Der Verband ist in seinen Einrichtungen dem allgemeinen Verband nachgebildet. „Bei strengstem Ausschluß politischer oder konfessioneller Bestrebungen oder auch nur Andeutungen in dieser Beziehung sowohl in den einzelnen Vereinen als auch in den Verbänden soll die Vereinigung dazu dienen, die einzelnen Vereine in der Erfüllung der ihnen gestellten Aufgaben durch gegenseitigen Austausch der gemachten Erfahrungen sowie durch gemeinsames Handeln zu unterstützen.“ Alljährlich findet ein Vereinstag statt. Der Direktor der Zentraldarlehnskasse fungirt zugleich als Anwalt, der Aufsichtsrath zugleich als Anwaltschaftsrath. Zu letzterem gehören auch die Direktoren der Verbände, nicht auch der Unterverbände, die nur einen Kreis zu umfassen pflegen. Der Anwalt vermittelt auch den gemeinschaftlichen Bezug der nothwendigsten Wirthschaftsbedürfnisse (Dünger, Futtermittel, Saatgetreide).*) Der Anwaltschaftsverband umfaßte am 1 Oktober 1889 etwa 500 Darlehnskassenvereine. Verbände waren laut Protokoll des zu Frankfurt a/M. abgehaltenen diesjährigen Vereinstages in Wirksamkeit: 1) für die Rheinprovinz, 2) für Nassau, 3) für Hessen-Cassel, 4) für Thüringen, 5) für den Regierungsbezirk Erfurt, 6) für Unterfranken, 7) für Mittel- und Oberfranken, 8) für Schwaben-Neuburg, 9) für Unterelsaß, 10) für Oberelsaß, 11) für den Regierungsbezirk Oppeln. Der frühere Stellvertreter des verstorbenen Raiffeisen als Direktor der landwirthschaftlichen Zentraldarlehnskasse und Anwalt des Verbandes ländlicher Genossenschaften Theodor Cremer ist am 17. April 1888 zu seinem Nachfolger erwählt, Stellvertreter ist seitdem Rudolf Raiffeisen, der Sohn des Verstorbenen.

Einen erheblichen Fortschritt der Verbreitung am Rhein verdankten die auf ein Kirchspiel beschränkten Darlehnskassenvereine ohne Zweifel dem landwirthschaftlichen Zentralverein für Rheinpreußen, der 1867 diese Genossenschaften in allen Theilen des Vereinsgebiets zu organisiren beschloß. Später nahmen sich auch die landwirth-

*) Als Verbands-Institut ist gewissermaßen auch die vom verstorbenen Raiffeisen begründete kaufmännische Firma Raiffeisen u Comp. in Neuwied zu betrachten. Diese unterhält die Druckerei, in welcher das seit 11 Jahren monatlich erscheinende Vereinsblatt „Landwirthschaftliches Genossenschaftsblatt (Organ für Darlehnskassen-, Winzer-, Konsum- u. s. w. Vereine)“ gedruckt wird, und betreibt kaufmänische Geschäfte und Agenturen. Die Firmeninhaber erhalten nur Verzinsung ihres Kapitals. Der Gewinn „dient zur Durchführung der Organisation der Vereine und zur Sicherung der Zukunft der ständigen Mitarbeiter“. Die Firma hat bis Ende 1888 19 289 Mk. zu den Organisationskosten gezahlt

schaftlichen Zentralstellen im Großherzogthum Hessen und im Großherzogthum Baden der Verbreitung landwirthschaftlicher Genossenschaften (Darlehnskassenvereine und Konsumvereine) mit Erfolg an.

In Hessen entstand noch in den 70er Jahren ein Verband landwirthschaftlicher Konsumvereine, welche die Einkäufe durch die Zentralstelle besorgen ließen. Daneben entstand ein Verband südwestdeutscher landwirthschaftlicher Kreditgenossenschaften, der auch badische Vereine umfaßte. Als in Baden durch die Thätigkeit des landwirthschaftlichen Zentralvereins, insbesondere des Oekonomierath Märklin-Karlsruhe die Darlehnskassen sich schnell vermehrten, schieden die Badenser aus und bildeten einen selbstständigen Verband. Einen solchen gründeten sie auch für die noch weit zahlreicheren Konsumvereine. Dem Neuwieder Anwaltschaftsverbande traten sie nicht bei. Aber schon 1881 knüpften die Führer Polizeirath Haas-Darmstadt (jetzt Kreisrath in Offenbach), Generalsekretär Dr. Weidenhammer-Darmstadt (als Oekonomierath verstorben) und Märklin-Karlsruhe Beziehungen zu Schulze-Delitzsch an, indem sie auf dem allgemeinen Vereinstage in Cassel erschienen und Schulzes Rathschläge erforderten. Zum allgemeinen Verbande gehörten bereits seit ihrem Bestehen (1871) eine Reihe ost- und westpreußischer landwirthschaftlicher Konsumvereine und Molkereigenossenschaften (letztere die ersten in Deutschland), im August 1876 hatten sie sich bei dem allgemeinen Vereinstage in Danzig zu einem Unterverbande unter dem Vorsitz von Stöckel-Insterburg vereinigt.*) Die Erörterungen, welche zwischen den Vertretern des landwirthschaftlichen Genossenschaftswesens aus Deutschlands äußerstem Südwesten und äußerstem Nordosten in Cassel und sodann ein Jahr darauf bei Gelegenheit des Vereinstags zu Darmstadt gepflogen wurden, namentlich aber eine spätere Besprechung zwischen Schulze-Delitzsch, Stöckel-Insterburg und Haas-Darmstadt hatten zur Folge, daß die letzteren beiden am 6. Juli 1883 die Vereinigung der deutschen landwirthschaftlichen Genossenschaften begründeten. Sie gaben damit dem Drängen Schulzes nach, der „seine volle Ueberzeugung dahin aussprach, daß dieses besondere Zusammentreten für die weitere Entwickelung des Genossenschaftswesens auf landwirthschaftlichem Gebiete unbedingt erforderlich sei und daß er von dieser Vereinigung eine ersprießliche Zusammenarbeit auf dem gesammten genossenschaftlichen Felde erhoffe“.

Die Vereinigung, die 1884 erst 278 Konsumvereine und Mol-

---

*) Vgl. des Verbandsdirektor Stöckel-Insterburg Bericht über den 18. Verbandstag 25./26. August 1889. Stöckel legt Zeugniß ab von der Fürsorge und liebevollen Theilnahme, welche Schulze-Delitzsch den ersten Anfängen des landwirthschaftlichen Genossenschaftswesens entgegenbrachte. Schulze war „von der ungeheuren Bedeutung des Genossenschaftswesens für die Landwirthschaft überzeugt und sah die große Ausdehnung desselben klar vorher“. Auf seinen dringenden Wunsch wurde der selbstständige Unterverband landwirthschaftlicher Genossenschaften Ost- und Westpreußens begründet.

kereien umfaßte, und der sich 1888 auch die Verbände landwirthschaftlicher Kreditgenossenschaften aus Hessen und Baden anschlossen, hat sich fast sprunghaft schnell entwickelt. Der auf seinem diesjährigen Vereinstage zu Hildesheim am 18. Juni erstattete Bericht seines Anwaltes Haas-Offenbach führte einen Bestand auf von 15 Verbänden: I. der landwirthschaftlichen Kreditgenossenschaften von Baden — 77 — und Hessen — 98 —; II. der landwirthschaftlichen Konsumvereine von Baden — 287 —, der Rheinpfalz — 84 —, des Großherzogthums Hessen — 160 Genossenschaften, darunter 18 Molkereien und mehrere Zucht-, Abfuhr-, Obstverwerthungsgenossenschaften —, Nassau — 20 —, Göttingen — 15 —, Osnabrück — 26 —, Oldenburg — 42 —, Schleswig-Holstein — 41 — (die Molkereigenossenschaften, mehr als 200, und ihre Verbände hielten sich noch fern), Ost- und Westpreußen — 28 —, darunter 19 Molkereien —; III. der Molkereigenossenschaften von Hildesheim — 7 —, Oldenburg — 33 —, Mecklenburg — 10 —, Schlesien — 10 —; ferner 21 Genossenschaften außerhalb der Verbände, sowie ferner die Bezugskommission des rheinpreußischen landwirthschaftlichen Vereins, der 68 Genossenschaften angeschlossen sind, zusammen 1027 Genossenschaften.*) Da in den allerletzten Jahren landwirthschaftliche Konsumvereine und vor Allem Molkereigenossenschaften in sehr großer Zahl in den preußischen Provinzen Posen, Pommern, Brandenburg, Sachsen und in andern vorher der landwirthschaftlichen Genossenschaftsbewegung fern gebliebenen Gegenden Deutschlands entstanden sind und ein Zusammenschluß solcher Genossenschaften zu Geschäftsverbänden nicht zu entbehren ist, so wird ohne Zweifel die Vereinigung deutscher landwirthschaftlicher Genossenschaften noch auf starken Zuwachs rechnen können.

Die Organisation der Vereinigung ist nachgebildet der des allgemeinen Verbandes. Alljährlicher Vereinstag, ein Verwaltungsausschuß, bestehend aus den Vorsitzenden der Verbände und drei gewählten Genossenschaftsmitgliedern, und ein Geschäftsführer, jetzt

---

*) Das Preßorgan der Vereinigung erscheint monatlich in Darmstadt. Es besteht schon seit 1874 und hieß von 1874 bis 1881: „Der Fortschritt, Zeitung für landwirthschaftl. Genossenschaftswesen. Organ des Verbandes landwirthschaftl. Konsumvereine im Großherzogthum Hessen, herausgegeben vom Vereinspräsidenten". 1882 hat sich der Titel geändert: „Der Fortschritt, Zeitung für landwirthschaftl. Genossenschaftswesen und Volkswirthschaft. Organ für die Verbände der hessischen landwirthschaftl. Konsumvereine und der südwestdeutschen landwirthschaftl. Kreditgenossenschaften" u. s. w. Dann hieß es bis zur Nr. 9 des Jahres 1889: „Fortschritt. Zentral-Fachzeitung für landwirthschaftliches Genossenschaftswesen. Offizielles Organ der Vereinigung deutscher landwirthschaftlicher Genossenschaften, sowie der Verbände" u. s. w. Seit der Oktober-Nummer 1889 (Jahrgang XVI) ist der Name dahin gewechselt: „Deutsche landwirthschaftliche Genossenschaftspresse, Fachzeitschrift für das landwirthschaftliche Genossenschaftswesen. Organ der Vereinigung der deutschen landwirthschaftlichen Genossenschaften."

Anwalt genannt, der zugleich Vorsitzender des Verwaltungsausschusses ist. Anwalt ist Kreisrath Haas-Offenbach, sein Stellvertreter Stöckel-Insterburg.

Neben diesen drei Verbänden, von denen der eine sich über das ganze deutsche Reich erstreckt und die andern beiden eine gleiche Ausdehnung anstreben, giebt es noch mehrere Verbände, die ihrer Ausdehnung von vornherein engere Grenzen gezogen haben:

1. Der Verband landwirthschaftlicher Kreditgenossenschaften in Württemberg. Die Genossenschaften (Darlehnskassenvereine) und deren Verband sind auf Anregung der staatlichen „Zentralstelle für die Landwirthschaft" gegründet und werden von ihr unterstützt. Dem seit 1882 bestehenden Verbande, dessen Vorsteher der Reichstagsabg. Regierungsrath Leemann in Stuttgart ist, gehörten nach dem vom Vorsteher am 29. August 1889 an diesem Tage 217 Darlehnskassenvereine mit 17559 Mitgliedern an; 62 haben ihren Sitz im Neckarkreise, 60 im Jagstkreise, 58 im Schwarzwaldkreise und 37 im Donaukreise. 41 sind im letzten Jahre hinzugekommen, und haben noch kein Geschäftsjahr hinter sich. Von den 176 älteren Vereinen hatten ihr erstes Geschäftsjahr 30 — 1881, 27 — 1882, 22 — 1883, 19 — 1884, 15 — 1885, 25 — 1886, 16 — 1887, 22 — 1888 zurückgelegt.

2. Der Verband der „Ländlichen Zentralkasse" zu Münster in Westfalen. Hauptsächlich wohl durch die Bemühungen eines früheren Gehülfen Raiffeisens sind in den letzten Jahren in der Provinz Westfalen und in den angrenzenden katholischen Theilen der Provinz Hannover und des Großherzogthums Oldenburg eine große Anzahl Raiffeisenscher Darlehnskassen und sodann ein Verband derselben entstanden, der sich an eine „ländliche Zentralkasse" in Münster anschließt, dem Neuwieder Anwaltschaftsverbande nicht beigetreten ist, aber in einer gewissen Beziehung zum „Bauernverein" steht. Nach dem Bericht der Zentralkasse vom 28. Dezember 1888 zählte der Verband 163 Genossenschaften: 119 in Westfalen, 38 in Hannover, 21 in Oldenburg, 7 in Waldeck, eine in der Provinz Sachsen; davon stammten 3 aus den 70er Jahren, dann 5 von 1882, 16 von 1883, 28 von 1884, 30 von 1885, 28 von 1886, 37 von 1887, 16 von 1888.*)

3. Der unterfränkische Verband des landwirthschaftlichen Kreisvereins zu Würzburg mit 117 (?) Darlehnskassen.**)

---

*) Der Verband sollte auf die Provinz Westfalen begrenzt werden, die Aufnahme der außerwestfälischen Vereine in den Verband erfolgte mit der Abmachung, daß diese sich zu eigenen Verbänden abzweigen, sobald sie der Zahl nach stark seien. — (Bericht der Zentralkasse.)

**) Der Direktor des zum Neuwieder Anwaltschaftsverbande gehörenden unterfränkischen Verbandes, Freiherr v. Bodeck-Ellgau zu Schloß Heidenfeld bei Schweinfurt erklärte auf dem Frankfurter Vereinstage Juli 1889, er hoffe, daß mit der Zeit eine Vereinigung zwischen dem von ihm ge-

4. Der Verband polnischer, (d. h. von Männern polnischer Nationalität geleiteter) Vorschußvereine der Provinzen Posen und Westpreußen. Nach dem von Dr. Josef Kußtelan (Vorsitzender des Verbandsausschusses) herausgegebenen sehr übersichtlichen und reichhaltigen Jahresbericht für 1888 bestehen zur Zeit 77 solche Vereine, 22 in Westpreußen, 55 in Posen, davon 74 System Schulze-Delitzsch, 3 System Raiffeisen, sämmtlich eingetragene Genossenschaften. Davon gehörten 72 dem Verbande an. Anwalt ist bis heute Probst Szamarzewski, doch wird er schon längere Zeit vom Pfarrer P. Wawrzyniak (Direktor des Vereins zu Schrimm) vertreten. Zur Unterstützung der Vereine besteht seit 1886 eine Aktienbank zu Posen (500,000 Mk. Kapital, Aktien zu 200 Mk.). Die Einrichtungen des Verbandes sind denen des von Schulze-D. gegründeten allgemeinen Verbandes nachgebildet. Von den Vereinen hatten 73 Ende 1888 24173 Mitglieder (7132 Westpreußen, 17041 Posen). Der älteste der Vereine stammt aus 1861, sodann entstanden bis 1865 einschl. 7, bis 1870 22, bis 1875 35, bis 1880 7 Vereine. Zur Zeit hat sich der Verband in drei Revisionsverbände getrennt, je einen für den Regierungsbezirk Posen und Bromberg und einen für Westpreußen mit den Sitzen in Posen, Gnesen und Löbau. Voraussetzung der Theilung ist die Verleihung des Rechts zur Bestellung des Revisors (§ 55 des Ges.).

Wie viele Erwerbs- und Wirthschaftsgenossenschaften das Gesetz vom 1. Mai 1889 im deutschen Reiche vorfand, hat der Jahresbericht des Anwalt Schenck für 1888 mit allem Vorbehalt zu beantworten gesucht. In den früheren Berichten war versucht, eine Scheidung zwischen dem System Schulze-Delitzsch und dem System Raiffeisen aufrecht zu halten und in dem Bericht nur die Genossenschaften des ersteren Systems namhaft zu verzeichnen. Dies ist jetzt nicht geschehen, da die früheren Gegensätze nicht mehr in gleichem Maße bestehen und eine Verschiedenheit der Grundsätze und Einrichtungen oft nicht nachweisbar ist. Im Jahresbericht sind nun 5950 Genossenschaften namhaft aufgeführt:

2988 Kreditgenossenschaften, 2174 Genossenschaften in einzelnen Gewerbszweigen, 760 Konsumvereine und 28 Baugenossenschaften,

---

leiteten und dem mit der Regierung in Verbindung stehenden Verbande erzielt werde. Andererseits wird uns mitgetheilt, daß ein eigentlicher „Verband" bisher nicht vorhanden ist. Auf Anregung des Regierungspräsidenten Grafen Luxburg ist in Würzburg zur Unterstützung der ländlichen Kreditgenossenschaften durch das landwirthschaftliche Kreiscomité von Unterfranken und Aschaffenburg eine Kreditvermittelungs-Stelle errichtet, um den ländlichen Kreditgenossenschaften, die sich der Kontrole des Comités unterstellen, Geld aus Stiftungen zu billigen Zinsen zu überweisen. Die zur Gründung eines besonderen unterfränkischen Genossenschaftsverbandes eingereichten Statuten fanden die Genehmigung des Ministeriums nicht. Doch wird die Gründung eines Revisionsverbandes auf Grund des Genossenschaftsgesetzes vorbereitet.

zusammen 5950 Genossenschaften. Die 2174 Genossenschaften in einzelnen Gewerbszweigen vertheilen sich folgendermaßen:

A) Rohstoffgenossenschaften: 1. industrielle (der Handwerker) 113, 2 landwirthschaftliche (Konsumvereine) 834, zusammen 956.

B) Werkgenossenschaften: 1. industrielle 9, 2. landwirthschaftliche 237, a) zur Anschaffung von landwirthschaftlichen Maschinen u. s. w. (108), b) zur Beschaffung und Unterhaltung von Zuchtvieh (129) — zu 1. und 2. zusammen 246.

C) Magazingenossenschaften: 1. industrielle 59, 2. landwirthschaftliche 8, zusammen 67.

D) Produktivgenossenschaften: 1. industrielle 138, 2. landwirthschaftliche 689 (Molkereien 632, Winzergenossenschaften 25, Züchtereigenossenschaften 7, Schlachtergenossenschaften 5 u. s. w.)

E) Versicherungsgenossenschaften 15

F) Sonstige Genossenschaften 36 (21 homöopathische Vereine u. s. w.).

Eine Berichtigung und Vervollständigung des Verzeichnisses ist in Ansehung der eingetragenen Genossenschaften vom 1. Oktober 1889 ab aus den Veröffentlichungen im Reichsanzeiger ermöglicht.

II. Die einzelnen Arten der Erwerbs- und Wirthschaftsgenossenschaften.

Die Entwickelung der verschiedenen Arten der deutschen Genossenschaften des Systems Schulze-Delitzsch bis zum Jahr 1874 hat Parisius in der Einleitung seines Buches „Die Genossenschaftsgesetze im deutschen Reiche" darzustellen versucht (S. 17 bis 84). Seitdem hat schon die Aenderung der Wirthschaftspolitik auf genossenschaftliche Unternehmungen der Handwerker und Arbeiter lähmend eingewirkt. Auch die bis dahin zahlreichsten Arten der Genossenschaften, die Vorschuß- und Kreditvereine und die Konsumvereine, hatten mancherlei Schwierigkeiten zu überwinden. Offene und versteckte Widersacher der genossenschaftlichen Bewegung meinen deshalb behaupten zu können, daß in derselben ein Rückgang eingetreten sei. Diese Behauptung ist falsch. Durch innere Festigung, durch stete Verbesserung der Einrichtungen haben gerade in den letzten zehn Jahren jene beiden Arten Genossenschaften außerordentliche Fortschritte gemacht. Für den außerhalb der Bewegung Stehenden beweisen dies die Jahresberichte des Anwaltes mit ihren sorgfältigen zuverlässigen Tabellen. Wir wollen darauf kurz eingehen

1. Die Vorschuß- und Kreditvereine.

Die statistische Tabelle des Jahresberichts der Anwaltschaft für 1888 enthält in 55 Kolonnen die Abschlüsse von 901 Vorschußvereinen, nämlich 483 in Preußen (70 Ost- u. Westpreußen, 76 Brandenburg, 30 Pommern, 27 Posen, 68 Schlesien, 75 Sachsen, 40 Schleswig-Holstein, 16 Hannover, 9 Westfalen, 48 Hessen-Nassau, 24 Rheinprovinz), 53 in Bayern, 26 K. Sachsen, 103 Württemberg, 71 Baden, 32 Hessen, 28 Mecklenburg, 78 in den Sächs. Herzogthümern u. Thüringischen Staaten, 17 in Braunschweig, Oldenburg, Lippe u. Waldeck, 5 Anhalt, 4 in den Hansestädten und einem in den Reichslanden.

Diese 901 Vorschußvereine haben bei 461 356 Mitgliedern im Rechnungsjahr 1888 ausgegeben **2 886 143 945 Mk.**

Sie gewährten Kredit

1. auf festes Ziel 994 240 306 Mk. in 1 532 393 einzelnen Posten, und zwar:

489 233 057	auf	Vorschußwechsel,
389 198 723	„	Diskonten (Geschäftswechsel),
95 538 628	„	Schuldscheine,
20 269 898	„	Hypotheken;

2. im Kontokorrentverkehr:
597 329 006 Mk. auf 47 617 Konten.

Der Geschäftsertrag war an Zinsen und Provision 27 638 450 Mk., an sonstigen Einnahmen bei Verkauf von Effekten u. dgl. 2 585 526 Mk.; die Geschäftsunkosten betrugen an Zinsen an die Vereinsgläubiger 15 401 197 Mk., an Gehalten und Verwaltungskosten 6 083 790 Mk. An Verlusten sind 830 427 Mk. aufgeführt, an Reingewinn 8 717 067 Mk., wovon 6 580 396 Mk. den Mitgliedern als Dividende, 1 805 275 Mk. dem Reservefonds und 40 790 Mk. zu Volksbildungs- und anderen gemeinnützigen Zwecken überwiesen sind.

Am Jahresschluß bestanden die Aktiva des Geschäfts aus folgenden Posten

16 561 293	Mk.	baar,	
53 733 245	„	in Werthpapieren,	
281 487 871	„	Wechsel u. Schuldscheine der Kunden,	Geschäfts-außenstände,
36 634 150	„	Hypothek,	
146 912 599	„	bei den Kontokorrent-Inhabern,	
23 246 196	„	bei Banken u. Vereinen,	
2 156 029	„	Einnahmereste,	
458 001	„	Werth des Geschäftsinventars,	
10 745 293	„	Werth der Grundstücke,	
571 882 368	Mk.		

Dem stehen als Passiva gegenüber:

110 523 367	Mk.	Guthaben (Geschäftsantheil) der Mitglieder,	
25 502 781	„	Reservefonds,	
295 351 278	„	auf mindestens 3 Monat Kündigung,	Anlehen von Privaten.
118 411 186	„	auf kürzere Kündigung (Spareinlagen u. Kontokurrente,	
11 458 415	„	Anlehen von Banken und Vereinen,	
4 603 157	„	Ausgabereste,	
1 139 599	„	Antizipandozinsen,	
5 291 054	„	unvertheilter Reingewinn,	
571 923 564	Mk.		

Die Giroverbindlichkeiten betrugen am Jahresschluß 9 623 473 Mk.

Die Deutsche Genossenschaftsbank von Sörgel, Parrisius u. Comp. zu Berlin hat 1867 den „Giroverband" der deutschen Genossenschaften begründet, den Schulze-Delitzsch wiederholt als den Schlußstein der Organisation der Kreditgenossenschaften bezeichnete.

Welche fortschreitende Entwickelung diese Ergebnisse zeigten, läßt sich nur aus einem Vergleich mit den Zahlen der früheren Jahre ersehen. Der Jahresbericht bringt über die wichtigsten Geschäftsergebnisse nach den Tabellen Zusammenstellungen der 30 Jahre von 1859 bis 1888 und erläutert dieselben. Indem wir auf diese verweisen, bringen wir nachstehend nur aus den Jahren 1860, 1865, 1870, 1875, 1880, 1885 und 1888 die Zahlen der Mitglieder, der Kreditgewährung, des eigenen Vermögens und der auf Kredit entnommenen Gelder. Wir halten Erläuterungen nicht für nöthig. Nur auf das Verhältniß des eigenen Kapitals zum fremden, — im Durchschnitt des einzelnen Mitgliedes (Spalte 5 d und 6 b) möchten wir hinweisen. Darnach betrug das eigene Vermögen der Genossenschaften 1860—$18_{,0}$, 1865—$21_{,4}$, 1870—$24_{,0}$, 1875—$21_{,7}$, 1880—$24_{,5}$, 1885—$24_{,3}$, 1888—$24_{,2}$ Prozent des gesammten Betriebskapitals.

(NB. Die Tabelle befindet sich Seite XXV.)

Ueber die geschäftlichen Leistungen der in anderen Verbänden vereinigten landwirthschaftlichen Darlehnskassenvereine geben uns die auf den Vereinstagen derselben erstatteten Jahresberichte einigen Aufschluß:

1. Auf dem diesjährigen Vereinstage des Neuwieder Anwaltschaftsverbandes zu Frankfurt a. M. (4. Juni 1889) theilte der Anwalt Cremer mit, um ein Bild des Gesammtumschlages der Vereine zu erhalten, seien im Mai Erhebungen angestellt. Darnach beliefen sich von 385 Vereinen im Jahr 1888 die Gesammt-Aktiva (der Bilanz) auf 16,936,941 Mk., die Gesammt-Passiva auf 16,936,941 Mk., das Reservekapital auf 821,906 Mk.

2. In dem vom Kreisrath Haas in Hildesheim dem 5. allgemeinen Vereinstage der Vereinigung landwirthschaftlicher Genossenschaften erstatteten Jahresbericht für 1888 sind die Geschäftsergebnisse von 147 Kreditvereinen mit 15,048 Mitgliedern dahin mitgetheilt: „Umsatz" 21,613,527 Mk., Geschäftsantheile 516,699 Mk., Reservefonds 297,809 Mk. (Eigenes Vermögen also 81,4508 Mk., auf den Kopf 54 Mk.), Spareinlagen 6,137,921 Mk. (auf den Kopf 404 Mk. — das eigene Vermögen somit $11_{,7}$ Prozent des Betriebskapitals), Jahresgewinn 111,023 Mk.

Zu Seite XXIV

1. Rechnungsjahr.	2. Zahl der Vorschußvereine, welche Abschlüsse eingereicht haben.	Resultate der in Kolonne 2. bezeichneten Volksbanken. 3. Mitgliederzahl. a. Gesammtsumme	3. b. Durchschnittsbetrag f. d. Verein.	4. Gewährte Vorschüsse und Prolongationen. a. Gesammtsumme. Mark.	4. b. Durchschnittsbetrag für den einzelnen Vorschußverein. Mark.	4. b. Durchschnittsbetrag für jedes Mitglied Mark.	5. Eigner Fond. a. Geschäftsantheile der Mitglieder. Mark.	5. b. Reservefonds. Mark.	5. c. Gesammtsumme von beiden Mark	5. d. Durchschnittsbetrag für die einzelnen Vorschußvereine. Mark.	5. d. Durchschnittsbetrag f. d. einzelne Mitglied. Mark.	6. Auf Kredit entnommene Gelder. a. Gesammtsumme der Anlehen u. Spareinlagen. Mark.	6. b. Durchschnittsbetrag für den einzelnen Verein. Mark.	6. b. Durchschnittsbetrag für jedes Mitglied Mark.
1860	133	31,603	238	25,435,467	191,244	804	1,386,036	200,535	1,586,571	11,928	50	7,176,981	53,951	227
1865	498	169,595	340	202,709,709	407,046	1194	13,328,637	1,229,037	14,557 674	29,232	85	52,970,328	106,365	312
1870	740	314,656	425	622,854,861	841,695	1977	40,347,456	3,642,525	43.989,981	59,445	139	137,997,486	186,483	438
1875	815	418,251	512	1,495,648,437	1,835,151	3589	83,542,008	8,427,981	91,96[illegible],989	112,848	219	330,164,901	405,111	789
1880	906	460,656	508	1,447,526,317	1,597,712	3155	102,029,366	16,398,062	118,427,428	130,714	257	364,449,945	402,262	791
1885	896	458,080	511	1,533,840,929	1,711,876	3350	107,841,112	21,581,595	129,422,707	144,445	282	101,801,383	448,439	877
1888	901	461,356	512	1,591,569.312	1,766,447	3449	110,523,367	25,502,781	136,026,148	150.978	294	425,220,879	471,943	921

3. Nach dem vom Vorsteher des Verbandes Leemann am 29. August 1889 der 8. Versammlung des Verbandes landwirthschaftlicher Kreditgenossenschaften in Württemberg erstatteten Berichte haben am Jahresschluß 1888 bei 176 älteren Darlehnskassenvereinen mit 15,533 Mitgliedern betragen der Umsatz 14,037,879, die Aktiva 5,061,717, die Passiva 4,912,637, das Vereinsvermögen 149,079, der Jahresgewinn 36,450 Mk.

4. Nach der Uebersicht der Geschäftsergebnisse der ländlichen Kreditgenossenschaften im Verbande der ländlichen Zentralkasse zu Münster vom 28. Dezember 1888 hatten im Jahr 1887 135 Darlehnskassen, bei 12488 Mitgliedern, 6.922,219 Mk. Einnahme, 6,496,061 Mk. Ausgabe, nach der Bilanz vom 31. Dezember 1887 6,421,489 Mk. Ausstände (einschl. Kassenbestand und Werthobjekte), 6,347,388 Mk. Schulden (einschl. Geschäftsantheile). 102 Vereine hatten 76,678 Mk. Reservefonds, 33 Vereine eine Unterbilanz von 2577 Mk.

5. Nach dem Jahresberichte des polnischen Verbandes für 1888 hatten 71 Vorschußvereine bei 24,173 Mitgliedern in der Bilanz vom 31. Dezember 1888 je 14,472,320 Mk. Aktiva und Passiva. Die Geschäftsantheile betrugen 2,348,706 Mk., der Reservefonds 1,014,067 Mk. und die aufgenommenen fremden Gelder 10,507,893. Eine Zahlenübersicht für die 16 Jahre von 1873 bis 1888 ergiebt regelmäßige Fortschritte.

2. Die Konsumvereine.

Die Tabelle des Jahresberichts für 1888 enthält in 39 Spalten die Abschlüsse von 198 Konsumvereinen, welche bei 172 931 Mitgliedern und 472 Vereinslagern einen Verkaufserlös erzielten von 46 814 416 Mk. (durchschnittlich 236 436 Mk. auf den Verein, 270 Mk. auf den Kopf), wovon 40 346 746 Mk. auf den Erlös im Vereinslager und 6 467 670 Mk. auf den Erlös im Markengeschäft mit den Lieferanten fielen. Der Geschäftsertrag betrug 5 989 988 Mk aus dem Vereinslager, 713 825 Mk. aus dem Markengeschäft und 223 577 Mk. aus anderen Quellen. Die Geschäftsunkosten betrugen an Zinsen an Vereinsgläubiger 84 674 Mk., an Verwaltungskosten und Gehältern 2 406 622 Mk. An außergewöhnlichen Verlusten sind 462 M. gebucht bei einem Reingewinn von 4 195 916 Mk. Davon sind überwiesen den Mitgliedern an Kapitaldividende in Form von Verzinsung der Guthaben 170 873 Mk., an Waarendividende 3 807 446 Mk., zusammen 3978319 Mk. (durchschnittlich 20 092 Mk. auf den Verein und 23 Mk. auf den Kopf, oder 11,70 Mk. auf 100 Mk. Verkaufserlös), dem Reservefonds 102 088 Mk., für Bildungszwecke 46 035 Mk.

Am Jahresschluß bestanden die Aktiva aus folgenden Posten:

5 440 427	Mk.	Waarenbestand und leer Gut nach dem Inventurpreise,
166 577	„	Ausstände für Waaren bei Mitgliedern,
3 575 916	„	an sonstigen Vereinsforderungen,
378 843	„	Geschäftsinventar,
3 387 163	„	Werth des Grundbesitzes,
1 005 208	„	Kassenbestand,
zus.: 13 954 134	Mk.	Aktiva.

Dem stehen als Passiva gegenüber:

4 397 622	Mk.	Guthaben (Geschäftsantheile) der Mitglieder,
2 058 192	„	Reservefond,
114 944	„	Dispositionsfonds für Bildungszwecke,
2 009 547	„	Anlehen u. Kautionen,
1 020 000	„	Hypothekenschulden,
284 861	„	umlaufende Werthmarken,
794 006	„	Waarenschulden des Vereins,
3 306 189	„	noch zu zahlende Geschäftsunkosten und unvertheilter Reingewinn,
zus.: 13 961 205	Mk.	Passiva.

Der Jahresbericht des Anwalts bringt eine vergleichende Uebersicht der Geschäftsergebnisse der Konsumvereine für die 25 Jahre von 1864 bis 1888. Dementsprechend geben wir nachfolgend die Zahlen der Mitglieder, des Verkaufserlöses, des eigenen Vermögens und der Darlehns- und Waarenschulden der Vereine aus den Jahren 1865, 1870, 1875, 1880, 1885 und 1888. Bei dieser Tabelle ist namentlich die starke Steigerung der durchschnittlichen Mitgliederzahl der Vereine zu beachten. Der Verzehr auf den Kopf berechnet, ist nach bedeutender Steigerung seit 1880 erheblich heruntergegangen. Daß der Durchschnittssatz des eigenen Vermögens ebenso wie der Vereinsschulden seit 1880 fällt, ist nicht bedenklich, insofern bei schnellerem Umschlag der Waaren weniger Geld gebraucht wird. Besonders erfreulich ist aber der Vergleich des eigenen Vermögens mit dem fremden Kapital (Anlehen und Waarenschulden); ersteres ist im Verhältniß zu letzterem ständig gewachsen. Es betrug das eigene Vermögen durchschnittlich 1865—40,7, 1870—46,5, 1875—50,7, 1880—54,3, 1885—59,1, 1888—66,4 Prozent des gesammten Betriebskapitals.

---

*) Das erste praktisch brauchbare Buch über Konsumvereine war die auf Veranlassung von Schulze-Delitzsch noch vor Erlaß des preußischen Genossenschaftsgesetzes veröffentlichte Schrift von Eugen Richter: „Die Konsumvereine. Ein Noth- und Hülfsbuch für deren Gründung und Einrichtung. Berlin 1867". Als Ergänzungsschriften erschienen: 1) „Anweisung für die Konsumvereine zur Unterstellung unter das Genossenschaftsgesetz des Norddeutschen Bundes nebst Musterstatuten und Motiven als Ergänzung zu dem Buche Eugen Richters ꝛc. nach den Materialien der Anwaltschaft deutscher Genossenschaften von Dr. Fritz Schneider Berlin 1869, 2) Die doppelte kaufmännische Buchführung, insbesondere für Konsumvereine, nach einer vollständig bewährten, leicht faßlichen Methode des neuen Konsumvereins, Eing. Gen. zu Magdeburg, bearbeitet und herausgegeben von Gustav Oppermann ꝛc. Berlin 1869. Beide Schriften sind ersetzt durch das zu Leipzig 1883 erschienene „Taschenbuch für Konsumvereine. Eine Anweisung zu deren Gründung und Einrichtung von Dr. F. Schneider, nebst einer Anleitung zur einfachen und doppelten Buchführung von Gustav Oppermann". Man vgl. auch „Die Geschichte der redlichen Pioniere von Rochdale von Georg Jacob Holyoake, ins Deutsche übersetzt und mit einem Anhange und statistischen Mittheilungen versehen von H. Häntschke. Mit einem Vorwort von F. Schenck. Leipzig 1888".

1. Rechnungsjahr.	2. Zahl der Konsumvereine, die den Abschluß einreichten.	Resultate der in Spalte 2. genannten Vereine.												
		3. Zahl der Mitglieder.		4. Summe des Verkaufserlöses im Jahre.			5. Eigenes Vermögen.				6. Kapital- und Waaren-Schulden.			
		a. Gesammtsumme.	b. Im Durchschnitt auf jeden Verein.	a. Gesammtsumme	Im Durchschnitt b. auf jeden Verein	Im Durchschnitt c. auf jedes Mitglied	a. Guthaben der Mitglieder	b. Reservefond	c. Gesammtsumme von beiden	d. Durchschnittsbetrag des einzelnen Fonds auf jedes Mitglied	a. Aufgenommene Anlehen	b. Waaren-Schulden	Gesammtsumme von beiden	Durchschnittsbetrag auf den Kopf
				Mark	Mark	Mark	Mark.	Mark.	Mark.	Mark.	Mark	Mark.	Mark.	Mark
1865	34	6,647	195	925,383	27,217	139	66,678	8,301	74,979	11	49,587	56,844	106,431	16
1870	111	45,761	412	9,007,860	81,152	196	318,805	151,224	970,029	21	546,378	467,280	1,013,658	22
1875	179	98,056	541	22,704,963	126,843	231	2,912,265	503,409	3,415,674	34	2,429,586	875,844	3,305,430	33
1880	195	94,366	483	30,359,000	155,943	328	3,177,329	1,036,153	4,213,482	44	2,884,583	668,590	3,553,173	37
1885	162	120,150	741	35,136,555	216,892	292	3,319,098	1,735,746	5,054,844	42	2,891,867	463,237	3,355,104	29
1888	198	172,931	873	46,814,416	236,436	270	4,397,622	2,058,192	6,455,814	37	3,029,547	794,006	3,823,553	22

3. Die Genossenschaften in einzelnen Gewerbszweigen.

Die ältesten Genossenschaften dieser Art, die Rohstoffgenossenschaften, die Gewerbehallen und Magazingenossenschaften der Handwerker, sind in der Entwickelung gänzlich zurückgeblieben. Der Aufschwung, den sie nach langem Rückgange in den Jahren 1872 bis 1875 zu nehmen schienen, war nicht von Bestand. Die gründliche Unterweisung, die sie durch Schulzes 1873 erschienenes umfangreiches Buch erhielten,*) hat zwar einzelnen Genossenschaften, die aus der reichen Quelle Belehrung zu schöpfen verstanden, großen Nutzen gebracht, aber eine erhebliche Ausbreitung dieser Art Genossenschaften nicht zu bewirken vermocht. Auch in der Entwickelung der industriellen Produktivgenossenschaft sind Fortschritte nur bei einigen wenigen Genossenschaften zu verzeichnen. Eine ungünstigere Zeit freilich wie die letzten zehn Jahre dürfte für die industrielle Produktivgenossenschaft im deutschen Reiche schwerlich wiederkehren. Auf der einen Seite das Anwachsen der Sozialdemokratie unter einem Ausnahmegesetz, von welchem Schulze-Delitzsch voraussagte, daß es den strebsamen, intelligenten, ehrliebenden Arbeiter von der Selbsthülfe abschrecken und dem Sozialismus in die Arme treiben müsse, — auf der andern Seite der Staatssozialismus, der das Recht auf Arbeit proklamirt und dem Arbeiter die Verantwortlichkeit für seine wirthschaftlichen Verhältnisse abnimmt und dem Staate zuschiebt. Im Wettbewerb des Staatssozialismus und der Sozialdemokratie um die Gunst des Arbeiters gehen beide — wie Schulze noch in seinem letzten erst nach seinem Tode veröffentlichten Aufsatze gegen die Staatshülfe hervorhob — übereinstimmend von der Annahme aus, daß sich der Arbeiter in einer ein für allemal gegebenen Nothlage befinde und auf dem Wege der Selbsthülfe nimmermehr zu einer menschenwürdigen Existenz gelangen könne. Und gerade bei Berathung jenes Ausnahmegesetzes (17. September 1878) wurde von maßgebender Stelle für nützlich erklärt, durch Versuche festzustellen, ob nicht doch „die Lösung der sozialen Frage“ durch Gewährung von Staatsmitteln zu Protuktivgenossenschaften nach Lasselle's Hundert-Millionen-Thaler-Projekt möglich sei. Dazu kommt noch ein Anderes: mehr noch als der Großbetrieb des Einzelnen oder der Kapitalgesellschaft wird die Produktivgenossenschaft bedroht und geschädigt durch die Unsicherheit der Zollverhältnisse des Auslandes, durch den Mangel ausreichender Tarifverträge, durch die zunehmende Absperrung der einzelnen Länder von einander, durch Preiskoalitionen über Rohstoffe und Wirthschaftsbedürfnisse.

*) „Die Genossenschaften in einzelnen Gewerbszweigen. Praktische Anweisung zu ihrer Gründung und Einrichtung von Schulze-Delitzsch, derzeit Anwalt des Allgem. deutschen Genossenschaftsverbandes unter Mitwirkung von Dr. F. Schneider, 1. Sekretär der Anwaltschaft. Leipzig 1873“.

Aber die ungünstigen Zeiten werden vorübergehen, der natürliche Gang der Entwickelung bringt die Heilmittel. „Der Maschinentechnik wird es unfehlbar gelingen, das Hinderniß der Rückkehr zur konkurrenzfähigen Handarbeit zu beseitigen durch die Zuführung billiger mechanischer Arbeitskraft in die kleineren Werkstätten und die Wohnungen der Arbeiter. Das Endziel der Entwickelung des Zeitalters der Naturwissenschaft ist die Rückkehr zur Einzelarbeit, oder, wo es die Natur der Dinge verlangt, der Betrieb gemeinsamer Arbeitsstätten durch Arbeitsassoziationen, die erst durch die allgemeinere Verbreitung von Kenntniß und Bildung und durch die Möglichkeit billiger Kapitalbeschaffung eine gesunde Grundlage erhalten werden.“ Diese Sätze, die wir der Rede entnehmen, mit welcher ein hervorragender Mann der Gegenwart, ein warmer, treuer Freund Schulzes und seiner Bestrebungen, Werner Siemens, im September 1886 die deutsche Naturforscherversammlung in Berlin begrüßte, zeigen uns, wo in Zukunft die Vorbedingungen einer gedeihlichen Entwickelung und die sicheren Erfolge der Produktivgenossenschaft zu suchen sind. . . .

Während die Rohstoff- und Magazingenossenschaften der Handwerker und die industrielle Produktivgenossenschaft in der Entwickelung vollständig zurückblieben, zeigten die Rohstoffgenossenschaften der Landwirthe und eine Art landwirthschaftlicher Produktivgenossenschaften in den letzten zehn Jahren einen überaus schnellen und nachhaltigen, selbst Schulze-Delitzsch' weitgehende Hoffnungen übertreffenden Aufschwung. Man kann denselben erst seit 1871 datiren, seitdem in Ost- und Westpreußen größere landwirthschaftliche Genossenschaften begründet wurden,*) die Schulzes Lehren und die Erfahrungen der anderen Arten Genossenschaften zu ihrer Organisation benutzten. Schulze hatte in seinem Buche über die Genossenschaften in einzelnen Gewerbszweigen unter Beibringung von Statuten und Formularen zunächst die landwirthschaftlichen Rohstoffgenossenschaften oder Konsumvereine, welche die für den landwirthschaftlichen Geschäftsbetrieb nöthigen Roh- und Hülfsstoffe, namentlich künstlichen Dünger, Futtermittel und Saatgetreide im Großen ankaufen und an ihre Mitglieder vertheilen, eingehend behandelt; sodann die landwirthschaftlichen Werkgenossenschaften zur gemeinschaftlichen Anschaffung und Benutzung landwirthschaftlicher Maschinen und Werkzeuge, die Genossenschaften zum Halten von Zuchtthieren (Stiergenossenschaften) und endlich die Genossenschaften für Handel und Produktion auf landwirthschaftlichem Gebiete, die Winzergenossenschaften und die

*) Ueber die ersten Anfänge der genossenschaftlichen Bewegung unter den Landwirthen vgl. Parisius: „Die Genossenschaftsgesetze im deutschen Reiche“, Seite 56 bis 73; ferner den Aufsatz desselben: „Zur landwirthschaftlichen Genossenschaftsbewegung“ in Nr. 4 der Bl. f. G. 1889 S. 36.

Milchmagazin- und Molkereigenossenschaften, letztere vorzugsweise nach Mittheilungen des Generalsekretärs des landwirthschaftlichen Zentralvereins für Lithauen und Masuren Stöckel-Insterburg über die ersten damals in Ostpreußen entstandenen Genossenschaften dieser Art.

An dem großen Aufschwung nahmen bisher nur die landwirthschaftlichen Konsumvereine und die Molkereigenossenschaften Antheil, wenn schon verschiedene neue Arten Genossenschaften auftauchten und hie und da mit Glück arbeiteten. So Dörrobst bereitende Obstverwerthungsgenossenschaften, Krautgenossenschaften, die Sauerkraut herstellen und verkaufen, Ankaufsgenossenschaften, die von weither Vieh zur Zucht oder Mast einführen, Verkaufsgenossenschaften zur besseren Verwerthung von Mastvieh oder von Saatgut oder von Tafelbutter, Züchtergenossenschaften u. s. w.

Was nun den Geschäftsbetrieb und die Ausbreitung der landwirthschaftlichen Konsumvereine anlangt, so müssen dieselben naturgemäß den besten Wirkungskreis da finden, wo bei hoher Kultur der Kleinbetrieb vorherrscht. Der Raiffeisensche Verband freilich begünstigt die Begründung besonderer Konsumvereine nicht, die Zentralstelle besorgt bis heute gegen eine kleine Entschädigung den Mitgliedern der einzelnen Darlehnskassenvereine, welche die Vermittelung übernehmen, den Bedarf an Kunstdünger und Futterstoffen. Anderwärts, in Rheinland, Westfalen, Nassau, besorgten das Gleiche die landwirthschaftlichen Zentralstellen oder die Bauernvereine — Interessentenvereine mit mehr oder weniger deutlich ausgeprägten religiösen oder politischen Parteibestrebungen. In richtiger Erkenntniß, daß die Befriedigung dieser Wirthschaftsbedürfnisse in geordnetem geschäftlichen Wege erfolgen müsse, schuf man in Hessen und Baden dafür besondere Genossenschaften, jedoch so, daß den Einkauf auf voraufgehende Bestellung die Zentralstelle besorgt, die Einzelgenossenschaft aber die Bestellungen einsammelt, das auf Bestellung Gelieferte vertheilt und die Einziehung des Geldes besorgt. Der Württembergische Verband und der Verband der Münsterschen Bank machen es wie der Raiffeisensche Verband. Landwirthschaftliche Konsumvereine, die von jenen Wirthschaftsbedürfnissen Vorräthe ohne Bestellung einkaufen und lagern lassen und, wie die Lebensbedürfniß-Konsumvereine, zu Tagespreisen an Mitglieder verkaufen, kamen zuerst im Nordosten des Reiches auf. Der Insterburger ländliche Wirthschaftsverein ist der bedeutendste dieser Vereine geblieben. Der gegenwärtige Bestand der landwirthschaftlichen Konsumvereine erreicht nach Schenck's Jahresberichte für 1888 im deutschen Reiche die Zahl 843 und vertheilt sich nach Staaten und Provinzen folgendermaßen: Baden 292, Preußen 221 (Schleswig-Holstein 99, Rheinprovinz 35, Hessen-Nassau 33, Hannover 31, Ost- und Westpreußen 13, Schlesien 4, Sachsen 3, Westfalen 2, Pommern 1),

Hessen 187, Bayern 75, Oldenburg 46, Sachsen 13, Württemberg 8, deutsche Reichslande ein Verein.

Die Molkereigenossenschaften passen weniger für den landwirthschaftlichen Kleinbetrieb, für ländliche Zwergwirthschaften, sie sind von hohem Werthe für den großen und mittleren (bäuerlichen) Besitz, bei dem sich durch gleiche Ernährung und Wartung der Kühe und gleiche Bearbeitung der Butter in allen betheiligten Wirthschaften ein gleichmäßiges Produkt herstellen läßt.*) Wie sie sich von Ostpreußen aus allmählich verbreiteten und dann in Schleswig-Holstein mit seinen unabhängigem wohlhabenden, Viehzucht und Weidewirthschaft betreibenden Bauernstande und in ähnlich gearteten Landschaften von Oldenburg und Ostfriesland allgemein eingeführt wurden, hat nach den Jahresberichten bis 1887 Parisius in Nr. 4 der Bl.f.G. 1889 zusammengestellt. Wir wollen durch eine die Vertheilung der Molkereigenossenschaften für das deutsche Reich 1871, 1875, 1880, 1885 und 1888 darstellende Tabelle zeigen, wie diese treffliche Genossenschaftsart in unaufhaltsamer Bewegung allmählich in die einzelnen Staaten und Provinzen hineingetragen ist.

	1871	75	80	85	88
Ost- und Westpreußen	2	21	26	39	55
Brandenburg	—	1	1	6	17
Pommern	—	—	—	2	19
Posen	—	1	2	6	21
Schlesien	—	1	4	13	22
Sachsen	—	—	3	10	24
Schleswig-Holstein	—	—	9	84	199
Hannover	—	5	12	30	100
Westfalen	—	—	—	1	18
Hessen-Nassau	—	—	—	7	10
Rheinland	—	1	1	7	9
Preußen	2	30	58	207	494
Deutschl. ohne Preußen	—	—	12	55	138
Deutsches Reich	2	30	70	262	632

	80	85	88
Bayern	—	2	6
Sachsen	—	—	7
Württemberg	1	5	16
Baden	2	2	5
Hessen	—	9	12
Mecklenburg	1	6	36
Sachsen-Weimar	—	1	4
Oldenburg	2	17	30
Sächs. Herzogth.	—	—	1
Braunschweig	1	3	5
Anhalt	1	1	2
Schwarzburg	—	—	1
Waldeck	1	3	3
Lippe	—	—	2
Hansestädte	2	5	7
Elsaß-Lothringen	1	1	1
Deutschl. ohne P.	12	55	138

Ueber die Gesammtleistungen der landwirthschaftlichen Konsumvereine sowohl, wie der Molkereigenossenschaften lassen sich einigermaßen zuverlässige Zahlen nicht beibringen, da diese Genossenschaften zum Theil noch an einer bedauernswerthen Abneigung gegen statistische Mittheilungen kranken.

*) Auf die schnellere Ausbreitung der Molkereigenossenschaften war seit 1880 ohne Zweifel von großem Einfluß die in Bremen Anfang 1880 erschienene Schrift: „Errichtung, Organisation und Betrieb der Molkereigenossenschaften von C. M. Stöckel", welcher Musterstatuten, Instruktionen, Formulare beigefügt sind.

4. Baugenossenschaften.

Es scheint, als ob alle zehn bis zwanzig Jahr gleichzeitig in vielen Großstädten und Industrieorten „Wohnungsnoth" eintritt und in Folge dessen „die Wohnungsfrage" ein regelmäßiger Gegenstand der Tagesordnung derjenigen Versammlungen wird, die sich mit der Förderung des Wohls der arbeitenden Klassen beschäftigen. In solchen Zeiten entstehen Baugenossenschaften ohne große Schwierigkeit. So war es namentlich in der Zeit von 1871 bis 1874, wo eine erhebliche Zahl Baugenossenschaften gegründet wurde, die mit gutem Erfolge arbeiteten. Fast alle aber haben sich aufgelöst — zum Theil unter erheblichem Verluste der Mitglieder. Man darf eine Eigenthümlichkeit der Baugenossenschaften nicht außer Acht lassen, auf die Parisius bereits 1865 aufmerksam machte: Während die andern Genossenschaften dauernde, sich immer erneuernde Bedürfnisse ihrer Mitglieder befriedigen, ist das Mitglied einer Baugenossenschaft, wenn es durch dieselbe ein Haus zu Eigenthum erworben hat, ein für allemal befriedigt und hat kein Interesse mehr an der Mitgliedschaft. „Ferner wird jede Baugenossenschaft nach einer Reihe von Jahren segensreicher Thätigkeit aufzuhören genöthigt, indem der Ort, wo sie ihren Sitz hat, mit Wohnungen so ausreichend versehen ist, daß die durch Vermehrung der Einwohner und Zuzug entstehenden Lücken durch die Privatindustrie genügend ausgefüllt werden, die Genossenschaft auch in Folge des stärkeren Wohnungsangebots die Preise der kleineren Wohnungen so weit heruntergedrückt hat, daß sie selbst die Konkurrenz mit den Einzelunternehmern schwer bestehen, also nicht mehr mit Vortheil in der Errichtung neuer Häuser fortfahren kann." *)

Bei der hinreichenden Beseitigung der „Wohnungsnoth" verbleibt es in der Regel nicht, es tritt Ueberproduktion — Wohnungsüberfluß ein; die etwa im Besitz der Genossenschaft verbliebenen Wohnhäuser und die in denselben befindlichen Wohnungen sinken im Werth, Wohnungen bleiben leer stehen. Wenn in dieser schwierigen Zeit, wie kaum ausbleiben kann, zahlreiche Kündigungen der Mitgliedschaft erfolgen, so wird die Baugenossenschaft schleunigst sich auflösen und liquidiren müssen, um die treu gebliebenen Genossen nicht in Schaden zu bringen.

Ein schneller Wandel in dem Bestand der Baugenossenschaften ist nach alledem nicht zu vermeiden. Gegenwärtig befinden wir uns

*) Aufsatz von Parisius: „Die auf dem Prinzip der Selbsthülfe beruhende Baugenossenschaft" in dem Sammelwerk: „Die Wohnungsfrage, mit besonderer Rücksicht auf die arbeitenden Klassen" Berlin 1865. Vgl. Parisius. Die Genossenschaftsgesetze im deutschen Reiche" Einleitung S. 75 bis 84. Sodann „Mittheilungen über deutsche Baugenossenschaften nebst einem Statut und Motiven von Dr. F. Schneider. Mit einem Vorworte von Schulze-Delitzsch, Leipzig 1875.

wieder in einer Zeitperiode, in der Wohnungsgenossenschaften zur Abhülfe der Wohnungsnoth an zahlreichen Orten entstehen oder schon entstanden sind, oder geplant werden. Das neue Gesetz erleichtert vielleicht ihre Entstehung. Mögen sie Erfolg haben!

III. Zur Geschichte des Genossenschaftsgesetzes.

Schulze-Delitzsch hatte bei Gründung der ersten Genossenschaften die Frage der rechtlichen Form derselben mit besonderer Vorsicht behandelt, um auf der einen Seite jede Einmischung des Staates und seiner Behörden von ihnen abzuhalten, auf der anderen Seite nach Möglichkeit den Mangel der Rechtspersönlichkeit im Verkehr mit Dritten zu ersetzen. Die ersten Genossenschaften, die in Preußen im Gebiete des allgemeinen Landrechts ihren Sitz hatten, konnte er nur als erlaubte Privatgesellschaften hinstellen, jenen Mangel aber strebte er durch mehr oder weniger künstliche Einrichtungen einigermaßen unschädlich zu machen. Zur Beseitigung indessen „eines Zustandes, der in jeder Weise mißlich, mancherlei Gefahren und unnütze Kosten und Weitläufigkeiten zur Folge hatte“, suchte er Abhülfe von der Gesetzgebung. Die Aenderung des preußischen Gesellschaftsrechts durch Einführung des allgemeinen deutschen Handelsgesetzbuchs bewog ihn, am 10. März 1863 im Abgeordnetenhause, dessen Mitglied er 1861 geworden war, zugleich als Anwalt und im Auftrage des allgemeinen Vereinstages einen ausführlichen Gesetzentwurf einzubringen, nach welchem im Anschluß an die Vorschriften des Handelsgesetzbuchs die Erwerbs- und Wirthschaftsgenossenschaften als besondere Art der Gesellschaften durch Eintragung in ein vom Handelsrichter als Theil des Handelsregisters zu führendes Genossenschaftsregister die gleiche Rechtsstellung wie die Handelsgesellschaften erwerben konnten. Dieser in einer Kommission des Abgeordnetenhauses berathene und verbesserte Entwurf wurde die Grundlage des in der Landtagssession von 1866 bis 1867 endlich zu Stande gebrachten preußischen Gesetzes, „betreffend die privatrechtliche Stellung der Erwerbs- und Wirthschaftsgenossenschaften“ vom 27. März 1867, eingeführt in die neuen Provinzen Hannover, Hessen-Nassau und Schleswig-Holstein durch Verordnungen vom 12. Juli, 12. August und 22. September 1867.

Mit dem preußischen Gesetze bis auf einige Schlußparagraphen völlig übereinstimmend, wurden schon am 20. Juni 1867 im Herzogthum Sachsen-Meiningen und am 8. März 1868 im Großherzogthum Sachsen-Weimar Genossenschaftsgesetze erlassen. Daß in süddeutschen Staaten und im Königreich Sachsen auf durchaus anderen Grundlagen Genossenschaftsgesetze entworfen wurden, veranlaßte Schulze schon am 16. April 1868 als Mitglied des Norddeutschen Reichstags zu beantragen, das preußische Genossenschaftsgesetz mit einigen Aenderungen und Ergänzungen zu einem norddeutschen Bundesgesetz zu erheben. In einer Kommission von 21 Mitgliedern in zwei Sitzungen vorberathen, ward der Gesetzentwurf vom Reichstage am 23. Mai und sodann mit vielen vom Bundesrath befürworteten Aenderungsvorschlägen der von ihm mit der Begutachtung betrauten, gerade in Berlin tagenden Kommission zur Ausarbeitung einer Civilprozeßordnung, in der letzten Sitzung der Session, am 20. Juni 1868 unverändert angenommen. Das „Gesetz betreffend die privatrechtliche Stellung der Erwerbs- und Wirthschaftsgenossenschaften vom 4 Juli 1868" ist in Nr. 24 des Bundesgesetzblattes des Norddeutschen Bundes, ausgegeben zu Berlin den 15. Juli 1868, publizirt und im Norddeutschen Bunde laut § 73 vom 1. Januar 1869 in Kraft getreten. Dasselbe fand in vier norddeutschen Staaten, außer in Preußen, Sachsen-Meiningen und Sachsen-Weimar, auch noch im Königreich Sachsen, wo die Vollziehung am 15. Juni und die Verkündung im sächsischen Gesetz- und Verordnungsblatte am 27. Juni 1868 erfolgt war, besondere Genossenschaftsgesetze vor, an deren Stelle es zu treten hatte.*)

In Bayern wurde ein Genossenschaftsgesetz am 29. April 1869 vollzogen, welches am 28. Mai im Königreich Bayern diesseits des Rheins und am 10. Juni 1869 in der Rheinpfalz in Kraft trat. Ein hessisches Gesetz vom 4. August 1869 führte das norddeutsche Genossenschaftsgesetz mit einzelnen durch die Verschiedenheit des Geltungsgebietes erforderlichen Aenderungen in die nicht zum Norddeutschen Bunde gehörenden Theile des Großherzogthums ein. In Baden erschien das Genossenschaftsgesetz vom 11 Februar 1870. In Württemberg steckte man noch in den Vorarbeiten, als der Krieg ausbrach. Die Versailler Verträge bewirkten, daß das Gesetz vom 4. Juli 1868 als Reichsgesetz in Baden, Süd-

---

*) Die Geschichte der Entstehung des norddeutschen Genossenschaftsgesetzes vom 4. Juli 1868 und seiner Einführung in die übrigen deutschen Staaten ist ausführlich behandelt von Parisius. Die Genossenschaftsgesetze im deutschen Reich. 1876. Einleit. Abschn. III S. 85 bis 109. In diesem Kommentar sind auch die Einführungsgesetze, die Ausführungsverordnungen und das dem deutschen Reichsgesetze nachgebildete österreichische Genossenschaftsgesetz vom 9. April 1873 nebst Ausführungsverordnung abgedruckt (S. 403 bis 563).

In Oesterreich gab es Ende 1887 1539 „registrirte" Gen. (660 mit unbeschränkter, 879 mit beschränkter Haft). Es waren darunter 1195 Vorschußvereine (544 + 651), 159 Konsumvereine (66 + 103), 175 sonstige Genossenschaften (50 + 125). Nur die Minderzahl ist deutsch. Von der Gesammtsumme haben ihren Sitz in Böhmen 434, in Mähren 398, in Galizien 260, in Niederösterreich 183, in Steiermark 77, in Schlesien 43, in Tirol und Vorarlberg 39 u. s. w. Der „Allgemeine Verband der auf Selbsthülfe beruhenden deutschen Erwerbs- und Wirthschaftsgenossenschaften" ist am 4 August 1872 zu Wien begründet. Anwalt ist seitdem Hermann Ziller (geb. zu Steinach bei Meiningen am 2. Mai 1825). Das Organ des Verbandes, der nur 170 Genossenschaften umfaßt, ist „Die Genossenschaft" zu Wien.

Hessen und Württemberg am 1. Januar 1871 eingeführt und dadurch das badische und hessische Gesetz aufgehoben wurden. In Elsaß-Lothringen ferner ist das Genossenschaftsgesetz zufolge Gesetz vom 11. Juli 1872 am 1. Oktober 1872, in Bayern zufolge Gesetz vom 23. Juni 1873 am 1. August 1873 in Kraft getreten.*)

Die Art und Weise, wie das Genossenschaftsgesetz für eine ganz neue und noch wenig entwickelte Form des gemeinschaftlichen Geschäftsbetriebs gewissermaßen durch deren Begründer und noch dazu in großer Hast geschaffen wurde, erklärte es zur Genüge, daß sich das Bedürfniß einer Revision des Gesetzes recht bald geltend machte. Bereits im Herbst 1876 stellte Schulze-Delitzsch im Reichstage den Antrag auf eine Revision, indem er den Entwurf einer Novelle mit Motiven vorlegte (Nr. 40 der Drucksachen). Derselbe wurde 1876 in einer Kommission durchberathen, ohne daß es zur Berichterstattung kam. Im neugewählten Reichstage von 1877 erneuerte Schulze seinen Antrag am 12. März. Sein verbesserter Entwurf (Nr. 41 der Drucksachen) kam am 16. April 1877 zur ersten Berathung. Auf Schulzes Begründung erklärte der Staatssekretär im Reichsjustizamt, Dr. Friedberg, daß bei der vom Bundesrath beschlossenen Reform des Aktiengesetzes voraussichtlich auch das Genossenschaftsgesetz in den Kreis der Revision gezogen werden müsse. Zugleich versprach er, sich bei den vorbereitenden Arbeiten zur Reformgesetzgebung den Rath genossenschaftlicher Praktiker zu erbitten. Schulze zog hierauf seinen Antrag zurück. In der Session von 1878 aber wiederholte er denselben, beschränkte ihn jedoch auf einzelne besonders dringlich erscheinende Punkte (Drucksachen des Reichstags 1878 Nr 11). Auf den Bericht der mit der Vorberathung beauftragten Kommission beschloß in der Sitzung vom 11. März 1878 der Reichstag,

in Erwägung, daß das Bedürfniß zu einer Revision des Gesetzes überhaupt, insbesondere aber in der Richtung anzuerkennen sei, den Beginn der Mitgliedschaft beitretender Genossenschafter das Rechtsverhältniß ausscheidender Genossenschafter und den zuläßigen Zeitpunkt des sogenannten Umlageverfahrens festzustellen, —

den Reichskanzler aufzufordern, den Entwurf einer Novelle zum Genossenschaftsgesetz, in welcher die in dem Antrage des Abgeordneten Schulze-Delitzsch angeregten Punkte ihre Erledigung fänden, mit thunlichster Beschleunigung ausarbeiten zu lassen (Stenograph Bericht 1878 S. 442 der Drucksachen Nr. 40).

Ebenso beschloß der Bundesrath am 27. Februar 1879 den Reichskanzler zu ersuchen, im Anschluß an die Revision der Aktiengesetzgebung und unter Berücksichtigung der in der vorerwähnten

*) Vgl. über die bayrische Genossenschaftsgesetzgebung namentlich Professor v. Sicherer: Die Genossenschaftsgesetzgebung in Deutschland. Kommentar zum Reichsgesetze 2c. unter Berücksichtigung des bayrischen Genossenshaftsgesetzes (Erlangen 1872) Seite 72 bis 86, 319 bis 324.

Reichstagsresolution hervorgehobenen Punkte den Entwurf einer Novelle zum Genossenschaftsgesetz dem Bundesrath vorzulegen.

Zum letzten Male brachte Schulze-Delitzsch seinen jetzt mehrfach abgeänderten Entwurf am 28. April 1881 in den Reichstag ein. Am folgenden Tage wurden zwei von sämmtlichen Mitgliedern der deutschkonservativen Partei unterstützte Anträge des Freiherrn von Mirbach und des sächsischen Hofraths Ackermann zur Revision des Genossenschaftsgesetzes gestellt (Drucksachen des Reichstages 1881 Nr. 107, 108 und 109). Der letztere Antrag beschränkte sich auf die Hervorhebung einzelner Grundsätze, die für die Revision des Genossenschaftsgesetzes berücksichtigenswerth erschienen und namentlich die Organisation, die Beaufsichtigung und den Geschäftsbetrieb der Genossenschaften zum Gegenstande hatten, wogegen der Antrag von Mirbach die Zulassung von Genossenschaften mit beschränkter Haft neben den bisherigen Genossenschaften mit unbeschränkter Haft bezweckte. Die drei Anträge wurden vom Reichstage einer Kommission überwiesen. Da der im Oktober 1879 in das Amt getretene Staatssekretär im Reichsjustizamt Dr. von Schelling bei der ersten Berathung am 18. Mai 1881 erklärt hatte, zu einer Spezialberathung sei die Reichsregierung nicht im Stande eine präzisirte Stellung einzunehmen, beschloß die Kommission schon in ihrer ersten Sitzung, zu beantragen, alle drei Anträge dem Reichskanzler als Material für die in Angriff genommene Revision des Genossenschaftsgesetzes zu überweisen und ihn um thunlichste Beschleunigung zu ersuchen. Eine zweite Berathung im Plenum des Reichstags hat nicht stattgefunden.

Vergeblich wartete Schulze-Delitzsch im Winter 1881 bis 1882 darauf, zu Vorarbeiten zu einer Genossenschaftsnovelle zugezogen zu werden. Sein dringender Wunsch, bei der Revision des Genossenschaftsgesetzes noch mitzuwirken, ging nicht in Erfüllung. Lediglich des Genossenschaftsgesetzes halber hatte er 1881 trotz schwerer körperlicher Leiden wieder eine Wahl zum Reichstage angenommen. Zum letzten Male kam am 8. Dezember 1882 eine Interpellation Schulzes wegen der Genossenschaftsnovelle zur Verhandlung. Der Staatssekretär im Reichsjustizamt Dr. v. Schelling erklärte in seiner Antwort: die ursprüngliche Absicht, die Umbildung des Genossenschaftsrechts in der Form einer Novelle zu bewirken, sei aufgegeben und der Erlaß eines neuen umfassenden Genossenschaftsgesetzes für nothwendig befunden. Nunmehr erkannte Schulze-Delitzsch, daß auf seine „persönliche Betheiligung" bei der Revision „mit irgend welcher Sicherheit nicht gerechnet werden könnte". Er schrieb deshalb in den letzten Monaten vor seinem am 29. April 1883 erfolgten Tode mit dem Aufgebot aller Kräfte das Büchlein: „Material zur Revision des Genossenschaftsgesetzes. Nach dem neuesten Stand der Frage geordnet" (Leipzig 1883). Es verpflichte ihn, so schrieb er, „die von ihm bei der Genossenschaftsgesetzgebung, wie bei der Revision ergriffene Initiative, ja seine ganze Stellung in der Genossenschaftsbewegung, dem Inlande wie dem Auslande gegenüber", wie sie ihn auch „befähigen, das reiche Material, was sich durch seine Arbeiten und Anträge bei ihm gesammelt, gesichtet, in geordneter Folge den Genossenschaften zu übermachen".

Nach früheren Erklärungen der Reichsregierung sollte die Reform des Aktienrechts der Reform des Genossenschaftrechts vorangehen. Das Reichsgesetz, betreffend die Kommanditgesellschaften auf Aktien und die Aktiengesellschaften ist am 18. Juli 1884 erlassen. Durch dasselbe wurde eine Umänderung des früher ausgearbeiteten Genossenschaftsgesetzentwurfs bedingt. Endlich im August 1887 konnte der Nachfolger Schulzes in der Anwaltschaft des Genossenschaftsverbandes, Reichstagsabgeordneter Schenck, auf dem allgemeinen Vereinstage in Plauen mittheilen, daß nach der ihm aus dem Reichsjustizamt gewordenen Eröffnung in diesem der Entwurf des Genossenschaftsgesetzes fertig gestellt sei und vor der Beschlußfassung des Bundesraths einer Sachverständigen-Konferenz zur Begutachtung vorgelegt werden sollte.

Die Konferenz hat unter Vorsitz des Staatssekretärs von Schelling, unter Theilnahme des Direktors im Reichsjustizamt, des wirklichen Geheimen Raths Hanauer und der vortragenden Räthe Geh. Oberregierungsrath Dr. Hagens und Geh. Oberregierungsrath Dr. Hoffmann vom 15. bis 19. November 1887 berathen.*) Die Anregungen der Konferenz sind zum großen Theil berücksichtigt.

Die Thronrede vom 24. November 1887 hatte zwar dem Reichstage die Vorlegung des Genossenschaftsgesetzentwurfes angekündigt, allein es kam nicht dazu. Der Bundesrath beschloß in dankenswerther Weise zunächst die Veröffentlichung des Entwurfs**) und ermöglichte dadurch den in erster Linie betheiligten bestehenden

---

*) Als Sachverständige fungirten Vertreter aus den verschiedenen genossenschaftlichen Verbänden: aus dem allgemeinen deutschen Genossenschaftsverbande der Anwalt Schenck und die Verbandsdirektoren Hopf-Insterburg, Pröbst-München, Schwanitz-Ilmenau, Glackemeyer-Hannover, ferner Dr. med Kirchartz-Unkel — an Stelle des damals erkrankten, seitdem verstorbenen F. W. Raiffeisen, — Vorsitzender des Anwaltschaftsrathes der ländlichen (Raiffeisenschen) Genossenschaften, Haas-Offenbach, Vorsitzender der Vereinigung deutscher landwirthschaftlicher Genossenschaften, Reichstagsabg. Leemann-Heilbronn, Vorsteher des Verbandes landwirthschaftlicher Kreditgenossenschaften im Königreich Württemberg, sodann Reichstagsabg. Freiherr v. Mirbach-Sorquitten und die Professoren der Rechte Goldschmidt-Berlin und v. Sicherer-München. Zugegen waren noch Kommissarien des Reichsamts des Innern und der preußischen Ministerien für Landwirthschaft, für Handel und Gewerbe, für Justiz.

**) Entwurf eines Gesetzes, betreffend die Erwerbs- und Wirthschaftsgenossenschaften nebst Begründung und Anlage. Amtliche Ausgabe, Berlin 1888. (In den Noten ist er als Entw. I und seine Motive als Begr I bezeichnet.)

Erwerbs- und Wirthschaftsgenossenschaften, ihn in ihren Verbänden zu berathen und über die von ihnen vorzuschlagenden Aenderungen zu beschließen.*)

Im Herbst 1888 endlich ist der Entwurf vom Bundesrath berathen und mit einigen Abänderungen angenommen worden. Derselbe ist am 27. November 1888 dem Reichstage zur Beschlußfassung vorgelegt.**)

Der Reichstag beschloß nach der ersten Berathung in der 14. Sitzung vom 13. Dezember 1888, den Gesetzentwurf einer Kommission von 28 Mitgliedern zur Vorberathung zu überweisen.***) Diese

---

*) Vgl. namentlich die Aufsätze des Anwaltes Schenck in den Blättern für Genossenschaftswesen Jahrg. 1888 „Der Entwurf des neuen Genossenschaftsgesetzes" in Nr. 10, 13, 14, 15, 16, 17, 18, 19, 20, 21, 22, 23, 24, 25, 26, 27, 31, 32, 33, 34, und die Berathungen und Beschlüsse des allgemeinen Verbandes in den „Mittheilungen über den 29. allgemeinen Vereinstag der auf Selbsthülfe beruhenden deutschen Erwerbs- und Wirthschaftsgenossenschaften in Erfurt vom 30. August bis 1. September 1888. Herausgegeben im Auftrage des Vereinstages von F. Schenck rc." Seite 61 bis 179 und 189 bis 199.

**) Drucksachen des Reichstags 7. Legislatur-Periode IV. Session 1888/89 Nr. 98. In den Noten die Bezeichnungen Entw. II und Begr. II.

***) In die Reichstagskommission wurden folgende 28 Abgeordnete gewählt: 1) Graf Mirbach, Herrschaftsbes. in Sorquitten, 2) Graf Dönhoff in Friedrichstein, erbl. Herrenhausmitglied, 3) Landrath Hegel in Burg, 4) Oberlandesgerichtsrath Klemm in Dresden, 5) Landrath Dr. Scheffer in Schlochau, 6) Generallandschaftsdirektor Staudy in Posen, 7) Fabrikbesitzer Stadtrath Brauer in Forst i. L., 8) Geh. Oberregierungsrath Gamp in Berlin, 9) Oekonomierath Nobbe in Niedertopfstedt, 10) Landrath v. Rheinbaben in Fraustadt, 11) Fabrikant Böhm in Offenbach, 12) Geh. Justizrath Professor Dr jur. v. Cuny in Berlin, 13) Professor der Rechte Dr. Enneccerus in Marburg, 14) Bürgermeister Hoffmann in Königsberg i. Pr., 15) Dr. med. Kruse in Norderney, 16) Landwirthschaftsinspektor Leemann in Heilbronn, 17) Justizrath Schneider in Mittweida, 18) Amtsrichter Francke in Berlin, 19) Landgerichtsrath Freiherr v. Buol-Berenberg in Mannheim, 20) Rittergutsbes. Freiherr v. Hoiningen-Hüne in Groß-Mahlendorf, 21) Legationsrath a. D. v. Kehler in Berlin, 22) Amtsgerichtsrath Letocha in Berlin, 23) Gutsbesitzer Limbourg in Helenenberg, 24) Schornsteinfegermeister Metzner in Neustadt O. S., 25) Hofrath Roß in Glauchau, 26) Gutsbes. Freiherr v. Tänzl-Tratzberg in Dietldorf, 27) Landrath Dr. Baumbach in Sonneberg, 28) Genossenschaftsanwalt Schenck in Berlin. Es gehörten die Abgeordneten zu 1 bis 6 den Deutschkonservativen, zu 7 bis 10 der deutschen Reichspartei, zu 11 bis 18 der nationalliberalen Partei, zu 19 bis 26 dem Zentrum, zu 27 und 28 der deutschfreisinnigen Partei an. Während der Berathungen sind mehrere Abgeordnete aus der Kommission ausgeschieden und durch Parteigenossen ersetzt: Graf Dönhoff, Klemm und Scheffer durch Landrath Bohtz in Schmagorei (Brandenburg), Major a. D. v. Massow in Rohr (Pommern), Landrath von Steinau-Steinrück in Seelow, — Francke und Leemann durch Amtsrichter Kulemann in Braunschweig und Rechtsanwalt Peters in Kiel; Metzner und Roß durch Bauergutsbesitzer Klose in Löwitz O. S. und Rentner Lucius in Düsseldorf; Dr. Baumbach durch Dr. med. Langerhans in Berlin. —

hat die Vorberathung in 23 Sitzungen in zwei Lesungen vollendet und am 18. Mai 1889 schriftlichen Bericht erstattet (Drucksachen Nr. 132). Auf Grund desselben hat der Reichstag die zweite Berathung in der 45. und 46. Sitzung vom 23. und 26. März vorgenommen (Zusammenstellung nach den Beschlüssen, Nr. 145 der Drucksachen). Nach der 3. Berathung in der 52. Sitzung vom 4. April 1889 (Zusammenstellung nach den Beschlüssen, Nr. 186 der Drucksachen) ist die Vorlage in der Schlußabstimmung angenommen. Der Bundesrath hat den Beschlüssen des Reichstags am 11. April zugestimmt und der Kaiser das Gesetz am 1. Mai vollzogen (Reichsgesetzblatt Nr. 11, ausgegeben den 10. Mai, Seite 55 bis 93).

Die nach § 171 Abs. 1 einem Erlaß des Bundesraths vorbehaltenen, „zur Ausführung der Vorschriften über das Genossenschaftsregister und die Anmeldungen zu demselben erforderlichen Bestimmungen“ sind vom Reichskanzler am 11. Juli 1889 bekannt gemacht (Reichsgesetzblatt Nr. 15, ausgegeben am 22. Juli 1888, Seite 149 bis 164. — Vgl. unten Thl. II S. 389 bis 412). Die Bekanntmachungen, welche nach § 171 Abs. 2 die Zentralbehörden der einzelnen Bundesstaaten zu erlassen haben, sind im dritten Theil abgedruckt.

IV. Der Begriff der Genossenschaft und die wichtigsten Neuerungen des Gesetzes vom 1. Mai 1889.

Der Begriff der Erwerbs- und Wirthschaftsgenossenschaften, welche das Gesetz vom 1. Mai 1889 behandelt, ist im § 1 bis auf eine geringfügige Abweichung ebenso bestimmt, wie im Gesetz vom 4. Juli 1868.

Das preußische Genossenschaftsgesetz vom 27. März 1867 beabsichtigte, einer bereits vorhandenen, in der Gesetzgebung nicht berücksichtigten Klasse von Gesellschaften Rechtsfähigkeit zu verleihen, und das deutsche Genossenschaftsgesetz vom 4. Juli 1868 bezweckte, dieses preußische Gesetz auf das ganze, einer gemeinsamen Gesetzgebung zugängliche norddeutsche Bundesgebiet auszudehnen. Die Gesellschaften, für die und auf deren Betrieb die deutschen Genossenschaftsgesetze erlassen wurden, waren unter einander sehr verschieden. Aber ihre Verschiedenheiten kamen wenig in Betracht, denn nicht auf die

---

An den Verhandlungen der Kommission haben ferner theilgenommen die Mitglieder des **Bundesraths**: der Nachfolger des Dr. von Schelling als Staatssekretär des Reichsjustizamts kaiserl. wirkl. Geh. Rath **von Oehlschläger**, der kais. Geh. Ober-Regierungsrath **Lohmann**, der königl. bayr. Ministerialrath **Heller** und der kaiserl. württemb. Direktor Dr. v. **Stieglitz**, und als Kommissarien des Bundesrathes: die beiden verdienstvollen Verfasser des Entwurfes kais. Geh. Oberregierungsrath Dr. **Hagens** und kais. Geh. Regierungsrath Dr. **Hoffmann**, sowie der königl. preuß. Geh. Oberregierungsrath Dr. **Thiel**.

durch bestehende Genossenschaften repräsentirten Arten der Gesellschaften wurde das Gesetz beschränkt, sondern einer jeden Gesellschaft, die unter den im Gesetz aufgestellten Begriff der Genossenschaft fällt und den Erfordernissen des Gesetzes genügt, wurde es gestattet, die Rechte zu erwerben, welche das Genossenschaftsgesetz verleiht.

So gab das Gesetz der weitesten Entwickelung des Genossenschaftswesens Raum, ohne zu verhindern, daß im Wesentlichen ebenso organisirte Gesellschaften die gleichen Zwecke in einer anderen rechtlichen Form zu verwirklichen suchten.

Schulze-Delitzsch hatte seine Schöpfungen anfänglich „Assoziationen der Handwerker und Arbeiter" oder der „Arbeiter und des Kleingewerbes" benannt, erst auf Anregung des zweiten Kongresses deutscher Volkswirthe (1859) erhielten sie den Namen „Genossenschaften". Die deutsche Bezeichnung hat sich unter den Vereinen selbst schnell als technische eingebürgert. Doch kehrte sich der allgemeine Sprachgebrauch nicht daran, indem er auch auf andere Vereinigungen, namentlich der unbemittelteren Volksklassen, den Namen anwendete.

In dem ersten Entwurfe zu einem Genossenschaftsgesetz hatte Schulze die Begriffsbestimmung dahin gefaßt:

> „Diejenigen Vereine, welche die Förderung des Erwerbs oder der Wirthschaft ihrer Mitglieder mittelst genossenschaftlichen Geschäftsbetriebes bezwecken und wegen der unbeschränkten Zahl, sowie des stetigen Wechsels ihrer Theilnehmer nicht für geschlossene Sozietäten im Sinne der Gesetze geachtet werden können."

Der zweite Vereinstag der Vorschuß- und Kreditvereine (Gotha, Pfingsten 1860) genehmigte bei Berathung jenes Entwurfes diese Bezeichnung als erschöpfend und zweckmäßig. Sie ging auch über in den Gesetzentwurf „über die privatrechtliche Stellung der auf Selbsthülfe beruhenden Erwerbs- und Wirthschaftsgenossenschaften", welchen Schulze am 10. März 1863 dem preußischen Abgeordnetenhause vorlegte. Aber bei der Kommissionsberathung wurden zahlreiche Abänderungsanträge gestellt. Man fand, daß vom „genossenschaftlichen Geschäftsbetrieb" in einer Definition der Genossenschaft nicht geredet werde dürfe, und setzte dafür „gemeinschaftlichen Geschäftsbetrieb auf dem Wege der Selbhülfe". Ein Antrag, neben dem Erwerb und der Wirthschaft der Mitglieder noch den Kredit als Gegenstand der bezweckten Förderung einzufügen, fand trotz Widerspruhs des Antragstellers und des zum Referenten bestellten Abgeordneten Parisius Annahme. Ebenso ein Antrag des letzteren, eine allseitig als eigenthümlich anerkannte Eigenschaft der bestehenden Genossenschaften durch die Worte „bei nicht geschlossener Mitgliederzahl' zu kennzeichnen. So entstand in der Kommission die Definition:

> „Vereine, welche bei nicht geschlossener Mitgliederzahl die

Förderung des Kredits, des Erwerbs oder der Wirthschaft ihrer Mitglieder mittelst gemeinschaftlichen Geschäftsbetriebes auf dem Wege der Selbsthülfe bezwecken (Genossenschaften)."

In dem von der preußischen Staatsregierung 1866 und 1867 dem Landtage vorgelegten Entwurfe ist diese Definition im Wesentlichen beibehalten. Nur die Worte „auf dem Wege der Selbsthülfe" blieben fort. „Die im § 1 enthaltene Definition der Genossenschaft" — hieß es in den Motiven, „schließt durch das darin aufgenommene Merkmal, wonach die Förderung des Kredits u. s. w. der Vereinsmitglieder durch gemeinschaftlichen Geschäftsbetrieb bezweckt werden muß, diejenigen Vereine, welche den Charakter von Wohlthätigkeitsinstituten an sich tragen (Unterstützungskassen u. s. w.), von der Kategorie der Genossenschaften aus, ohne daß es zu diesem Zweck noch der juristisch jedenfalls unklaren Bezeichnung der Genossenschaft, als „„auf Selbsthülfe"" beruhend, bedarf."

Bei den Berathungen im preußischen Landtage von 1866 und 1867 und in den Kommissionen desselben sind Versuche, die Definition abzuändern, nicht mehr gemacht worden. Die Definition des preußischen Genossenschaftsgesetzes ist sodann in buchstäblicher Uebereinstimmung in das norddeutsche Genossenschaftsgesetz übergegangen. Nach derselben findet eine Beschränkung der Genossenschaften auf bestimmte Volksklassen, wie „den kleineren und mittleren Gewerbestand", nicht statt. Auch in Ansehung des Gegenstandes des Unternehmens ist völlige Freiheit gelassen; alles was sich zum Gegenstand einer geschäftlichen Erwerbsthätigkeit eignet, kann auch den Gegenstand eines genossenschaftlichen Unternehmens bilden.

Der Entwurf des neuen Genossenschaftsgesetzes behielt in dem unverändert angenommenen Eingang des § 1 die bisherige Begriffsbestimmung der Genossenschaften bei, nur wurden die völlig überflüssigen Worte „des Kredits" aus zutreffenden Gründen gestrichen (s. unten S. 2).

Eine Erweiterung des Begriffs hat also das neue Gesetz den Genossenschaften nicht gebracht. Der Entwurf desselben wurde, wie der Anwalt Schenck im Reichstage in der ersten Berathung hervorhob, in den genossenschaftlichen Kreisen freudig begrüßt, weil er Berechtigung, Bedeutung und Leistungen der deutschen Genossenschaftsbewegung in vollem Maße anerkannte, weil er bestrebt war, den wirklichen Bedürfnissen der Genossenschaften zu genügen und in der That eine Fortbildung des Genossenschaftsrechts enthielt. Die von Schulze-Delitzsch gestellten Anträge und die Wünsche der Genossenschaften waren in großer Zahl berücksichtigt. Viele Bestimmungen wurden als wesentliche Verbesserungen des Gesetzes vom 4. Juli 1868 auch von denjenigen gewürdigt, die wie der allgemeine Vereinstag zu Erfurt (August 1888) daneben eine Reihe von Bestimmungen als nicht vereinbar mit dem Wesen und der rechtlichen Stellung der

Genossenschaften, ja als schädlich für ihre gedeihliche Fortentwickelung bezeichneten.

Der Reichstag hat sich bei der Mehrzahl der streitigen Bestimmungen auf die Seite des Entwurfs gestellt, er hat mehrere wesentliche Verbesserungen desselben, aber auch einzelne Aenderungen vorgenommen, die nicht als Verbesserungen anerkannt werden können. Wir wollen an dieser Stelle die beiden wichtigsten Neuerungen des Gesetzes vorweg besprechen.

A. Die neue Ordnung der Haftpflicht der Genossen: die Zulassung der Genossenschaften mit beschränkter Haftpflicht und die Bestimmungen über den Vollzug der Haftpflicht.

1. Die Haftpflicht.

Wir besprechen zunächst die Haftpflicht. Die ersten von Schulze-Delitzsch begründeten Erwerbs- und Wirthschaftsgenossenschaften — Vorschußvereine und Rohstoffassoziationen unbemittelter Arbeiter und Handwerker lagen im Geltungsgebiet des preußischen allgemeinen Landrechts. Für Arbeiter und Handwerker, denen Schulze es lehrte, sich durch Zusammenschluß und gegenseitige Verbürgung als Vielheit kreditfähig zu machen, war die wirthschaftlich beste Kreditbasis die unbeschränkte Solidarhaft, als die denkbar größte Garantie für Gläubiger. Diese Haftform war aber auch die einzig mögliche, unter die sich die Genossenschaften stellen konnten. Korporationsrechte konnten in Preußen nur konzessionirten Gesellschaften ertheilt werden, die sich zu einem fortdauernden gemeinnützigen Zwecke verbunden haben; zu jedem wichtigen Rechtsgeschäfte müssen sie Genehmigung der Regierung einholen. Die erlaubte Privatgesellschaft des preußischen Landrechts ließ nur die unbeschränkte Solidarhaft zu. „Die Mitglieder waren in direkter, solidarischer und unbeschränkter, sogar prinzipaler Weise den Gläubigern verhaftet. Jeder einzelne Genosse konnte statt der Genossenschaft selbst sofort von den Gläubigern derselben in Anspruch genommen werden.“ (Begr. I 46.)

Auch im Gebiete des gemeinen Rechts zwang der damalige Rechtszustand zu der gleichen Haftbasis. Es bot sich als Gesellschaftsform nur die Sozietät, in der die Mitglieder nach Außen hin durch einen Bevollmächtigten handeln konnten, der sie im Namen der ertheilten Vollmacht unbeschränkt solidarisch verpflichtete. Ein Vermögen der Genossenschaft, oder gar die Rechtspersönlichkeit derselben, wurde von der Rechtsprechung damals in der Regel nicht anerkannt.

An diesem Rechtszustand änderte auch die Einführung des Handelsgesetzbuches nichts, denn dasselbe hatte die Genossenschaften unberücksichtigt gelassen und die Form der offenen Handelsgesellschaft eignete sich für dieselbe wegen ihres wechselnden Mitgliederbestandes nicht.

Mit der Genossenschaftsgesetzgebung der Jahre 1867 und 1868 erlangten die Genossenschaften Rechtspersönlichkeit, sofern sie sich „unter das Gesetz stellten"; die allein zulässige Haftbasis blieb die unbeschränkte Solidarhaft mit der in Folge des Erwerbs der Rechtspersönlichkeit nothwendig gewordenen Abschwächung, daß der Gläubiger nur wegen des im Genossenschaftskonkurse erlittenen Ausfalls einen Genossen in Anspruch nehmen konnte, die Mitgliedschaft also aus einer prinzipalen zu einer subsidiären bürgschaftsähnlichen Haftpflicht umgestaltet war (s. unten Vorbemerkung zu § 98 S. 294 ff.).

Hiervon abweichend war die Haftpflicht der Genossen in zwei deutschen Landesgesetzen geregelt, die kurz vor und nach dem Bundesgesetz erlassen waren. In dem sächsischen Gesetz vom 15. Mai 1868 war den Genossenschaften die Befugniß gegeben, in dem Statut die Art der Haftung der Mitglieder zu bestimmen, insbesondere die unbeschränkte oder direkte Haft auszuschließen. Durch das Gesetz vom 25. März 1874 wurden aber die auf die Genossenschaften bezüglichen Bestimmungen des Gesetzes aufgehoben.

Das bayrische Genossenschaftsgesetz vom 29. April 1869 ließ neben den Genossenschaften mit unbeschränkter Haftpflicht, den eingetragenen Genossenschaften, die sogenannten „registrirten Gesellschaften mit beschränkter Haftpflicht" zu. Bei ihnen haften die Mitglieder nur mit einer bestimmten Einlage und wiederkehrenden Beiträgen bis zu einer bestimmten Höhe. Der Geschäftsantheil des ausgeschiedenen Mitgliedes „und das sonst demselben auf Grund des Gesellschaftsvertrages gebührende Guthaben" werden ihm erst nach Erlöschen der zweijährigen Haftung ausbezahlt.*) Durch Gesetz vom 23. Juni 1873 ist das Gesetz außer Kraft getreten, an dem Fortbestand der in sehr geringer Zahl vorhandenen Genossenschaften mit beschränkter Haftpflicht wurde jedoch hierdurch nichts geändert, und es ist dies auch durch das neue Gesetz (§ 153) nicht geschehen.

In Deutschland gelangte das Prinzip der unbeschränkten Solidarhaft in der Gesetzgebung zur ausschließlichen Herrschaft, — nicht aber in irgend einem außerdeutschen Staate (vgl. Begr. I 48 ff., II 34 ff.). In **England**, wo bis 1862 die unbeschränkte Haftpflicht galt, wurde durch Gesetz vom 7. August 1862 die auf den Geschäftsantheil beschränkte Haftpflicht eingeführt. In **Frankreich** ließ der von den sociétés à capital variable handelnde dritte Theil des französischen Gesellschaftsgesetzes vom 24. Juli 1867 den Genossenschaften freie Wahl, Regel wurde die auf den Geschäftsantheil beschränkte Haftpflicht. Das **italienische** Gesetz vom

---

*) Art. 73 bis 75 des Gesetzes vom 29. April, abgedruckt bei Parisius a. a. O. S. 429. Daselbst sind auch die sächsischen und das österreichische Gesetz abgedruckt.

2. April 1882 hat die gleichen Grundsätze wie das französische; erst seit neuerer Zeit bilden sich in Italien ländliche Darlehnskassen mit unbeschränkter Haftpflicht. Das belgische Gesetz vom 18. Mai 1873 geht prinzipaliter von der unbeschränkten Solidarhaft aus, überläßt es aber den Genossenschaften, im Statut eine andere Haftform zu bestimmen. Das Gleiche ist der Fall nach dem portugiesischen Gesetze vom 2. Juli 1867, dem niederländischen Gesetze vom 17. November 1867, dem schweizerischen Bundesgesetze vom 14. Juni 1881. Das österreichische Gesetz vom 9. April 1873 sieht Genossenschaften mit unbeschränkter wie mit beschränkter Haftpflicht vor, — die „registrirte Genossenschaft mit unbeschränkter Haftung" und diejenige mit beschränkter Haftung. Bei letzterer haften die Mitglieder außer mit den Geschäftsguthaben noch persönlich mit einem statutarisch festgesetzten Betrage, der jedoch nicht niedriger als der Geschäftsantheil angenommen werden darf.

In Deutschland fanden nach Erlaß des norddeutschen Gesetzes vom 4. Juli 1868 Schulze und seine genossenschaftlichen Freunde zunächst ihre Hauptaufgabe darin, die in Norddeutschland erzielte Rechtseinheit auch auf Süddeutschland auszudehnen und gleichzeitig die bestehenden Genossenschaften Norddeutschlands zu veranlassen, sich dem Gesetze zu unterstellen. Schwierigkeiten erhoben vielfach die Konsumvereine, die, wenn sie nur gegen baar verkauften, außer den ihnen überreichlich zufließenden freiwilligen Spareinlagen der Mitglieder, keines fremden Kapitals bedurften. Doch versöhnten sie sich mit der für sie bei redlicher Geschäftsführung ungefährlichen Solidarhaft, da sie als ein geringes Opfer erschien gegen den großen Vortheil der Erlangung der zum Ankauf eines eigenen Grundstücks und zur Prozeßführung gegen Lagerhalter kaum entbehrlichen Rechtspersönlichkeit.

Etwas nachhaltiger war der Widerstand der beiden dazumal abseits der Schulzeschen Vereinigung stehenden Konsumvereinsverbände im Geltungsbereich des sächsischen und des bayrischen Gesetzes, beziehungsweise außerhalb des Bereichs des norddeutschen Gesetzes — des sächsischen und des süddeutschen Verbandes.*) Verstärkt wurden die Schwierigkeiten durch einen Beschluß des deutschen Juristentages vom August 1869. Auf einen Antrag von Professor Goldschmidt erklärte er zwar für wünschenswerth, daß für die Verpflichtungen der Genossenschaft jeder einzelne Genosse solidarisch und mit seinem ganzen Vermögen einstehe, es stehe jedoch prinzipiell der Bildung

*) Ueber die Beschlüsse dieser Verbände vom Mai 1869 und deren Bedeutung sind richtig stellende Mittheilungen S. 270 und 277 der Bl.f.G. 1886 in dem Aufsatze von Parisius „Zur Frage der Zulassung von Genossenschaften mit beschränkter Haft" Nr 44, 45, 46, 47, 48 zu finden. Zu vergleichen auch der voraufgehende Aufsatz desselben in Nr. 39, 40, 41, 42 „Der deutsche Juristentag und die beschränkte Haft der Mitglieder eingetragener Genossenschaften".

von Genossenschaften mit beschränkter Haftpflicht und freiem Austritt der Genossen nichts entgegen, sofern dahin Sorge getragen werde, daß dem Genossenschaftsgläubiger ein jederzeit bestimmtes und bekanntes Minimalkapital haftet. —

Der Krieg von 1870/1871 brachte mit der deutschen Einigung auch das gemeinsame deutsche Genossenschaftsrecht durch Ausdehnung des norddeutschen Gesetzes vom 4 Juli 1868 auf Süddeutschland. Vom 1. August 1873 an konnten sich in Deutschland nur Genossenschaften mit unbeschränkter Haftpflicht bilden. In den nächsten Jahren befestigte sich in und außerhalb der genossenschaftlichen Kreise die Meinung, daß die unbeschränkte Solidarhaft die nothwendige und ausschließliche Grundlage der Erwerbs- und Wirthschaftsgenossenschaften sein müsse.

Erst sehr allmählich vollzog sich ein Umschwung in den Anschauungen. Es wirkten dahin vornehmlich die Zusammenbrüche großer Kreditgenossenschaften, bei denen die Mitglieder aus der Solidarhaft in Anspruch genommen wurden. Zwar war, wie noch der allgemeine Vereinstag in Stuttgart (1879) erklärte, aus den bei einzelnen Genossenschaften vorgekommenen schweren Unfällen kein Grund zur Aenderung der Ueberzeugung herzuleiten, „da diese Unfälle lediglich durch Vernachlässigung der im Gesetz selbst gegen die Gefahren der Solidarhaft gegebenen Schutzmittel, sowie durch ein den ersten Grundsätzen geordneter Geschäftsführung widersprechendes Gebahren und Nichtbeachtung aller Warnungen und Rathschläge entstanden". Allein durch Resolutionen läßt sich das Mißtrauen nicht beseitigen. In der That haben Zusammenbrüche „in einzelnen Fällen den Charakter wahrer Kalamitäten für die davon betroffenen Bezirke angenommen, Vertrauen und Sicherheit im gewerblichen Verkehr untergraben und denselben ernstlich geschädigt. Nicht bloß der Umfang der vom Einzelnen zu tragenden Verluste, sondern namentlich die Unbestimmtheit und Unübersehbarkeit derselben und die andauernde Besorgniß, aus der Zahl der Genossen von den Gläubigern allein herausgerissen zu werden, haben hierbei verderblich gewirkt. Die weniger Gewissenhaften begannen durch Scheingeschäfte und betrügliche Vermögensübertragungen sich der bevorstehenden Inanspruchnahme zu entziehen, und schließlich unterlagen auch die Pflichtbewußteren, nunmehr doppelt gefährdet, nicht selten der Versuchung zu ähnlichen Manipulationen". (Begr. I 55, II 38)

Daß solche Mißstände Wohlhabende von der Betheiligung an Genossenschaften abschrecken mußten, ist nicht zu verwundern. Da nun in der That auch ganze Klassen von Genossenschaften (Konsumvereine, Werkgenossenschaften, Magazinvereine) nur wenig Kredit bedurften, und da ferner sich durch die allmähliche Betheiligung der Landwirthschaft an der genossenschaftlichen Bewegung ganz neue Bahnen für dieselben eröffneten, so war es nicht gerechtfertigt, dagegen zu opponiren, wenn n e b e n den Genossenschaften mit unbeschränkter Solidarhaft auch Genossenschaften mit beschränkter Solidarhaft in Nachahmung des österreichischen Gesetzes zugelassen wurden.

Schon auf dem Vereinstage zu Altona (im August 1880) hatte Schulze-Delitzsch einen Ausspruch beantragt, wonach es unter Umständen für zulässig zu erachten, daß „neben den nach wie vor nur auf der unbeschränkten Solidarhaft beruhenden Genossenschaften noch eine zweite Klasse ebenfalls mit solidarer persönlicher, aber durch eine bestimmte Summe für jeden einzelnen Genossen begrenzter Haft zugelassen werden könne". Als nun am 29. April 1881 Freiherr v. Mirbach im Reichstag einen von sämmtlichen Mitgliedern der deutschkonservativen Fraktion unterstützten Antrag einbrachte, welcher eine den Bestimmungen des österreichischen Gesetzes nachgebildete Zusatznovelle in Betreff Genossenschaften mit beschränkter Haftpflicht enthielt, trat Schulze dem Antrage keineswegs entgegen, sondern veranlaßte den Antragsteller, daran einige nothwendige Verbesserungen vorzunehmen, namentlich eine dem Wesen und Zweck der Genossenschaften widerstreitende Bestimmung, wonach die Haftbeträge deponirt werden sollten, zu beseitigen.*)

Schulze besprach in seiner letzten Schrift „Material zur Revision des Genossenschaftsgesetzes" (1883) den Antrag Mirbach. Stets habe er auf das entschiedenste bekämpft die Beschränkung der Haft auf die Geschäftsantheile, welche die Genossenschafter jederzeit beim Austritt zurückziehen könnten, so daß überhaupt die Gläubiger das Nachsehen hätten. Dem werde entschieden auf dem Wege der beschränkten Garantiehaft vorgebeugt, für welche zuerst Professor Goldschmidt auf dem deutschen Juristentage zu Heidelberg (Ende August 1869) aufgetreten sei. Und so handle es sich für ihn nicht um das Aufgeben einer alten Gegnerschaft. „So entschieden wir in den 50er und 60er Jahren bei Beginn der Bewegung durch die wirthschaftliche und Vermögenslage der Betheiligten an die unbeschränkte Haft gebunden waren und von der Gesetzgebung nichts Anderes zu erwarten stand, so entschieden drängt die ganze Entwickelung der letzten Jahre zur Zulassung der beschränkten Haft als einer gewissen Konsequenz hin." Im Einzelnen trat Schulze den vom Professor Goldschmidt in seiner Ende 1881 erschienenen Schrift für das Gesetz formulirten Hauptpunkten bei.

Aeußere Unterscheidbarkeit der neuen Genossenschaften, Publizität des Haftungsbetrages, Haftung jedes Genossen mit einer dem Geschäftsantheil mindestens gleichkommenden Garantiesumme, subsidiäre Gestaltung der gesetzlichen Garantiehaft, Garantiehaft als

*) Ueber die Einzelheiten dieser Entwickelung s. die bereits citirten Aufsätze von Parisius in den Bl.f.G. von 1886; Goldschmidt, Erwerbs- und Wirthschaftsgenossenschaften, Studien und Vorschläge 1881 S. 70 ff.; Schulze-Delitzsch, „Material zur Revision des Genossenschaftsgesetzes" S. 65 ff.; Herz, Die Novellen und Anträge zum Genossenschaftsgesetz 1883 S. 135 ff.

modifizirt solidare Haftbarkeit, Unzulässigkeit der Kündigung der Geschäftsantheile waren die wesentlichsten Erfordernisse, welche Goldschmidt und mit ihm Schulze-Delitzsch an die Genossenschaften mit beschränkter Haftpflicht stellten.

Das neue Gesetz ist diesen Anforderungen durchweg nachgekommen. Nach demselben gelten im Allgemeinen die gleichen Bestimmungen für Genossenschaften mit unbeschränkter und mit beschränkter Haftpflicht. Es enthalten nur die §§ 112—117 Sonderbestimmungen für die erstere und §§ 125—136 solche für die letztere Gattung.

Bei den Genossenschaften mit beschränkter Haftpflicht ist die Haftung nicht blos auf das Geschäftsguthaben beschränkt, sondern der Genosse hat darüber hinaus noch mit der „Haftsumme" für die Verbindlichkeiten der Genossenschaft einzustehen. Diese Haftsumme muß durch das Statut bestimmt werden und darf nicht niedriger als der Geschäftsantheil sein (§ 125) Der wesentliche Unterschied zwischen beiden Genossenschaftsarten liegt also darin, daß bei der „unbeschränkten Haftpflicht" der Genosse eventuell persönlich mit seinem ganzen Vermögen für die Verbindlichkeiten der Genossenschaft haften muß, während bei der Genossenschaft mit beschränkter Haftpflicht diese persönliche Haftpflicht eine begrenzte ist.

Besonderheiten sind hauptsächlich, daß

a) das Statut den Erwerb mehrerer Geschäftsantheile gestatten darf (§ 128), wobei sich aber die persönliche Haftung mit dem Erwerb jedes weiteren Geschäftsantheils auf das der Zahl der Geschäftsantheile entsprechende Vielfache der Haftsumme erhöht (§ 129),

b) das Konkursverfahren auch bei bestehender Genossenschaft außer dem Falle der Zahlungsunfähigkeit in dem Falle der Ueberschuldung stattfindet, sofern diese ein Viertheil des Betrages der Haftsummen aller Genossen übersteigt (§ 134).

Welchen Werth die Zulassung der Genossenschaften mit beschränkter Haftpflicht für die genossenschaftliche Bewegung haben wird, ist nicht vorauszusagen. Der Vereinstag des allgemeinen Verbandes zu Plauen hat 1887 den Kreditvereinen im Voraus empfohlen, an der unbeschränkten Solidarhaft als der bewährten Kreditbasis festzuhalten.

Der Vereinstag der ländlichen Genossenschaften (Raiffeisen) hat sich in Frankfurt 1889 für unbedingte Festhaltung an der unbeschränkten Solidarhaft ausgesprochen.

Der Vereinstag der „Vereinigung landwirthschaftlicher Genossenschaften" hat in Hildesheim 1889 in Betreff der ländlichen Kreditvereine erklärt, daß nur die unbeschränkte Haftung der Mitglieder anwendbar erscheine. „Jede andere Haftform beeinträchtigt die Sicherheit ihrer Gläubiger und damit den Kredit der Genossenschaft." Anderen landwirthschaftlichen Genossenschaften, die zur Zeit auf der Grundlage der Solidarhaft der Mitglieder als eingetragene Genossenschaften errichtet sind, wurde die Beibehaltung der unbechränkten

Haftpflicht empfohlen, die Annahme der beschränkten Haftpflicht wurde unter der Voraussetzung entsprechender Bemessung der Höhe der Haftsumme und der Prüfung der Verhältnisse da für zweckmäßig erachtet, wo im einzelnen Falle besondere örtliche oder geschäftliche Gründe dazu Anlaß geben.

In gleichem Sinne hat sich auch der 18. Verbandstag der landwirthschaftlichen Genossenschaften Ost- und Westpreußens im August 1889 in Königsberg für die unbeschränkte Haftpflicht ausgesprochen, „sofern nicht in einzelnen Fällen eine Ausnahme nöthig erscheint".

Für Konsumvereine und Magazingenossenschaften und für Rohstoffgenossenschaften, wenn sie nur gegen baar verkaufen, ist die beschränkte Haftpflicht jedenfalls ausreichend, da sie nur in sehr geringem Maße Kredit in Anspruch nehmen. Ob sie diesen und anderen Arten Genossenschaften zu einem besonderen Aufschwung verhelfen wird, muß die Zukunft ausweisen.

2. Der Haftvollzug.

Die Vorschriften des Gesetzes vom 4. Juli 1868 über den Haftvollzug, die Geltendmachung der Haftpflicht (vgl. die Darstellung der geschichtlichen Entwickelung derselben in der Vorbemerkung zu § 98 S. 294 ff.) hatten sich „als der Verbesserung dringend bedürftig erwiesen. Die für die Verwirklichung der Haftpflicht gegebenen Formen und Mittel genügten weder, um die Interessen der Gläubiger, noch um diejenigen der Genossen zu wahren". (Begr. II S. 40.) Bis zur Vorlegung des neuen Entwurfs fanden die auch vom Professor Goldschmidt gebilligten Vorschläge Schulzes allseitige Zustimmung der Genossenschaften. Schulze wollte zunächst das Vorverfahren des § 48 zur Abwendung des Konkurses durch Einführung eines durch die Liquidatoren zur bewirkenden Umlageverfahrens behufs Vertheilung der von einzelnen Genossen zur Deckung des Fehlbetrags eingezahlten Beträge vervollständigen*) und sodann der Generalversammlung das Recht geben, in jeder Lage des Konkurses ein Umlageverfahren zur völligen oder theilweisen Deckung der Ausfälle der Gläubiger zu beschließen. Bei diesen und anderen von ihm vorgeschlagenen Verbesserungen des Umlageverfahrens hielt Schulze-Delitzsch für unbedenklich, den Gläubigern, deren Befriedigung gesichert sei, das Vorgehen gegen den einzelnen, den Einzelangriff, zu entziehen. Auf den Fortfall des Einzelangriffs legte Schulze großen Werth zur Beseitigung „der unsäglichen Härten und Verwirrungen", die entstehen, wenn „der einzelne Herausgegriffene seinerseits auf Hunderte, ja Tausende von Regreßprozessen zu antheiliger Wiedereinziehung des für alle gemachten Verlags angewiesen ist". Die Schwierigkeiten, welche bei Beseitigung des Einzelangriffs sich für die Haftpflicht der ausgeschiedenen Mitglieder

*) Ein entsprechender Antrag ist in der Reichstagskommission abgelehnt, vgl. S. 287 Vorbemerkung zu § 90.

ergeben, die für alle bis zu ihrem Ausscheiden von der Genossenschaft eingegangenen Verbindlichkeiten bis zum Ablauf der Verjährung gleich den übrigen Genossen haftbar sind, kamen bei Schulze weniger in Betracht, weil er annahm, daß die ausgeschiedenen Genossen schon nach dem Gesetze von 1868 wegen der bei ihrem Ausscheiden vorhandenen Schulden am Umlageverfahren gleich den übrigen zu betheiligen seien, ohne einen Rückgriff an die Genossenschaft oder die Genossen zu haben.*)

Der neue Entwurf brachte für Genossenschaften mit unbeschränkter und mit beschränkter Haftpflicht das gleiche Verfahren in Vorschlag. In der Begründung (II 40) heißt es:

„Der Hauptmangel des jetzigen Gesetzes liegt in dem Zeitpunkt, in welchem das sogenannte Umlageverfahren eingeleitet wird. Dasselbe tritt erst am Ende des Konkurses, „wenn der Schlußvertheilungsplan feststeht", also fast gleichzeitig mit der Zulassung des direkten Einzelangriffs ein und während der ganzen Dauer des Konkursverfahrens geschieht nichts zur Deckung des Defizits, nichts, um dem Zugriff der Gläubiger zuvorzukommen. Das neue Gesetz hat vor Allem dafür zu sorgen, daß das zur Aufbringung der erforderlichen Beiträge dienende Verfahren unverzüglich nach der Eröffnung des Konkurses beginne. In diesem Zeitpunkt ist zwar der schließliche Ausfall der Gläubiger und daher der Betrag, welchen jeder Genosse nachzuschießen hat, noch nicht genau zu übersehen. Aber als Grundlage für das aufzubringende Defizit kann zunächst die Bilanz des Konkursverwalters dienen, und es kann auf Grund einer vorläufigen Berechnung (Vorschußberechnung) von den Mitgliedern die Einziehung der Beiträge, erforderlichenfalls im Wege der Zwangsvollstreckung, erfolgen. Auch sind schon in diesem Stadium des Verfahrens die uneinbringlichen Beiträge unter die zahlungsfähigen Genossen zu vertheilen und von ihnen beizutreiben. Sobald dann feststeht, welche Gläubiger im Konkurse berücksichtigt werden und welchen Betrag der Ausfall erreicht, den sie erleiden, muß durch eine definitive Berechnung (Nachschußberechnung) der endgültige Betrag der von den Genossen zu leistenden Nachschüsse festgestellt und ferner unverzüglich aus den vorgeschossenen und eventuell noch weiter einzuziehenden Beträgen die Befriedigung der Gläubiger herbeigeführt werden.

Um den Gläubigern die ihnen zuzubilligende Einwirkung auf die Feststellung und Einziehung der von den Genossen zu leistenden Beiträge zu sichern, darf das Verfahren nicht wie bisher dem Vorstande, unabhängig vom Konkursverwalter, sondern muß dem letzteren übertragen werden, unter der Beaufsichtigung des Konkursgerichts und Mitwirkung der Gläubiger in den durch die Konkursordnung gegebenen Schranken."

Die Nachschußpflicht wurde „als eine selbstständige Verbindlichkeit der Genossen gegenüber der Genossenschaft und demnach der Anspruch auf die Nachschüsse als ein Bestandtheil des Vermögens derselben behandelt, der allerdings in seiner Entstehung durch den Eintritt des Konkurses bedingt und in seinem Umfang durch dessen Ausgang begrenzt erscheint". Das Nachschußverfahren wurde nun

*) Gegen die entgegengesetzte Ansicht von Sicherer und Parisius schrieb er den Aufsatz: „Die Heranziehung ausgeschiedener Genossenschafter zur Deckung der Schulden einer eingetragenen Genossenschaft" in „Streitfragen im deutschen Genossenschaftsrecht" (Leipzig 1880) S. 28—42. Das Reichsgericht trat ihm aber nicht bei.

ein selbstständiger und besonders geordneter Theil des Konkursverfahrens.

Der direkte Angriff des Gläubigers gegen den einzelnen Genossen wurde aufrecht erhalten, aber erst in einem Zeitpunkt zugelassen, zu welchem bei ordnungsmäßiger Durchführung des Vorschuß- und Nachschußverfahrens die Befriedigung der Gläubiger in der Hauptsache erfolgt sein muß. Der Genosse, der einen Gläubiger befriedigen mußte, tritt sofort in dessen Rechte, braucht keinerlei Regreßprozesse anzustellen, sondern macht seine Rechte in dem bis zu seiner vollen Befriedigung durchzuführenden Nachschußverfahren geltend. Der Einzelangriff wurde für nothwendig erachtet, weil die Möglichkeit nicht ausgeschlossen ist, daß auch ein verbessertes Nachschußverfahren zur Befriedigung der Gläubiger nicht führt, obgleich leistungsfähige Genossen vorhanden sind; falls eine Anzahl derselben es versteht, sich ihrer Beitragspflicht zu entziehen, müsse dem einzelnen Gläubiger die Wahrung seiner Rechte selbst in die Hand gegeben werden, außerdem sei es nur in dieser Form möglich, die subsidiäre Heranziehung der ausgeschiedenen Genossen zur Zahlung älterer Genossenschaftsschulden richtig durchzuführen, da für sie im Nachschußverfahren kein Platz sei.

Nach der Veröffentlichung des Entwurfs entstand unter den Genossenschaften über die Frage der Beibehaltung oder des gänzlichen Fortfalls des Einzelangriffs eine lebhafte Bewegung,*) die schließlich in Petitionen, Aufsätzen, Broschüren zum Ausdruck gelangte.

In den Verhandlungen der Reichstagskommission nahmen die Erörterungen über diese Streitfrage einen breiten Raum ein (Kommissionsbericht S. 49—54). Die Beibehaltung des Einzelangriffs nach den Vorschlägen des Entwurfs wurde ebenso lebhaft vertheidigt wie bekämpft. Man war einig, daß es sich dabei in erster Linie um eine Frage der Zweckmäßigkeit handle. „Zur Ausgleichung der hervorgetretenen Gegensätze“ — es waren von 1157 Genossenschaften Petitionen gegen die Einzelhaft beim Reichstage eingegangen — wurden Abänderungsanträge gestellt, nach welchen das Statut die Zulassung des Einzelangriffs sollte bestimmen können und die Haftpflicht ausgeschiedener Genossen durch ein besonderes Nachschuß-Umlageverfahren zur Deckung eines ungedeckten Fehlbetrages zu regeln sei.

Die Regierungsvertreter hielten zwar an dem Entwurf fest,

*) Man vgl. über die einschlagenden Fragen: Schulze-Delitzsch, „Material zur Revision ꝛc.“ S. 98 ff., 38 ff.; Goldschmidt, „Erwerbs- und Wirthschaftsgenossenschaften“ S. 41 ff; Dr. Richard Schultze, „Umlageverfahren und Einzelangriff“, Goldschmidt, „Die Haftpflicht der Genossen und des Umlageverfahrens“; Ludolf Parisius, „Die Haftpflicht der Genossen und des Umlageverfahren“; Mittheilungen über den Allgemeinen Vereinstag zu Erfurt (1888) S. 85—137.

erklärten aber, wenn die Kommission gegen die Bestimmungen desselben über den Einzelangriff Bedenken trage, so müsse man „nicht die eventuelle Zulassung, sondern den Ausschluß des Einzelangriffs durch Statut gestatten. Dann bleibe das Prinzip des Einzelangriffs an sich bestehen, könne aber durch das Statut in Wegfall kommen. Es würde dann die Errichtung einer neuen Art von Genossenschaften gestattet werden, welche im Statut ausdrücklich erklärten, daß die direkte Haftpflicht der einzelnen Genossen gegenüber den Gläubigern ausgeschlossen und behufs Befriedigung derselben die Genossen nur zu Nachschüssen an die Genossenschaft verpflichtet sein sollen, und welche in ihre Firma den Zusatz: „eingetragene Genossenschaft mit Nachschußpflicht" aufnähmen. (Komm.-Ber. S. 52.)

Diesen Ausführungen trugen nun neue Anträge Rechnung. Allein dieselben wurden in der ersten Lesung der Kommission mit 13 gegen 12 Stimmen abgelehnt. Vor der zweiten Lesung aber kam ein Kompromiß zwischen Kommissionsmitgliedern aus vier politischen Parteien zu Stande, dessen Ergebniß die Abänderungsanträge (Nr. 47 der Kommissions-Drucksachen) der Abg. Dr v. Cuny, Dr. Enneccerus, Gamp, Hegel, Freiherr v. Hrene, v. Massow vom 5. März 1889 darstellen. Für diese Abänderungsanträge war von vornherein eine große Mehrheit gesichert. Die Kommission schloß sich nun dem Grundgedanken der in der ersten Lesung gestellten Vermittelungsanträge an, nahm im § 2 eine dritte Genossenschaftsart „die eingetragene Genossenschaft mit unbeschränkter Nachschußpflicht" auf und fügte mit Bezug hierauf der zweiten Unterabtheilung des Abschnitt 8 „Besondere Bestimmungen für Genossenschaften mit unbeschränkter Nachschußpflicht" ein. Für diese Genossenschaftsart giebt es keinen Einzelangriff mehr. Der Kommissionsbericht erläutert ausführlich Art und Umfang der Heranziehung der ausgeschiedenen Genossen (S. 54):

„Durch die nach § 71 des Entwurfs vorgeschriebene Auseinandersetzung des ausgeschiedenen Genossen mit der Genossenschaft ist der ausgeschiedene Genosse der Genossenschaft und den in derselben verbliebenen Genossen gegenüber seiner Verpflichtung, zur Tilgung der Schulden der Genossenschaft beizutragen, an und für sich nachgekommen. Wenn dessenungeachtet die Kommission bei den Genossenschaften mit unbeschränkter Nachschußpflicht die ausgeschiedenen Genossen im § 122 der Nachschußpflicht unterworfen hat, so ließ sich dies durch die gleichzeitige Bestimmung im § 124 rechtfertigen, nach welcher den Ausgeschiedenen die von ihnen geleisteten Beiträge aus den Nachschüssen der in der Genossenschaft verbliebenen Genossen zu erstatten sind. Nur mit diesem Vorbehalt und nur subsidiär erscheine die Heranziehung der Ausgeschiedenen seitens der Genossenschaft zulässig, aber so beschränkt rechtfertige sie sich, weil die nach verhältnißmäßig kurzer Zeit eingetretene Konkurseröffnung die Annahme begründe, daß die Auseinandersetzung auf Grund der Bilanz unzureichend gewesen sei. Bezüglich des Umfangs einer Heranziehung der Ausgeschiedenen zur Nachschußpflicht waren in der Kommission zwei Wege vorgeschlagen worden: nach dem einen sollten die ausgeschiedenen Genossen, sofern sie in den letzten zwei Jahren vor der Eröffnung des Konkursverfahrens ausgeschieden waren, alsdann aber nur wegen der bis zu dem Zeitpunkt ihres Ausscheidens von der Genossenschaft eingegangenen Verbindlichkeiten, der Nachschußpflicht unterliegen; der andere Vorschlag unterwirft ihr dagegen nur diejenigen ausgeschiedenen Genossen, deren Ausscheiden innerhalb der letzten 18 Monate vor der Konkurseröffnung erfolgt ist, diese aber ohne Unterscheidung, ob die Verbindlichkeiten vor oder nach dem Ausscheiden entstanden sind. Der erstere Weg ist scheinbar billiger, aber wegen der oft schwierigen Unterscheidung zwischen alten und neuen Schulden und der damit verknüpften Streitigkeiten weniger gangbar; der zweite Weg empfiehlt sich durch seine Folgerichtigkeit, da die Genossen bei der neuen Form in keinerlei Beziehung zu den Gläubigern stehen, namentlich aber durch seine Einfachheit und leichte praktische Durchführbarkeit. Die Kommission gab dem letzteren Wege den Vorzug, indem sie zugleich erwog, daß der Vortheil, welcher dem Ausgeschiedenen aus der Beschränkung seiner Haftpflicht auf die vor seinem Ausscheiden eingegangenen Verbindlichkeiten erwächst, dadurch wieder an Werth verliere, daß er eine Einwirkung auf den Fortbestand der alten Schulden oder eine Veränderung in dem Schuldenstande nicht habe, ihm auch die gesammte Verschlechterung, welche die Aktivmasse nach seinem Austritt erleidet, zur Last falle."

In der zweiten Berathung des Reichstags (25 März 1889) fand über § 2 und die neue dritte Art der Genossenschaften eine eingehende Erörterung statt. Es lag ein Antrag der Abg. Schenck, Baumbach und Genossen auf Beseitigung der Bestimmungen über die Genossenschaft mit unbeschränkter Nachschußpflicht vor.*) Allein das in der Kommission geschlossene Kompromiß ward im Plenum von den betheiligten Parteien (den Deutschkonservativen, der deutschen Reichspartei, dem Zentrum und den Nationalliberalen) aufrecht erhalten und die Einfügung der dritten Art Genossenschaften mit großer Mehrheit beschlossen.

Zwischen der nunmehr gesetzlich eingeführten dritten Art Genossenschaft und der Genossenschaft mit unbeschränkter Haftpflicht ist während ihres Bestehens, abgesehen von der Verschiedenheit der Firmen und der Beitrittserklärung, gar kein Unterschied, ebenso wenig nach der Auflösung, ausgenommen wenn diese durch Eröffnung des Konkurses erfolgt. Aber auch der Verlauf des Konkurses bietet

---

*) Vgl. Stenographische Berichte S. 1020 bis 1035 Der Abg. Anwalt Schenck begründete den Antrag auf Beseitigung der betreffenden Bestimmungen. Niemand habe eine Ahnung gehabt, daß ein Bedürfniß zu einer dritten Art Genossenschaften vorhanden sei. Die Bezeichnung entspreche dem Wesen dieser Genossenschaften nicht. Die G. mit unbeschr. Nachschußpflicht sei ebenfalls eine G. mit unbeschr. Haftbarkeit der Genossen, und die G. mit unbeschr. Haftpflicht sei ebenso eine G mit unbeschr. Nachschußpflicht, wie die neue Genossenschaft. Diese sei offenbar der Absicht entsprungen, die Beunruhigung zu beseitigen, und den Forderungen derjenigen G. zu entsprechen, welche die Beseitigung des Einzelangriffs gewollt haben. Diese aber würden nicht zufriedengestellt. Schenck richtet sich sodann gegen die Bestimmung, daß die Ausscheidenden noch 18 Monate lang für alle nach ihrem Ausscheiden eingegangenen Forderungen zu haften haben. Außer Schenck sprach in gleichem Sinne der Abg. Baumbach. Die Vertretung der Kommissionsbeschlüsse übernahmen als Gegner des Einzelangriffs Enneccerus, v. Buol-Berenberg, Gamp, v. Cuny, v. Rheinbaben, während ihre Betheiligung am Kompromiß gewissermaßen entschuldigten die Abg. Hegel, v. Huene, Graf Mirbach. Ueber die Entstehung der neuen Genossenschaftsart sind die Reden von Baumbach, Enneccerus, v. Cuny, v. Rheinbaben und des Staatssekretärs v. Oehlschläger zu vergleichen.

bis zur Aufstellung der Nachschußberechnung keinerlei Abweichung. Nur in dem einzigen Falle, daß im Konkurse drei Monat nach der für vollstreckbar erklärten Nachschußberechnung die Konkursgläubiger noch nicht vollständig befriedigt sein sollten, tritt ein verschiedenes Verfahren ein. Für diesen Fall darf in der Genossenschaft mit unbeschränkter Haftpflicht ein jeder Gläubiger wegen des noch nicht getilgten Restes seiner Forderung sofort einen einzelnen Genossen im gewöhnlichen Prozesse direkt angreifen, sowie nach weiteren drei Monaten (sechs Monate nach der Vollstreckbarkeitserklärung der Nachschußberechnung) auch jeden in den letzten zwei Jahren ausgeschiedenen Genossen, soweit es sich um eine bis zu dessen Ausscheiden eingegangene Verbindlichkeit der Genossenschaft handelt. Dahingegen muß in der Genossenschaft mit unbeschränkter Nachschußpflicht auf Grund einer aufzustellenden besonderen Berechnung von den innerhalb der letzten achtzehn Monaten vor der Eröffnung des Konkurses ausgeschiedenen Genossen die gesammte Restforderung aller Gläubiger — gleichviel ob die Verbindlichkeit vor oder nach dem Ausscheiden des Einzelnen eingegangen ist — im Umlageverfahren beigetrieben werden. In beiden Arten Genossenschaften geht daneben die Einziehung der Nachschüsse von den in der Genossenschaft verbliebenen Genossen auf Grund der Nachschußberechnung ohne Aufenthalt unverändert fort, und erhalten die ausgeschiedenen Genossen die von ihnen gezahlten Beträge aus den Nachschüssen erstattet

Gegen die rechtliche Konstruktion dieser Genossenschaftsart läßt sich nichts einwenden. Die Haftpflicht ist bei ihr eine rein indirekte, „die bloße Deckungspflicht" (Goldschmidt a. a. O. S. 41) geworden.

Die „Umwandlung" einer Genossenschaft mit unbeschränkter Haftpflicht in eine solche mit unbeschränkter Nachschußpflicht kann sich nur auf dem Wege des § 137 des Gesetzes vollziehen, also unter den für den Fall, daß die Genossenschaft ihre Haftpflicht herabmindert, zur Sicherung der Gläubiger gegebenen Kautelen. Auch die Genossenschaft mit unbeschränkter Nachschußpflicht beruht auf der unbeschränkten Haftpflicht. Der Genosse hat mit seinem ganzen Vermögen für die Verbindlichkeiten der Genossenschaft einzutreten, die Verschiedenheit der Art der Geltendmachung dieser Haftpflicht wirkt aber geradezu bestimmend rückwärts auf den Umfang derselben, so daß die unbeschränkte Haftpflicht bei den beiden Genossenschaftsarten dadurch eine ungleichwerthige wird.

Die Zukunft wird ergeben, ob die eingetragene Genossenschaft mit unbeschränkter Nachschußpflicht wirthschaftlich untauglich ist, oder ob sie einen Einfluß auf die günstige Entwickelung des deutschen Genossenschaftswesens üben wird. Auf den Vereinstagen in Königsberg (Allg. Verband*)), Frankfurt (Neuwieder Anwaltschaftsverband), Hildesheim (landwirthschaftliche Vereinigung) ist ihr von den genossenschaftlichen Praktikern, auch von denen, die sich lebhaft für Beseitigung des Einzelangriffs interessirt hatten, die Lebensfähigkeit entschieden abgesprochen.

Ueber die Voraussetzung des Einzelangriffs bei den Genossenschaften mit unbeschränkter Haftpflicht gegen die ausgeschiedenen Genossen vgl. § 119 (für Genossenschaften mit beschränkter Haftpflicht § 135), über die Haftpflicht der ausgeschiedenen Genossen bei den Genossenschaften mit unbeschränkter Nachschußpflicht § 122.

Auch die Natur der persönlichen Haftpflicht hat unter dem jetzigen Gesetze einen zum Theil andern Charakter erhalten.

Vor der Genossenschaftsgesetzgebung war die persönliche Haftpflicht die Folge der dem sog. „Vorstande" der Genossenschaft ertheilten Vollmacht. Unter dem Gesetze vom 4. Juli 1888 hatte sie einen bürgschaftsartigen Charakter angenommen, sie war „eine im Wesen der Genossenschaft begründete gesetzliche Garantieverpflichtung nach Art der Schadlosbürgschaft". (Vgl. bei Goldschmidt a. a. O. S. 60 die zutreffende Widerlegung anderer Konstruktionen.) Das Umlageverfahren hatte auf die Beurtheilung der rechtlichen Seite der persönlichen Haftpflicht keinen Einfluß, denn, wenn es auch den Zweck hatte, die Gläubiger zu befriedigen, so war es doch wesentlich nur eine Regelung der Regreßrechte der Genossen unter einander.

Begründet ist die persönliche Haftpflicht auch nach dem neuen Gesetze in dem Wesen der Genossenschaft, deren Kredit anders als der der Kapitalgesellschaften regelmäßig nicht auf einem Kapitalfonds, sondern auf der persönlichen Haftpflicht der Mitglieder beruht. Jeder, welcher der Genossenschaft beitritt, übernimmt mit diesem Beitritt die Haftung für deren Verbindlichkeiten.

Während nun aber diese Haftpflicht nach dem Gesetz von 1868 nur den Gläubigern gegenüber galt, besteht sie in Folge der veränderten Konstruktion des Nachschußverfahrens auch der Genossenschaft und bei der Genossenschaft mit unbeschränkter Nachschußpflicht sogar nur der Genossenschaft gegenüber. (Vgl. Erläuterung 9 zu § 71 S. 248, Vorbem. zu § 98 insbes. S. 296 und

---

*) Die Petition der Genossenschaften gegen den Einzelangriff war von den Vereinsdirektoren Matthies-Stralsund und Werner-Berlin und dem Verbandsdirektor Morgenstern-Breslau ausgegangen. Diese erklärten bei der Besprechung des Genossenschaftsgesetzes in Königsberg am 27 August 1889 die Genossenschaft auf unbeschränkter Nachschußpflicht in der gegenwärtigen Form für unbrauchbar. Im Laufe der Debatte konstatirte Parisius die allgemeine Uebereinstimmung in der Beurtheilung dieser Genossenschaft, wie sie im neuen Gesetz konstruirt ist: auch die Gegner des Fortbestandes des Einzelangriffs hielten sie für völlig ungeeignet und widerriethen deshalb den Uebergang zu dieser Haftform.

Vorbem. zu § 99 S. 302.) Soweit nun die persönliche Haftpflicht in den Nachschüssen bezw. in der Zubuße bei dem Ausscheiden zum Ausdruck kommt, fehlt ihr der bürgschaftsartige Charakter, denn diese Verpflichtung hat einen selbstständigen Charakter, und sie besteht nicht den Gläubigern gegenüber, wenn sie auch zu deren Befriedigung schließlich dienen soll. Auch dies letztere braucht nicht immer der Fall zu sein, wie z. B. bei der Leistung des ausgeschiedenen Genossen. Daß die persönliche Haftpflicht gewissermaßen auch zu dem Genossenschaftsvermögen zu rechnen ist, folgt auch aus der Vorschrift in § 134, nach welcher zur Feststellung der Ueberschuldung die Haftsummen in Betracht zu ziehen sind (vgl. ferner Erläuterung 5 zu § 91 S. 288). Es ist folglich zu unterscheiden:

a) die Haftung der Genossenschaft gegenüber,

b) dem Gläubiger gegenüber.

Die erste ist bei allen drei Genossenschaftsarten vorhanden, sie ist nur in ihrem Umfange verschieden: bei den Genossenschaften „mit unbeschränkter Haftpflicht" und bei denen „mit unbeschränkter Nachschußpflicht" unbeschränkt, — bei den Genossenschaften „mit beschränkter Haftpflicht" durch die Haftsumme beschränkt. Die Nachschußpflicht ist in diesen Fällen nichts anderes als die jedem Genossen obliegende gesetzliche Verpflichtung, Beiträge zu der Genossenschaft zu leisten, sie hat keinen andern Charakter wie die Verpflichtung, Einzahlungen auf den Geschäftsantheil zu machen, nur daß sie erst subsidiär eintritt und daß sie von bestimmten Voraussetzungen abhängt: vom Ausscheiden und vom Konkurs.

Bei den Genossenschaften mit unbeschränkter Nachschußpflicht hat der Genosse allein diese Nachschußpflicht, er tritt zu den Gläubigern der Genossenschaft durch den Beitritt in keine rechtliche Beziehung, wofür er aber auch die Haftung für diejenigen Verbindlichkeiten übernehmen muß, die noch innerhalb 18 Monate nach seinem Austritt eingegangen sind, falls in dieser Zeit der Konkurs über die Genossenschaft eröffnet ist.

Bei den Genossenschaften mit unbeschränkter und beschränkter Haftpflicht übernimmt der Genosse, wenn innerhalb zweier Jahre nach seinem Ausscheiden es zum Konkurse kommt, für die bis zu seinem Austritt eingegangenen Verpflichtungen noch eine weitere subsidiäre Garantiehaft dem Gläubiger gegenüber. Bei den Genossenschaften mit beschränkter Haftpflicht ist diese Garantiehaft durch die Haftsumme begrenzt. Diese Garantiehaft — gleichfalls im Gesetze begründet — hat den bürgschaftsartigen Charakter behalten, der ihr nach dem Gesetze von 1868 innewohnte, sie hat in Folge des umgestalteten Nachschußverfahrens aber einen weit ausgeprägteren subsidiären Charakter bekommen (§§ 116, 119 und § 135).

Ueber die Folgen der Auflösung der Genossenschaft bei allen drei Arten vgl. § 73 und § 122 Erläuterung 3.

B Die Revision.

Der vierte Abschnitt des Gesetzes (§§ 51 bis 62) von der Revision ist durchaus neu. In der Allgemeinen Begründung des Entwurfs (I S. 70, II S. 48) ist ausgeführt, daß die Gesetzgebung den Vorschlägen, welche dem Staat oder den Gemeinden durch Uebertragung einer dauernden Aufsichtsführung einen unmittelbaren Einfluß auf den Geschäftsbetrieb der Genossenschaften zuweisen wollen, nicht werde folgen können. Für eine dauernde Beaufsichtigung des Geschäftsbetriebes der Genossenschaften durch staatliche oder kommunale Behörden fehle es ebenso sehr an einem Bedürfniß als an einer genügenden Grundlage. Die Zwecke der Genossenschaften seien rein privatrechtliche, ihre Zahl so beträchtlich und die Gegenstände ihres Geschäftsbetriebes so verschiedenartig, daß eine wirksame Staats- oder Kommunalaufsicht thatsächlich nicht durchführbar sein würde. Man hielt aber eine andere Kontrole, als die der Aufsichtsrath bietet, für ein Bedürfniß und gelangte in Anlehnung an die im allgemeinen Verbande durch Schulze-Delitzsch eingeführte und auch nach seinem Tode sorgfältig fortentwickelte Institution der Verbandsrevision zu den Vorschlägen des vierten Abschnittes (vgl. unten Vorbemerkungen S. 204 bis 208).

Frühzeitig hatte sich in vielen Kreditvereinen das Bedürfniß nach einer Prüfung der Einrichtungen und der Geschäftsführung durch einen dem Verein nicht angehörigen Sachverständigen herausgestellt. Den Mitgliedern des Vorstandes und Aufsichtsrathes fehlte bei allem guten Willen oft die nöthige Kenntniß der Gesetze und einer richtigen genossenschaftlichen und kaufmännischen Geschäftsführung. Man wünschte Revisoren als Lehrmeister.

Im Verband der Erwerbs- und Wirthschaftsgenossenschaften vom Mittelrhein wurde der Verbandsdirektor (Schenck) schon im Jahre 1864 aufgefordert, dafür Sorge zu tragen, daß er zu jeder Zeit in der Lage sei, den Vereinen des Verbandes auf deren Verlangen einen sachverständigen Revisor zur Verfügung zu stellen. Aber von seiner Bereitwilligkeit wurde nachher wenig Gebrauch gemacht. Auf dem allgemeinen Vereinstage zu Bremen (1874) erklärte sich Schulze gegen eine Beschickung der Vereine durch Kontrolbeamte der Unterverbände, dagegen rieth er den Verbandsdirektoren, wenn sich ein Verein freiwillig an sie wende, weil ihm seine Bücher in Unordnung gekommen seien, ihm dann nach Kräften durch eine Revision zu helfen. Dergleichen Ansuchen gelangten öfters an die Anwaltschaft, die aber schon der Kosten halber unmöglich für ganz Deutschland Bücherrevisoren beschaffen könne u. s. w. 1878 veranlaßte Schulze einen ausdrücklichen Beschluß des Vereinstages zu Eisenach, den Unterverbandsdirektoren dringend zu empfehlen, sachverständige, im kaufmännischen Rechnungswesen erfahrene und mit der genossenschaftlichen Organisation vertraute Männer zum Behufe von Geschäftsrevisionen und Inventuren auf Anrufen der einbezirkten Vereine . . . bereit zu halten und die Vornahme solcher Revisionen zu befördern. Dieser Beschluß hatte in einigen Verbänden zur weiteren Ausbildung des Revisionswesens Anstoß gegeben. Die Einrichtung bürgerte sich aber doch nur langsam ein. In Folge der Aufnahme, die der Antrag der Abg. Ackermann und Genossen im Reichstage fand, fürchtete man, es könnten durch das neue Gesetz amtliche Revisionen der Genossenschaften angeordnet werden. Der Vereinstag in Cassel (August 1881) beschloß deshalb:

„In Erwägung, daß die Einrichtung regelmäßiger Revisionen in den Verbandsvereinen, allgemein durchgeführt, eine wünschenswerthe Vervollständigung und organische Weiterentwickelung der Verbandseinrichtungen darstellt und zugleich geeignet ist gesetzgeberischen Versuchen, die Genossenschaften der Kontrole staatlicher oder kommunaler Behörden zu unterstellen, entgegenzuwirken; daß es daher den allgemeinen Interessen entspricht, diese Einrichtung in allen Verbänden zur Durchführung zu bringen, erklärt es der allgemeine Vereinstag für Pflicht der Unterverbände, für die Einrichtung regelmäßig wiederkehrender Revisionen der einzelnen Vereine Sorge zu tragen.“

Jetzt ward die Frage der Verbandsrevision ein Gegenstand der Berathung sämmtlicher Unterverbandstage. Auf dem nächstjährigen Vereinstage (1882 Darmstadt) wurde allen dem allgemeinen Verbande angehörigen Genossenschaften empfohlen, die erforderlichen Schritte zu thun, um sich die Vortheile der verbandsmäßig organisirten Revisionseinrichtung zu sichern.*)

Seit dieser Zeit hatten sich die Unterverbandstage und die allgemeinen Vereinstage fast ausnahmslos mit dem inneren Ausbau der verbandsmäßig organisirten Revisionseinrichtung beschäftigt; in den meisten Unterverbänden wurde die Revision für eine obligatorische Einrichtung des Verbandes erklärt: Die Genossenschaften wurden verpflichtet, alle drei Jahre durch einen vom Unterverbande angestellten, mit dem Genossenschaftswesen vertrauten praktischen Genossenschafter (Revisor) ihre gesammte geschäftliche Thätigkeit prüfen zu lassen. Der Revisor hatte sein Augenmerk besonders darauf zu richten, ob die Bestimmungen der Gesetze überall beachtet sind, und ob die Geschäftsführung den Vorschriften des Statuts und den auf Vereins- und Verbandstagen aufgestellten Grundsätzen entspricht. Nach vollendeter Revision hatte er den Befund in gemeinschaftlicher Sitzung mit Vorstand und Aufsichtsrath zu besprechen und sodann einen schriftlichen Bericht an die Genossenschaft zu erstatten und eine Abschrift desselben dem Verbandsdirektor einzusenden.

Der Vereinstag zu Plauen (1887) hat die wichtigsten Grundsätze für die Ausbildung der Revision in einem Beschluß zusammen-

---

*) Ueber die Entwickelung der Verbandsrevision im allgemeinen Verbande vgl. man die Aufsätze in Bl.f.G. 1884 Nr. 26, 28, 35, 49, 1887 Nr. 50, 51, 52 und 53, 1888 Nr. 1.

gefaßt, der S. 205 in der Vorbemerkung zu §§ 51 ff. wörtlich abgedruckt ist. Nach einer bis 1887 reichenden Zusammenstellung in Nr. 1 der Bl.f.G. 1889 hatten bis Ende 1887 im allgemeinen Verbande 1098 Revisionen stattgefunden, 423 Genossenschaften waren einmal, 216 zweimal, 53 dreimal, 17 viermal, 2 fünfmal und 1 sechsmal revidirt.

Für das in Aussicht stehende Genossenschaftsgesetz schloß sich der Vereinstag dem Vorschlage Schulzes in der letzten Redaktion der Novelle (Vorbemerkung zu Absch. IV s. unten S. 205) nicht an.*)

Auch andere genossenschaftliche Verbände haben die Verbandsrevision, mehr oder weniger nach dem Muster des allgemeinen Verbandes, bei ihren Genossenschaften eingeführt und gehandhabt. Der

---

*) In der Schrift „Material zur Revision des Genossenschaftsgesetzes“ hat Schulze-Delitzsch zur Begründung seines Antrages eine besondere Abhandlung über die Revisorenfrage beigefügt und in derselben auch die Bestimmungen des englischen Genossenschaftsgesetzes (Industrial and Provident Societies Act) von 1876 über die Zwangsrevision dargestellt. Die genannte Akte vom 11. August 1876, welche die Akte vom 7. August 1862 zum Zweck der Vorbeugung gegen leichtsinnige Geschäftsführung abänderte, führte regelmäßige Geschäfts-Revisionen ein. Das Gesetz bestimmt, daß eine jede Genossenschaft

a) wenigstens ein Mal im Jahre ihre Rechnungen der Revision, entweder durch einen der nach diesem Gesetz bestellten öffentlichen Revisoren, oder durch zwei oder mehrere nach den Bestimmungen des Statuts bestellte Personen unterwerfen muß, denen alle Bücher und Rechnungen zugängig sein müssen, und welche die Einnahmen und Ausgaben, Fonds und Bestände der Gesellschaft zu prüfen, mit den Rechnungen und Belägen zu vergleichen, und entweder als von ihnen richtig, gehörig belegt und in Uebereinstimmung mit dem Gesetz befunden zu unterzeichnen, oder der Gesellschaft besonders Bericht zu erstatten haben: inwieweit sie etwas unrichtig, nicht belegt, oder nicht in Uebereinstimmung mit dem Gesetz befunden haben;

b) einmal in jedem Jahre vor dem 1. Juni dem Registrar (dem Leiter der Kontrolstelle zur Eintragung der Genossenschaften in das amtliche Genossenschaftsregister) einen allgemeinen Ausweis (Jahresbericht) über die Einnahmen und Ausgaben, Fonds und Bestände nach dem Revisionsbefunde zu übersenden, dieser Ausweis muß die Ausgaben in Bezug auf die verschiedenen Zwecke der Gesellschaft getrennt aufführen, bis zum letzten 31. Dezember einschließlich reichen und konstatiren, ob die Revision von einem nach diesen Gesetz bestellten öffentlichen Revisor vorgenommen, und von welchem, wenn dieselbe von anderen Personen vollzogen wurde, den Namen, den Wohnort, den Beruf oder das Gewerbe dieser Personen, und auf welche Art sie bestellt wurden, angeben, sowie ein Exemplar des Revisionsberichts beifügen.

Die Wahl zwischen den beiden Klassen von Revisoren steht lediglich der Genossenschaft zu. Die öffentlichen Revisoren, die äußerst selten benutzt werden, ernennt das Schatzamt, welches eine Liste derselben und der ihnen zukommenden Honorare veröffentlicht. Die im englischen Gesetze von 1876 vorgeschriebene Zwangsrevision ist grundverschieden von der deutschen. Sie ist wesentlich kalkulatorisch. Der Grund hierfür liegt in dem Mangel eines Kontrolorgans in der Genossenschaft, in dem Fehlen des bei uns jetzt obligatorischen Aufsichtsrathes.

Anwaltschaftsverband ländlicher Genossenschaften in Neuwied ließ bisher, wie es scheint, die Revision durch Revisoren von der Zentralstelle in Neuwied aus besorgen. Bei dieser waren nach dem vom Anwalt Cremer auf dem Vereinstage in Frankfurt a/M. (4. Juni 1889) erstatteten Berichte 14 Personen im Interesse der Organisation thätig. Es waren 359 gewöhnliche und 50 außergewöhnliche Revisionen vorgenommen.*)

Der Verband landwirthschaftlicher Kreditgenossenschaften in Württemberg hat nach dem Jahresbericht im Jahre 1888 die Revision der Rechnungs- und Geschäftsführung bei 153 Vereinen (von 217), d. h. bei allen Vereinen, die mindestens ein Geschäftsjahr mit Rechnungsabschluß hinter sich haben, ausgeführt. Das Revisionsgeschäft ist unter 6 Revisoren (5 Schultheißen und 1 Oberamtspfleger) getheilt. **)

Im polnischen Verbande wurden nach Inhalt des Jahresberichts für 1888 im letzteren Jahre 20 Vereine revidirt. Außer dem Anwalt und seinen Stellvertretern werden noch fünf Personen namhaft gemacht, welche Revisionen ausführten.

Der Entwurf des Reichsjustizamtes hielt es für zweckmäßig, sich an die im allgemeinen Verbande bestehenden Einrichtungen anzulehnen. Das Recht zur selbstständigen Ausübung der Revisionskontrole wurde den Verbänden, nur wenn sie gewisse Garantien bieten, zugestanden. Sie sollten es aber nur nach Prüfung an öffentlicher Stelle, durch staatliche Verleihung erhalten. Auch wurden die Voraussetzungen bestimmt, unter denen ihnen das Recht zur Bestellung des Revisors entzogen werden kann. Den keinem solchen Verbande angehörigen Genossenschaften sollte der Revisor durch den Richter bestellt werden.

Ueber das Verhalten der allgemeinen Vereinstage und des Bundesraths zu diesen Bestimmungen des Entwurf s. unten S. 203.

*) Es scheint, als ob die Darlehnskassenvereine alljährlich revidirt wurden. Für einen nur aus ländlichen Darlehenskassen bestehenden Verband erwachsen daraus kaum erschwingbare Kosten. In der letzten Verbandsrechnung des Neuwieder Verbandes sind unter den Einnahmen aufgeführt: „3. Erstattung an baaren Auslagen und Reisekosten: a) von der Kgl. Regierung zu Oppeln 600 Mk., b. von dem Generalcomité des landw. Vereins in Bayern 84,20 Mk. . . . 5. Zuschuß des preuß. landw. Ministeriums 3000 Mk., 6. Zuschuß der Rheinischen Provinzialverwaltung in Düsseldorf 5000 Mk.

**) „Die Revision wurde wiederum in der seit mehreren Jahren erprobten Weise ausgeführt. Die Einsendung der Rechnungsbücher sammt Jahresrechnung und Bilanz an den Wohnort des Revisors behufs probemäßiger Prüfung derselben hat sich ohne Anstand vollzogen. Späterhin begaben sich die Revisoren an den Sitz der Vereine behufs weiterer Prüfung der Protokollbücher, Urkunden u. s. w., sowie zur Ertheilung vielfacher Unterweisungen und Belehrungen im persönlichen Verkehr mit den geschäftsführenden Organen der Vereine. Die Kosten der Revision 1888 betrugen Mk. 3651,25. Zur Bestreitung derselben wurde ein Staatsbeitrag von Mk. 2200 gewährt." So heißt es in dem erwähnten Jahresbericht.

In der Reichstagskommission waren die Ansichten sehr getheilt. In Vertretung des Beschlusses des allgemeinen Vereinstags zu Erfurt waren Anträge gestellt, zu deren Begründung ausgeführt wurde: Die bisher erzielten Erfolge seien nur möglich gewesen, weil die Revision aus der Selbstbestimmung und der freien Entschließung der Genossenschaften hervorgegangen sei. Die Zwangsrevision sei ungerechtfertigt, weil die Genossenschaften freiwillige Vereinigungen von Privatpersonen seien; sie sei auch gefährlich, weil sie das Bewußtsein der Selbstverantwortlichkeit für das Gedeihen der Genossenschaft bei den Mitgliedern schwäche.... Die Zwangsrevision sei auch kaum durchführbar; da die Mehrzahl der bestehenden Genossenschaften keinem Verbande angehören, werde der vom Registerrichter für die jedesmalige Revision besonders zu bestellende Revisor die Regel bilden. Woher wolle aber jeder Registerrichter Verständniß dafür haben, welche Befähigung bei einem Revisor zur Vornahme einer ordnungsmäßigen Revision erforderlich sei und woher wolle er ausreichend befähigte Revisoren nehmen? — Die Anträge wurden gegen zwei Stimmen abgelehnt. Von anderer Seite wurde beantragt, die Verbände ganz aus dem Gesetz zu streichen und die Revisionsbestellung ausnahmslos dem Richter zu übertragen. Diejenigen Kommissionsmitglieder endlich, die auf dem Boden der Regierungsvorlage standen, theilten sich wiederum in zwei Gruppen, „von welchen die eine den Verbänden eine größere Selbstständigkeit einräumen, die andere dagegen den Einfluß der Behörden auf die Handhabung der Revision verstärken wollte" (Komm Ber. S. 25—30). Das Schlußergebniß der Kommissionsberathung war durch das vor der zweiten Lesung geschlossene Kompromiß beeinflußt. Der Abschnitt IV ward in der jetzigen Fassung angenommen unter Beseitigung der vom Bundesrath hineingebrachten Polizeimaßregeln. (Vgl. Komm.Ber. S. 25—30 und unten Erläuterungen zu §§ 57 und 59 S. 215f. und 218ff.)

Die gesetzliche Revision, wie sie hier geschaffen ist, enthält einen Eingriff in die Selbstverwaltung, dessen Erfolg zweifelhaft ist. Die Revision bleibt auch in Zukunft *trotz* der gesetzlichen *Pflicht* eine *reine Vertrauenssache*, denn der Vorstand und Aufsichtsrath müssen den *guten Willen* haben, aus der Revision Nutzen zu ziehen. Einen *gesetzlichen Zwang*, die Revision zu einer nutzbringenden zu machen, giebt es nicht und kann es nicht geben. Kann man doch unmöglich Jemanden zwingen, verkehrte wirthschaftliche Grundsätze aufzugeben. Die civilrechtliche Stellung des Revisors beruht auf einem Auftrag, er hat also bei Ausübung der Revision für die Sorgfalt eines ordentlichen Geschäftsmannes einzustehen.

Der erhöhten Kosten halber ist es bedauerlich, daß die zweijährige Revisionspflicht statt der dreijährigen (§ 51, vgl. unten S. 208) angenommen ist, obschon erfahrungsmäßig die dreijährige Periode genügt. Bei einer Vertheilung nur auf zwei Jahre bilden die Kosten für kleine Genossenschaften eine zu schwere Belastung. Ihre

Höhe kann leicht dahin führen, daß kleinere eingetragene Genossenschaften (namentlich landwirthschaftliche Konsumvereine, Molkereigenossenschaften u. dgl.) es vorziehen sich aufzulösen, um dann als eingetragene Genossenschaften in schlechterer Rechtsform nicht den Geschäftsbetrieb fortzusetzen. Verbände, in denen größere und kleinere Genossenschaften neben einander bestehen, können auch in Zukunft ohne Schwierigkeit die Revisionen durch tüchtige Revisoren nach den Beschlüssen des Vereinstags zu Plauen durchführen, sofern die Kosten der Revision ganz oder zum größten Theile aus der Verbandskasse bestritten werden und die Beiträge zu dieser nach Verhältniß der Leistungsfähigkeit unter die einzelnen Genossenschaften vertheilt werden. Wenn erfahrungsmäßig der Zusammenbruch genossenschaftlicher Institute Vertrauen und Sicherheit im gewerblichen Verkehr untergraben und die Entwickelung nicht betheiligter gleichartiger Genossenschaften in weiter Umgebung schwer geschädigt hat, so muß jede Genossenschaft im eigenen Interesse ernstlich darauf bedacht sein, daß auch andere Genossenschaften mit mustergültiger Einrichtung und Verwaltung blühen und gedeihen. Sollte nach dieser Richtung hin die Zwangsrevision des neuen Genossenschaftsgesetzes das Bewußtsein der Solidarität unter den deutschen Genossenschaften stärken, so würde sie auch die bisherigen Gegner unter den genossenschaftlichen Praktikern von ihrer Nützlichkeit überzeugen und mit sich aussöhnen.

Erster Theil.

Gesetz, betreffend die Erwerbs- und Wirthschaftsgenossenschaften. Vom 1. Mai 1889.

(Nr. 1856.)

Gesetz,

betreffend

die Erwerbs- und Wirthschaftsgenossenschaften.

Vom 1. Mai 1889.*)

Wir **Wilhelm**, von Gottes Gnaden Deutscher Kaiser, König von Preußen ꝛc. verordnen im Namen des Reichs, nach erfolgter Zustimmung des Bundesraths und des Reichstags, was folgt:

Erster Abschnitt.

Errichtung der Genossenschaft.

§. 1.

Gesellschaften von nicht geschlossener Mitgliederzahl, welche die Förderung des Erwerbes oder der Wirthschaft ihrer Mitglieder mittelst gemeinschaftlichen Geschäftsbetriebes bezwecken (Genossenschaften), namentlich:

1. Vorschuß- und Kreditvereine,
2. Rohstoffvereine,
3. Vereine zum gemeinschaftlichen Verkaufe landwirthschaft-

*) Das Gesetz ist in Nr. 11 des Reichsgesetzblattes, ausgegeben zu Berlin den 10. Mai 1889 (Seite 55 bis 93), publizirt und laut § 172 am 1. Oktober 1889 in Kraft getreten.

Das Genossenschaftsgesetz vom 4. Juli 1868 hat die Ueberschrift: „Gesetz betreffend die privatrechtliche Stellung der Erwerbs- und Wirthschaftsgenossenschaften.“ Einen Hinweis auf die rein privatrechtliche Stellung der Genossenschaften auch in das neue Gesetz aufzunehmen, wurde in der Kommission angeregt, indessen nahm man davon Abstand, weil das Gesetz es zwar grundsätzlich nur mit der privatrechtlichen Stellung der Genossenschaften zu thun habe, aber gleichwohl für einzelne Bestimmungen das öffentliche Interesse maßgebend sei.

licher oder gewerblicher Erzeugnisse (Absatzgenossenschaften, Magazinvereine),

4. Vereine zur Herstellung von Gegenständen und zum Verkaufe derselben auf gemeinschaftliche Rechnung (Produktivgenossenschaften),
5. Vereine zum gemeinschaftlichen Einkaufe von Lebens- oder Wirthschaftsbedürfnissen im Großen und Ablaß im Kleinen (Konsumvereine),
6. Vereine zur Beschaffung von Gegenständen des landwirthschaftlichen oder gewerblichen Betriebes und zur Benutzung derselben auf gemeinschaftliche Rechnung,
7. Vereine zur Herstellung von Wohnungen,

erwerben die Rechte einer „eingetragenen Genossenschaft" nach Maßgabe dieses Gesetzes.

Ges. von 1868 § 1, Entw. I u. II 1, Komm. 1, Rtg. 1.

I. **Zur Geschichte des § 1.**

Ueber die Begriffsbestimmung im § 1 des Ges. vom 4. Juli 1868, welcher wörtlich mit § 1 des preußischen Genossenschaftsgesetzes vom 27. März 1867 übereinstimmt, vgl. Einleitung Abschnitt 4.

„Die Bezeichnung des wirthschaftlichen Zweckes der Genossenschaften ist ohne wesentliche Aenderung aus dem früheren Gesetz übernommen. Nur ist, in Uebereinstimmung mit der Ueberschrift des Gesetzes, die Förderung des Kredits der Genossen unter den Zwecken der Genossenschaft nicht besonders aufgeführt; denn die Kreditgewährung darf einen Gegenstand des genossenschaftlichen Geschäftsbetriebes nur insoweit bilden, als sie zur Förderung der Erwerbsthätigkeit oder Wirthschaft der Genossen dient; sie ist also schon von diesen beiden Hauptzwecken der Genossenschaft umfaßt und zugleich begrenzt." Begründung II S. 59.

a) Zus. 2. u. 3. Ges. von 1868 und Entw. I u. II hatten hier „2. Rohstoff- und Magazinvereine" (s. Erläuterung 8 u. 9).

b) Zu 4. Mit Rücksicht auf die ländlichen Genossenschaften ist im Entwurf statt des im Ges. von 1868 gewählten Ausdrucks „Anfertigung" von Gegenständen „das Wort „Herstellung" gewählt, welches auch die Bearbeitung umfaßt und zugleich für die landwirthschaftlichen Produktivgenossenschaften (Winzervereine, Molkereigenossenschaften u. s. w.) zutrifft". Begr. II 59.

c) Zu 5. Im Ges. von 1868 lautet, entsprechend dem Entwurfe der preußischen Abgeordnetenhauskommission von 1863, die Nr. 4:

> Vereine zum gemeinschaftlichen Einkauf von Lebensbedürfnissen im Großen und Ablaß in kleineren Partien an ihre Mitglieder (Konsumvereine).

Im Entwurf „ist neben dem Einkauf von Lebensbedürfnissen auch die Anschaffung von Wirthschaftsbedürfnissen erwähnt, um damit zugleich die zur gemeinsamen Beschaffung von Saatgut, Kunstdünger, Viehfutter und dergleichen mehr bestimmten landwirthschaftlichen Konsumvereine zu umfassen". Begr. II 59. Diese Genossenschaften wurden mit Recht von Schulze nicht zu den Konsumvereinen, sondern zu den Rohstoffgenossenschaften gerechnet, weil sie „die Beschaffung der Rohstoffe und Materialien für ihr landwirthschaftliches Gewerbe in erster Linie zum Gegenstand des Unternehmens haben" (Schulze: Die Genossenschaften in einzelnen Gewerbszweigen S. 200, vgl. Einleitung). Indeß nahm Schulze auf einen von Stöckel (Direktor des Verbandes landwirthschaftlicher Genoss. der Prov. Preußen) der landwirthschaftlichen Konsumvereine halber dem Vereinstage zu Cassel (Aug. 1881) unterbreiteten und von demselben angenommenen Antrag die Einfügung des Wortes „Wirthschaftsbedürfnisse" in seine Novelle auf. (Schulze-D., Material u. s. w. S. 46 und Mittheilungen über Vereinstag in Cassel S. 50.) Da diese Genossenschaften, trotz des Namens, in der That Rohstoffvereine sind, fallen sie nicht unter das Verbot des § 8 Abs. 4 (s. Erläuterungen dazu).

Der Entwurf hat hier die Worte „an ihre Mitglieder" und in Nr. 7 (Baugenossenschaften) die Worte „für ihre Mitglieder" gestrichen, weil das Prinzip, „daß die Vereine ihre Geschäftsthätigkeit im Interesse der Genossen auszuüben haben", für alle Arten von Genossenschaften gilt und im Allgemeinen schon aus der Definition im Eingange des § 1 folgt. „Die Voraussetzungen und Schranken einer Ausdehnung des Geschäftsbetriebes auf Nichtmitglieder sind im Gesetze besonders zu regeln" (§ 8). Begr. II 59. Wie jene Worte auf einen Beschluß der Kommission des preußischen Abgeordnetenhauses von 1863 in deren Entwurf und von da in den preußischen Regierungsentwurf, in das preußische und deutsche Gesetz übergegangen sind, s. Parisius, Genossenschaftsgesetz im deutschen Reich S. 167.

Die Aenderung „im Kleinen" statt „in kleineren Partien" ist in der Reichstagskommission vorgenommen und „hat nur redaktionelle Bedeutung" — Komm.Ber. 4.

d) Zu 6. Im Entw. I ist diese neue Nummer „hinzugefügt, in welcher die sogenannten Werkgenossenschaften zur gemeinschaftlichen Anschaffung und Benutzung landwirthschaftlicher oder gewerblicher Maschinen und Werkzeuge sowie die Vereine zum Halten von Zuchtthieren und dergleichen berücksichtigt werden". Ber. II 59.

Statt dieses Satzes war von Schulze in seiner Novelle, entsprechend einem auf Stöckels Antrag (s. vorher) vom Vereinstage zu Cassel gefaßten Beschluß, aufzunehmen vorgeschlagen: „Genossenschaften zum gemeinsamen Betriebe einzelner Zweige des landwirthschaftlichen Gewerbes".

e) Zu 7. Ueber den Fortfall der Worte „für ihre Mitglieder" s. oben c).

f) Der Schluß des § 11 lautete im Gesetz von 1868 in weniger guter Fassung:

> erwerben die im gegenwärtigen Gesetze bezeichneten Rechte einer „eingetragenen Genossenschaft" unter den nachstehend angegebenen Bedingungen.

Ueber die Entstehung der Bezeichnung „eingetragene Genossenschaft" s. unten die Erläuterungen zu § 3 Abs. 1 Nr. 4.

II. **Erläuterungen zu § 1.**

1. „Gesellschaften".

Der Ausdruck „Gesellschaft" ist gewählt, weil vor der Eintragung nur eine nach den Landesgesetzen zu beurtheilende Vereinigung vorhanden ist.

2. „Nicht geschlossene Mitgliederzahl".

Der stets mögliche Wechsel im Bestande und in der Zahl der haftbaren Mitglieder — das Erforderniß der „nicht geschlossenen Mitgliederzahl" — ist die charakteristische Besonderheit der Genossenschaft. Sie unterscheidet sich dadurch von den Handelsgesellschaften. Das französische Gesetz vom 24. Juli 1867 sur les sociétés bezeichnet die Genossenschaft nach dem in Folge Ein- und Austritts der Mitglieder schwankenden Vereinsvermögen als société à capital variable. — Bei den übrigen Erwerbsgesellschaften ist entweder der Zutritt eines neuen Mitglieds von der Einwilligung aller bisherigen Mitglieder abhängig, oder aber es ist, wie bei der Aktiengesellschaft, die Mitgliederzahl eine durch die unveränderliche Zahl Aktien in gewisser Weise geschlossene, so daß neue Mitglieder nur an Stelle Ausscheidender eintreten.

Das Statut kann die Aufnahme neuer Mitglieder von den verschiedensten Bedingungen abhängig machen, z. B. von der Zahlung eines Eintrittsgeldes, von dem Beschluß des Vorstandes oder des Aufsichtsraths oder der Generalversammlung, ja sogar von der Einwilligung aller Genossen u. s. w., es kann die Genossenschaft auf bestimmte Klassen von Personen, z. B. auf Beamte, auf Meister eines und desselben Handwerks, auf Grundbesitzer beschränken. Aber es darf die Mitgliederzahl nicht ein für allemal festsetzen.

Niemand hat einen Anspruch auf Erwerb der Mitgliedschaft (§ 15), es ist unmöglich eine Genossenschaft zu zwingen, Personen, die ihr nicht gefallen, aufzunehmen. (Schulze-D., Genoss. in einzelnen Gewerbszweigen S. 288.) Es kann daher eine Genossenschaft durch Ablehnung aller Aufnahmeanträge, in Ansehung des Eintritts neuer Mitglieder, thatsächlich geschlossen gehalten werden, die Mitgliederzahl wird aber dadurch nicht geschlossen, weil der Austritt durch Aufkündigung und durch den Tod nicht gehindert werden kann (s. §§ 63, 64, 75).

3. „Die Förderung des Erwerbes oder der Wirthschaft" (ihrer Mitglieder).

Der Zweck der Genossenschaft muß gerichtet sein „auf Förderung des Erwerbes oder der Wirthschaft der Mitglieder" und muß erreicht werden mittelst gemeinschaftlichen Geschäftsbetriebes.

Die Genossenschaft verfolgt wirthschaftliche Zwecke durch wirthschaftliche Mittel, die wirthschaftlichen Zwecke sollen dem Interesse der Mittel dienen und das wirthschaftliche Mittel ist gemeinschaftlicher Betrieb eines Geschäfts.

Der Zweck der Genossenschaft muß unmittelbar auf Förderung des Erwerbs oder der Wirthschaft der Mitglieder gerichtet sein. Daraus folgt, daß Vereine, die zwar gleichfalls ihre Mitglieder erwerbsfähiger machen wollen, aber nicht durch gemeinschaftlichen Geschäftsbetrieb und unmittelbare Einwirkung auf deren Erwerb oder Wirthschaft, sondern auf idealen Wegen, keine eingetragenen Genossenschaften sein können. So die Bildungsvereine.

Die Förderung von Erwerb und Wirthschaft muß auch der einzige Zweck sein. Ein Bildungsverein, der für seine Mitglieder eine Darlehenskasse unterhält, wird dadurch nicht eintragungsfähig; wohl aber die Darlehnskasse, wenn sie eine selbstständige Gesellschaft geworden ist, gleichviel ob sie nur Mitglieder des Bildungsvereins oder auch Andere aufnimmt.

Wie mit den Bildungsvereinen, verhält es sich mit den Unterhaltungsgesellschaften. Ein Kasino kann nebenbei für die Mitglieder Lebensbedürfnisse oder Wein im Großen einkaufen und in kleinen Posten verkaufen, — es wird dadurch noch kein eintragungsfähiger Konsumverein. Anders aber liegt die Sache, wenn ein Kasino einen selbstständigen Konsumverein begründet, oder wenn ein eingetragener Konsumverein für seine Mitglieder regelmäßige Unterhaltungsabende einrichtet. Der Richter hat blos zu prüfen, ob die Zwecke der Genossenschaft unmittelbar auf Förderung des Erwerbs oder der Wirthschaft der Mitglieder gerichtet sind; er kann die Eintragung nicht ablehnen, weil hinter den angeführten Zwecken noch andere vorliegen.

Die Förderung des Erwerbs der Mitglieder bezwecken alle Erwerbsgesellschaften, gleichviel was der Gegenstand des Unternehmens ist. Gesellschaften, welche eine Kirche oder eine Turnhalle bauen, um aus der Vermiethung, oder ein Krankenhaus, eine Irrenheilanstalt, eine Kaltwasserheilanstalt herstellen, um aus dem geschäftlichen Betriebe Gewinn für die Mitglieder zu ziehen, können sich zu diesem Zwecke als eingetragene Genossenschaften konstituiren, wohingegen eine Religionsgesellschaft, die sich ihr Gotteshaus, ein Turnverein, der sich seine Turnhalle zum eigenen Gebrauch baut, ebensowenig eintragungsfähig ist, wie ein Verein, der in wohlthätiger oder gemeinnütziger Absicht ein Krankenhaus oder eine Heilanstalt irgend welcher Art gründet und unterhält oder auf andere Weise Wohlthätigkeit übt.

Verfolgt eine Genossenschaft „andere als die in diesem Gesetze (§ 1) bezeichneten geschäftlichen Zwecke", so kann sie aufgelöst werden (§ 79). Nur das Verfolgen anderer als dieser Zwecke ist unter Strafe gestellt, nicht etwa das Nichtbefolgen der im Statut aufgeführten Zwecke oder der Mangel des gemeinschaftlichen Geschäftsbetriebes (vgl. zu § 79). Mitglieder des Vorstandes werden, wenn ihre Handlungen auf andere als die im § 1 erwähnten geschäftlichen Zwecke gerichtet sind, gemäß § 143 bestraft.

4. „ihrer Mitglieder". — Die Gesellschaft muß die Förderung des Erwerbs oder der Wirthschaft ihrer Mitglieder bezwecken. Wenn eine Anzahl Fabrikbesitzer sich vereinigen und mit ihrem Kapital einen Laden (eine Konsumanstalt) errichten, um ihren Arbeitern die Lebensbedürfnisse gut und billig zu verschaffen, ohne einen andern Gewinn als mäßige Verzinsung des Anlagekapitals zu beabsichtigen, so ist diese Gesellschaft nicht eintragungsfähig, weil die Gesellschaftsmitglieder nicht die eigene Wirthschaft und den eigenen Erwerb, sondern die Wirthschaft des Arbeiters zu fördern bezwecken.

Ganz ebenso verhält es sich mit den sogenannten gemeinnützigen Baugesellschaften und mit den Volksküchen. Die Mitglieder der gemeinnützigen Baugesellschaften bezwecken Verbesserung der Arbeiterwohnungen, zu diesem Behufe werden Wohnhäuser mit kleinen Wohnungen gebaut und an Unbemittelte ohne Gewinn vermiethet oder verkauft. Die Volksküchen stellen ihr Essen zu Jedermanns Verfügung zu einem Preise, bei dem sich das Anlagekapital mäßig verzinst. Die Mitglieder des Vereins sind nicht diejenigen, welche das preiswürdige Essen verzehren und dadurch sparen, sondern Personen aus besseren Gesellschaftskreisen. Der Vereinszweck ist Fördern der Wirthschaft anderer Personen, und die Mitglieder streben nicht nach Förderung ihres Erwerbes durch die Volksküche.

Ueber den Geschäftsbetrieb mit Nichtmitgliedern vgl. Erläuterungen zu § 8.

5. „mittelst gemeinschaftlichen Geschäftsbetriebs".

Die Begriffsbestimmung mittelst gemeinschaftlichen Geschäftsbetriebs ist verschieden ausgelegt. Es ist darunter zu verstehen der gemeinschaftliche Betrieb eines Geschäfts und nicht, wie v. Sicherer, „Die Genossenschaftsgesetzgebung in Deutschland" (S. 150) annimmt, „gemeinschaftlicher Abschluß von Rechtsgeschäften". Das Wort „Geschäftsbetrieb" setzt eine dauernde, in sich geschlossene Thätigkeit voraus, ein „Unternehmen" (§ 3 Abs. 1), nach welchem sich auch die Bezeichnung der Firma zu richten hat (§ 3 Abs. 1). Wäre die Auslegung Sicherers richtig, so könnte sich eine Genossenschaft auch für einen bestimmten Fall zum Abschluß von einzelnen Rechtsgeschäften bilden; dies aber widerspricht nicht allein dem Worte „Geschäftsbetrieb", sondern auch der Voraussetzung des § 3, daß die Genossenschaft ein „Unternehmen" zum Gegenstande hat. Das Unternehmen kann auf Gewinn gerichtet sein, dann ist es ein „Handelsgeschäft", oder nicht auf Gewinn, dann fehlt ihm der Begriff des „Handels", und dann ist es ein nicht auf Gewinn abzielendes „Unternehmen" (Geschäft). „Unter Handelsgeschäft ist hier der Inbegriff aller Rechtsverhältnisse zu verstehen, welche mit dem Betrieb des Handelsgewerbes in Beziehung stehen, die Aktiv- und Passivforderungen aus Handelsgeschäften, das Eigenthum an den vorhandenen Waaren als Objekten beabsichtigter Handelsgeschäfte und an den über frühere Handelsgeschäfte aufgenommenen Urkunden, den Handelsbüchern mit den dazu gehörigen Belegen. Ferner kann dazu gerechnet werden Eigenthum und dingliche Rechte an den Handlungs- namentlich Fabriklokalitäten oder die obligatorischen Rechte in Bezug auf dieselben" .... So v. Hahn, Kommentar zum Allgemeinen Deutschen Handelsgesetzbuch zu Artikel 22 § 2. Läßt man in dieser Begriffsbestimmung den „Handel" fort, so ist dieselbe vollständig zutreffend auf das „Geschäft" im weiteren Sinne der Genossenschaft. Eine Genossenschaft, welche nur ihre Mitglieder an ihren Zwecken theilnehmen läßt, ist — ausgenommen die Produktivgenossenschaften — nicht auf Gewinn gerichtet, sondern auf Ersparniß, sei es bei der Beschaffung der im Gewerbe der Mitglieder nothwendigen Gelder, Geräthe, Rohstoffe, Magazine u. s. w. oder der in der Wirthschaft erforderlichen Gegenstände; derartige Genossenschaften betreiben zwar kein Handelsgeschäft", im eigentlichen Sinne des Handelsgesetzbuchs, sie werden nur als „Kaufleute" behandelt (§ 17 Abs. 2), — aber stets ein „Geschäft"; diejenigen Genossenschaften jedoch, welche auch Nichtmitglieder an ihren Zwecken theilnehmen lassen, sind auf Gewinn gerichtet, das „Unternehmen" (Geschäft) ist daher ein „Handelsgeschäft" im eigentlichen Sinne Nur das „Geschäft" der Produktivgenossenschaften ist stets ein „Handelsgeschäft" Die Genossenschaft kann wie ein Einzelkaufmann ein bestehendes Geschäft kaufen oder sich neu etabliren — ein neues Geschäft eröffnen. Der Betrieb des Geschäfts muß ein gemeinschaftlicher sein, er muß in den Händen der Mitglieder liegen, welche durch Vorstand, Aufsichtsrath und Generalversammlung an der Geschäftsleitung thätig sind.

In Folge des Erfordernisses des „gemeinschaftlichen Geschäftbetriebes" sind, wie es in den Motiven der preußischen Regierungs-Vorlage von 1866 und 1867 ausgeführt war, ausgeschlossen. alle Wohlthätigkeitsinstitute, Bildungs- und Unterhaltungsvereine, die industrielle Partnerschaft, bei der letzteren sind die Arbeiter nicht am Betriebe des Geschäfts betheiligt, dasselbe befindet sich allein in den Händen des Fabrikherrn, wenn auch die Arbeiter an dem im Geschäft verwendeten Vermögen betheiligt sind.

Zweifelhaft ist es, ob Versicherungsgesellschaften auf Gegenseitigkeit die Form der eingetragenen Genossenschaft wählen dürfen. Schulze-Delitzsch war nicht der Ansicht. Wiederholt erklärte er in den Jahresberichten und auf Vereinstagen, es habe nicht in der Absicht des Gesetzgebers gelegen, Versicherungsgesellschaften als eingetragene Genossenschaften zuzulassen, -- oder: nur die falsche Auslegung des Gesetzes seitens der Handelsgerichte habe die Eintragung ermöglicht.*) Da sich aber die Zahl der als Genossenschaften eingetragenen Versicherungsgesellschaften mehrte, beantragte er in seiner Novelle von 1876 einen Zusatz zu § 1: „Ausgeschlossen sind Versicherungsgesellschaften jeder Art." In der Begründung der Novelle hieß es: 1. es werde der Ausführung nicht bedürfen, daß auf dem Prinzip der Gegenseitigkeit beruhende Versicherungsgesellschaften nicht unter den im § 1 des Gesetzes aufgestellten Begriff der Genossenschaft fallen, und 2. es müsse dem Hereinziehen solcher fremdartiger Institute, welche obenein der Staatskonzession und Aufsicht unterliegen, in die Rechtssphäre der Genossenschaften in dem Interesse der letzteren entgegengetreten werden.**) In der Reichstagskommission 1876 wurde mehrfach, namentlich auch seitens der Vertreter des Bundesraths, der Ansicht Schulzes von der Unzulässigkeit der Eintragung von Versicherungsgesellschaften widersprochen, aber sein Antrag angenommen. Schulze hat denselben bei jeder Ergänzung oder Aenderung seiner Novelle aufrecht erhalten, aber in der Begründung nur den zweiten Punkt aufgeführt.***)

---

*) Vgl. Jahresberichte von 1873 bis 1879 (in den letzteren werden die in einen Anhang verwiesenen Versicherungsgesellschaften Genossenschaften zweifelhaften Charakters genannt), Mittheilungen über den allgemeinen Vereinstag in Wiesbaden vom 2. bis 5. September 1877 S. 49.

**) Blätter für Genossenschaftswesen 1877 S. 211.

***) Vgl. Schulze-D. S. 17

In der Begründung des neuen Gesetzes ist die Ablehnung des Vorschlages Schulzes motivirt:

„Unter den Zwecken des § 1 findet an sich auch die gegenseitige Versicherung gegen Schaden eine Stelle; denn die allgemeinen Voraussetzungen des Gesetzes sind mit diesem Gegenstande des Unternehmens vollkommen vereinbar. Trotzdem ist vorgeschlagen worden, alle Arten der Versicherung von dem Geschäftskreise der Genossenschaften auszuschließen. Die Gründe, welche hierfür geltend gemacht werden, genügen jedoch nicht, um eine solche Maßregel zu rechtfertigen; insbesondere versteht es sich von selbst, daß, wo zum Betriebe von Versicherungsgeschäften eine staatliche Genehmigung erforderlich ist, diese nicht dadurch umgangen werden kann, daß die Gesellschaft die Form einer Genossenschaft annimmt. Die Frage der Gesellschaftsform für Versicherungsvereine wird nur im Zusammenhang einer gesetzlichen Regelung des Versicherungswesens zu lösen sein, und es wäre bedenklich ohne Rücksicht hierauf eine Assoziationsart, die für beschränktere Versicherungszwecke wohl anwendbar sein kann, gänzlich auszuschließen" (Begr. I 87).

In der Reichstagskommission ist die Frage nicht erörtert. Es wird also, wie früher, bei jeder Versicherungsgesellschaft, die sich zur Eintragung meldet, zu prüfen sein, ob sie den Vorschriften des Gesetzes entspricht. In den bisherigen Erörterungen für oder gegen die Eintragungsfähigkeit ist nur allgemein von Versicherungen auf Gegenseitigkeit ohne Unterscheidung nach dem Gegenstande der Versicherung die Rede. (Parisius S. 166 vermißte an ihnen den gemeinschaftlichen Geschäftsbetrieb; anderer Meinung v. Sicherer S. 153, Goldschmidt, „Erwerbs- und Wirthschaftsgenossenschaften" S. 30. Vgl. Reichsgericht, Entscheidungen IV. 394, 15. April 81 und XI. 178 20. Mai 84, Gierke, Die Genossenschaftstheorie und die deutsche Rechtsprechung 295.) Die Lebensversicherung auf Gegenseitigkeit dürfte keinesfalls als eingetragene Genossenschaft konstituirt werden können. Denn bei ihr ist der Zweck niemals unmittelbar auf Förderung des Erwerbes oder der Wirthschaft der Mitglieder d. h. der Versicherten gerichtet, sie bezwecken vielmehr Verbesserung der materiellen Lage der Hinterbliebenen der Mitglieder. Wie mit den Lebensversicherungen verhält es sich mit Begräbnißkassen, Sterbekassen, Witwen- und Waisenkassen. Anders liegt es bei Versicherungen gegen Schaden. Bisher kamen als eingetragene Genossenschaften Feuer-, Vieh-, Hagel-, Schiffs- und Baugewerbeunfall-Versicherungen vor. Diese bezwecken den Ersatz eines möglicherweise in Zukunft eintretenden, von dem Willen des sich versichernden Genossen unabhängigen Schadens. Erblickt man darin den Zweck der Förderung der Wirthschaft, so muß man die Eintragungsfähigkeit anerkennen. Von dem neuen Gesetz gilt aber noch mehr, was Goldschmidt vom alten sagt: „es ist ohne Rücksicht auf die eigenthümliche Natur der Assoziationsart fixirt und daher mehrfach für dieselbe ungeeignet."

„Vereinigungen zu dem Zweck, ein Gut zu kaufen, zu bewirthschaften, zu parzelliren, ländliche Wirthschaften zu errichten," können sich in der Form von Genossenschaften bilden, wie dies der Kommissar des Bundesraths im

Reichstage am 4. April 1889 (St. Ber. 1291) auf Befragen ausdrücklich bestätigt. Solche Ackerbau-Genossenschaften, namentlich zu dem Zwecke, durch Ueberlassung der Parzellen an die Mitglieder diese zu Landbesitzern zu machen, erfordern einen bedeutenden gemeinschaftlichen Geschäftsbetrieb.

Eine Landesprodukten- und Waaren-Börse eignet sich nicht zur Eintragung in das Genossenschaftsregister. Die Börse soll dazu dienen, den Mitgliedern einen Vereinigungspunkt zum Abschlusse ihrer Geschäfte zu gewähren und dadurch ihnen den gegenseitigen Verkehr zu erleichtern. Sie selbst betreibt kein Geschäft. (Entscheidung des Bayrischen Handelsappellationsgerichts vom 10. Januar 1870 in Busch, Archiv 24 S. 287.)

Von den sogenannten Markenkonsumvereinen sagten die Motive des preußischen Regierungsentwurfs vom 2. Februar 1866 (Drucksachen, Herrenhaus Nr. 10 S. 25) zu § 1, daß sie „nicht hierher gehören, weil bei denselben ein gemeinschaftlicher Geschäftsbetrieb ihrer Mitglieder überhaupt nicht stattfindet". Anschütz und Völderndorff erklären es für eine rein thatsächliche Frage (S. 53), und Sicherer sieht sie für eintragungsfähig an, „da ja auch bei diesen ein gemeinschaftlicher Abschluß von Rechtsgeschäften, von Einkäufen u. s. w. vorkommen kann" (S. 152). Reine Markenkonsumvereine — und diese kommen hier allein in Frage — kaufen keine Waaren, sondern vermitteln durch Verträge mit bestimmten Gewerbetreibenden für ihre Mitglieder Preisermäßigungen für solche Waaren, welche dieselben ihnen während der Dauer des Vertrages abkaufen. Genossenschaften, die ausschließlich den Abschluß derartiger „Markenverträge" bezwecken und es von vornherein ablehnen, wirkliche Konsumvereine im Sinne des Gesetzes (Nr. 5) zu werden, kommen jetzt selten vor oder sind nicht von langem Bestand.

6. „bezwecken".

Es ist unnöthig, den Zweck der Genossenschaft im Statut aufzuführen; der § 5 schreibt nichts davon vor, verlangt dahingegen, daß das Statut „den Gegenstand des Unternehmens" enthalten müsse, und § 12 verordnet das gleiche für den zu veröffentlichenden Auszug des Statuts. Die gleiche Bestimmung hatte das Gesetz von 1868. Trotzdem haben nicht blos viele Genossenschaften, insbesondere unter den außerhalb des allgemeinen Verbandes stehenden, in ihrem Statut kein Wort von dem Gegenstand des Unternehmens, vielmehr nur kürzere oder längere Mittheilungen über den Zweck der Genossenschaft, ja man fand auch bei zahlreichen Veröffentlichungen der Gerichte über neu eingetragene Genossenschaften Statut-Auszüge, die nur den Zweck der Genossenschaft, nicht den Gegenstand des Unternehmens enthielten. Das ist künftig ein Verstoß gegen § 6 des Gesetzes, denn beide Dinge sind an sich nicht identisch, können vielmehr verschieden sein.

Wie gefährlich für die Genossenschaften es ist, andere als geschäftliche Zwecke in dem Statut anzugeben, und wie sehr daher die Gerichte verpflichtet sind, bei der Prüfung der Statuten einzutragender Genossenschaften sorgfältig und streng zu verfahren, folgt aus den Bestimmungen in §§ 79, 143. Wenn Anschütz und Völderndorff (Kommentar zum A.D.H.G.), denen sich Sicherer (S. 145) anschließt, die Behauptung aufstellen: „Verfolgt ein zu der Kategorie der einzutragenden Genossenschaften gehörender Verein neben seinen wirthschaftlichen Zwecken auch noch Wohlthätigkeits-, Unterhaltungs- oder Bildungszwecke, so wird dadurch an der rechtlichen Natur der Genossenschaft selbst nichts geändert", so dürfte dieser Satz leicht zu Mißverständnissen führen können. In der rechtlichen Natur einer bereits eingetragenen Genossenschaft wird dadurch, daß sie wirthschaftliche und andere Zwecke in sich vereinigt, allerdings nichts geändert, vor der Eintragung aber hat die Genossenschaft die Rechte einer eingetragenen Genossenschaft nicht, und ist es lediglich nach den landesrechtlichen Vorschriften zu beurtheilen, ob es gestattet ist, sich zu wirthschaftlichen und anderen Zwecken mit einander zu verbinden. Wichtig ist die Frage: ob der Handelsrichter verpflichtet oder auch nur berechtigt ist, eine Genossenschaft, welche nach ausdrücklichen Bestimmungen ihres Statuts als Gesellschaft neben den wirthschaftlichen Zwecken noch andere Zwecke verfolgt, in das Genossenschaftsregister einzutragen. Diese Frage ist zu verneinen. Denn da nach § 79 eine Genossenschaft lediglich deshalb, weil sie „andere, als die im § 1 erwähnten geschäftlichen Zwecke verfolgt", aufgelöst werden kann, so ist schon aus diesem Grunde der Richter nicht berechtigt, die Eintragung einer Genossenschaft zu bewirken, die sich schon nach dem Statut als ungeeignet zur Eintragung erweist.

Unbedenklich zulässig ist es übrigens, daß eine eingetragene Genossenschaft den durch rein geschäftliche Zwecke zusammengeführten Mitgliedern, ohne daß sie ein statutarisches Recht darauf haben, Nebenleistungen gewährt (Unterhaltung, Bildung, Unterstützung in Noth und Unglück u. dgl.), die außerhalb der Gesellschaftszwecke liegen, aber in Gesellschaften jeder Art vorkommen können.

7. „namentlich".

Die „namentliche" Aufzählung einzelner Genossenschaftsarten stammt aus dem preußischen Gesetz. Die genannten Arten sollten — wie es im Komm.Ber. des preuß. Abg.-Hauses Nr 55 S. 15 Drucks. heißt — „nur erläuternde Beispiele sein, aber nicht die Reihe positiv abschließen". Solches ist in der Komm. des Reichstags wiederholt hervorgehoben (Komm Ber. 4).

8. Zu 2. „Rohstoffvereine".

Rohstoffvereine sind Genossenschaften, welche die zum Betriebe des Gewerbes der Mitglieder erforderlichen Rohstoffe, Werkzeuge und Geräthe gemeinschaftlich einkaufen. (Siehe Einleitung Kapitel 2 und Schulze-Delitzsch, Die Genossenschaften in einzelnen Gewerbezweigen, 2. Hauptstück, 1. Kapitel „Rohstoffgenossenschaft der Handwerker" S. 46—163.)

9. Zu 3. „Absatzgenossenschaften".

Das Ges. von 1868 nannte diese Genossenschaftsart nicht besonders, sondern führte nur unter 2. „Rohstoff- und Magazingenossenschaften" auf. Die Absatzgenossenschaften wurden von der Kommission aufgenommen mit Rücksicht auf die neuerdings unter den Landwirthen öfters entstandenen Vereine zum Zweck des Absatzes der landwirthschaftlichen Erzeugnisse unmittelbar an die Konsumenten. Unter den Begriff der Magazinvereine fielen sie nicht, weil bei den letzteren vorausgesetzt werde, daß die Verkaufsgegenstände bis zur Veräußerung in einem gemeinschaftlichen Verkaufslokal aufgespeichert werden, was jedenfalls bei den landwirthschaftlichen Genossenschaften nicht zutreffe (Komm.Ber. 4).

10. Zu 4. „Herstellung".

Ueber die Mängel der Begriffsbestimmung im Gesetz von 1868 — „Anfertigung" statt „Herstellung" — vgl. Parisius 169 und oben I. b). Wenngleich nunmehr die Winzervereine, Hopfenbaugenossenschaften und Molkereigenossenschaften als Produktivgenossenschaften ausdrücklich anerkannt sind, so fallen eine genossenschaftliche Färberei, in welcher nur Gegenstände für Andere gefärbt, also bearbeitet werden, und eine genossenschaftliche Mühle, in der nur Lohnmüllerei betrieben, also das von Mahlgästen zugeführte Getreide gegen Lohn vermahlen wird, auch jetzt noch nicht unter den Begriff der Produktivgenossenschaft, da man von ihnen nicht wohl sagen kann, daß sie die hergestellten Gegenstände auf gemeinschaftliche Rechnung zu verkaufen bezwecken. Der Prümer Lohmühlenverein, eingetr. Gen., mit dem Zweck, den Mitgliedern „den nothwendigen Bedarf an gemahlener Lohe zum Betriebe der ihnen gehörigen Gerbereien zu verschaffen", dessen Charakter als Produktivgenossenschaft früher in Zweifel kam, ist auch jetzt keine Produktivgenossenschaft (Bl.f.G. 1875 S. 13 und Parisius 169), da in ihm jeder Genosse das Recht hat, nach einer bestehenden und beschlossenen Reihenfolge zu seinem Bedarf ein gewisses Quantum Lohe auf der gemeinschaftlichen Mühle mahlen zu lassen, also „ein Verkauf der hergestellten Gegenstände auf gemeinschaftliche Rechnung" nicht stattfindet. Man wird ihn unter die Werkgenossenschaften einreihen können. Aber es ist gleichgültig, ob derartige Genossenschaften Produktivgenossenschaften oder Werkgenossenschaften oder keines von beiden sind, ihrer Eintragungsfähigkeit thut es keinen Abbruch. (Vgl. Sicherer S. 157.)

Ueber eigentliche und uneigentliche Produktivgenossenschaften vgl. Erläuterungen zu § 8.

11. Zu 5. „Konsumvereine".

Ueber die Aenderungen in der Begriffsbestimmung siehe oben I. c). — Ueber den Fortfall der Worte „an ihre Mitglieder" vgl. Erläuterungen zu § 8.

Unter die Konsumvereine sind auch „homöopathische Vereine" zu zählen, welche bezwecken, ihren Mitgliedern Arzneimittel u. dgl. zu verschaffen. Mehrere derselben sind als Genossenschaften eingetragen. Ueber ihre ungenaue Firma vgl. Erläuterungen zu § 13 Nr. 2.

12. Zu 6. Werkgenossenschaften.

Unter die Werkgenossenschaften könnten auch die „Kojengenossenschaften" fallen (auf den Inseln Föhr, Sylt vgl. Professor Kuntze, „Die Kojengenossenschaft und das Geschoßeigenthum" Leipzig 1888): „auf planmäßiger und dauernder Anlage beruhende Fangstätten zur Erlangung von Wildenten". Die Koje (Fangstätte) steht im Eigenthum der „Genossenschaft" und wird von dieser unterhalten, die gefangenen Enten werden nach festgestellten Regeln unter die Genossen vertheilt.

13. „erwerben".

Ueber Erwerb der „Rechte einer eingetragenen Genossenschaft" und die Unmöglichkeit, auf diese Rechte wieder zu verzichten, vgl. § 13.

§ 2.

Die Genossenschaften können errichtet werden:

1. dergestalt, daß die einzelnen Mitglieder (Genossen) für die Verbindlichkeiten der Genossenschaft dieser sowie unmittelbar den Gläubigern derselben mit ihrem ganzen Vermögen haften (eingetragene Genossenschaft mit unbeschränkter Haftpflicht);
2. dergestalt, daß die Genossen zwar mit ihrem ganzen Vermögen, aber nicht unmittelbar den Gläubigern der Genossenschaft verhaftet, vielmehr nur verpflichtet sind, der letzteren die zur Befriedigung der Gläubiger erforderlichen Nachschüsse zu leisten (eingetragene Genossenschaft mit unbeschränkter Nachschußpflicht);
3. dergestalt, daß die Haftflicht der Genossen für die Verbindlichkeiten der Genossenschaft sowohl dieser wie unmittelbar den Gläubigern gegenüber im Voraus auf eine bestimmte Summe beschränkt ist (eingetragene Genossenschaft mit beschränkter Haftpflicht).

Ges. von 1868 § 12, Entw. I u. II, Komm. und Rtg. 2. Begr. I 45 bis 57, 88 (Begr. II 32 bis 40 u. 60), Komm.Ber. 5.

St. Ber.: Berathung I 14. Sitzg. 13. Dezember 1888, 273—294; Berathung II 45. Sitzg. 23. März, 1021—1035, 46. Sitzg. 26. März 1889, 1089; Berathung III 52. Sitzg. 4. April 1889, 1288.

I. **Zur Geschichte des § 2.**

In der Einleitung ist die Haftpflicht in den Genossenschaften und die rechtliche Stellung der einzelnen Genossenschaftsarten in Ansehung der Haftpflicht der Gegenstand ausführlicher Untersuchungen. Ueber Entstehung der Bestimmungen des Ges. vom 4. Juli 1868 betreffend die Haftpflicht, über die ausschließliche Zulassung der unbeschränkten Haftpflicht in dem genannten Gesetz, sowie ferner über die Zulassung der Genossenschaften mit beschränkter Haftpflicht und über die Entstehung der Bestimmungen über Genossenschaften mit unbeschränkter Nachschußpflicht im Ges. vom 1. Mai 1889 vgl. Einleitung.

Der Entwurf hatte folgenden § 2 vorgeschlagen:

Die Genossenschaften können mit unbeschränkter Haftpflicht errichtet werden dergestalt, daß die einzelnen Mitglieder (Genossen) für die Verbindlichkeiten der Genossenschaft mit ihrem ganzen Vermögen haften, oder mit beschränkter Haftpflicht dergestalt, daß diese Haftung im Voraus auf eine bestimmte Summe begrenzt ist.

Der jetzige § 2 entspricht den Beschlüssen der Kommission in deren zweiter Berathung.

II. Erläuterungen zu § 2.

1. § 2 behandelt den Umfang der Haftpflicht, die §§ 102 ff., 108, 116, 122, 135 den Vollzug, die Geltendmachung der Haftpflicht. Haftumfang und Haftvollzug sind eng mit einander verbunden, der letztere kann auf den ersten einen geradezu bestimmenden Einfluß ausüben. Vgl. Einleitung.

2. Für alle drei Arten „eingetragener" Erwerbs- und Wirthschaftsgenossenschaften gelten der erste bis siebente Abschnitt (§§ 1 bis 111) und der neunte Abschnitt (§§ 140 bis 145) des Gesetzes.

Der ~~erste~~ Abschnitt bringt die besonderen Bestimmungen

I. für Genossenschaften mit unbeschränkter Haftpflicht — §§ 112 bis 119 —

II. für Genossenschaften mit unbeschränkter Nachschußpflicht — §§ 120 bis 124 —

III. für Genossenschaften mit beschränkter Haftpflicht — §§ 125 bis 136 —

IV. für die Umwandlung von Genossenschaften — §§ 137 bis 139 —.

Von den im zehnten Abschnitt enthaltenen Schluß- und Uebergangsbestimmungen (§§ 146 bis 172) beziehen sich die §§ 154 bis 170 auf die bestehenden eingetragenen Genossenschaften, die sämmtlich als Genossenschaften mit unbeschränkter Haftpflicht behandelt werden.

3. Zu Ziffer 1: „Genossen".

Das Ges. vom 4. Juli 1868 bezeichnete die Mitglieder der Genossenschaften mit dem im preußischen Regierungsentwurf von 1866 neugebildeten Ausdruck „Genossenschafter". Das Ges. vom 1. Mai 1889 hat entsprechend den Vorschlägen des Regierungsentwurfs ohne weitere Begründung den unschönen Ausdruck beseitigt und durch Genossen ersetzt.

§. 3.

Die Firma der Genossenschaft muß vom Gegenstande des Unternehmens entlehnt sein und entsprechend der im §. 2 vorgesehenen Art der Genossenschaft die daselbst bestimmte zusätzliche Bezeichnung erhalten.

Der Name von Genossen oder anderen Personen darf in die Firma nicht aufgenommen werden. Jede neue Firma muß sich von allen an demselben Orte oder in derselben Gemeinde bereits bestehenden Firmen eingetragener Genossenschaften deutlich unterscheiden.

Ges. von 1868 § 2 Abs. 2 u 3, Entw. I und II, Komm. 3, Rtg. 3. Begr. I 88, II 60, Komm.Ber. 5.

I. **Zur Geschichte des § 3.**

Der § 3 entspricht den Absätzen 2 und 3 des § 2 des Ges. von 1868, die wörtlich dem preußischen Gesetze entlehnt waren.

a) Der erste Absatz lautete im Ges. von 1868 in Nachbildung Art. 18 H.G.B (Aktiengesellschaft):

Die Firma der Genossenschaft muß vom Gegenstande der Unternehmung entlehnt sein und die zusätzliche Bezeichnung „eingetragene Genossenschaft" enthalten.

Der Entwurf schlug dafür vor:

Die Firma der Genossenschaft muß vom Gegenstande des Unternehmens entlehnt sein und im ersten Falle des § 2 die zusätzliche Bezeichnung: „eingetragene Genossenschaft mit unbeschränkter Haftpflicht", im zweiten Falle des § 2 die zusätzliche Bezeichnung: „eingetragene Genossenschaft mit beschränkter Haftpflicht" enthalten.

Die Reichstagskomm. nahm in Folge der Aenderung zu § 2 die jetzige Fassung an.

b) Vom zweiten Absatz ist der erste Satz übereinstimmend mit dem Ges. von 1868, nur ist „Genossen" statt „Mitgliedern (Genossenschaftern)" gesetzt. Der zweite Satz wie im Ges. von 1868, übereinstimmend mit Art. 20 H.G B. Diesen Satz hatte Entw. I fortgelassen, „weil diese Bestimmung nach Art. 20 H.G B. in Verbindung mit § 17 Abs. 2 Entw. ohnehin für die Genossenschaften maßgebend ist". Der Bundesrath hat sie aber in Entw. II wieder hineingestellt.

II. **Erläuterungen zu § 3.**

1 **Absatz I.** „Die Firma".

In Betreff der Firma — „des Namens, unter dem ein Kaufmann im Handel seine Geschäfte betreibt und die Unterschrift abgiebt" (Art. 15 des H.G.B.) — ist die Genossenschaft im Wesentlichen der Aktiengesellschaft gleichgestellt — vgl. Art. 18 des H G.B. Der Genossenschaft ist ausnahmslos, der Aktiengesellschaft in der Regel eine reine Sachfirma vorgeschrieben und die Aufnahme von Personennamen verboten. Bei allen andern Handelsgesellschaften hingegen sind namenlose Firmen ausgeschlossen.

2. „Vom Gegenstande des Unternehmens entlehnt".

Darnach sind die Hauptbezeichnungen bei Vorschußvereinen: Vorschuß-, Kredit-, Kreditkassen-, Darlehns-, Darlehnskassen-, Spar- und Vorschuß, Diskontoverein, Darlehns-, Vorschuß-, Kredit-, Gewerbe-, Handwerker-, Volks-, Genossenschaftsbank u. s. w. Bei Konsumvereinen sind neben Konsum- und Spar- und Konsumverein noch Waareneinkaufs-, Haushaltungs- und Lebensbedürfnißverein sowie Einkaufsgesellschaft gebräuchlich. Die Rohstoff-, die Magazinvereine und die Produktivgenossenschaften pflegen noch das Gewerbe zu bezeichnen. Die landwirthschaftlichen Genossenschaften setzen oft dem Unternehmen die Bezeichnung „landwirthschaftlich" hinzu. Bei den Baugenossenschaften sind die Bezeichnungen Bauverein, Baugenossenschaft, Hausgenossenschaft, Baugesellschaft, Wohnungsverein die üblichsten.

Unrichtigerweise wurden auch Firmen eingetragen, aus denen der Gegenstand des Unternehmens nicht erhellt, so z. B. „Barbier- und Friseurvereinigung in Hamburg, Eing. Genoss.“, oder die in Berlin als eingetragene Genossenschaften bestehenden „Schornsteinfegermeisterschaften“ oder „Hannoversches Eishaus, Eing. Genoss.“, oder „Deutscher Kellnerbund, Eing. Genoss.“ in Berlin, in Bromberg und in Königsberg. Auch den „homöopathischen Vereinen, Eing. Genoss“ ist der Gegenstand des Unternehmens, die billigere Beschaffung von Medikamenten für ihre Mitglieder, schwer anzusehen.

Zusätze zur Bezeichnung des Sitzes der Genossenschaft oder des ihr bestimmten örtlich begrenzten Wirkungskreises sind Regel, — Gemeinde, Stadttheil, Stadt, Kreis, Landschaft werden dem Namen beigefügt.

Zuweilen wird eine andere Gesellschaft oder eine begrenzte Klasse Gewerbtreibender genannt, für welche die Genossenschaft vorzugsweise oder ausschließlich bestimmt oder aus welchen die Genossenschaft hervorgegangen ist. Beispiele bieten „Spar- und Vorschußkasse des christlich-sozialen Vereins zu Hedersleben, Eing. Genoss“, „Schlesischer Beamten-Kreditverein, Eing. Genoss. zu Breslau“; „Bergmännischer Konsumverein, Eing. Genoss.“ zu Freiberg, „Kohlenkonsumverein der Leipziger Bäckerinnung, Eing. Genoss.“, „Beamten-Konsumverein, Eing. Genoss.“ zu Halle a/S.

Allegorische Zusätze sind beliebt bei den Konsumvereinen, deren Mitglieder vorzugsweise Arbeiter sind. Selbsthülfe, Hoffnung, Glückauf, Fortschritt, Biene, Vorsicht u. s w.; ebenso bei den industriellen Produktivgenossenschaften: Concordia, Eintracht, Selbsthülfe, Vorwärts, Arion bei (Pianofortemachern) u. s w.

3. „Art der Genossenschaft“.

a) Die im Reichstage nach den letzten Vorschlägen seiner Kommission beschlossene Fassung des ersten Absatzes ist keine glückliche. Sie gestattet die Deutung, daß unter der „zusätzlichen Bezeichnung“ zur Firma der verschiedenen Arten Genossenschaften nur die Worte „mit unbeschränkter Haftpflicht“ — „mit unbeschränkter Nachschußpflicht“ und mit „beschränkter Haftpflicht“ zu verstehen, somit das Wort „eingetragene“ überflüssig sei und z. B. „Vorschußverein zu X. Genossenschaft mit unbeschränkter Haftpflicht“ firmirt werden dürfe. Aus der Entstehungsgeschichte des Satzes ergiebt sich die Unrichtigkeit der Deutung.

b) Weil es nach dem Ges. von 1868 nur eingetragene Genossenschaften mit unbeschränkter Haftpflicht gab, kam die Haftpflicht in der Firma nicht zum Ausdruck. In Folge der Zulassung von drei Haftformen muß nun auch die Firma diejenige Haftform erkennen lassen, mit der die Genossenschaft besteht

4. Die Bezeichnung „eingetragene Genossenschaft“ findet sich bereits im preußischen Gesetz. In der Kommission des Abgeordnetenhauses von 1863 wurde auf Antrag von Parisius der Zusatz „Einregistrirte Genossenschaft“ beschlossen. Die Anregung dazu bot die englische Vorschrift, daß in dem Namen jeder Gesellschaft mit beschränkter Haftung das letzte Wort „limited“ lauten muß. Der Ministerial-Entwurf von 1866 schlug den Zusatz „Anerkannte Genossenschaft“ vor, welchen die Kommission des Abge-

ordnetenhauses durch „Eingetragene Genossenschaft“ ersetzte. Bei den Kommissions-Berathungen des Allgemeinen deutsch. H.G.B. wurde von einer Seite empfohlen, „die Aufnahme der Bezeichnung als Aktiengesellschaft in die Firma der Aktiengesellschaft selbst vorzuschreiben“. Man hielt aber zur Vermeidung von Täuschungen es für das Geeignetste, durch den Namen das Wesen der Aktiengesellschaft (welches darin bestehe, daß keine Person mit ihrem Vermögen, sondern nur das Aktienkapital hafte) deutlich zu bezeichnen. Durch die Aufnahme der zusätzlichen Bezeichnung: „Eingetragene Genossenschaft“ in die Firma der Genossenschaft soll umgekehrt die unter dem Gesetz stehende Genossenschaft als eine aus vielen solidarisch haftenden Personen zusammengesetzte rechtsfähige Gesellschaft dem Publikum gewissermaßen empfohlen werden.

5. „zusätzliche Bezeichnung“.

Die Firma muß die „zusätzliche Bezeichnung“ eingetragene Genossenschaft mit unbeschränkter Haftflicht“ u. s. w. je nach der Haftpflicht der Genossen enthalten. Aus der Fassung ergiebt sich, daß der Zusatz nicht durch Einschiebung anderer Worte verändert werden darf, er muß den Schluß der Firma bilden. Eine Firma z. B. wie „Eingetragene Diskonto- und Spargenossenschaft mit unbeschränkter Haftpflicht“ würde gegen das Gesetz verstoßen, ebenso eine Firma, bei welcher hinter dem Zusatz noch andere Worte folgen, wie z. B. die Uebersetzung der Firma in eine andere Sprache. Daß die Firma, abgesehen von der zusätzlichen Bezeichnung, nicht deutsch zu sein braucht, sondern einer anderen lebenden Sprache angehören kann, nicht aber einer todten Sprache, wie der Hebräischen, steht außer Zweifel. (Vgl. Art. 32 H.G.B.)

6. Alle vor dem 1. Oktober 1889 bestehenden eingetragenen Genossenschaften müssen den Zusatz „mit unbeschränkter Haftpflicht“ annehmen (s. § 155), auch wenn sie die Umwandlung in eine Genossenschaft mit unbeschränkter Nachschußpflicht oder mit beschränkter Haftpflicht beschließen sollten: bis zur Wirksamkeit der Umwandlung sind sie Genossenschaften mit unbeschränkter Haftpflicht.

7. Absatz II. „Der Name von Genossen oder andern Personen darf in die Firma nicht aufgenommen werden“.

Gegen diese Bestimmung, entlehnt von der gleichen für Aktiengesellschaften erlassenen Bestimmung des Art. 18 des H.G.B., wird, soweit es die Namen von Mitgliedern anlangt, selten gefehlt. Das Fürstl. Schleizische Justizamt, welches 1875 die „Kommandit-Dampfdresch-Maschinen-Gesellschaft Christian Heinrich Lautenschläger in Langenwolschendorf und Genossen, Eingetr. Genossenschaft“, in das Genossenschaftsregister eintrug und bekannt machte, der Fonds der Gesellschaft bestehe in 35 auf den Namen lautenden Aktien zu je 300 Mk und 1500 Mk. baarem Darlehn von den Mitgliedern dieser Gesellschaft, sämmtliche Mitglieder hafteten persönlich und solidarisch für die Passiven der Gesellschaft, (Bl.f.G. 1875 Nr. 10 S. 48) hat wohl keine Nachfolge gefunden.

Schwieriger ist die Bestimmung anzuwenden in Ansehung der Namen von „andern Personen“. Der Zweck der Bestimmung ist, irrige Auffassungen über die Mitgliedschaft oder die Haft „anderer Personen“ zu verhindern. Es kann sich also nur um solche Personen handeln, deren Mitgliedschaft möglich ist, andernfalls hat „das Wort, welches an sich ein Personennamen ist, in Bezug auf die Firma diese Bedeutung verloren“. (v. Hahn, a. a. O. I zu Art. 18, Anschütz u. Völderndorff a. a. O. Bd. I S. 158.) In dieser Beziehung ist die Firma: „Erwerbs- und Wirthschaftsvereinigung der barmherzigen Brüder vom Heiligen Johannes von Gott, Eing. Genoss.“ zu Trier zulässig — unrichtig ist sie nur, insofern sich der Gegenstand des Unternehmens nicht erkennen läßt.

Mit Recht wurde zu Lebzeiten von Schulze-Delitzsch einem „Konsumverein Schulze-Delitzsch“ die Eintragung versagt und erst ausgeführt, als die Firma in „Konsumverein nach Schulze-Delitzsch“ geändert wurde. Heute würde der Eintragung eines „Konsumvereins Schulze-Delitzsch“ nichts im Wege stehn. Der Name einer lebenden Person kann nur dann in die Firma aufgenommen werden, wenn sich aus der Art der Verbindung des Namens mit den übrigen, die Bezeichnung des Gegenstandes enthaltenden Worten der Firma ergiebt, daß von der Mitgliedschaft der betreffenden Person keine Rede sein kann.

8. „an demselben Orte oder in derselben Gemeinde bereits bestehenden Firmen eingetragener Genossenschaften“.

Die Vorschrift des zweiten Satzes des Absatz II ist dem Art. 20 des H.G.B. nachgebildet. Nöthig war sie nicht, — darin hatte der erste Entwurf Recht (s. oben I b zur Geschichte des § 3). Das Verbot der Gleichheit der Firma einer neuen Genossenschaft mit einer in demselben Orte oder in derselben Gemeinde bereits bestehenden Firma konnte sich auf die Firma einer andern eingetragenen Genossenschaft beschränken. Von der Firma anderer Gesellschaften unterscheidet sich die einer eingetragenen Genossenschaft stets durch den sie als solche kennzeichnenden Zusatz. (Vgl. § 17 Abs. 2.)

§. 4.

Die Zahl der Genossen muß mindestens sieben betragen.

Entw. I u. II, Komm., Rtg. 4.
Begr. I 88, II 60, Komm.Ber. 5.

Erläuterungen zu § 4.

In der Kommission des preußischen Abgeordnetenhauses von 1863 war von mehreren Seiten als Erforderniß vorgeschlagen, eine Mindestzahl der Mitglieder festzustellen. Auch die Regierung hatte sich mit der Frage beschäftigt: „Da die Nothwendigkeit der gesetzlichen Regelung der Genossenschaftsrechte zum Theil darin ihren Grund hat, daß der Geschäftsverkehr der Genossenschaften durch die große Anzahl ihrer Mitglieder sehr erschwert zu werden pflegt, so ist die Frage entstanden, ob die Geltung dieses Gesetzes nicht überhaupt auf solche Vereinigungen zu beschränken sei, bei denen eine größere Anzahl von Theilnehmern wirklich vorhanden ist. Dies würde die Feststellung einer zur Bildung anerkannter Genossenschaften erforderlichen Minimalzahl von Mitgliedern nothwendig gemacht haben. Für die Abmessung solcher Zahl läßt sich aber kein allgemein zutreffender Maßstab treffen." — In der Kommission von 1863 wurden für und gegen die Feststellung einer Mindestzahl (man schwankte zwischen 10 und 21) andere Gründe vorgebracht. Man hoffte dadurch zu verhindern, daß sich einige wenige Personen als Genossenschaft eintragen ließen, um das Vertrauen, welches die Genossenschaften zu genießen pflegten, zur Täuschung Unerfahrener auszubeuten. Im Hinblick auf die Produktivgenossenschaften, welche der gesetzlichen Regelung am meisten bedürften, aber oft mit sehr geringer Mitgliederzahl beginnen, verwarf die Kommission die betreffenden Anträge. Diese Rücksicht blieb maßgebend bei Erlaß des preußischen Gesetzes und des deutschen Gesetzes von 1868, nach welchem freilich der Vorstand nur aus einer Person bestehen und der Aufsichtsrath ganz fehlen durfte.

In den ersten Novellen von 1876 und 1877 hatte Schulze-Delitzsch auf Grund der inzwischen gemachten Erfahrungen die Betheiligung von sieben Personen verlangt; die Reichstagskommission von 1877 billigte dies. In der Novelle von 1881 verlangte Schulze eine Mindestzahl von 10 Mitgliedern, weil es für eine lebensfähige genossenschaftliche Organisation angemessen sei, daß neben zwei Personen des Vorstandes und drei Personen des Aufsichtsrathes noch fünf andere Mitglieder für die Generalversammlung übrig blieben.

Das Aktiengesetz vom 18. Juli 1884 verlangt im Art. 209 für die Gründung der Aktiengesellschaft mindestens fünf Personen. Das vorliegende Gesetz hat sieben als Mindestzahl gewählt. In der Begründung des Entwurfs (I 88 u. II 60) heißt es: „Für Vereinigungen einer ganz geringen Zahl von Personen genügt die gewöhnliche Form der Gesellschaft und ist die Erlangung juristischer, gegenüber den Mitgliedern selbstständiger Persönlichkeit, insbesondere aber die korporative Verfassung der Genossenschaft ungeeignet. Ein richtiges Funktioniren des Verwaltungsorganismus wird dadurch unmöglich und es entstehen leicht unrichtige Vorstellungen über die Leistungsfähigkeit und Kreditwürdigkeit einer solchen Assoziation. Der Entwurf bestimmt daher, nach dem Vorgang des englischen, belgischen und schweizerischen Genossenschaftsrechts, die Mindestzahl der Mitglieder auf sieben. Wenn wenigstens fünf Personen zur Besetzung der Stellen im Vorstand und Aufsichtsrath für nöthig zu erachten sind, so kann die Zahl wohl kaum niedriger gegriffen werden." . . . (Man vgl. auch Schulze-Delitzsch, S. 17; „Die Novellen und Anträge zum Genossenschaftsgesetz, besprochen und erläutert von Dr. J. H. Herz rc. Breslau 1883" S. 44.)

Für eine Vereinigung von weniger als sieben Personen genügt, soweit sie Handel treibt, die offene Handelsgesellschaft, auch können sie ohne Schwierigkeit eine einfache Sozietät bilden und nach Außen durch Bevollmächtigte handeln.

Die nothwendige Folge der Vorschrift ist die Auflösung einer Genossenschaft, deren Mitgliederzahl unter die gesetzliche Mindestzahl sinkt (78), eine Ausnahme bilden Genossenschaften, welche bei dem Inkrafttreten des Gesetzes weniger als sieben Mitglieder haben (§ 160).

§. 5.

Das Statut der Genossenschaft bedarf der schriftlichen Form.

Ges. von 1868 § 2 Abs. 1, Entw. I u. II, Komm., Rtg. 5.
Begr. I 5, II 61.

I. Zur Geschichte des § 5:

a) In wörtlicher Uebereinstimmung mit dem preußischen Gesetz lautete die entsprechende Vorschrift des Gesetzes von 1868 im ersten Absatz des § 2:

„Zur Gründung der Genossenschaft bedarf es: 1. der schriftlichen Abfassung des Gesellschaftsvertrages (Statuts)";

b) der preußische Regierungsentwurf hatte notarielle oder gerichtliche Form verlangt und sich auf Art. 208 H G B. berufen, welcher die gleiche Form für Aktiengesellschaften vorschrieb (Vgl. Parisius S. 174.)

Die Mehrheit des preußischen Abgeordnetenhauses hielt die schriftliche Abfassung des Gesellschaftsvertrages für vollkommen ausreichend. „Das Prinzip der Solidarhaft stelle die Genossenschaft näher der offenen Handels- und der gewöhnlichen Kommanditgesellschaft; für beide gelte der mündliche Begründungsvertrag. Zur bessern Sicherheit wolle man dennoch für die Genossenschaft die schriftliche Form einräumen, weil dieselbe leicht zu bewirken sei und zur Feststellung der nothwendigen Vorbedingungen für die Eintragung dienlich sei. Weiter zu gehen verbiete das Interesse der Genossenschaften. Eine nicht zu unterschätzende Bürgschaft liege darin, daß die Vorsteher den Vertrag zur Eintragung beim Handelsgericht einreichen müssen; die Fälschung würde mit der schwersten Strafe dieses Verbrechens, bis zu zehn Jahren Zuchthaus belegt werden (§ 252 des Strafgesetzbuchs)." (Bericht Nr. 55 der Drucksachen des Abgeordnetenhauses S. 15. St. Ber. der Sitzung vom 18. Dezember 1866, S. 1259—1261.)

II. Erläuterungen zu § 5.

1. „Statut".

Statt Gesellschaftsvertrag im Ges. von 1868 heißt es in diesem Gesetz stets „Statut". Die Aenderung ist in der Begründung nicht berührt. Bereits für das Ges. von 1868 war es streitig, welche Rechtsnatur dem Gesellschaftsvertrage beiwohne. Die Einen (z. B. Gierke, Deutsches Genossenschaftsrecht I 1106, Beseler u. A.) sahen in demselben einen „konstituirenden Akt", die Andern einen „Vertrag". Mit Recht sagt Sicherer (S. 163): „Der konstituirende Akt kann nur ein rechtsetzender sein im objektiven oder im subjektiven Sinne des Wortes. Im ersten Falle könnte er nur als Ausfluß der Autonomie betrachtet werden. Diese Annahme erweist sich aber als unhaltbar, da die Autonomie höchstens der schon gegründeten, nicht aber der erst zu gründenden Genossenschaft zustehen kann. Somit bleibt nur die zweite Annahme übrig. Darnach fällt der „konstituirende Akt" unter den Begriff der Rechtsgeschäfte und, da zu seiner Entstehung mehrere übereinstimmende Willenserklärungen nothwendig sind, unter den Begriff des Vertrages."

Ein prinzipieller Unterschied zwischen den Worten „Gesellschaftsvertrag" und „Statut" ist nicht vorhanden. Während die ältere Fassung des H.G.B. den Gesellschaftsvertrag für die Kommanditgesellschaft auf Aktien nicht als Statut bezeichnete, diesen letzteren Ausdruck vielmehr lediglich auf das Grundgesetz der Aktiengesellschaft anwendete, bedient sich das Aktiengesetz vom 18. Juli 1884 bei beiden Gesellschaften (Art. 175 und 209) des gleichen Ausdrucks „Gesellschaftsvertrag" und schaltet als gleichberechtigt die Bezeichnung „Statut" in Klammern ein, ebenso wie im Genossenschaftsgesetz von 1868. Das „Statut" ist hiernach der zwischen bestimmten Personen abgeschlossene Vertrag, zu einer Genossenschaft zusammenzutreten, mit der Absicht, für dieselbe die Rechte einer eingetragenen Genossenschaft zu erwerben.

Bis zur Eintragung hat die Genossenschaft die Rechte einer eingetragenen Genossenschaft nicht (§ 13): die Rechte und Pflichten der Mitglieder gegen einander bestimmen sich bis dahin nach dem „Statut". Dritten gegenüber haften diejenigen, welche entweder selbst handelten oder vertreten wurden, nach dem landesgesetzlichen Gesellschaftsrecht. Eine Aenderung des Statuts kann vor der Eintragung, wenn es nichts Anderes bestimmt, nur unter Zustimmung aller Mitglieder angenommen werden; ein Rücktritt ist nur unter den Voraussetzungen des Statuts gestattet.

Mit der Eintragung wird in Gemäßheit der Absicht der Vertragschließenden ihr bis dahin bestehendes Vertragsverhältniß gelöst; sie werden Mitglieder der durch diesen Akt juristische Persönlichkeit erhaltenden Genossenschaft. Zwischen denselben besteht nun *kein Vertragsverhältniß mehr*. Das Ges. von 1868 ließ hierüber Zweifel, da § 9 Abs. 3 eine Vorschrift des Statuts ermöglichte, nach welcher ein Genosse, der auf seinen Geschäftsantheil mehr als das ihm statutenmäßig Obliegende geleistet hat, an die übrigen Genossen Regreß nehmen konnte, und da ferner die Genossen im Umlageverfahren zu einander in ein Verhältniß traten (§§ 52 ff.). Auch diese Beziehungen sind jetzt weggefallen: die Vorschrift aus § 9 ist in das Gesetz nicht übergegangen (§ 18), und im Umlageverfahren handelt es sich jetzt nur noch um Verbindlichkeiten der Genossen gegenüber der Genossenschaft. (Vgl. für das Ges. von 1868 Sicherer S. 162.)

2. „*schriftliche Form*".

In der Begründung des § 5 heißt es (I 89, II 61):

> „Das Statut ist von den Genossen, welche sich bei der Gründung der Genossenschaften betheiligen oder weiterhin bis zur Einreichung des Statuts zum Genossenschaftsregister der Genossenschaft beitreten, zu unterzeichnen (§ 11 Abs. 2 Nr. 1, § 15)".

Es genügt nicht, daß sich die Gründer in einem besonderen Protokoll zu dem Statut bekennen. Nach der Anmeldung kann eine Unterzeichnung des Statuts, welches bei dem Gericht bleibt, selbstverständlich nicht mehr erfolgen. Es greifen dann die besonderen gesetzlichen Bestimmungen über den Erwerb der Mitgliedschaft Platz (§ 15).

§. 6.

Das Statut muß enthalten:

1. die Firma und den Sitz der Genossenschaft;
2. den Gegenstand des Unternehmens;
3. Bestimmung über die Form für die Berufung der Generalversammlung der Genossen, sowie für die Beurkundung ihrer Beschlüsse und über den Vorsitz in der Versammlung;
4. Bestimmungen über die Form, in welcher die von der Genossenschaft ausgehenden Bekanntmachungen erfolgen, sowie über die öffentlichen Blätter, in welche dieselben aufzunehmen sind.

Ges. von 1868 § 3 Ziffer 1, 2, 8, 11, Entw. I und II, Komm., Rtg. 6. Begr. I 89, II 61.

I. Zur Geschichte des § 6.

a) Der § 3 des Ges. von 1868, im Wesentlichen übereinstimmend mit § 3 des preußischen Gesetzes, war den Art. 175 und 209 des H.G.B. alter Fassung nachgebildet, welche die Erfordernisse des Gesellschaftsvertrages der Aktienkommanditgesellschaft und der Aktiengesellschaften enthielten. Mit der Einleitung: „Der Gesellschaftsvertrag muß enthalten" führte § 3 die Erfordernisse unter 12 Ziffern auf. Von denselben hatte die Genossenschaft die zu 1 (jetzt 6 Ziff. 1), zu 2 (jetzt 6 Ziff. 2), zu 3 (vgl. 8 Ziff. 1), zu 6 (vgl. jetzt 7 Ziff. 3), zu 8 (vgl. 6 Ziff. 3), zu 9 (vgl. 41): „die Bedingungen des Stimmrechts der Genossenschafter und die Form, in welcher dasselbe ausgeübt wird", zu 10 (vgl. 8 Ziff. 4), zu 11 (vgl. 6 Ziff. 4) und im Wesentlichen auch zu 7 (vgl. 9): „die Art der Wahl und Zusammensetzung des Vorstandes und die Formen für die Legitimation der Mitglieder des Vorstandes und der Stellvertreter derselben" mit der Aktiengesellschaft gemeinsam. Der Genossenschaft eigenthümlich waren nur die Erfordernisse zu 4 „die Bedingungen des Ein- und Austritts der Genossenschafter" (vgl. unten Erläuterungen II 1), zu 5 (vgl. § 7 Ziff. 2): „den Betrag der Geschäftsantheile der einzelnen Genossenschafter und die Art der Bildung dieser Antheile" und zu 12 „die Bestimmung, daß alle Genossenschafter für die Verbindlichkeiten der Genossenschaft solidarisch und mit ihrem ganzen Vermögen haften".

b) Zu Ziffer 2 (Gegenstand des Unternehmens).

Der preußische Regierungsentwurf vom 2. Februar 1866 hatte im Gegensatz zu dem Entwurf der Kommission des Abgeordnetenhauses von 1863 und zu den Art. 175 und 209 des H.G.B. alter Fassung im § 3 als zweites Erforderniß „den Zweck der Genossenschaft" hingestellt, anscheinend „um spätere Strafbestimmungen vorzubereiten" (Bericht Nr. 55 S. 16). Die Kommission des Abgeordnetenhauses stellte den Ausdruck des Handelsgesetzbuchs wieder her, der sodann auch im Regierungsentwurf vom

11. November 1866 und in den Genossenschaftsgesetzen belassen wurde (s. unten Erläuterungen zu dieser Ziffer).

c) Zu Ziffer 3 (Generalversammlung).

Das Ges. von 1868 hatte in Ziff. 8: „die Form, in welcher die Zusammenberufung der Genossenschafter geschieht". Neu ist die Vorschrift der statutarischen Feststellung von Bestimmungen über die Form für Beurkundung der Beschlüsse der Generalversammlung und über den Vorsitz in der Versammlung (s. Erläuterungen zu 6).

d) Zu Ziffer 4 (Bekanntmachungen).

Das Ges. von 1868 hatte in § 3 Ziff. 11, in Uebereinstimmung mit Ziff. 8 des Art. 175 und Ziff. 11 des Art. 209 H.G.B. alter Fassung, die gleiche Vorschrift, nur unter Fortlassung der Worte „Bestimmungen über". Die preußischen Regierungsentwürfe hatten dagegen sowohl für die von den Organen der Genossenschaft, als auch die vom Genossenschaftsrichter zu erlassenden Bekanntmachungen das Regierungs-Amtsblatt bestimmt. Das Abgeordnetenhaus hatte diese Art der Veröffentlichung verworfen und die obige Bestimmung dem H.G.B. entlehnt (s. Parisius 185 zu d).

II. **Erläuterungen zu § 6.**

1. §§ 6 und 7 enthalten diejenigen Bestimmungen, welche das Statut enthalten muß, wenn es eingetragen werden soll, § 8 trifft Vorkehrung für den Fall, daß die daselbst angeführten Einrichtungen überhaupt in Betracht kommen. Ferner muß im Statut das Ausscheiden durch Uebertragung des Geschäftsantheils (§ 74) ausdrücklich ausgeschlossen sein, wenn es nicht statthaft sein soll.

Die im § 3 des Ges. von 1868 aufgeführten und hier in den §§ 6, 7 und 8 nicht berücksichtigten Gegenstände sind weggelassen, weil „die bezüglichen Vorschriften als absolute oder dispositive im Gesetz selbst getroffen sind. Dahin gehören die Bestimmungen über Wahl und Zusammensetzung des Vorstandes und die Formen für die Legitimation seiner Mitglieder (Ziff. 7, vgl. §§ 9 und 24) und über die Bedingungen des Stimmrechts der Genossen (Ziff. 9, vgl. § 40). „Bedingungen", richtiger: Bestimmungen, welche die Genossenschaft für Ein- und Austritt der Genossen aufstellen will (Ziff. 4), sind, abgesehen von den Vorschriften, die der Entwurf [das Gesetz] in den §§ 15, 63, 65, 70, 74 zum Gegenstande hat, nicht unbedingt in den Gesellschaftsvertrag zu verweisen; insbesondere kann es sich empfehlen, Voraussetzungen für die Aufnahme von Genossen auch durch Beschluß des Aufsichtsraths oder der Generalversammlung für den Vorstand wirksam festzustellen. Endlich mußte die bisherige, die Haftung der Genossen betreffende Ziffer 12 weggelassen werden". (Begr. II 61.)

§ 6 bezieht sich auf die Fragen organisatorischer Natur, § 7 auf die Grundlage der Kredit- und Vermögensverhältnisse der Genossenschaften.

2. „Muß enthalten".

Wenn das Statut den Erfordernissen der §§ 6 und 7 nicht entspricht, so hat das Registergericht die Eintragung in das Genossenschaftsregister zu versagen. Das Statut ist nicht nichtig, die Gesellschaft besteht nach dem landesgesetzlichen Gesellschaftsrecht. Ist eine Genossenschaft, deren Statut unvollständig ist, dennoch eingetragen, so kann der Richter die Vervollständigung des Statuts nicht erzwingen (§§ 79, 152), die Unvollständigkeit des Statuts schadet auch nichts der Rechtsnatur der eingetragenen Genossenschaft, die dem Gesetz zuwiderlaufenden Bestimmungen sind nichtig. Ueber den Umfang des Prüfungsrechts der Richter vgl. § 11.

3. Zu Ziffer 1 (Firma und Sitz).

Ueber die Firma vgl. § 3.

Der Sitz der Genossenschaft bedeutet deren Niederlassung, wenn nur eine vorhanden ist, sonst deren Hauptniederlassung im Gegensatz zu den Zweigniederlassungen. Das Geschäftslokal, in welchem sich die Kasse und die Buchführung befinden und der Vorstand den gemeinschaftlichen Geschäftsbetrieb leitet, bildet das entscheidende Kennzeichen — der Ort, wo die Werkstätten oder die Verkaufsläger sind, ist gleichgültig. Der Sitz der Genossenschaft ist maßgebend für den Gerichtsstand derselben (§ 1[illegible] C.P.O.). Vgl. § 1 Erläuterung 6 (§ 3 Erläuterung 2).

4. Zu Ziffer 2 (Gegenstand des Unternehmens).

Für Vorschußvereine bezeichnet Schulzes Musterstatut als Gegenstand des Unternehmens: „den Betrieb eines Bankgeschäftes behufs gegenseitiger Beschaffung der in Gewerbe oder Wirthschaft nöthigen Geldmittel auf gemeinschaftlichen Kredit“. Das vom Anwalt Schenck neu redigirte Statut sagt dafür besser: „zum Betriebe von Bankgeschäften behufs Beschaffung der in Gewerbe und Wirthschaft nöthigen Geldmittel“.

Für Konsumvereine bezeichnet das Statut in Dr. Schneiders „Taschenbuch für Konsumvereine“ als den Gegenstand des Unternehmens: „die Beschaffung unverfälschter und guter Waaren für den persönlichen und Haushaltungsbedarf der Mitglieder gegen sofortige Baarzahlung und zur Ansammlung eines Kapitals für dieselben aus dem dabei erhaltenen Ueberschusse“, das neuere Statut des Anwalts Schenck hingegen einfacher: „den gemeinschaftlichen Einkauf von Lebens- und Wirthschaftsbedürfnissen für die Mitglieder und Verkauf gegen sofortige Baarzahlung“.

„Die Genossenschaften in einzelnen Gewerbszweigen“ anlangend, bezeichnet Schulze-Delitzsch in den Musterstatuten seines Buches als Gegenstand des Unternehmens bei den Rohstoffvereinen „den Einkauf der zum Betriebe des . . . . gewerbes erforderlichen Rohstoffe, Werkzeuge und Geräthe für gemeinschaftliche Rechnung und Verkauf derselben an die Mitglieder“; bei den Magazinvereinen „den Verkauf der von den einzelnen Mitgliedern für eigene Rechnung eingelieferten . . . . -Waaren in einem zu diesem Zwecke eingerichteten gemeinsamen Magazin“; für landwirthschaftliche Rohstoffvereine: „den Einkauf der zum Betriebe der Landwirthschaft erforderlichen Roh- und Hülfsstoffe, namentlich Kunstdünger und Saatgut, sowie Werkzeuge, Geräthe u. dgl. für gemeinschaftliche Rechnung und Verkauf derselben an die Mitglieder“; für landwirthschaftliche Rohstoff- und Werkvereine lauten die letzten Worte des bis dahin übereinstimmenden Statuts: „Geräthe, Maschinen u. s. w.

für gemeinschaftliche Rechnung und deren Verkauf oder Verleihung an die Mitglieder". In dem Musterstatut für industrielle Produktion: „die Anfertigung und den Verkauf von ...... auf gemeinsame Rechnung und Gefahr".

Auf die Fassung der statutarischen Bestimmungen über den Gegenstand des Unternehmens ist besondere Sorgfalt zu verwenden; eine zu weite Fassung kann zufälligen Mehrheiten der Mitglieder die Möglichkeit eröffnen, eine Erweiterung des Geschäftsbetriebes auf fernliegende Zwecke durchzusetzen, — eine zu enge Fassung aber macht Abänderungen des Statuts nöthig, die durch die Veröffentlichung in den Zeitungen kostspielig werden.

Bei den Genossenschaften außerhalb des Schulzeschen Verbandes ist in dieser Beziehung oft nicht genügende Sorgfalt auf die statutarischen Bestimmungen verwendet. In F. W. Raiffeisens Schrift über die Darlehnskassenvereine ist in den Normalstatuten, die „fast ausnahmslos in den verschiedensten Theilen des Reiches bei Gründung neuer Darlehnskassenvereine ohne Widerspruch angenommen sind", der Gegenstand des Unternehmens gar nicht angegeben, vielmehr nur der Zweck des Vereins: „die Verhältnisse seiner Mitglieder in sittlicher und materieller Beziehung zu verbessern, die dazu nöthigen Einrichtungen zu treffen, namentlich die zu Darlehnen an die Mitglieder erforderlichen Geldmittel unter gemeinschaftlicher Garantie zu beschaffen, besonders auch müßig liegende Gelder anzunehmen und zu verzinsen" (Raiffeisen a. a. O. 5. Aufl. S. 97). Gleichermaßen fehlt bei Raiffeisen im Statut sowohl des Winzervereins (S. 183) als der Molkereigenossenschaft (S. 207) der Gegenstand des Unternehmens. Statt dessen ist als Zweck angegeben beim Winzerverein: „durch Einsammeln und gemeinsames Keltern der Trauben seiner Mitglieder reine Weine zu erzielen, diese einheitlich zu behandeln und sodann durch gemeinschaftlichen Verkauf möglichst hoch zu verwerthen", — bei der Molkereigenossenschaft: „die von ihren Mitgliedern produzirte Milch zu sammeln, dieselbe gemeinsam zu verarbeiten, die daraus gewonnenen Produkte für gemeinschaftliche Rechnung zu verkaufen und so den Produzenten die Möglichkeit der höchsten Ausnutzung der Milch, den Konsumenten die Garantie für größte Güte der Milchprodukte zu verschaffen".

Auch von den zu von Professor Mendels erst 1886 erschienenen Schrift „Die landwirthschaftlichen Ankaufs- und Verkaufsgenossenschaften 2c." mitgetheilten vier Musterstatuten ist der gleiche Fehler bei dreien zu rügen, bei dem zu einem Verband gehörenden landwirthschaftlichen Konsumverein (S. 90. Zweck: Der Verein verfolgt als sein Ziel die billigste Beschaffung bester landwirthschaftlicher Verbrauchsstoffe auf direktem Wege), bei dem selbstständigen, nicht auf einen Verband sich stützenden Konsumverein (S. 107), bei dem Verein zum Verkauf von Mastvieh (Landwirthschaftlicher Produzentenverein zu Löningen, Eing. Genoss., mit dem Zweck der unmittelbaren preiswürdigen Verwerthung landwirthschaftlicher Erzeugnisse, insbesondere des Mastviehes, S. 134). Nur in dem ebenfalls dort mitgetheilten, vom preußischen Ministerium für Landwirthschaft, Domainen und

Forsten an die landwirthschaftlichen Zentralvereine versandten Musterstatut für Obstverwerthungs-Genossenschaften, welches sonst mehrfach gegen das Gesetz verstößt, ist der Gegenstand des Unternehmens richtig angegeben: „die gemeinschaftliche Verwerthung des von den Mitgliedern gewonnenen Obstes sowohl in frischem Zustande, als auch in Form von Obstpräparaten; insbesondere wird die Anlage und der genossenschaftliche Betrieb eines Dampf-Dörraparates bezweckt; durch Beschluß der Generalversammlung kann das Unternehmen auf die Verwerthung von fremden, angekauften Obstes und auf die Fabrikation von Gemüse-Konserven ausgedehnt werden".

Eine Aenderung des Gegenstandes des Unternehmens ist gestattet, aber erschwert. (Vgl. § 16.)

5. Zu Ziffer 3 (Berufung der Generalversammlung der Genossen).

Die regelmäßig an bestimmten Tagen stattfindenden Generalversammlungen der alten germanischen Genossenschaften haben sich bei den englischen Konsumvereinen noch in voller Wirksamkeit erhalten. Man bringt dort in die Geschäftsführung die größte Regelmäßigkeit dadurch hinein, daß die Tage, an denen das Eine oder das Andere vorgenommen wird, durch das Statut ein für allemal festgestellt sind. (S. Parisius S. 197.)

Nach dem Gesetz wäre ein Gleiches auch den deutschen Genossenschaften gestattet, es ist dies freilich nur möglich, wenn die Genossenschaft ihr eigenes Versammlungshaus hat. Vor dem Genossenschaftsgesetz war bereits die Bekanntmachung durch die Zeitung die übliche Form, bei kleinen Ver einen pflegte man sich noch mit Umlauf oder besonderen Einladungszetteln zu begnügen. Das Gesetz läßt für die Form der Zusammenberufung volle Freiheit. Die Genossenschaften thun aber jedenfalls gut daran, in dieser Beziehung die Gültigkeit der Generalversammlungsbeschlüsse nur von der leicht nachweisbaren Zeitungsbekanntmachung abhängig zu machen, für ganz kleine Genossenschaften, bei denen die Zeitungsbekanntmachung zu kostspielig ist, empfiehlt sich besondere Einladung durch schriftliche Anzeige.*)

Die ordnungsmäßige Bekanntmachung ist in Zukunft auch um deswegen von ganz besonderer Bedeutung, weil nach § 49 des Gesetzes die Anfechtung der Generalversammlungsbeschlüsse darauf gegründet werden kann, daß die Berufung der Generalversammlung oder die Ankündigung des Gegenstandes der Beschlußfassung nicht gehörig erfolgt war.

---

*) Schulze-Delitzsch empfahl bei industriellen Produktivgenossenschaften mit geringerer Mitgliederzahl sowie bei ebensolchen Rohstoff- und Magazingenossenschaften Aushang im Geschäftslokal und schriftlichen, von dem Eingeladenen zu unterzeichnenden Umlauf (Genossenschaften in einzelnen Gewerbzweigen S. 282—284 u. s. w.).

Raiffeisen schlägt in allen Statuten vor, daß die Einberufung durch den Vereinsvorsteher schriftlich unter Angabe der Verhandlungsgegenstände erfolge: „durch Beschluß der Generalversammlung können jedoch die Einladungen in ortsüblicher Weise oder durch das . . . Blatt erfolgen". Aus den Statuten der Mendelschen Schrift ist die Bestimmung im landwirthschaftlichen Produzentenverein zu Löningen hervorzuheben, darnach wird die Generalversammlung durch den Vorstand anberaumt und „im öffentlichen Gitterkasten zu Löningen 14 Tage lang veröffentlicht".

6. „Beurkundung der Beschlüsse und Vorsitz in der Versammlung".

Diese Erfordernisse sind neu. Die Beurkundung der Generalversammlungsbeschlüsse ist auch im § 45, entsprechend dem § 33 des bisherigen Gesetzes, vorgeschrieben, sie ist von Wichtigkeit auch der Anfechtung aus § 49 wegen. Das Statut wird Bestimmung darüber zu treffen haben, in welcher Form die Beschlüsse in das Protokollbuch eingetragen sind, insbesondere von wem sie zu unterzeichnen sind

Den Vorsitz wird das Statut am besten dem Direktor oder dem Vorsitzenden des Aufsichtsraths (oder deren Stellvertreter) übertragen, je nachdem die Berufung von dem Vorstande oder dem Aufsichtsrath ausgegangen ist, und daneben der Generalversammlung das Recht vorbehalten, jederzeit selbstständig einen Vorsitzenden zu wählen, dies schon um deswillen, weil das Gesetz auch die Genossen unter der Voraussetzung des § 43 für berechtigt erklärt, eine Generalversammlung zu berufen (vgl § 44).

7 Zu Ziffer 4 (Form der Bekanntmachungen).

Ueber die Form der Bekanntmachungen enthalten die Musterstatuten des Schulzeschen Verbandes ziemlich übereinstimmende Vorschriften. Alle Bekanntmachungen und Erlasse in Angelegenheiten der Genossenschaft ergehen unter deren Firma und sind von so viel Vorstandsmitgliedern zu unterzeichnen, wie zur Vertretung der Genossenschaft nach dem Statut bestimmt sind. Die Einladungen zu den Generalversammlungen, welche vom Aufsichtsrath ausgehen, erläßt der Aufsichtsrath, unterzeichnet von dem Vorsitzenden desselben.*) In Betreff der Berufung durch die Mitglieder vgl. § 43.

8. „Oeffentliche Blätter".

Die öffentlichen Blätter müssen namentlich aufgeführt werden, und nur für den Fall des Einziehens eines Blattes ist dem Vorstand mit Genehmigung des Aufsichtsraths das Recht vorzubehalten, bis zur nächsten Generalversammlung ein neues Blatt zu bestimmen

„Die Berufung der Generalversammlung der Genossenschaft ist als ordnungs- und statutwidrig nicht zu erachten, wenn sie nach dem Eingehen eines der im Statut zu Bekanntmachungen bestimmten mehreren Blätter in den übrigen, allein forterscheinenden Blättern bekannt gemacht ist und das Statut besondere Bestimmungen für diesen Fall nicht enthält." (Beschluß des Kammergerichts vom 13. November 1883, Bd IV S. 44 des Jahrbuchs der Entscheidungen des Kammergerichts u. s. w., herausgegeben von Johow und Küntzel.)

Die Bekanntmachungen der Genossenschaft müssen durch öffentliche

*) Die Raiffeisenschen Statuten schreiben übereinstimmend vor, daß alle öffentlichen Bekanntmachungen durch den Vorsteher der Genossenschaft zu unterzeichnen sind. Bei Mendel fehlt trotz § 3 Ziff 11 des Ges. von 1868 in dem Statut eines zum Oldenburgischen Verbande gehörenden Konsumvereins (S. 90) und eines Vereins zum Verkauf von Mastvieh (Landwirthschaftlicher Produzentenverein zu Löningen S. 134) jede Bestimmung über die Form der Bekanntmachungen.

Blätter erfolgen, nur für die Berufung der Generalversammlung ist dem Statut die Form der Bekanntmachung freigestellt.

Wie zu I d erwähnt, entspricht die Fassung der alten Fassung der Art. 175 und 209 des H.G.B. Diese sind nun durch das Ges. v. 18. Juli 1884 sowohl für die Aktienkommanditgesellschaft wie für die Aktiengesellschaft so abgeändert, daß seitdem auch die von den Gesellschaften ausgehenden Bekanntmachungen in anderer Weise als durch öffentliche Blätter erfolgen können. (Vgl. Völderndorff, Das Reichsgesetz vom 18. Juli 1884 S. 298 und Ring, Das Reichsgesetz vom 18. Juli 1884 S. 54.) Warum diese Erleichterung den Genossenschaften im neuen Gesetz vorenthalten wird, ist nirgends erläutert.

§. 7.

Das Statut muß ferner bestimmen:

1. ob die Genossen der unbeschränkten Haftpflicht oder nur der unbeschränkten Nachschußpflicht oder der beschränkten Haftpflicht unterliegen sollen;
2. den Betrag, bis zu welchem sich die einzelnen Genossen mit Einlagen betheiligen können (Geschäftsantheil),

   sowie die Einzahlungen auf den Geschäftsantheil, zu welchen jeder Genosse verpflichtet ist; dieselben müssen bis zu einem Gesammtbetrage von mindestens einem Zehntheile des Geschäftsantheils nach Betrag und Zeit bestimmt sein;
3. die Grundsätze für die Aufstellung und die Prüfung der Bilanz;
4. die Bildung eines Reservefonds, welcher zur Deckung eines aus der Bilanz sich ergebenden Verlustes zu dienen hat, sowie die Art dieser Bildung, insbesondere den Theil des jährlichen Reingewinns, welcher in den Reservefonds einzustellen ist, und den Mindestbetrag des letzteren, bis zu dessen Erreichung die Einstellung zu erfolgen hat.

Ges. von 1868 § 3 Ziffer 5, 6, 12, Entw. I und II, Komm. Rtg. 7. Begr. I 79, 90, II 54, 63, Komm.Ber. 5.

I. **Zur Geschichte des § 7.**

a) Im Allgemeinen vgl. Bemerkungen zu § 6.

Zu Ziffer 1 vgl. Parisius 201 bis 205. Das Ges. von 1868 hatte § 3 Nr. 12, wonach der Gesellschaftsvertrag die Bestimmung enthalten muß, daß alle Genossenschaften für die Verbindlichkeiten der Genossenschaft solidarisch und mit ihrem ganzen Vermögen haften, sowie § 12 Abs. 1: „Insoweit die Genossenschaftsgläubiger aus dem Genossenschaftsvermögen nicht befriedigt werden können, haften ihnen alle Genossenschafter, ohne daß diesen die Einrede der Theilung zusteht, für die Ausfälle solidarisch und mit ihrem ganzen Vermögen" u. s. w. (Ueber das Verhältniß dieser Paragraphen zu einander s. unten Erläuterungen.)

b) Zu Ziffer 2 (Geschäftsantheil).

Auf Inhalt und Fassung der Bestimmungen über den Geschäftsantheil ist die Entwickelung von Einfluß gewesen, welche das Verhalten der einzelnen Genossenschaftsarten dazu genommen hat.

Schulze-Delitzsch hatte bei Begründung der Vorschuß- und Kreditvereine die Geschäftsantheile für ein wesentliches Erforderniß erachtet; nicht auf die Solidarhaft allein sollten sie sich stützen, er brachte, wie er selbst es ausdrückt, sein System „mit der eignen Kapitalbildung für die Mitglieder durch Einführung der Stammantheile, des Guthabens derselben in der Vereinskasse, dem Prinzip nach zum Abschluß". In der Zusammenstellung der Hauptgrundsätze, auf denen die Organisation der Vorschuß- und Kreditvereine seines Systems beruht, führte er regelmäßig in den Jahresberichten auf, „daß entweder durch sofortige Vollzahlung oder meist allmählich durch fortlaufende kleine Beisteuern der Mitglieder Geschäftsantheile (Guthaben) in der Vereinskasse gebildet werden, nach deren Höhe der Geschäftsgewinn vertheilt und ihnen bis zur Erreichung der festgesetzten Normalsumme zugeschrieben wird".

Demgemäß hatte der erste Gesetzentwurf Schulzes, bezw. der Kommission des preußischen Abgeordnetenhauses von 1863 unter die nothwendigen Erfordernisse des Statuts aufgenommen:

> „den Normalbetrag der durch Voll- oder Theilzahlungen oder terminliche Einlagen, sowie durch die Zuschreibung von Dividenden zu bildenden Geschäftsantheile der einzelnen Mitglieder und den niedrigsten Satz der terminlichen Einlagen".

Der preußische Regierungsentwurf von 1866 schlug statt dessen die in das preußische und von da in das norddeutsche Gesetz übergegangene Fassung vor:

> „den Betrag der Geschäftsantheile der einzelnen Genossenschafter und die Art der Bildung dieser Antheile".

Nach dem Wortlaut dieser Bestimmung und der Geschichte ihrer Entstehung mußte jeder Genosse einen Geschäftsantheil besitzen. Allein die Raiffeisenschen Darlehnskassenvereine stellten sich unter das Genossenschaftsgesetz und wurden in das Genossenschaftsregister eingetragen, obschon sie grundsätzlich Geschäftsantheile verwarfen. Die Zulässigkeit des Mangels von Geschäftsantheilen begründete Raiffeisen selbst mit einer Anmerkung zu § 3 Ziffer 4: „Es ist damit selbstredend nicht vorgeschrieben, daß überhaupt Geschäftsantheile gebildet werden müssen, daß diese nicht gleich Null sein können". (Raiffeisen in der 1872 erschienenen zweiten Auflage seiner Schrift über die Darlehnskassenvereine S. 337.) Nach dem Vorgange des Kreisgerichts zu Neuwied haben auch andere rheinische Gerichte Darlehnskassenvereine ohne Geschäftsantheile in das Genossenschaftsregister eintragen. Erst die Interpellation, welche Schulze-Delitzsch am 19. Januar 1875 im Reichstage stellte, und deren Beantwortung durch den Präsidenten des Reichskanzleramts Delbrück veranlaßten den Justizsenat zu Ehrenbreitstein, die ihm unterstellten Genossenschaftsrichter, wegen der „thatsächlich und rechtlich begründeten Rügen" Schulzes, mit „angemessener Weisung zu versehen". (Vgl. Parisius 190, 267 bis 270, 280 u. 569, Herz 53.)

Gegen die unrichtige Auslegung der gesetzlichen Bestimmung suchte Schulze Abhülfe in seinen Anträgen von 1876 und 1877, indem er in Uebereinstimmung mit den Beschlüssen der allgemeinen Vereinstage von Cassel und Wiesbaden die Fassung vorschlug („der Gesellschaftsvertrag muß enthalten:)

„die Bestimmung über den Betrag von Geschäftsantheilen der einzelnen Genossenschafter, sowie die Bestimmungen über die Bildung dieser Antheile und einer Reserve".

Damit nun nicht etwa die Geschäftsantheile auf einen nur wenig Null übersteigenden Betrag festgesetzt würden, schlug er ferner als Zusatz zum § 3 vor:

„die Geschäftsantheile müssen

a) bei Kredit- und Produktivgenossenschaften auf mindestens 60 Mk.,*)
b) bei Konsumvereinen auf mindestens 20 Mk.,
c) bei anderen Genossenschaften auf mindestens 30 Mk.

bemessen und seitens der Mitglieder durch volle oder Theilzahlungen in die Kasse eingebracht werden, welche letzteren jedoch

a) bei Kredit- und Produktivgenossenschaften nicht unter 5 Mk.,
b) bei Konsumvereinen nicht unter 2 Mk.,
c) bei andern Genossenschaften nicht unter 3 Mk

alljährlich betragen dürfen.

Bis zur Erreichung der Normalhöhe der Geschäftsantheile der einzelnen Mitglieder ist der auf die letzteren fallende Geschäftsgewinn nicht an dieselben zu verabfolgen, sondern einzubehalten und ihren Einzahlungen auf die Geschäftsantheile zuzuschreiben".

Dieser letztere Zusatz fehlt in den letzten Abdrücken der Novelle, wie Herz (S. 52) meint, durch ein Versehen.

Die Raiffeisenschen Darlehnskassenvereine hatten in Folge des auf sie geübten Zwanges keine Geschäftsantheile eingeführt. Raiffeisen selbst aber sprach in der fünften Auflage seines Buches (1887 S. 40) unter der Mittheilung, daß noch eine ganze Anzahl Richter, namentlich außerhalb Preußens, die Auslegung Delbrücks nicht als bindend anerkennten und nach wie vor Vereine ohne Geschäftsantheile eintrügen, die Hoffnung aus, daß das neue Genossenschaftsgesetz von dem Zwange der Ansammlung der Geschäftsantheile befreien werde.**)

---

*) In der Novelle von 1876 bei Kreditgenossenschaften mindestens 100 Mk., bei anderen Genossenschaften mindestens 50 Mk. mit Theilzahlungen nicht unter 5% jährlich.

**) Für Winzervereine und für Molkereigenossenschaften erklärt übrigens Raiffeisen die Geschäftsantheile für durchaus erforderlich. In den Winzervereinen sollen in den ersten 10 Jahren von dem Traubenerlöse jährlich

Diese Hoffnung ist nicht in Erfüllung gegangen. In der allgemeinen Begründung des Entwurfes war auf Bildung eines „ausreichenden und möglichst konstanten Vereinsvermögens" ein fast übertriebener Werth gelegt und sodann unter Darlegung der Gründe für und wider entwickelt worden, daß keine Veranlassung vorhanden sei, für die ländlichen Genossenschaften eine Ausnahme von den Vorschriften über die Bildung der Geschäftsantheile und der Guthaben zu machen. (Begr. I 79, II 50, 54.)

Die Entwürfe hatten übrigens den zweiten Absatz der Ziffer 2 dahin vorgeschlagen:

> „sowie nach Betrag und Zeit die Einzahlungen, welche auf den Geschäftsantheil von jedem Genossen geleistet werden müssen; der Gesammtbetrag dieser Einzahlungen muß mindestens den zehnten Theil des Geschäftsantheils erreichen".

Diese Aenderung erfolgte in der Kommission (s. unten Erläuterungen zu Ziffer 2).

c) Zu Ziffer 3 (Bilanz).

Das preußische Gesetz und das Gesetz von 1868 hatten als Ziffer 6 des § 3:

> „die Grundsätze, nach welchen die Bilanz aufzunehmen und der Gewinn zu berechnen ist, und die Art und Weise, wie die Prüfung der Bilanz erfolgt".

Dieser Satz war entlehnt dem Art. 209 des H.G.B. älterer Fassung, wo in der entsprechenden Nr. 6 für den Gesellschaftsvertrag der Aktiengesellschaft dieselbe Bestimmung getroffen und nur hinter „berechnen" eingeschaltet war „und auszuzahlen".

In dem Aktiengesetz vom 18. Juli 1884 ist die Verweisung auf den Gesellschaftsvertrag fortgefallen, und statt dessen die grundsätzliche Entscheidung in den Art. 216, 218, 239 bis 239b getroffen.

Ein wesentlicher Unterschied zwischen der Bestimmung der Ziffer 3 und der Bestimmung des § 3 Ziffer 6 des alten Gesetzes ist nicht vorhanden.

d) Zu Ziffer 4 (Reservefonds).

Im preußischen Landtage waren sowohl im Abgeordnetenhause als im Herrenhause unklar gefaßte Anträge auf obligatorische Einführung eines Reservefonds (Geschäftsvermögens) gestellt, aber abgelehnt. Vgl. Parisius S. 185 u. 186. Das Gesetz von 1868 erwähnte in § 39 Abs. II den Reservefonds, ohne ihn obligatorisch zu machen. Dies schlug Schulze, der ihn in fast allen Musterstatuten empfohlen hatte, in der Novelle von 1881 vor. Der Entwurf schloß sich ihm an. Im Reichstage hatten Ackermann und Genossen 1881 beantragt, die Höhe der Dividende im Maximalbetrage zu Gunsten des Reservefonds zu bestimmen. Goldschmidt (a. a. O. 32) erklärte, daß dieser Vorschlag weder an sich Billigung verdiene, noch dem Vorwurf entgehen würde, die Rechte der jeweiligen, an dem Reservefonds nicht betheiligten Genossen in empfindlichster Weise zu beeinträchtigen.

---

5 % (bis zum Minimum von 50 Mk. für die kleinsten Winzer) für den Geschäftsantheil aufgesammelt werden, in den Molkereigenossenschaften von dem Milcherlöse. (Raiffeisen 5. Aufl. 1887 S. 179, 191, 205 und 216.)

II. Erläuterungen zu § 7.

1. Ziffer 1. „Haftpflicht".

„Während die im § 6 aufgeführten Essentialien des Statuts wesentlich Fragen organisatorischer Natur betreffen, beziehen sich die Bestimmungen des § 7 auf die nothwendigen Grundlagen der Kredit- und Vermögensverhältnisse der Genossenschaft." Begr. I 90.

Für die Haftpflicht der Genossen sind für alle drei Genossenschaftsarten maßgebend die §§ 98 bis 111, für die Genossenschaften mit unbeschränkter Haftpflicht ferner § 116, für die mit unbeschränkter Nachschußpflicht §§ 122—124, für die mit beschränkter Haftpflicht endlich § 135.

Die Fassung der Ziffer 12 des § 3 des Gesetzes von 1868, daß das Statut enthalten muß: „die Bestimmung, daß alle Genossenschafter für die Verbindlichkeiten der Genossenschaft solidarisch und mit ihrem ganzen Vermögen haften" und die davon verschiedene Fassung des § 12, welche die Haftpflicht der Genossen als Solidarbürgschaft hinstellt, (s. oben zur Geschichte des § 7 zu a) konnten zu folgenden Fragen Veranlassung geben:

a) Genügt es, in das Statut die Bestimmung genau nach § 12 — also als Solidarbürgschaft — aufzunehmen?

b) Sind die rechtlichen Folgen verschieden, je nachdem die eingetragene Genossenschaft in ihrem Statut bei Feststellung der Solidarhaft die Beschränkung des § 12 des Gesetzes aufnimmt oder fortläßt?

c) Ist es rechtlich zulässig, daß eine eingetragene Genossenschaft durch eine Bestimmung ihres Statuts die Einschränkung des § 12 beseitigt, so daß der Gläubiger der Genossenschaft wegen seiner ganzen Forderung sofort jeden Genossen in Anspruch nehmen kann, auch wenn ausreichendes Genossenschaftsvermögen vorhanden ist?

Die Fragen waren auch um deswegen berechtigt, weil sich im Abgeordnetenhause verschiedene Ansichten offenbart hatten (vgl. Parisius S. 202 ff. und Sicherer S. 177 ff.). Nach der Entstehungsgeschichte mußte man zur Bejahung der ersten Frage und zur Verneinung der beiden anderen Fragen kommen.

Das jetzige Gesetz schließt jeden Zweifel aus. Zu § 2 werden die drei Haftformen benannt, unter denen sich allein eine eingetragene Genossenschaft konstituiren kann, und nach § 23 haften die Genossen für die Verbindlichkeiten der Genossenschaft nach Maßgabe dieses Gesetzes. Wird im Statut eine andere Haftpflicht festgesetzt, wie sie nach § 2 möglich ist, so darf dessen Eintragung nicht erfolgen.

Die Genossen sind bei allen drei Arten zu Nachschüssen in Gemäßheit der §§ 98 ff. verpflichtet und, je nachdem die unbeschränkte Haftpflicht, die unbeschränkte Nachschußpflicht oder die beschränkte Haftpflicht gewählt wird, kommen die §§ 116, 122—124, 135 (116) zur Anwendung.

2. Ziffer 2. „Geschäftsantheil" — Unterschied vom „Geschäftsantheil" und „Geschäftsguthaben":

„Das bisherige Gesetz gebraucht die Ausdrücke „Geschäftsantheil" und „Geschäftsguthaben" gleichbedeutend; insonderheit wird der Ausdruck „Geschäftsantheil" sowohl für den statutenmäßigen sogenannten Normalbetrag der Mitgliedereinlagen, als für den jeweiligen Betrag, welchen die Einlagen eines Genossen erreichen, angewendet. Der Entwurf hält jedoch beide Begriffe deutlich auseinander: Geschäftsantheil bedeutet nur den Höchstbetrag der statthaften Mitgliedereinlagen, wogegen der jeweilige Betrag, welchen die Einlagen eines Genossen erreichen, mit Geschäftsguthaben bezeichnet wird." (Komm.Ber. S. 5.)

3. Die Absicht des neuen Gesetzes, die Genossenschaften Schulzes auf die Grundsätze von der Förderung der eigenen Kapitalbildung durch Geschäftsantheile und Dividendenzuschreibung zurückzuführen, ist aus der Begründung zu erkennen.

„Das Gesetz vom 4. Juli 1868 enthält in Betreff der Fundirung der Genossenschaften mit eigenem Vermögen nur die Vorschrift, daß der Gesellschaftsvertrag über den Betrag der Geschäftsantheile der einzelnen Genossen und die Art ihrer Bildung Bestimmung treffen müsse. Schon der Mangel einer genügenden klaren Kennzeichnung des rechtlichen Charakters und Zweckes der Geschäftsantheile oder Mitgliederguthaben hat zu Mißständen Anlaß gegeben. Es giebt beispielsweise noch immer Genossenschaften, in deren Bilanzen Geschäftsguthaben und bloße Spareinlagen zusammengeworfen werden. Es bedarf einer bestimmten Terminologie. Aber auch in sachlicher Beziehung verdient es keine Billigung, daß die Bestimmung über die Art, wie die Guthaben der Mitglieder und damit das eigene Vermögen der Genossenschaft zu bilden sind, gänzlich dem Gesellschaftsvertrage überlassen bleibt. Die Ausstattung der Genossenschaft mit eigenem Vermögen ist zu wichtig, um zuzulassen, daß im Statut Einrichtungen getroffen werden, durch welche die Erreichung jenes Zweckes möglicherweise illusorisch gemacht wird. Allerdings kann bei der Verschiedenheit der Verhältnisse die Höhe der Geschäftsantheile durch das Gesetz nicht festgesetzt werden; auch die Art, wie die Guthaben zu bilden sind, ist wenigstens nicht in allen Beziehungen durch absolute Vorschriften zu regeln. Immerhin aber lassen sich gesetzliche Anhaltspunkte gewinnen.

Die Genossenschaft hat zwei Quellen für die Bildung eigenen Vermögens: Einzahlungen ihrer Mitglieder und den Geschäftsgewinn, den sie selbst erzielt. Auf den letzteren Weg allein darf die Genossenschaft sich nicht beschränken; derselbe ist zu unsicher und langwierig. Einzahlungen der Genossen, wenn auch in kleinen Raten, sind nicht zu entbehren; sie haben zugleich den Vortheil, die Mitglieder zum Sparen anzuhalten. Die Einzahlungen der Genossen sind deshalb obligatorisch zu machen.

Daraus folgt indessen nicht die Nothwendigkeit, die gesetzliche Einzahlungsfrist schlechthin auf den vollen Betrag des Geschäftsantheils zu erstrecken, so daß durch einen und denselben Betrag zugleich die Grenze der Pflicht und des Rechts zur Leistung von Einlagen gezogen würde. Da die Leistungsfähigkeit der Mitglieder eine verschiedenartige ist, so entstände der Uebelstand, daß der Geschäftsantheil nach den Kräften der am wenigsten Leistungsfähigen, auf deren Mitgliedschaft noch gerechnet wird, bemessen würde, und dadurch müßte die Kapitalbildung der Vereine beeinträchtigt werden. Es ist deshalb gesetzlich nur ein Bruchtheil des Geschäftsantheils als obligatorisches Minimum der Einzahlungen zu fordern, soweit nicht der Gesellschaftsvertrag selbst ein Mehreres verlangt." (Begr. I 90, II 62.)

4. Die rechtliche Stellung der Geschäftsantheile ist jetzt zweifellos geworden.

Das Ges. von 1868 hatte sowohl für die Einzahlungen wie für die Forderung des Genossen bei seinem Ausscheiden oder bei Auflösung der Genossenschaft die Bezeichnung „Geschäftsantheil". Der rechtliche Charakter des „Geschäftsantheils" und der den Mitgliede bei seinem Ausscheiden zustehenden Forderung war schon deshalb schwer zu bestimmen.*) Das Gesetz unterscheidet, wie bereits erwähnt, zwischen „Geschäftsantheil" und „Geschäftsguthaben" (z. B. §§ 16, 19, 22): Geschäftsantheil ist der statutenmäßige Normalbetrag (Höchstbetrag) der statthaften Mitgliedereinlagen, Geschäftsguthaben der jeweilige Betrag der einzelnen Kapitalkonti (Begr. I 92, II 63, Komm.Ber. S. 5).

Der Geschäftsantheil, d. h. die Einlagen, welche jeder Genosse zu leisten hat, gehören zu dem Vermögen der Genossenschaft (vgl. § 22), sie sind daher in der Bilanz streng zu scheiden von den Spareinlagen, welche Schulden der Genossenschaft sind; während erstere zur Befriedigung der Gläubiger dienen sollen, sind die Spareinleger selbst Gläubiger. Der Genosse hat nur bei Lösung seines Verhältnisses mit der Genossenschaft einen Anspruch auf Zahlung einer Geldsumme, deren Höhe durch die Vermögenslage der Genossenschaft und die Zahl der Genossen im Zeitpunkt des Ausscheidens bestimmt wird (§ 71); diese Forderung, die Guthabenforderung, ist sein Eigenthum und über dieselbe kann er frei verfügen, ihre Höhe bestimmt sich stets erst durch die Auseinandersetzung, sie ist bedingt durch die Lösung des Verhältnisses zwischen dem Genossen und der Genossenschaft (§ 71).

Für die Aktiengesellschaft schreibt Art. 209 des Aktiengesetzes vor, daß der Gesellschaftsvertrag „die Höhe des Grundkapitals und der einzelnen Aktien" bestimmen muß, und nach Art. 216 a. a. O. ist die Aktie ein verhältnißmäßiger Antheil an dem Vermögen der Gesellschaft. Während also bei den Aktiengesellschaften die Aktie die Basis der Mitgliedschaft ist, die Mitgliedschaft als Aktie begründet und aufgehoben, übertragen und ausgeübt wird, nimmt die Mitgliedschaft bei der Personalgenossenschaft -- der eingetragenen Genossenschaft — nicht den Charakter eines zum Vermögen des Einzelnen gehörigen Sonderrechts an. (Vgl. Gierke a a. O. 287 ff.; Dr. Crüger, Die Geschäftsantheile bei den eingetragenen Genossenschaften in Nr. 45 und 46, S. 303 ff. der Bl.f.G., Jahrgang 1887.)

Auch das Geschäftsguthaben entspricht nicht der Aktie, denn es besteht nicht aus einer Quote des Gesellschaftsvermögens: der Ausscheidende hat an den Reservefonds und das sonstige Vermögen der Genossenschaft keinen Anspruch (§ 71). Auch im Falle der Auflösung wird das Vermögen der Genossenschaft nicht nach den Geschäftsguthaben vertheilt (§ 89 Abs. 2). Das Geschäftsguthaben setzt sich zusammen aus den Einzahlungen, den

*) Vgl. die Ausführungen bei Parisius 182 ff. und bei Sicherer 171 ff.

zugeschriebenen Dividenden, den abgeschriebenen oder abzuschreibenden Verlusten. Die Aktien sind regelmäßig an jeden Dritten übertragbar; das Geschäftsguthaben aber kann nur an einen Genossen — entweder an einen solchen, der es bereits ist, oder der es wird — übertragen werden (§ 74).

Die Anzahl der Geschäftsantheile richtet sich nach dem Mitgliederbestand und ist wie dieser schwankend.

5. Zu Ziffer 2 Abs. 2: „Einzahlungen auf den Geschäftsantheil".

Das Statut muß bestimmen

1. die Höhe des Geschäftsantheils (vgl. §§ 112, 120, 128),

2. die von jedem Genossen auf den Geschäftsantheil zu leistenden obligatorischen Einzahlungen, welche jedoch nach Betrag und Zeit nur bis zu einem Zehntheile des Geschäftsantheils bestimmt sein müssen; über dies Zehntheil hinausgehende obligatorische Einzahlungen brauchen nicht nach Betrag und Zeit, sondern nur nach dem Höchstbetrag bestimmt zu sein. Die Regierungsvorlage hatte vorgeschrieben, daß das Statut die sämmtlichen Einzahlungen auf den Geschäftsantheil nach Betrag und Zeit zu bestimmen habe, und daß der Gesammtbetrag dieser Einzahlungen mindestens den zehnten Theil des Geschäftsantheils erreichen müßte.

In der Kommission wurde diese Regelung für bedenklich erachtet, weil, wenn das Statut über alle Einzahlungen auf den Geschäftsantheil nach Betrag und Zeit Bestimmungen enthalten müßte, jede Aenderung in den Einzahlungen, auch wenn sie die über den zehnten Theil des Geschäftsantheils zu leistenden Einzahlungen betreffe, nur im Wege der Statutenänderung vorgenommen werden könne, hierdurch aber jede Vergrößerung des Vereinsvermögens unnöthig erschwert werde (Komm.Ber. S. 6).

Es braucht also nunmehr das Statut z. B. nur Folgendes zu bestimmen:

> „der Geschäftsantheil beträgt 100 Mk., die Mitglieder sind verpflichtet, bis zur Höhe von 50 Mk. baare Einzahlungen zu leisten. Bis zur Höhe von 10 Mk. haben die Mitglieder monatlich 1 Mk. einzuzahlen".

Zur Einzahlung der Beträge zwischen 10 und 50 Mk. können die Mitglieder jederzeit durch einfachen Generalversammlungsbeschluß angehalten werden. (Nach dem von der Kommission zur Ergänzung vorgeschlagenen § 48.) Würde dagegen das Statut bestimmen — wie es nach der Regierungsvorlage erforderlich gewesen wäre:

> „der Geschäftsantheil beträgt 100 Mk., auf denselben sind baare Einzahlungen von monatlich 1 Mk. bis zur Erreichung der Höhe von 50 Mk. zu leisten",

so hätte Aenderung der ratenweisen Einzahlungen nur im Wege der Statutenänderung herbeigeführt werden können.

6. „verpflichtet ist".

Der Genosse ist nur verpflichtet, die ihm nach Statut oder Generalversammlungsbeschluß obliegenden Zahlungen zu leisten. Die obligatorischen Einzahlungen hören auf, falls „schon vor der vollen Leistung derselben das Geschäftsguthaben des Genossen durch Gewinnzuschreibung den Geschäftsantheil erreicht. In diesem Falle beginnt jedoch die Einzahlungspflicht wieder, wenn durch Verlustabschreibungen eine Minderung des Guthabens eingetreten ist." (Begr II 63.)

Auf die obligatorischen Einzahlungen hat die Genossenschaft einen Rechtsanspruch, sie bilden Forderungen derselben. Im Falle des Konkurses der Genossenschaft ist der Genosse zu Einzahlungen nur verpflichtet, wenn er mit solchen im Rückstande ist. In der Begründung zu § 125 (früher 114) sind zu den von dem Konkursverwalter einzuziehenden Forderungen der Genossenschaft nicht blos die bei Eröffnung des Konkursverfahrens fälligen Einzahlungen gerechnet, sondern auch die „im Laufe des Verfahrens fällig" werdenden. Das ist unrichtig. Die in Konkurs gerathene Genossenschaft ist aufgelöst, die Pflicht des Genossen zu Einzahlungen erreicht ihr Ende mit der Auflösung der Genossenschaft, es fehlt das Rechtssubjekt, welchem gegenüber er eine solche Verpflichtung haben kann; im Falle des Konkurses der Genossenschaft bleibt nur noch die persönliche Haftpflicht des Genossen.

7. Ueber Erhöhung der Geschäftsantheile vgl. § 12 Abs. 2, über Herabsetzung derselben § 22, über Zuschreibung des Gewinns §§ 19 und 20, über die bei Genossenschaften mit beschränkter Haftpflicht erforderliche Bestimmung des Statuts über die Höhe der Haftsumme § 125.

8. Einen Zwang zur Aenderung des Statuts und der Einrichtungen werden die Bestimmungen Ziffer 2 in Verbindung mit dem Verbot mehrerer Geschäftsantheile bei Genossenschaften mit unbeschränkter Haftpflicht (§ 112) auf die große Mehrzahl der bestehenden Genossenschaften bewirken.

Die Bestimmung des § 13 Ziffer 5 des Gesetzes von 1868 hatte den Genossenschaften den freiesten Spielraum gewährt. Wie mannigfaltig sich bereits in den ersten Jahren die Behandlung der Geschäftsantheile bei den verschiedenen Genossenschaftsarten entwickelte, ergiebt die ausführliche Darlegung bei Parisius (bis 1876, S. 191 bis 195) unter Berücksichtigung der Vorschläge in den Musterstatuten von Schulze-Delitzsch. Fortlaufende monatliche oder vierteljährliche Einzahlungen auf Geschäftsantheile kommen in der Regel nur vor, wo der Gewinn lediglich nach Verhältniß der Geschäftsantheile vertheilt wird, also bei Vorschuß- und Kreditvereinen und bei Genossenschaften für industrielle Produktion. Wo der Gewinn nach der Waarenentnahme (Konsumvereine, Rohstoffassoziationen, landwirthschaftliche Konsumvereine) oder nach den gelieferten Produkten (Winzervereine, Molkereigenossenschaften u. s. w.) vertheilt wird, pflegte man sich mit einer Einzahlung auf den Geschäftsantheil zu begnügen und durch Zuschreibung von Dividenden oder Abzügen die Geschäftsantheile zu erfüllen.

Wer heute die Statuten der einzelnen Genossenschaftsarten in Ansehung der Geschäftsantheile vergleicht, erhält noch ein weit bunteres Bild von den bestehenden Einrichtungen.*)

*) Auch unsere bewährtesten Vorschußvereine und Konsumvereine haben

Die Bestimmungen des neuen Gesetzes werden vielen Genossenschaften unnöthige Arbeit verursachen. Konsumvereine, die nur gegen baar verkaufen, mögen den Geschäftsantheil auf 20 bis 30 Mk. feststellen, darauf sofort 50 Pf. einzahlen lassen und ferner bestimmen, daß sechs Monate nach Ablauf des Geschäftsjahres eine zweite baare Einzahlung bis zu 10 % des Geschäftsantheils, also bis zu 2 oder 3 Mk., gemacht werden muß, sofern jene 10 % nicht durch Zuschreibung von Dividenden erreicht wurden.

Geschäftsantheilen abgeneigte Mitglieder ländlicher Darlehnskassenvereine werden sich durch das Gesetz nicht zum Sparen anhalten lassen. Setzen sie die Höhe des Geschäftsantheils auf 5 Mk., so brauchen sie nur eine einzige baare Einzahlung von 50 Pf. zu verlangen, und durch Ausschluß der Gewinnvertheilung (§ 20) jede weitere Erhöhung der Guthaben zu hintertreiben.

Daß die Statuten auch in Zukunft mancherlei gesetzwidrige Bestimmungen über den Geschäftsantheil enthalten werden, geht aus einer nach Erlaß des neuen Gesetzes erschienenen Schrift des Konsul Georg Mahlstedt hervor,

---

zuweilen andere Bestimmungen, als das Gesetz vorschlägt. Der Vorschußverein zu Insterburg z. B. hat zwar Monatssteuern, erforderlichen Falls bis zur „Normalhöhe" des Geschäftsantheils (150 Mk.), er hat sogar die gewiß wirksame Bestimmung, „daß Ansprüche auf Dividende nur diejenigen Mitglieder haben, welche am Jahresschluß keine Monatsbeiträge restiren", aber er gestattet vier Geschäftsantheile also bis 600 Mk., und darüber hinaus noch Zuschrift der Dividenden bis 1500 Mk. Der Konsumverein Neustadt-Magdeburg verpflichtet bei Geschäftsantheilen von 30 Mk. nur zu einmaliger Einzahlung von 50 Pf., Zinsen und Rückvergütungen (Dividenden) werden ganz oder theilweise, je nach Beschluß der Generalversammlung, zugeschrieben, der Geschäftsantheil muß in 6 Jahren den Vollbetrag erreichen. Bei den Molkereigenossenschaften schlägt Stöckel eine einmalige Einzahlung und nachher Zuschreibung der nach der gelieferten Milch vertheilten Ueberschüsse vor, bei den Baugenossenschaften Dr. Schneider 1—20 Geschäftsantheile und monatliche Einzahlungen. Ueber Raiffeisens Vorschläge bei Winzervereinen und Molkereigenossenschaften siehe oben I zur Geschichte b). Prof. v. Mendel a. a. O. (1886) bringt das Statut eines oldenburgischen landwirthschaftlichen Konsumvereins, Eing. Genoss., und das Statut des „landwirthschaftlichen Produzentenvereins" zu Löningen, Eing. Genoss., der hauptsächlich Mastvieh verkauft. In beiden Statuten sind weder Geschäftsantheile noch Dividendenvertheilung erwähnt. Das vom Minister v. Lucius an die Zentralvereine versandte Musterstatut einer eingetragenen Genossenschaft zur Obstverwerthung fordert von jedem Genossen auf 25 Ar Obstbaufläche einen Geschäftsantheil von 100 Mk., worauf 10 % binnen 4 Wochen einzuzahlen und der Rest durch alljährliche Zuschreibung von 3 % des Geldwerthes der Obstlieferung und 4 % Zinsen aufzubringen. Der Winziger Rinderzuchtverein, Eing. Genoss., „zur Züchtung und Verwerthung schlesischen Rothviehs" verlangt, daß jeder Genosse mit seinem ganzen Zuchtviehstamm, d. h. mit allen seinen Kühen und deckfähigen Kalben der Genossenschaft beitrete, je fünf Zuchtthiere bilden einen Antheil. „Andererseits besteht ein Geschäftsantheil aus der auf je 5 Zuchtthiere geleisteten Einzahlung. Der Vorstand kann bis insgesammt 100 Mk. auf einen Antheil einziehen; die Einlagen werden nach zwei Jahren mit 5 % verzinst;" die Aufnahme eines Mitgliedes ist abhängig „von einer Zahlung à fond perdu von 50 Mk. pro Antheil".

von welcher der Verfasser meint, daß an der Hand derselben „die Konstituirung einer landwirthschaftlichen Genossenschaft beschafft werden kann, ohne daß dazu juristische Hülfe nöthig ist, anders als zur Eintragung in das Genossenschaftsregister, der Handelsrichter" (die landwirthschaftlichen Genossenschaften und deren Vereinigung zu Verbänden, ihr Nutzen, ihre Errichtung und ihr Betrieb. Ein Rathgeber bei der Errichtung landwirthschaftlicher Genossenschaften und Verbände. Oldenburg 1889). Die darin mitgetheilten „Muster bewährter Statuten" eingetragener Genossenschaften (Molkereigenossenschaften, landwirthschaftliche Konsumvereine, landwirthschaftliche Produzentenvereine, Schlächterei vereinigter Landwirthe, eines „Zentralverbandes landwirthschaftlicher Genossenschaften eingetragene Genossenschaft mit beschränkter Haftpflicht") enthalten sämmtlich eine ganze Reihe erheblicher Verstöße gegen das Genossenschaftsgesetz, so daß deren Gebrauch dringend zu widerrathen ist. (Vgl. den Aufsatz S. 266 der Nr. 28 vom 13. Juli der Bl.f.G. 1889.) Ueber die Bildung der Geschäftsantheile schlägt Mahlstedts Musterstatut für eine Molkereigenossenschaft (Eing. Genoss. mit unbeschränkter Haftpflicht), folgende Verpflichtung jedes Genossen vor: „Zur Bildung des Mitgliederguthabens, Geschäftsantheils, einen Antheil von ... Mk. mit ... Mk. Einzahlung zu erwerben. Diese Einzahlung hat in den ersten drei Monaten nach der Eintragung in das Genossenschaftsregister zu erfolgen (§ 7 Abs. 2 des Gen.Ges.). Die Vollzahlung des Antheils, dessen Höhe durch die Generalversammlung alljährlich bestimmt oder verändert werden kann, sofern es nicht bei oben genannter Summe sein Bewenden haben soll, geschieht in der Weise, daß jeder Genosse für je 5 kg Milch, die er im verflossenen Geschäftsjahre im Durchschnitt pro Tag geliefert hat, ... Mk. einzahlt, außerdem wird dem Geschäftsantheil der Antheil am Jahresgewinne zugeschrieben, bis derselbe die vorgeschriebene Höhe erreicht hat (§ 19 des Gen.Ges.). Am Vermögen der Genossenschaft ist jeder Genosse pro rata der auf seinen Antheil eingezahlten Summe betheiligt". Wir brauchen die blos in dieser Bestimmung enthaltenen zahlreichen Verstöße gegen das Gesetz nicht erst nachzuweisen.

9. Zu Ziffer 3 (Bilanz).

Für die Bilanz sind die Artikel 29 bis 31 des H.G.B. maßgebend. (Vgl. § 17 Abs. 2.) Darnach „hat jeder Kaufmann bei dem Beginne seines Gewerbes seine Grundstücke, seine Forderungen und Schulden, den Betrag seines baaren Geldes und seine andern Vermögensstücke genau zu verzeichnen, dabei den Werth der Vermögensstücke anzugeben und einen das Verhältniß des Vermögens und der Schulden darstellenden Abschluß zu machen; er hat demnächst in jedem Jahr ein solches Inventar und eine solche Bilanz seines Vermögens anzufertigen". (Art. 29.) „Bei der Aufnahme des Inventars und der Bilanz sind sämmtliche Vermögensstücke und Forderungen nach dem Werthe anzusetzen, welcher ihnen zur Zeit der Aufnahme beizulegen ist. Zweifelhafte Forderungen sind nach ihrem wahren Werthe anzusetzen, uneinbringliche Forderungen aber abzuschreiben." (Art. 31.) Wo ein großes Waarenlager ist, genügt es, die Inventur desselben alle zwei Jahre aufzunehmen, u. s. w. (Art. 29.) Ueber die Prüfung der Bilanz vgl. §§ 36 und 41, über die Vertheilung des Gewinns § 19.

10. Zu 4 (Reservefonds).

Nach dem Gesetz von 1868 war die Ansammlung eines Reservefonds nicht obligatorisch (s. oben I zur Geschichte d). Schulze-Delitzsch hatte in seiner Novelle von 1881 auch die obligatorische Bildung eines Reservefonds verlangt. Die Musterstatuten enthielten sämmtlich (mit Ausnahme der für Magazinvereine) Bestimmungen über den Reservefonds. Den Vorschußvereinen ist empfohlen, den Reservefonds bis zu 15%, den Produktivgenossenschaften bis zu 10% der Geschäftsguthaben anzusammeln, andere Arten Genossenschaften brauchen wegen des mit dem Geschäftsbetriebe verbundenen verhältnißmäßig geringen Risikos keinen großen Reservefonds. Für die bestehenden Genossenschaften vgl. § 156. Ein zu großer Reservefonds empfiehlt sich nicht, weil er bei den Mitgliedern leicht Theilungsgelüste erweckt oder sie zum mindesten der Aufnahme neuer Mitglieder abgeneigt macht.*) Obligatorisch ist die Bildung „eines Reservefonds ... zur Deckung eines aus der Bilanz sich ergebenden Verlustes", also nicht daß der gebildete Reservefonds zur Deckung von Verlusten allein zu dienen hat, sondern es muß nur überhaupt zu dem genannten Zweck ein Reservefonds gebildet werden. Nicht ausgeschlossen ist daher, daß auch noch zu anderen Zwecken Reservefonds gebildet werden, z. B Gewinn-Reservefonds, welcher zur Ergänzung der Dividenden in schlechten Jahren dienen soll, wirthschaftlich aber verwerflich ist, da durch ihn meist die wahre Geschäftslage verschleiert wird, ferner Effekten-Reservefonds zur Deckung von Kursverlusten. Die Bildung einer Gewinnreserve wird ausdrücklich anerkannt in der Begr. I 105 zu § 19 **)

*) Ueber die hohe Bedeutung, welche die Raiffeisenschen Darlehnskassenvereine dem Reservefonds (Vereinskapital) beilegen, und wie sie zu Gunsten desselben die Gewinnvertheilung ausschließen, vgl. Raiffeisen 5. Aufl. S. 88 bis 93 und Erläuterung zu § 20. — Das H G.B. hatte zwar die Zulässigkeit eines Reservefonds bei Aktien- und Aktienkommanditgesellschaften ausgesprochen, aber weder die Bildung eines solchen anbefohlen, noch denselben gesetzlich normirt. Das Ges. vom 18. Juli 1884 aber machte die Bildung eines Reservefonds „zur Deckung eines aus der Bilanz sich ergebenden Verlustes" obligatorisch und ordnete u. A. an, daß ihm vom jährlichen Reingewinn mindestens 5% so lange zugeschrieben werden soll, bis es 10% des Gesammtkapitals erreicht. (Art. 185 b und 239 b.)

**) Von dem getadelten Gewinnreservefonds ist verschieden die Dividendenreserve des Vorschußvereins zu Insterburg, Eing Gen. Seit 15 Jahren wird dort der nach Vertheilung der von der Generalversammlung festgestellten Dividende übrigbleibende Betrag des Geschäftsgewinns als Dividendenreserve zur Deckung etwaiger Geschäftsverluste, die nicht aus dem Jahresgewinn gedeckt werden können, drei Jahre hindurch aufbewahrt, der davon nach drei Jahren noch vorhandene Betrag wird als Superdividende an diejenigen Mitglieder oder deren Erben vertheilt, welche in dem Jahre, aus welchem die zu vertheilende Reserve herrührt, ordentliche Dividende erhalten haben und zum Empfange berechtigt sind. Dazu gehören auch freiwillig Ausgeschiedene und Ausgeschlossene oder deren Erben. Der Vorschußverein zu Insterburg ist vielleicht der einzige Verein, der seit seiner Entstehung 1865 von Jahr zu Jahr ohne Ausnahme ein Anwachsen der Mitgliederzahl (von 394 bis 3237), der Guthaben (von 31 803 auf

Der zur Verlustdeckung gebildete Reservefonds darf auch nur zu diesem Zweck benutzt werden, das Gesetz schreibt aber nicht vor, daß er auch zu diesem Zwecke verwendet werden muß, die Generalversammlung hat über die Vertheilung des Verlustes zu beschließen, und es steht ihr frei, unter ganzer oder theilweiser Erhaltung des Reservefonds den Verlust von den Geschäftsantheilen abzuschreiben (Begr. I 93 § 19).

Der Ausscheidende hat an den Reservefonds, ganz gleich zu welchem Zweck er gebildet ist, keinen Anspruch (§ 71), und es darf ihm auch ein solcher Anspruch nicht im Statut eingeräumt werden.

§. 8.

Der Aufnahme in das Statut bedürfen Bestimmungen, nach welchen:

1. die Genossenschaft auf eine bestimmte Zeit beschränkt wird;
2. Erwerb und Fortdauer der Mitgliedschaft an den Wohnsitz innerhalb eines bestimmten Bezirks geknüpft wird;
3. das Geschäftsjahr, insbesondere das erste, auf ein mit dem Kalenderjahre nicht zusammenfallendes Jahr oder auf eine kürzere Dauer, als auf ein Jahr, bemessen wird;
4. über gewisse Gegenstände die Generalversammlung nicht schon durch einfache Stimmenmehrheit, sondern nur durch eine größere Stimmenmehrheit oder nach anderen Erfordernissen Beschluß fassen kann;
5. die Ausdehnung des Geschäftsbetriebes auf Personen, welche nicht Mitglieder der Genossenschaft sind, zugelassen wird.

Genossenschaften, bei welchen die Gewährung von Darlehen Zweck des Unternehmens ist, dürfen ihren Geschäftsbetrieb, soweit er in einer diesen Zweck verfolgenden Darlehnsgewährung besteht, nicht auf andere Personen außer den Mitgliedern ausdehnen. Darlehnsgewährungen, welche nur die Anlegung von Geldbeständen bezwecken, fallen nicht unter dieses Verbot.

Als Ausdehnung des Geschäftsbetriebes gilt nicht der Abschluß von Geschäften mit Personen, welche bereits die Erklärung des Beitritts zur Genossenschaft unterzeichnet haben und von derselben zugelassen sind.

1035157 Mk. und der Reserven (von 4269 bis 168367 Mk.) aufzuweisen hat. Er hat seinen Mitgliedern regelmäßig gute Dividende gezahlt. Sie schwankt seit 1876 zwischen 7 und 5%, die Superdividende zwischen $1^2/_5$ bis 2%.

Konsumvereine (§. 1 Ziffer 5) dürfen im regelmäßigen Geschäftsverkehr Waaren nur an Personen verkaufen, welche als Mitglieder oder deren Vertreter bekannt sind oder sich als solche in der durch das Statut vorgeschriebenen Weise legitimiren.

Ges. von 1868 § 3 Nr 3, 10, 11, Entw. I u. II, Komm. 8, Rgt. 8. Begr. I 74 bis 77, 83, 94 bis 96, Begr. II 51, 52, 56, 64 ff., Komm.Ber. 7 bis 13.

Reichstag, St. Ber.: 1. Berathung 13. Dezember 1888, S. 281 bis 295 (Schenck, Enneccerus, Frhr. v. Buol-Bernberg, Nobbe), 2. Berathung 23. März 1889, S. 1036 bis 1056 (v. Buol-Bernberg, Schenck, Enneccerus, Klemm, v Gräve, v. Rheinbaben, Kulemann, Gamp, Hegel, Baumbach, Miquèl, Graf Mirbach, Bundesrathskommissarien Dr Hagens und Dr. Thiel); 3. Berathung 4. April 1889, S. 1290 bis 1300 (Schenck, Metzner, v. Cuny, Kulemann, v. Rheinbaben, Dr Langerhans, Biehl, Graf Mirbach, Enneccerus, Graf Stolberg-Wernigerode, Kommissarien des Bundesraths Dr. Hoffmann, Dr. Hagens.

I **Zur Geschichte des § 8.**

Dieser § 8 ist geformt nach Art. 209a des Aktiengesetzes vom 18. Juli 1884.

a) Absatz I zu 1 (Zeitdauer).

Inhaltlich übereinstimmend mit § 3 Nr. 3 des Ges von 1868 — jetzt in der Fassung des Art. 209a, früher in der alten Fassung des Art. 209 des H.G.B.

b) Zu 2 (Wohnsitz als Voraussetzung der Mitgliedschaft).

Dieser Satz ist erst in der Kommission des Reichstages eingefügt. Die Kommission hielt es für angezeigt, den im § 63 des Entw. (jetzt 65) vorgesehenen Fall, daß durch das Statut die Mitgliedschaft an den Wohnsitz innerhalb eines bestimmten Bezirks geknüpft wird, durch Einschaltung der besonderen Nummer zu berücksichtigen (Komm.Ber. 7).

c) Zu 3 (Geschäftsjahr)

Der Entwurf des Bundesraths hatte als Nr 2:

„das Geschäftsjahr, insbesondere das erste, auf eine kürzere Dauer, als auf ein Jahr bemessen wird".

Erst in dritter Berathung hat der Reichstag die Worte „auf ein mit dem Kalenderjahr nicht zusammenfallendes Jahr oder" eingeschoben und dementsprechend § 12 durch Ziffer 6 und § 157 durch den ersten Absatz ergänzt. (St. Ber. der Sitzg. 4 April, S. 1201.)

d) Zu 4 (Stimmenmehrheit).

Statt § 3 Nr 10 des Ges. von 1868, genau übereinstimmend mit Art. 209 Nr. 10 H.G.B. alter Fassung, ist jetzt der Satz in Uebereinstimmung mit Art 209a Nr. 5 des A.G. vom 18. Juli 1884. Sachlich ist kein Unterschied.

e) Zu 5 (Ausdehnung des Geschäftsbetriebs auf Nichtmitglieder).

Dieser Satz ist neu und war in gleicher Fassung schon im ersten Entwurfe. Vgl unten die Erläuterungen II.

f) **Absatz** II **und** III (Verbot des Geschäftsbetriebs mit Nichtmitgliedern bei Kreditgesellschaften).

Diese Bestimmungen sind ganz neu. Das Verbot war in dem ersten Entwurfe des Reichsjustizamts ohne Einschränkung:

„eine solche Ausdehnung ist unzulässig, soweit der Gegenstand des Unternehmens in Gewährung von Kredit besteht".

Der lebhafte Widerspruch, den dies Verbot bei den genossenschaftlichen Praktikern der Sachverständigen-Kommission fand, führte dazu, in dem veröffentlichen Entw. I den Abs 3 einzufügen und den Abs. 2 dadurch abzuschwächen, daß statt der Worte „der Gegenstand des Unternehmens in" gesetzt wurde „der Geschäftsbetrieb in einer den Zweck des Unternehmens bildenden".

In dieser Gestalt hatte darüber die Reichstagskommission zu berathen. In der ersten Lesung nahm sie den ersten Satz des Abs. 2 in der jetzigen Fassung an, und in der zweiten Lesung wurde der zweite Satz hinzugefügt. Ueber die Beweggründe, die zur Annahme dieser Ausnahme-Bestimmungen geführt haben, und über die Wirkung derselben auf die bestehenden Kreditgenossenschaften s Erläuterungen.

g) **Absatz** IV (Lex Kulemann).

Diese unklare Bestimmung ist ebenfalls ganz neu und verdankt ihre Entstehung einer Ueberrumpelung des Reichstags bei der dritten Berathung des Gesetzes in der Abendsitzung des 4. April 1889. Das Nähere darüber in den Erläuterungen.

II. **Erläuterungen zu** § 8.

1. **Absatz** I („bedürfen Bestimmungen").

„Während die §§ 6 und 7 vorschreiben, über welche Gegenstände im Statut Bestimmung getroffen werden muß, handelt der § 8 Abs. 1 von denjenigen Bestimmungen, welche, wenn sie überhaupt getroffen werden, der Aufnahme in das Statut bedürfen. Die letztere Art von Bestimmungen wird in § 8 Abs. 1 nicht erschöpft. Der Gesetzentwurf selbst führt an verschiedenen Stellen (z. B. in den §§ 34, 63, 65, 74) weitere hierher gehörige Bestimmungen an." Komm.Ber. 7

2. Zu 1 (Genossenschaft auf bestimmte Zeit).

Es ist hiernach statthaft, das Bestehen der Genossenschaft auf eine bestimmte Zeit zu beschränken. Nach dem französischen Gesetz ist der Vertrag stets auf eine bestimmte Zeit abzuschließen. In Deutschland, und ebenso in England, Italien u. s. w., ist die Regel: Errichtung auf unbestimmte Dauer. Dies liegt auch im Wesen der Genossenschaft. Schulze-Delitzsch schlägt in seinen Anleitungen den Magazin- und Produktivgenossenschaften vor, zunächst nur auf eine bestimmte Anzahl Jahre zusammenzutreten und die Mitglieder durch lange Kündigungsfristen bis dahin möglichst zu fesseln, da man sich bei der Beschaffung des Geschäftslokals, dessen öfterer Wechsel zu vermeiden, durch Miethsverträge vorsehen müsse (Schulze, Gen. in einzelnen Gew. S. 165, 288 und § 2 der Musterstatuten S. 184, 326)

Die Kündigungsfrist darf nicht über 2 Jahre betragen (§ 63 Abs. 2). Die Genossenschaft hört auf mit Ablauf der Zeit (§ 77) Zur Fortsetzung ist eine Statutenänderung nothwendig (§ 16 Abs. 1).

3. Zu 2 (Wohnsitz in einem bestimmten Bezirk).

Die Regierungsvorlage hatte nur in § 65 die Bestimmung, daß ein Genosse wegen Verlegung des Wohnsitzes aus dem Bezirk der Genossenschaft ausscheiden könne, wenn das Statut die Mitgliedschaft an den Wohnsitz in einem bestimmten Bezirke knüpfte, in der Kommission wurde diese Vorschrift auch an dieser Stelle berücksichtigt. Mit derselben ist dem Grundsatz der Raiffeisenschen Vereine Rechnung getragen, wonach die Mitglieder in einem bestimmten Vereinsbezirke wohnen müssen.

In der Begründung I 83, II 56 heißt es. „Ein Versuch, diese Einrichtung für alle Arten von Genossenschaften durch gesetzliche Bestimmung eines Maximalumfangs der Genossenschaftsbezirke zu verallgemeinern, würde jedenfalls scheitern. Kleine Bezirke würden dem Geschäftsbetriebe nur eine geringe Ausdehnung gestatten und dadurch die Wirksamkeit der Genossenschaften je nach Art ihres Geschäftszweiges oder Unternehmens in hohem Grade beschränken. . . . Es empfiehlt sich aber auch nicht einmal, die Festsetzung eines beliebig bestimmten Vereinsbezirkes als einen wesentlichen Bestandtheil des Gesellschaftsvertrages vorzuschreiben. . . . Auch hier muß vielmehr der Verschiedenheit der Verhältnisse Rechnung getragen und von einer allgemeinen Normirung Abstand genommen werden."

4. Zu 3 (Geschäftsjahr).

Nach der Regierungsvorlage und dem Kommissionsentwurf sollte das Statut eine Bestimmung über das Geschäftsjahr nur enthalten, wenn dasselbe auf eine kürzere Zeit als auf ein Jahr bemessen würde. In der dritten Lesung wurde vom Reichstage auf einen von den Kommissaren des Bundesraths veranlaßten oder mit ihnen vereinbarten Antrag mehrerer Abgeordneten eine Ergänzung beschlossen, wonach auch eine Abweichung vom Kalenderjahr dergestalt, daß das Geschäftsjahr zwar 12 ganze Monate umfaßt, aber nicht mit dem 1. Januar, sondern mit einem andern Tage beginnt, durch das Statut bestimmt werden muß. Dieser neuen Fassung gemäß wurde auch im § 12 die Nr 6 und im § 157 der erste Absatz eingeschoben.

In der Begründung des Entwurfs heißt es bei dieser Bestimmung (I 94, II 64):

> „Mehr als ein Jahr kann die Rechnungsperiode, da die Genossenschaften als Kaufleute im Sinne des Handelsgesetzbuchs gelten, nach den Bestimmungen desselben über die Inventarisirung und Bilanzaufnahme (Art. 29) niemals betragen.*) Kürzere Geschäftsjahre, z. B. von

*) Das erste Geschäftsjahr betrug bei Vorschußvereinen oft mehr als 12 Monate, namentlich wenn es vom zweiten Jahre an mit dem Kalenderjahr zusammenfallen sollte. Nach der wohl richtigen Auffassung der Verfasser des Entwurfs vom Artikel 29 ist ein solches Verfahren nicht gesetzmäßig. Anderer Meinung scheint z. B. Ring (Das Reichsgesetz vom 18. Juli 1889) S. 311 zu sein.

drei Monaten, sind dagegen bei vielen Genossenschaften, namentlich bei Konsumvereinen üblich. Die Wichtigkeit einer solchen Festsetzung, welche nicht blos in Bezug auf die Buchführung und Gewinnvertheilung, sondern auch noch in anderen Richtungen, namentlich in Betreff des Zeitpunktes für das Ausscheiden von Mitgliedern (§§ 63 ff.) von maßgebender Bedeutung ist, läßt es wünschenswerth erscheinen, daß die betreffende Vorschrift im Statut getroffen werde. Für das erste Geschäftsjahr der Genossenschaft wird sich eine kürzere als einjährige Dauer in den meisten Fällen als nothwendig ergeben."

Bei den Konsumvereinen war anfänglich, nach englischen Vorbildern, die vierteljährliche Geschäftsperiode Regel. Auch Dr. Schneider empfiehlt sie in seinem Taschenbuche für Konsumvereine (S. 236 bis 239) und auch noch nach Erlaß des neuen Gesetzes (Die deutsche Genossenschaft Nr. 12, 1889, S. 94). Wo man an ihr festhält, pflegt sie aber nicht mit dem Kalendervierteljahr zusammenzufallen und bald mehr, bald weniger als drei volle Kalendermonate zu umfassen. „Den Abschluß auf den dem Quartalsschluß zunächst liegenden Sonntag zu legen — sagt Dr. Schneider —, rechtfertigt sich theils durch die Mitgliedschaft der an Wochentagen für die Vornahme der Inventur meist der Zeit entbehrenden Arbeiter, kleinen Gewerbtreibenden und Beamten im Vorstand und Aufsichtsrath, theils durch die Benachtheiligung, welche dem Geschäft aus einer am Wochentage stattfindenden Inventur insofern erwachse, als während derselben der Verkauf von Waaren aufhören müsse, dieser Verkauf an Sonntagen aber ohnedies erheblich mehr beschränkt zu werden pflegt" u. s. w. — Nach dem Wortlaut des Gesetzes dürfte die von Dr. Schneider im alten und neuen Statut vorgeschlagene Bestimmung: „der Rechnungsabschluß erfolgt vierteljährlich an dem dem Schluß des Kalenderquartals zunächst liegenden Sonntage" gesetzlich zulässig sein, wenngleich durch sie strenggenommen nicht die Geschäftsperiode bestimmt, sondern nur eine Anleitung gegeben wird, dieselbe mit Hülfe eines Kalenders für jedes Vierteljahr zu ermitteln.*) Nicht wenige Konsumvereine sind zwar zu jährlichen Geschäftsperioden übergegangen, haben aber die Bemessung von Sonntag zu Sonntag beibehalten. Bei einer Bestimmung, daß das Geschäftsjahr jedesmal vom ersten bis wiederum ersten Sonntage des Monat Januar, oder jedesmal bis zu dem dem Jahresschluß zunächst liegenden Sonntage bemessen wird, dauert das Geschäftsjahr öfters länger als zwölf Monate, was wohl im Widerspruch mit Art. 29 H.G.B. steht. Den Konsumvereinen ist schon aus diesen rechtlichen Bedenken anzurathen, nach dem Vorschlage des Anwalts Schenck (Statut § 73) das Geschäftsjahr mit dem Kalenderjahr zusammenfallen zu lassen.

Das Geschäftsjahr wird außer von § 8 noch von den §§ 12, 19, 31, 36, 46, 63, 65, 66, 68, 74, 75, 89, 92, 133, 134, 156 betroffen.

---

*) Der Ausführungserlaß vom 11. Juli 1889 und das als Anlage beigefügte Formular der Liste der Genossen hat nirgends auf die Möglichkeit Rücksicht genommen, daß die Geschäftsperiode wechseln, nicht auf dasselbe Datum fallen könne.

5. Zu 4 (Beschlußfassung der Generalversammlung).

Voraussetzung jeder gültigen Beschlußfassung ist, daß die Generalversammlung ordnungsmäßig berufen ist und daß der Gegenstand der Beschlußfassung vorher angekündigt war (ausgenommen Beschlüsse über Leitung der Versammlung und über Berufung einer außerordentlichen Generalversammlung (§ 44). Ist die Versammlung nicht ordnungsmäßig berufen u. s. w., so kann ein gültiger Beschluß selbst dann nicht gefaßt werden, wenn alle Mitglieder anwesend sind. Das Gesetz schreibt stärkere als einfache Mehrheiten vor, und zwar von drei Viertheilen in § 16 (Abänderung des Statuts, des Gegenstandes des Unternehmens und Erhöhung des Geschäftsantheils), § 34 (Widerrufung der Bestellung des Aufsichtsraths), § 76 (Auflösung), § 126 (Erhöhung der Haftsumme), § 138 (Umwandlung). Es ist damit in dem Gesetz bereits für die wichtigsten Angelegenheiten eine größere Majorität vorgesehen, entsprechend den Musterstatuten von Schulze-Delitzsch, bei denen sich die Mehrheitsziffer zwischen $^2/_3$ und $^5/_6$ bewegt (vgl. Parisius S. 200).

Das Statut kann außer der größeren Stimmenmehrheit „auch noch andere Erfordernisse" aufstellen. Zu diesen anderen Erfordernissen gehört z. B., daß über bestimmte Gegenstände in zwei innerhalb einer bestimmten Zeit auf einander folgenden Generalversammlungen zu beschließen sei oder daß eine bestimmte Anzahl Genossen anwesend sein müsse; hierher gehört insbesondere die Beschlußfassung über die Auflösung der Genossenschaft.

6. Zu 5 (Ausdehnung des Geschäftsbetriebes auf Nichtmitglieder).

a) Deklarationsgesetz vom 19. Mai 1871.

Das Ges. von 1868 definirte den Zweck der Genossenschaften als „Förderung des Kredites, des Erwerbes oder der Wirthschaft ihrer Mitglieder". Nach der Entstehungsgeschichte des Gesetzes und auch nach dem Sinne dieser Vorschrift konnte es nicht zweifelhaft erscheinen, daß durch diese Definition den Genossenschaften Geschäfte mit Nichtmitgliedern nicht verboten seien, denn es ist nicht undenkbar, daß in einzelnen Fällen die Ausdehnung des Geschäftsbetriebes auf Nichtmitglieder in hohem Grade geeignet ist, den „Erwerb" der Mitglieder der Genossenschaft zu fördern. Einzelne Gerichte aber waren anderer Ansicht, sie hielten sich am Buchstaben: es wurde von denselben die Eintragung von Statutenänderungen abgelehnt, durch welche der Geschäftsbetrieb auf Nichtmitglieder ausgedehnt werden sollte. Schulze-Delitzsch interpellirte hierauf am 19. Mai 1870 den Bundeskanzler, ob er von den Entscheidungen preußischer Gerichte und Verwaltungsbehörden, welche dem Wortlaute des Bundesgesetzes vom 4. Juli 1868 sowie den von den Vertretern der Bundesregierungen im Reichstage bei Erlaß des Gesetzes abgegebenen Erklärungen zuwider den Genossenschaften den Geschäftsverkehr mit Nichtmitgliedern untersagen, Kenntniß genommen, und was er zur Verhütung der daraus entstehenden Vermögensschädigungen und Rechtsverwirrungen für geeignet gefunden habe oder finden möchte? — Der Präsident des Bundeskanzleramts Staatsminister Delbrück erklärte darauf, daß das Bundeskanzleramt mit der vom Interpellanten vorgetragenen Auffassung des Gesetzes einverstanden sei, und sprach zugleich die Hoffnung aus, daß die Verhandlung im Reichstage dahin wirken werde, der richtigeren Auffassung des Gesetzes Eingang zu verschaffen und ein weiteres legislatives Einschreiten entbehrlich zu machen (St. Ber. S. 1053ff., Sitzung vom 20. Mai 1870). Als einzelne Gerichte trotzdem auf der Auffassung beharrten: es müßte eine Beziehung stattfinden zwischen dem Geschäftsbetriebe der Mitglieder und dem der Genossenschaft,*) legten die Bundesregierungen dem Reichstage am 8. Mai ein Deklarationsgesetz vor, welches am 12. und 13. Mai 1871 vom Reichstage in erster, zweiter und dritter Berathung ohne alle Debatten angenommen wurde. Das am 19. Mai 1871 vollzogene „Gesetz betreffend die Deklaration des § 1 des Ges. vom 4. Juli 1868" enthält folgenden einzigen Paragraphen:

„Die im § 1 des Ges. vom 4. Juli 1868 (Bundesgesetzbl. S. 415) bezeichneten Gesellschaften verlieren den Charakter von Genossenschaften im Sinne des gedachten Gesetzes dadurch nicht, daß ihnen die Ausdehnung ihres Geschäftsbetriebes auf Personen, welche nicht zu ihren Mitgliedern gehören, im Statute gestattet wird."

(Bundesgesetzbl. Nr. 21 S. 101.)

b) Die Ausdehnung des Geschäftsbetriebes auf Nichtmitglieder bleibt grundsätzlich zulässig.

Das jetzige Gesetz will an dem durch die Deklaration bestätigten Grundsatz des Ges. vom 4. Juli 1868 festhalten; es schränkt jedoch das Prinzip für die zwei zur Zeit wichtigsten Genossenschaftsarten, für Vorschuß- und für Konsumvereine, in höchst bedenklichem Maße ein: bei jenen im Interesse der Mitglieder, bei diesen im Interesse der Konkurrenten. Den übrigen Genossenschaftsarten: Rohstoffvereinen, Magazingenossenschaften, Produktivgenossenschaften, ist eine Ausdehnung des Geschäftsbetriebes auf Nichtmitglieder gestattet, dieselbe soll aber im Statut ausdrücklich zugelassen sein; dehnt der Vorstand bei diesen Genossenschaften den Geschäftsbetrieb ohne eine solche statutarische Vorschrift auf Nichtmitglieder aus, so macht er sich für den dadurch entstandenen Schaden der Genossenschaft verantwortlich; das Gleiche gilt für den Aufsichtsrath.

c) Voraussetzungen des Geschäftsbetriebes mit Nichtmitgliedern.

Was unter einem Geschäftsbetrieb mit Nichtmitgliedern zu verstehen ist, kann nicht zweifelhaft sein, wenn man den Geschäftsbetrieb in seine Einzelheiten zerlegt. Der Geschäftsbetrieb der Genossenschaften zerfällt in zwei Theile: erstens müssen sie Geschäfte betreiben, um im Stande zu sein, Erwerb und Wirthschaft ihrer Mitglieder zu fördern, also z. B. Vorschußvereine sich Geld verschaffen, Rohstoffvereine, Konsumvereine Waaren einkaufen, Produktivgenossenschaften Waaren verkaufen, Werkgenossenschaften Geräthe anschaffen u. s. w. Diese Geschäfte bilden stets nur Mittel zum Zweck. Zweitens aber geht ihr Geschäftsbetrieb auf Förderung des Erwerbs oder der Wirthschaft ihrer Mitglieder, sie machen ihre Thätigkeit für

*) Ueber die einzelnen Entscheidungen, die zu dem Deklarationsgesetz Anlaß gaben, s. Parisius 170 bis 173.

die Mitglieder nutzbar, also z. B. Vorschußvereine leihen diesen Geld, Rohstoffvereine, Konsumvereine geben an diese Waaren ab, Produktivgenossenschaften, im eigentlichen Sinne, lassen von diesen Waaren herstellen, Werkgenossenschaften verleihen an diese die Geräthe. Unbestreitbar kann der erste Theil des Geschäftsbetriebes auf Mitglieder nicht beschränkt werden, derselbe muß der Genossenschaft auch mit Nichtmitgliedern gestattet sein, sollen sie überhaupt bestehen können. (Vgl. Begr. I 75, II 51.)

Anders verhält es sich mit dem zweiten Theil: die Genossenschaft kann selbstverständlich ihre Zwecke erfüllen, auch ohne daß sie Nichtmitglieder an denselben theilnehmen läßt. Das preußische Kommunalnothsteuerges. vom 27. Juli 1885 erklärt für gemeindeeinkommensteuerpflichtig eingetragene Genossenschaften, welche ihren Geschäftsbetrieb auf Nichtmitglieder ausdehnen; das Oberverwaltungsgericht hat in einer Reihe Entscheidungen, sowohl für Vorschuß- wie für Konsumvereine als für Produktivgenossenschaften, den Grundsatz aufgestellt, daß ein Geschäftsbetrieb über den Kreis der Mitglieder hinausgeht, wenn Nichtmitgliedern gestattet wird, an denjenigen Zwecken Theil zu nehmen, zu deren Erreichung die Genossenschaft gebildet ist (vgl. Ober-Verw.Ger. Bd. XIV S. 158, Bd. XV S. 113, 116 und ferner die in Nr. 7 und 12 der Bl.f.G. von 1888 mitgetheilten Entscheidungen des Ober-Verw.Ger.).

d) Anwendung auf Produktivgenossenschaften.

Eine besondere Erläuterung verdient die Ausdehnung des Geschäftsbetriebes auf Nichtmitglieder bei Produktivgenossenschaften: es sind zwei Arten solcher Genossenschaften zu unterscheiden, bei der einen — der eigentlichen Produktivgenossenschaft — thun sich Genossen desselben Gewerbes zusammen, um gemeinschaftlich Waaren anzufertigen, bezw. zu verarbeiten; bei der andern Art wird eine Industrie zwar in den Formen der Genossenschaft, im Wesen aber nicht viel anders als eine Aktiengesellschaft oder andere Handelsgesellschaft betrieben: es wird ein genügendes Kapital von kleineren und größeren „Kapitalisten" — vielleicht vorzugsweise von Arbeitern desselben Gewerbes — zusammengebracht, zu dem Zwecke, in nicht geschlossener Mitgliederzahl mittelst gemeinschaftlichen Geschäftsbetriebes industrielle Produktion zu betreiben. Häufig findet sich diese Art der Produktivgenossenschaften in Verbindung mit Konsumvereinen als Bäckereien u. s. w.; bei diesen Produktivgenossenschaften sind die Mitglieder selbst nur zum Theil, oft fast nie die Produzenten; es werden in der Fabrik, der Werkstatt wie in jedem anderen Unternehmen fremde Arbeitskräfte beschäftigt. Es fragt sich nun, in welcher Weise findet Ziffer 4 Anwendung auf Produktivgenossenschaften, und zur Beantwortung wird man trennen müssen: Bei der ersteren Art der eigentlichen Produktivgenossenschaft, in der die Waaren von den Genossen hergestellt werden, liegt eine Ausdehnung des Geschäftsbetriebes auf Nichtmitglieder dann vor, wenn solche zum Zweck der Produktion angestellt werden, bei der anderen Art dagegen kann von einer Ausdehnung des Geschäftsbetriebes auf Nichtmitglieder überhaupt nicht die Rede sein, da es gar nicht in der Absicht liegt, nur mit Genossen zu arbeiten, diese sind vielmehr die Leiter des Unternehmens, und das Statut bedarf daher auch keiner besonderen Bestimmung über die Ausdehnung des Geschäftsbetriebes auf Nichtmitglieder.

7. Zu **Absatz** II: Verbot der Darlehnsgewährung an Nichtmitglieder in Vorschußvereinen.

a) Die Begründung des Verbots.

Augenscheinlich haben bei dem Verbot, welches ursprünglich (siehe I f) im weitesten Umfange beabsichtigt war, sozialpolitische Gründe mitgespielt. Das Mißtrauen gegen die wachsende „Kapitalmacht" der Kreditgenossenschaften war in einflußreichen Kreisen niemals ganz erloschen. In der Begründung des ersten Entwurfes ist davon nicht viel zu entdecken.

In der allgemeinen Begründung (Entw. I 76, II 51) heißt es: „Wenn es hiernach im Allgemeinen bei dem bisherigen Recht bewenden kann (Entw. § 8 Nr. 4), so muß doch gerade für die zahlreichste und wichtigste Art der deutschen Genossenschaften, die Kreditvereine, eine Ausnahme gemacht werden. Bei ihnen fehlt es schon an einem wirklichen Bedürfnisse zur Ausdehnung der Vorschußgeschäfte auf Nichtmitglieder. Das fremde Kapital wird immer ohne große Schwierigkeiten nach dem jeweiligen Kreditbedürfnisse der Mitglieder reduzirt werden können, und für die nutzbringende Verwendung momentan etwa überflüssiger Bestände bedarf es nicht der Hereinziehung von Nichtmitgliedern in den regelmäßigen Darlehnsverkehr der Genossenschaft. Vielmehr ist in solcher Ausdehnung des Betriebes gerade eine der Ursachen zu finden, welche dahin geführt haben, daß manche Kreditvereine des Charakters genossenschaftlicher Institute verlustig gegangen und zu Bankétablissements geworden sind, indem sie ihren Zweck nicht sowohl in der Förderung des Kredits ihrer Mitglieder, als in der Erzielung möglichst hoher Dividenden durch die außerhalb des Kreises der Genossen betriebenen Geschäfte erblickten. Dazu tritt der sehr beachtenswerthe Umstand, daß es für die Sicherheit der Kreditgenossenschaften von erheblicher Bedeutung ist, die Kreditnehmer durch ihre Mitgliedschaft an dem Gedeihen der Genossenschaft selbst unmittelbar zu interessiren. Nach alledem erscheint es angezeigt, den bezeichneten Genossenschaften die Ausdehnung der ihren regelmäßigen Geschäftsbetrieb bildenden Darlehnsgewährung auf Nichtmitglieder zu untersagen, wobei jedoch durch die Formulirung des Verbots (§ 8 Abs. 2, 3) Sorge dafür zu tragen ist, daß weder die nöthige geschäftliche Bewegungsfreiheit der Genossenschaften, noch die Sicherheit des Verkehrs mit denselben unter dem Verbote leidet."

Die fortgesetzte Zuwiderhandlung gegen das Verbot wollte die Vorlage (im § 79) mit Auflösung gleich der Vornahme gesetzwidriger Handlungen u. s. w. bestrafen.

b) Einschränkungen des Verbots und Beseitigung der Strafvorschrift. Unter den Genossenschaften rief dies Verbot und ganz besonders die Androhung der Auflösung große Beunruhigung hervor. Schulze-Delitzsch und die Allgemeinen Vereinstage hatten allerdings stets eine Einschränkung der Darlehnsgewährung auf die Mitglieder angerathen, in dem Gesetze wurde ein Verbot aber um deswegen höchst bedenklich, weil es in jedem Falle Thatfrage ist, ob eine Darlehnsgewährung vorliegt und eine falsche Auslegung des Gesetzes über das betreffende Rechtsgeschäft die Vernichtung der Genossenschaft zur Folge haben konnte.

Der Allgem. Vereinstag zu Erfurt faßte daher folgenden Beschluß:

„Den Kreditgenossenschaften wird wie bisher die Kreditgewährung an Nichtmitglieder widerrathen und empfohlen, durch statutarische Bestimmung diese Kreditgewährung zu untersagen. Das im § 8 Abs. 2 des Gesetzentwurfs für Kreditgenossenschaften ausgesprochene gesetzliche Verbot der Ausdehnung des Geschäftsbetriebes auf Nichtmitglieder aber kann weder als nothwendig, noch als zweckmäßig anerkannt werden und muß deshalb dessen Beseitigung verlangt werden, in jedem Falle aber müssen in § 76 Abs. 1 (jetzt 79) die Worte „oder in ihrem Geschäftsbetriebe dem Verbote des § 8 Abs. 2 fortgesetzt zuwiderhandelt" gestrichen werden."

In der ersten Lesung der Kommission erhielt der Absatz 2 folgende Fassung:

„Genossenschaften, bei welchen die Gewährung von Darlehen Zweck des Unternehmens ist, dürfen ihren Geschäftsbetrieb, soweit er in einer diesen Zweck verfolgenden Darlehnsgewährung besteht, nicht auf andere Personen außer den Mitgliedern ausdehnen."

Dabei wurde die § 79 angedrohte Auflösung bei fortgesetztem Zuwiderhandeln beibehalten (Komm.Ber. S. 7 und 8). Das Verbot in dieser Begrenzung erklärten die Regierungsvertreter sogar für eine im öffentlichen Interesse liegende Nothwendigkeit, denn es handle sich darum, die Gefahr auszuschließen, daß die Kreditgenossenschaften der genossenschaftlichen Natur entkleidet würden und durch Einführung eines für sie nicht passenden bankmäßigen Betriebes zum wirthschaftlichen Ruin weiter Kreise führten. Mit Recht wurde ihnen erwidert, daß die Geschichte der Kreditgenossenschaften diese Befürchtungen keineswegs rechtfertigt. Als die Ursachen stattgefundener Bankbrüche haben sich bisher herausgestellt: Gewährung zu hoher Darlehnssummen an Mitglieder, schlechte Anlage von Kapitalien, Spekulationen und Unterschleife; Darlehen an Nichtmitglieder aber haben dabei niemals eine Rolle gespielt.

Auch in zweiter Lesung hielt die Kommission an dem Verbot der Darlehnsgewährung trotz lebhaften Widerspruchs des Abg. Anwalt Schenck und trotz zahlreicher Petitionen gegen dasselbe grundsätzlich fest, es handelte sich für sie nur darum, eine Fassung für den Absatz 2 zu finden, welche der Absicht der Gesetzgeber entsprach und die verbotenen Geschäfte möglichst scharf kennzeichnet; man einigte sich schließlich auf den Zusatz zu Absatz 2:

„Darlehnsgewährungen, welche nur die Anlegung von Geldbeständen bezwecken, fallen nicht unter dieses Verbot".

Von großer Bedeutung aber war die Streichung der bei fortgesetzten Zuwiderhandlungen die Auflösung androhenden Stelle des § 79; statt ihrer wurde die Ordnungsstrafe in § 152 aufgenommen.

c) Umfang des Verbots.

Die Auslegung des Absatz 2 kann nur auf wirthschaftlichem Boden geschehen; man muß ausgehen von der Absicht, welche zu dieser Gesetzesbestimmung geführt hat. Den rechtlichen Begriff des Darlehns läßt man besser ganz bei Seite. „Das Darlehen ist dazu bestimmt, dem Empfänger den zeitweiligen Genuß einer Kapitalsumme der Art zu gewähren, daß er

Eigenthum und freie Verfügung über das Geliehene gegen Verpflichtung dereinstiger Rückgewähr in genere erhält" (Dernburg, Lehrbuch des preußischen Privatrechts II § 176). Ob der Geber ein Geschäft mit der Ausleihung von Geldern treibt, ob er nur augenblicklich müßige Gelder unterbringen will, ob er auf Schuldschein zahlt oder auf Wechsel, ob er sich Sicherheit bestellen läßt oder nicht, ob er einen Wechsel diskontirt, was ihn zu der Geldleihe veranlaßt hat — immer giebt er ein Darlehen. Hieraus und aus dem Wortlaut des Absatz 2 folgt aber jedenfalls, daß hier unter Darlehn nicht der juristische Begriff „Darlehn" verstanden werden kann, sondern ein bestimmter wirthschaftlicher Begriff. Um diesen aber zu erkennen, muß man auf das zurückgehen, was nach den Motiven, Berichten und Verhandlungen Regierung und Volksvertretung unter dem „Darlehen" verstanden wissen wollten:

„Das Verbot bezieht sich zunächst nur auf Darlehnsgeschäfte, nicht auf sonstige Kreditgewährungen. Es läßt sich unter Umständen nicht vermeiden, daß Geschäfte, mit welchen eine Kreditgewährung verbunden ist, auch mit Nichtmitgliedern abgeschlossen werden. Untersagt ist ferner die Darlehnsgewährung nur insoweit, als sie den Zweck des Unternehmens bildet, und das Verbot trifft auch nicht die einzelnen Geschäfte als solche, sondern nur die Ausdehnung des Geschäftsbetriebes auf Nichtmitglieder, welche in denselben zu Tage tritt."

So heißt es wörtlich in der besonderen Begründung (I 95, II 64):

„Hiernach sind Darlehnsgewährungen an Nichtmitglieder je nach dem Zwecke verschieden zu beurtheilen, welchen die Genossenschaft mit der Hingabe der Gelder verfolgt, je nachdem nämlich die Darlehnsgewährungen zur Befriedigung eines Kreditbedürfnisses des Empfängers oder zur Anlegung von Geldbeständen dienen sollen. Handelt es sich um die gewerbsmäßige Absicht, den Zweck des Unternehmens zu verfolgen und demgemäß den Darlehnsempfänger in den regelmäßigen Vorschußverkehr hineinzuziehen, so greift das Verbot Platz; handelt es sich dagegen darum, durch Anlegung von Geldbeständen das von der Geschäftspraxis gebotene *Mittel* anzuwenden, um dem Zwecke des Unternehmens Genüge leisten zu können, so findet die Ausnahmebestimmung Anwendung. Allerdings sind Fälle denkbar, in welchen die Anlegung von Geldbeständen zwar auf Seiten der Genossenschaft der Zweck der Darlehnshingabe ist, aber als mitbestimmendes Motiv für die Auswahl des Empfängers die Befriedigung eines Kreditbedürfnisses desselben in Frage kommt; eine Kreditgenossenschaft, welche Bestände anlegen will, wird aus begreiflichen Gründen unter mehreren Darlehnsnehmern häufig denjenigen zu bevorzugen geneigt sein, welcher der Aufnahme eines Darlehns am meisten benöthigt. *Die Kommission hat dies nicht ausschließen wollen.* Sodann erschien es nach Ansicht der Kommission zweifellos, daß zu den Geschäften mit Nichtmitgliedern, welche ohne Weiteres zulässig sind, u. A. gehören: der Ankauf von Wechseln, sofern die Diskontirung nicht blos als Form erscheint, unter welcher eine Darlehnsgewährung verwirklicht werden soll, ebenso der Ankauf von Effekten oder Kaufgelder-Restforderungen, die Unterbringung von Geldern bei Sparkassen, Bankgeschäften oder anderen Genossenschaften." (Komm.Ber. 9 und 10.)

„Alle Geschäfte, welche nicht Darlehen sind, sind zunächst völlig ausgeschieden: die Diskontirung von Wechseln, der Ankauf von Güterzielen und eine ganze Reihe von anderen Geschäften fallen schon an und für sich nicht unter diese Fassung; verboten bleibt blos das eigentliche Darlehnsgeschäft mit Nichtmitgliedern. Aber dieses eigentliche Darlehnsgeschäft ist nur dann noch verboten, wenn es in den regelmäßigen Vorschußverkehr fällt, wenn also der Zweck die regelmäßige Vorschußgewährung ist, der Zweck, zu dem der Vorschußverein gegründet ist, nämlich die Erlangung leichten Kredits für die Mitglieder. . . .

Die Ordnungsstrafe, welche gedroht ist, ist nur für den Fall gedroht, daß Darlehen an Nichtmitglieder in dem gewöhnlichen Vorschußverkehr gegeben sind. Wenn die Strafe stattfinden soll, so muß bewiesen werden: der Zweck dieses Darlehens war nicht, Geld unterzubringen, sondern war, Vorschüsse zu gewähren, wie sie sonst an Mitglieder gewährt werden." (Abg. Professor Enneccerus in der Sitzung vom 23. März 1889, St. Ber. S. 1040 B.) —

Bei der Auslegung ist daran festzuhalten, daß verboten ist die Darlehnsgewährung an Nichtmitglieder in einem Umfange, daß dadurch der Zweck des Unternehmens auf Nichtmitglieder ausgedehnt wird. Voraussetzung also sind Darlehen der Genossenschaft an Dritte, und zwar nicht in einzelnen Fällen, sondern in einem geschäftsmäßigen Umfange: nicht verboten ist das einzelne Darlehen, sondern die Ausdehnung des Geschäftsbetriebes in Bezug auf Darlehen auf Nichtmitglieder.

Zu prüfen wird natürlich stets zunächst sein, ob die einzelnen Geschäfte Darlehen an Nichtmitglieder bilden, hierzu ist unbedingtes Erforderniß, daß die Absicht des Vorstandes darauf gerichtet sein muß, dem Empfänger des Geldes ein Darlehn zu geben, daß das Geschäft also im **wesentlichen** Interesse des Empfängers abgeschlossen ist. Deswegen fällt niemals die Anlage müßiger Gelder unter das Verbot, mag sie für kürzere oder längere Zeit erfolgt sein, mag der Empfänger das Geld erhalten haben oder nicht: denn für die Beurtheilung desselben bestimmend ist allein die Absicht, welche der Vorstand mit der Ausleihung verfolgte.

Bankdirektor Thorwart kennzeichnet den Kreis der erlaubten und verbotenen Geschäfte in Nr. 16 der Bl.f.G. von 1889 zutreffend folgendermaßen:

„Nach wie vor sind gestattet: die Annahme von Spareinlagen z. B., der Ankauf und Verkauf von Werthpapieren, Zinsscheinen, Wechseln in fremder Währung, die Uebernahme von Wechseln zum Einzug auf den eigenen Platz und auf fremde Orte, die Anlage müßiger Kassenbestände, sei es — wie der Schlußbericht der Reichstags-Kommission noch besonders hervorhebt — durch Hingabe zur Verzinsung an eine Sparkasse, an einen Bankier, sei es durch Ankauf sogenannter Diskontwechsel, oder von Kaufgelderrestforderungen, sei es selbst durch Gewährung eines Lombarddarlehens; alle diese Geschäfte können die Vereine nach wie vor mit Mitgliedern und Nichtmitgliedern machen. Ausdrücklich sagt das Gesetz: „Darlehnsgewährungen, welche nur die Anlegung von Geldbeständen bezwecken, fallen nicht unter dieses Verbot“.“

Nach der Darstellung, welche das Verbot in der Kommission gefunden hat (vgl. Ber. S. 8 und 9), wird ausgeschlossen sein

„für die Nichtmitglieder die Eröffnung einer laufenden Rechnung mit Kreditbewilligung, die Gewährung eines Darlehns unter den gewöhnlichen Vorschußbedingungen (also z. B. dem Zugeständnisse bei Abschluß des Geschäfts, die Schuld erst nach wiederholten Verlängerungen zurückzahlen zu dürfen), die Diskontirung von Wechseln, im Falle hierunter nur eine Form der Darlehnsgewährung verwirklicht werden soll. Zulässig ist dagegen zur Anlage müßiger Gelder auch bei Nichtmitgliedern die Gewährung eines Darlehns auf bestimmte Frist, ebenso ist die einmalige oder mehrmalige Verlängerung des Darlehens bei seiner Fälligkeit zulässig, sobald wiederum die Voraussetzung der Geldanlage zutrifft; ferner ist zulässig der Erwerb von Kaufgelderrestforderungen (Kaufschillingen, Güterzielern), von Geschäftswechseln und von Wechseln, gezogen von dem Aussteller auf einen Bankier; ausgeschlossen bleiben natürlich die sog Vorschußwechsel. Allerdings ist immer die vorausgehende Bedingung, daß es sich um die Unterbringung flüssiger Kassenbestände handeln muß. Es wird also nicht zulässig sein, z. B. von dem Bankier auf Kredit Geld zu entnehmen, um einem Nichtmitgliede ein Darlehen zu gewähren, das Geld muß vielmehr schon vorher dem Vereine zur Verfügung gestanden haben. Nicht minder wird es als zulässig bezeichnet werden müssen, das Guthaben bei dem Bankier wegzuziehen oder vorräthige Wechsel bei diesem oder bei der Reichsbank zurückzudiskontiren, im Falle sich bei der Darlehnsgewährung an ein Nichtmitglied Gelegenheit zur Erzielung höherer Zinsen bietet. Denn es sind ja auch nur müßige Gelder, welche vorher bei dem Bankier oder durch Diskontirung von Wechseln zinstragend angelegt wurden, und ein Austausch dieser Anlage gegen eine andere erscheint durch das Gesetz nicht als verboten“

Ausgeschlossen von dem Verbot sind auch die Geschäfte, die mit einem ausgeschiedenen Genossen blos zum Zweck der Abwickelung früherer Geschäfte geschlossen werden, da bei ihnen die Absicht fehlt, das Vorschußgeschäft auf Nichtmitglieder auszudehnen (Begr. I 95, II 65.)

Nicht nothwendig ist, daß das Geld baar in der Kasse liegt, denn die

Anlage müßiger Gelder kann auch verändert werden, ohne daß in der neuen Anlage ein Darlehen enthalten ist.

Insoweit Genossenschaften die Vorschußgewährung nicht als alleinigen Zweck betreiben, fallen sie unter dies Verbot mit ihrem auf die Vorschußgewährung gerichteten Geschäftsbetriebe.

d) Ordnungsstrafe.

Nicht verboten ist aber das einzeln gewährte Darlehen, sondern nur eine Darlehnsgewährung an Nichtmitglieder in einem Umfange, daß darin eine Ausdehnung des Geschäftsbetriebes auf andere Personen außer den Mitgliedern zu finden ist.

Die Umstände für eine verbotene Ausdehnung des Geschäftsbetriebes hat der Richter nachzuweisen, und dieser Beweis ist, wie aus dem Vorhergehenden erhellt, so schwierig, daß Dr. Enneccerus sogar meinte, eine Bestrafung werde überhaupt nicht eintreten, weil der Beweis nicht geführt werden könne, außer in dem Falle, daß bei dem allgemeinen Geschäftsgebahren des Vereins stadtkundig gar nicht mehr gefragt werde, ob Jemand Mitglied sei oder nicht. (St. Ber. S. 1040.)

Jedenfalls hat der Richter nachzuweisen

1. daß der Vorstand nicht die Absicht gehabt hat, müßige Gelder anzulegen, sondern die Absicht, ein Darlehn zu gewähren,
2. daß dies so häufig vorgekommen ist, um den Schluß zu rechtfertigen: es liegt in Betreff der Darlehnsgewährung eine Ausdehnung des Geschäftsbetriebes auf Nichtmitglieder vor

Schließlich ist, da es sich um eine Ordnungsstrafe handelt, nicht die Uebertretung des Verbots strafbar, sondern der Richter kann den Vorstand nur anhalten, künftig bei Vermeidung einer Ordnungsstrafe von Zuwiderhandlungen gegen das Verbot abzulassen. Nach § 152 hat das Gericht die Mitglieder des Vorstandes zur Befolgung der im § 8 Abs. 2 enthaltenen Vorschriften durch Ordnungsstrafen anzuhalten. Der Richter hat also zunächst den Beweis der Uebertretung des Verbots für die Androhung der Ordnungsstrafe zu führen und ferner den Beweis, „daß er der Aufforderung des Richters, von ferneren Zuwiderhandlungen gegen das Verbot abzulassen, keine Folge geleistet hat". (Berichterstatter von Rheinbaben in der Sitzung vom 23. März 1889, St. Ber S. 1043 A.)

Darlehnsempfänger ist stets derjenige, welchem von dem Verein das Geld ausgezahlt ist; giebt also der Verein das Geld auf einen Wechsel, der von Mitgliedern und Nichtmitgliedern ausgestellt ist, so ist allein entscheidend, wem von dem Verein thatsächlich das Geld ausgehändigt ist. nur wenn das Nichtmitglied das Geld erhalten hat, kann es überhaupt zu Erwägungen kommen, ob dies Geschäft unter das Verbot des § 8 Abs. 2 fällt. Denn was das Mitglied mit dem Gelde anfängt, geht den Verein nichts an, dieser hat sich auch nicht darum zu bekümmern, ob das Mitglied etwa nur vorgeschoben ist. Auf die Gültigkeit der gegen das Verbot abgeschlossenen Geschäfte ist dasselbe ohne Einfluß, da nicht das einzelne Geschäft, sondern eine Ausdehnung des Geschäftsbetriebes auf Nichtmitglieder verboten ist. (Begr. I 95, II 64.)

7. Zu **Absatz** III. (Ausnahme zu Gunsten der neu beitretenden Genossen.)

Die Ausnahmebestimmung des Abs. 3 ist veranlaßt durch die gesetzliche Regelung des Erwerbs der Mitgliedschaft, nach welcher erst durch die Eintragung in die Mitgliederliste die Mitgliedschaft erworben wird, und durch die Erwägung, daß ohne die hier zugelassene Ausnahme verursachte erhebliche Verzögerung der Auszahlung des Darlehns die Kreditsucher genöthigt werden könnten, eine andere für sie weniger zuträgliche Kreditquelle zu suchen.

Die Darlehnssucher müssen nicht blos die Beitrittserklärung ausgestellt haben, sondern auch von der Genossenschaft zugelassen sein. Es ist nicht nöthig, daß die Zulassung bereits durch Einreichung der Beitrittserklärung seitens des Vorstandes an das Gericht bestätigt ist. Selbstverständlich müssen die statutarischen Bestimmungen über die Aufnahme der sich Meldenden vorher gewahrt sein.

„Die Bestimmung des dritten Absatzes bezieht sich nicht blos auf die Verbotsvorschrift des Abs. 2, sondern auch auf die Nr. 3 des Abs. 1, erübrigt also für solche Geschäfte anderer als Kreditgenossenschaften jede statutarische Festsetzung. Sie hat auch weitergehend für die Besteuerung der Genossenschaften die Folge, daß Geschäfte mit den bezeichneten Personen nicht einen Gewerbebetrieb im Sinne der Steuergesetze begründen.“ (Bes. Begr. I 96, II 65.)

8. Folgen des Verbots für bestehende Kreditgenossenschaften.

Das Verbot kann nur für diejenigen Vorschuß- und Kreditvereine von Bedeutung sein, welche entgegen den Rathschlägen Schulze-Delitzschs die Darlehnsgewährung auch auf Nichtmitglieder ausdehnten.

In den letzten Jahren hat die Zahl derselben zugenommen. Jeder Zusammenbruch eines Vorschußvereins hat, wenn Mitglieder aus der Solidarhaft in Anspruch genommen wurden, in der Regel nicht blos die Umwandlung anderer Vorschußvereine in Aktiengesellschaften, sondern auch für benachbarte Vorschußvereine den Austritt wohlhabender Mitglieder zur Folge gehabt, sowie den Beitritt wohlhabender Personen gehemmt.*) Diese Erfahrung bewog öfters die Leiter von Vereinen, sich die Kundschaft solcher durch die Solidarhaft von der Mitgliedschaft fern gehaltener Personen durch Einführung der Kreditgewährung an Nichtmitglieder zu erhalten oder zu erwerben. Von den Mitgliedern war in blühenden und gut geleiteten Vereinen ein Widerspruch nicht zu besorgen, so lange diese Geschäfte keinen Verlust, sondern Gewinn einbrachten. Dazu kommt noch, daß in Preußen die Heranziehung aller Vorschußvereine zur Gewerbesteuer manchen Verein, der vorher streng an dem Grundsatze, nur mit Mitgliedern Geschäfte zu

*) Vgl. Parisius in Bl.f.G. 1886 Nr. 40 S. 242 und Dr. Schneider, „Verluste und Bankerotte bei den deutschen Volksbanken“ im Arbeiterfreund 23. Jahrg. 1885 S. 167 bis 200.

*machen, festgehalten hatte, veranlaßt hat, von diesem Grundsatze gelegentlich abzuweichen, um die Steuer wieder herauszuschlagen.**)

Meinen nun Vorschußvereine, bei denen die Darlehnsgewährung an Nichtmitglieder einen erheblichen Umfang erreicht hat, auf diesen Geschäftsbetrieb nicht verzichten zu können, so bleibt ihnen nichts übrig, als die außerhalb des Vereins stehenden Kunden zum Beitritt zu veranlassen und, wenn dieselben die Scheu vor der unbeschränkten Haftpflicht abhält, die Umwandlung in eine Genossenschaft mit beschränkter Haftpflicht zu bewirken. Diese kann freilich nicht vor Ablauf von 13 bis 14 Monaten nach dem 1. Oktober 1889, also vor dem November oder Dezember 1890 erfolgen (vgl. § 137), inzwischen kommen aber den Vereinen die Uebergangsbestimmungen des § 157 zu statten, wonach erst mit dem 1. Oktober 1891 das Verbot des § 8 Abs. 2 bei denjenigen Genossenschaften in Kraft tritt deren Statut die Ausdehnung des Geschäftsbetriebs durch Gewährung von Darlehen an Nichtmitglieder gestattet.

Uebrigens haben Vorschuß- und Kreditvereine, die in Zukunft den nicht in Darlehnsgewährungen bestehenden Geschäftsbetrieb auf Nichtmitglieder ausdehnen, also z. B. Ankauf und Verkauf von Effekten und Kaufgelderrestforderungen nicht ausschließlich mit Mitgliedern betreiben wollen, dies nach § 8 Nr. 5 ausdrücklich im Statut auszusprechen.

9. **Absatz** IV: Verbot der Ausdehnung des Geschäftsbetriebs der Konsumvereine auf Nichtmitglieder. — Entstehung der Bestimmung.

Der Abs. 4 ist erst in der dritten Berathung des Reichstags in der Abendsitzung vom 4. April 1889 angenommen: *in juristischer und wirthschaftlicher Hinsicht geradezu eine Ungeheuerlichkeit.*

In der allgemeinen Begründung der Regierungsvorlage (Begr. I 75) heißt es: „Es ist nicht abzusehen, weshalb beispielsweise ein Konsumverein

---

*) Entgegen der Meinung, die 35 Jahre lang alle preußischen Finanzminister unter Zustimmung der Volksvertretung in Auslegung des Gewerbesteuergesetzes vom 30. Mai 1820 festgehalten hatten, sind durch ein von dem Finanzminister v. Scholz „nach vorgängigem Einvernehmen mit dem Minister für Handel und Gewerbe (Fürst Bismarck) und dem Minister des Innern (v. Puttkamer)" erlassenes Ministerialreskript vom 5. August 1885 alle Steuerbehörden angewiesen worden, alle Vorschuß- und Kreditvereine ohne Rücksicht darauf, ob sie den Geschäftsbetrieb auf den Kreis ihrer Mitglieder beschränken oder auch mit Nichtmitgliedern Geschäfte machen, zur Gewerbesteuer zu veranlagen, es sei denn, daß sie den Stammantheilen weder Zinsen noch Dividenden gewähren, keinen Reservefonds ansammeln, Ueberschüsse vielmehr ausschließlich den Kreditnehmern nach Maßgabe der Inanspruchnahme des Kredits zuführen, — eine Voraussetzung, die bisher bei keinem einzigen Vereine zutrifft. Nach demselben Reskript sollen Konsumvereine, welche ein offenes Verkaufslokal, wenn auch nur für die Mitglieder, unterhalten, zur Gewerbesteuer herangezogen werden. Wenngleich dieses Reskript sich mit dem Gewerbesteuergesetz vom 30. Mai 1820 im Widerspruch befindet (vgl. den Aufsatz des Anwalts Schenck S. 54 ff. in Nr. 10 1886 der Bl.f.G.), so bleibt es doch maßgebend, da die Berufung auf richterliches Gehör ausgeschlossen ist, vielmehr der Finanzminister die Beschwerden in letzter Instanz zu entscheiden hat.

mit offenem Laden nicht auch an Personen sollte verkaufen dürfen, welche nicht zur Genossenschaft gehören. . . . Die möglichste Fruktifizirung der vorhandenen Einrichtungen und Vorräthe entspricht dem eigenen Interesse solcher Genossenschaften, ohne daß ein nachtheiliger Einfluß auf die Solidität der Geschäftsführung aus einer derartigen Ausdehnung derselben zu besorgen wäre."

Entgegengesetzte Meinung äußerte bereits bei der ersten Berathung des Gesetzes am 13. Dezember 1888 der Landgerichtsrath Frhr. v. Buol-Berenberg aus Mannheim, Abgeordneter für Tauberbischofsheim-Wertheim. Derselbe beantragte sodann in der Kommission, zwischen Abs. 2 und 3 einzuschieben:

„Konsumvereine dürfen ihre Waaren nur an Mitglieder ablassen"

Hiermit in Zusammenhang standen zwei fernere Anträge zu § 17:

a) Antrag des Abg. v. Buol-Berenberg:

„Einkauf von Lebensbedürfnissen im Großen und Ablaß im Kleinen bezweckende Genossenschaften unterliegen, wenn sie auch an Nichtmitglieder Waaren ablassen, den Vorschriften der Gewerbeordnung".

b) Antrag des Abg. Metzner aus Neustadt O/S, Ageordneter für Lublinitz-Tost-Gleiwitz:

„Die Genossenschaften unterliegen bezüglich ihres Geschäftsbetriebes den Bestimmungen der Gewerbeordnung, sowie der Steuerpflicht nach den für den Landestheil, in welchem die Genossenschaften ihren Sitz haben, geltenden Steuergesetzen".

Der Antrag, betreffend das Verbot an Nichtmitglieder, wurde mit 11 gegen 10 Stimmen abgelehnt. Die beiden andern Anträge wurden gegen 3 bezw. 5 Stimmen abgelehnt, nachdem die Regierungsvertreter sich gegen die Aufnahme solcher in die Gewerbeordnung gehörigen Vorschrift in das Genossenschaftsgesetz nachdrücklich erklärt und auch hervorgehoben hatten, daß der Antragsteller von thatsächlich irrthümlichen Voraussetzungen ausgegangen sei. Sein Antrag bezwecke, gesetzliche Begünstigungen der Konsumvereine auf dem Gebiete der Gewerbepolizei und der Besteuerung zu beseitigen, denen sich der gewöhnliche Kaufmann nicht erfreue. Aber wohl in keinem Bundesstaate seien Konsumvereine, die ihren Geschäftsbetrieb auf Nichtmitglieder ausdehnten, steuerfrei oder von den Vorschriften der Gewerbeordnung ausgenommen. Höchstens könne man von den Genossenschaften, die ihren Betrieb auf den Kreis ihrer Mitglieder beschränken, sagen, daß sie nach jetziger Lage der Gesetzgebung in den größeren Bundesstaaten, wie in Bayern, Württemberg und bezüglich der Kommunalbesteuerung in Preußen, der Steuerpflicht **nicht** unterliegen, in Baden sei das Halten eines offenen Ladens Kriterium der Steuerpflicht u. s. w. (Komm.Ber. S. 13.)

Angenommen wurde dagegen auf Antrag des Landrath Hegel aus Burg, Abg. für Jerichow I und II, folgende Resolution:

„Der Reichstag wolle beschließen: Mit Rücksicht darauf, daß nach den Erklärungen der Herren Vertreter des Bundesraths von den verbündeten Regierungen bereits gesetzgeberische Maßregeln zur wirksameren Bekämpfung der Trunksucht und eine Revision der gewerbepolizeilichen Vorschriften über den Vertrieb von Spirituosen erwogen werden, die verbündeten Regierungen zu ersuchen, bei dieser Gelegenheit auch Maßregeln gegen die Mißbräuche, welche der Vertrieb von Spirituosen durch die Konsumvereine mit sich gebracht hat, vorzuschlagen und die Vorlage des Gesetzentwurfs möglichst zu beschleunigen."

In der zweiten Lesung war von dem Abg. Kulemann wiederum der Antrag eingebracht.

Zur zweiten Berathung im Plenum des Reichstages hat der Amtsrichter Kulemann aus Braunschweig, Abg. für Holzminden-Gandersheim, beantragt, zu § 8 folgenden Abs. 4 anzunehmen:

> „Genossenschaften zum gemeinschaftlichen Einkaufe von Lebensbedürfnissen im Großen und Ablaß im Kleinen dürfen ihre Waaren nur an Personen verkaufen, deren Mitgliedschaft bekannt oder durch eine im Statut bestimmte Legitimation dargethan ist,"

und außerdem in dem § 137 (jetzt 152), welcher von den Ordnungsstrafen handelt, mittelst deren die Vorstandsmitglieder zur Befolgung von Vorschriften des Gesetzes anzuhalten sind, die Beziehung auf § 8 Abs. 4 einzufügen.

Dieser Antrag wurde im Reichstage außer von dem Antragsteller selbst nur durch den Abg. Dr. Miquèl vertreten, alle übrigen Abgeordneten, welche zum Worte kamen — es waren dieses Abgeordnete der Fraktionen der Deutsch-Freisinnigen, der Deutsch-Konservativen, der Reichspartei und des Zentrums —, sowie auch die Vertreter der verbündeten Regierungen sprachen sich gegen den Antrag aus und wiesen dessen Undurchführbarkeit und Unzweckmäßigkeit nach. In Folge dessen wurde der Antrag mit großer Mehrheit abgelehnt.

Der Abg. Kulemann ließ sich durch diesen Mißerfolg nicht abschrecken; er änderte seinen Antrag für § 8 so ab, wie er jetzt als Absatz 4 im Gesetz steht, und brachte ihn mit der erforderlichen Unterstützung zur dritten Berathung ein, zugleich mit dem Antrage, hinter § 145 im Abschnitt von den Strafbestimmungen einen letzten § 145a dahin einzufügen:

> „Personen, welche in Konsumvereinen (§ 1 Ziffer 5) mit dem Verkaufe der Waaren beauftragt sind, werden mit Geldstrafe bis zu 30 Mk. bestraft, wenn sie der Vorschrift des § 8 Absatz 4 zuwider Waaren verkaufen."

Jetzt wurde der Antrag zu § 8 trotz des entschiedenen Widerspruchs des Vertreters der verbündeten Regierungen, Geh. Oberregierungsrathes Dr. Hagens, nach kurzer Debatte bei schwacher Besetzung mit 113 gegen 93 Stimmen angenommen, dahingegen die Strafbestimmung (§ 145a) abgelehnt.*) Die von der Kommission vorgeschlagene Resolution wurde angenommen.

---

*) Zur Erklärung des Vorganges in der Abendsitzung vom 4. April noch einiges Thatsächliche. Bei dem maßgebenden Kompromiß, welches die nationalliberalen, die freikonservativen, die deutschkonservativen und die klerikalen Kommissionsmitglieder zwischen der ersten und zweiten Lesung abschlossen und dessen Ergebniß der gemeinschaftliche Antrag der Abg. Pro-

10. Umfang des Verbots. („Konsumverein" — „im regelmäßigen Geschäftsverkehr.")

Unter das Verbot fallen „Vereine zum gemeinschaftlichen Einkaufe von Lebens- oder Wirthschaftsbedürfnissen im Großen und Ablaß im Kleinen"

---

fessor Dr. v. Cuny, Prof. Dr. Enneccerus, Freiherr v. Huene, Geh. Oberregierungsrath Gamp, Landrath Hegel, Major v. Massow bildete, wurden die gegen die Konsumvereine gerichteten Anträge ausdrücklich ausgenommen und den Mitgliedern der Parteien die Entschließung überlassen. Der für die zweite Berathung im Plenum gestellte Antrag Kulemann fand in der Sitzung vom 23. März nur die Unterstützung des nationalliberalen Redners Oberbürgermeister Dr. Miquèl, während der Bundesrathskommissar, der preußische Geh. Oberregierungsrath Dr. Thiel, und sämmtliche zu Wort gekommenen Redner andrer Parteien sich dagegen erklärten. Von diesen waren aber nur der Landrath Baumbach-Sonneberg und der Graf Mirbach-Sorquitten grundsätzlich Gegner des Antrages. Der Abg. Gamp, vortragender Rath im preußischen Handelsministerium, erklärte sich gegen den Antrag nur deshalb, weil er den beabsichtigten Zweck nicht erreiche; er wollte „die berechtigten Beschwerden gegen die Konsumvereine" dadurch beseitigt wissen, daß die Bestimmung des Nahrungsmittelgesetzes, der Maß- und Gewichtsordnung auf sie angewendet, ihr Branntweinhandel geregelt und ihre Besteuerung überall so wie in Preußen zufolge des Reskripts des preußischen Finanzministers erfolge. Der Abg. v. Buol-Berenberg sprach trotz der von ihm in der Kommission in gleichem Sinne gestellten Anträge sich gegen den Antrag aus, weil er keinesfalls die beabsichtigte Wirkung, sondern eher das Gegentheil erzielen werde. Der Abg. Oberlandesgerichtsrath Klemm-Dresden endlich erklärte, er „empfinde unendliche Sympathien für das, was Kulemann beantrage", allein den Uebelständen, die er mit vollem Rechte bekämpfe, ließe sich auf diesem Wege nicht beikommen.

Die Ablehnung des Antrages Kulemann erfolgte in zweiter Berathung mit ziemlich erheblicher Mehrheit. Die dritte Berathung erfolgte am 4. April in einer Abendsitzung, die zu 8 Uhr angesetzt war und der eine von 11 Uhr 20 bis 4 Uhr 30 dauernde Sitzung voraufgegangen war; die Bänke waren selbst für eine Abendsitzung sehr leer; es war verbreitet, abgesehen von ein paar kleinen, mehr formalen, jedenfalls unbedenklichen Aenderungen (Anträge: Drucksachen Nr. 184 zu § 8 Nr. 3, § 12 Nr. 6 und § 157 Abs. 1 siehe oben Erläuterungen zu § 8) solle nichts geändert werden. Da Anträge in dritter Berathung von 30 Abgeordneten gestellt oder unterstützt sein müssen, hatte sich der Abg. Kulemann für seinen neuen Antrag 55 Unterstützungsunterschriften (22 von nationalliberalen, 17 von klerikalen und je 7 von konservativen und freikonservativen Abgeordneten), darunter die Unterschriften von sieben Kommissionsmitgliedern (3 Nationalliberalen, 3 Freikonservativen, darunter Berichterstatter v. Rheinbaben, und einem Konservativen) verschafft. In der Debatte zum § 8 befürworteten den Antrag außer dem Antragsteller der frühere Berichterstatter Landrath v. Rheinbaben und der Münchener Magistratsrath Maler Biehl, während ihn der Dr. med. Langerhans-Berlin und Graf Mirbach, vor Allem aber mit großer Entschiedenheit der Kommissar des Bundesraths Dr. Hagens bekämpften. Auf Antrag der Abg. Scipio und Freiherr v. Ow wurde die Debatte geschlossen. Die Abstimmung über den Antrag war zweifelhaft. Es fand deshalb Auszählung (Hammelsprung) statt. Nun wurde der Antrag mit 113 gegen 93 Stimmen angenommen. Bei der Auszählung stimmte nur das Büreau öffentlich. Von diesem stimmten Präsident v. Levetzow und die Schriftführer Wichmann und Graf Kleist-Schmeuzin mit Nein, Freiherr von Buol-Berenberg und der Professor Dr. Meyer-Jena mit Ja. Dr. Hagens hatte erklärt, ohne jede Sanktion,

(§ 1 Nr. 5), und nur insoweit, als die hier gekennzeichnete Art des Geschäftsbetriebes in Frage kommt: ein Konsumverein also, der seine eigene Bäckerei hat, der Vieh ausschlachtet, Obst dörrt, Sauerkraut herstellt, Pflaumenmus einkocht, Branntweine destillirt, Aepfelmost oder Wein keltert, jüngere Weine lagert und behandelt, kann die auf diese Weise gewonnenen Waaren auch an Nichtmitglieder verkaufen, denn nur die im Großen angekauften Lebens- und Wirthschaftsbedürfnisse darf er als solche nicht im Kleinen an Nichtmitglieder verkaufen.*)

Endlich darf die Waarenabgabe nicht im „regelmäßigen Geschäftsverkehr" an Nichtmitglieder geschehen. Der Antragsteller hat diesen Ausdruck, wie er sagte, gewählt, um dem Einwand des Vertreters der verbündeten Regierungen in der zweiten Berathung zu begegnen, daß Vereine Waaren, die sie angeschafft haben, schleunigst verkaufen müssen aus Furcht vor Verderb, derartige nothwendige Akte sollten außerhalb des Rahmens der Bestimmung fallen. (St. Ber. S. 1292.) Es ist klar, daß ein solcher Fall nicht unter den regelmäßigen Geschäftsverkehr fällt, aber das Beispiel trägt wenig zur Erklärung des unbestimmten Begriffs bei.

Der Gegensatz von regelmäßigem Geschäftsverkehr ist ein unregelmäßiger Geschäftsverkehr, das ist ein Geschäftsverkehr, welcher von Zeit zu Zeit unterbrochen wird; Jemand führt eine Waare nicht regelmäßig, sagt man, wenn er sie nur zeitweise vorräthig hat. Dies auf Konsumvereine mit Bezug auf das Verbot des Abs. 4 übertragen, ergiebt Folgendes: der Konsumverein kann zu bestimmten Zeiten, z. B. zu Weihnachten, zu Messen, Jahrmärkten Waaren an Nichtmitglieder verkaufen, er kann Waaren, die er durch einen günstigen Gelegenheitskauf in einer das Bedürfniß der Mitglieder übersteigenden Quantität gekauft hat oder die dem Verderben oder dem Wechsel der Mode ausgesetzt sind, an Nichtmitglieder abgeben, er kann auch einzelne Waaren stets an Nichtmitglieder verkaufen, denn wie bei den Vorschußvereinen nicht die einzelne Darlehnsgewährung an Nichtmitglieder verboten ist, so ist auch hier nicht der einzelne Verkauf, sondern die Aus-

---

die nur in einer Strafbestimmung zu suchen sei, werde das Verbot „kaum etwas Anderes als ein Schlag ins Wasser sein". Als nun über die Strafbestimmung verhandelt wurde, sprach er gegen diese, welche für die Konsumvereine Beunruhigung und Beeinträchtigung herbeiführen müsse. Nachdem außer dem Antragsteller Kulemann nur der Abg. Metzner für, die Abg. Enneccerus, Graf Mirbach und Graf Stolberg-Wernigerode gegen die Strafbestimmung gesprochen hatten, wurde diese abgelehnt, indem die Mehrheit ohne Auszählung durch Probe und Gegenprobe festgestellt wurde.

*) Die aufgeführten, im Geschäftsbetriebe der Genossenschaften öfters vorkommenden Beispiele von Produktion in Konsumvereinen lassen sich leicht vermehren. In Neustadt-Magdeburg z. B. wird seit 1886 das amerikanische Schmalz durch einen besonderen Schmalzsieder in eigens dazu erbauter Siederei einer Bearbeitung unterzogen und durch Zusatz von Zwiebeln und Gewürzen schmackhaft gemacht — eine Maßnahme, die den Umsatz dieses Schmalzes von 68000 M. im Jahre 1885 auf 134000 M. im Jahre 1887 erhöhte. Der Verein verkauft nur an Mitglieder, aber dieses Schmalz fiele ohne Zweifel nicht unter das Verbot des § 8. Auch Schönebeck hat eine Schmalzsiederei.

dehnung des *Geschäftsverkehrs*, also der ganzen Geschäftsthätigkeit auf Nichtmitglieder untersagt, und andererseits ist das Verbot enger als bei den Vorschußvereinen: nur der regelmäßige und ordnungsmäßige Geschäftsbetrieb soll nicht auf Nichtmitglieder ausgedehnt werden.*)

Es würde sogar mit dem Wortlaut des Gesetzes sehr wohl vereinbar sein, wenn von vornherein bestimmte Zeiten, bestimmte Waaren für den Geschäftsbetrieb mit Nichtmitgliedern vorgesehen werden, denn *ein* unregelmäßiger Geschäftsverkehr mit Nichtmitgliedern ist nicht verboten, sondern nur im regelmäßigen Geschäftsverkehr sollen Waaren nicht an Nichtmitglieder verkauft werden dürfen.

Das Verbot des Abs. 4 betrifft nicht blos Lebensbedürfnisse, wie der Antrag des Abg. Kulemann in der zweiten Berathung vorschlug, sondern auch Wirthschaftsbedürfnisse. Auch Rohstoffvereine führen Wirthschaftsbedürfnisse, welche in dem Gewerbe der Mitglieder gebraucht werden. Während den Konsumvereinen die Abgabe von Wirthschaftsbedürfnissen „im Kleinen" an Nichtmitglieder nicht gestattet ist, sind die Rohstoffvereine hierzu berechtigt. Das Kriterium wird sein, ob das „Wirthschaftsbedürfniß" für den Privatgebrauch der Wirthschaften oder für das Gewerbe gebraucht wird. Es kommt aber nur auf den Zweck an, zu welchem es im Verein geführt wird, der Lagerhalter ist selbstverständlich weder berechtigt noch verpflichtet zu prüfen welche Verwendung das „Wirthschaftsbedürfniß" bei dem Käufer finden soll. Die ganze Vorschrift ist so unglücklich wie nur möglich. In Betreff der sog landwirthschaftlichen Konsumvereine vgl. oben zu § 1 I c.

11. *Rechtliche Folgen der Uebertretung des Verbots.*

In Folge der Ablehnung einer Strafvorschrift hat das Verbot seine Bedeutung verloren, Vorstands- und Aufsichtsrathsmitglieder würden sich nur der Genossenschaft civilrechtlich verantwortlich machen, wenn diesen ein Schaden dadurch entsteht, daß sie dem Verbot des Abs. 4 zuwiderhandeln. Wird aber an der Baarzahlung festgehalten, so ist nicht abzusehen, wie ein Schaden der Genossenschaft soll entstehen können. Die Ausdehnung an und für sich kann auch kaum je als schadenbringend betrachtet werden.

12. „*Legitimation*".

„Die aufgetauchte Befürchtung, daß Konsumvereine, welche der Bestimmung in § 8 Abs. 4 entgegenhandeln, nach Maßgabe der Vor-

---

*) Unter den nicht regelmäßigen Geschäftsverkehr fallen mancherlei Geschäfte auch in reinen Konsumvereinen. Viele besorgen ihren Mitgliedern auf vorgängige Bestellung den Kohlenbedarf für den Winter, sie sammeln die Bestellungen und nehmen, um das Quantum für die Eisenbahnwagen zu erfüllen, auch Bestellungen von Nichtmitgliedern an. Vielfach kommt es vor, daß der Verein, um den ärmeren Familien zu helfen, den Winterbedarf von Kartoffeln von auswärts besorgt. Man nimmt darauf Bestellungen von Mitgliedern und Nichtmitgliedern an und liefert die Kartoffeln ohne Gewinn. Man will an den armen Leuten „nichts verdienen". Es ist ein Geschäftsverkehr aus Gefälligkeit — Niemand wird darin einen regelmäßigen Geschäftsverkehr finden. Daß Gewährung von Bädern (Konsumv. Burg bei Magdeburg) oder Verpachtung von Gartenparzellen (Konsumv. Altenburg) nicht zum regelmäßigen Geschäftsverkehr gehören, ist ebenfalls zweifellos.

schrift in § 79 des Genossenschaftsgesetzes aufgelöst werden könnten, ist auch nicht begründet; denn nach der Vorschrift in § 79 des Genossenschaftsgesetzes sollen Genossenschaften nur aufgelöst werden können, wenn dieselben sich gesetzwidriger Handlungen schuldig machen, durch welche das Gemeinwohl gefährdet wird, und als eine Gefährdung des Gemeinwohls kann doch nicht angesehen werden, wenn ein Kolonialwaarenhändler dadurch in seinem Geschäftsgewinne beeinträchtigt wird, daß er durch Konkurrenz des Konsumvereins genöthigt wird, seinen Kunden bessere Waaren zu billigerem Preise zu verabfolgen." (Schenck, Bl.f G. 1889 Nr. 20 S. 190.)

Falls die Mitglieder oder deren Vertreter dem Lagerhalter nicht bekannt sind, sollen die Käufer sich als Mitglieder „in der durch das Statut vorgeschriebenen Weise legitimiren". Das Statut braucht aber keine Bestimmung über die Legitimation zu enthalten, dieselbe gehört nicht zu den Essentialien des Statuts (§§ 6 und 7). Eine Prüfung, ob der Vorzeiger der Legitimation auch der eigentlich Berechtigte ist, ist dem Lagerhalter nicht auferlegt worden und kann nicht auferlegt werden, will man nicht den Geschäftsverkehr in unverantwortlicher Weise hemmen.

Uebrigens sind bei den Konsumvereinen, die grundsätzlich nur an Mitglieder verkaufen, bisher schon Mitgliedskarten zur Legitimation gebräuchlich. In der Instruktion für die Lagerhalter, die Dr. Schneider in seinem Taschenbuch vorschlägt (S. 373), heißt es: „Der Lagerhalter darf bei eigner Verantwortlichkeit nur an Mitglieder bezw. deren Haushaltungsangehörige, welche sich durch Vorzeigung der Mitgliedskarte zu legitimiren haben, Waaren verabfolgen." Nach dem Gesellschaftsvertrage des Konsumvereins Neustadt-Magdeburg (§ 28) erhält jedes Mitglied eine seinen Namen und die Nummer seines Abrechnungsbuches tragende Berechtigungskarte, mit der es sich in der Generalversammlung und bei Abforderung von Waaren als Vereinsmitglied ausweist, diese Karte ist nur für dasjenige Jahr gültig, für welches sie abgestempelt ist. — Der Anwalt Schenck hat in dem neuen Statut vorgeschlagen: (§ 72) „Der Lagerhalter ist berechtigt, aber nicht verpflichtet, die Vorlage der Mitgliedskarte zu verlangen." (Bl.f.G. 1889 Nr. 21 S. 207.)

13. Was haben die Konsumvereine wegen Abs. 4 zu thun?

Die meisten deutschen Konsumvereine, namentlich Norddeutschlands, hatten anfänglich in Nachahmung englischer Konsumvereine den Verkauf an Nichtmitglieder zugelassen, haben denselben aber bald wieder abgeschafft und ganz streng den Grundsatz, nur an Mitglieder zu verkaufen, bei sich durchgeführt. Manche Vereine haben sogar in ihren Lagern durch große Plakate den Nichtmitgliedern das Betreten des Verkaufslokales verboten.*) Solche Vereine werden von dem § 8 Abs. 4 nicht berührt.

Daneben aber giebt es eine Anzahl Vereine, namentlich in Süddeutsch-

*) 1880 wurde auf dem Allgemeinen Vereinstage zu Altona beschlossen, den Konsumvereinen zu empfehlen, den Verkauf an Nichtmitglieder nur dann zuzulassen, wenn zwingende äußere Verhältnisse es verlangen.

land, die einen erheblichen Theil ihres Geschäftsverkehrs mit Nichtmitgliedern haben. Diese werden nach dem Inkrafttreten des Gesetzes der Vorschrift des § 8 Abs. 4 wie allen gesetzlichen Vorschriften gerecht werden, auch wenn die Zuwiderhandlungen nicht strafbar sind. Wegen der nach dem bisherigen Gesetz unbeschränkt zulässigen Ausdehnung ihres Geschäftsbetriebes auf Nichtmitglieder waren sie genöthigt, ein bedeutenderes Waarenlager zu halten, mehr Verkaufsartikel zu führen, umfangreichere Lager- und Verkaufsräume zu beschaffen, eine größere Anzahl von Beamten anzustellen, und ein oft recht werthvolles und theures Inventarium zu halten — sie haben zum Zweck ihres Geschäftsbetriebes vielfach Lager- und Verkaufsräume auf längere Zeit gemiethet und sind andere Verpflichtungen auf längere Zeit eingegangen. Von diesen Genossenschaften kann nicht gefordert werden, „daß sie mit einem Schlage mit dem Inkrafttreten des neuen Gesetzes ihren jetzigen Geschäftsbetrieb ändern und alle die dazu nothwendig gewesenen Einrichtungen und Veranstaltungen beseitigen und die eingegangenen Vertragsverhältnisse lösen", es muß ihnen dazu Zeit gelassen werden (Schenck Nr. 21, 1889, Bl.f.G. S. 201 und 202). Sie werden bestrebt sein müssen, möglichst die Kunden, welche bisher nicht Mitglieder waren, zu veranlassen Mitglieder zu werden und für diese die etwaigen Hindernisse fortzuräumen. Konsumvereine, welche das Borgsystem ausschließen, bedürfen zu ihrem Geschäftsbetriebe, bei sonst richtiger Leitung, Kredit und fremdes Kapital gar nicht oder in sehr geringem Maße. Dessenungeachtet mußten sich die Mitglieder bisher der unbeschränkten Solidarhaft unterwerfen. Es ist zweifellos, daß dadurch Mancher von dem Beitritt abgehalten ist — namentlich an Orten, wo er dieselben Waaren aus demselben Konsumvereinsladen zu demselben Preise erhalten konnte, sofern er nur auf den etwa künftig auf die Waarenentnahme zu vertheilenden Gewinn verzichtete. Bei den meisten süddeutschen Konsumvereinen wird Mancher auch dadurch vom Beitritt abgehalten, daß hier jedes Mitglied, das im Konsumvereinsladen mit Anspruch auf Dividende Waaren entnehmen will, sich zunächst gegen baar **Werthmarken** einkaufen und mit diesen, dem sogenannten „Konsumgeld", im Laden bezahlen muß, während Mitglieder, die auf Dividende keinen Anspruch erheben, und alle Nichtmitglieder im Laden baar, „mit Reichsgeld" bezahlen. In Norddeutschland ist diese Einrichtung wohl überall, wo sie bestanden hat, abgeschafft und durch das System der **Dividendenmarken** oder **Gegenmarken** ersetzt, wonach der Lagerhalter den baar bezahlenden Mitgliedern sofort Gegenmarken aushändigt, die den Nachweis des Waareneinkaufs behufs Vertheilung der darnach zu bemessenden Dividende liefern. (Vgl. Einleitung und Erläuterung zu § 19.) Daß diese letztere Einrichtung den Vorzug verdient, wird jetzt auch in den süddeutschen Genossenschaften vielfach anerkannt.*) Das System der Werthmarken nöthigt jedes Mit-

*) Vgl. Dr. Schneider S. 226 und die Aufsätze über Dividendentrennungsfrage im Stuttgarter Spar- und Konsumverein von Nuber und Enslin in Nr. 4, 8, 13 und 14 Bl.f.G. 1888. Der Direktor des Verbandes süddeutscher Konsumvereine Sitzler-München gehört seit Jahren zu den Gegnern des Systems von Werthmarken. Im Stuttgarter Verein

glied im Hause, neben dem Vorrath an baarem Gelde einen Vorrath von „Konsumgeld" zu führen, und hält deshalb vielleicht in gleichem Maße Unbemittelte, wie die unbeschränkte Solidarhaft Bemittelte, vom Beitritt ab.

Die Genossenschaft mit beschränkter Haftpflicht bietet den Konsumvereinen die Möglichkeit, eine Haftbasis zu wählen, welche einerseits für ihre geringen Kreditbedürfnisse ausreicht und andererseits den Mitgliedern die Furcht vor großen Verlusten benimmt. Den Konsumvereinen, die bisher den Geschäftsbetrieb auf Nichtmitglieder ausdehnten, ist daher zu empfehlen, sich schleunig in eine Genossenschaft mit beschränkter Haftpflicht umzuwandeln und außerdem, soweit sie noch das System der Werthmarken haben, dieses aufzugeben und zu dem System der Dividendenmarken überzugehen. Letzteres kann sofort geschehen, während der Umwandlungsbeschluß erst nach dem 1. Oktober gefaßt werden und nicht vor etwa November 1890 vollzogen werden kann. In der Zwischenzeit wird der Verkauf an Nichtmitglieder nach und nach zu beschränken sein. Ist die Umwandlung vollzogen, so ist für die fernere Aufrechthaltung des Waarenverkaufes an Nichtmitglieder kein Grund mehr vorhanden.*)

14. Verhältniß des Absatz 4 zu Absatz 1 Nr. 5.

Konsumvereine dürfen an Nichtmitglieder diejenigen Waaren, in Ansehung derer sie nicht Konsumvereine im Sinne § 1 Ziffer 5 sind, überhaupt und andere Waaren außerhalb des regelmäßigen Geschäftsverkehrs verkaufen. Nach Nr. 5 des ersten Absatzes müssen in das Statut Bestimmungen, nach denen „die Ausdehnung des Geschäftsbetriebs" auf Nichtmitglieder zugelassen wird, angenommen werden. Es fragt sich nur, ob Konsumvereine, welche in einer der beiden vorher bemerkten Richtungen oder in beiden Geschäftsverkehr mit Nichtmitgliedern pflegen oder zu pflegen sich vorbehalten wollen, dies in das Statut hineinzusetzen haben.

Wenn man bei strengerer Auslegung der zweifelhaften Bestimmung diese Frage bejaht, so haben Zuwiderhandlungen keine andere Folge, als daß für etwaigen daraus entstehenden Schaden Vorstand und Aufsichtsrath

---

war von 1887 zu 1888 die Mitgliederzahl von 4144 auf 5028, der Markenverkauf von 1 961 056 auf 2 512 340 gestiegen, der „Silberumsatz" von 254 966 Mk. auf 249 851 Mk. zurückgegangen. Letzteres wird im Rechenschaftsbericht als eine natürliche Folge des starken Zuwachses von Mitgliedern bezeichnet.

*) Mit dem Anwalt Schenck (Bl.f.G. Nr. 21 1880 S. 21) spricht auch der Geschäftsführer des Konsumvereins Neustadt-Magdeburg F. W. Schulze in seiner Festschrift „Die ersten 25 Jahre des Konsumvereins Neustadt" die Hoffnung aus, daß schließlich der § 8 Abs. 4 der Konsumvereinsbewegung förderlich sein, ihr einen neuen Aufschwung geben werde. Der Neustädter Verein hat stets ebenso wie der größte der deutschen Vereine, der Breslauer, mit jetzt 28 059 Mitgliedern und 6 248 041 Mk. Verkaufserlös, — den Grundsatz, nur an Mitglieder zu verkaufen, auf das strengste durchgeführt und erachtet die konsequente Abweisung der Nichtmitglieder für eine der Ursachen seiner jetzigen Größe (5331 Mitglieder, 1 884 788 Mk. im eignen und 459 389 Mk. im Lieferantengeschäft). Nur um die Lagerhalter vor Denunziationen und vor Bestrafungen wegen Steuerhinterziehungen zu schützen, zahlt er seit Jahren alle Staats- und Kommunalsteuern — 1889/90 8790 Mk. ohne Grund- und Gebäudesteuer.

der Genossenschaft verantwortlich sind. Will sich ein Konsumverein auf alle Fälle gegen die Nachrede der Gesetzesverletzung schützen, so mag er eine entsprechende Bestimmung in das Statut setzen, z. B.:

„Im regelmäßigen Geschäftsverkehr werden Waaren nur an Mitglieder und deren Vertreter verkauft. Dem Vorstand und dem Aufsichtsrath bleibt es vorbehalten zu beschließen, ob und von welcher Zeit an die vom Verein selbst oder auf dessen Rechnung zum Verkauf hergestellten Waaren (§ 1 Nr. 4 des Ges.) im regelmäßigen Geschäftsverkehr und andere Waaren (§ 1 Nr. 5 des Ges.) außerhalb des regelmäßigen Geschäftsverkehrs auch an Nichtmitglieder verkauft werden sollen."

§. 9.

Die Genossenschaft muß einen Vorstand und einen Aufsichtsrath haben.

Die Mitglieder des Vorstandes und des Aufsichtsraths müssen Genossen sein. Gehören der Genossenschaft einzelne eingetragene Genossenschaften als Mitglieder an, oder besteht die Genossenschaft ausschließlich aus solchen, so können Mitglieder der letzteren in den Vorstand und den Aufsichtsrath berufen werden.

Ges. von 1868 §§ 3 Ziff. 7, 17, 20, Entw. I u. II, Komm. 9, Rtg. 9. Begr. I 81, 96, II 55, 65.

I. **Zur Geschichte des** § 9.

a) Ueber die Bestimmung im Gesetz von 1868 § 3 Ziffer 7 und die Gründe, weshalb sie in dem entsprechenden § 6 nicht berücksichtigt ist, siehe oben § 6 zur Gesch. a und Erläut. 1.

b) **Zu Abs. I** „Aufsichtsrath".

Nach dem Ges. von 1868 war der Aufsichtsrath kein nothwendiges Organ der Genossenschaft. Er stand darin dem Aufsichtsrath der Aktiengesellschaft des H.G.B. gleich, für die Aktiengesellschaft wurde dies in der Novelle vom 11. Juni 1870 geändert (jetzt Art. 209 f. des Ges. vom 18. Juli 1884). — Schulze-Delitzsch verlangte zuerst in der Novelle 1881 (zu §§ 3 u. 28) einen obligatorischen, aus mindestens drei Personen bestehenden Aufsichtsrath. Derselbe sei bei Genossenschaften geradezu unentbehrlich. Nur eine seit Erlaß der deutschen Konkursordnung nicht mehr nothwendige Rücksichtnahme auf die oft nur aus wenig Mitgliedern bestehenden Produktivgenossenschaften habe früher eine entsprechende Anordnung verhindert (Schulze-Delitzsch, Mater. S. 5, 7, 26).

c) **Abs. II des § 9.** „Genossen" s. unter Erläut. 3.

d) **Mitgliedschaft eingetragener Genossenschaften.**

Das Ges. von 1868 hatte keinerlei Bestimmung darüber, ob Genossenschaften, Handelsgesellschaften, Korporationen u. s. w. Mitglieder eingetragener Genossenschaften werden könnten. „Während der Jahre langen Vorverhandlungen bis zur Publikation des Gesetzes war weder in den Kommissions-

noch in den Plenarsitzungen der drei bei der preußischen und bei der norddeutschen Gesetzgebung betheiligten parlamentarischen Körperschaften der Möglichkeit gedacht, daß die Genossenschaften andere Mitglieder als einzelne Menschen aufnehme" (Parisius S. 269). Allein nach Erlaß des preußischen und noch mehr des deutschen Gesetzes wurden vielfach Handelsgesellschaften und eingetragene Genossenschaften als Mitglieder eingetragener Genossenschaften aufgenommen und von den Registerrichtern unbeanstandet zugelassen. Ueber die Frage, ob dies gesetzlich zulässig sei, waren die Meinungen getheilt. (Vgl. Parisius S. 267—269, Sicherer S. 171.) In Betreff der Mitgliedschaft eingetragener Genossenschaften gaben die Raiffeisenschen Vereine Anlaß zur Erörterung der Frage im Reichstage, in Folge der bereits bei § 7 I b besprochenen Interpellation Schulze-Delitzsch' in der Sitzung vom 19. Januar 1875. Raiffeisen hatte 1872 die „Rheinische landwirthschaftliche Genossenschaftsbank", deren Mitglieder nur eingetragene Genossenschaften (Darlehnskassenvereine) waren, als eingetragene Genossenschaft gegründet. In gleicher Weise entstanden die „Westfälische landwirthschaftliche Bank, Eing. Gen." zu Iserlohn und „Die landwirthschaftliche Zentralkasse für Hessen, Eing. Gen." in Darmstadt, ebenfalls ohne Geschäftsantheile und mit lauter eingetragenen Darlehnskassen als Mitgliedern. Diese drei Banken gründeten dann 1874 die „Deutsche landwirthschaftliche Generalbank, Eing. Gen." zu Neuwied. Letztere hatte nur jene drei Provinzialbanken als Mitglieder, aber einen Vorstand von fünf Personen, die nicht Mitglieder waren. Kein einziger der betheiligten Registerrichter hatte eine Eintragung wegen der mehrfachen groben Verstöße gegen das Gesetz beanstandet. Die Beantwortung von Schulzes Interpellation durch Minister Delbrück veranlaßte den preußischen Justizminister einzuschreiten. Ueber den weiteren Verlauf der Angelegenheit giebt Raiffeisen (Aufl. 5 S. 124 ff.) Aufschluß. Die Generalbank und die drei Provinzialbanken wurden aufgelöst. Die Rheinische Bank entstand später als Aktiengesellschaft unter der Firma „Landwirthschaftliche Zentraldarlehnskasse" in Neuwied

Schulze beantragte nun in der Novelle von 1876 den Zusatz zu § 2: „Als Mitglieder dürfen nur physische Personen aufgenommen werden, welche sich durch Verträge verpflichten können." Er wollte nicht blos Genossenschaften, sondern auch Aktiengesellschaften, offene Handelsgesellschaften, Korporationen u. s. w. von der Mitgliedschaft ausschließen. Die Reichstagskommission von 1877 entschied sich zwar gegen die Zulassung von eingetragenen Genossenschaften, aber trat nicht für die Ausschließung der Handelsgesellschaften ein. Schulze änderte nun in der Novelle von 1877 unter ausdrücklicher Bezugnahme auf die Reichstagskommission und seine eigene abweichende Ansicht seinen Antrag dahin ab: „Eingetragene Genossenschaften können einer andern eingetragenen Genossenschaft nicht beitreten". (Schulze, Mater. S. 17, Herz S. 41 ff.)

Der Entwurf des neuen Gesetzes hat hingegen als Mitglieder der eingetragenen Genossenschaft „Korporationen, Handelsgesellschaften, Genossenschaften oder andere Personenvereine" (§ 41) zugelassen. Im § 9 war als letzter Satz des Abs. 2 vorgeschlagen: „Gehören der Genossenschaft eingetragene Genossenschaften als Mitglieder an, so können Vorstandsmitglieder der letzteren in den Vorstand und den Aufsichtsrath berufen werden." Die Kommission hat diese Bestimmung vervollständigt und verbessert (s. Erläuterungen 4).

II. Erläuterungen zu § 9.

1. **Zum Abs. I** „Vorstand".

Vom Vorstande handeln die §§ 24 bis 33.

2. „Aufsichtsrath".

Vom Aufsichtsrath handeln die §§ 34 bis 39. Bleibt die Genossenschaft länger als drei Monate ohne Aufsichtsrath oder fehlt es ihm an der zur Beschlußfähigkeit erforderlichen Zahl der Mitglieder, so werden die daran schuld sind, bestraft (§ 142). Für die bestehenden Genossenschaften, die keinen Aufsichtsrath haben, ist im § 158 die Uebergangsbestimmung gegeben, wonach sie erst in 6 Monaten seit dem 1. Oktober 1889, also bis 31. März 1890, den Aufsichtsrath in beschlußfähiger Zahl zu beschaffen nöthig haben.

Das Ges. von 1868 fügte bei der ersten Erwähnung des Aufsichtsraths in Klammern die Bezeichnungen „Verwaltungsrath und Ausschuß" hinzu. Das neue Gesetz kennt nur die Bezeichnung „Aufsichtsrath", eine andere ist nicht zulässig.

3. **Absatz II** „müssen Genossen sein".

Im Ges. von 1868 war in den §§ 27 und 28 ausgesprochen, daß der Vorstand „aus der Zahl der Genossenschafter" und der Aufsichtsrath „von den Genossenschaftern aus ihrer Mitte, jedoch mit Ausschluß der Vorstandsmitglieder" gewählt wird. Die Bestimmung des neuen Gesetzes ist folgendermaßen begründet (Begr. II 65, 66):

> „Es erscheint zweckmäßig, im Gegensatze zu Art. 191, 224 des Aktiengesetzes, für den Aufsichtsrath wie für den Vorstand an der Vorschrift des jetzigen Genossenschaftsgesetzes festzuhalten, daß dieselben nur aus Mitgliedern der Genossenschaft bestehen dürfen. Denn die Haftpflicht der letzteren ist ein zu wirksames Moment für das Interesse an der richtigen Leitung der Genossenschaftsgeschäfte, als daß es bei der Zusammensetzung der beiden maßgebenden Organe unberücksichtigt bleiben dürfte.
>
> Es wird übrigens nicht gefordert, daß die in den Vorstand oder Aufsichtsrath Gewählten schon zur Zeit der Wahl Mitglieder der Genossenschaft gewesen sind. Für eine solche Beschränkung, wie sie zum Theil in der Praxis aus der Fassung des früheren § 17 hergeleitet worden ist, fehlt es an einem genügenden Grunde; vielmehr muß es gestattet sein, daß der Beitritt zu der Genossenschaft mit der Annahme der Wahl verbunden wird." . . .

„Der Beitritt" — soll heißen die Beitrittserklärung; die Mitgliedschaft selbst entsteht erst durch die Eintragung in die Liste der Genossen (§ 15).

4. „Beitritt einer Genossenschaft zu einer andern".

Einzelne Genossenschaften können fortan Mitglieder der Genossenschaft sein, auch kann eine Genossenschaft nur aus Genossenschaften bestehen. Diese,

Schulzes Ansichten entgegengesetzten Bestimmungen sind hauptsächlich im Interesse der landwirthschaftlichen Genossenschaften getroffen. „Die landwirthschaftlichen Konsumvereine sind vielfach den Darlehnskassenvereinen als Mitglieder beigetreten, da ihnen Vorschüsse von den letzteren sonst nicht gegeben werden können." Ebenso verfolgen öfters „die Konsumvereine den Plan, sich zu Zentralgenossenschaften behufs leichteren gemeinsamen Bezugs der von den einzelnen Genossenschaften benöthigten Wirthschaftsbedürfnisse zu vereinigen. Nach dem geltenden Gesetz ist die Zulässigkeit der zuerst erwähnten Betheiligungsform, wenn auch nicht unbestritten, doch wohl zu bejahen. Dagegen kann die Bildung einer Genossenschaft ausschließlich aus anderen Genossenschaften nach dem bestehenden Recht nicht als zulässig betrachtet werden, da zu Vorstandsmitgliedern nur physische Personen gewählt werden können und diese selbst Mitglieder der Genossenschaft sein müssen" (Begr. II 55). Die früher gegen den Beitritt einer Genossenschaft zu einer andern aus der Haftung erhobenen Bedenken werden nicht mehr für zutreffend erachtet, einmal wegen der besseren Bestimmungen zur Realisirung der Haftpflicht und sodann, weil die vorzugsweise betheiligten Konsumvereine sich überwiegend der beschränkten Haftpflicht bedienen würden. Die Spezialbestimmung des § 9 über die Zusammensetzung der Organe der Genossenschaften soll die Bildung von Genossenschaften ausschließlich aus Genossenschaften ermöglichen.

Nach der Regierungsvorlage sollten nur Vorstandsmitglieder der Mitglieder-Genossenschaften in den Vorstand und Aufsichtsrath der Genossenschaft berufen werden können, in der Kommission wurde dies Recht auf alle Mitglieder der Genossenschaften übertragen, weil die Vorstandsmitglieder der einzelnen Genossenschaften häufig außerhalb des Sitzes der Zentralgenossenschaft wohnen.

5. Haftpflicht der Mitglieder der Mitglieder-Genossenschaften für die Verbindlichkeiten der Zentralgenossenschaft.

Unwidersprochen wurde in der Kommission konstatirt, daß, wenn seine Genossenschaft mit unbeschränkter Haftpflicht oder unbeschränkter Nachschußpflicht einer anderen eingetragenen Genossenschaft als Mitglied angehöre, die letztere für die Schulden der Hauptgenossenschaft mit ihrem ganzen Vermögen d. h. mit Allem, was sie habe, ebenso herangezogen werden könne, wie jedes andere Mitglied der Hauptgenossenschaft, und daß, falls das vorhandene Vermögen der Untergenossenschaft hierzu nicht ausreiche, auch die Mitglieder derselben für den Fehlbetrag in der gleichen Weise in Anspruch zu nehmen seien, wie für andere Verbindlichkeiten der Untergenossenschaft. Es setze dies also voraus, daß über das Vermögen der letzteren der Konkurs eröffnet werde. (Komm.Ber. S. 5.)

6. Vertretung der Mitglieder-Genossenschaften in der Zentralgenossenschaft.

Die Untergenossenschaften üben ihre Mitgliedschaftsrechte in der Generalversammlung durch vom Vorstand ernannte Bevollmächtigte aus (§ 40 Abs. 4).

§. 10.

Das Statut sowie die Mitglieder des Vorstandes sind in das Genossenschaftsregister bei dem Gerichte einzutragen, in dessen Bezirke die Genossenschaft ihren Sitz hat.

Das Genossenschaftsregister wird bei dem zur Führung des Handelsregisters zuständigen Gerichte geführt.

Ges. v. 1868 §§ 4 und 18, Entw. I und II, Komm. 10, Rtg. 10. Vgl. Begr. I 97, 98, II 66 und 67. — Bekanntmachung, betreffend die Führung des Genossenschaftsregisters und die Anmeldungen zu demselben. Vom 11. Juli 1889 (S. 150 bis 167 der Nr. 15 des R.G.B., ausgegeben zu Berlin 22. Juli 1889).

I. Zur Geschichte des § 10.

Der Regierungsentwurf zum preußischen Genossenschaftsgesetze hatte eine Bestimmung, wonach ein Antrag auf Anerkennung der Genossenschaft vom Vorstande an den Oberpräsidenten der Provinz unter Beifügung des Gesellschaftsvertrages und eines Verzeichnisses der Genossenschafter zu richten sei und der Oberpräsident die Anerkennung durch Attest aussprechen sollte. Eine gleiche Genehmigung sollte die Bedingung der Gültigkeit eines jeden den Gesellschaftsvertrag abändernden Beschlusses sein.

Um diesen Punkt und die damit zusammenhängenden Bestimmungen über anderweitige amtliche Einwirkung drehten sich die erheblichsten Differenzen zwischen der Kommission des Abgeordnetenhauses und dem Ministerium. Nachdem im Abgeordnetenhause das von den Genossenschaften in vielen Petitionen als völlig unannehmbar bezeichnete Anerkennungsrecht des Oberpräsidenten fast einstimmig abgelehnt war, erklärte der Handelsminister in der Kommission des Herrenhauses, gegen den Fortfall dieses Anerkennungsrechts keine Schwierigkeiten erheben zu wollen, da die Einmischung des Staats in gewerbliche Unternehmungen allerdings mit manchen Bedenken verbunden sei und die Genossenschaften ohnehin auch bei Versagung der Anerkennung durch den Oberpräsidenten fortbestehen und nur der Vortheile des neuen Gesetzes entbehren würden. (Vgl. Parisius S. 205.)

Das preußische Gesetz bestimmte sodann nur in § 4:

> „Der Gesellschaftsvertrag muß bei dem Handelsgerichte (Art. 73 des Einführungsgesetzes zum Allgemeinen deutschen Handelsgesetzbuche vom 24. Juni 1861), in dessen Bezirk die Genossenschaft ihren Sitz hat, in das Genossenschaftsregister, welches einen Theil des Handelsregisters bildet, eingetragen und im Auszuge veröffentlicht werden."

Im § 4 des Ges. von 1868 wurde der Hinweis auf das preußische Einführungsgesetz zum Allgemeinen deutschen H.G.B. gestrichen, aber hinzugefügt, daß mit der Anmeldung der Genossenschaft das Mitgliederverzeichniß zu überreichen ist, und da in Schaumburg-Lippe und Lauenburg das Allgemeine deutsche H.G.B. noch nicht eingeführt war, wurden die

Worte eingeschoben „wo ein Handelsregister existirt". § 4 des Ges. von 1868 lautet:

„Der Gesellschaftsvertrag muß bei dem Handelsgerichte, in dessen Bezirk die Genossenschaft ihren Sitz hat, nebst dem Mitgliederverzeichnisse durch den Vorstand eingereicht, vom Gerichte in das Genossenschaftsregister, welches, wo ein Handelsregister existirt, einen Theil von diesem bildet, eingetragen und im Auszuge veröffentlicht werden."

Das Genossenschaftsregister sollte also einen Theil des Handelsregisters bilden.

Durch das Ges. vom 5. Juni 1869, welches das Allgemeine deutsche H.G.B. zum Bundesgesetz erklärte, ist dasselbe mit dem 2. Januar 1876 auch in Schaumburg-Lippe eingeführt, nachdem es im Herzogthum Lauenburg bereits seit dem 1. Januar 1869 zufolge Ges vom 2. Oktober 1868 in Gültigkeit getreten war. Damit verlor der Zwischensatz „wo ein Handelsregister existirt" (und ebenso § 8 des Ges. von 1868) jede Bedeutung.

Die Vorschrift, daß das Genossenschaftsregister einen Theil des Handelsregisters bilden soll, wurde in den Ausführungsverordnungen der einzelnen Bundesstaaten vielfach nicht beachtet.

Als Theil des Handelsregisters ist das Genossenschaftsregister geführt in Bayern (Bekanntmachung des Staatsministeriums der Justiz vom 27. August 1873 § 1), Sachsen (Verordnung vom 23. Juli 1868 § 17), Württemberg (Verfügung des Justizministers vom 28 Januar 1873 § 3), Baden (Verordnung vom 4. Mai 1870 § 1), Hessen (Instruktion des Justizministers vom 20. Mai 1870 § 1), Braunschweig (Ausführungsverordnung vom 15 Januar 1869 § 7), Sachsen-Meiningen (Ausführungsverordnung vom 17. Dezember 1868 Art. 5), Anhalt (Ausführungsverordnung vom 17. Oktober 1868 § 2), Lippe (Verordnung vom 23. Dezember 1868 § 2), Elsaß-Lothringen (Instruktion vom 28. September 1873 § 1). Die übrigen Verordnungen ließen es zum Theil unbestimmt, ob das Genossenschaftsregister ein Theil des Handelsregisters sein sollte, oder richteten zum Theil — entgegen dem § 4 des Gesetzes — ganz selbstständige Genossenschaftsregister ein, wie z. B. für Preußen die Instruktion des Justizministers vom 17. Dezember 1868 § 18.

Die Trennung des Genossenschaftsregisters vom Handelsregister hatte denn auch weitere gesetzwidrige Bestimmungen zur Folge, wie z. B. die Führung der Genossenschaftsregister durch andere Beamte als die mit der Führung der Handelsregister betrauten, Veröffentlichung der Eintragungen in andern Blättern als in den für die Eintragungen in das Handelsregister bestimmten (§§ 6 und 2 der preußischen Instruktion vom 17. Dezember 1868).

Was daraus, daß das Genossenschaftsregister ein Theil des Handelsregisters sein sollte, folgte, ergiebt folgende Darstellung (Parisius S. 214):

„I. Alle Bestimmungen des Allgemeinen deutschen Handelsgesetzbuchs über das Handelsregister und dessen Führung galten auch für das Genossenschaftsregister und konnten von den Landesregierungen nicht durch Ausführungsverordnungen abgeändert werden. Dahin gehören insbesondere die Bestimmungen der Artikel 12 bis 14 des H.G.B. Nach diesen ist das Handelsregister öffentlich. Jeder ist berechtigt, es während der gewöhnlichen Dienststunden einzusehen; Jeder ist berechtigt, gegen Erlegung der Kosten von den Eintragungen eine einfache oder beglaubigte Abschrift zu fordern; das Handelsgericht hat die Eintragungen durch eine oder mehrere Anzeigen in öffentlichen Blättern ohne Verzug bekannt zu machen; das Handelsgericht hat alljährlich im Monat Dezember die öffentlichen Blätter zu bestimmen, in welchen im Laufe des nächsten Jahres die Bekanntmachungen erfolgen sollen u. s. w.

II. Auch die sämmtlichen in den Einführungsgesetzen und Ausführungsvorschriften zum Handelsgesetzbuche für das Handelsregister erlassenen Verfügungen gelten für das Genossenschaftsregister, soweit sie auf das letztere anwendbar und nicht durch das Genossenschaftsgesetz und die Ausführungsverordnungen zu demselben ausgeschlossen sind; es ist nicht nöthig, daß dies in den Ausführungsverordnungen ausdrücklich vorgeschrieben ist.

III. Weder durch Verordnungen der Landesregierungen, noch durch Landesgesetze dürfen innerhalb desjenigen Spielraumes, den das Handelsgesetzbuch und das Genossenschaftsgesetz für die Gesetzgebung und Verwaltung der Einzelstaaten in Ansehung des Genossenschaftsregisters gelassen haben, Anordnungen getroffen werden, welche die Eigenschaft des Genossenschaftsregisters als eines Theils des Handelsregisters irgendwie alteriren.

Zum Handelsregister gehören „nicht blos die tabellarischen, vom Gericht bewirkten Aufzeichnungen, sondern auch die Unterlagen und Belege dieser Aufzeichnungen, sowie diejenigen Dokumente, deren Errichtung vor dem Handelsgericht bezw. Einreichung an dasselbe im Interesse der Publizität vorgeschrieben ist, insbesondere die eigenhändige Zeichnung der Firma durch den Prinzipal, den Prokuristen" (die Genossenschaftsvorsteher und deren Stellvertreter), die Liquidatoren. Gewöhnlich werden diese Dokumente einen Theil der als Unterlagen und Belege der Eintragungen erscheinenden schriftlichen Anmeldungen oder der über die mündlichen Anmeldungen aufgenommenen Protokolle bilden. Sie können aber auch als besondere Schriftstücke vorkommen." (v. Hahn a. a. O. S. 74.)

In Zukunft bildet das Genossenschaftsregister **nicht** mehr einen Theil des Handelsregisters, sondern wird von dem zur Führung des letzteren zuständigen Gerichte als ein selbstständiges Register geführt (§ 1 A.V. und § 171 Abs. 1 des Ges.).

In Betreff der angelegten Register bestimmt § 2 A.V.:

> „Die in Gemäßheit des Gesetzes vom 4. Juli 1868 (Bundes-Gesetzbl. S. 415) angelegten Register gelten als Genossenschaftsregister im Sinne des neuen Gesetzes und dieser Bestimmungen.
>
> Wo bisher die dem Gesetze vom 4. Juli 1868 unterstehenden Genossenschaften nicht in eine besondere, als Genossenschaftsregister dienende Abtheilung des Handelsregisters, sondern zusammen mit den Handelsgesellschaften in das letztere eingetragen sind, ist ein besonderes Genossenschaftsregister anzulegen. In dasselbe sind aus dem Handelsregister die auf die vorgedachten Genossenschaften bezüglichen Eintragungen, soweit sie noch Geltung haben, von Amts-

wegen zu übertragen; hierbei ist die erfolgte Uebertragung aus dem Handelsregister zu vermerken."

Geführt werden die Genossenschaftsregister nach dem in den einzelnen Bundesstaaten vorgeschriebenen Formular (§ 12 A.V.); nur für die Führung der Liste der Genossen giebt A.V. ein Formular (§ 24).

In den Begr. I 97, II 66 heißt es:

„Materiell steht der Entwurf auf dem gleichen Standpunkt (— wie das Gesetz von 1868 —). Es ergiebt sich daraus allerdings der Mißstand, daß in den einzelnen Bundesstaaten abweichende Bestimmungen zur Anwendung kommen. Denn nach den Ausführungsgesetzen zum Handelsgesetzbuch und theilweise jetzt zu den Reichsjustizgesetzen ist der Rechtszustand in Betreff des Handelsregisters, namentlich was die zur Führung desselben zuständigen Gerichte,*) das Verfahren, die Rechtsmittel und die Verhängung der Ordnungsstrafen betrifft, in den einzelnen Bundesstaaten recht verschiedenartig gestaltet. Der Entwurf muß jedoch darauf verzichten, eine einheitliche Gestaltung in Betreff des Genossenschaftsregisters allein herbeizuführen. Bei den wesentlich gleichen Gesichtspunkten, welche für die Kompetenz und das Verfahren rücksichtlich der beiden Register in Betracht kommen, würde eine sachlich abweichende Regelung in Betreff derselben größere Mißstände nach sich ziehen, als sie in der örtlichen Rechtsverschiedenheit liegen. Die letztere zu beseitigen, muß der künftigen Revision des Handelsgesetzbuchs vorbehalten bleiben."

„Hierdurch wird nicht ausgeschlossen, daß wenigstens hinsichtlich der äußeren Einrichtung und Führung des Registers und seiner Anlagen einheitliche Bestimmungen getroffen werden. Dies ist um so mehr ein Bedürfniß, als der Inhalt der von dem Registergericht zu führenden Mitgliederliste nach dem Entwurf eine wesentlich andere Bedeutung erhält, als nach dem bisherigen Recht. Der § 171 sieht deshalb den Erlaß von Ausführungsbestimmungen hierüber durch den Bundesrath vor.

Schon mit Rücksicht hierauf erscheint es unthunlich, das Genossenschaftsregister mit dem bisherigen Gesetze schlechthin zum Theil des Handelsregisters zu erklären. Ohnehin hat die Tragweite dieser Bestimmung in einzelnen Beziehungen zu Zweifeln Anlaß gegeben, und

---

*) „In Bayern, Elsaß-Lothringen, Hamburg, Bremen, Lübeck und Koburg wird das Handels- und Genossenschaftsregister bei den Kammern für Handelssachen oder den Zivilkammern der Landgerichte geführt; in allen andern Bundesstaaten bei den Amtsgerichten" (Anmerkung der Begr. I 97, II 66). Auf dem Verbandstage des bayerischen Genossenschaftsverbandes am 6. Juli 1889 wurde allgemein „der Wunsch ausgesprochen, daß auch in Bayern die Registerführung den Amtsgerichten übertragen werde, und demgemäß die Verbandsleitung ersucht, für Verwirklichung des Wunsches einzutreten, — da die Landgerichtssitze vom Wohnorte der Betheiligten mitunter weit entfernt sind". (Bl.f.G. 1889 Nr. 31 S. 292.)

es empfiehlt sich daher, statt jener allgemeinen Vorschrift die einzelnen Materien, in welchen die für das Handelsregister reichs- und landesrechtlich geltenden Grundsätze auf das Genossenschaftsregister Anwendung finden sollen, zu bezeichnen. In Betreff der Gerichtszuständigkeit geschieht dies zum Verständnisse des Gesetzes schon an dieser Stelle; die übrigen Vorschriften sind in den Schlußbestimmungen (§§ 147 bis 152) getroffen."

II. Erläuterungen. Abs. I.

1. Das Genossenschaftsregister.

Das Genossenschaftsregister ist nur formell von dem Handelsregister getrennt, materiell gelten für beide wesentlich die gleichen Grundsätze. In § 147 sind die Art. 11—14 H.G.B. ausdrücklich auf das Genossenschaftsregister für anwendbar erklärt, und in § 3 A.V. ist in Abs. 2 noch besonders für Ertheilung von Abschriften u. s. w. aus dem Register und der Liste, in Betreff der Bekanntmachungen, der Bestimmung der öffentlichen Blätter die entsprechende Anwendung der auf das Handelsregister bezüglichen Vorschriften der Artikel 12 bis 14 des H.G.B. und der zu denselben in den einzelnen Bundesstaaten ergangenen Ausführungsbestimmungen ausgesprochen, soweit nicht in dem Gesetze oder der Bekanntmachung etwas Anderes verordnet ist. Die Führung liegt dem mit der Führung des Handelsregisters betrauten Gericht ob (§ 1 A.V.).

Das Genossenschaftsregister ist öffentlich.

Eine besondere Beilage zum Genossenschaftsregister bildet die Liste der Genossen (§ 24 Abs. 1 A.V.), welche gleichfalls öffentlich ist (Gesetz §§ 12 Abs. 3 und 147; A.V. § 3).

In Betreff der Rechtsmittel gegen ablehnende Entscheidung über Anträge auf Eintragung vgl. § 150.

2. Abschriften aus den Eintragungen in das Genossenschaftsregister.

Ueber die Ertheilung von Abschriften aus den Eintragungen in das Genossenschaftsregister und der Anlagen desselben s. § 12 und Erläuterungen 4.

3. Veröffentlichung der Eintragungen.

Ueber Veröffentlichung der Eintragungen s. § 12 und Erläuterung 1.

4. Eintragung des Statuts und Prüfungsrecht des Richters.

„Vor der Eintragung des Statuts einer Genossenschaft (Gesetz §§ 10 bis 12) hat das Gericht zu prüfen, ob das Statut den gesetzlichen Vorschriften entspricht, insbesondere ob die in demselben bezeichneten Zwecke der Genossenschaft mit den Bestimmungen im § 1 des Gesetzes im Einklang stehen" (§ 15 Abs. 1 A.V.). Der Richter hat hiernach die einzelnen Bestimmungen des Statuts daraufhin zu prüfen, ob sie mit dem Gesetze in Uebereinstimmung stehen, er hat aber nicht zu prüfen, ob dieselben zweckmäßig sind.

Das Statut ist in das Register nur im Auszuge einzutragen, und zwar sind die im § 12 Abs. 2 und 4 bezeichneten Angaben, bei Genossenschaften mit beschränkter Haftpflicht außerdem die Höhe der Haftsumme und im Falle des § 128 des Ges. die höchste Zahl der Geschäftsantheile, auf welche ein Genosse betheiligt sein kann, einzutragen (§ 15 Abs. 2 A.V.).

5. Eintragung der Vorstandsmitglieder.

In Betreff der Eintragung der Vorstandsmitglieder bestimmt § 19 A.V.:

„Die Anmeldung und Eintragung der Vorstandsmitglieder (Gesetz § 10 Abs. 1, § 28) hat mit dem Beginn ihres Amtes zu erfolgen. Dasselbe gilt für den Fall der Wiederwahl bisheriger Vorstandsmitglieder und für den Fall der Bestellung von Stellvertretern behinderter Vorstandsmitglieder (Gesetz § 33).

Imgleichen ist die Beendigung der Vollmacht von Vorstandsmitgliedern alsbald nach dem Ausscheiden derselben aus dem Vorstande anzumelden und einzutragen. Als Beendigung der Vollmacht gilt auch eine vorläufige Enthebung durch den Aufsichtsrath (Gesetz § 38).

Eine Beschränkung der Vertretungsbefugniß des Vorstandes kann nicht eingetragen werden."

6. Sitz der Genossenschaft.

Der Sitz der Genossenschaft ist nach § 19 C.P.O. der Ort, wo die Verwaltung geführt wird.

§. 11.

Die Anmeldung behufs der Eintragung liegt dem Vorstande ob.

Der Anmeldung sind beizufügen:

1. das Statut, welches von den Genossen unterzeichnet sein muß, und eine Abschrift desselben;
2. eine Liste der Genossen;
3. eine Abschrift der Urkunden über die Bestellung des Vorstandes und des Aufsichtsraths.

Die Mitglieder des Vorstandes haben zugleich ihre Unterschrift vor dem Gerichte zu zeichnen oder die Zeichnung in beglaubigter Form einzureichen.

Die Abschrift des Statuts wird von dem Gerichte beglaubigt und, mit der Bescheinigung der erfolgten Eintragung versehen, zurückgegeben. Die übrigen Schriftstücke werden bei dem Gerichte aufbewahrt.

Ges. von 1868 §§ 4 und 18, Entw. I und II, Komm. 11, Rtg 11, A.V. §§ 6, 8, 15, 19. Vgl. Begr. I 98, II 66.

I. Zur Geschichte des § 11.

Die entsprechenden alten Bestimmungen befinden sich in §§ 4 und 18 des Ges. von 1868 und der Instruktion des preuß. Justizminsters vom 17. Dezember 1868 § 22.

II. Erläuterungen zu § 11.

1. **Abs. I bis III.** Form der Anmeldung.

Die Anmeldung ist durch sämmtliche Mitglieder des Vorstandes persönlich zu bewirken oder in beglaubigter Form einzureichen (§ 148 Abs. 1; A.V. § 6). Für die beglaubigte Form der Einreichung genügt die Beglaubigung der Unterschriften. „Die Beglaubigung der Unterschriften kann außer durch das Gericht oder einen Notar auch durch den Gemeindevorsteher oder die Polizeibehörde erfolgen. Einer Zuziehung von Zeugen bedarf es nicht". (A.V. § 8.) Diese Bestimmung ist eine wesentliche Erleichterung für die Genossenschaften (vgl. Erläut. zu § 148), da in Preußen (Min.-Instr. § 3) und in vielen andern Staaten unter beglaubigter Form die gerichtliche oder notarielle zu verstehen war.

Das Ges. von 1868 ließ über die Unterschiede von Anmeldung und Einreichung Zweifel zu (vgl. Parisius 210 bis 213). Für das neue Gesetz entscheidet § 148.

Ueber Anmeldungen zu dem Gericht der Zweigniederlassung s. § 14.

2. **Abs. II Nr. 1.** „Das Statut".

Bis zur Anmeldung des Statuts zur Eintragung wird die Mitgliedschaft durch Unterzeichnung des Statuts erworben, nach diesem Zeitpunkt kommen die Vorschriften in § 15 zur Anwendung. Das Statut ist im Original und in einer einfachen nicht beglaubigten Abschrift (Komm.Ber. S. 14) einzureichen, das Original bleibt bei dem Genossenschaftsregister und gehört zu den Akten, die über jede Genossenschaft angelegt werden. Im Register ist auf die Stelle der Akten zu verweisen (A.V. §§ 13 bis 15). Die Abschrift wird beglaubigt zurückgegeben und dient als authentisches Exemplar. Nach §§ 66 und 4 des Ges. von 1868 konnte der Vorstand durch Ordnungsstrafen zur Anmeldung des Statuts angehalten werden: vorausgesetzt war natürlich, daß die Genossenschaft ihre Eintragung beschlossen hatte; das Gesetz giebt für diesen Fall keine Zwangsmaßregel.

3. **Abs. II Nr. 2.** „Liste der Genossen".

In der einzureichenden Mitgliederliste sind nur diejenigen Genossen aufzuführen, welche das Statut unterzeichnet haben, denn wer das Statut nicht unterschrieben hat, kann die Mitgliedschaft nur in den Formen des § 15 erwerben. Alphabetische Ordnung ist nicht vorgeschrieben. Die Liste wird alsdann vom Gericht nach dem der Ausführungsverordnung beigefügten Formulare fortgesetzt. (A.V. Absch. III §§ 24 bis 39.) Die Liste der Genossen bildet eine besondere Beilage zum Genossenschaftsregister, ist ein Theil des Genossenschaftsregisters, ist öffentlich und kann Jeder dieselbe während der Geschäftsstunden einsehen (§§ 12 Abs. 3, 147; H.G.B. Art. 12 Abs. 2; A.V. § 3).

4. **Abs. II Nr. 3.** „Bestellung des Vorstandes und des Aufsichtsrathes".

Die Originalurkunden werden regelmäßig aus den in das Protokollbuch eingetragenen Wahlprotokollen bestehen. Es ist eine einfache Abschrift einzureichen. Die Einreichung unrichtiger Abschriften unterliegt der Strafvorschrift des § 141.

Während in Betreff des Vorstandes auch jede Veränderung in dem Personalbestande anzumelden ist, ist von dem Aufsichtsrath nur Abschrift der ersten Bestallungsurkunde dem Gericht zu geben. Es dient dies zur Kontrole, daß ein Aufsichtsrath bestellt ist. (Vgl. die Strafvorschrift in § 142.)

5. **Abs. III.** „Unterschrift".

Unterschrift ist die Zeichnung des Namens, die Firma braucht von ihnen nicht besonders gezeichnet zu werden, denn dieselbe ist im Statut vorgeschrieben und wird regelmäßig auch blos vermittelst eines Stempels unter die Urkunden gesetzt. Worauf es ankommt, sind allein die Unterschriften (vgl. § 28).

6. **Abs. IV.** Durch die meisten Ausführungsverordnungen war bereits das Verfahren dahin geordnet, daß das Statut in Urschrift mit einer Abschrift eingereicht und die Abschrift mit einer Bescheinigung zurückgegeben werde. Von der Eintragung bezw. der Ablehnung einer beantragten Eintragung ist der Vorstand zu benachrichtigen (§ 9 A.V.).

§. 12.

Das eingetragene Statut ist von dem Gerichte im Auszuge zu veröffentlichen.

Die Veröffentlichung muß enthalten:

1. das Datum des Statuts;
2. die Firma und den Sitz der Genossenschaft;
3. den Gegenstand des Unternehmens;
4. die Form, in welcher die von der Genossenschaft ausgehenden Bekanntmachungen erfolgen, sowie die öffentlichen Blätter, in welche dieselben aufzunehmen sind;
5. die Zeitdauer der Genossenschaft, falls dieselbe auf eine bestimmte Zeit beschränkt ist;
6. das Geschäftsjahr, falls es, abgesehen von dem ersten, auf ein mit dem Kalenderjahre nicht zusammenfallendes Jahr oder auf eine kürzere Dauer, als auf ein Jahr, bemessen ist;
7. die Namen und den Wohnort der Mitglieder des Vorstandes.

Zugleich ist bekannt zu machen, daß die Einsicht der Liste der Genossen während der Dienststunden des Gerichts jedem gestattet ist.

Ist in dem Statut bestimmt, in welcher Form der Vorstand seine Willenserklärungen kundgiebt und für die Genossenschaft zeichnet, so ist auch diese Bestimmung zu veröffentlichen.

Ges. von 1868 § 4, Entw. I u. II, Komm 1, Rtg. II u. Rtg. III, 12. St. Ber.: 3. Berathung 4. April 1889 S. 1201; A.V. §§ 4, 5.

I. **Zur Geschichte des** § 12.

Der § 12 ist mit wenigen Aenderungen übereinstimmend mit § 4 Abs. 2, 3 u. 4 des bisherigen Gesetzes, nur ist in dritter Berathung des Reichstags der Satz in Ziffer 6 eingeschoben. (Vgl. § 8 Ziff. 3 und Erläuterungen dazu.)

II. **Erläuterungen zu** § 12.

1. **Abs.** I „ist zu veröffentlichen".

Die Veröffentlichungen haben zu erfolgen:

a) durch den Deutschen Reichsanzeiger,

b) durch die vom Registergericht bestimmten Blätter, für kleinere Genossenschaften nur durch ein Blatt (§ 147, A.V. § 5).

Nach dem zur Anwendung kommenden Art. 14 H.G.B. hat jedes Handelsgericht für seinen Bezirk alljährlich im Monat Dezember die öffentlichen Blätter zu bestimmen, in welchen im Laufe des nachfolgenden Jahres die Bekanntmachungen erfolgen sollen. „Der Beschluß ist in einem oder mehreren öffentlichen Blättern bekannt zu machen. Wenn eins der bestimmten Blätter im Laufe des Jahres zu erscheinen aufhört, so hat das Gericht ein anderes Blatt an dessen Stelle zu bestimmen und öffentlich bekannt zu machen. Inwiefern die Gerichte bei der Wahl der zu bestimmenden Blätter an Weisungen höherer Behörden gebunden sind, ist nach den Landesgesetzen zu beurtheilen." —

Im Anschluß an diese Vorschriften des H.G.B. ist in der A.V. vom 11. Juli 1889 § 3 bestimmt, daß in Betreff der Bekanntmachung der Eintragungen in das Register und in Betreff der Bestimmung der öffentlichen Blätter, in welchen die Bekanntmachungen erfolgen, soweit nicht in dem Gesetze oder den Ausführungsbestimmungen etwas Anderes verordnet ist, außer den Vorschriften der Art. 12 bis 14 H.G.B. „die zu denselben in den einzelnen Bundesstaaten ergangenen Ausführungsbestimmungen entsprechende Anwendung finden".

§ 5 endlich der A.V. bestimmt, daß für die Bekanntmachungen aus dem Genossenschaftsregister andere als die für die Bekanntmachungen aus dem Handelsregister dienenden Blätter bestimmt werden können, daß die Bekanntmachungen im Reichsanzeiger in einem bestimmten Theile desselben zusammenzustellen sind, daß bei der Veröffentlichung der bestimmten Blätter im Dezember dasjenige Blatt besonders zu bezeichnen ist, in welchem außer dem Reichsanzeiger die Bekanntmachungen für kleinere Genossenschaften erfolgen sollen, daß bei der Auswahl dieses Blattes hauptsächlich auf seine Verbreitung im Gerichtsbezirke Gewicht zu legen ist und daß bei der Entscheidung, ob eine Genossenschaft zu den kleineren zu rechnen sei, die Zahl der Mitglieder, die Größe des Genossenschaftsvermögens, die Art und der Umfang des Geschäftsbetriebes zu berücksichtigen ist. —

Die Veröffentlichung aller amtlichen Bekanntmachungen stets auch durch den Deutschen Reichsanzeiger ist in Anlehnung an die entsprechenden Vorschriften der Gesetze über den Schutz der Handelsmarken und der Muster und Modelle bestimmt. (Vgl. Parisius S. 218, wo die Vereinigung der sämmtlichen Bekanntmachungen aus dem Genossenschaftsregister in dem Reichsanzeiger als dem geeignetsten Zentralorgan befürwortet ist.)

2. „Auszug".

Ein „Auszug" der Eintragung ist zu veröffentlichen. Bei den begründeten Beschwerden eingetragener Genossenschaften über unnütze Steigerung der Insertionskosten ist auf eine für Aktiengesellschaften gemachte Bemerkung in Anschütz und Völderndorff II S. 485 hinzuweisen: Den Auszug fertigt der Handelsrichter an, allein es ist dabei nicht ausgeschlossen, daß die Parteien denselben bereits bei der Anmeldung formgerecht einreichen. Durch einen Auszugsentwurf mit knapper Wortfassung könnten Genossenschaften erhebliche Ersparnisse erzielen, da der Registerrichter, der den Auszug in weitschweifiger Formulirung veröffentlicht, dies nicht thut, um der Genossenschaft Kosten zu verursachen, und demnach keinen Anstoß daran nehmen kann, wenn man ihm einen Entwurf des von ihm zu fertigenden Schriftstücks vorlegt.

„Die öffentliche Bekanntmachung einer Eintragung muß ohne Verzug, sobald diese geschehen ist, und ohne daß eine andere Eintragung abgewartet werden darf, veranlaßt werden" (A.V. § 4).

3. Abs. II: „muß enthalten".

Im Absatz 2 ist vorgeschrieben, was der Auszug enthalten muß; dies ist von dem Richter zu beachten, er hat nicht die Befugniß, dem Auszug weiteren Inhalt zu geben. Thut er es dennoch, so wird freilich keine andere Wirkung erzielt, als daß der Genossenschaft unnütze Kosten erwachsen, deren Erstattung sie vielleicht im Beschwerdewege durchsetzt. Als man bei den analogen Vorschriften in den Artikeln 176 und 210 des H.G.B. (Art. 177, 210c Aktiengesetz), in denen über die Veröffentlichung von Auszügen bei Aktienkommanditgesellschaften und Aktiengesellschaften Anordnungen getroffen sind, eine Ausnahme von dem Grundsatz beschloß, daß die Eintragungen in das Handelsregister ihrem ganzen Inhalt nach in öffentlichen Blättern bekannt zu machen seien (Art. 13), that man dies lediglich „mit Rücksicht auf die außerordentlichen Kosten, welche eine Inserirung der vollständigen Gesellschaftsverträge in öffentliche Blätter verursachen würde, und darauf, daß das Publikum hinreichend gesichert sei, wenn nur die hauptsächlichen Vertragspunkte publizirt würden, der übrige Inhalt sich aber aus dem Handelsregister würde ersehen lassen". (v. Hahn a. a. O. bei Art. 210 S. 674.) Wie viel mehr als bei reichen Aktienkommanditgesellschaften und Aktiengesellschaften tritt die Rücksicht auf den Kostenpunkt bei eben begründeten Personal-Genossenschaften hervor, für welche das Gesetz Kostenfreiheit zu bewilligen Veranlassung fand. (Vgl. § 136.) Es verdient daher ernste Rüge, wenn Handelsgerichte bei Eintragungen in das Genossenschaftsregister in die Veröffentlichung eine Menge Dinge hineinnehmen, von denen im § 12 keine Rede ist. Bisher ist dies leider recht oft geschehen. Nachstehende Beispiele sind solchen Veröffentlichungen entnommen:*)

*) Nähere Angaben über diese Beispiele finden sich bei Parisius S. 218 bis 221.

a) Obschon die Zeitdauer der Genossenschaft nur dann im Auszuge enthalten sein soll, wenn sie auf eine bestimmte Zeit beschränkt ist, so findet man doch häufig die Bemerkung: die Dauer der Genossenschaft ist unbestimmt oder unbeschränkt u. s. w.

b) Außer den Namen und dem Wohnort der zeitigen Vorstandsmitglieder findet man meistens deren Titel und Gewerbe verkündet.

c) Die Aufsichtsrathsmitglieder sind nicht zu veröffentlichen, dennoch geschieht dies übriger Weise.

d) Das Gleiche gilt für die Geschäftsantheile, deren Betrag und Ansammlung; dies gehört nicht in die Veröffentlichung; nur ist künftig bei Genossenschaften mit beschränkter Haftpflicht noch die Bestimmung über die Haftsumme zu veröffentlichen (§ 114).

4. **Abs. III**: „Einsicht der Liste der Genossen".

Im Gesetze von 1868 hieß es, daß die Einsicht der Listen „jeder Zeit" gestattet sein soll, die Vorschrift ist jetzt mit Art. 12 H.G.B. in Uebereinstimmung gesetzt.

Zweifelhaft ist es, ob der Richter auch von den Mitgliederlisten auf Grund von Art. 12 H.G.B. — wie von den Eintragungen in das Genossenschaftsregister — verpflichtet ist, eine Abschrift zu ertheilen. Die Mitgliederliste kann nicht wohl als Theil des Genossenschaftsregisters betrachtet werden, sie ist vielmehr eine „Beilage" („Anlage"). Mangels einer besonderen landesgesetzlichen Bestimmung, daß auch von den Beilagen zum Handelsregister Abschriften zu ertheilen sind, wird man den Richter nicht für verpflichtet halten können, Abschriften von den Mitgliederlisten zu geben (§ 3 A.V.).

Auf dem Titelblatt der Liste ist die Firma und der Sitz der Genossenschaft sowie Beginn und Ende des Geschäftsjahres derselben (Ges. § 8 Nr. 3, § 12 Nr. 6, § 157 Abs. 1) anzugeben (A.V. § 24).

5. **Abs. IV**: „in welcher Form".

Der vierte Absatz im alten Gesetz, wörtlich entnommen dem Art. 210 des H.G.B. (jetzt 210c Aktienges.) und jetzt nur in der Fassung verändert, bezieht sich auf § 25 des Ges. (Art. 229 A.G.). Nach dem Wortlaut kann kein Zweifel darüber bestehen, daß die Veröffentlichung der Form, in welcher der Vorstand zu zeichnen hat, auch dann erfolgen muß, wenn das Statut lediglich diejenige Form feststellt, welche das Gesetz für den Fall vorschreibt, daß das Statut nichts darüber bestimmt.

§. 13.

Vor erfolgter Eintragung in das Genossenschaftsregister hat die Genossenschaft die Rechte einer eingetragenen Genossenschaft nicht.

Ges. von 1868 § 5, Entw. I u. II, Komm. 13, Rtg. 13.

I. Zur Geschichte des § 13.

Der § 13 stimmt wörtlich überein mit dem § 5 des Ges. von 1868 und dieser mit dem § 5 des preußischen Gesetzes, welcher aus dem Regierungsentwurf vom 2. Februar 1866 herrührt:

„Der Zeitpunkt der Eintragung in das Genossenschaftsregister bestimmt den Zeitpunkt, von welchem ab der Genossenschaft die Rechte einer anerkannten (statt eingetragenen) Genossenschaft zustehen. Einer Bestimmung über die Rechtsverhältnisse der Genossenschaften vor diesem Zeitpunkt, wie solche in dem Art. 211 des Handelsgesetzbuchs für die Aktiengesellschaften getroffen ist, bedarf es nicht, weil die Genossenschaften als Gesellschaften auch ohne staatliche Genehmigung existiren können, und ihre Rechte in diesem Falle sich nach den allgemeinen Gesetzen über den Sozietätsvertrag richten."

So in den Motiven des Regierungsentwurfs, der noch die Anerkennung der Genossenschaften durch den Staat verlangte. (Regierungsentw. Nr. 10, Drucksachen, Herrenhaus S 27.)

II. **Erläuterungen zu § 13.**

1. „Vor erfolgter Eintragung."

Dieser Paragraph ist den Art. 178 und 211 des H.G.B. (A.G.) nachgebildet, wonach vor erfolgter Eintragung in das Handelsregister die Kommanditgesellschaft auf Aktien, resp. die Aktiengesellschaft als solche nicht besteht. Die Eintragung, nicht die Veröffentlichung des Auszuges des Gesellschaftsvertrages (§ 12) bestimmt den Zeitpunkt, wo die Genossenschaft die Rechte dieses Gesetzes erwirbt.

2. „Ueberleitung".

In Betreff der Ueberleitung bestehender nicht eingetragener Genossenschaften vgl. Erläut. § 154. (Vgl. Parisius S. 224 bis 227)

3. „Die Eintragung ist nicht rückgängig zu machen".

Ist eine Genossenschaft eingetragen, so kann sie nur in Folge Auflösung gelöscht werden (§§ 76, 77, 78, 79, 94); die Genossenschaft kann ihre Löschung beantragen, um in einer andern Gesellschaftsform ihre Geschäfte fortzusetzen; die Genossenschaft entsteht durch die Eintragung als selbstständiges Rechtssubjekt und endigt mit der Löschung nur zum Zweck der Liquidation besteht sie nach der Löschung noch fort. Anschütz und Völderndorff (§ 26) stellen als „Grundsatz" auf, daß eine eingetragene Genossenschaft sich auflösen und ihre Firma löschen lassen und sich nachher von Neuem als nicht eingetragene Genossenschaft konstituiren kann. Es ist ganz selbstverständlich, daß dieselben Personen, welche eine eingetragene Genossenschaft bilden, diese auflösen und sich sodann wieder zu einer Genossenschaft unter anderer Firma in anderer Rechtsform vereinigen können; dann aber wird eben die Genossenschaft auch nicht fortgesetzt, es könnte sich nur um Fortsetzung des Geschäfts handeln, es wäre also auch kein Mehrheitsbeschluß im Stande die Minderheit zu zwingen, der neuen Gesellschaft beizutreten. Nur wenn das Statut eine diesbezügliche Bestimmung enthielt, würden die Genossen, welche zur Zeit der Auflösung der Genossenschaft angehörten, von der neuen Gesellschaft zum Beitritt gezwungen werden können. (Anschütz und Völderndorff a. a. O.)

§. 14.

Jede Zweigniederlassung muß bei dem Gerichte, in dessen Bezirke sie sich befindet, behufs Eintragung in das Genossenschaftsregister angemeldet werden.

Die Anmeldung hat die im §. 12 vorgeschriebenen Angaben zu enthalten. Derselben sind zwei beglaubigte Abschriften des Statuts und eine durch das Gericht der Hauptniederlassung beglaubigte Abschrift der Liste der Genossen beizufügen. Die Bestimmung im §. 11 Absatz 3 findet Anwendung.

Das Gericht hat die eine Abschrift des Statuts, mit der Bescheinigung der erfolgten Eintragung versehen, zurückzugeben und von der Eintragung zu dem Genossenschaftsregister bei dem Gerichte der Hauptniederlassung Mittheilung zu machen.

Ges. von 1868 § 7, Entw. I u. II, Komm. 14, Rtg. 14, Begr. I 99, II 67, A.B. §§ 6, 8, 20.

I. Zur Geschichte des § 14.

Das Ges. von 1868, wörtlich mit dem preußischen Gesetz und dem Entwurf desselben von 1863 übereinstimmend, hatte im Anschluß an die Artikel des H.G.B. 86, 152, 179 namentlich 212 älterer Fassung in dem entsprechenden § 7 bestimmt: „Bei jedem Handelsgerichte, in dessen Bezirk die Genossenschaft eine Zweigniederlassung hat, muß diese behufs Eintragung in das Genossenschaftsregister angemeldet werden und ist dabei Alles zu beobachten, was die §§ 4 bis 6 für das Hauptgeschäft vorschreiben." — Der § 14 des Gesetzes hat sich in der Regelung der Eintragung der Zweigniederlassung mehr an Art. 179 und 212 des A.G. vom 18. Juli 1884 angeschlossen.

II. Erläuterungen zu § 14.

1. **Abs.** I: „Zweigniederlassung".

Der Begriff der Zweigniederlassung ist bestritten. „Das Hauptkriterium für eine Niederlassung ist, daß in ihr Geschäfte abgeschlossen werden, und zwar nicht nur nebensächliche, den Abschluß oder die Ausführung der wesentlichen Geschäfte unterstützende und erleichternde, sondern wesentliche zum eigentlichen Geschäftsgange der Hauptniederlassung gehörende, und zwar nicht lediglich nach den von der Hauptniederlassung gegebenen Anweisungen oder nach bestimmten Schematen abzuschließende Verträge, sondern mit einer gewissen Freiheit und Selbstständigkeit der Entschließung" (R.O.H.G. XIV S. 402, XVII 315, XIX 260, XXII 283, vgl. v. Hahn Art. 21 § 2, Makower zu Art. 21, Endemann S. 58, Anschütz und v. Völdernborff 173 ff.). „Für die Natur der eigentlichen Zweigniederlassung" — sagt Ring 139 zutreffend — „ist kennzeichnend, daß dieselbe zwar den handelsgewerblichen (hier genossenschaftlichen) Zielen des Hauptgeschäfts dient, diesem letzteren gegenüber aber doch eine gewisse Unabhängigkeit des Betriebes wahrt, welche sich vornehmlich in dem selbstständigen Abschluß von Rechtsgeschäften, in der Dotation mit einem intern von dem Vermögen des Hauptgeschäfts getrennten Fonds und der gesonderten Buchführung für Haupt- und Zweigetablissement offenbart." — Hält man nicht daran fest, daß der Leiter der Niederlassung in dem Abschluß der Geschäfte eine gewisse Selbstständigkeit haben muß, so kommt man nothwendigerweise dahin, in jedem Comptoir, in jeder Verkaufsstelle eine Zweigniederlassung zu sehen. Für den Begriff der Zweigniederlassung ist nicht erforderlich, daß Haupt- und Zweigniederlassung an verschiedenen Orten sich befinden.

Aber „das Verhältniß von Haupt- und Zweigniederlassung wird überhaupt nur im Falle einer Ortsverschiedenheit . . . gesetzlich berücksichtigt" (Gierke, „Die Genossenschaftstheorie ꝛc." 459). „Nicht als Zweigniederlassungen eintragungspflichtig sind diejenigen, welche in dem Orte (der Gemeinde) des Sitzes der Genossenschaft errichtet werden" (Ring 140) Dies erhellt aus der allgemeinen Vorschrift des Art. 21 Abs. 1 H.G B.,*) die das Prinzip für die Eintragung der Zweigniederlassungen enthält, und nach § 17 Abs. 2 auch für Genossenschaften gilt. Diesen Grundsätzen entspricht auch § 20 der A.V., dessen fünfter und letzter Absatz wörtlich bestimmt: „Wird eine Zweigniederlassung in demselben Gerichtsbezirk errichtet, welchem die Hauptniederlassung angehört, so ist nur die Errichtung und der Ort der Zweigniederlassung sowie gegebenenfalls die Aufhebung durch den Vorstand anzumelden und in dem Register bei der Hauptniederlassung einzutragen."

Die Zweigniederlassung muß gesonderte Buchführung haben und der Leiter muß berechtigt sein, selbstständig, wenn auch in gewissen Grenzen für die Genossenschaft Rechtsgeschäfte abschließen zu können, er darf nicht blos angewiesen sein, die Anordnungen des Vorstandes auszuführen. Ob die Genossenschaft Handel im eigentlichen Sinne treibt oder nicht, ist für die Beurtheilung der Frage, ob eine Niederlassung Zweigniederlassung ist, unerheblich.

Die Merkmale der Zweigniederlassung eines Vorschußvereins sind, daß die Leiter derselben, innerhalb der Grenzen ihrer Vollmacht, bei eigener Buch- und Kassenführung selbstständig nicht blos Anlehen aufnehmen, sondern auch Kredit gewähren, Vorschüsse ausleihen. Für die Zweigniederlassung eines Konsumvereins ist erforderlich, daß die Leiter bei gesonderter Buchführung nicht blos Waaren zu den von ihnen festgesetzten Preisen verkaufen lassen, sondern auch selbstständig Waaren, wenn auch nur in bestimmten Gattungen, einkaufen. Der selbstständige Waareneinkauf ist von maßgebender Bedeutung, während der Verkauf der Waaren eine stets mehr die Geschäftsführung unterstützende Thätigkeit ist, die auf Selbstständigkeit keinen Anspruch erheben kann. Daß der Lagerhalter mit dem Einkauf nichts

*) Art. 21 H.G.B. Abs. 1 lautet: „Die Firma muß auch für die an einem andern Orte oder in einer anderen Gemeinde errichtete Zweigniederlassung bei dem für die letztere zuständigen Handelsgerichte angemeldet werden."

zu thun haben darf, ist ein feststehender Grundsatz für die Geschäftsführung der Konsumvereine.

Keine Zweigniederlassung ist z. B. anzunehmen, wenn ein Konsumverein an einem andern Orte einen Laden eröffnet, der von dem Hauptlager oder doch durch Vermittelung des Vorstandes durch die Lieferanten mit Waaren versehen wird, und dessen Lagerhalter für den Verkauf der Waaren genaue Instruktion (Preislisten u. s. w.) erhalten hat; es würde in diesem Falle ohne Einfluß sein, wenn der Leiter dieser Verkaufsstelle eine gesonderte Buchführung hätte.

Die Produktivgenossenschaft würde nur dort eine Zweigniederlassung haben, wo selbstständig Käufe von Rohstoffen und Verkäufe hergestellter Gegenstände abgeschlossen werden können; jedenfalls ist dort keine Zweigniederlassung, wo die Produkte hergestellt werden.

Welcher Ort von mehreren Niederlassungen die Hauptniederlassung ist, hängt von der Bestimmung des Geschäftsherrn der Genossenschaft ab.

Ueber Anmeldungen zum Gericht der Zweigniederlassung vgl. §§ 148 u. 149.

2. Die Zweigniederlassungen bei den Vorschußvereinen.

Da eine Zeitlang unter größeren Vorschußvereinen die Neigung zur Gründung von Zweigniederlassungen vielfach hervortrat, so stellte Schulze-Delitzsch für dieselben gewisse Grundsätze auf, die auf dem Vereinstage zu Breslau am 19 August 1872 zur Berathung kamen und angenommen wurden. Darin ist zunächst ausgesprochen, es widerstreite den genossenschaftlichen Prinzipien, Zweigvereine an Orten zu errichten, wo die zur Existenz eines selbstständigen Vereins erforderlichen Elemente vorhanden sind; es müsse daher bei der Organisation der Zweigvereine Alles vermieden werden, was die spätere Loslösung derselben vom Hauptvereine behufs ihrer selbstständigen Konstituirung erschwert. „Unbeschadet der gesetzlich feststehenden Einheit und Untrennbarkeit des Hauptvereins und der Zweigvereine nach Außen, wenn es sich um die gemeinsame Haftpflicht gegen dritte Personen aus den von jedem einzelnen der zugehörigen Vereine legal abgeschlossenen Geschäfte handelt: ist innerhalb des Kreises der Vereine, in ihrem Verhältniß unter einander eine Theilung der Geschäfte und des Risiko einzuführen, vermöge deren jeder Verein für Verluste bei den ihm separat überlassenen Operationen den übrigen gegenüber zunächst aus seinen Mitteln aufkommen muß, wogegen er aber auch den dabei erzielten Gewinn für sich behält." Unter den ferneren Vorschlägen ist hervorzuheben, daß von den gemeinsamen Organen der Vorstand und Aufsichtsrath die Oberaufsicht über die spezielle Geschäftsführung der Zweigvereine und außerdem die Verwaltung der besonderen Angelegenheiten des Hauptvereins hat. In der Generalversammlung haben alle Mitglieder der verbundenen Vereine gleichmäßig eine Stimme. Den Zweigvereinen werden die einfacheren Kreditgeschäfte im Kreise ihrer Mitglieder bis zu einem gewissen Belange, die Einkassirung von Beiträgen, die Annahme von Anlehen und Spareinlagen innerhalb bestimmter Grenzen übertragen. Die Geschäftsführung bei den Zweigvereinen wird durch Beamte (vgl. Erläuterungen zu § 24 geführt und deren Befugnisse in Vertretung des Vereins durch Vollmacht bestimmt, welche der Vorstand ausstellt, der in Gemeinschaft mit dem Aufsichtsrath auch diese Beamte ernennt, jedoch Vorschläge des Zweigvereins entgegennimmt. Zur lokalen Kontrole über die Geschäftsführung wählen die Mitglieder eine Anzahl Vertrauensmänner aus ihrer Mitte, welche sich nach Art der Ausschüsse konstituiren u. s. w., während die eigentliche Oberaufsicht bei den Organen der Zentralstelle bleibt. Eine Versammlung der Mitglieder der Zweigvereine findet nur zur Wahl der Vertrauensmänner und zur Beschlußnahme über Einbringung von Anträgen bei der Zentralstelle statt.

Die Neigung für Zweigniederlassungen hat sich bei den Vorschußvereinen in Folge der gemachten Erfahrungen seit Jahren — und mit vollem Recht — durchaus verloren. Statt dessen hat man mehr und mehr das System der Vertrauensmänner oder der Ortsausschüsse zur stärkeren Heranziehung der Landbevölkerung ausgebildet. In dieser Hinsicht ist besonders beachtenswerth das im Auftrage des 10. Verbandstages des preußischen Unterverbandes (1873) erstattete Gutachten des Vorschußvereins Insterburg über die Behandlung der Kreditgesuche ländlicher Mitglieder und die Errichtung von Filialen seitens der Vorschußvereine (im Auszuge veröffentlicht in Nr. 15 der Bl.f.G. von 1874 S. 69ff.), sowie die darüber auf dem 11. Verbandstag der Genossenschaften der Provinz Preußen im Mai 1874 zu Christburg stattgefundene Verhandlung. Letztere führte zu einem Beschlusse, der auch für andere Provinzen oder Landschaften Deutschlands empfehlenswerth ist. Er lautet:

„1. Zur zweckmäßigen Erledigung der Darlehnsgesuche ländlicher Mitglieder erscheint im Bezirke des diesseitigen Verbandes die Errichtung von Filialen — Zweigniederlassungen — nicht geboten. Wo dieselben aus lokalen Bedürfnissen errichtet werden, ist die Annahme der von dem Breslauer Vereinstage ausgesprochenen Grundsätze empfehlenswerth.

2. Ebenso wenig wird den Vereinen die Errichtung von Lokalausschüssen mit getrennter Verwaltung und besonderer solidarischer Haftbarkeit ihrer Mitglieder empfohlen. Derartige Errichtungen führen leicht zu Verstößen gegen den genossenschaftlichen Geist und zu rechtlichen Widersprüchen.

3. Die Darlehnsgesuche ländlicher Mitglieder können dagegen, wo die Kenntniß des Verwaltungsrathes bezüglich der Verhältnisse der ländlichen Mitglieder nicht mehr ausreicht, durch ein organisirtes System von Vertrauensmännern, welche aus der Zahl der Mitglieder vom Verwaltungsrath zu ernennen sind, zweckmäßig erledigt werden.

4. Die kollegialische Berathung über die Verhältnisse der ländlichen Mitglieder in regelmäßigen Zusammenkünften von Vertrauensmännern ist jeder andern Form bei Weitem vorzuziehen, und daher überall, wo persönliche und lokale Verhältnisse es gestatten, auf die Bildung solcher Vertrauensmänner-Kollegien hinzustreben.

5. Eine derartige Organisation kann der Ausbreitung des Genossenschaftswesens, des Sparsinnes in den Kreisen ländlicher Bevölkerung und der Verbreitung von Volksbildung höchst förderlich werden." *)

*) Vgl. Bl.f.G. 1874 Nr. 23 S. 151. Der Vorschußverein zu Inster-

3. **Absatz** II. Anmeldung.

Die Anmeldung einer Zweigniederlassung oder der Aufhebung einer solchen zum Genossenschaftsregister muß durch sämmtliche Mitglieder des Vorstandes oder durch sämmtliche Liquidatoren persönlich bewirkt werden oder in beglaubigter Form eingereicht werden. Vgl. A.V. § 6 — Der Vorstand ist durch Ordnungsstrafen zur Anmeldung der Zweigniederlassung anzuhalten (vgl. 152. Das Gesetz von 1868 enthielt hier eine Lücke — Parisius 238). -- Die Eintragung erfolgt nicht, bevor die Eintragung der Hauptniederlassung nachgewiesen ist (§ 17 Abs. 2, H.G.B. Art. 21 Abs. 3, A.V. § 20 Abs 1).

4. „Beglaubigte Abschriften des Statuts".

Hier bedarf es nach ausdrücklicher Vorschrift der A.V. § 8 Abs. 3 ausnahmsweise einer gerichtlichen oder notariellen Beglaubigung. (Andere Ausnahmen §§ 56, 64 Abs. 2 und 67 Abs. 1.)

5. „Liste der Genossen".

Die Liste der Genossen wird auf Grund der im § 149 Abs 1 vorgesehenen Mittheilungen von dem Gericht der Zweigniederlassung weitergeführt. Maßgebend bleibt die bei dem Gericht der Hauptniederlassung geführte Liste A.V. § 25.

6. Veröffentlichung der Eintragung.

Die Eintragung ist ihrem ganzen Inhalte nach zu veröffentlichen (anders im Fall des § 12), da nach § 132 in Verbindung mit Art. 13 des H.G.B. der ganze Inhalt der Eintragung stets zu veröffentlichen ist, soweit das Gesetz nichts Anderes bestimmt (Begr I 99).

7. **Absatz** III. „Mittheilung zu machen".

„Von der bewirkten Eintragung der Zweigniederlassung hat das Gericht dem Gericht der Hauptniederlassung Mittheilung zu machen. Von dem letzteren ist auf Grund dieser Mittheilung die Errichtung der Zweigniederlassung im Register bei der Hauptniederlassung einzutragen." A.V. § 20 Abs. 2. —

---

burg hatte Ende 1888 unter 3237 Mitgliedern 1217 in der Stadt Insterburg, 1933 im Kreise Insterburg — selbstständige Land- und Forstwirthe 1340. Die ländlichen Mitglieder haben alle Aufnahme-, Darlehen- und Prolongationsanträge lediglich an die Vertrauensmänner — meist in jedem Amtsbezirk einen, zusammen 32 — zu richten. Aehnliche Einrichtungen auch anderswo. Die Gewerbebank zu Gotha (Ende 1888 3095 Mitglieder, darunter 881 selbstständige Landwirthgärtner, Förster, Fischer und 304 Gehülfen und Arbeiter in diesen Berufsarten) hat Lokalausschüsse, welche die Kreditgesuche zu begutachten, Urkunden zu beglaubigen, und eine gewisse Kontrole über die in ihrer Gemeinde wohnenden Schuldner zu üben haben. (Vgl. die in Bl.f G. 1886 S. 106 abgedruckte Instruktion.) Von den 3095 Mitgliedern wohnten 1093 in der Stadt Gotha, dahingegen in 50 mit Lokalausschüssen versehenen Orten der Amtsgerichtsbezirke Gotha, Tonna, Ohrdruf und Wangenheim 1836, darunter 776 selbstständige Landwirthe, Gärtner, Fuhrwerker, 296 Handarbeiter, Holzhauer und sonstige Arbeitsgehülfen der Landwirthe, 362 selbstständige Gewerbetreibende, 198 Gewerbegehülfen und Fabrikarbeiter. (Vgl. des Direktors Müller „Behauptungen und Thatsachen in Bezug auf die Bewegung von Ortsdarlehnskassen" 1889)

„Dies rechtfertigt sich einerseits durch die Wichtigkeit der Existenz von Filialen und ist andererseits erforderlich, weil das Gericht der Hauptniederlassung weiterhin von einem Theile der Eintragungen in das Hauptregister und von allen Eintragungen in die Liste der Genossen dem Gericht der Zweigniederlassung von Amtswegen Kenntniß geben soll" (§ 149). — Begr. a. a. O.

Vorbemerkung zu § 15 —

zugleich zur Geschichte des § 15. —

Vgl. Allgemeine Begründung Abschnitt III: Entstehung und Endigung der Mitgliedschaft — Begr. I 63, II 44—47.

In Betreff des Beitritts zur Genossenschaft ist zu unterscheiden zwischen der Zeit bis zur Anmeldung des Statuts zur Eintragung in das Genossenschaftsregister und der Zeit nach der Anmeldung. In dem ersteren Zeitabschnitt wird die Mitgliedschaft erworben durch Unterschrift des Statuts, in dem späteren durch Eintragung in die vom Gericht geführte Mitgliederliste In § 15 handelt es sich um den zweiten Zeitabschnitt.

Das Gesetz von 1868 bestimmt in § 2 Abs. 4:

„Zum Beitritt der einzelnen Genossenschafter genügt die schriftliche Beitrittserklärung."

In konstanter Rechtssprechung ist (vgl. z. B. R.G. Entscheidungen Bd. I S. 242, Bd. VIII S 3) als Grundsatz aufgestellt worden, daß zwar die schriftliche Erklärung des Beitritts zum Erwerb der Mitgliedschaft genügt, daß aber andererseits auch die Erklärung des Beitritts in schriftlicher Form erforderlich sei. Ferner war von dem R.O.H (Urtheil vom 16. November 1875 in Sachen Essener Volksbank gegen Plange) ausgesprochen, daß der Erwerb der Mitgliedschaft auch noch davon abhängig sei, daß die ferneren im Statut für denselben aufgestellten Erfordernisse erfüllt seien. Das Wichtigste jedoch blieb immer die schriftliche Beitrittserklärung. Nicht selten waren nun aber die Fälle, daß es von der Genossenschaft versäumt wurde, sich eine schriftliche Beitrittserklärung ausstellen zu lassen, zum Genossenschaftsregister hatte der Vorstand nur die alphabetisch geordnete Mitgliederliste einzureichen, der Richter war nicht nur nicht berechtigt, die Richtigkeit dieser Liste zu prüfen, sondern war hierzu auch gar nicht in der Lage. Die Eintragung in die Mitgliederliste war für den Erwerb und Verlust der Mitgliedschaft völlig gleichgültig; wer z. B. eine schriftliche Beitrittserklärung ausgestellt hatte, wurde als Mitglied betrachtet, ohne Rücksicht darauf, ob er auch in der Mitgliederliste geführt wurde. Kam es nun zum Konkurse der Genossenschaft, so entzogen diejenigen, welche keine schriftliche Beitrittserklärung ausgestellt hatten, sich ihrer Verpflichtung und es gab keine Möglichkeit, sie als Mitglieder im Konkurse zu behandeln, mochten sie auch die Rechte als Mitglieder genossen und sich den Pflichten derselben unterzogen haben.*)

*) In der allgemeinen Begründung der Vorlage waren die „allererheblichsten Uebelstände" aufgeführt, die in der Praxis erwachsen sind. „Die gerichtlichen Mitgliederlisten stellten sich häufig als ebenso unrichtig und unvollständig heraus, wie die vom Vorstande zu führenden Mitglieder-

Schulze-Delitzsch schlug nun in seiner Novelle vor zu bestimmen:

„Der Beitritt der einzelnen Genossenschafter geschieht nach vorgängiger Aufnahme derselben durch Unterzeichnung des Gesellschaftsvertrages oder einer schriftlichen Beitrittserklärung dazu. Zum Beweis der Aufnahme genügt die Anzeige des Eintritts in den Quartalslisten"

und ferner.

„Den Quartalsanzeigen müssen die Beitrittserklärungen wie die Kündigungen vom Vorstande im Original beigefügt werden, ferner Abschrift der Gesellschaftsbeschlüsse über den Ausschluß von Mitgliedern und die Todesanzeigen über das Ausscheiden Verstorbener."

Schulze-D. hielt fest daran, daß die Mitgliedschaft erworben würde durch Abschluß des aus Aufnahme und Beitritt bestehenden Vertrages, er wollte aber die Führung der Mitgliederliste in die Hände des Richters legen, indem er verlangte, daß die sich auf Erwerb und Verlust der Mitgliedschaft beziehenden Urkunden dem Richter im Original einzureichen seien, wodurch er denselben in den Stand setzte, die formellen Voraussetzungen dieser beiden Akte zu prüfen.

Die Regierungsvorlage schlug einen andern Weg ein, um Sicherheit zu schaffen, daß „alle in der Mitgliederliste aufgeführten Personen wirklich als Genossen haften und andererseits alle haftpflichtigen Genossen wirklich in der Liste aufgeführt sind" (Begr. I 65, II 45). Sie legt die Führung der Liste ebenfalls in die Hände des Gerichts, knüpft aber Erwerb und Verlust der Mitgliedschaft an die Eintragung in die gerichtliche Liste.

---

verzeichnisse. Aus den mannigfaltigsten Gründen wurde die Mitgliedschaft bestritten, und wo man nach der Liste auf zahlreiche haftverbindliche Genossen zu rechnen hatte, erwies hinsichtlich eines erheblichen Theils derselben die Erwartung zum Schaden der übrigen Genossen und der Gläubiger sich als trügerisch. Mitunter sind trotz der gesetzlichen Vorschrift und der angedrohten Ordnungsstrafen die Verzeichnisse und Listen überhaupt nicht fortgeführt worden. Sehr häufig ist es vorgekommen, daß in den Listen Personen aufgeführt waren, welche niemals der Genossenschaft beigetreten oder längst wieder ausgeschieden waren. Es haben sogar in einzelnen Fällen Hunderte von Personen, ungeachtet sie bis zuletzt an den Generalversammlungen der Genossenschaft theilgenommen und Dividenden bezogen hatten, im Konkurse schließlich ihre Mitgliedschaft bestritten, und zwar mit Erfolg, weil nicht nachgewiesen werden konnte, daß von ihnen eine schriftliche Beitrittserklärung unterzeichnet oder das Eintrittsgeld, von dessen Entrichtung der Gesellschaftsvertrag den Erwerb der Mitgliedschaft abhängig machte, bezahlt war. In einem unlängst von dem Reichsgericht entschiedenen Fall hatte sogar ein Vorstandsmitglied, um sich der Haftung für die Genossenschaftsschulden zu entziehen, seinen Austritt aus der Genossenschaft erklärt, diese Erklärung aber wissentlich verheimlicht, noch mehrere Jahre lang die Thätigkeit des Vorstehers ausgeübt, sowie die Remuneration hierfür bezogen; daß dessenungeachtet die Aufkündigung den Austritt desselben bewirkt hatte, konnte mit Rücksicht auf die Bestimmungen des geltenden Rechts auch vom Reichsgericht nicht verneint werden.

Es liegt auf der Hand, daß solche Vorkommnisse geeignet sind, den Kredit der Genossenschaft ernstlich zu gefährden." (Begr. I 64, II 44.)

Zur Rechtfertigung wird angeführt:

„Behält die Eintragung den Charakter einer Beurkundung von Rechtsakten der Genossenschaft ohne Pflicht des Registerrichters, dieselben materiell zu prüfen und über sie zu entscheiden, ist namentlich eine unrichtige Eintragung nichtig oder anfechtbar, so bleibt man auch mit den Grundsätzen im Einklange, welche das Handelsgesetzbuch für die Eintragungen ins Handelsregister aufstellt, denn selbstständige Rechtswirkungen der Registereinträge finden sich auch im Handelsgesetzbuch in mehrfachen Beziehungen anerkannt." (Vgl. Art. 25, 46, 124, 168, 171, Begr. I S. 66)

Wie in Preußen dem Grundbuch, so ist hier der gerichtlichen Mitgliederliste öffentlicher Glaube beigelegt: die Eintragungen bilden formelle Wahrheiten zu Gunsten Dritter, zu den Dritten aber gehört die Genossenschaft selbst, es wird nicht unterschieden zwischen den Wirkungen der Eintragungen Dritten und der Genossenschaft gegenüber, weil „die Befriedigung der Gläubiger für den Ausfall im Konkurse durch die Nachschußpflicht der Genossen herbeigeführt wird und diese eine Verbindlichkeit gegenüber der Genossenschaft bildet, also durch die Mitgliedschaft nach innen bedingt wird" (Begr I 67); eine Trennung, welche auch dem Grundgedanken der direkten Haftpflicht widersprechen würde, welcher alle Genossen gleichmäßig unterliegen, endlich auch durch die Rücksicht auf die Genossen selbst verboten sei, die sich bei Prüfung des Mitgliederbestandes auf die Liste verlassen müßten. Freilich ist der öffentliche Glaube nicht von so weitgehender Bedeutung wie etwa der, den das Grundbuch genießt, denn abgesehen von einigen Wirkungen, welche sich an die Formalität der Eintragung knüpfen, ist für die Mitgliedschaft selbst entscheidend das zu Grunde liegende materielle Verhältniß.

In der Kommission nahm der Abgeordnete Schenck die Vorschläge von Schulze-Delitzsch auf, indem er auf die Bedenken hinwies, Erwerb und Verlust der Mitgliedschaft von der Handlung eines Dritten, des Registerrichters, abhängig zu machen, auf welchen weder die Genossen, noch die Genossenschaft einen Einfluß hätten. Durch eine nicht rechtzeitige Eintragung in die Liste könnten die Genossen auf das schwerste geschädigt werden. — Die Kommission gab jedoch der Regierungsvorlage den Vorzug, indem sie den Genossen durch das Recht, die Eintragung einer Vormerkung herbeizuführen, für ausreichend gesichert hielt und § 69 insofern abänderte, daß der Richter verpflichtet sein sollte, die Eintragung in die Liste stets unverzüglich zu bewirken (Komm Ber S. 15).

Der Verlust der Mitgliedschaft wird bei § 68 erörtert.

Der Erwerb der Mitgliedschaft hat eine materielle und eine formelle Seite. Zu Grunde liegt ein Vertrag zwischen der Genossenschaft und dem sich zur Aufnahme Meldenden. Für Genossenschaften mit unbeschränkter Haftpflicht und unbeschränkter Nachschußpflicht sind noch besondere Formerfordernisse aufgestellt (§§ 113 und 121). Für den Abschluß des Vertrages ist maßgebend das Statut, welches regelmäßig die Bedingungen angeben wird, welche seitens des sich Meldenden zu erfüllen sind. Der Verlauf wird der sein, daß zunächst ein Aufnahmegesuch erfolgt, hierauf die statutenmäßige Beschlußfassung stattfindet und demnächst erst die Beitrittserklärung ausgestellt wird, in der Beitrittserklärung muß der Aufgenommene die unbedingte Erklärung seines Beitritts abgeben. Aus der Fassung des § 8 Abs 2 geht allerdings hervor, daß der Gesetzgeber davon ausging, daß zunächst die Beitrittserklärung ausgestellt wird, und auf Grund derselben die Zulassung erfolgt. Es mag dies in der Praxis die Regel sein, allein es entspricht dem Sinne des Beitrittsvertrages mehr, wenn die Beitrittserklärung nach der Aufnahme ausgestellt wird, denn man kann einer Gesellschaft füglich erst beitreten, wenn man aufgenommen ist.

Das Statut kann die Voraussetzungen für den Beitritt beliebig ordnen, beliebig erschweren oder erleichtern, selbstverständlich ist Voraussetzung, daß der sich Meldende handlungsfähig ist. Da eine Vererbung der Mitgliedschaft nicht möglich ist, müssen auch die Erben selbstständig beitreten, das Statut kann ihnen nur Erleichterungen bei der Aufnahme verschaffen, wie z. B Erlaß des regelmäßig vorkommenden Eintrittsgeldes. Durchaus zu verwerfen wäre es, wenn die Genossenschaft jedem beliebigen Dritten den Beitritt verstatten würde, sie muß in ihrem eigenen Interesse sich bei jedem sich Meldenden das Recht vorbehalten, die Aufnahme abzulehnen. Die Aufnahme selbst wird am besten durch Vorstand und Aufsichtsrath gemeinschaftlich zu beschließen sein. Die Zulassung kann auch noch bedingungsweise erklärt werden, so daß der Zugelassene, ehe er einen Anspruch auf die Mitgliedschaft erwirbt, gewisse Voraussetzungen zu erfüllen hat. Maßgebend ist natürlich immer das Statut.

Der so zwischen dem sich Meldenden und der Genossenschaft zu Stande gekommene Vertrag hat nur obligatorische Wirkungen.

Der Zugelassene kann verlangen, daß ihm durch Einreichung seiner Beitrittserklärung die Mitgliedschaft in Gemäßheit des § 15 verschafft wird, und wenn der Vorstand schuldhafterweise die Einreichung verzögert, Ersatz des ihm hierdurch entstehenden Schadens beanspruchen (Begr. I S. 101). Schadensersatzpflichtig ist die Genossenschaft als Kontrahentin. Andererseits ist aber auch Derjenige, welcher seine Aufnahme nachgesucht hat und zugelassen ist, gebunden, er ist zur Ausstellung der Beitrittserklärung verpflichtet und nöthigenfalls hierzu im Wege der Klage anzuhalten. Dieser Vertrag hat jedoch in Bezug auf Mitgliedschafts-Rechte und Pflichten (abgesehen von § 8 Abs. 3) noch keine Wirkung, denn nach § 15 Abs. 3 „entsteht" die Mitgliedschaft erst durch Eintragung des Zugelassenen in die gerichtliche Mitgliederliste; seine Wirkung ist hierdurch bedingt. Der Vorstand hat zu diesem Zweck die Beitrittserklärung dem Gericht einzureichen, von einem weiteren Beweise der Zulassung ist abgesehen. Die Einreichung durch den Vorstand ist hierfür als genügend erachtet. Vor der Eintragung in die gerichtliche Mitgliederliste wird der Aufgenommene — ausgenommen den Fall des § 8 Abs 3 — unter keinen Umständen als Mitglied behandelt. Wird z. B. vor der Eintragung Konkurs über die Genossenschaft eröffnet, so kann der Aufgenommene weder von den Gläubigern noch von den Genossen als Mitglied in Anspruch genommen werden, es kann auch nicht mehr seine Eintragung verlangt werden, denn die Eintragung ist davon abhängig, daß die Genossenschaft noch besteht; mit der Konkurs-Eröffnung aber hat die Genossenschaft ihr Ende erreicht (§ 94). Daß der Aufgenommene auch nicht zum Nachschußverfahren herangezogen werden kann, folgt daraus, daß auch der Genossenschaft gegenüber der Erwerb der Mitgliedschaft von der Eintragung abhängig ist und daß das Nachschußverfahren die Befriedigung der Gläubiger bezweckt, diese aber gegen die nicht in die Liste eingetragenen Genossen keine Rechte haben. Selbstverständlich haben die Gläubiger auch bestehender Genossenschaften kein Recht, die Eintragung eines Zugelassenen zu verlangen, denn der Aufnahme-Vertrag hat Rechtswirkung nur zwischen den Kontrahenten.

Auch in dem Falle des § 8 Abs. 3, daß der Zugelassene in Betreff der Darlehnsgewährung als Genosse behandelt wird, kann dessen Eintragung in die Liste nicht mehr erfolgen, wenn vor derselben Konkurs über die Genossenschaft eröffnet ist.

Denkbar ist auch der Fall, daß der Konkurs über die Genossenschaft eröffnet ist und gleichwohl eine Eintragung noch stattgefunden hat. Nach § 100 K.O. hat der Eröffnungsbeschluß die Stunde der Eröffnung anzugeben und soll, falls dies versäumt ist, als Zeitpunkt der Eröffnung die Mittagsstunde des Tages gelten, an welchem der Beschluß erlassen ist. Es ist also sehr wohl möglich, daß die Eintragung eines Genossen in die Mitgliederliste erfolgt ist, als der Konkurs bereits eröffnet war, weil der Registerrichter erst nach der Eintragung Kenntniß von der Konkurs-Eröffnung erhalten hat. Die Eintragung wird in solchem Falle nichtig sein, denn die Genossenschaft bestand zur Zeit derselben nicht mehr. Ist der nicht eingetragene Genosse als Mitglied behandelt, hat er z. B. Dividende bezogen, so muß er dieselbe zurückerstatten, denn er hat Alles ohne Rechtsgrund empfangen (Begr. I 103); hieran wird auch durch die spätere Eintragung nichts geändert.

§. 15.

Nach der Anmeldung des Statuts zum Genossenschaftsregister bedarf es zum Erwerbe der Mitgliedschaft einer von dem Beitretenden zu unterzeichnenden, unbedingten Erklärung des Beitritts.

Der Vorstand hat die Erklärung im Falle der Zulassung des Beitretenden behufs Eintragung desselben in die Liste der Genossen dem Gerichte (§. 10) einzureichen. Die Eintragung ist unverzüglich vorzunehmen.

Durch die Eintragung, welche auf Grund der Erklärung und deren Einreichung stattfindet, entsteht die Mitgliedschaft des Beitretenden.

Von der Eintragung hat das Gericht den Genossen und den Vorstand zu benachrichtigen. Die Beitrittserklärung wird in Urschrift bei dem Gerichte aufbewahrt. Wird die Eintragung versagt, so hat das Gericht hiervon den Antragsteller unter Rückgabe der Beitrittserklärung und den Vorstand in Kenntniß zu setzen.

Ges. von 1868 §§ 2 Abs. 4, 3 Ziff. 4, 4, 25 und 26, Entw. I u. II 15, Komm. 15, Rtg. 15, vgl. Begr. I 63 bis 68 und 99 bis 103, Begr. II 44 bis 47 und 67 bis 70, Komm.Ber. 14 und 15, A.B. 7, 9, 26.

I. **Zur Geschichte des § 15** (siehe Vorbemerkung).

a) Zum Absatz II. Der letzte Satz, die Anweisung an den Richter, ist in der Kommission hinzugefügt, entsprechend der Bestimmung in § 68.

b) Zum Absatz IV. Der letzte Satz fehlte im ersten Entwurf des Reichsjustizamts und ist erst im Bundesrath hinzugefügt.

II. **Erläuterungen zu § 15** (vgl. Vorbemerkung).

1. **Absatz I** „Erwerb der Mitgliedschaft".

Der Vertrag zwischen der Genossenschaft und dem sich Meldenden wird perfekt durch Zulassung und Ausstellung einer unbedigten schriftlichen Beitrittserklärung (vgl. Vorbemerkung), bei Genossenschaften mit unbeschränkter Haftpflicht und unbeschränkter Nachschußpflicht in den Formen der §§ 113, 121, seine Wirkung ist jedoch abhängig von der Eintragung, er ist durch dieselbe bedingt.

2) „zu unterzeichnenden".

Die zu unterzeichnende Erklärung wird in der Regel ein gedrucktes Formular sein (s. Erläuterungen zu §§ 113, 121 und 125). Analphabeten, also Personen, die Schreibens und Lesens unkundig, oder nur ihren Namen schreiben, aber sonst Geschriebenes nicht lesen können, müssen ihre Beitrittserklärung in der nach den Landesgesetzen vorgeschriebenen beglaubigten Form abgeben, z. B. im Gebiete des preußischen Landrechts vor dem Richter oder vor Notar und Zeugen. Eine nur unterkreuzte Beitrittserklärung hat der Richter zurückzuweisen (s. unten 5). Genossen, die der deutschen Sprache unkundig sind, werden wohl nur in den mit polnischer Bevölkerung durchsetzten preußischen Provinzen Preußen, Posen, Schlesien vorkommen. Die Beitrittserklärung, die künftig kein Internum der Genossenschaft mehr ist, muß fortan überall da in deutscher Sprache ausgestellt sein, wo der Verkehr mit den Behörden in deutscher Sprache stattzufinden hat (z. B. in Preußen nach dem Gesetz, betreffend die Geschäftssprache der Behörden u. s. w., vom 28. August 1876 insbes. § 10 Nr. 3, 4, 5).

3. „unbedingter".

Die Erklärung des Beitritts muß unbedingt sein. Ist gegen dieses Formerforderniß verstoßen, so hat der Richter die Eintragung zu versagen. Hat er gleichwohl die Eintragung vorgenommen, so wird es von dem der Bedingung zum Grunde liegenden Sachverhalt abhängen, ob die Eintragung im Wege der Klage angefochten werden kann. Der Eingetragene wird die Klage z. B. dann haben, wenn die Bedingung, unter der er suspensiv seinen Beitritt erklärt hat, nicht eingetreten ist.

4. **Absatz** II „einzureichen".

Der § 25 des Ges. von 1868 verpflichtet den Vorstand, am Schlusse jedes Quartals über den Eintritt und Austritt schriftlich Anzeige zu machen und alljährlich im Januar ein vollständiges Verzeichniß der Genossen einzureichen. Die blos quartalsweise Anzeige über den Beitritt neuer Mitglieder konnte nicht beibehalten werden. Aber es schien „auch erforderlich, vorzuschreiben, daß die Einreichung stets sofort nach Unterzeichnung der Erklärung und erfolgter Zulassung des Beitretenden stattzufinden habe. In der Regel wird eine kurze Zurückhaltung der Einreichung für die Interessen des beigetretenen Genossen ohne jede Bedeutung sein, und es kann dem pflichtmäßigen Ermessen des Vorstandes überlassen bleiben, die Umstände des Falles in dieser Richtung auf seine Verantwortung hin zu prüfen. Sofern nicht etwa der Schluß des Geschäftsjahres oder die Abhaltung einer Generalversammlung bevorsteht oder sonstige Gründe eine größere Beschleunigung erforderlich machen, wird der Regel nach wohl die Einrichtung genügen, daß der Vorstand in jedem Monat einmal an einem bestimmten Tage die eingegangenen Beitrittserklärungen dem Gericht einreicht. Hierdurch wird weder für die Genossenschaften noch für die Gerichte eine besondere Belastung veranlaßt werden". (Begr I 101, II 69.)

Es ist anzunehmen, daß der Vorstand jeder Genossenschaft mit deren Registerrichter einen bestimmten Tag im Monat zur Einreichung der Beitrittserklärungen vereinbart. Da der Registerrichter verpflichtet ist, „die Eintragung unverzüglich vorzunehmen", so muß es ihm willkommen sein, wenn er in Folge der Vereinbarung in der Regel nur einmal im Monat diese Eintragungen vorzunehmen hat.

Eine besondere Form ist für die Einreichung nicht vorgeschrieben.

5. **Absatz** III. Prüfung des Richters. Liegt eine formgerechte, vom Vorstand eingereichte Beitrittserklärung vor, so muß der Richter die Eintragung vornehmen. Er hat sich auf eine formelle Prüfung zu beschränken. (Komm Ber. 15.) In der Ausführungsverordnung heißt es (§ 26 Abs. 3 und 4):

„Bei der Eintragung eines Genossen, welcher nach der Anmeldung des Statuts der Genossenschaft beitritt, hat das Gericht zu prüfen, ob die Beitrittserklärung (Gesetz § 15) die Unterschrift des Genossen trägt, eine unbedingte ist und bei Genossenschaften mit unbeschränkter Haftpflicht oder unbeschränkter Nachschußpflicht die in den §§ 113, 121 des Gesetzes vorgeschriebene Bemerkung enthält, sowie ob die Einreichung ordnungsmäßig durch den Vorstand erfolgt ist (§ 7 dieser Bestimmungen).

Auf die Echtheit der Unterschrift und die materielle Gültigkeit der Beitrittserklärung erstreckt sich die Prüfung des Gerichts nicht; vielmehr bleibt es im Allgemeinen den Betheiligten überlassen, Mängel in dieser Richtung durch Anfechtung der Eintragung im Wege der Klage geltend zu machen. Eine Ablehnung der Eintragung aus solchen Gründen ist jedoch nicht ausgeschlossen, falls die Ungültigkeit der Beitrittserklärung, ohne daß es weiterer Ermittelungen bedarf, aus den dem Gericht bekannten Thatsachen sich als zweifellos ergiebt."

6. Wirkung der Eintragung (vgl. Vorbemerkung).

Die Eintragung hat nicht die Wirkung, daß durch dieselbe Recht geschaffen wird, sie heilt weder formelle noch materielle Mängel, insoweit dieselben auf den Erwerb der Mitgliedschaft als solche von Einfluß sind. Die Eintragung schafft gewissermaßen nur eine Vermuthung, daß der Eingetragene Mitglied sei. Nicht durch die Eintragung als solche wird die Mitgliedschaft begründet, sondern durch die Eintragung, welche auf Grund der Erklärung und deren Einreichung stattfindet. Die Anfechtung der Eintragung kann daher darauf gegründet werden, daß die Beitrittserklärung materiellrechtlich ungültig war, und kann ferner die formalen Voraussetzungen der Eintragung, Erklärung und Einreichung, betreffen.

Die Beitrittserklärung kann ungültig sein, weil sie gefälscht war, weil der Eingetragene zum Beitritt gezwungen, sich bei dem Beitritt in einem wesentlichen Irrthum befunden hat, dispositionsunfähig war: kurz, aus allen den Gründen, aus denen eine Erklärung überhaupt nach den Landesgesetzen angefochten werden kann. Die Beitrittserklärung kann ferner ungültig sein, weil sie nicht den formalen Voraussetzungen entspricht oder die Einreichung der Urkunden durch den Vorstand nicht in der für die Erklärungen des Vorstandes vorgeschriebenen Form erfolgt ist.

Aus dem Wortlaute des Gesetzes: Wirkung der Eintragung „auf Grund der Erklärung und deren Einreichung" folgt, daß die Gültigkeit der Eintragung nicht deswegen angefochten werden kann, weil bei der Aufnahme der Mitglieder das Statut verletzt ist, Bedingungen, die bei der Aufnahme zu erfüllen sind, unbeachtet geblieben sind, da der Vorstand die Erklärung kraft seiner nicht einzuschränkenden gesetzlichen Befugniß, die Genossenschaft zu vertreten, für diese abgegeben hat (Begr I 102, II 69).

Nur in sehr begrenztem Maße kann man daher von dem öffentlichen Glauben sprechen, den die Mitgliederliste genießt; wie hier mit dem Erwerb der Mitgliedschaft, verhält es sich mit der Löschung (vgl. §§ 67, 68). Allein die Folge hat die jetzige Einrichtung der Mitgliederliste, daß Niemand Mitglied werden und ausscheiden kann, ohne in die gerichtliche Liste eingetragen, bezw. daselbst gelöscht zu sein.

Die Eintragung kann auch nichtig sein, weil z. B. die Eintragung falsch ausgeführt war. Die Berichtigung hat von Amtswegen zu erfolgen, wenn die Eintragung auf einem Versehen des Gerichts beruhte (A.V. § 33 Abs. 1).

Die Anfechtung der aus materiellen oder formellen Gründen ungültigen Eintragung geschieht im Wege der Klage. Die Klage der zu Unrecht Eingetragenen ist gegen die Genossenschaft zu richten. Die Eintragung einer Vormerkung ist nicht vorgesehen, sie ist auch entbehrlich, da die Ungültigkeitserklärung rückwirkende Kraft hat und kein Gläubiger das Recht hat, sich auf die Eintragung zu berufen, falls diese für ungültig erklärt ist. Die Berichtigung (in der letzten Spalte der Liste) erfolgt alsdann auf Antrag des Eingetragenen oder der Genossenschaft, wenn „die Unwirksamkeit der Eintragung entweder durch eine übereinstimmende Erklärung des betheiligten Genossen und des Vorstandes der Genossenschaft in beglaubigter Form anerkannt oder durch rechtskräftiges Urtheil festgestellt" ist (A.V. § 33 Abs. 2)

Die Klage auf Anfechtung ist im Konkurse der Genossenschaft gegen den

Konkursverwalter zu richten, da die von dem Eingetragenen zu leistenden Nachschüsse in die Konkursmasse kommen (anders nach dem Ges von 1868, vgl. Urtheil des Reichsgerichts vom 13. Februar 1889: Jurist. Wochenschr. S. 140 von 1889).

Gegen die Entscheidung über Anträge auf Eintragung in die Liste der Genossen finden die Rechtsmittel statt, welche gegen die Entscheidung über Eintragung in das Handelsregister zulässig sind (§ 150).

6. **Absatz 4 „Benachrichtigung".**

Die Benachrichtigungen sind mit Rücksicht auf die sich an die Eintragung knüpfenden Rechtswirkungen nothwendig (vgl. die Vorbemerkung gegen Schluß). Nach A.V § 9 können sie „ohne Förmlichkeiten, insbesondere durch einfache Postsendung erfolgen. Für die Benachrichtigung von Eintragungen in die Liste der Genossen sind in der Regel Postkarten zu verwenden. Wird eine Eintragung in die Liste abgelehnt, so sind zugleich die Gründe der Ablehnung mitzutheilen".

§. 16.

Eine Abänderung des Statuts oder die Fortsetzung einer auf bestimmte Zeit beschränkten Genossenschaft kann nur durch die Generalversammlung beschlossen werden

Zu einer Abänderung des Gegenstandes des Unternehmens sowie zur Erhöhung des Geschäftsantheils bedarf es einer Mehrheit von drei Viertheilen der erschienenen Genossen. Das Statut kann noch andere Erfordernisse aufstellen. Zu sonstigen Aenderungen des Statuts bedarf es einer Mehrheit von drei Viertheilen der erschienenen Genossen, sofern nicht das Statut andere Erfordernisse aufstellt.

Auf die Anmeldung und Eintragung des Beschlusses finden die Vorschriften des §. 11 mit der Maßgabe entsprechende Anwendung, daß der Anmeldung zwei Abschriften des Beschlusses beizufügen sind. Die Veröffentlichung des Beschlusses findet nur insoweit statt, als derselbe eine der im §. 12 Absatz 2 und 4 bezeichneten Bestimmungen zum Gegenstande hat.

Der Beschluß hat keine rechtliche Wirkung, bevor er in das Genossenschaftsregister eingetragen worden ist.

Ges. von 1868 § 6, Entw. I und II, Komm. 16, Rtg. 16. Begr. I 103, II 70, Komm.Ber. 15, A.V. §§ 6, 16.

I. **Zur Geschichte des § 16.**

a) **Absatz I und II.**

Der § 6 des Ges. von 1868 war wesentlich mit dem preußischen Gesetze übereinstimmend und dem Art. 214 H.G.B. alter Fassung nachgebildet, er verordnete im ersten Absatze nur, daß jede Abänderung des Statuts schriftlich erfolgen und angemeldet werden müsse. Als selbstverständlich war dabei erachtet, daß die Abänderung des Statuts nur durch einen Beschluß der Generalversammlung stattfinden könne. Lediglich dem Statut war überlassen zu bestimmen, ob der Beschluß mit größerer Stimmenmehrheit oder nach andern Erfordernissen erfolgen müsse.

Dagegen verlangte der Entwurf, in Anlehnung an den neuen Art. 215 des A.G. vom 18. Juli 1884, eine Mehrheit von $^3/_4$ der Erschienenen für Aenderungen des Statuts und für Fortsetzung einer auf bestimmte Zeit beschränkten Genossenschaft, sofern das Statut nicht andere Erfordernisse aufstelle; für Abänderung des Gegenstandes der Unternehmung, sowie für eine Erhöhung der Geschäftsantheile müsse diese Mehrheit erreicht werden, doch könnte das Statut noch andere Erfordernisse aufstellen. In der Kommission trat der Abgeordnete Schenck gegen diese erschwerenden Formen auf. Er fand in dem Verlangen der $^3/_4$ Stimmenmehrheit hier wie in den entsprechenden Vorschlägen in den §§ 34 (Entziehung des Mandats eines Aufsichtsrathsmitgliedes), 74 (Beschluß der Auflösung) und 126 (Erhöhung der Haftsumme in einer Genossenschaft mit beschränkter Haftpflicht) eine nicht gerechtfertigte Einmischung in die Geschäftsführung der Genossenschaft. In der Kommission wurde sein auf Streichung des Abs II gerichteter Antrag abgelehnt (Komm.Ber. 16).

b) **Absatz** III.

Nach dem Ges von 1868 § 6 Abs. II sollte mit dem Abänderungsbeschluß in gleicher Weise wie mit dem ursprünglichen Vertrage verfahren werden, d. h. er sollte in das Handelsregister eingetragen und im Auszuge veröffentlicht werden — wie im Art. 214 H.G.B. alter Fassung. — Es war aber folgende Beschränkung hinzugefügt: „Eine Veröffentlichung desselben (des Abänderungsbeschlusses) findet nur insoweit statt, als sich dadurch die in den früheren Bekanntmachungen enthaltenen Punkte ändern.“ Nach dieser Bestimmung durften also Abänderungsbeschlüsse, welche nichts von den in früheren Bekanntmachungen enthaltenen Punkten änderten, überhaupt nicht veröffentlicht werden. Wie aber entgegen diesen klaren Bestimmungen öfters von den Registerrichtern solche Veröffentlichungen auf Kosten der Genossenschaften angeordnet sind, darüber bringt Parisius 230 eine Reihe Beispiele.

Der Entwurf hatte nun jenen einschränkenden Satz fortgelassen und nur vorgeschlagen: „Auf die Anmeldung, Eintragung und Veröffentlichung des Beschlusses finden die Vorschriften der §§ 11 und 12 mit der Maßgabe entsprechende Anwendung, daß der Anmeldung zwei Abschriften des Beschlusses beizufügen sind.“ In der Reichstagskommission beantragte der Abg. Schenck, den fortgefallenen Satz (in etwas veränderter Fassung) einzufügen, um durch diesen Zusatz — wie es im Komm.Ber. heißt — „die häufig vorgekommene, mit unverhältnißmäßigen Kosten verknüpfte Mitveröffentlichung auch der unverändert gebliebenen Statutenbestimmungen auszuschließen. Die Kommission hielt es für bedenklich, den Richter mit einer derartigen Auslegung von Generalversammlungsbeschlüssen zu befassen, trug aber dem Zwecke des Antrages durch Annahme der jetzigen veränderten Fassung des Abs. 3 Rechnung. Darnach müssen alle Beschlüsse veröffentlicht werden, welche eine der im § 12 Abs. 2 und 4 bezeichneten Bestimmungen zum Gegenstand haben, gleichviel, ob sie Neues enthalten oder alte Bestimmungen wiederholen. Sache der Generalversammlung wird es demnach sein, durch präzise Beschlußfassung der Genossenschaft unnöthige Druckkosten zu ersparen."

c) **Absatz** IV s. § 6 Abs. III des Ges. v. 1868 (Parisius, Erläut. 232).

II. **Erläuterungen.**

1. **Absatz** I. „Fortsetzung der Genossenschaft". Siehe § 8 Ziff. 1 und § 77.

2. **Absatz** II. „Erhöhung des Geschäftsantheils".

Bei der Aktiengesellschaft bildet der Normalbetrag der Aktien die unveränderliche Grenze für die persönliche Heranziehung des Aktionärs. Dem Wesen der Genossenschaft aber, bei welcher eine den ursprünglichen Geschäftsantheil übersteigende Leistungspflicht schon in Folge der persönlichen Haftpflicht der Genossen eintreten kann, entspricht es, auch für die Höhe der Geschäftsantheile keine unübersteigliche Schranke zu ziehen.

„Reicht die Höhe des Geschäftsantheils nicht aus, um das vorhandene Kapitalbedürfniß zu befriedigen, so muß dem letzteren durch Erhöhung des Antheils Rechnung getragen werden können; und dies um so mehr, als im Falle der Ueberschuldung einer Genossenschaft die Erhöhung des Geschäftsantheils unter Umständen ein geeignetes Mittel bilden wird, um die Genossenschaft vor der Auflösung und Eröffnung des Konkurses und demzufolge die Mitglieder vor dem Eintritt der persönlichen Haftpflicht zu bewahren." (Begr. I 104, II 70.) Unter Umständen wird für diesen Zweck schon eine Hinaufsetzung der auf den Geschäftsantheil zu leistenden Einzahlungen (§ 7 Ziffer 2) oder eine Verkürzung der hierfür bestimmten Einzahlungsfristen ausreichen. Beides kann in der Form von Statutänderungen beschlossen werden.

3. „noch andere Erfordernisse". „andere Erfordernisse".

„Noch andere Erfordernisse" bedeutet weitere Erschwernisse, die das Statut aufstellen kann, z. B. größere Mehrheiten, mehrfache Beschlußfassungen, Anwesenheit eines bestimmten Bruchtheils der Mitglieder, Zustimmung des Vorstandes oder des Aufsichtsraths oder beider u. s. w. Zu den sonstigen Aenderungen des Statuts bedarf es nur dann der größeren Mehrheit von drei Viertheilen der Erschienenen, sofern nicht das Statut „andere Erfordernisse" aufstellt, sei es erleichternde, sei es erschwerende. Es kann auch bestimmen, daß diese Aenderungen mit einfacher Mehrheit beschlossen werden können. Unter diese Aenderungen fallen die Erhöhung der Einzahlungen auf die Geschäftsantheile und Abkürzung der Einzahlungsfristen. (Ueber Herabsetzung des Geschäftsantheils oder der auf ihn zu leistenden Einzahlungen oder Verlängerung der Einzahlungsfristen s. § 22.)

4. **Absatz** III. „Anmeldung".

Ueber die Form der Anmeldung § 148 Abs. 1. Anmeldung zum Register der Zweigniederlassung § 148 Abs. 2. Vgl. § 6 und den „Eintragung von Statutenänderungen" behandelnden § 16. Durch Ordnungsstrafen sind die Vorstandsmitglieder zur Befolgung der Vorschriften § 16 Abs. 3 und § 148 Abs. 2 anzuhalten nach § 152.

5 „zwei Abschriften".

Die Abschriften des Beschlusses bedürfen keiner Beglaubigung (Komm.-Ber 14, A.V. §§ 8 und 16). Die eine Abschrift ist zu den Akten zu nehmen; in dem Register ist auf die Stelle der Akten zu verweisen (A.E. § 16 Abs. 3).

6. „nur insoweit als" (s. oben zur Gesch. Ib).

Daß die Kommission es für bedenklich hielt, den Richter mit der Untersuchung zu befassen, ob der das Statut abändernde Beschluß einer Genossenschaft die in den früheren Bekanntmachungen enthaltenen Punkte ändert, ist in Anbetracht der außerordentlich zahlreichen Verstöße, die seitens der Registerrichter gegen die gesetzlichen Bestimmungen gerade in den Veröffentlichungen begangen sind (Parisius S. 218 bis 223, 230 u. 231 u. s. w.), nur zu gerechtfertigt. Außerdem lag die Gefahr nahe, daß in der Fassung des zweiten Satzes des § 6 des Gesetzes von 1868, welcher den Richter ausdrücklich mit dieser Untersuchung befaßte, „ein bedenklicher Anreiz zu ungehöriger Ausdehnung der Veröffentlichungen" für diejenigen Gerichte steckte, die bei der Bekanntmachung über die Eintragung des Statuts selbst den Auszug gesetzwidrig ausgedehnt hatten, insofern sie aus jener Fassung den Schluß ziehen konnten, „daß nun für die ganze Lebenszeit der Genossenschaft alle Abänderungen der in den früheren Bekanntmachungen gesetzwidrigerweise enthaltenen Punkte ebenfalls veröffentlicht werden müßten" (Parisius 231). Diese Gefahr ist in der jetzigen Fassung vermieden. Der Rath aber, welchen die Kommission den Generalversammlungen ertheilt, „durch präzise Beschlußfassung der Genossenschaft unnöthige Druckkosten zu ersparen", ist sehr beherzigenswerth. Wenn in langen Statutparagraphen blos einige Worte verändert werden sollen, so müssen nicht die ganzen Paragraphen in der neuen Gestalt mit der Abänderung zur Abstimmung gebracht werden,*) wie in der Regel der größeren Deutlichkeit halber geschieht, sondern nur die neu einzuschaltenden Worte.

Zweiter Abschnitt.

Rechtsverhältnisse der Genossenschaft und der Genossen.

Vorbemerkung. In Betreff der Anordnung unterscheidet sich dieser zweite Abschnitt des Gesetzes von dem Abschnitt II des Gesetzes von 1868,

*) Z. B. bei einem in einem Vorschußverein zur Beschlußfassung gelangenden Antrage, den Geschäftsantheil von 300 Mk. auf 400 Mk. zu erhöhen, würde es genügen, zur Beschlußfassung den Antrag für die Generalversammlung dahin zu formuliren: „im § 20 zu setzen 400 Mk. statt 300 Mk."

welcher überschrieben ist „Von den Rechtsverhältnissen der Genossenschafter unter einander, sowie den Rechtsverhältnissen derselben und der Genossenschaft gegen Dritte“ (§§ 9—16), dadurch, daß von den Bestimmungen des alten Gesetzes

1. der § 10, der die in der Generalversammlung ausgeübten Rechte der Genossen behandelt, jetzt dem § 40 im dritten Abschnitte des Gesetzes entspricht,
2. die §§ 13 bis 15 ganz fortgeblieben,
3. der § 16 (Bestimmungen über das Recht des Gläubigers eines Genossen, den Austritt desselben behufs Erlangung des beschlagnahmten Guthabens herbeizuführen) im fünften Abschnitt als § 67 erscheint.

Ueber die fortgefallenen Bestimmungen §§ 13 bis 15*) sagt die Begründung (I 111, II 75):

„Der zweite Abschnitt des bisherigen Gesetzes enthält in den §§ 13 bis 15 noch eine Reihe von Bestimmungen, welche in wörtlicher Anlehnung an die auf die offene Handelsgesellschaft bezüglichen Artikel 119 bis 121 des Handelsgesetzbuchs es für unzulässig erklären, daß Privatgläubiger der einzelnen Genossen sich wegen ihrer Ansprüche gegen diese unmittelbar an das Vermögen der Genossenschaft halten, oder daß Forderungen der letzteren zur Aufrechnung gegen solche Ansprüche verwendet werden. Diese Grundsätze sind jedoch für die Genossenschaft ganz ebenso selbstverständlich, wie für die Aktiengesellschaft, bei welcher auch das Handelsgesetzbuch ähnliche Vorschriften nicht für nöthig gehalten hat. Das genossenschaftliche Vermögen steht nicht im Eigenthum der einzelnen Mitglieder, sondern ausschließlich im Eigenthum der Genossenschaft selbst, und es erscheint nicht angemessen, Bestimmungen in das Gesetz aufzunehmen, deren Nothwendigkeit sich nur von einem entgegengesetzten Standpunkt aus begründen ließe.“ (Vgl. Parisius 274 bis 277.)

*) Die Bestimmungen lauten

§ 13. Die Privatgläubiger eines Genossenschafters sind nicht befugt, die zum Genossenschaftsvermögen gehörigen Sachen, Forderungen oder Rechte, oder einen Antheil an denselben zum Behufe ihrer Befriedigung oder Sicherstellung in Anspruch zu nehmen. Gegenstand der Exekution, des Arrestes oder der Beschlagnahme kann für sie nur dasjenige sein, was der Genossenschafter selbst an Zinsen und Gewinnantheilen zu fordern berechtigt ist und was ihm im Falle der Auflösung der Genossenschaft oder des Ausscheidens aus derselben bei der Auseinandersetzung zukommt.

§ 14. Die Bestimmung des vorigen Paragraphen gilt auch in Betreff der Privatgläubiger, zu deren Gunsten eine Hypothek oder ein Pfandrecht an dem Vermögen eines Genossenschafters kraft des Gesetzes oder aus einem anderen Rechtsgrunde besteht. Ihre Hypothek oder ihr Pfandrecht erstreckt sich nicht auf die zum Genossenschaftsvermögen gehörigen Sachen, Forderungen und Rechte, oder auf einen Antheil an denselben, sondern nur auf dasjenige, was in dem letzten Satze des vorigen Paragraphen bezeichnet ist.

Jedoch werden die Rechte, welche an dem von einem Genossenschafter in das Vermögen der Genossenschaft eingebrachten Gegenstande bereits zur Zeit des Einbringens bestanden, durch die vorstehenden Bestimmungen nicht berührt

§ 15. Eine Kompensation zwischen Forderungen der Genossenschaft und Privatforderungen des Genossenschaftsschuldners gegen einen Genossenschafter findet während der Dauer der Genossenschaft weder ganz noch theilweise statt. Nach Auflösung der Genossenschaft ist sie zulässig, wenn und soweit die Genossenschaftsforderung dem Genossenschafter bei der Auseinandersetzung überwiesen ist.

§. 17.

Die eingetragene Genossenschaft als solche hat selbständig ihre Rechte und Pflichten; sie kann Eigenthum und andere dingliche Rechte an Grundstücken erwerben, vor Gericht klagen und verklagt werden.

Genossenschaften gelten als Kaufleute im Sinne des Handelsgesetzbuchs, soweit dieses Gesetz keine abweichenden Vorschriften enthält.

Ges. von 1868 § 11 Abs. 1 u. 3, Entw. I u II, Komm. 17, Rtg 17. Begr. I 105, II 71, Komm.Ber. 16.

I. Zur Geschichte des § 17.

a) Dieser § 17 entspricht den Absätzen 1 und 3 des Gesetzes von 1868. Absatz 2 war in der Regierungsvorlage gleichlautend mit dem dortigen Absatz 1:

> „Die eingetragene Genossenschaft kann unter ihrer Firma Rechte erwerben und Verbindlichkeiten eingehen, Eigenthum und andere dingliche Rechte an Grundstücken erwerben, vor Gericht klagen und verklagt werden",

der wiederum mit dem Art. 111 (offene Handelsgesellschaft) und Art. 164 (Kommanditgesellschaft) H.G.B. übereinstimmt.

In der Kommission wurde es von mehreren Seiten für nothwendig erachtet, im Gesetze klar zu stellen, daß die Genossenschaft eine „juristische Person" sei. Der Regierungsvertreter erklärte, daß die Bezeichnung „juristische Person" mit Absicht vermieden sei, weil die Bedeutung dieses Ausdrucks von der Rechtswissenschaft verschieden aufgefaßt werde. Es genüge auch für die Bedürfnisse der Genossenschaften, wenn ihnen ohne technische Bezeichnung lediglich dem Inhalte nach jene Rechte zugetheilt würden, welche sie im Rechts- und Verkehrsleben zur Erreichung des genossenschaftlichen Zwecks brauchten. Im Uebrigen sei es aber unbedenklich, wenn die rechtliche Natur der Genossenschaften so gekennzeichnet würde, daß daraus hervorgehe, daß der Gesetzgeber ihnen die juristische Persönlichkeit zugestehe. Abs. 1 erhielt dieser Erklärung entsprechend die jetzige Fassung, welche mit dem von der juristischen Persönlichkeit handelnden § 41 des Entwurfes des bürgerlichen Gesetzbuchs und dem die rechtliche Natur der Aktiengesellschaften kennzeichnenden Art. 213 H.G.B. übereinstimmt (Komm.Ber. S. 16).

b) Die Bestimmung des Abs. 2 des § 11 des Ges. von 1868 über den Gerichtsstand der Genossenschaften ist nicht aufgenommen, da § 19 C.P.O. bestimmt: „Der allgemeine Gerichtsstand der ... Genossenschaften ... wird durch den Sitz derselben bestimmt."

c) Ueber Abs. II s. unten Erläuterungen.

II. Erläuterungen zu § 17.

1. **Absatz I.** Ueber die Legitimation des Vorstandes Behörden gegenüber bestimmt § 26 Abs. 2.

2. **Absatz** II. „Genossenschaften gelten als Kaufleute"

Ueber die Voraussetzungen, unter denen nicht eingetragene Genossenschaften Handelsgeschäfte betreiben, vgl. die ausführliche Darstellung bei v. Sicherer S. 121 ff.

Der eingetragenen Genossenschaft verlieh bereits das preußische Gesetz die Kaufmannseigenschaft. In den Materialien zum preußischen Regierungsentwurf wurde dies folgendermaßen begründet:

„Wiewohl die Genossenschaften ihrem Hauptzwecke nach größtentheils keine Handelsgesellschaften sind, so läßt sich doch nicht vermeiden, daß sie im geschäftlichen Verkehr auch Handelsgeschäfte vornehmen Es würden dann auf sie die Vorschriften des Handelsgesetzbuchs insoweit Anwendung finden, als die Art. 276, 277 dieselben auf diejenigen Handelsgeschäfte ausdehnen, welche von Nichtkaufleuten vorgenommen werden. Diese Vorschriften reichen aber nicht aus, um eine gleichmäßige rechtliche Beurtheilung der Genossenschaften in allen Landestheilen herbeizuführen."

Nach Schulze-Delitzschs Entwurf sollte sich der § 11 des norddeutschen Gesetzes im dritten Absatze vom § 10 des preußischen Gesetzes nur darin unterscheiden, daß der Hinweis auf die Bestimmungen des Einführungsgesetzes zum Allgemeinen deutschen Handelsgesetzbuche als nur für Preußen passend gestrichen wurde. So beschloß es auch der Reichstag bei der ersten Berathung. In der Kommission desselben war ein Vorschlag, dafür hinter die Worte „die in Betreff der Kaufleute im Allgemeinen deutschen Handelsgesetzbuche" zu setzen: „und in den dasselbe in den einzelnen Bundesstaaten ergänzenden Bestimmungen", mit allen gegen drei Stimmen abgelehnt worden. Die Civilprozeß-Kommission schlug die in das Ges. von 1868 aufgenommene Fassung vor und führte zur Motivirung an: „Die Fassung ist gewählt, um außer Zweifel zu stellen, daß auch diejenigen hinsichtlich der Kaufleute bestehenden Bestimmungen, welche in den verschiedenen Einführungsgesetzen zum Handelsgesetzbuch enthalten sind, auf die Genossenschaften Anwendung finden sollen." Die Fassung ist in das jetzige Gesetz übernommen.

Die rechtliche Beurtheilung der Geschäfte der eingetragenen Genossenschaften ist dadurch vereinfacht: alle einzelnen Geschäfte, welche zu ihrem Geschäftsbetriebe gehören, sind als Handelsgeschäfte anzusehen (Art. 273 H.G.B.), mögen sie ihren Geschäftsbetrieb auf Nichtmitglieder ausdehnen oder nicht, mögen sie Konsumvereine oder Produktivgenossenschaften sein; nach Art. 274 H.G.B. ferner gelten „die von einem Kaufmann geschlossenen Verträge im Zweifel als zum Betriebe des Handelsgewerbes gehörig".

Die Genossenschaften gelten aber als Kaufleute nur im Sinne des Handelsgesetzbuchs, nicht im Sinne anderer Gesetze, wie z. B. der Steuergesetze; in Betreff der Gewerbesteuer wurde dies ausdrücklich derzeit im Norddeutschen Reichstage und in der bayerischen Abgeordnetenkammer hervorgehoben (v. Sicherer S. 224, Parisius S. 260). An dieser Auffassung hat sich nichts geändert. Für die Beurtheilung der Steuerpflichtigkeit der Genossenschaften sind ganz andere Grundsätze entscheidend. Die Genossenschaften gelten als Kaufleute, — auf die Genossen selbst ist dies ohne Einfluß, diese werden durch ihre Zugehörigkeit zur Genossenschaft nicht Kaufleute, ebensowenig wie die Aktionäre, die Kommanditisten, die stillen Gesellschafter durch ihre Betheiligung an einer Handelsgesellschaft Zur Anwendung kommen auf die Genossenschaften nicht blos die Bestimmungen des Handelsgesetzbuchs, sondern auch alle anderen gesetzlichen Bestimmungen, die für die Kaufleute „im Sinne des Handelsgesetzbuchs" gegeben sind, soweit nicht das Genossenschaftsgesetz etwas Anderes bestimmt: so z. B. § 101 Nr 1 G.V.G. über die Zuständigkeit der Handelskammer für Rechtsstreitigkeiten „gegen einen Kaufmann (Art 4 H.G B) aus Geschäften, welche auf Seiten beider Kontrahenten Handelsgeschäfte (Art. 271 bis 276 H.G.B) sind".

Bestritten ist es, ob „eingetragene Genossenschaften" auch Handelsgesellschaften sind. Während Wilmowski und Levy zu § 101 G.V G. in der eingetragenen Genossenschaft unter allen Umständen eine „Handelsgesellschaft" sehen, Turnau (Justizverfassung in Preußen I S. 463) unterscheidet, ob die eingetragene Genossenschaft ein Handelsgewerbe betreibt, verneinen Struckmann und Koch zu § 101 G V.G. und Endemann S. 296, daß die eingetragene Genossenschaft eine Handelsgesellschaft sei „Sie ist niemals Handelsgesellschaft selbst dann, wenn sie den Betrieb von Handelsgeschäften, sei es auch über den Kreis ihrer Mitglieder hinaus, unternimmt, da sie unter keine derjenigen Assoziationsformen gehört, welche allein zu dem Charakter der Handelsgesellschaften berufen sind. . . . Dieses Resultat ist wunderlich genug, aber es ist einmal so" (Endemann a a. O.). Hält man an der Terminologie des H.G.B. fest, und man kann nicht wohl anders, so ist die eingetragene Genossenschaft wohl „Kaufmann", d. h. hat dessen Rechte und Pflichten, nicht aber Handelsgesellschaft, während die Aktiengesellschaft in Art. 208 H.G.B. als Handelsgesellschaft auch für den Fall erklärt ist, wenn der Gegenstand des Unternehmens nicht in Handelsgeschäften besteht. Das Gesetz sieht ausdrücklich auch einen Geschäftsbetrieb mit Nichtmitgliedern vor, erklärt aber dennoch unter allen Umständen die eingetragene Genossenschaft für einen „Kaufmann im Sinne des Handelsgesetzbuchs". Es kommt daher § 101 Nr. 3a G.V.G. auf sie nicht zur Anwendung.

Abweichungen von dem H.G.B. enthält das Gesetz u. A. in folgenden Vorschriften:

a) Die Firma muß den in § 3 des Ges. bestimmten Zusatz enthalten.
b) Auf die von der Genossenschaft angestellten Bevollmächtigten kommen die Bestimmungen des H.G.B. Art. 47 ff. nur unter der Einschränkung des § 40 zur Anwendung.
c) Die Eintragungen in das Genossenschaftsregister sind kostenfrei (§ 151).
d) Dem Genossenschaftsregister wohnt in Betreff des Mitgliederbestandes eine besondere Publizität inne.
e) Die Bestimmungen des H.G.B. über die Bestellung von Prokuristen und Bevollmächtigten zum gesammten Geschäftsbetriebe kommen nicht zur Anwendung.

Von denjenigen im Genossenschaftsgesetz nicht besonders erwähnten Bestimmungen des Handelsgesetzbuchs, welche nach § 17 auf eingetragene Genossenschaften Anwendung finden, sind folgende als wichtig hervorzuheben:

I. Firma. Die Art. 26 und 27 schützen die Genossenschaft im ausschließlichen Besitz ihrer Firma.

II. Handelsbücher. Die Genossenschaft ist zur Führung von Handelsbüchern verpflichtet. (Art. 28 bis 40 des Handelsgesetzbuchs.) Aus den Büchern müssen die Geschäfte und die Lage des Genossenschaftsvermögens vollständig zu ersehen sein. Die empfangenen Geschäftsbriefe sind aufzubewahren; von den abgesandten Geschäftsbriefen ist eine Kopie in ein Kopirbuch einzutragen. Vor dem Beginn des Geschäfts und später alle Jahre sind Inventar und Bilanz des Vermögens anzufertigen. Die Bücher müssen in einer lebenden Sprache und mit den Schriftzeichen einer solchen geführt werden; sie sind einzubinden und zu foliiren und dürfen keine ungehörig leeren Stellen und keine Durchstreichungen und Rasuren zeigen. Bücher, Geschäftsbriefe, Inventare und Bilanzen sind zehn Jahre lang aufzubewahren.

III. Auslegungsregeln. Auf die Geschäfte der eingetragenen Genossenschaft sind die im Handelsgesetzbuche für Handelsgeschäfte vorgeschriebenen Auslegungsregeln anzuwenden. Dergleichen sind namentlich in den Artikeln 278 bis 281 vorgeschrieben. Vgl. Makower a. a. O. Anmerkungen zu jenen Artikeln S. 272 ff.

IV. Kaufmännische Zinsen. Die eingetragene Genossenschaft hat die den Kaufleuten eigenthümlichen Rechte auf Zinsen — Artikel 289 bis 292 des Handelsgesetzbuchs —; besonders wichtig darunter ist das Recht, vom Saldo bei Kontokorrenten mit Kaufleuten oder mit anderen eingetragenen Genossenschaften Zinsen zu nehmen. (Art. 291.)

V. Pflicht, Aufträgen zu antworten. Die eingetragene Genossenschaft ist verpflichtet, auf erhaltene Aufträge bei bestehender Geschäftsverbindung ohne Verzug zu antworten, widrigenfalls das Schweigen als Uebernahme des Auftrages gilt. (Art. 323, vgl. auch die Art. 318 bis 322 des H.G.B.)

VI. Kaufmännisches Pfandrecht. Die eingetragene Genossenschaft genießt bei ihren Geschäften mit Kaufleuten oder andern eingetragenen Genossenschaften die Vortheile, welche den Kaufleuten in Betreff Bestellung von Faustpfändern und deren Veräußerung in den Artikeln 309 bis 311 des Handelsgesetzbuchs eingeräumt sind.

VII. Kaufmännisches Retentionsrecht. Die eingetragene Genossenschaft hat das den Kaufleuten in den Artikeln 313 bis 316 des Handelsgesetzbuchs eingeräumte Zurückbehaltungsrecht (Retentionsrecht). Sie ann also wegen einer fälligen Forderung gegen einen Kaufmann oder eine eingetragene Genossenschaft aus einem Geschäfte, welches auch auf Seiten des Schuldners als Handelsgeschäft erscheint, alle beweglichen Sachen und Werthpapiere des Schuldners zurückbehalten, welche mit dessen Willen auf Grund von Handelsgeschäften in ihren Besitz gekommen sind und sich noch in ihrem Gewahrsam befinden. — So ist z. B. vom Reichs-Oberhandelsgericht mit Recht angenommen, daß der Vertrag, wodurch eine Eingetragene Genossenschaft einen selbstständigen Kaufmann als Kassirer annimmt und letzterer diese Stellung als Nebengeschäft übernimmt, ein beiderseitiges Handelsgeschäft sei, — daß demnach die Forderungen der Genossenschaft als Prinzipal gegen den seine Pflichten verletzenden Kassirer aus einem Handelsgeschäft entspringen, — daß die Hypothekeninstrumente, welche der Genossenschaft, also einem Kaufmann, zur vertragsmäßigen Deckung für die Defekte, das ist zur Sicherung für eine im Handelsbetrieb entstandene Forderung, verpfändet wurden, auf Grund eines Handelsgeschäfts in den Besitz der Genossenschaft gelangt sind, daß daher auf solche Hypothekeninstrumente das kaufmännische Retentionsrecht der Art. 313 ff. des H.G.B. anwendbar sei. (Entscheidg. d. R.O.H. vom 28. Mai 1872 Bd. IV S. 195)

VIII. Mündliche Form der Verträge. Bei allen, Handelsgeschäften gleichzuachtenden Geschäften der eingetragenen Genossenschaft ist die Gültigkeit der Verträge durch schriftliche Abfassung oder andere Förmlichkeiten nicht bedingt. (Art. 317 des H G.B.)

IX. Der redliche Erwerber von Waaren, beweglichen Sachen und Inhaberpapieren, die von einer Genossenschaft in deren Geschäftsbetriebe veräußert oder verpfändet sind, ist gegen Ansprüche Dritter in weitem Maße geschützt. (Art. 306, 307 H.G.B.)

X. Stille Gesellschaft. Die eingetragene Genossenschaft kann stille Gesellschafter annehmen, also einzelne Personen oder Handelsgesellschaften oder eingetragene Genossenschaften sich mit einer Vermögenseinlage gegen Antheil an Gewinn und Verlust bei ihrem Geschäftsbetrieb betheiligen lassen; sie kann sich selbst beim Handelsbetrieb eines Andern oder beim Geschäftsbetrieb einer andern eingetragenen Genossenschaft mit einer Einlage als stiller Gesellschafter betheiligen. In beiden Fällen finden die Bestimmungen der Artikel 250 bis 265 des Handelsgesetzbuchs Anwendung.

Das Recht der eingetragenen Genossenschaft, stille Gesellschafter anzunehmen, ist bei zwei Arten der Genossenschaften praktisch geworden, bei Produktivgenossenschaften und Baugenossenschaften. Es kann Jemand gleichzeitig nicht blos Mitglied, Gläubiger und Schuldner, sondern auch stiller Gesellschafter einer und derselben eingetragenen Genossenschaft sein, eben weil diese Kaufmann im Sinne des Allgemeinen deutschen Handelsgesetzbuchs ist. — Da der stille Gesellschafter in Betreff der Prüfung der Bilanz erheblich mehr Rechte als der Genossenschafter hat, so ist der Fall denkbar, daß Jemand, an dessen Mitgliedschaft einer Genossenschaft außerordentlich viel gelegen ist, um deshalb in die Genossenschaft einzutreten kein Bedenken trägt, weil die Genossenschaft ihn gleichzeitig als stillen Gesellschafter annimmt und ihm so das Recht gewährt, sich zur Sicherung gegen die Gefahren der Solidarhaft einen genauen Einblick in die Bücher und Papiere der Genossenschaft zu verschaffen, während er dies als Genossenschafter nur durch Beschlüsse der Generalversammlung durchzusetzen im Stande ist.

§. 18.

Das Rechtsverhältniß der Genossenschaft und der Genossen richtet sich zunächst nach dem Statut. Letzteres darf von den

Bestimmungen dieses Gesetzes nur insoweit abweichen, als dies ausdrücklich für zulässig erklärt ist.

Ges. von 1868 § 9 Abs. 1, Entw. I u. II, Komm. 18, Rtg. 18.
Begr. I 105, II 71.

I. **Zur Geschichte des § 18.**

Der § 18 entspricht in veränderter Fassung dem Abs 1 des § 9 des Ges. von 1868. Der erste Satz lautete dort: „Das Rechtsverhältniß der Genossenschaften unter einander richtet sich zunächst nach dem Genossenschaftsvertrage." Während die frühere Formulirung — nachgebildet dem Art. 20 H G.B. (offene Handelsgesellschaft) — nur die Rechtsverhältnisse der Genossen unter einander erwähnt, trägt die jetzige Fassung dem Umstande Rechnung, daß es sich im Wesentlichen um die Rechtsverhältnisse der Genossenschaft selbst und um diejenigen zwischen ihr und den Genossen handelt (Begr. I S. 105).

II. **Erläuterungen.** „Abweichungen".

Abweichungen von dem Gesetz sind ausdrücklich für zulässig erklärt.

1. Erfordernisse zu Beschlüssen über Abänderung des Gegenstandes des Unternehmens, zur Erhöhung des Geschäftsantheils, zu sonstigen Aenderungen des Statuts — § 16 Abs. 2.

2. Maßstab für Vertheilung von Gewinn und Verlust und Bestimmung, wie weit Gewinn vor Erreichung des Geschäftsantheils auszugeben ist — § 19 Abs. 2.

3. Festsetzung der Nichtvertheilung des Gewinns — § 20 (vgl. 114 Abs. 1)

4. Mitgliederzahl und Art der Bestellung des Vorstandes — § 24 Abs. 2.

5. Form, in welcher der Vorstand seine Willenserklärungen kundgiebt und zeichnet — § 25 Abs. 1.

6. Beschränkungen des Vorstands im Umfang seiner Befugniß der Genossenschaft gegenüber dieselbe zu vertreten — § 27 Abs. 1.

7. Mitgliederzahl und Beschlußfähigkeitsziffer des Aufsichtsraths — § 34 Abs. 1.

8. Weitere Obliegenheiten des Aufsichtsraths — § 36 Abs. 3.

9. Ausschluß der Kreditgewährung an ein Vorstandsmitglied und Erfordernisse derselben, sowie Ausschluß oder Erfordernisse der Uebernahme einer Bürgschaft für eine Kreditgewährung seitens eines Vorstandsmitgliedes — § 37 Abs. 2.

10. Ausschließung der Theilnahme von Frauen an der Generalversammlung — § 41 Abs. 4.

11. Recht, die Generalversammlung zu berufen — § 42 Abs. 1 u. 2.

12. Zahl der Genossen, auf deren Antrag die Berufung einer Generalversammlung oder die Ankündigung von Gegenständen zur Beschlußfassung durch die Generalversammlung stattfinden muß — § 43 Abs. 1 u. 2.

13. Weise der Berufung der Generalversammlung und Ankündigung der Gegenstände der Verhandlung — § 44 Abs. 1 u. 2.

14. Kündigungsfrist des Austritts eines Genossen — § 63 Abs. 2.

15. Besondere Gründe der Ausschließung — § 66.

16. Berechnung des Fehlbetrags eines ausscheidenden Mitglieds — § 71 Abs. 2.

17. Ausschließung der Guthabenübertragung oder besondere Voraussetzung derselben — § 74 Abs. 1 (§ 132).

18. Erfordernisse des Auflösungsbeschlusses — § 76 Abs. 1.

19. Bestellung von Liquidatoren — § 81 Abs. 1.

20. Form, in welcher die Liquidatoren ihre Willenserklärung kundgeben und zeichnen — § 83 Abs. 1

21. Oeffentliche Versteigerung unbeweglicher Sachen durch die Liquidatoren — § 87 Abs. 2.

22. Maßstab für Vertheilung der bei der Liquidation sich ergebenden Ueberschüsse — § 89 Abs 3.

23. Bestimmung der Person, bei der die Bücher und Schriften der aufgelösten Genossenschaft zu bewahren sind — § 90.

24. Beitragsverhältniß zu den Nachschüssen — § 98 Abs. 2.

25. Erfordernisse für Erhöhung der Haftsumme — § 126.

26. Zulassung der Betheiligung auf mehrere Geschäftsantheile — § 128.

(Ueber die nach dem Ges. von 1868 gestatteten Abweichungen vgl. Parisius S. 242.)

§. 19.

Der bei Genehmigung der Bilanz für die Genossen sich ergebende Gewinn oder Verlust des Geschäftsjahres ist auf diese zu vertheilen. Die Vertheilung geschieht für das erste Geschäftsjahr nach dem Verhältniß ihrer auf den Geschäftsantheil geleisteten Einzahlungen, für jedes folgende nach dem Verhältniß ihrer durch die Zuschreibung von Gewinn oder die Abschreibung von Verlust zum Schlusse des vorhergegangenen Geschäftsjahres ermittelten Geschäftsguthaben. Die Zuschreibung des Gewinns erfolgt so lange, als nicht der Geschäftsantheil erreicht ist.

Das Statut kann einen anderen Maßstab für die Vertheilung von Gewinn und Verlust aufstellen, sowie Bestimmung darüber treffen, inwieweit der Gewinn vor Erreichung des Geschäftsantheils an die Genossen auszuzahlen ist. Bis zur Wiederergänzung eines durch Verlust verminderten Guthabens findet eine Auszahlung des Gewinns nicht statt.

Ges. von 1868 §§ 9 Abs. 2 und 47, Entw. I und II, Komm. 19, Rtg. 19. Begr. I 105, II 71—73.

I. Zur Geschichte des § 19.

Im preußischen Ges. vom 27. März 1867 lautete der entsprechende Abs. 2 des § 8:

„Der Gewinn und Verlust wird in Ermangelung einer anderen Bestimmung des Gesellschaftsvertrages unter die Genossenschafter nach Köpfen vertheilt,"

im Ges. vom 4. Juli 1888 Abs. 2 des § 9:

„In Ermangelung einer anderen Bestimmung des Gesellschaftsvertrages wird der Gewinn unter die Genossenschafter nach Höhe von deren Geschäftsantheilen vertheilt, ebenso der Verlust, soweit diese Antheile zusammen zu dessen Deckung ausreichen, wogegen ein nach Erschöpfung des Genossenschaftsvermögens noch zu deckender Rest gleichmäßig nach Köpfen von sämmtlichen Genossenschaftern aufgebracht wird."

Ueber das Verhältniß dieser beiden Sätze zu einander und zu § 19 siehe Erläuterungen 1. Zu § 19 ist in der Kommission nur die Ergänzung beantragt, die als § 20 in das Gesetz aufgenommen ist.

II. Erläuterungen zu § 19.

1. Grundsätze.

Das Ges von 1868 bestimmte über die Vertheilung von Gewinn und Verlust in § 9 Abs. 2 und § 47; es trennte nicht scharf genug die Vertheilung bei bestehenden und bei aufgelösten Genossenschaften.

§ 19 bestimmt die Grundsätze, nach welchen die Vertheilung von Gewinn und Verlust während bestehender Genossenschaften zu erfolgen hat, § 89 bezieht sich auf die aufgelösten Genossenschaften, und ferner enthält § 71 eine besondere Bestimmung über die Verlustvertheilung.

Nach dem preußischen Gesetze sollte, in Anlehnung an die gleiche Bestimmung des Art. 109 H.G.B. für die offene Handelsgesellschaft Gewinn und Verlust beim Mangel einer statutarischen Bestimmung nach Köpfen vertheilt werden. Trotz der wörtlichen Uebereinstimmung war die Vertheilung aber eine verschiedene, denn nach Art. 106 H.G.B. müssen jeden Gesellschafter zunächst von seinem Antheile 4% Zinsen gutgeschrieben werden, vor Deckung dieser Zinsen ist überhaupt kein Gewinn vorhanden. Das Ges. von 1868 stellte im Wesentlichen dieselben Grundsätze auf, wie das jetzige Gesetz in §§ 19 und 89.

In dem Bericht der Reichstagskommission zum Ges. von 1868 heißt es:

„Daß in Ermangelung anderer Vertragsbestimmungen Gewinn und Verlust einer Gesellschaft sich nach Verhältniß des Antheils am Gesellschaftsvermögen vertheilt, entspricht den allgemeinen Rechtsgrundsätzen; daß aber, wenn der Verlust das Gesellschaftsvermögen übersteigt und die Genossenschafter mit ihrem übrigen eigenen Vermögen für die Deckung eintreten sollen, die Vertheilung der aufzubringenden Deckung nach Köpfen zu geschehen hat, folgt — soweit eben die Statuten nichts Anderes bestimmen — aus dem Grundsatze der Solidarhaft." (Reichstags-Drucksachen Nr 80 S. 5.)

Die Gewinnvertheilung muß sich in der Regel nach dem Risiko, nach der Verlustvertheilung richten. Darnach ist es nothwendig, die Gewinn- und Verlustvertheilung während des Geschäftsbetriebes der Genossenschaft von der nach der Auflösung derselben zu sondern.

Das Ergebniß muß nun folgendes sein:

A. Verlust. 1. Während des Geschäftsbetriebes entscheidet die Bilanz am Schluß jeder Geschäftsperiode, ob Gewinn gemacht oder Verlust entstanden ist. Der Verlust vermindert das Gesellschaftsvermögen und muß, insofern und insoweit dazu nicht statutengemäß ungetheilt aufbewahrtes Sondervermögen der Genossenschaft als solches verwendet wird, das Geschäftsguthaben, das heißt die buchmäßige, durch Austritt realisirbare Gesammtbetheiligung des einzelnen Genossenschafters am Gesellschaftsvermögen gleichmäßig vermindern. Würde das ganze Gesellschaftsvermögen nach der Bilanz durch Verluste aufgezehrt und bliebe noch ein Betrag zu decken, so würde die Genossenschaft, wenn sie fortbestehen wollte, genöthigt sein, entweder von den Mitgliedern die Baardeckung zu fordern durch Einschüsse, welche nunmehr, da beim Mangel alles Gesellschaftsvermögens kein Genossenschafter mehr ein Geschäftsguthaben besitzt, folgerichtig von gleicher Höhe sein würden, oder den Endabschluß der Bücher vorzunehmen, mindestens also in den Geschäftsbüchern die Uebertragungen vom Gewinn- und Verlustkonto dadurch auszuführen, daß das gesammte Gesellschaftsvermögen, und damit also alle Geschäftsguthaben abgeschrieben und jeder Genossenschafter auf seinem Konto mit dem gleichen Betrage belastet und endlich das Bilanzkonto in Soll und Haben vollständig ausgeglichen würde.

2. Löst sich die Genossenschaft auf und stellt sich bei der Liquidation ein Verlust heraus, so wird dieser das Gesellschaftsvermögen und damit die Betheiligung der Genossen an demselben verhältnißmäßig vermindern; bleibt nach Abschreibung des ganzen Gesellschaftsvermögens noch ein Minus, so erfolgt in Folge der Solidarbürgschaft die Deckung zu ganz gleichen Theilen, das heißt kopfweise. Demnach ist in beiden Fällen die Verlustvertheilung dieselbe.

B. Gewinn. 1. Ergiebt während des Geschäftsbetriebs am Schluß einer Rechnungsperiode die Bilanz der Genossenschaft einen Gewinn, so vermehrt derselbe das Gesellschaftsvermögen, muß also, wenn der Gesellschaftsvertrag nichts Anderes bestimmt, auf die Geschäftsguthaben nach Verhältniß ihrer Höhe vertheilt werden.

2. Liquidirt die Genossenschaft, so müssen nach Deckung aller Schulden die Geschäftsguthaben, wie sie beim Beginn der letzten Geschäftsperiode, also in Folge des letzten zur Ausführung gelangten Geschäftsabschlusses auf den das Kapitalkonto der Genossenschaft darstellenden Konten der Genossenschafter gebucht stehen, zur Auszahlung gelangen. Von dem verbleibenden Ueberschuß ist der nach einer Bilanz der letzten Rechnungsperiode sich ergebende Reingewinn statutenmäßig zu vertheilen. Was dann noch übrig bleibt, ist nichts Anderes als unvertheilt gebliebener, aufgesparter Gewinn der Vorjahre. Diesen in Ermangelung einer andern Bestimmung des Gesellschaftsvertrages nach der gegenwärtigen Höhe der Geschäftsguthaben zu vertheilen, liegt kein Grund vor; weit mehr entspricht eine kopfweise Vertheilung jener aus dem Prinzip der Solidarbürgschaft hervorgehenden Bestimmung, wonach die durch das Vermögen der Genossenschaft nicht gedeckten Verluste ebenfalls kopfweise aufgebracht werden.

Wie erwähnt, wird in § 19 nur die Gewinn- und Verlustvertheilung bei bestehender Genossenschaft behandelt, es kommt hierbei die Vertheilung des Verlustes, welcher nach Aufopferung von Reservefonds und Geschäftsguthaben noch vorhanden ist, nicht weiter in Betracht. Vgl. hierüber § 89.

2. **Absatz** I. Maßstab für Gewinn- und Verlustvertheilung.

Das Gesetz schließt sich, was den Maßstab für Gewinn- und Verlustvertheilung anlangt, an die Einrichtung an, welche bei den Vorschuß- und Kreditvereinen in Uebung ist.*) Eine abweichende Regelung durch das Statut ist gestattet; von dieser Zulassung werden außer den Vorschußvereinen alle Genossenschaften Gebrauch machen.

Bei den Konsumvereinen wird der Gewinn an die Mitglieder nach dem Waarenbezuge innerhalb des Geschäftsjahres vertheilt; auf die Geschäftsguthaben kommt aus dem Reingewinn eine Kapitaldividende zur Vertheilung;**) für die Verlustvertheilung kann dieser Maßstab nicht gelten, da es die Mitglieder in der Hand hätten, sich der Tragung der Verluste zu entziehen, der Verlust wird nach dem Statut nach den Geschäftsguthaben vertheilt.***) Ebenso wie bei den Konsumvereinen vertheilen die Rohstoffvereine Gewinn und Verlust.†)

---

*) Die Raiffeisenschen Darlehnskassenvereine in ihrer grundsätzlichen Mißachtung der Gewinnvertheilung haben, als sie genöthigt wurden, Geschäftsantheile einzuführen, nach Raiffeisens Rath die Einrichtung getroffen, daß für die Geschäftsguthaben „keine Dividende im eigentlichen Sinne, sondern nur Zins in derselben Höhe, wie für Darlehen oder noch besser für Anlehen zu zahlen sind, gewährt werden" (Raiffeisen a. a. O. S. 40).

**) Die Konsumvereine haben meist die seit 1867 vorgeschlagenen Bestimmungen auch später beibehalten. Für Konsumvereine mit vierteljährlichem Abschluß bringt Parisius (246) folgende Formulirung:

„Vom Reingewinn erhalten zunächst die Mitglieder als Kapitaldividende auf jede volle Mark ihres Geschäftsantheils am Schluß des vorhergehenden Geschäftsquartals einen Pfennig (4 Prozent) zugeschrieben, sodann werden die durch Verträge oder durch besondere Beschlüsse der Generalversammlung den Beamten des Vereins, sowie den Vorstands- und Verwaltungsrathsmitgliedern vom Reingewinn etwa zugesicherten Tantièmen berichtigt. Einen Theil des hierauf verbleibenden Ueberschusses, jedoch nicht über 5 Prozent, — je nach Beschluß der Generalversammlung — erhält der Reservefonds, welcher ungewöhnliche Verluste zu tragen bestimmt ist. Vom Ueberrest werden $^{1}/_{30}$ zu einem für die Förderung von Kenntnissen über Genossenschaftswesen und Erweckung genossenschaftlichen Sinnes unter den Mitgliedern bestehenden Dispositions-Fonds und $^{29}/_{30}$ den Geschäftsantheilen der Mitglieder nach Verhältniß der von ihnen in der betreffenden Rechnungsperiode durch das Vereinslager bezogenen Waaren als Einkaufsdividende vorgeschrieben.

Sollten in Folge von Verlusten Abschreibungen von den Geschäftsantheilen erforderlich sein, so erfolgen sie nach Verhältniß der Höhe der Geschäftsantheile. Soweit Verluste durch den Reservefonds und die Geschäftsantheile nicht gedeckt werden, sind sie auf alle Mitglieder gleichmäßig zu vertheilen." Damit stimmt ziemlich genau die Formulirung in Dr. Schneiders Taschenbuch S. 340 überein. Vgl. Musterstatut § 79.

Ueber den Dispositionsfonds für Bildungszwecke siehe Erläuterungen zu § 46

***) Den Konsumvereinen sind die Statutenbestimmungen über Verluste gleichgültig, weil Verluste, die über den Gewinn und die Reserven hinausgehen, so gut wie unmöglich sind. Dessenungeachtet finden sich bei

Die gleiche Verlustvertheilung findet sich bei den Magazingenossenschaften, von dem Gewinn wird eine Kapitaldividende gegeben und der Rest unter die Mitglieder nach Verhältniß der von diesen als Lagergelder und Verkaufsprozente geleisteten Beiträge vertheilt.

Bei den Genossenschaften für industrielle Produktion hat die Frage der Vertheilung von Gewinn und Verlust ihre besondere Geschichte, namentlich in Frankreich und England. Die deutschen Produktivgenossenschaften vor Erlaß des preußischen Genossenschaftsgesetzes waren zu gering an Zahl oder gingen zu schnell wieder zu Grunde, als daß man von ihnen Erhebliches berichten könnte. Kleinere Produktivgenossenschaften mit einer geringen Zahl in gemeinschaftlichen Werkstätten beschäftigter Mitglieder pflegten den Reingewinn nach Verzinsung des Geschäftskapitals kopfweise zu vertheilen, d. h. den Mitgliedern gutzuschreiben, und dabei die üblichen guten Stücklöhne zu zahlen Schulze-Delitzsch hatte damals in einem der Form der offenen Handelsgesellschaft angepaßten Musterstatut (Innung der Zukunft 1865 S. 53), im Interesse der schnelleren Kapitalbildung durch Beiträge, die Vertheilung des Reingewinnes, nach Abzug von 10 Prozent für den Reservefonds, lediglich auf die Geschäftsantheile nach deren Höhe vorgeschlagen.

In Frankreich, wo die Produktivgenossenschaften aus den sozialistischen Bewegungen, aus der Feindschaft der Arbeit gegen das Kapital hervorgegangen waren und wo dieselben nur arbeitende Mitglieder kannten, nahm man ursprünglich vom Reingewinn $^1/_{10}$ bis $^1/_5$ zu einem untheilbaren Kapital (fond indivisible oder inalinéable), welches sich als Stiftung für die arbeitende Klasse in der immerwährenden Genossenschaft von Geschlecht zu Geschlecht vererben sollte, $^1/_{10}$ bis $^2/_5$ zum Reservefonds, und der Ueberrest wurde unter die Arbeiter, gleichviel ob sie Mitglieder oder Hülfsarbeiter, Lohnarbeiter der Genossenschaft (auxiliaires) waren, nach Verhältniß der Arbeitstage vertheilt. — In der ersten Hälfte der sechziger Jahre hatten die französischen Genossenschaften die sozialistischen Besonderheiten in der harten Schule der Erfahrung mehr und mehr abgestreift. Die im August 1865 von einem aus Schriftstellern, Juristen und praktischen Genossenschaftsmännern zusammengesetzten Comité ausgearbeiteten Musterstatuten mit Einleitung gaben davon Zeugniß. (Beilage zu Nr. 10 der Association.) Die Mehrheit der Kommission war dafür, zur Produktivgenossenschaft auch nicht arbeitende, nur mit Kapital betheiligte Mitglieder zuzulassen. Ueber Ver-

---

ihnen darüber öfters ganz besondere Bestimmungen gebildet. So z. B. Neustadt-Magdeburg. Da soll, wenn das Geschäftserträgniß des Jahres und alle Rücklagen (Reserven) zur Deckung der Verluste nicht ausreichen, der Fehlbetrag zu gleichen Theilen von den Geschäftsantheilen der Mitglieder abgeschrieben werden, und zwar „müssen dann solche Geschäftsantheile, die noch nicht so groß als der abzuschreibende Betrag sind, zuvor auf die ausreichende Höhe gebracht werden".

†) Ueber die besonderen Vorschläge, die Schulze-D. für Rohstoffgenossenschaften zur Sicherung gegen Verluste, insbesondere über Einführung des unkündbaren Garantiekapitals machte, siehe Schulze: Die Genossenschaften in einzelnen Gewerbszweigen S. 114 ff. Parisius 247.

theilung des Gewinns konnte man sich nicht einigen und stellte vier Vorschläge zur Auswahl:

1. Dem Genossenschaftskapital sind nur 6 Prozent Zinsen zuzuschreiben, der Rest ist unter die Mitglieder nach Verhältniß der von ihnen während der Rechnungsperiode empfangenen Löhne zu vertheilen.
2. $^1/_5$ ist zur Tantième für den Vorstand (gérance) und Beamte nach Verhältniß des Gehalts, $^1/_5$ zum Reservefonds zu verwenden; $^3/_5$ erhalten die Mitglieder im Verhältniß zu den während des Jahres empfangenen Löhnen und Zinsen. (Auf 200000 Frcs. Genossenschaftskapital, wovon zu 5 Prozent 10000 Frcs. Zinsen gezahlt werden, den gleichen Antheil wie auf 10000 Frcs. Löhne.)
3. Der Ueberschuß der Aktiva über die Passiva stellt die Ergänzung des Arbeitslohns und den Unternehmergewinn dar, und ist demgemäß unter diese beiden Elemente verhältnißmäßig zu theilen. Das Verhältniß der während des Geschäftsjahres verausgabten Löhne zu den während derselben Zeit gemachten anderen Ausgaben bildet den Maßstab.
4. Die Statuten müssen einen bestimmten Prozentsatz des Reingewinns für die Arbeit und einen bestimmten Prozentsatz für das Kapital festsetzen. Den passenden Prozentsatz für die einzelne Genossenschaft zu finden, muß deren Einsicht überlassen bleiben.

In allen vier Fällen erhalten die nicht der Genossenschaft als Mitglieder angehörigen Arbeiter, die travailleurs auxiliaires, da sie für Verluste nicht verantwortlich sind, von dem Antheil, welcher auf sie als Ergänzung des Arbeitslohns fallen würde, wenn sie Mitglieder wären, nur die Hälfte, während die andere Hälfte zum Reservefonds kommt. Verluste werden von den Geschäftsantheilen im Verhältniß ihrer Höhe abgeschrieben. Der Krieg von 1870 und die Herrschaft der Pariser Commune haben die Produktivgenossenschaften Frankreichs fast sämmtlich vernichtet, so daß von längeren praktischen französischen Erfahrungen auf diesem Gebiete kaum die Rede sein kann.

Bei den englischen Produktivgenossenschaften (vgl. Einleitung) bildet die Frage der Gewinnvertheilung, nachdem darüber vor etwa 30 Jahren ein mehrjähriger erbitterter Streit geführt war, seit drei Jahren den Hauptberathungsgegenstand der Allgemeinen Vereinstage. In einer der ersten großen Produktivgenossenschaften, in der 1854 gegründeten Spinnerei der Pioniere von Rochdale — Rochdale Cooperative Manufacturing Compagnie — gab man den Arbeitern anfänglich einen Antheil am Reingewinn, welcher nach halbjährlichem Abschlusse vertheilt wurde. Nach Abzug aller Geschäftsunkosten, worunter neben den ortsüblichen Arbeitslöhnen auch 5 Prozent Zinsen für die Geschäftsantheile sich befanden, wurden vom Ueberschuß zunächst die üblichen Abschreibungen vom Inventar gemacht und ein Beitrag zum Reservefonds genommen, dann aber der Rest als Dividende für Kapital und Arbeit dergestalt verwendet, daß auf jedes Pfund gezahlten Arbeitslohns derselbe Gewinn wie auf jedes Pfund Kapital vertheilt wurde. Diese Bestimmung wurde indeß in wenigen Jahren trotzdem die

Abänderung des Statuts eine Mehrheit von drei Viertel erforderte, nach hartem Kampfe wieder abgeschafft, da nur dem Kapital, nicht auch der Arbeit, die ja nicht an Verlusten theilnehme, der Gewinn gebühre. Nachdem 1860 in einer Generalversammlung zwar die Mehrheit, aber nicht die Dreiviertelmehrheit (571 gegen 270 Stimmen) für die Abschaffung gewesen war, wurde diese 1862 mit 502 gegen 162 Stimmen beschlossen. Auch die meisten andern Produktivgenossenschaften Englands, welche anfänglich das Rochdaler Muster nachgeahmt hatten, sind später dazu übergegangen, dem Kapital den ganzen Gewinn zuzubilligen. (Vgl. Huber, „Konkordia" Heft 8 1861 S. 37 und Ed. Pfeiffer, „Ueber Genossenschaftswesen" 1863 S. 94 ff. Holyoakes Geschichte der redlichen Pioniere. Uebersetzt ꝛc. von Häntschke S. 159—164.)

Seitdem sind viele größere Konsumvereine selbst zur Produktion, namentlich von Backwaaren und von Schuhzeug und Kleidungsstücken, übergegangen. Daneben entstanden zahlreiche Produktivgenossenschaften. Endlich haben die beiden von den Konsumvereinen gestifteten und geleiteten Großeinkaufsgenossenschaften in Manchester und Glasgow große Produktionsstätten gegründet und produziren Schuhe und Stiefeln, wollene Waaren, Biskuit, Konfekt und Chokoladen. Ueber diese mächtigen Großeinkaufsgenossenschaften erhoben sich in der Oeffentlichkeit lebhafte Beschwerden, einmal, daß sie die Produktivgenossenschaften nicht genügend unterstützten, und sodann, daß sie in ihren eigenen Werkstätten und durch dieselben die Löhne herabdrückten u. dgl. *) Das Verhältniß der Konsumvereine und ihrer Großeinkaufsgenossenschaften zu der Produktion und den Produktivgenossenschaften und das Verhältniß von Arbeit, Kapital und Konsumtion (Handel) zu Gewinn und Verlust mit Bezug auf die Genossenschaften war nun auf den Vereinstagen zu Carlisle (1887), Dewsbury (1888) und Ipswich (1889) ein Gegenstand lebhafter Verhandlungen. Dieselben kamen auf dem diesjährigen Vereinstage in Ipswich zum vorläufigen Abschluß durch Annahme von Resolutionen, in denen

1. der Grundsatz ausgesprochen wird, daß jedes genossenschaftliche Produktivunternehmen, gleichviel ob dasselbe durch Großeinkaufsgenossenschaften oder durch Konsumvereine oder durch Organisation der Arbeiter selbst geschaffen ist, Bestimmungen zu vereinbaren hat **über Theilung von Gewinn und Risiko zwischen dem Arbeiter, dem Kapitalisten und den Konsumenten;**

---

*) Die Großhandlung von Manchester beschäftigte im Jahre 1886 in ihren Schuhfabrken 990 Arbeiter und verdiente damit 9500 £, die sie an die bei ihr betleiligten 940 Konsumvereine, diese wieder an 650000 Mitglieder als Gewinn nach Verhältniß ihres Waarenbezuges vertheilten, während die 990 Schuhmacher nichts vom Gewinn erhielten. Die Schuhmacher im Dienste der Großhandlungsgenossenschaft sollen sogar einmal wegen zu niedriger Löhne gestrikt haben. — Die Schottische Großhandlung zu Glasgow hatte stets eine gewisse Gewinnbetheiligung für ihre Angestellten in der Verkaufsabtleilung, später ist auch eine Gewinnbetheiligung der Arbeiter in der Produktivabtheilung eingeführt.

2. daß nach den praktischen Erfahrungen der letzten Jahre die genossenschaftliche Produktion am erfolgreichsten durch die Konsumvereine zum Zweck der Herstellung ihrer Bedarfsartikel betrieben wird und die Organisation der Großeinkaufsgenossenschaft am geeignetsten ist, behufs Förderung der genossenschaftlichen Produktion, die Fabrikation vieler Artikel, die von den Konsumvereinen verkauft werden, mit Erfolg in die Hand zu nehmen. (S. die Aufsätze von Häntschke in den Bl.f.G. 1887 S. 134, 169; 1888 S. 172, 181 u. 191; 1889 S. 282.)

Seit dem Erlaß der Genossenschaftsgesetze von 1867 und 1868 entstanden in Deutschland viele größere und kleinere industrielle Produktivgenossenschaften, bei deren Statuten Schulze-Delitzsch als Rathgeber zugezogen wurde. Er behandelte diese Art der Genossenschaften in seinem 1873 erschienenen Buche „Die Genossenschaften in einzelnen Gewerbzweigen" ausführlich (S. 264 bis 369). Daß in der Produktivgenossenschaft die Arbeit am Gewinn zu betheiligen sei, war ihm nicht zweifelhaft. Nach seinen Vorschlägen sind „Kapital und Arbeit, als die unentbehrlichen Faktoren jeder Produktion, gleich gesetzt, und zunächst der Arbeit der gewöhnliche Lohn, dem Einlagekapital der gewöhnliche Zins ausgeworfen, wie beide, abgesehen von der Anlage in eigenen Unternehmungen, marktgängig sind. Erst wenn die Beträge beider, als unvermeidliche Anlagen, ebenso wie andere Geschäftsunkosten durch die Geschäftseingänge gedeckt sind und alsdann noch Ueberschüsse bleiben, kann von weiteren Verwendungen, von einem eigentlichen Geschäftsgewinn die Rede sein. Dieser Gewinn wird dann dergestalt zwischen Arbeit und Kapital getheilt, daß: 1. die Inhaber der Geschäftsantheile, außer dem ihnen gewährten üblichen Zins, die eine Hälfte des Gewinnes; 2. die Arbeiter (einschließlich der Beamten), außer den ihnen gewährten üblichen Löhnen und Gehalten, die andere Hälfte davon zugetheilt erhalten. Und wie bei dem Kapital die Höhe der von den Einzelnen darauf gemachten Einlagen, so bildet bei den Arbeitsleistungen die Höhe der dafür an die Einzelnen bezahlten Löhne oder Gehalte den natürlichen Maßstab bei der Vertheilung, da man voraussetzen muß, daß diese Höhe den Leistungen nach Qualität und Quantität entspricht, indem ja die betreffenden Festsetzungen in der Hand der Genossenschaft selbst liegen". Zwischen Mitgliedern und Nichtmitgliedern macht Schulze-Delitzsch bei der Lohndividende keinerlei Unterschied.

Aus diesen Erwägungen sind im Musterstatut Bestimmungen folgenden Inhalts hervorgegangen:

a) Ein Reservefonds (bis zu 10 Prozent des Mitgliedervermögens) wird aus Eintrittsgeldern, deren Höhe von Zeit zu Zeit durch Gesellschaftsbeschlüsse festzustellen ist, und aus Betheiligung am Reingewinn (nicht unter 5 Prozent und nicht über 10 Prozent von der Generalversammlung festzusetzen) angesammelt und in der Normalhöhe erhalten.

b) Die Geschäftsantheile werden gebildet durch eine bedeutende Einzahlung und durch starke monatliche Einsteuern und Zuschreibung der Dividenden.

c) Vom Reingewinn erhält zunächst der Reservefonds 5 bis 10 Prozent; demnächst wird den Mitgliedern nach Höhe ihrer Geschäftsantheile ein Zins bis zu 5 Prozent gewährt und der alsdann sich ergebende Ueberschuß zur Hälfte ebenfalls auf der Mitglieder Guthaben als Superdividende, zur andern Hälfte unter die von der Genossenschaft beschäftigten Arbeiter und Beamten, einschließlich der Mitglieder, nach Höhe der an jeden derselben in dem betreffenden Jahre gezahlten Löhne und Gehalte, als sogenannter Bonus vertheilt. (§ 55 des Musterstatuts a. a. O. S. 337.)

d) Sowohl Zins als Superdividende werden nur nach vollen Thalern des Geschäftsantheils gewährt. „Außerdem wird der Zins nach vollen Monaten berechnet, innerhalb welcher die betreffenden Bestände während des Jahres in der Vereinskasse gestanden haben, dagegen die Superdividende nur auf diejenigen Bestände gewährt, welche das ganze Rechnungsjahr hindurch genutzt worden sind, so daß die innerhalb desselben aufgesammelten Beiträge erst im nächstkünftigen Jahre dabei berücksichtigt werden. An dem Bonus haben alle noch am Schlusse des Jahres beschäftigten Arbeiter Antheil, sobald ihre Beschäftigung innerhalb desselben mindestens sechs Monate gedauert hat." (§ 56 a. a. O.)

Besondere Bestimmungen für die Verlustvertheilung sind nicht getroffen.

Oben ist bereits dargethan, daß in Deutschland die industrielle Produktivgenossenschaft bisher erheblich dauernde Erfolge nicht aufzuweisen hat. Ob eine der noch jetzt bestehenden Produktivgenossenschaften Schulzes Gewinnvertheilungsvorschläge angenommen und beibehalten hat, ist uns nicht bekannt. Die uns vorliegenden Statuten industrieller Produktivgenossenschaften vertheilen den Gewinn nur an Mitglieder und nur nach Verhältniß der Geschäftsguthaben.*)

Neuerdings haben sich auch in Deutschland entwickeltere Konsumvereine vielfach der Produktion zugewandt, in erheblicherem Maße kommt dabei aber nur die Bäckerei in Betracht. So viel wir wissen, ist jedoch noch in keinem deutschen Konsumverein die Frage zur Erörterung gelangt, ob man die beschäftigten Lohnarbeiter am Gewinn betheiligen soll.**)

---

*) So z. B. die Breslauer Genossenschaftsbuchdruckerei E.G. mit 113 Mitgliedern, darunter 68 Buchdruckern, Betriebspersonal 25 bis 30 Personen, davon 7 Mitglieder. Der Buchdruckerverein der Provinz Hannover E.G. 145 Mitglieder, lauter Buchdrucker, von denen 9 bis 12 beschäftigt, bei 3 bis 4 Hülfsarbeitern, hat Geschäftsantheile von 30 Mk., von denen ein Mitglied bis 50 haben kann; vom Gewinn erhalten die Mitglieder für voll eingezahlte Geschäftsantheile 5 %, den Rest der Reservefonds.

**) Die größeren deutschen Konsumvereine beschäftigen schon eine erhebliche Zahl Personen. Der Breslauer Konsumverein (nicht eingetr.) beschäftigt im Comptoir und zur Verwaltung des Hauptlagers und der Bäckerei neben dem geschäftsführenden Direktionsmitgliede 13 Beamte, 2 Kassenboten, 44 Lagerhalter, welch letztere die geschäftlich nöthige Hülfe für eigene Rechnung zu beschaffen haben, 2 Backmeister, 2 Maschinenheizer, 28 Bäckergesellen, 29 Kutscher und Haushalter, 5 weibliche Arbeiter, einen Hofwächter, zusammen 127 Personen. Der Konsumverein Neustadt E.G. in Neustadt-Magdeburg beschäftigt 7 Büreaubeamte, 12 Lagerhalter,

Für landwirthschaftliche Konsumvereine (Rohstoffassoziationen) gilt das Gleiche wie für die Lebensmittel-Konsumvereine.*)

Für landwirthschaftliche Handels- und Produktivgenossenschaften ist die Vertheilung des Gewinns mit 5% Kapitaldividende auf die Geschäftsantheile und mit dem Rest auf die zur Verwerthung eingelieferten Produkte angemessen. (Vgl. Schulze a. a. O. S. 402).**)

---

die ihre Hülfskräfte auf eigene Kosten halten müssen, 18 Arbeiter und Kutscher, 40 Bäcker, zusammen 77 Personen und 29 Familien zum Austragen des Fein- und Weißgebäcks in die Wohnungen der Mitglieder. Der Spar- und Konsumverein E.G. zu Stuttgart hat außer zwei Vorstehern und dem Kassirer einen Magazinier, einen Kellermeister, 6 Kommis, einen Backmeister, 15 Ladenhalterinnen und 24 von diesen angestellte Gehülfinnen, einen Büreaudiener, 7 Knechte, 6 Bäckergesellen und 5 Gehülfen des Kellermeisters, zusammen 56 Personen.

*) Nach dem Statut eines Pfälzer landwirthschaftlichen Konsumvereins steht über den Reingewinn der Generalversammlung die Verfügung zu. „Derselbe fließt jedenfalls in den Reservefonds, bis derselbe den Betrag von 100 Mk. pro Mitglied erreicht." Ueber Verluste fehlt eine Bestimmung.

**) Vgl. Erläuterung 8 zu § 7 Bei den Winzervereinen und Molkereigenossenschaften hat Raiffeisen in den Statuten nur Kapitaldividenden vorgeschlagen; bei dem Winzerverein heißt es: „Der Geschäftsgewinn wird zur Ansammlung eines Reservekapitals und zur Dividende an die Mitglieder benutzt. Zum Reservekapital soll jährlich die Hälfte des Gewinnes so lange verwendet werden, bis damit allmählich die Immobilien sowie das stehende Inventar (Lagerfässer, Kelter u. s. w.) bezahlt sind. . . . Der nicht dem Reservekapital zugeschlagene Theil des Gewinnes wird nach dem Verhältnisse der eingezahlten Geschäftsantheile unter die Mitglieder als Dividende vertheilt" (S. 193). Aehnlich bei den Molkereigenossenschaften (S. 217). Von Verlusten ist nichts erwähnt. — Prof. v. Mendel hat in dem Statut eines Oldenburger Konsumvereins E.G. keine Silbe von Gewinn und Verlust, in dem Statut des „landwirthschaftlichen Produzentenvereins" E.G. die vorsorgliche Bestimmung: „Das Vereinsvermögen wird gebildet 1. durch die etwa einzuziehenden Konventionalstrafen, 2. durch die Geschäftsüberschüsse. Es sind jedoch die Ankaufspreise so zu bemessen, daß nach Abzug der Geschäftsunkosten, der Amortisationsbeträge und Zinsen für etwaige Anleihen ein erheblicher Jahresüberschuß nicht verbleibt." — Korrekter ist das Musterstatut des Ministeriums für einen Verein zur Obstverwerthung E.G. Es will gar keine Kapitaldividende, vielmehr zur Dotirung des Reservefonds, Tantième — den Rest zur Gewährung einer Dividende, „welche unter die Vereinsmitglieder nach dem Verhältniß des Geldwerthes der von jedem Einzelnen im abgelaufenen Geschäftsjahr gemachten Obstlieferungen vertheilt wird". — Der Winziger Rinderzuchtverein E.G. hat nichts von Gewinn- und Verlustvertheilung. Von Interesse sind die sorgfältigen Bestimmungen über Gewinn und Verlust bei der „Sauerkrautfabrik Büttelborn E.G.". Dieselbe hat, ähnlich wie Schulze für die Rohstoffgenossenschaften vorschlug (Musterstatut S. 114 ff. — Genossenschaften in einzelnen Gewerbzweigen, vgl. Parisius 298), neben den Geschäftsantheilen von 100 Mk. noch Garantiekapitalien der Mitglieder von 100 Mk., die den rechtlichen Charakter von Darlehen haben. Vom Reingewinn erhalten der Reservefonds mindestens 5%, die Geschäftsantheile 4% Kapitaldividende. Der Ueberschuß wird an die Mitglieder in der Weise vertheilt, daß „der auf das von den Mitgliedern gezeichnete und eingelieferte Rohprodukt entfallende Gewinn nach Maßgabe deren Zeichnung bezw. Lieferung und der Gewinn aus dem zugekauften Rohprodukt nach Köpfen ausgeschlagen wird".

In dem Statut für Baugenossenschaften (Dr. Schneider a. a. O. S. 56 § 84) ist vorgeschlagen, vom Reingewinn zunächst den Mitgliedern und stillen Gesellschaftern auf ihre Geschäftsantheile und Einlagen eine Dividende von 4 % zu gewähren, sodann vom Ueberschusse die dem Vorstand und sonst den Beamten etwa zugesicherten Tantièmen in Abzug zu bringen und von dem dann verbliebenen Rest dem Reservefonds, so lange derselbe noch nicht den Normalbetrag erreicht hat, mindestens 10 % zuzuschreiben und höchstens 4 % für gemeinnützige, namentlich Bildungszwecke zu verwenden, das Uebrige aber als Superdividende an die Mitglieder und stillen Gesellschafter zu vertheilen. Die Verlustvertheilung geschieht nach den Geschäftsantheilen.

3. Beschlußfassung über die Vertheilung von Gewinn und Verlust.

Die Vertheilung erfolgt durch Beschluß der Generalversammlung (§ 46), welche hierbei an das Statut gebunden ist und nur innerhalb der Vorschriften derselben Bestimmung treffen kann. Innerhalb dieses Rahmens aber kann sie frei verfügen, sie braucht den Jahresgewinn z. B. nicht zur Vertheilung zu bringen, sie kann ihn auch ganz zur Dotirung des Reservefonds verwenden (§ 20) oder zur Bildung einer Gewinnreserve (§ 7 Erläuterungen 10) oder zu gemeinnützigen Zuwendungen (Begr. I 105, II 71).

Ein Jahresgewinn ist nur vorhanden, wenn die Erträge die Ausgaben, Verluste u. s. w. übersteigen. Sind die letzteren größer, und es wird gleichwohl eine Dividende vertheilt, so liegt hierin eine Auftheilung des Gesellschaftsvermögens. Die rechtlichen Folgen den Gläubigern gegenüber sind verschieden je nachdem der zur Verlustdeckung dienende Reservefonds oder die Geschäftsguthaben zur Dividendenvertheilung benutzt werden; im ersteren Falle ist keine Ersatzverbindlichkeit der Vorstands- und Aufsichtsrathsmitglieder den Gläubigern gegenüber vorgesehen, dagegen im zweiten Falle bei den Genossenschaften mit beschränkter Haftpflicht, denn es könnte

---

Sind Geschäftsantheil und Garantiekapital voll, so wird der Gewinn baar ausbezahlt. Bei einer Unterbilanz wird der Verlust in gleicher Weise wie der Gewinn auf das im letzten Jahre gelieferte Rohprodukt bezw. nach Köpfen vertheilt, die betreffenden Beträge werden baar bezahlt oder von Geschäftsantheilen und Garantiekapitalien abgeschrieben. Mitglieder, die das gezeichnete Rohprodukt nicht liefern, werden mit dem Doppelten der Zeichnung zur Theilnahme am Verlust herangezogen u. s. w.

Die in Erläuterungen zu § 7 besprochenen „Musterstatuten" des Konsul Mahlstedt nach dem neuen Gesetz enthalten gleiche unzureichende Bestimmungen über den Reingewinn: „Von diesem Reingewinn werden 10 % zu einem Reservefonds zurückgestellt, bis dieser mindestens im Ganzen 10 % des eingezahlten Mitgliederguthabens hat." Punktum. So bei Molkereigenossenschaft, landwirthschaftlichem Konsumverein, landwirthschaftlichem Produzentenverein, Schlächterei vereinigter Landwirthe. Daneben ist überall bei den Bestimmungen über Bildung des Geschäftsantheils der schon bei § 7 erwähnte Satz „außerdem wird dem Geschäftsantheil der Antheil am Jahresgewinn zugeschrieben, bis derselbe die vorgeschriebene Höhe erreicht hat". Man darf hieraus wohl schließen, daß eine Vertheilung des Gewinns lediglich nach den Geschäftsantheilen beabsichtigt ist. Von den Verlusten enthalten die Statuten nichts.

hierin nur eine Auszahlung des Geschäftsguthaben gesehen werden (§ 136 Abs. 1).

Was die Verantwortlichkeit von Vorstand und Aufsichtsrath in diesem Falle der Genossenschaft gegenüber anlangt, so greifen §§ 32 Abs. 3 und 39 Abs. 3 nicht ohne Weiteres Platz, da das Geschäftsguthaben auf Grund eines Generalversammlungsbeschlusses im Wege der Dividendengewährung ausgezahlt wird, Vorstand und Aufsichtsrath machen sich in diesem Falle wie bei Verwendung des Reservefonds zu dem gedachten Zweck nur dann der Genossenschaft schadensersatzpflichtig, wenn sie die Generalversammlung nicht auf das Gesetzwidrige ihrer Handlungsweise hingewiesen haben (vgl. § 12 Nr. 4 b Allgem. Begründung zum Aktiengesetz und Makower zu Art. 222 A.G. Anm. 6). Dem Vorstand steht das Recht zu, einen entgegen seinen Vorschlägen gefaßten Generalversammlungsbeschluß im Wege der Klage (§ 49) anzufechten.

Auf den gesetzlichen oder statutenmäßigen Antheil an dem nach dem Generalversammlungsbeschluß zur Vertheilung kommenden Gewinnbetrag haben die Genossen einen Rechtsanspruch, derselbe ist auch Gegenstand der Pfändung; insoweit jedoch statutarisch oder gesetzlich (§ 19 letzter Satz) eine Zuschreibung der Dividende zum Guthaben erfolgen muß, ist die Dividende als solche nicht pfändbar, sondern nur gleichzeitig mit dem Guthaben. Zur Deckung des sich aus der Bilanz ergebenden Verlustes (§ 7 Nr. 4) dient der Reservefonds, die Generalversammlung ist aber deswegen nicht verpflichtet, den Reservefonds, falls er auch zur Deckung des Verlustes ausreichen würde, zu diesem Zwecke zu verwenden, sondern sie kann auch unter ganzer oder theilweiser Erhaltung des Reservefonds den Verlust mit den Geschäftsantheilen decken (Begr. I 93, II 64), vorausgesetzt, daß das Statut dies zuläßt.

4. Absatz II. Berechnung der Geschäftsantheile für die Gewinn- und Verlust-Vertheilung.

Die in dem Gesetz vorgeschriebene Berechnung — welche nach Absatz 2 im Statut auch anders geregelt werden kann — entspricht der bei den Genossenschaften üblichen Praxis. Die im Laufe des Geschäftsjahres Eingetretenen haben erstens nicht bei der Erzielung des durch die Geschäftsführung des ganzen Geschäftsjahres erzielten Gewinnes mitgewirkt, und ferner würde es den Genossen ermöglicht werden, ihren Gewinnantheil beliebig in guten Geschäftsjahren zu vergrößern, wollte man auch die im Laufe des Geschäftsjahres gemachten Einzahlungen für dividendenberechtigt erklären. Neu beitretende Genossen haben hiernach für das Jahr ihres Beitritts keinen Gewinnantheil.

Für das erste Geschäftsjahr der Genossenschaft hat das Gesetz eine Gewinnvertheilung nicht ausschließen wollen, was der Fall gewesen wäre, wenn man jenen Grundsatz nicht für das erste Geschäftsjahr ausgeschlossen hätte.

Dagegen kann es bei Genossenschaften, bei denen die Ansammlung des Gesellschaftsvermögens sich zu langsam vollzieht, angemessen erscheinen, auf die im Geschäftsjahre geleisteten Einzahlungen im Statut die Vertheilung einer geringen Kapitaldividende von etwa 3—4 % vorzusehen; selbstverständlich könnte diese Kapitaldividende nur zur Auszahlung kommen, wenn überhaupt ein Gewinn erzielt ist (§ 21). Ueber die bei Konsumvereinen vielfach üblichen Abschlagsdividenden siehe Erläuterungen zu § 46.

5. Zuschreibung des Jahresgewinnes zu den Geschäftsguthaben.

Die Zuschreibung der auf den einzelnen Genossen fallenden Dividende zu seinem Geschäftsguthaben hat den Vortheil, daß das Gesellschaftsvermögen möglichst schnell anwächst, ferner dient die Genossenschaft dadurch für ihre Mitglieder gewissermaßen als Sparkasse. Die Dividendenbeträge werden auf diese Weise zusammengehalten.

Der Verschiedenartigkeit der Verhältnisse wegen hat das Gesetz davon abgesehen, diese Zuschreibung für alle Fälle anzuordnen, das Statut kann die Dividendenvertheilung anders regeln. Nur für den Fall ist der Vorschrift unbedingt Geltung beigelegt, daß die Guthaben durch frühere Verluste vermindert sind, alsdann soll der Gewinn dem Guthaben zugeschrieben werden müssen, bis dasselbe wieder auf die frühere Höhe gekommen ist: es ist diese Vorschrift im Interesse des Gläubigers getroffen, damit das Genossenschaftsvermögen auf der einmal erreichten Höhe thunlichst erhalten wird. (Begr. I 107, H.G.B. Art. 161 Abs. 3, 165 Abs. 4.)

§. 20.

Durch das Statut kann für einen bestimmten Zeitraum, welcher zehn Jahre nicht überschreiten darf, festgesetzt werden, daß der Gewinn nicht vertheilt, sondern dem Reservefonds zugeschrieben wird. Bei Ablauf des Zeitraums kann die Festsetzung wiederholt werden; für den Beschluß genügt, sofern das Statut nicht andere Erfordernisse aufstellt, einfache Stimmenmehrheit.

Komm. 19a, Rtg. 20. Komm.Ber. 17.

Zur Geschichte des § 20 und Erläuterungen.

1. Weder das Ges. von 1868 noch die Regierungsvorlage kannte eine solche Bestimmung. In der Kommission ward im Interesse der Raiffeisenschen Darlehnskassen beantragt, in das Gesetz eine Vorschrift dahin aufzunehmen: „Durch das Statut kann bestimmt werden, daß der Gewinn nicht vertheilt, sondern dem Reservefonds zugeschrieben wird."

Die Regierungsvertreter erklärten, daß der Gesetzentwurf der ausschließlichen Bildung eines untheilbaren Vermögens entgegen sei und daher auch nicht wolle, daß der Gewinn dauernd untheilbar sei. Es handle sich bei dem Antrag um eine neue Genossenschaftsart, deren Zulassung nicht unbedenklich sei. Thatsächlich lasse sich der Zweck des Antrages auch nach dem Entwurf dadurch erreichen, daß das Statut bestimme, daß der Gewinn während einer bestimmten Anzahl von Jahren nicht zur Vertheilung kommen solle. (Komm.Ber. S. 17.) Die Kommission lehnte den Antrag ab, nahm aber dann einen Antrag mit der Zusatzbestimmung an.

2. Wiederholung der statutarischen Festsetzung.

In der Kommission wurde anerkannt, daß es sich formell bei der Wiederholung der Ausschließung der Gewinnvertheilung nach 10 Jahren um eine Statutenänderung handle, um dieselbe aber zu erleichtern, wurde die einfache Stimmenmehrheit für den Beschluß vorgeschrieben. Da der Beschluß trotzdem eine Statutenänderung enthält, muß er zur Eintragung in das Genossenschaftsregister angemeldet werden und erhält erst mit der Eintragung Wirksamkeit (§ 16 Abs. 4). Eine Folge dieses § 20 ist § 114.

§. 21.

Für das Geschäftsguthaben werden Zinsen von bestimmter Höhe nicht vergütet, auch wenn der Genosse Einzahlungen in höheren als den geschuldeten Beträgen geleistet hat.

Auch können Genossen, welche mehr als die geschuldeten Einzahlungen geleistet haben, im Falle eines Verlustes andere Genossen nicht aus dem Grunde in Anspruch nehmen, daß von letzteren nur diese Einzahlungen geleistet sind.

Ges. von 1868 § 9 Abs. 3, Entw. I u. II, Komm. 20, Rtg. 21. Begr. I 108, II 73.

I. **Zur Geschichte des § 21.**

a) **Absatz** 1 ist neu.

Im Ges. von 1868 galt jedoch dasselbe, wenngleich es nicht ausdrücklich ausgesprochen war.

b) **Absatz** II findet sich ähnlich im § 9 Abs. 3 des Ges. von 1868.

Ueber die Entstehung, Bedeutung und Mängel der Bestimmung des preußischen Gesetzes und die erheblich geänderte Bestimmung des Gesetzes von 1868:

„Genossenschafter, welche auf ihre Geschäftsantheile die ihnen statutenmäßig obliegenden Einzahlungen geleistet haben, können von anderen Genossenschaftern nicht aus dem Grunde, weil letztere auf ihre Antheile mehr eingezahlt haben, im Wege des Rückgriffs in Anspruch genommen werden, sofern nicht der Gesellschaftsvertrag ein Anderes festsetzt."

vgl. Parisius S. 240, 241 u. 252 bis 254.

II. **Erläuterungen zu § 21.**

1. **Absatz** I.

„Die höhere Verlustgefahr, welcher bei verschiedenem Betrage des Mitgliederguthabens der stärker Betheiligte ausgesetzt ist, findet ihr Aequivalent in dem nach § 19 eintretenden höheren Antheil am Gewinn. Es würde hiermit im Widerspruch stehen, wenn für die freiwillig geleisteten höheren Einzahlungen auch noch feste Zinsen, die von den übrigen Genossen zu tragen wären, berechnet würden" (Begr. I 108, II 73).

Eine Zinsvergütung von bestimmter Höhe für die geleisteten Einzahlungen ist mit Recht ganz allgemein ausgeschlossen. Denn Einzahlungen auf Geschäftsantheile gehören zum Vermögen der Genossenschaft, und wenn das Geschäftsguthaben auch eine Forderung der Genossen ist, so liegen derselben doch immer Einzahlungen auf den Geschäftsantheil zu Grunde und es würde somit die Genossenschaft, wollte sie das Geschäftsguthaben während der Mitgliedschaft verzinsen, ihr eigenes Vermögen verzinsen.

Gestattet ist dagegen das bei Genossenschaften, die den größten Theil des Reingewinns nicht nach Geschäftsguthaben vertheilen, übliche Verfahren, dem Guthaben vorweg eine durch einen Prozentsatz (z. B. 5%) in seinem Höchstbetrage fixirten, bei gutem Erfolge verhältnißmäßig kleinen Theil des Reingewinns als Kapitaldividende zu gewähren. Voraussetzung ist hierbei, daß überhaupt Reingewinn, und zwar ein zur Deckung ausreichender Reingewinn erzielt wird. Wird gar kein Reingewinn erzielt, so wird keine Kapitaldividende gezahlt; ist der Reingewinn nicht ausreichend, die auf das Guthaben im Statut vorausbewilligte Kapitaldividende ganz zu decken, so wird ein niedrigerer Betrag (statt 5% z. B. nur 2%) gewährt, während die Dividende für die in der Geschäftsperiode bezogenen Waaren (Lebensbedürfnisse bei Konsumvereinen, Rohstoffe bei Rohstoffgenossenschaften) oder gelieferte Produkte (Trauben bei Winzer-, Milch bei Molkerei-, Obst bei Obstverwerthungsgenossenschaften) ganz ausfällt. Da bei diesen Genossenschaften die Kapitaldividende nur geringe Gewinnbeträge fortnimmt, so pflegt sie in den Geschäftsberichten, oft auch in den Statuten fälschlich als Verzinsung bezeichnet zu werden.*) Die Gewährung von bestimmten Zinsen würde die Genossenschaft unter allen Umständen als eine Schuld belasten. Unrichtigen Auffassungen wird in Zukunft der erste Absatz des § 21 entgegentreten.

2. **Absatz II.** Ausschließung des Regresses.

Auch hier ist in der Begründung des Entwurfs (I 108, II 73) für die Ausschließung des Regresses der Umstand geltend gemacht, daß die Genossen mit größeren Geschäftsguthaben auch einen größeren Antheil am Gewinn haben. Der Grund trifft zwar bei Vorschußvereinen zu, aber nicht bei allen den Genossenschaftsarten, bei denen der Gewinn nicht nach dem Geschäftsguthaben vertheilt wird. Das Gesetz beseitigt die im Ges. von 1868 gestattete abweichende statutarische Regelung. „Die Zulassung des Regresses würde die Folge haben, daß die in Anspruch genommenen Mitglieder schon während bestehender Genossenschaft indirekt zu höheren als den statutenmäßigen Leistungen an die Genossenschaft gezwungen würden, und dies ist unter allen Umständen auszuschließen" (Begr. a. a. O.).

---

*) Beispiel: Konsumverein Neustadt-Magdeburg hatte 1888 215000 Mk. Geschäftserträgniß, davon wurden 4827 Mk. „zur Verzinsung der Geschäftsantheile", d. h. zur Kapitaldividende, 3795 Mk. zur Ausstattung des Fonds für Bildungs- und gemeinnützige Zwecke und 206856 Mk. als Rückvergütung (Dividende) auf die Einkäufe der Mitglieder verwendet. Wäre das Geschäftserträgniß statt 215000 Mk. nur 2150 Mk. (also 1/00) gewesen, so konnten nach § 8 des Statuts („Vorausgesetzt, daß ein ausreichendes Geschäftserträgniß vorhanden ist, werden die Geschäftsantheile, soweit sie 5 Mk. und mehr betragen, mit 5% fürs Jahr nach vollen Mark und Monaten gerechnet, verzinst") die Mitglieder auf ihr Geschäftsguthaben immer noch 2½% Kapitaldividende erhalten.

3. Verzögerte Einzahlungen. Diejenigen Genossen, welche mit ihren Einzahlungen im Rückstande verblieben, sind der Genossenschaft gegenüber zur nachträglichen Zahlung verpflichtet, und diese Forderung der Genossenschaft gehört eventuell auch zur Konkursmasse. (Vgl. § 7 Erläuterungen 6.) Der einzelne Genosse aber hat ihnen gegenüber kein Regreßrecht.

§. 22.

Eine Herabsetzung des Geschäftsantheils oder der auf denselben zu leistenden Einzahlungen oder eine Verlängerung der für die letzteren festgesetzten Fristen kann nur unter Beobachtung der Bestimmungen erfolgen, welche für die Vertheilung des Genossenschaftsvermögens im Falle der Auflösung maßgebend sind.

Das Geschäftsguthaben eines Genossen darf, solange er nicht ausgeschieden ist, von der Genossenschaft nicht ausgezahlt oder im geschäftlichen Betriebe zum Pfande genommen, eine geschuldete Einzahlung darf nicht erlassen werden.

Gegen die letztere kann der Genosse eine Aufrechnung nicht geltend machen.

Entw I u. II 21, Komm. 21, Rtg. 22. Begr. I 109, II 56, 73 ff, Komm.Ber. 18.

I. **Zur Geschichte des § 22.**

a) **Absatz I.** Die Bestimmung, daß auch eine Verlängerung der für die Einzahlungen auf die Geschäftsantheile festgesetzten Fristen nur in derselben Art erfolgen dürfe, wie die Herabsetzung des Geschäftsantheils oder der darauf zu leistenden Einzahlungen, ist erst in der Reichstagskommission beschlossen, „da die Gläubiger der Genossenschaft ein Interesse daran haben, daß die statutenmäßigen Fristen für die Einzahlungen auf den Geschäftsantheil ohne ihre Zustimmung nicht in die Ferne gerückt werden". (Komm.Ber. S. 18.)

b) **Absatz** II lautete in der Vorlage:

„Das Geschäftsguthaben darf von der Genossenschaft nicht ausgezahlt oder zum Pfande genommen, eine geschuldete Einzahlung darf nicht erlassen werden."

In der Reichstagskommission wurden die Aenderungen beschlossen. (S. unten Erläuterungen.)

II. **Erläuterungen zu § 22.**

1. **Absatz** I. Die Reduktion des Genossenschaftsvermögens.

Das Genossenschaftsvermögen dient in erster Reihe zur Befriedigung der Gläubiger, dasselbe kann daher nicht ohne ihre Mitwirkung vertheilt werden (§ 88); die in Abs. 1 vorgesehenen Verfügungen kommen aber zum Theil einer Auftheilung gleich, wie die Herabsetzung der Geschäftsantheile, falls mit derselben eine Auszahlung der Geschäftsguthaben verbunden, zum Theil berühren sie wenigstens die Interessen der Gläubiger. Herabsetzungen der Geschäftsantheile u. s. w. werden bei den meisten Arten von Genossenschaften*) zu den Seltenheiten gehören, sie können sich jedoch als nothwendig erweisen, wenn das eigene Vermögen so groß geworden ist, daß es im Geschäfte nicht mehr verwendbar ist, oder falls der Ungleichheit in der Betheiligung der Mitglieder ein zu weiter Spielraum gelassen war.

2. Das Verfahren.

Erforderlich ist eine Statutenänderung stets dann, wenn es sich um Herabsetzung des Geschäftsantheils handelt, da der Betrag desselben im Statut bestimmt sein muß; ferner bei Herabsetzung der Einzahlungen oder Verlängerung der Fristen, wenn das Statut darüber Bestimmung getroffen hat, was nicht erforderlich ist, soweit es sich um den ein Zehntheil des Geschäftsantheils übersteigenden Betrag handelt (§ 7 Ziffer 2 Abs. 2). Insoweit das Statut über Betrag und Zeit der Einzahlungen keine Vorschriften enthält, genügt einfacher Generalversammlungsbeschluß. — Bei einer Herabsetzung der Höhe der Einzahlungen und der Fristen derselben bleibt die Bestimmung des § 7 maßgebend, daß die Einzahlungen bis zu einem Gesammtbetrage von mindestens einem Zehntheile des Geschäftsantheils nach Betrag und Zeit im Statut zu bestimmen sind. Ist der Beschluß ordnungsmäßig gefaßt, so muß der Vorstand denselben dreimal in den für die Bekanntmachungen der Genossenschaft bestimmten Blättern veröffentlichen, und zwar mit der Aufforderung der Gläubiger, sich bei der Genossenschaft zu melden, falls sie der Herabsetzung der Geschäftsantheile u. s. w. widersprechen. Der Beschluß kann eingetragen werden und tritt in Wirksamkeit nach Ablauf eines Jahres seit dem Tage, an welchem die Aufforderung der Gläubiger in den hierzu bestimmten Blättern zum dritten Male erfolgt ist (§ 88 Abs. 1), falls bis zu diesem Zeitpunkt diejenigen Gläubiger, welche sich gemeldet haben, befriedigt, bezw. wenn ihre Forderungen nicht fällig sind, sichergestellt sind. Ist dies bis zu dem genannten Zeitpunkt noch nicht geschehen, so kann der Beschluß auch noch

*) Herabsetzungen der Geschäftsantheile haben gutgeleitete Konsumvereine öfters vorgenommen. Bei der ersten Einrichtung mußten sie Darlehne aufnehmen, um die Waarenvorräthe gegen baar einkaufen zu können. In der Absicht, nur mit eigenem Kapital zu wirthschaften, erhöhte man die Geschäftsantheile, deren Vollzahlung man von wohlhabenderen Mitgliedern wünschte. In Folge des Verkaufs zu Tagespreisen vermehrte sich durch Zuschreibung der Einkaufsdividenden zu den Guthaben der Mitglieder so schnell das eigene Kapital, daß es nur zum Theil im eigenen Geschäft verwendbar war und Herabsetzung der Geschäftsantheile nothwendig wurde. Der Konsumverein zu Neustadt z. B. begann 1864 mit 30 Mk. Geschäftsantheil, 1866 Erhöhung auf 45 Mk., 1868 auf 75 Mk, 1877 Herabsetzung auf 50 Mk. (Herauszahlung von 16000 Mk. baar), 1886 Herabsetzung auf 30 Mk. — Die Herabsetzung der statutarisch bestimmten Einzahlungen und Einzahlungsfristen hat für die Gläubiger bei der Genossenschaft mit unbeschränkter Haftpflicht ein so geringes Interesse, daß die neuen Erschwernisse sich nicht durch genossenschaftliche Erfahrungen rechtfertigen lassen.

nicht in Wirksamkeit treten. § 88 Abs. 2, auf den hier Bezug genommen war, schreibt allerdings nur vor, daß „nicht erhobene Schuldbeträge u. s. w. zurückzubehalten sind". Dies reicht aus im Falle der Liquidation, ein Zurückbehalten hätte aber keine Bedeutung im Fale der Herabsetzung der Geschäftsantheile und der eventuell damit verbundenen Auszahlung derselben. In der Regierungsvorlage war auch bei den Bestimmungen über Herabsetzung der Haftsumme (§ 114b jetzt 127) und über Umwandlung in Genossenschaften mit geringerer Haftpflicht (§ 124 jetzt 137) nur auf § 86 (jetzt 88) Bezug genommen, und erst in der Kommission wurden die jetzigen unzweideutigen Vorschriften dem Gesetze dort eingefügt. Zweifellos ist nur durch ein Versehen nicht auch bei § 22 auf § 127 Abs. 2 hingewiesen. § 127 aber ist gewissermaßen nur die Erläuterung des früheren Hinweises auf § 88, und es steht nichts im Wege, auch bei § 22 das Gleiche anzunehmen, zumal dies allein auch nur einer vernunftgemäßen Anwendung des § 88 entspricht.

Ist die Frist verstrichen, so ist der Beschluß, falls er eine Statutenänderung enthält, zum Registergericht anzumelden und tritt mit der Eintragung in Wirksamkeit; enthält er keine Statutenänderung, so tritt er ohne Weiteres alsdann in Kraft. Die im § 127 verlangte schriftliche Versicherung, daß die Gläubiger, welche sich bei der Genossenschaft gemeldet und der Herabsetzung nicht zugestimmt haben, befriedigt oder sichergestellt sind, kann in den Fällen des § 23 Abs. 1 nicht verlangt werden, die Eintragung des Beschlusses ist ohne dieselbe vorzunehmen.

3. Absatz II. Auszahlung der Geschäftsguthaben.

Es ist nicht nothwendig, daß mit der Herabsetzung des Geschäftsantheils auch stets eine Auszahlung oder eine Herabminderung der Einzahlungspflicht verbunden ist, so z. B. wenn die sämmtlichen Guthaben den neubestimmten Geschäftsantheil nicht übersteigen, und auch der bisherige Betrag der obligatorischen Einzahlungen nicht höher war als der neue Geschäftsantheil (Begr. I S. 109). Die Herabsetzung hat dann nur die Wirkung, daß kein Genosse bis zur früheren Grenze Einzahlungen machen kann und daß die Gewinnzuschreibung nicht mehr bis dahin stattfindet.

Ueber die Haftbarkeit der Mitglieder des Vorstandes und Aufsichtsrathes vgl. §§ 32 Abs. 3 und 39 Abs. 3. (Vgl. R.G. Bd. XIX S. 116.) Zuwiderhandlungen können eventuell als Untreue bestraft werden (vgl. Urtheil des R.G. vom 8. Januar 1883, abgedruckt in Nr. 12 der Bl.f.G. von 1883, und § 125 d. Ges.). Vgl. § 19.

4. Verpfändung der Geschäftsguthaben.

In der Regierungsvorlage hieß es: „Das Geschäftsguthaben darf von der Genossenschaft nicht . . . zum Pfande genommen werden." Das Geschäftsguthaben — wohl zu unterscheiden von dem Geschäftsantheil — ist eine dem Genossen zustehende Forderung an die Genossenschaft, bedingt durch sein Ausscheiden. Sie unterliegt der Pfändung der Gläubiger des Genossen (§ 64) und kann auch von dem Genossen verpfändet werden. Juristisch steht also auch nichts im Wege, daß der Genosse der Genossenschaft mit der Guthabenforderung Sicherheit bestellt.

Schulze-Delitzsch und die Allgemeinen Vereinstage haben stets die sogenannte „Guthabenbeleihung", die sich aus den Zeiten vor Erlaß eines Genossenschaftsgesetzes bei den Vorschußvereinen eingebürgert hatte, lebhaft bekämpft. Mit Recht heißt es in der Begr. I 110: „Der dem Genossen nur im Falle des Ausscheidens zustehende und dem Betrag nach unsichere Anspruch auf das Guthaben ist einerseits nicht geeignet, der Genossenschaft eine wirkliche Sicherheit zu bieten, und andererseits liegt in der Beleihung desselben unter Umständen nichts Anderes als eine versteckte Rückzahlung des Guthabens selbst." (Ebenso Komm.Ber. S. 18.) Weiter ist noch zu beachten, daß die Einzahlungen auf die Geschäftsantheile, welche die Bestandtheile der Geschäftsguthaben sind, im Eigenthum der Genossenschaft stehen und den Gläubigern derselben als Sicherheit dienen. Es ist insofern unwirthschaftlich gehandelt, wenn die Genossenschaft ihrerseits sich mit dem aus dem Geschäftsantheil ergebenden Guthaben Sicherheit bestellen läßt, denn diese Sicherheit versagt gerade dann, wenn sie möglicherweise am nöthigsten gebraucht wird: im Konkurse der Genossenschaft. Die Guthabenbeleihung ist nichts Anderes als Gewährung von Blankokredit.

5. „im geschäftlichen Betriebe".

In der Kommission wurde von dem Regierungsvertreter anerkannt, daß unter gewissen Umständen, wenn sich nämlich die Genossenschaft außerhalb ihres geschäftlichen Betriebes, also namentlich zur Sicherung eines gefährdeten Anspruchs ein Guthaben zum Pfande bestellen lasse, Ausnahmen zugelassen werden könnten. In Anlehnung an Art. 215 d H.G.B. wurden deswegen die Worte „im geschäftlichen Betriebe" eingeschoben. Die Genossenschaft ist mithin in Zukunft berechtigt, das Guthaben gerichtlich pfänden zu lassen, verboten ist nur die vertragsmäßige Verpfändung. Die Worte in dem Kommissionsbericht: „außerhalb ihres geschäftlichen Betriebes, also namentlich zur Sicherung eines gefährdeten Anspruchs ein Guthaben zum Pfande bestellen lassen", können nicht dahin ausgelegt werden, daß in Zukunft, wenn es sich um eine gefährdete Forderung handelt, sich die Genossenschaft vertragsmäßig ein Pfandrecht an dem Guthaben einräumen lassen kann; denn jedes vertragsmäßige Pfandrecht würde doch „im geschäftlichen Betriebe" genommen sein.

6. **Absatz** III. „Aufrechnung".

Man vgl. hierüber Art. 184 c A.G.

7. Zuwiderhandlungen.

Zuwiderhandlungen gegen die Vorschriften des §§ 22 haben zur Folge, daß die Rechtshandlungen und Rechtsgeschäfte ungültig sind; die Mitglieder des Vorstandes und Aufsichtsraths machen sich nach §§ 32 Abs. 3 und 39 Abs. 3 haftbar für die Auszahlung des Guthabens (Begr. I 110); auch in der Verpfändung des Guthabens kann unter Umständen eine Auszahlung liegen (vgl. Anm. 3).

§. 23.

Für die Verbindlichkeiten der Genossenschaft haften die Genossen nach Maßgabe dieses Gesetzes.

Wer in die Genossenschaft eintritt, haftet auch für die vor seinem Eintritt eingegangenen Verbindlichkeiten.

Ein den vorstehenden Bestimmungen zuwiderlaufender Vertrag ist ohne rechtliche Wirkung.

Frauen können in Betreff der durch ihre Mitgliedschaft übernommenen Verpflichtungen sich auf die nach Landesgesetzen für sie geltenden Rechtswohlthaten nicht berufen.

Ges. von 1868 § 12, Entw. I und II, Komm. 22, Rtg. 23. Begr. I 111, II 75.

I. **Zur Geschichte des § 23.**

Dieser § 23 entspricht in seinen vier Absätzen den vier Absätzen des § 12 des Ges. von 1868. Er stammt in seiner jetzigen Fassung aus dem ersten Regierungsentwurf, nur ist in Folge eines Beschlusses der Kommission im vierten Absatz „Frauen" statt „Frauenspersonen" gesetzt.

a) **Absatz I.** Ueber die Bestimmung des alten Gesetzes und ihre Bedeutung vgl. oben § 7 zur Geschichte a und Erläuterung 1.

b) **Absatz II und III.** Die jetzigen Bestimmungen weichen mehrfach in der Fassung von denen des § 12 des Ges. von 1868 ab Außerdem sind im Abs. 3 die Worte „gegen Dritte" gestrichen. Dieselben sind — wie es in der Begr. (I 111, II 75) heißt: „aus dem die offene Handelsgesellschaft betreffenden Art. 113 des H.G.B. entnommen und haben dort einen guten Sinn; denn bei der offenen Handelsgesellschaft muß der eintretende Gesellschafter allerdings in der Lage sein, seinen Mitgesellschaftern gegenüber die Haftung für frühere Schulden auszuschließen, so daß hier nur Dritten gegenüber die Vereinbarung wirkungslos ist. Dagegen kann bei der Genossenschaft eine derartige Vereinbarung auch nicht mit Wirksamkeit zwischen dem eintretenden Genossen und der Genossenschaft zugelassen werden. Ein Schadlosversprechen, welches der eine Genosse persönlich einem anderen ertheilt, wird durch die Bestimmung des Entwurfs natürlich nicht berührt".

c) **Absatz IV.** Dieser Satz ist dem Ges. von 1868 entlehnt und stimmt bis auf eine redaktionelle Aenderung mit demselben überein.

Die Reichstagskommission von 1868 hatte den Satz vorgeschlagen, weil „in dem Gebiete des gemeinen Rechts der Betheiligung von Frauen an einer Genossenschaft das gegenwärtig fast überall für werthlos erachtete Senatusconsultum Vellejanum im Wege stehe". (Parisius 272.)

II. **Erläuterungen zu § 23.**

1. **Absatz I.** „haften die Genossen".

Der § 12 Abs. 1 des Ges. von 1868 brachte den Umfang der Haftpflicht der Genossen zum Ausdruck, während hier nur der Grundsatz aufgestellt wird, daß die Genossen nach Maßgabe des Gesetzes, dieses Gesetzes haften. Die spezielle Regelung der Haftpflicht findet sich im 7. und 8. Abschnitt. Während nach dem Ges. von 1868 die Frage aufgeworfen werden konnte, ob eine Genossenschaft auch eintragungsfähig sei, wenn in dem Statut eine andere Haftpflicht vereinbar war (vgl. oben Erläuterung 1 zu § 7), ist es jetzt außer Zweifel, daß weder durch Statut noch durch besondere Vereinbarung die Haftpflicht vermindert oder erweitert werden kann: die Haftpflicht bestimmt sich nach den drei im § 2 vorgesehenen Genossenschaftsarten.

2. Absatz II und III. Haftpflicht neu eintretender Genossen.

Das neu eintretende Mitglied übernimmt die Solidarhaft für die vor seinem Eintritt eingegangenen Verbindlichkeiten der Genossenschaft in gleicher Weise, wie für die bestehenden Gesellschaftsverbindlichkeiten das neue Mitglied einer offenen Handelsgesellschaft die Solidarhaft und der neue Kommanditist einer Kommanditgesellschaft die Haft seiner Einlage übernimmt. Während aber bei den beiden letzteren Gesellschaften der neu eintretende Gesellschafter sich der Gesellschaft gegenüber durch einen Vertrag decken kann (Art. 113, 166 H.G.B.), denn nur Dritten gegenüber ist demselben Wirksamkeit genommen, wird bei der Genossenschaft eine derartige Vereinbarung auch nicht mit Wirksamkeit zwischen dem eintretenden Genossen und der Genossenschaft zugelassen.

3. Absatz IV. Beschränkungen der Frauen.

Nur wegen der durch die Mitgliedschaft übernommenen Verpflichtungen können sich Frauen nicht auf die nach den Landesgesetzen ihnen zustehenden Rechtswohlthaten berufen. Das Gleiche bestimmt § 12 Abs. 4 des Ges. von 1868. Inwiefern eine Frau berechtigt ist, selbstständig Mitglied einer Genossenschaft zu werden, bestimmt sich nach den Landesgesetzen: regelmäßig wird die Genehmigung des Ehemannes erfordert.

4. Beschränkungen der Ehemänner.

In der Reichstagskommission wurde zu diesem § 23 vom Abg. Anwalt Schenck noch folgender Zusatz beantragt:

„Die in dem Gebiete des ehemaligen Großherzogthums Fulda noch in Kraft befindliche Judenordnung vom 29. Juli 1751 und die Verordnung vom 28. April 1766, nach welchen den in Gütergemeinschaft lebenden Ehemännern eine rechtsverbindliche Bürgschaftsleistung nur mit in gerichtlicher Form ertheilter Genehmigung der Ehefrauen gestattet ist, werden für die mit den Genossenschaften abgeschlossenen Bürgschaftsverträge aufgehoben."

Der Antrag wurde aber zurückgezogen, nachdem „von Seiten der Vertreter des Bundesraths geltend gemacht worden war, daß, sofern die angezogene Vorschrift Kaufleuten gegenüber als noch geltend zu erachten sei, ihre Aufhebung nicht blos den Genossenschaften, sondern auch anderen Kaufleuten gegenüber angezeigt erscheinen dürfe und daher nicht in diesem Spezialgesetz am Platze sei". (Komm.Ber. 19.) Inzwischen ist die Angelegenheit in Folge von Petitionen mehrerer Vorschußvereine im preußischen Abgeordnetenhause zur Sprache gekommen.

In der Justizkommission führte der Regierungskommissar (Geh. Rath Küntzel) aus, daß nach der Rechtsprechung des Reichsgerichts in ähnlichen Fällen die entsprechende Vorschrift des Fuldaer Rechts nur noch als Formvorschrift im Sinne des Art. 317 H.G.B. anzusehen sei, woraus hervorgehe, daß die Bürgschaft für die von eingetragenen Genossenschaften, also Kaufleuten, gewährten Darlehen auch im Geltungsbereiche des Fuldaschen Rechts nicht mehr eines gerichtlich erklärten, sondern nur eines formlosen Konsenses der Ehefrau bedürfte. Die Beseitigung auch dieses Erschwernisses könne dem bürgerlichen Gesetzbuch überlassen werden, „zumal es sich dabei für die bestehenden Ehen um einen bedenklichen Eingriff in das eheliche Güterrecht handle". Die Justizkommission beschloß einstimmig Uebergang zur Tagesordnung, nachdem noch nachgewiesen war, daß derselbe Rechtszustand in andern Landschaften sowie im Bisthum Bamberg und der Stadt Nürnberg bestehe. — In der Sitzung des Abgeordnetenhauses vom 8. April 1889 setzte der Abg. Parisius, der die Petitionen in der Kommission vergebens vertreten hatte, mit Hülfe der Abg. Landrath Kuebel und Geh. Rath Althaus, die Ueberweisung der Petitionen an die Staatsregierung zur Erwägung durch. Der Vorgang lehrt, daß die Aufhebung eines so veralteten, den Verkehr hemmenden Mißstandes gar nicht leicht durchzusetzen ist. (Vgl. Bl.f.G. 1889 Nr. 17 und 18.)

Dritter Abschnitt.

Vertretung und Geschäftsführung.

Vorbemerkung.

Die §§ 24 bis 50 ordnen die Vertretung und Geschäftsführung, sie sind im Wesentlichen nachgebildet den Art. 227 ff und Art 224 ff des A.G vom 18. Juli 1884 und weichen nicht unerheblich von den die Genossenschaftsorgane behandelnden Vorschriften in §§ 17 bis 33 des Ges von 1868 ab

Die Organe der Genossenschaft sind:

1 der Vorstand,
2. der Aufsichtsrath,
3. die Generalversammlung.

§§ 24 bis 33 handeln von dem Vorstande, §§ 34 bis 39 von dem Aufsichtsrathe, §§ 41 bis 50 von der Generalversammlung, § 40 handelt von den Bevollmächtigten.

Der Vorstand hat: die gesetzliche Vertretung, der Aufsichtsrath: die Kontrole, die Generalversammlung ist der gesetzgebende Körper. Der Aufsichtsrath, bisher fakultativ, ist jetzt obligatorisch, die Rechte der Mitglieder haben eine bedeutende Erweiterung erfahren.

Im Ges von 1868 hatte der dritte Abschnitt die Ueberschrift. Von dem Vorstande, dem Aufsichtsrathe und der Generalversammlung. Die §§ 22 und 24 des Ges. von 1868, welche über die Leistung von Eiden durch den Vorstand und die Zustellungen an denselben Bestimmung treffen, sind wie der bisherige § 11 Abs. 2 (vom Gerichtsstand) „mit Rücksicht auf die Regelung dieser Frage in der Civilprozeßordnung weggelassen". (Begr. I 112.)

§. 24.

Die Genossenschaft wird durch den Vorstand gerichtlich und außergerichtlich vertreten.

Der Vorstand besteht aus zwei Mitgliedern und wird von der Generalversammlung gewählt. Durch das Statut kann eine höhere Mitgliederzahl sowie eine andere Art der Bestellung festgesetzt werden.

Die Mitglieder des Vorstandes können besoldet oder unbesoldet sein. Ihre Bestellung ist zu jeder Zeit widerruflich, unbeschadet der Entschädigungsansprüche aus bestehenden Verträgen.

Ges. von 1868 §§ 9 und 17, Entw. I und II, Komm. 23, Rgt. 24. Begr I 112, II 77, Komm.Ber 19, A B. § 7.

I **Zur Geschichte des § 24.**

Derselbe schließt sich dem § 17 des Ges. von 1868 an.

a) **Absatz** I. Der im Ges. von 1868 voranstehende Satz. „Jede Genossenschaft muß einen aus der Zahl der Genossenschafter zu wählenden Vorstand haben," ist in veränderter Gestalt in § 9 aufgenommen. S Erläuterungen.

b) **Absatz** II. Von den hier und bei § 9 vorgenommenen Aenderungen des § 17 sind zwei von Schulze-Delitzsch in seinen Novellen beantragt· durch das Erforderniß der Doppelzeichnung wurde bedingt, daß der Vorstand aus zwei Mitgliedern bestehen muß, es war ferner der Annahme entgegenzutreten, daß die Vorstände zur Zeit der Wahl bereits Mitglieder der Genossenschaft sein müßten — Daß auch eine andere Art der Bestellung der Vorstände als Wahl zulässig sei, ist von Schulze nicht vorgeschlagen.

II. **Erläuterungen zu § 24.**

1. **Absatz** I. Stellung des Vorstandes.

Bis zur Genossenschaftsgesetzgebung übertrug die Generalversammlung die Verwaltung einem aus dem Vorstande und Beisitzern bestehenden Ausschusse. Der Vorstand war für die Beschlüsse der Generalversammlung und des Ausschusses die ausführende Behörde. Er verpflichtete nicht die Genossenschaft, da diese keine Rechtspersönlichkeit besaß, sondern die Genossen, und zwar nur insoweit, als er in den Grenzen seiner Vollmacht handelte. Sobald die Genossenschaften unter die Gesellschaften des Handelsgesetzbuchs eingereiht wurden, wurden in Betreff ihrer inneren Organisation die Bestimmungen des Handelsgesetzbuchs über Aktiengesellschaften als die am meisten den deutschrechtlichen Genossenschaften oder den Korporationen analog gestalteten Handelsgesellschaften auf sie angewandt. Der Vorstand wurde ein nothwendiges Organ der Genossenschaft, das dieselbe nach Außen unbeschränkt vertritt, wenn es auch in seinen Beziehungen zur Genossenschaft durch Statut und Generalversammlung beliebig beschränkt sein kann. Der Vorstand ist nicht mehr Bevollmächtigter, sondern gesetzlicher Vertreter der mit juristischer Persönlichkeit versehenen Genossenschaft. „Der Ausführung, daß die Mitglieder des Vorstands . . . kraft ihrer Bestellung zu den einzelnen Genossenschaften in ein Vollmachtsverhältniß oder doch in ein quasikontraktliches Verhältniß getreten sind, ist nicht zuzustimmen. Vorstand .. sind Organe der juristischen Person" (Urtheil des R.G. vom 17. September 1888 in Jurist. Wochenschrift Nr. 15 von 1889). Aus der Stellung des Vorstandes als gesetzlichen Vertreters der Genossenschaft folgt, daß seine Mitglieder in Rechtsstreitigkeiten der Genossenschaft nicht Zeugniß ablegen können, denn Zeugniß ist die Aussage einer dritten von den Prozeßparteien verschiedenen Person, welche über ihre Wahrnehmungen betreffs einer streitigen Thatsache Auskunft giebt (R.G. XVII 366), die Personen, welche die Partei in ihrem rechtlichen Auftreten darstellen, können daher nicht zugleich als Zeugen in diesem rechtlichen Auftreten dienen (R.G. II 400, XVII 337, Urtheil vom 23. Januar 1888 in Jurist. Wochenschrift S. 109 von 1888). Das Gleiche gilt für das Verwaltungsstreitverfahren.

2. Gerichtliche Vertretung.

Der Vorstand hat die Prozesse zu führen, die Genossenschaft vor den Behörden zu vertreten (Legitimation § 26 Abs. 2), er hat die Eide für die Genossenschaft zu leisten; in Folge der diesbezüglichen Vorschriften in §§ 435, 436 C.P.O. ist § 22 Ges. von 1868 nicht aufgenommen, § 24 a. a. O., der von den Zustellungen handelte, ist durch § 157 C.P.O. ersetzt. Der Vorstand ist berechtigt, Strafanträge wegen verleumderischer Beleidigung der Genossenschaft zu stellen. Ueber die Anzeige und Erklärungen zum Genossenschaftsregister s. A.V § 7 Abs. 1.

3 Außergerichtliche Vertretung.

§ 20 Abs. 2 des Ges. von 1868 bestimmt, daß die Befugnisse des Vorstandes zur Vertretung der Genossenschaft sich auch auf diejenigen Geschäfte beziehen, zu denen nach den Gesetzen eine Spezialvollmacht erforderlich ist, es ist dies als selbstverständlich fortgelassen. Den Umfang der Prozeßvollmacht bestimmt § 77 C.P.O.

4 Kontrahiren der Vorstandsmitglieder als Vertreter der Genossenschaft mit sich selbst oder als Vertreter Dritter

Das Gesetz enthält keine Bestimmung darüber, ob Vorstandsmitglieder auch bei denjenigen Geschäften mitwirken können, bei denen sie interessirt sind (vgl. 41 Abs. 3); bei Gelegenheit der Behandlung der Frage der Kreditgewährung an Vorstandsmitglieder heißt es in den Begr. II S. 81: „Hierbei darf das Vorstandsmitglied, welchem der Kredit gewährt werden soll, nicht mitstimmen", und in der Kommission erklärten die Regierungsvertreter auf die Frage, „ob, wenn der Vorstand nur aus zwei Mitgliedern bestehe und in Folge dessen das eine Beleihung nachsuchende Vorstandsmitglied als mitwirkend ausscheide, der Aufsichtsrath als einziges verantwortliches Organ fungiren könne", daß dies zu verneinen, „daß alsdann ein Stellvertreter des zu beleihenden Vorstandsmitgliedes in Funktion zu treten habe". Gesprochen ist hier nur von dem inneren Vorgang des „Mitstimmens", nicht von der äußeren Vertretungsbefugniß eines Vorstandsmitgliedes, das für die Genossenschaft mit sich selbst kontrahirt. Mangels einer besonderen gesetzlichen Bestimmung sind hier die allgemeinen Rechtsgrundsätze entscheidend. Es ist rechtlich zulässig, daß ein Vorstandsmitglied für die Genossenschaft mit sich selbst oder in dieser Eigenschaft mit sich selbst als Stellvertreter eines Dritten einen Vertrag abschließt (RG. VI S. 11, VII S. 119, Jurist. Wochenschrift S. 154 von 1889, an letzterer Stelle ist auch die einschlägige Literatur angegeben). Nur wenn das Vorstandsmitglied seine Stellung dazu benutzt, um den Vertrag unter Hintansetzung des Interesses der Genossenschaft zu seinem alleinigen Vortheil abzuschließen, ist die Genossenschaft berechtigt, wegen Arglist den Vertrag anzufechten. Die Genossenschaft hat zu beweisen, daß das Vorstandsmitglied ihre Interessen wissentlich benachtheiligt hat (RG VI S. 17). Es ist nicht unbedingt nothwendig, daß in jeder Kreditentnahme durch ein Vorstandsmitglied eine Interessen-Kollision liegt Ob daher ein Vertrag, bei dem ein Vorstandsmitglied mitgewirkt hat, anfechtbar ist, ist Thatfrage

5. Absatz II Zahl der Vorstandsmitglieder.

Abweichend von § 17 des Ges. von 1868 bestimmt das Gesetz, daß der Vorstand aus mindestens zwei Mitgliedern bestehen muß, bisher war es möglich, daß die Genossenschaft ein Vorstandsmitglied hatte.

„Eine derartige Einrichtung läßt sich bei der unbeschränkten Vertretungsbefugniß des Vorstandes und den Folgen, welche aus derselben für die einzelnen Genossen entstehen können, nicht rechtfertigen. Der Entwurf schreibt daher vor, daß der Vorstand aus mindestens zwei Mitgliedern bestehen muß (§ 24) und daß die Mitwirkung von mindestens ebensoviel Vorstandsmitgliedern zu allen rechtsverbindlichen Erklärungen für die Genossenschaft erforderlich ist*) (§ 25)" — So Begr. I 112, II 75.

In Folge dieser Vorschrift ist jeder Genossenschaft zu empfehlen, drei Vorstandsmitglieder anzustellen, weil andernfalls, wenn eins der zwei Vorstandsmitglieder verhindert wäre, die Genossenschaft ihre Thätigkeit einstellen müßte, bis für Stellvertreter gesorgt ist. Schulze-Delitzsch hatte für alle Arten Genossenschaften in den Musterstatuten drei Vorstandsmitglieder (vgl. Parisius 286 bis 288), Raiffeisen fünf Vorstandsmitglieder empfohlen

6. Wahl und Bestellung.

§ 17 des Ges. von 1868 verlangte, daß der Vorstand aus der Zahl der Genossenschafter zu wählen sei. Das Gesetz geht auch zunächst von der Wahl aus, überläßt aber dem Statut, eine andere Art der Bestellung anzuordnen (Art. 227 A.G).

In der Kommission des Herrenhauses war zum preuß. Gen.Ges. von 1867 der Antrag gestellt, durch Fortlassung der Vorschriften über die obligatorische Wahl es zu ermöglichen, „daß die Stifter einer Genossenschaft, welche etwa bei dieser Stiftung humane Zwecke verfolgten, sich einer Wahl

---

*) Vgl. Beschluß des Allgem. Vereinstags zu Plauen 1887, worin die schon von Schulze-D. vorgeschlagene Aenderung dahin, „daß der Vorstand jeder Genossenschaft aus mindestens zwei Mitgliedern bestehen muß, welche Mitglieder der Genossenschaft sein müssen, und daß die Zeichnung von mindestens zwei Vorstandsmitgliedern geschehen muß", aufgenommen wurde (Vgl. Mittheilungen über den 28. Allgem. Vereinstag 2c., herausgegeben von Schenck, S. 86 u. 141.)

nicht zu unterziehen brauchten". Die Kommission verwarf den Antrag, nicht weil sie diese schließlich auch auf einen bei Aktiengesellschaften vorgekommenen Gründer-Unfug hinauslaufende Möglichkeit nicht zulassen wollte, sondern weil die Gründer dasselbe dadurch erreichen könnten, daß sie sich zunächst zu Vorständen wählten und dann erst Andere als Theilnehmer zuzögen (Parisius S. 280). — Zur Rechtfertigung der jetzigen Vorschriften über Bestellung des Vorstandes ist in den Begr. (I 112, II 76) Folgendes gesagt:

„Außerdem bestimmt der § 23, daß die Mitglieder des Vorstandes durch die Generalversammlung zu wählen sind. Eine absolute Vorschrift, wie sie in Betreff des Aufsichtsraths (vgl. § 33) angezeigt ist, erscheint hier jedoch nicht am Platze, denn ähnlich, wie bei den Aktiengesellschaften, kann sich auch für die Genossenschaften unter Umständen eine andere Art der Bestellung der Vorstandes empfehlen und muß deshalb der statutarischen Festsetzung vorbehalten bleiben. Dies gilt insbesondere von der bei manchen Genossenschaften bestehenden Einrichtung, wonach die Generalversammlung bei ihrer Wahl auf die seitens des Aufsichtsraths vorgeschlagenen Personen beschränkt ist. Für eine solche Einrichtung lassen sich beachtenswerthe Gründe anführen; trotzdem erscheint es bei der Verschiedenartigkeit der in Betracht kommenden Genossenschaften und ihrer Verhältnisse nicht angezeigt, dieselbe ohne Weiteres zur gesetzlichen Regel zu machen."

In der Kommission ist die Zulassung anderer Arten der Bestellung als durch Wahl nicht bemängelt.

Aus den bisherigen Erfahrungen ist Folgendes mitzutheilen:

a) Das Ges. von 1868 hatte die Wahl vorgeschrieben, also jede andere Art der Bestellung ausgeschlossen, aber nicht bestimmt, wer zu wählen habe. Vor dem Genossenschaftsgesetze war es, namentlich bei Konsumvereinen, gebräuchlich, daß die Generalversammlung eine so große Anzahl Personen, als den Vorstand und den Aufsichtsrath bilden, ohne Unterscheidung ihrer Funktionen in einem Wahlgange wählte und die Gewählten in ihrer ersten Sitzung die Funktionen unter sich vertheilten, indem sie zuerst die einzelnen Vorstandsmitglieder in besondern Wahlgängen wählten und die übrig bleibenden dann den Aufsichtsrath bildeten. Diese Mischung von mittelbarer und unmittelbarer Wahl konnte allenfalls zuläsig erscheinen, so lange Vorstand und Aufsichtsrath noch nicht streng geschieden waren, spätere Beibehaltung mußte zu Mißständen führen. In Zukunft würde dies Verfahren, nicht wegen § 24, sondern wegen § 34 unzulässig sein. — Es ist vorgekommen und vom Registerrichter nicht beanstandet, daß bei einer von einer gemeinnützigen Gesellschaft aus ihren Mitgliedern und für dieselben gegründeten eingetragenen Genossenschaft der Vorstand der letzteren von jener Gesellschaft „gewählt" wurde.

b) Im Allgemeinen war bei den Genossenschaften anfänglich unbeschränkte direkte Wahl durch die Generalversammlung Regel. Wo in größeren Genossenschaften Vorstandsmitgliedern zugleich die technische Leitung, die eigentliche genossenschaftliche Geschäftsführung überwiesen ist und namentlich wenn mit dem Amte ein auskömmliches oder gutes Gehalt verbunden ist, bietet die unbeschränkte direkte Wahl durch die Generalversammlung die Gefahr, daß in Folge persönlicher Agitationen unfähige Personen gewählt werden. Die Wahl lediglich dem Aufsichtsrath zu übertragen, ist nicht minder bedenklich. Die Frage ist wiederholt auf Anregung der Anwaltschaft (Schulze 1873, Schenck 1884) auf allgemeinen Vereinstagen verhandelt. In Uebereinstimmung mit einem Beschluß in Konstanz 1873 wurde 1884 in Weimar den Genossenschaften empfohlen, die Mitglieder des Vorstandes nur auf Vorschlag des Aufsichtsraths durch die Generalversammlung wählen zu lassen. Der Aufsichtsrath hat darnach nur jedesmal eine Person vorzuschlagen, und wenn dieselbe von der Mehrheit verworfen ist, in derselben oder in einer folgenden Generalversammlung so lange andere geeignete Personen vorzuschlagen, bis eine derselben die Mehrheit erlangt. Durchaus unzweckmäßig ist es, der Generalversammlung nur das Wahlrecht unter drei vom Aufsichtsrath gleichzeitig vorgeschlagenen Personen zuzubilligen; hier liegt es überdies in der Wahl des Aufsichtsrathes, neben demjenigen, dessen Wahl er wünscht, zwei ungeeignete oder unbeliebte Personen vorzuschlagen und so das Wahlrecht der Generalversammlung zu beeinträchtigen. Obschon in der Begründung der Vorlage abgelehnt war, diese Einrichtung zur gesetzlichen Regel zu machen, so beantragte in der Reichstagskommission der Abg. Landrath Dr. Scheffer-Schlochau, der als Landrath in seinem Kreise eine Anzahl Raiffeisenscher Kassen gegründet hat, in den ersten Satz des Absatzes 2 die Worte „auf Vorschlag des Aufsichtsraths" einzuschieben, um dadurch zu verhindern, daß in Folge von Ueberrumpelung oder Mangel an Personenkenntniß ganz ungeignete Personen gewählt würden. Der Antrag wurde aber abgelehnt, nachdem von dem Vertreter des Bundesraths bemerkt war, daß er auf ausdrücklichen Wunsch der gehörten Sachverständigen aus dem ersten Entwurf gestrichen sei, weil er in manchen Fällen doch zu einer ungerechtfertigten Beschränkung der Generalversammlung führen könne.

c) Nach dem Wortlaut des § 24 ist künftig gestattet, jede Art der Bestellung des Vorstandes durch Statut einzuführen, z. B. Wahl durch den Aufsichtsrath, Ernennung durch eine Staats- oder Gemeindebehörde, durch den Landrath oder Bürgermeister, man kann die Vorstandsmitgliedschaft die Reihe herumgehen*) oder durch das Loos bestimmen lassen, oder an

*) Das preußische Genossenschaftsgesetz und das Ges. von 1868 hatten mit vollem Bedacht Wahl der Vorstandsmitglieder vorgeschrieben, wie Parisius S. 184 und 196 bezeugt: „Es kann kein erbliches oder durch Behörden zu besetzendes Amt werden, auch durch Reihenfolge oder Loos (was bei kleinen Produktiv- oder Rohstoffgenossenschaften denkbar wäre) darf die Person der Vorsteher nicht bestimmt werden." Trotzdem jede andere Bestellungsart ausgeschlossen war, hat unter der Herrschaft des Ges. von 1868 das Trierer Handelsgericht einen Reihenvorsteher des „Prümer Lohmühlenvereins E.G." eingetragen; in dem Statut heißt es: „Der Vorstand besteht aus einer nach bestimmter Reihenfolge wechselnden männlichen Mitglieder-Genossenschaft, dem sogenannten Mühlenmeister und zwei von der Generalversammlung gewählten sonstigen Mitgliedern derselben; der Vorstand wechset alle Jahre." (Vgl. Parisius S. 280.)

ein bestimmtes Amt in der Gemeinde, an den Besitz eines bestimmten Grundstücks knüpfen, man kann dem Besitzer der größten am Weinbau oder der Obstlieferung für die Genossenschaft betheiligten Grundfläche, ja auch dem Besitzer der größten Zahl betheiligter Milchkühe oder Zuchtthiere eine Stelle im Vorstande vorbehalten, man kann sogar eine gewisse Erblichkeit der Vorstandschaft einführen.*)

Gerade die Gewährung völliger Freiheit in der statutarischen Festsetzung der Art der Vorstandsbestellung kann leicht dazu beitragen, Gesellschaften mit unentgeltlich ihr Amt verwaltenden Vorstandsmitgliedern zu verleiten, die genossenschaftliche Form zu wählen, wo sie nicht paßt. Jedenfalls ist zu wünschen, daß die Genossenschaften von jener Freiheit keinen Gebrauch machen, sondern dem auf langjährige Erfahrung begründeten Rath der allgemeinen Vereinstage folgen und die Vorstandsmitglieder durch die Generalversammlung auf Vorschlag des Aufsichtsraths wählen lassen.

7 **Absatz** III. Besoldung.

Während die Raiffeisenschen Darlehnskassen als Regel unbesoldete Vorstandsmitglieder und einen besoldeten Rechner haben, werden nur bei kleinen Schulze-Delitzschen Genossenschaften die Vorstandsgeschäfte im Ehrenamt wahrgenommen, es ist dann aber auch kein besoldeter Rechner angestellt. Größere Vereine besolden die Vorstandsmitglieder nach dem Umfange ihrer Thätigkeit. Neben einem angemessenen festen Gehalt wird meist eine geringe Tantième geboten. Für die Vorschußvereine ist auf dem Allgem. Vereinstage zu Bremen (1870) beschlossen: sobald Charakter und Umfang der Vereinsgeschäfte zu bankmäßiger Entwickelung drängen und Zeit und Kraft der bei der Verwaltung betheiligten Vorstandsmitglieder in einem Grade in Anspruch nehmen, welche lohnende Nebenbeschäftigung ausschließt, denselben ein auskömmliches, der Mühewaltung entsprechendes, festes Gehalt zu gewähren, dagegen die Tantième von Gewinn oder Umsatz zu beschränken.

Das Gehalt ist nicht ein Aequivalent für die in einer bestimmten Zeit geleisteten Dienste; als Leistung und Gegenleistung stehen sich vielmehr gegenüber: die Uebernahme des die Thätigkeit des Vorstandsmitgliedes beanspruchenden Dienstberufs und der Genuß des auf die vertragsmäßige Dienstzeit zugesicherten Einkommens. Dieser für die Vorstandsmitglieder von Aktiengesellschaften ausgesprochene Grundsatz (O.H.G. XIX S. 61)

---

*) Es giebt mehrere Molkereigenossenschaften, in denen der Besitz jeder betheiligten Milchkuh eine Stimme gewährt; im Winziger Rinderzuchtverein E G. hat jeder Genossenschafter in der Generalversammlung so viel Stimmen, wie er Antheile besitzt, und je fünf Zuchtthiere (Kühe und deckfähige Kalben) bilden einen Antheil. In dem vom preußischen landwirthschaftlichen Ministerium an die landwirthschaftlichen Zentralvereine versandten Musterstatut für Obstverwerthungsgenossenschaften hat ein Mitglied für 25 volle Ar Obstbaufläche eine Stimme (v. Mendel S. 144). Die Betheiligten treten für die Angemessenheit solcher Abstufung des Stimmrechts mit Entschiedenheit ein — Künftig hat jeder Genosse nur **eine** Stimme (§ 41). Es ist leicht möglich, daß man nun hier und da der Meistbetheiligung Vorzugsrechte bei der statutarisch freigegebenen Art der Bestellung des Vorstandes zu gewähren geneigt sein wird.

trifft auch bei den Genossenschaften zu, hieraus folgt, daß, im Falle ein Vorstandsmitglied krank wird, dasselbe, auch wenn es nicht im Stande ist, ferner Funktionen auszuüben, so lange einen Anspruch auf das volle Gehalt hat, bis es seiner Stelle enthoben ist (O.H.G a. a. O).

8. Dauer der Bestellung des Vorstandes und Widerruflichkeit.

Die Vorstandsmitglieder werden in den Genossenschaften in der Regel auf drei Jahre gewählt. Schon der 14. Allgem. Vereinstag zu Konstanz 1873 hat nicht blos den Vorschußvereinen, sondern allen denjenigen Genossenschaften, welche die Periode der ersten Entwickelung zurückgelegt haben, empfohlen, die Vorstandsmitglieder (ebenso wie die Mitglieder des Aufsichtsraths auf mehrjährige Dauer zu wählen und einen Wechsel in den Personen derselben nur theilweise eintreten zu lassen. Mehrfach, auch von Schulze, ist jedoch dabei hervorgehoben, daß, wenn ein Vorstandsmitglied auf längere Zeit an die Genossenschaft gefesselt werden soll, die Anstellung auf gegenseitige sechsmonatliche Kündigung als das geeignetste Mittel erscheint In den Musterstatuten hat Schulze-Delitzsch für Rohstoffgenossenschaften und für Genossenschaften für industrielle Produktion mit stärkerer Mitgliederzahl von vornherein die Wahl der Vorstandsmitglieder (Obmann, Lagerhalter, Kassirer) auf beiderseits halbjährige Kündigung vorgeschlagen. (Schulze, Genoss. in einzelnen Gewerbezweigen 115, 339 u. Parisius 287 u. 288.)

Der 25. Allgem Vereinstag zu Weimar 1884 hat allen Genossenschaften empfohlen, in den Statuten Bestimmungen zu treffen, daß die Vorstandsmitglieder abwechselnd einer Neuwahl unterliegen, damit ein gleichzeitiges Ausscheiden sämmtlicher Vorstandsmitglieder vermieden werde, und ferner die Wahl der Vorstands- und Aufsichtsrathsmitglieder zeitig vor Ablauf der Wahlperiode vorzunehmen.

Das Gesetz hat, in Uebereinstimmung mit dem früheren Gesetz, mit Recht jede Bestimmung über die Dauer der Bestellung unterlassen.

In der Kommission war (vom Abg. Dr. Scheffer) beantragt, zu § 24 als Abs. 4 hinzuzusetzen, daß im Statut angeordnet werden könne, daß die auf eine bestimmte Zeit bestellten Vorstandsmitglieder nach Ablauf derselben noch bis zu dem Tage als gewählt gelten sollten, an welchem die Beendigung ihres Amtes in das Genossenschaftsregister eingetragen und ihnen hiervon Mittheilung gemacht worden ist. Der Antrag wurde zurückgezogen, nachdem die Regierungsvertreter erklärt hatten, daß nach dem Entwurf der Aufnahme einer solchen Bestimmung in das Statut nichts entgegenstehe (Komm.-Ber. S. 14). Im Interesse der Genossenschaft wird es liegen, die Wahlen in Gemäßheit der vorher erwähnten Empfehlung des Weimarer Vereinstages vor Ablauf der Wahlperiode vorzunehmen, damit ihre Geschäfte nicht von Personen geführt werden, welche nicht ordnungsmäßig gewählt sind. Jedenfalls aber sind die Vorstandsmitglieder auch nach Ablauf ihrer Wahlperiode verpflichtet, noch über diese Rechnung zu legen, und die Genossenschaft ist nicht verpflichtet, ihnen die Kaution herauszugeben, bevor sie dies gethan haben (O.H.G. XXIV 365). Die jederzeitige Widerruflichkeit der

Bestellung durch die Generalversammlung folgt aus allgemeinen Rechtsgrundsätzen, da Niemandem ein Recht auf die gesetzliche Vertretung eingeräumt werden kann. (v. Hahn Art. 227 § 5, anders die Motive zum bürgerl. Gesetzbuch I 97.) In dem jederzeitigen Widerruf liegt ein Korrelat für die Machtbefugnisse des Vorstandes. Die Bestellung ist auch dann jederzeit widerruflich, wenn dieselbe — verkehrterweise — auf Lebenszeit erfolgt ist; ein Ausschluß dieses Rechts der Genossenschaft durch Vertrag ist unzulässig und, wenn getroffen, nichtig. Ausgeübt kann das Recht nur durch die Generalversammlung werden, denn dem Aufsichtsrath ist ausdrücklich nur das Recht der vorläufigen Suspension ertheilt.

Für die Beurtheilung der Frage, ob die Entlassung berechtigt war oder nicht, sind nicht die für die Handlungsbevollmächtigten maßgebenden Art. 57 ff. H.G.B. entscheidend, da der Vorstand nicht Handlungsbevollmächtigter, sondern gesetzlicher Vertreter ist; maßgebend sind vielmehr die Landesgesetze. In diesem Sinne haben sich das Oberhandelsgericht und das Reichsgericht bei der gleichlautenden Vorschrift des Art. 227 Abs. 3 A.G. entschieden (O.H.G. XIII 183, R.G. VII 77). Ebenso richtet sich der Anspruch aus dem Vertrage im Falle unbegründeter Entlassung nach dem Landesrecht, und das abgesetzte Vorstandsmitglied ist nicht auf den Entschädigungsanspruch angewiesen. Es ergiebt sich das aus der Entstehungsgeschichte des Vorbildes des § 24 Abs. 2, des Art. 227 Abs. 3 H.G.B. (v. Hahn zu Art. 227 H.G.B., Jurist. Wochenschrift S. 426 von 1888).

Nur die Genossenschaft kann jeder Zeit von dem Vertrage zurücktreten, die Vorstandsmitglieder haben ein solches Recht nicht (Motive zum bürgerl. Gesetzbuch I. 77), der gesetzliche Vertreter kann nicht sein Amt beliebig niederlegen.

§. 25.

Der Vorstand hat in der durch das Statut bestimmten Form seine Willenserklärungen kundzugeben und für die Genossenschaft zu zeichnen. Ist nichts darüber bestimmt, so muß die Erklärung und Zeichnung durch sämmtliche Mitglieder des Vorstandes erfolgen. Weniger als zwei Mitglieder dürfen hierfür nicht bestimmt werden.

Die Zeichnung geschieht in der Weise, daß die Zeichnenden zu der Firma der Genossenschaft oder zu der Benennung des Vorstandes ihre Namensunterschrift beifügen.

Ges. von 1868 § 19, Entw. I und II, Komm. 24, Rtg. 25, Begr. I 112, II 76, Komm.Ber. 20.

I. **Zur Geschichte des § 25.**

Der § 19 des Ges. von 1868 stimmte wörtlich mit § 19 des preußischen Gesetzes und dieser mit Art. 229 des H.G.B. überein. § 25 weicht von § 19 darin ab, daß entsprechend dem Vorschlage Schulze-D. die Zeichnung von mindestens zwei Vorstandsmitgliedern erfolgen muß und daß durch Einfügung der Worte: „Erklärung und" im zweiten Satze eine Klarstellung in Betreff der mündlichen Willenserklärungen erfolgt ist (s. Erläuterungen 2).

II. **Erläuterungen zu § 25.**

1. **Absatz** I. Ausschluß eines Vorstandsmitgliedes von der Zeichnung ist unzulässig.

Der Ausschluß eines Vorstandsmitgliedes von der Zeichnung ist nicht denkbar, denn derselbe würde der rechtlichen und thatsächlichen Stellung der Vorstandsmitglieder widersprechen. Wer nicht für den Verein zeichnen kann, ist nicht im Stande den Verein zu vertreten, und wer dies nicht vermag, ist eben nicht Vorstandsmitglied. Hierzu kommt noch, daß das Gesetz eine Reihe Bestimmungen (z. B. über Anmeldungen zum Genossenschaftsregister) enthält, in denen der gesammte Vorstand auftreten muß, eine Beschränkung des Vorstandes auf gewisse Handlungen ist aber nach Außen unzulässig.*)

2. „Willenserklärungen".

Durch die Fassung des Abs. 1 ist klar gestellt, daß die Vorschriften desselben über die zu Erklärungen des Vorstandes erforderliche Anzahl von Mitgliedern nicht blos auf schriftliche, sondern auch auf mündliche Willenserklärungen sich beziehen (Begr. I 113).

3. Anzahl der zeichnenden Mitglieder.

In Konsequenz der Vorschrift in § 24, daß jede Genossenschaft mindestens zwei Vorstandsmitglieder haben muß, wird hier verlangt, daß durch das Statut nicht weniger als zwei Vorstandsmitglieder zur Zeichnung bestimmt werden dürfen. Nach dem Ges. von 1868 konnte das Statut auch nur einem Vorstandsmitglied die Vertretung übertragen. In der Praxis kam es vor, daß das Statut Doppelzeichnung verlangte, zwei Vorstandsmitglieder aber einem Vorstandsmitgliede Vollmacht ertheilten. Hatte der Dritte Kenntniß davon, daß das Statut Doppelzeichnung vorschrieb, so war auch bereits unter dem Ges. von 1868 die von dem einen Vorstandsmitglede ausgestellte Bescheinigung beweislos; ein Darlehnsgeschäft war nicht zu Stande gekommen (R.G. VIII S. 110). Der Dritte kann sich nicht darauf berufen, daß das eine Vorstandsmitglied bevollmächtigt war (vgl. R.O.H. Bd. 12 S. 34, Bd. 16 S. 34). In Betreff der Erfordernisse der Gültigkeit einer Willenserklärung als der Erklärung des Vorstands hat jeder Dritte, der mit dem Verein kontrahiren will, die Bestimmungen des Gesetzes und die Eintragungen über die Vertretung des Vorstandes zu beobachten; nach § 25 des Ges. dürfen nun nicht weniger als zwei Vorstandsmitglieder zur Abgabe der Erklärung ermächtigt werden,

---

*) Wie die öffentlichen Bekanntmachungen der Registerrichter ergeben, sind öfter grobe Verstöße gegen diese Grundsätze vorgekommen. Z. B. von 12 Vorstandsmitgliedern sind 9 völlig von der Zeichnung ausgeschlossen; oder die Zeichnung erfolgt durch den Direktor oder den Präses des Aufsichtsraths in Gemeinschaft mit dem Kassirer oder Buchhalter; oder die Zeichnung kann mit rechtlicher Wirkung nur vom Vorsteher und dem Vorsitzenden des Aufsichtsraths oder von einem derselben und einem vom Aufsichtsrath bestellten Prokuristen geschehen. (Das Nähere darüber bei Parisius 92.)

und dies ist auch für die Gläubiger bindend; schließen sie mit nur einem Vorstandsmitgliede ab, so müssen sie wissen, daß nach dem Gesetz ein Vorstandsmitglied nicht für die Genossenschaft auftreten darf. Nur mit der Ausführung bereits beschlossener Geschäfte kann ein Vorstandsmitglied von dem Vorstande beauftragt werden. Es gilt hier das Gleiche wie für die Vertretung der Aktiengesellschaften (vgl. Endemann § 68 Note 13, v. Hahn zu Art. 221 H.G.B., R.O.H. Bd. VI Nr 395).

Die Genossenschaft kann wegen des von einem Vorstandsmitgliede für sie abgeschlossenen Rechtsgeschäfts nur aus dem Gesichtspunkt der Bereicherung in Anspruch genommen werden: der Gläubiger hat zu erweisen, daß die von ihm geleisteten Zahlungen u. s. w. an die Genossenschaft gekommen und diese durch dieselben bereichert ist (R.G. VIII S. 91).

Zu § 24 ist bereits bemerkt, daß in Folge der verlangten Doppelzeichnung die Genossenschaften fast durchweg drei Vorstandsmitglieder werden haben müssen. Dies vorausgesetzt, sollte statutarisch bestimmt werden, daß die Majorität der Vorstandsmitglieder den Verein zu vertreten berechtigt sei, damit nicht im Falle der Behinderung eines Mitgliedes die gleiche Stockung wie bei zwei Mitgliedern eintritt und ferner nicht ein einzelnes Mitglied im Stande ist, durch seinen Widerspruch die Vornahme jedes Geschäfts zu verhindern. Es muß die Vertretung aber auch nur der Majorität übertragen werden, damit nicht die Minorität gegen den ausdrücklichen Willen der Majorität des Vorstandes die Genossenschaft zu verpflichten im Stande ist. In der Kommission erklärten die Regierungsvertreter, daß die Vorschrift über die Doppelzeichnung nur Willenserklärungen im Auge habe, welche die Genossenschaft verpflichten (Komm. Ber. S. 20), hiernach wäre also jedes einzelne Vorstandsmitglied berechtigt, Rechte für die Genossenschaft zu erwerben. Dieser Ansicht ist nicht unbedingt beizutreten. Die Genossenschaft wird durch den „Vorstand" vertreten, der „Vorstand" muß sich also auch darüber erklären, ob er ein Recht für die Genossenschaft erwerben will, und diese Erklärung muß, wenn sie wirksam sein soll, dem Gesetz (bezw. dem Statut) entsprechend abgegeben sein: also auch von der hiernach erforderlichen Anzahl Vorstandsmitglieder in der vorgeschriebenen Form.

4. **Kenntniß einzelner Vorstandsmitglieder von Thatumständen.**

Die für die Vertretung der Genossenschaft durch den Vorstand in Betreff der Mindestzahl gegebenen Vorschriften kommen nur zur Anwendung, soweit ein stellvertretendes Handeln der Vorstandsmitglieder stattfindet, nicht aber da, wo es sich um die, gleichviel woher erlangte, Kenntniß von Thatumständen oder um sonstige für die Willensbestimmung erheblichen inneren Zustände handelt, welche als solche nach dem Sinne des objektiven Rechts Einfluß auf die Gestaltung eines durch Willenserklärungen begründeten Rechtsverhältnisses haben. Diesen Grundsatz hat das Reichsgericht in dem Urtheil vom 2. Februar 1885 (abgedruckt S. 309 der Bl.f.G. von 1885) für den mit § 25 — bis auf den letzten Satz des Abs. 1 — gleichlautenden Art. 229 H.G.B. aufgestellt. Mit Recht wird für das von dem Willen unabhängige Wissen das Prinzip der Kollektivität abgelehnt, weil es keinen Maßstab dafür abgiebt, ob das Wissen eines mithandelnden Vertreters das Nichtwissen des andern, der Dolus des einen den guten Glauben des andern überwiegt, oder ob das Umgekehrte der Fall ist. Nur diese Auffassung entspricht auch den Bedürfnissen des Verkehrs wie den Anforderungen des Rechtsgefühls. Denn es ist zweifellose Pflicht jedes einzelnen Vorstandsmitgliedes und daher bei normalem Verhalten ohne Weiteres vorauszusetzen, daß dasselbe seine, für die Wirkungen des beabsichtigten Geschäfts . . . erhebliche Wissenschaft seinen Genossen mittheilt, und das Unterbleiben dieser Mittheilung kann, abgesehen von ganz besonders gearteten Fällen, nur auf bewußter Pflichtverletzung oder unentschuldbarer Nachlässigkeit beruhen.

5. **Absatz II. Zeichnung.**

Die Firma der Genossenschaft ist das feststehende Moment in der Zeichnung, nur die Unterschriften wechseln mit der Aenderung der Vorstandsmitglieder. Die Gültigkeit eines Rechtsgeschäfts für die Genossenschaft ist nicht davon abhängig, daß die Vorstandsmitglieder zu ihrer Unterschrift die Firma der Genossenschaft hinzusetzen. Abs. 2 enthält nur eine Ordnungsvorschrift. Nach § 25 ist es gleichgültig, ob das Geschäft ausdrücklich im Namen der Genossenschaft geschlossen ist, oder ob die Umstände ergeben, daß es nach dem Willen des Kontrahenten für die Genossenschaft geschlossen werden sollte, folglich ist es auch unerheblich, ob der Name der Firma der Unterschrift hinzugefügt ist (vgl. Entsch. des R G. in Sachen der Kreditbank für Stadt und Amt Minden E G. gegen Fiskus vom 13. Mai 1886, abgedruckt in Nr. 29 der Bl f G von 1886).

§. 26.

Die Genossenschaft wird durch die von dem Vorstande in ihrem Namen geschlossenen Rechtsgeschäfte berechtigt und verpflichtet; es ist gleichgültig, ob das Geschäft ausdrücklich im Namen der Genossenschaft geschlossen worden ist, oder ob die Umstände ergeben, daß es nach dem Willen der Vertragschließenden für die Genossenschaft geschlossen werden sollte.

Zur Legitimation des Vorstandes Behörden gegenüber genügt eine Bescheinigung des Gerichts (§. 10), daß die darin zu bezeichnenden Personen als Mitglieder des Vorstandes in das Genossenschaftsregister eingetragen sind.

Ges. von 1868 § 20, Entw. I und II 25, Komm. 25, Rtg. 26, Begr. I 113, II 76, Komm.Ber. 20.

I. Zur Geschichte des § 26.

Der § 26 schloß sich im Entwurf fast wörtlich dem § 20 des Ges. von 1868 an, der wörtlich dem § 19 des preuß. Ges. entlehnt war. „Kontrahenten" ist in „Vertragschließende" und „Attest" in „Bescheinigung" verdeutscht.

§ 20 Ges. von 1868 hatte nach dem ersten Satz: „Die Befugniß des Vorstandes zur Vertretung der Genossenschaft erstreckt sich auch auf diejenigen Geschäfte und Rechtshandlungen, für welche nach den Gesetzen eine Spezialvollmacht erforderlich ist." Die Worte des Entwurfs „zur Legitimation des Vorstandes bei allen das Grund- und Hypothekenbuch betreffenden Anträgen" zu Anfang des letzten Satzes sind in der Reichstagskommission „im Interesse einer gleichmäßigen Gestaltung der Formen, in welchen der Vorstand im Verkehr mit den Behörden seine Legitimation zu führen hat", durch die Worte „Behörden gegenüber" ersetzt.

II. **Erläuterungen.**

1. **Absatz I.** Die Genossenschaft wird aktiv und passiv Rechtssubjekt durch die Handlungen des Vorstandes.

Abgesehen von den Fällen des § 37, in denen der Aufsichtsrath die Genossenschaft zu vertreten hat, ist der Vorstand der alleinige gesetzliche Vertreter der Genossenschaft und wider seinen Willen kann Niemand Rechte gegen die Genossenschaft erwerben. Beschließt z. B. die Generalversammlung eine Zuwendung etwa durch Erlaß der Schuld, so erwirbt der Bedachte Rechte hieraus erst dann, wenn der Vorstand von dieser Ermächtigung der Generalversammlung Gebrauch gemacht und demselben in rechtsverbindlicher Weise hiervon Kenntniß giebt; mag also auch die Generalversammlung ordnungsmäßig beschlossen haben, Jemandem eine Schuld zu erlassen, so kann dieser, wenn trotzdem der Vorstand die Forderung einklagt, sich nicht mit Erfolg auf jenen Beschluß berufen, da derselbe eine rein innere Angelegenheit ist und kein Rechtsverhältniß zwischen der Genossenschaft und Dritten begründet; die Generalversammlung könnte ihrem Beschluß nur dadurch Wirksamkeit verleihen, daß sie den Vorstand absetzt und einen solchen wählt, der ihren Beschluß ausführt.

2. Unbeschränkte Vertretung durch den Vorstand.

Die Frage, ob die unbeschränkte Vertretungsbefugniß des Vorstandes für die Genossenschaften als ein Bedürfniß anzuerkennen ist, wird mit Recht Begr. I 113, II 76 bejaht, da die Zweifel und Unklarheiten, welche im Geschäftsverkehr der Genossenschaften aus einer Beschränkung der Vollmachten des Vorstandes auf gewissen, jedenfalls nur durch eine allgemeine Umgrenzung zu bezeichnenden Gattungen von Handlungen oder Geschäften entstehen würden, voraussichtlich größere Nachtheile zur Folge hätten, als sie erfahrungsgemäß aus der unbeschränkten Vertretungsbefugniß des Vorstandes erwachsen. In der Kommission war beantragt, eine rechtliche Wirkung Dritten gegenüber insoweit eintreten zu lassen, als die Beschränkung durch das Statut festgesetzt und veröffentlicht worden sei. Der Antrag wurde mit großer Mehrheit abgelehnt (Komm.Ber. S. 21), da die Genossenschaft gegen die Willkür des Vorstandes hinreichend geschützt sei.

3. Die Rechtsgültigkeit der von dem Vorstande vorgenommenen Handlungen hängt nicht von der Eintragung desselben ab.

Die Rechtsgültigkeit der von den Vorstandsmitgliedern vorgenommenen Rechtshandlungen ist allein davon abhängig, daß sie statutenmäßig gewählt sind. „Die Bestimmungen des Genossenschaftsgesetzes über Rechte und Pflichten des Vorstandes der Genossenschaft gegenüber, insbesondere über dessen Befugniß, die Genossenschaft Dritten gegenüber zu vertreten, sind den entsprechenden Bestimmungen des Handelsgesetzbuchs über Aktiengesellschaften nachgebildet, wie denn die §§ 17 und 23 des Gen.Ges. von 1868 den Inhalt der Art 227 bis 233 H.G B. fast wortgetreu wiedergeben. Nach dem System des Handelsgesetzbuchs sind die Einträge ins Handelsregister, abgesehen von besonderen Fällen (Art. 178, 198, 211 H.G.B.), nicht bestimmt, den einzutragenden Vorgängen Rechtswirksamkeit zu verleihen, sondern nur ihnen die im Interesse des Verkehrs erforderliche Offenkundigkeit zu sichern und an den Mangel des Eintrages nur Rechtsfolgen zu Gunsten gutgläubiger Dritter zu knüpfen. Dies gilt nach Art. 233 H G.B. insbesondere auch für Einträge, welche Aenderungen des Vorstandes der Aktiengesellschaft betreffen, daher zweifellos die Vertretungsbefugnisse eines neu bestellten Vorstandes auch ohne Eintrag im Handelsregister bestehen und der Mangel dieses Eintrags wohl zur Folge haben kann, daß die Aktiengesellschaft Rechtshandlungen, welche der frühere noch im Handelsregister eingetragene Vorstand unbefugterweise vornimmt, gegen sich gelten lassen muß, nie aber daß sie berechtigt ist, dasjenige, was ihr statutenmäßig bestellter Vorstand innerhalb der ihm gesetzlich zustehenden Befugnisse gethan, als sie nicht verpflichtend abzulehnen. Diese Grundsätze gelten auch für die Genossenschaft, da in § 23 Abs. 2 des Gen.Ges. (von 1868) die Folgen, welche sich an den Eintrag bezw Nichteintrag von Aenderungen des Vorstandes knüpfen, ganz übereinstimmend mit Art. 233 Abs. 2 H.G B. geregelt sind, auch die in Art. 233 a a. O. enthaltene Androhung einer Ordnungsstrafe sich in der allgemeinen Bestimmung von § 66 des Genossenschaftsgesetzes findet und eine Absicht, an den bezüglichen Grundsätzen des Handelsgesetzbuchs irgend etwas zu ändern, nirgends ersichtlich ist" (Entsch. des R.G. IX 90ff). Diese Ausführungen treffen auch das vorliegende Gesetz, denn die §§ 17ff. des Ges. vom 4. Juli 1868 sind in Bezug auf die Vertretung der Genossenschaft durch den Vorstand in die §§ 28ff. hinübergenommen. Andererseits aber kann die Genossenschaft Rechtshandlungen der in das Genossenschaftsregister eingetragenen Vorstandsmitglieder nicht aus dem Grunde anfechten, weil der Beschluß der Generalversammlung über die Vorstandswahl ungültig gewesen sei. Wenn auch die Eintragung eines Generalversammlungsbeschlusses oder einer auf demselben beruhenden Thatsache in das Genossenschaftsregister etwaige Mängel beim Zustandekommen nicht heilen kann — vgl. auch § 49 —, so muß doch nach §§ 24 und 28 die Thatsache der Eintragung des Vorstandes auf Grund eines solchen Beschlusses bewirken, daß dieselbe Dritten gegenüber, so lange eine Aenderung im Register in Folge Anfechtung des Beschlusses nicht geschehen ist — abgesehen den Fall des § 29 Abs. 1 —, zur Vertretung der Genossenschaft befugt ist (vgl. R.O.H. XX S. 210).

4. Keine besondere Verpflichtung der Vorstandsmitglieder aus den Rechtsgeschäften.

Art. 241 Abs. 1 A.G. bestimmt für Aktiengesellschaften, daß die Mitglieder des Vorstandes aus den von ihnen im Namen der Gesellschaft vorgenommenen Rechtshandlungen Dritten gegenüber für die Verbindlichkeiten der Gesellschaft persönlich nicht verpflichtet sind. Eine solche Vorschrift ist für Genossenschaften nicht getroffen, weil — Begr. I 113, II 76 — dieselbe leicht zu Mißverständnissen Anlaß geben konnte. Die Bestimmung ist auch entbehrlich, weil es sich von selbst versteht, daß die Vorstandsmitglieder nicht — oder doch nicht anders — wie alle übrigen Genossen verpflichtet werden.

5. Verantwortung der Genossenschaft für Verschulden der Vorstandsmitglieder.

I. Gemeines Recht.

Auf die Genossenschaft als selbstständige Rechtspersönlichkeit kommen die für die juristischen Personen aufgestellten Grundsätze zur Anwendung. Durch Urtheil vom 6. April 1888 (Jurist. Wochenschrift Nr. 23, 24) hat das Reichsgericht ausgesprochen, daß eine juristische Person nicht nur für die Erfüllung der aus Kontraktverhältnissen hervorgehenden oder durch spezielle Gesetze auferlegten Verpflichtungen gleich der Privatperson haftet, sondern auch für schuldhafte Handlungen und Unterlassungen der Vertreter innerhalb ihrer Zuständigkeit in demselben Maße verantwortlich ist, wie eine Privatperson für eigene Handlungen oder Unterlassungen. (Dagegen R.O.H. XIX 702, woselbst die Haftpflicht nur für den Fall der Bereicherung angenommen wird, auf dem Standpunkte des Reichsgerichts, der der heutigen Rechtsentwickelung entspricht, auch Windscheid I § 59.)

II. Preußisches Recht.

Als unbestritten ist anzusehen, daß die Genossenschaft verantwortlich ist für Verschulden ihrer Vertreter, Beamten, Bevollmächtigten bei Eingehung oder Erfüllung von Kontraktverhältnissen und bei den durch spezielle Gesetze auferlegten Verpflichtungen (R.G. Bd. VIII S. 236, Urtheil vom 7 November 1885, mitgetheilt in den Bl. f G Nr 2 von 1886, Koch, Kommentar zu A.L.R II 6 § 81); ebenso ist als zweifellos anzusehen, daß eine Genossenschaft aus einem Delikte der Vertreter dann und so weit haftet als durch das Delikt etwas in ihr Vermögen gekommen ist (R G. Bd. XVIII S. 120). Auseinander gehen die Ansichten über die Haftpflicht für eine außerkontraktliche Ersatzverbindlichkeit.

Nach § 82 II 6 werden Korporationen in Rücksicht auf ihre Rechte und Verbindlichkeiten gegen Andere außer ihnen wie physische Personen beurtheilt. Diese Bestimmung muß auch für Genossenschaften gelten. Ein Versehen kann bei einer juristischen Person nur in dem fehlerhaften Verhalten ihrer Willensorgane bestehen; als solche aber sind ihre amtlichen Vertreter anzusehen, und zwar insoweit, als sie vermöge des Amtes thätig sind. Diese Organe sind mit der juristischen Person rechtlich zu identifiziren, was sie als Vertreter derselben thun, gilt als von der juristischen Person vorgenommen. Als fremdes erscheint dagegen für diese jedes andere Versehen, mag es von dritten Personen oder von ihren Willensorganen außerhalb des Amtskreises begangen sein.

Wegen des eigenen, d. h. der Willensorgane, Versehens kann die juristische Person ohne Weiteres in Anspruch genommen werden, wegen eines fremden nur, wenn ihr ein Versehen in der Auswahl zur Last fällt. Die in der Praxis übliche Unterscheidung, daß die gesetzliche (außerkontraktliche) Ersatzverbindlichkeit sich der Regel nach auf die Vernachlässigung gebietender Vorschriften beschränkt, während in Ansehung der Kontraktspflicht positive und negative Vertragsverletzungen gleichgestellt werden, erklärt sich daraus, daß positive Gesetzesverletzungen ihrer Beamten regelmäßig überhaupt nicht als Amtshandlungen angesehen werden können (so R.G. XIX 349). Vgl. Gierke S 758; Dernburg I § 52; Förster-Eccius IV S. 733; Koch, Kommentar zu § 81 II 6.

Der Entwurf des bürgerlichen Gesetzbuchs will in § 46 die Körperschaft für den Ersatz jedes Schadens haftbar machen, welchen ihr Vorstand oder ein Mitglied desselben durch eine in Ausübung seiner Vertretungsmacht begangene widerrechtliche, zum Schadensersatz verpflichtende Handlung begangen hat Der Kreis der gesetzlichen Vertreter ist hier vorgeschrieben (vgl. Förster-Eccius a. a. O.).

Die Genossenschaften haben Dritten gegenüber nur ein Willensorgan: den Vorstand; dieser ist ihr gesetzlicher Vertreter, seine Rechtshandlungen werden als die der Genossenschaft angesehen, selbst wenn sich nur aus den Umständen ergiebt, daß sie für diese gelten sollen. Durch die allgemeine Bestimmung in § 24 Abs. 1 ergiebt sich aber ganz zweifellos, daß der Vorstand nicht blos für „Rechtsgeschäfte" Vertreter ist Es ist als unbestritten anzusehen, daß die Genossenschaft die Verantwortung trägt für die Vernachlässigung gebietender Vorschriften durch den Vorstand, es ist nur noch eine Konsequenz, sie für alle Handlungen des Vorstandes verantwortlich zu erklären, die dieser in seiner Eigenschaft als Vorstand vornimmt (Gierke S. 788 ff.). Der Aufsichtsrath ist gesetzlicher Vertreter nur in den Fällen des § 37, die Bevollmächtigten sind nie gesetzliche Vertreter, der Umfang ihrer Vertretung wird durch die Vollmacht bezw. § 40 bestimmt, für ihre Handlungen haftet die Genossenschaft wie jeder Vollmachtgeber für seine Bevollmächtigten.

6. **Absatz** II. Legitimation.

Abs. 2 entspricht dem letzten Satz des § 20 des Ges. von 1868: das Wort Attest ist verdeutscht. „Im Interesse einer gleichmäßigen Gestaltung der Formen, in welchen der Vorstand im Verkehr mit den Behörden seine Legitimation zu führen hat", ist für die Legitimation allen Behörden gegenüber diese Vorschrift gegeben (Komm Ber. S. 20).

In Preußen konnten nach dem Allgemeinen Landrecht nur Gesellschaften mit Korporationsrechten als „moralische" Personen Grundstücke und Kapitalien auf ihren Namen erwerben, Handelsgesellschaften und erlaubte Privatgesellschaften konnten es nicht (A.L.R. II 6 § 13). Das Nähere, wie nach Erlaß des H.G.B. im Gebiete des Allgem. Landrechts bei Eintragung von Grundstücken u. s. w. auf den Namen von Handelsgesellschaften in das Hypothekenbuch zu verfahren sei, bestimmt Art. 23 des Einführungsgesetzes vom 14. Juni 1861 in Verbindung mit §§ 102 bis 105 der Instruktion vom 12. Dezember 1861. In dem Kommissionsentwurfe von 1863 war vorgeschlagen, die Gültigkeit jenes Art. 23 auch für Genossenschaften auszusprechen. Diese Bestimmung wurde in den Regierungsentwurf von 1866 und das preuß. Gesetz nicht aufgenommen, dahingegen wurde entsprechend dem § 3 des Art. 23 a. a. O. in dem letzten Satz des § 19 (§ 20 des Ges. von 1868) bestimmt, daß die Vorstandsmitglieder beim Hypothekenbuch durch ein Attest des Handelsgerichts legitimirt werden.

Wenn die „Behörden" an dem Gericht ihren Sitz haben, wo das Genossenschaftsregister geführt wird, so wird eine Bezugnahme auf dessen Akten genügen (§ 105 der preuß. Instruktion vom 12. Dezember 1861).

§. 27.

Der Vorstand ist der Genossenschaft gegenüber verpflichtet, die Beschränkungen einzuhalten, welche für den Umfang seiner Befugniß, die Genossenschaft zu vertreten, durch das Statut oder Beschlüsse der Generalversammlung festgesetzt sind.

Gegen dritte Personen hat eine Beschränkung der Befugniß des Vorstandes, die Genossenschaft zu vertreten, keine rechtliche Wirkung. Dies gilt insbesondere für den Fall, daß die Vertretung sich nur auf gewisse Geschäfte oder Arten von Geschäften erstrecken oder nur unter gewissen Umständen oder für eine gewisse Zeit oder an einzelnen Orten stattfinden soll oder daß die Zustimmung der Generalversammlung, des Aufsichtsraths oder anderen Organs der Genossenschaft für einzelne Geschäfte erfordert ist.

Ges. von 1868 § 21, Entw. I u. II, Komm. 26, Rtg. 27.

I. Zur Geschichte des § 27.

Der § 27 stimmt mit dem bisherigen § 21 fast wörtlich überein, wenige rein redaktionelle Aenderungen schließen sich meist der Fassung des Art. 231 H.G.B. an.

II. Erläuterungen zu § 27.

1. **Absatz I.** „Beschlüsse der Generalversammlung".

Der Vorstand ist nicht an gesetz- oder statutenwidrige Beschlüsse der Generalversammlung oder des Aufsichtsraths gebunden. Nach § 32 hat er die Sorgfalt eines ordentlichen Geschäftsmannes anzuwenden, und es wird nach den Motiven hiermit auch § 33 des Ges. von 1868 getroffen, welcher den Vorstand verpflichtete, die in Gemäßheit des Gesellschaftsvertrages gefaßten Beschlüsse auszuführen. Also nur an solche Beschlüsse ist er gebunden.

Der Genossenschaft gegenüber macht er sich — falls er auf die Gesetz- oder Statutenwidrigkeit hingewiesen hat — durch die Ausführung des Beschlusses jedoch nicht verantwortlich, auch selbst wenn der Beschluß später im Wege der Anfechtungsklage aufgehoben wurde, denn er hätte gegen eine solche Klage die exceptio doli (vgl. Makower zu Art. 222 A.G. Anm. 6, § 12 Nr. 4 b der Allgem. Begr. zum A.G.). Dagegen können die Vorstandsmitglieder sich den Gläubigern gegenüber mit dem Generalversammlungsbeschluß nicht entschuldigen in den Fällen, in denen sie denselben direkt haften (§§ 88, 136), das Gleiche gilt von den Aufsichtsrathsmitgliedern.

Hält der Vorstand die ihm auferlegten Beschränkungen nicht ein, so kann sich die Genossenschaft Dritten gegenüber nicht darauf berufen, der Genossenschaft aber ist er für den dadurch entstandenen Schaden verantwortlich (§ 32) Die Geltendmachung des Schadensersatzanspruchs kann nur die Genossenschaft beschließen (§ 37).

2. **Absatz** II. Dritten gegenüber sind die Beschränkungen wirkungslos.

Dritten gegenüber ist der Vorstand in der Vertretung unbeschränkt (§ 26 Anm. 2). Auch für die Mitglieder der Genossenschaft, welche mit dieser im Geschäftsverkehr stehen, würde eine Beschränkung des Vorstandes, selbst wenn sie im Statut vorgesehen ist, für den Geschäftsverkehr keine rechtliche Wirkung haben, denn die im Geschäftsbetriebe mit den Mitgliedern abgeschlossenen Verträge sind zweifellos keine innern Angelegenheiten des Vereins, die Genossen erscheinen dann als Dritte, und die Rechte und Verbindlichkeiten der Kontrahenten können rücksichtlich ihrer Entstehung, rechtlichen Wirksamkeit und Auslegung nach keinen anderen Grundsätzen beurtheilt werden, als wenn sie zwischen dem Vorstand und einer außerhalb der Genossenschaft stehenden Person zu Stande gekommen sind (R.G. IV 73).

3. Kenntniß des Dritten von der Beschränkung.

Kenntniß des Dritten, daß die Vorstandsmitglieder gegen ihre Vollmacht handeln, begründet nur dann eine exceptio doli für die Genossenschaft, wenn die Vorstandsmitglieder dolos gegen die Genossenschaft handelten, z. B. um sich auf ihre Kosten zu bereichern, und der Dritte an diesem dolosen Verfahren Theil genommen hat (vgl. R.G. IX 149, v. Hahn Art. 231 § 1, Ring S. 518, Makower zu Art. 232).

4. Beschränkung auf einzelne Orte.

Es giebt keine Filialkassenvorstände. Die Befugnisse des Vorstandes gelten sowohl für die Haupt- wie für die Zweig-Niederlassung. Selbst wenn die Filialen als Zweigniederlassung zur Eintragung gelangen, können als Mitglieder des Vorstandes daselbst immer nur die Vorstandsmitglieder der Hauptniederlassung angemeldet werden. Die sog. Filialvorsteher sind nur Bevollmächtigte, deren Eintragung in das Genossenschaftsregister nicht erfolgen kann (R.G. Bd. XXII S. 70 ff.).

5. Beschränkung durch andere Organe.

Hierdurch wird anerkannt, daß die Genossenschaft außer Vorstand, Aufsichtsrath und Generalversammlung noch andere Organe haben kann. Die mit der Geschäftsführung betrauten Bevollmächtigten oder Beamten sind keine „Organe". Hierher würde z. B. die Baukommission bei Baugenossenschaften gehören.

§. 28.

Jede Aenderung in der Zusammensetzung des Vorstandes sowie eine Wiederwahl oder eine Beendigung der Vollmacht von Mitgliedern desselben muß ohne Verzug zur Eintragung in das Genossenschaftsregister angemeldet werden. Zugleich haben neue Mitglieder ihre Unterschrift vor dem Gerichte zu zeichnen oder die Zeichnung in beglaubigter Form einzureichen. Eine Abschrift der Urkunden über ihre Bestellung oder über die Beendigung ihrer Vollmacht ist der Anmeldung beizufügen und bleibt in der Verwahrung des Gerichts. Soweit eine Wiederwahl von Vorstandsmitgliedern erfolgt ist, unterbleibt die Veröffentlichung der Eintragung.

Ges. von 1868 § 23 Abs. 1, Entw. I und II, Komm. 27, Rtg. 28, A.V. §§ 6, 8 und 19. Begr. I 113, II 70, Komm.Ber. 21.

I. **Zur Geschichte des § 28.**

Der § 28 „betrifft die Eintragung des Vorstandes in das Genossenschaftsregister und entspricht dem Abs. 1 des bisherigen § 23. Neu ist die Bestimmung, daß nicht blos die Neuwahl, sondern auch die Wiederwahl von Vorstandsmitgliedern zur Eintragung in das Genossenschaftsregister anzumelden ist . . . Ferner ist durch die Fassung klargestellt, daß nicht blos das gänzliche Ausscheiden, sondern auch die nach § 38 durch den Aufsichtsrath verfügte Suspension von Vorstandsmitgliedern und das hierdurch bewirkte einstweilige Erlöschen ihrer Vollmacht in das Genossenschaftsregister eingetragen werden muß". (Begr. I 114, II 77.) — Der letzte Satz ist in der Kommission hinzugefügt.

II. **Erläuterungen zu § 28.**

1. „Aenderung".

Während hier der Ausdruck „Aenderung in der Zusammensetzung des Vorstandes" gebraucht ist, heißt es im Eingang des Abs. 1 § 29: „Aenderung in dem Vorstande". Hierunter ist, wie in der Kommission konstatirt wurde, nur der Fall zu verstehen, daß andere Personen in den Vorstand kommen oder daß die Zahl der Vorstandsmitglieder verringert wird (Komm.Ber. S. 21).

2. Wiederwahl.

Ob auch wiedergewählte Vorstandsmitglieder zur Eintragung anzumelden sind, war nach dem Ges. von 1868 streitig (Parisius 301).

3. Beendigung der Vollmacht.

Unter Beendigung der Vollmacht fällt die vom Aufsichtsrath verfügte Suspension an Vorstandsmitglieder (Begr. I 113, II 76); der Ausdruck

„Beendigung der Vollmacht" ist hierfür nicht korrekt, da die vorläufige Suspension die Vollmacht nicht beendigt.

4. Anmeldung.

Die Anmeldung geschieht durch sämmtliche Mitglieder des Vorstandes persönlich oder in beglaubigter Form, sie muß auch zu dem Gericht der Zweigniederlassung erfolgen (§ 143), vgl. A.V. 6, 8 und 19.*) Der Anmeldung ist eine unbeglaubigte Abschrift der Urkunden über die Bestellung, z. B. des Wahlprotokolls beizufügen, welche in der Verwahrung des Gerichts bleibt; im Falle der Suspension ist eine Abschrift des Beschlusses des Aufsichtsraths über die Suspension beizugeben. Auch die Anmeldung der Suspension hat durch den Vorstand und nicht durch den Aufsichtsrath zu geschehen; bleiben bei der Suspension noch so viel Vorstandsmitglieder im Amte, daß keine Stellvertretung erforderlich ist, so haben diese die Suspension anzumelden, werden Stellvertreter bestellt, so haben sämmtliche Vorstandsmitglieder die Stellvertreter und die Suspension anzumelden.

5. Zeichnung.

Nur die neuen Mitglieder haben bei dem Gericht zu zeichnen, da die Zeichnung der Wiedergewählten bereits bei dem Gericht abgegeben ist.

6. Oeffentliche Bekanntmachung.

Die in das Genossenschaftsregister eingetragene Aenderung ist öffentlich bekannt zu machen (§ 147, Art. 14 H.G.B.), dagegen ist die Wiederwahl eines Vorstandsmitgliedes nicht öffentlich bekannt zu machen; geschieht es dennoch, so ist die Genossenschaft nicht verpflichtet, die hierdurch entstehenden Kosten zu zahlen. Hierzu führen zunächst allgemeine Erwägungen. Sind die Namen der Vorstandsmitglieder einmal bekannt gemacht, was für ein Interesse kann vorliegen, die Thatsache, daß genau dieselben Personen die zeitigen Vorstandsmitglieder sind, nach Jahr und Tag wiederum bekannt zu machen? Wer mit der Genossenschaft in Geschäftsverbindung steht, fühlt sich vollkommen sicher, wenn er sich darauf verlassen kann, daß er in den zu den Bekanntmachungen bestimmten Blättern die thatsächliche Veränderung im Personal zu lesen bekommt; die Frage, wie lange die Amtsdauer der einzelnen bestimmten Person für die Zukunft festgesetzt ist, kann ihn geschäftlich gar nicht interessiren, da die Bekanntmachung so lange gilt, bis die Aenderung in das Genossenschaftsregister eingetragen und öffentlich bekannt gemacht ist.

---

*) Von Wichtigkeit ist § 19 des Ausführungserlasses:

„Die Anmeldung und Eintragung der Vorstandsmitglieder (Gesetz § 10 Absatz 1, § 28) hat mit dem Beginn ihres Amtes zu erfolgen. Dasselbe gilt für den Fall der Wiederwahl bisheriger Vorstandsmitglieder und für den Fall der Bestellung von Stellvertretern behinderter Vorstandsmitglieder.

Imgleichen ist die Beendigung der Vollmacht von Vorstandsmitgliedern alsbald nach dem Ausscheiden derselben aus dem Vorstande anzumelden und einzutragen. Als Beendigung der Vollmacht gilt auch eine vorläufige Enthebung durch den Aufsichtsrath.

Eine Beschränkung der Vertretungsbefugniß des Vorstandes kann nicht eingetragen werden."

Eine Nothwendigkeit der öffentlichen Bekanntmachung der Wiederwahl liegt auch dann nicht vor, wenn die Amtsdauer des Gewählten eingetragen und bekannt gemacht ist, da nach § 27 Abs. 2 eine Beschränkung der Vertretung auf eine gewisse Zeit Dritten gegenüber bedeutungslos ist.

Ist die Eintragung und öffentliche Bekanntmachung eines Vorstandsmitgliedes nicht erfolgt, so hat dies, falls dasselbe nur statutenmäßig gewählt ist, auf die von demselben für die Genossenschaft vorgenommenen Rechtshandlungen keinen Einfluß (vgl. § 26), so kann z. B. die Gültigkeit der von statutenmäßig gewählten Vorstandsmitgliedern berufenen Generalversammlung nicht aus dem Grunde angefochten werden, daß dieselben nicht eingetragen sind oder daß ihre Wahl nicht öffentlich bekannt gemacht ist.

Nach dem Gesetz bedarf es bei der Bestellung des Vorstandes nur einer Eintragung, die z. B. folgendermaßen lautet:

„Den Vorstand bilden Hans Schmidt, Geschäftsführer, Wilhelm Lehmann, Kassirer, Peter Müller, Baukontroleur, sämmtlich zu Z."

und einer Veröffentlichung dahin, daß diese Eintragung im Genossenschaftsregister bei Nr. 4 Bauverein zu Z. eingetragene Genossenschaft zufolge Verfügung vom . . . . bewirkt ist.

Ueberflüssig ist auch das Datum der Generalversammlung, in welcher die Wahl stattzufinden hat, einzutragen und zu veröffentlichen. Ueber die Bedeutung der Eintragung und Veröffentlichung Dritten gegenüber s. § 29.

§. 29.

Die Aenderung in dem Vorstande oder Beendigung der Vollmacht eines Mitgliedes und eine Aenderung des Statuts rücksichtlich der Form für Willenserklärungen des Vorstandes kann, solange sie nicht in das Genossenschaftsregister eingetragen und öffentlich bekannt gemacht ist, einem Dritten von der Genossenschaft nur entgegengesetzt werden, wenn letztere beweist, daß derselbe beim Abschlusse des Geschäfts von der Aenderung oder Beendigung Kenntniß hatte.

Nach geschehener Eintragung und Bekanntmachung muß der Dritte, sofern nicht durch die Umstände die Annahme begründet wird, daß er beim Abschlusse des Geschäfts die Aenderung oder Beendigung weder gekannt habe noch habe kennen müssen, dieselbe gegen sich gelten lassen.

Ges. von 1868 § 23 Abs. 3, Entw. I und II, Komm. 28, Rtg. 29. Begr. I 114, II 77.

I. Zur Geschichte des § 29.

§ 29 entspricht dem Abs. 3 des § 23 des Ges. von 1868. An Stelle der Verweisung auf die entsprechenden Bestimmungen des H.G.B. ist der in Betracht kommende Inhalt wiedergegeben. Sie sind ausgedehnt auf den

Fall, daß eine neue statutarische Bestimmung über die Form, in welcher der Vorstand seine Willenserklärungen abzugeben hat, insbesondere über die Zahl der Vorstandsmitglieder, welche dabei mitzuwirken haben, getroffen ist. Nach den Motiven schien es angemessen, auch hier die unbedingte Wirksamkeit gegen Dritte nicht blos von der Eintragung der Statutenänderung ins Genossenschaftsregister (§ 16 Abs. 4), sondern auch von der Veröffentlichung der Eintragung abhängig zu machen (§ 16 Abs. 3, § 12 Abs. 4).

II. **Erläuterungen.**

Bedeutung der Eintragung und Veröffentlichung.

Es sind die verschiedenen Fälle zu unterscheiden, wie folgt: Der Dritte, welcher mit Personen, die früher zur Vertretung der Genossenschaft berechtigte Vorstandsmitglieder waren, in der bisher üblichen Form ein Geschäft abschließt,

I. weiß, daß jene Vertretungsbefugniß aufgehört hat oder daß nur eine größere Anzahl Vorstandsmitglieder als bisher die Vertretung hat, dann bindet das Geschäft die Genossenschaft nicht, die Eintragung in das Genossenschaftsregister mag erfolgt sein oder nicht,

II. er weiß es nicht und

1. die Eintragung und Veröffentlichung ist nicht erfolgt, so ist die Genossenschaft verpflichtet,
2. die Eintragung und Veröffentlichung ist erfolgt, so ist die Genossenschaft
   a) verpflichtet, wenn durch die Umstände die Annahme begründet wird, daß jener die Aenderung des Vorstandes u. s. w. nicht „gekannt habe", „nicht habe kennen müssen",
   b) nicht verpflichtet, wenn durch die Umstände diese Annahme nicht begründet wird.

Ueber die Beweislast ist für den Fall, daß die Eintragung und Veröffentlichung nicht erfolgt ist, im Gesetz bestimmt, daß die Genossenschaft dem Dritten seine Wissenschaft von der Aenderung des Vorstandes u. s. w. beweisen muß; für den umgekehrten Fall bestimmt das Gesetz nichts über die Beweislast, gleich wie in den Fällen der gleichlautenden Art. 25, 46 u. s. w. H.G.B. Die Beweislast ist absichtlich nicht geregelt (vgl. v. Hahn S. 65 Anm. 8). Es kann wohl kaum zweifelhaft sein, daß, wenn in Folge besonderer Umstände die Annahme der Unkenntniß der Aenderung begründet werden soll, der Dritte diese Umstände behaupten und nachweisen muß; und ebenso wird, wenn allgemeine Umstände, z. B. Entfernung des Wohnorts, dafür zu sprechen scheinen, daß der Dritte von der Aenderung keine Kenntniß gehabt, die Genossenschaft ihrerseits diese Annahme durch besondere Umstände entkräften müssen (vgl. v. Hahn S. 65 ff.).

Die Anmeldungen müssen auch zu dem Gericht der Zweigniederlassung erfolgen (§ 148), für den Eintritt der Wirkung entscheidet die Eintragung in das Register der Zweigniederlassung (§ 148 Abs. 3).

§. 30.

Der Vorstand hat ein Verzeichniß der Genossen zu führen und dasselbe mit der Liste in Uebereinstimmung zu halten.

Ges. von 1868 § 25, Entw. I und II, Komm. 29, Rtg. 30. Begr. I 114, II 77, Komm.Ber. 21.

I. Zur Geschichte des § 30.

a) Nach dem Ges. von 1868 (§ 25) hatte der Vorstand am Schlusse jedes Quartals Ab- und Zugangslisten und im Januar ein alphabetisch geordnetes Mitgliederverzeichniß dem Registerrichter einzureichen. Diese Bestimmungen sind durch § 15 (vgl. oben) beseitigt. Jetzt hat „die gerichtliche Liste der Genossen" authentischen Aufschluß über Zahl und Person der Mitglieder zu geben. Zur Erleichterung der Information der Betheiligten ist angeordnet, daß auch bei der Genossenschaft die nöthige Aufklärung aus einem mit der Gerichtsliste übereinstimmenden Verzeichnisse der Genossen entnommen werden kann.

b) Der Regierungsentwurf enthielt noch folgenden zweiten Satz:

„Das Verzeichniß ist im Geschäftslokale der Genossenschaft oder an einer anderen, durch den Vorstand bekannt zu machenden, geeigneten Stelle zu Einsicht für Jeden auszulegen."

Dieser Theil des § 30 wurde in der Reichstagskommission abgelehnt, weil er eine zu große Belästigung der Genossenschaften enthalte (Komm.-Ber. S. 21). Die Vorschrift war übrig, da die gerichtliche Liste, welche die allein maßgebende ist, in den Geschäftsstunden zu Jedermanns Einsicht offen liegt (§§ 15, 147, H.G.B. Art. 12 Abs. 2).

II. Erläuterungen zu § 30.

Daß der Vorstand ein Mitgliederverzeichniß führt, ist selbstverständlich, wenn auch dieses Verzeichniß keine civilrechtliche Bedeutung mehr hat, denn der Vorstand muß jederzeit in der Lage sein, sich vergewissern zu können, ob Jemand Mitglied ist. „Die Aufrechthaltung der Uebereinstimmung mit der gerichtlichen Liste unterliegt der Aufsicht des Registerrichters in Gemäßheit des § 152, und wissentlich unrichtige Angaben in dem Verzeichniß ziehen die Strafen des § 41 nach sich" (Begr. I 115).

§. 31.

Der Vorstand ist verpflichtet, Sorge zu tragen, daß die erforderlichen Bücher der Genossenschaft geführt werden.

Er muß binnen sechs Monaten nach Ablauf jedes Geschäftsjahres die Bilanz desselben, die Zahl der im Laufe des Jahres eingetretenen oder ausgeschiedenen, sowie die Zahl der am Jahresschlusse der Genossenschaft angehörigen Genossen veröffentlichen. Die Bekanntmachung ist zu dem Genossenschaftsregister einzureichen.

Ges. von 1868 § 6, Entw. I u. II, Komm. 30, Rtg. 31. Begr. I 115, II 77. Vgl. A.V. 7.

I. Zur Geschichte des § 31.

§ 31 stimmt im ersten die Buchführung betreffenden Absatz mit dem ersten, dem Art. 239 des H.G.B. entlehnten Satze des § 26 des Ges. von 1868 überein. Im zweiten Absatz bezüglich der dem Vorstande alljährlich obliegenden Veröffentlichungen behandelt er die Vorschriften des zweiten Satzes des früheren § 26 und stimmt mit ihm im Wesentlichen überein, nur sind einige redaktionelle Verbesserungen vorgenommen, namentlich mit Rücksicht auf die Genossenschaften, deren Geschäftsjahr weniger als ein Kalenderjahr beträgt (s. unten Erläuterungen II 2). Der § 26 des Ges. von 1868 hatte in Folge Versehen nur einen Absatz. Wie dies Versehen und dadurch der Zweifel entstanden ist, ob dem Registerrichter nicht (gegen die Absicht des Gesetzgebers) die Kontrole über die Buchführung zustehe, darüber vgl. Parisius 306.

Neu ist die Bestimmung im letzten Satz über die Einreichung der Bekanntmachung zum Genossenschaftsregister.

II. Erläuterungen zu § 31.

1. **Absatz** I. „Die erforderlichen Bücher".

Welche bestimmten Bücher der Kaufmann, also auch die eingetragene Genossenschaft zu führen hat, darüber enthält das Handelsgesetzbuch, im Gegensatz zu andern Gesetzgebungen, wie z. B. dem Code de commerce, keine Vorschriften. Art. 28 H G B. bestimmt nur, daß jeder Kaufmann verpflichtet ist, Bücher zu führen, aus welchen seine Handelsgeschäfte und die Lage seines Vermögens vollständig zu ersehen sind.

Die die Unterlassung der genügenden Buchführung betreffenden Strafvorschriften enthalten die §§ 209 ff. der R.K.O. Dieselben lauten:

§ 209. Schuldner, welche ihre Zahlungen eingestellt haben, oder über deren Vermögen das Konkursverfahren eröffnet worden ist, werden wegen betrügerischen Bankerutts mit Zuchthaus bestraft, wenn sie in der Absicht, ihre Gläubiger zu benachtheiligen . . .

3. Handelsbücher zu führen unterlassen haben, deren Führung ihnen gesetzlich oblag, oder
4. ihre Handelsbücher vernichtet oder verheimlicht, oder so geführt oder verändert haben, daß dieselben keine Uebersicht des Vermögensstandes gewähren.

Sind mildernde Umstände vorhanden, so tritt Gefängnißstrafe nicht unter drei Monaten ein.

§ 210. Schuldner, welche ihre Zahlungen eingestellt haben, oder über deren Vermögen das Konkursverfahren eröffnet worden ist, werden wegen einfachen Bankerutts mit Gefängniß bis zu zwei Jahren bestraft, wenn sie . . .

2. Handelsbücher zu führen unterlassen haben, deren Führung ihnen gesetzlich oblag, oder dieselben verheimlicht, vernichtet oder so undeutlich geführt haben, daß sie keine Uebersicht ihres Vermögenszustandes gewähren, oder
3. es gegen die Bestimmungen des Handelsgesetzbuchs unterlassen haben, die Bilanz ihres Vermögens in der vorgeschriebenen Zeit zu ziehen.

§ 214. Die Strafvorschriften der §§ 209 bis 211 ~~sind gegen~~ die Mitglieder des Vorstandes einer . . . eingetragenen Genossenschaft, und gegen die Liquidatoren einer . . eingetragenen Genossenschaft, welche ihre Zahlungen eingestellt hat, oder über deren Vermögen das Konkursverfahren eröffnet worden ist, Anwendung, wenn sie in dieser Eigenschaft die mit Strafe bedrohten Handlungen begangen haben.

Nicht strafbar ist im Falle Konkurses die Unterlassung der Führung eines Kopirbuchs (Jurist. Wochenschrift S. 454/1888), wenn die übrigen Bücher die Uebersicht über die Vermögenslage zulassen.

Das Genossenschaftsgesetz selbst enthält keine Strafvorschrift auf die Unterlassung der Führung der nothwendigen Bücher.

2. **Absatz** II. „Bilanz"

Nach § 26 des Ges. von 1868 sollte die Bilanz „spätestens in den ersten sechs Monaten jeden Geschäftsjahres" veröffentlicht werden. Diese Vorschrift ist mit Rücksicht darauf, daß hierbei auf die Genossenschaften, deren Geschäftsjahr weniger als ein Kalenderjahr beträgt, keine Rücksicht genommen war, entsprechend abgeändert.

„Geschäftsjahr" bedeutet soviel wie Geschäftsperiode. Diejenigen Genossenschaften, welche eine kürzere Geschäftsperiode als sechs Monate, z. B. drei Monate haben, müssen natürlich in kürzerer Zeit eine Bilanz ziehen, denn bevor diese nicht gezogen und genehmigt ist, kann kein Gewinn vertheilt werden.

Ueber die Anforderungen an die Bilanz vgl. § 7. Inventarisirung ist ein wesentlicher Bestandtheil derselben (Jurist. Wochenschrift S. 231/1888).

Die Rechnungslegung ist eine Pflicht der Vorstandsmitglieder, welche die Geschäfte geführt haben, sie sind also auch dann noch hierzu verpflichtet, wenn ihre Wahlperiode abgelaufen oder sonst ihre Vollmacht abgelaufen ist. Erst wenn das Vorstandsmitglied dieser Pflicht nachgekommen ist, braucht daher die Genossenschaft die etwa hinterlegte Kaution herauszugeben (R.O.H. Bd. 24 S. 365).

3. Mitgliederliste.

Viele Vorschußvereine lassen alljährlich ein alphabetisches Mitgliederverzeichniß (meist im Anschluß an die Jahresrechnung und Bilanz) drucken und tauschen es mit den benachbarten Vereinen aus, um zu kontroliren, ob einzelne Personen gleichzeitig mehreren gleichartigen Vereinen angehören. Dieser Brauch verdient in Zukunft besonders mit Rücksicht auf § 65 Abs. 1 allgemeine Verbreitung.

4. Einreichung der Bekanntmachung zum Genossenschaftsregister

Nach dem Ges. von 1868 § 26 war der Vorstand nicht verpflichtet, durch regelmäßige Einreichung der Belegsexemplare den Nachweis der rechtzeitigen Bilanzveröffentlichung zu führen, sondern mußte nur auf ausdrückliche Aufforderung des Gerichts die Belegsexemplare einsenden (Parisius S. 309), vielfach ist daher auch besonders bei Produktivgenossenschaften eine Bilanz nicht veröffentlicht, in Zukunft müssen sie unaufgefordert regelmäßig ein Belegsexemplar über die Veröffentlichungen der Bilanz und Mitgliederzahl dem Gericht einsenden. Das Belegsexemplar wird von jedem Blatt gegeben werden müssen, in dem die Veröffentlichung stattgefunden hat, denn „die Bekanntmachung ist einzureichen und der Vorstand ist verpflichtet, in allen statutarisch hierzu bestimmten Blättern die Bilanz u. s. w. zu veröffentlichen", zur „Bekanntmachung" gehört also die Veröffentlichung in allen diesen Blättern. Zweck dieser Anordnung ist, dem Gericht die Kontrole zu erleichtern, daß die Veröffentlichung stattgefunden hat.

Unter „veröffentlichen" kann nur ein Bekanntmachen in Zeitungsblättern verstanden werden, denn die Veröffentlichung geschieht im Interesse des Publikums, die Genossen erhalten in der Generalversammlung Kenntniß von der Bilanz und außerdem ist ihnen die Bilanz noch vor der Generalversammlung zugänglich zu machen (§ 46 Abs. 2), ferner folgt auch aus § 6 Nr. 4, daß die Bekanntmachungen der Genossenschaft in öffentlichen Blättern erfolgen müssen (vgl. „Bilanzveröffentlichungen" von Fr. Pröbst in Nr. 45, und „Die Bilanzen der Genossenschaften" von Dr. Crüger in Nr. 48 der Bl.f.G. 1888).

Zu der Einreichung der Bekanntmachung bedarf es weder der Mitwirkung sämmtlicher Vorstandsmitglieder, noch der beglaubigten Form (§ 7 A.V.).

Die Einreichung muß auch zu dem Genossenschaftsregister der Zweigniederlassung erfolgen (§ 148).

5. Ordnungsstrafen.

Die Mitglieder des Vorstandes sind zur Befolgung der Vorschrift durch Ordnungsstrafen anzuhalten (§ 152).

§. 32.

Die Mitglieder des Vorstandes haben die Sorgfalt eines ordentlichen Geschäftsmannes anzuwenden.

Mitglieder, welche ihre Obliegenheiten verletzen, haften der Genossenschaft persönlich und solidarisch für den dadurch entstandenen Schaden.

Insbesondere sind sie zum Ersatze der Zahlung verpflichtet, wenn entgegen den Vorschriften in §§ 19, 22 der Gewinn oder das Geschäftsguthaben ausgezahlt wird.

Die Ansprüche auf Grund der vorstehenden Bestimmmungen verjähren in fünf Jahren.

Ges. von 1868 §§ 27 Abs. 1, 33 Abs. 1, Entw. I u. II, Komm. 31, Rtg. 32. Begr. I 115, II 78.

I. Zur Geschichte des § 32.

a) Absatz I bis III. Das Ges. von 1868 hatte in § 27 Abs. 1 eine dem Art 241 des H.G.B. damaliger Fassung entlehnte Bestimmung über die persönlihe und solidarische Haftung der Vorstandsmitglieder, die außer den Grenzen ihres Auftrages oder entgegen den Vorschriften des Gesetzes oder des Gesellschaftvertrages handeln, und außerdem in § 33 Abs. 1 über die Verpfligtung des Vorstandes zur Beobachtung und Ausführung der statutarischen Bestimmungen und der Beschlüsse der Generalversammlung aufgenommen (vgl. Parisius 313 u. 335 und v. Sicherer 259 u. 271). Inzwischen sind die Bestimmungen in Betreff der Aktiengesellschaft neu geordnet durch das Ges. vom 18. Juli 1884. Der jetzige § 32 lehnt sich an den Art. 241 des A.G. an.

b) Abs. 4 ist neu, er entspricht ebenfalls den Bestimmungen des Art. 241 A.G.

II. **Erläuterungen zu § 32.**

1. **Absatz** I. Umfang der Sorgfalt.

„Sorgfalt eines ordentlichen Geschäftsmannes" ist gleich der eines Hausvaters in geschäftlichen Dingen (Begr. I 116). Dem Ges. von 1868 fehlte eine solche allgemeine Bestimmung, es kamen deshalb die verschiedenen landesgesetzlichen Bestimmungen zur Anwendung.

2. Beweislast.

Das Gesetz sagt nicht, wen die Beweislast trifft. Nach allgemeinen Rechtsgrundsätzen muß man annehmen, daß die Genossenschaft nachzuweisen hat, daß und welche Pflichten den Vorstandsmitgliedern obgelegen haben, und daß zwischen diesen Pflichten und dem Schaden ein Kausalzusammenhang besteht; hierdurch wird der Schadensersatzanspruch begründet, und es ist dann Sache des Vorstandsmitgliedes, die Erfüllung seiner Pflichten oder aber solche Umstände, welche ihm dieselbe unmöglich gemacht haben, nachzuweisen (R.G. XIII S. 46; § 12 Nr 4 der allgemeinen Begründung zu dem A.G. vom 18. Juli 1884).

3. **Absatz** II. „Mitglieder des Vorstandes".

Jedes Mitglied des Vorstandes, welches die Sorgfalt eines ordentlichen Geschäftsmannes nicht beobachtet hat, muß für den dadurch entstandenen Schaden haften; es haften aber auch nur diejenigen Mitglieder, welche den Schaden verursacht haben. Haben z. B. die bei der Beschlußfassung überstimmten Mitglieder zur Verhinderung des schädigenden Geschäfts die Sorgfalt eines ordentlichen Geschäftsmannes angewandt, so sind sie frei von Verantwortung. Die Minderheit darf sich aber nicht mit einfachem Protest begnügen, sondern muß die zur Verhinderung des Schadens den Umständen nach gebotenen Schritte thun.

4. Obliegenheiten.

Trotz der prinzipiellen Gleichstellung der Verantwortlichkeit der Mitglieder des Vorstandes und Aufsichtsraths gestaltet sich thatsächlich die der ersteren strenger. Während von den Mitgliedern des Aufsichtsraths, wenn sie wegen Schadensersatzes in Anspruch genommen werden, regelmäßig blos nachzuweisen ist, daß sie die Sorgfalt eines ordentlichen Geschäftsmannes auf die ihnen meist nur obliegende kontrolirende Thätigkeit angewendet haben, müssen die Mitglieder des Vorstandes für ein mißglücktes oder schadenbringendes Geschäft einstehen, wenn sie nicht den Beweis führen, daß von ihnen die Eingehung und Abwickelung des Geschäfts selbst mit der bezeichneten Sorgfalt erfolgt ist (Begr. zu Art. 241 A.G.).

§ 27 Abs. 1 des Ges. von 1868 sprach nur von „handeln" der Vorstandsmitglieder gegen die Vorschriften des Gesetzes, des Gesellschaftsvertrages

u. s. w. Durch das Wort „Obliegenheiten" sind alle Funktionen getroffen, die nach Gesetz, Statut, Beschluß der Generalversammlung u. s. w. ihnen obliegen. Eine Verletzung der Obliegenheiten kann ebenso ein Unterlassen wie ein Handeln enthalten (vgl. Erläuterungen 3).

5. Verantwortlichkeit gegenüber der Genossenschaft.

„Die Verantwortlichkeit und Schadensersatzpflicht soll regelmäßig der Genossenschaft gegenüber bestehen" (Begr I 116, II 78).

Wenn die Generalversammlung dem Vorstande Decharge ertheilt hat, so hat sie sich damit noch nicht jedes Schadensersatzanspruchs begeben, sondern nur insoweit, als sie aus den ihr gemachten Vorlagen die Geschäftsführung zu übersehen im Stande war (R.G. XII S. 77, XIII S. 51, XVIII S. 63); und dasselbe gilt, wenn die schädigende Handlung in Folge eines Generalversammlungsbeschlusses erfolgt ist. Der Vorstand wird von seiner Verantwortlichkeit nicht unter allen Umständen dadurch frei, daß er sich auf einen Generalversammlungsbeschluß berufen kann, denn wenn die Genossenschaft nachweisen kann, daß die Generalversammlung nicht in der Lage war, die Folgen ihres Beschlusses zu übersehen, kann er der Genossenschaft die exceptio doli nicht entgegenhalten, falls sie Schadensersatz beansprucht. Dies gilt auch in dem Falle der vorzeitigen Vertheilung des Vermögens (§ 88 letzter Satz).

6. Verhältniß des Vorstandes zu den Genossen.

Mit den Genossen steht der Vorstand, welcher ein Organ der Genossenschaft ist, in keinem Vertragsverhältniß, er ist nicht ihr Vertreter (vgl. Jurist. Wochenschrift Nr. 15 von 1889); den Genossen haften die Vorstandsmitglieder daher nur außerkontraktlich: im Gebiete des gemeinen Rechts bei arglistiger (Windscheid II § 451) Schädigung des Genossen (R.O.H. XIX S. 181), im Gebiete des Allgem. Landrechts nach dem Umfange des von ihnen gegen den Genossen begangenen Verschuldens (A.L.R. I 6 §§ 10 ff.); ferner wenn das Klagerecht der Genossenschaft auf den Genossen übertragen ist. Der einzelne Genosse kann in den Prozessen der Genossenschaft gegen den Vorstand interveniren, im Uebrigen ist er auf die Generalversammlung angewiesen.

7. Verhältniß des Vorstandes zu den Gläubigern.

Zwischen den Vorstandsmitgliedern und den Genossenschaftsgläubigern entsteht gleichfalls kein Vertragsverhältniß. Eine allgemeine gesetzliche Schadensersatzpflicht den Gläubigern gegenüber ist, wie sie Art. 241 des A.G. in Abs. 4 vorsieht, in das Gesetz nicht aufgenommen, weil (Begr. II 78) wenigstens bei den Genossenschaften mit unbeschränkter Haftpflicht — und dasselbe gilt von den später hinzugekommenen Genossenschaften mit unbeschränkter Nachschußpflicht — keine Veranlassung vorliegt, den Gläubigern eine unmittelbare Ersatzpflicht gegen die Vorstandsmitglieder zu geben, da diese als Genossen subsidiär für die Genossenschaftsschulden einstehen müssen. Es ist diese Argumentation nicht ohne Bedenken, da Fälle möglich sind, in denen sich das Fehlen einer direkten Verantwortlichkeit bemerkbar machen kann, so z. B. wenn die schuldhaften Vorstandsmitglieder aus der Genossenschaft ausgeschieden und die aus den Verbindlichkeiten der Genossenschaft gegen sie als Genossen entspringenden Ansprüche verjährt sind (vgl. Parisius S 313, v. Sicherer S. 259). Nicht Rechnung ist anscheinend auch den Umstande getragen, daß in Folge der Zulassung von Zentralgenossenschaften Vorstand und Aufsichtsrath nicht nothwendig aus Mitgliedern der Genossenschaft bestehen müssen (§ 9 Abs. 2). Bei solchen kann der Ersatzanspruch der Gläubiger gegen die schuldhaften Vorstandsmitglieder aus ihrem Verhältniß als Genossen in weite Ferne gerückt sein, denn ihre persönliche Haftpflicht ließe sich erst realisiren, wenn auch über die Genossenschaft, welcher sie angehören, der Konkurs eröffnet ist, und dies wieder kann erst wegen der in Konkurse der Zentralgenossenschaft erlittenen Ausfälle geschehen.

Eine direkte gesetzliche Ersatzverbindlichkeit besteht nur in den Fällen der §§ 88 Abs. 3 und 136.

8. Persönliche und solidarische Haftpflicht.

Jedes Mitglied, welches seine Obliegenheiten verletzt hat, haftet für den entstandenen Schaden direkt und mit seinem ganzen Vermögen ohne die exceptio divisionis.

9. **Absatz** III. Gesetzwidrige Auszahlung von Gewinn und Geschäftsguthaben.

Zur Rechtfertigung der Bestimmung des dritten Absatzes heißt es in der Begründung des Entwurfs (I 116, II 78): „Nach Analogie des Art. 241 sollen in den Fällen gesetzwidriger Verminderung des Genossenschaftsvermögens durch unberechtigte Auszahlung von Mitgliederguthaben oder Gewinnantheilen (§§ 19, 22) die Vorstandsmitglieder auch ohne besonderen Schadensnachweis, namentlich ohne Rücksicht auf die Solvenz oder Insolvenz des rückzahlungspflichtigen Genossen, der Genossenschaft ersatzpflichtig sein. Auch dies liegt in der Konsequenz des Standpunktes, welchen der Entwurf im Allgemeinen hinsichtlich der Fürsorge für die möglichste Integrität des Genossenschaftsvermögens einnimmt. Für die weiter nach § 22 hier noch in Betracht kommenden Fälle des Erlasses von Einzahlungen, welche auf den Geschäftsantheil geschuldet werden, oder der Zulassung einer Aufrechnung gegen solche Einzahlungen erscheint eine gleiche Bestimmung nicht erforderlich, da diese Rechtsakte, weil an sich ungültig, eine effektive Verminderung des Genossenschaftsvermögens nicht bewirken."

Erhält die Genossenschaft die gesetzwidrig geleisteten Zahlungen zurück, so müssen auch die von Vorstandsmitgliedern geleisteten Zahlungen zurückerstattet werden.

Hat der Vorstand — abgesehen von dem Falle des § 19 — Gewinn unrechtmäßigerweise, etwa auf Grund einer unrichtigen Bilanz oder aus dem zur Verlustdeckung dienenden Reservefonds vertheilt, so ist er nur nach allgemeinen Grundsätzen der Genossenschaft schadensersatzpflichtig (vgl. Erläuterung zu § 19).

Sind die in Abs. 3 bezeichneten Zahlungen auf Grund eines Generalversammlungsbeschlusses erfolgt, so besteht die Ersatzverbindlichkeit gegenüber der Genossenschaft nur, wenn die Generalversammlung sich darüber in Unkenntniß befand, daß entgegen dem Gesetz gehandelt wurde und Vorstand und Aufsichtsrath hierbei ein Verschulden trifft (vgl. auch Art. 241 Abs. 4 A.G.).

10. Absatz IV. In Uebereinstimmung mit Art. 180d, 209, 226 und 241 A.G. ist hier angeordnet, daß nicht die Klage, sondern die Schadens- und Ersatzansprüche in fünf Jahren verjähren; es tritt also hier eine feste Begrenzung der Dauer der Haftung ein.

Ebenso § 39. Der Beginn des Laufs der Verjährung ist nicht bestimmt, entscheidet sich also nach bürgerlichen Rechten.

§. 33.

Die für Mitglieder des Vorstandes gegebenen Vorschriften gelten auch für Stellvertreter von Mitgliedern.

Entw. I und II und Komm. 32, Rtg. 33. Begr. I 116, II 78. A.V. § 19.

Erläuterungen zu § 33.

1. Begründet wird diese Bestimmung folgendermaßen: „§ 33 verallgemeinert die Bestimmung des früheren § 23 Abs. 2, welcher den Satz aussprach, daß die für die Mitglieder des Vorstandes gegebenen Vorschriften auch für die interimistischen Stellvertreter derselben in Betreff der Eintragungen in das Genossenschaftsregister Anwendung zu finden haben. Das Gleiche muß auch in allen anderen Beziehungen und für Stellvertreter jeder Art gelten (vgl. H G B. Art. 232a)."

2. Nach § 19 des Ausführungserlasses hat die Anmeldung und Eintragung der Stellvertreter behinderter Vorstandsmitglieder ebenso wie die Anmeldung und Eintragung der Vorstandsmitglieder mit dem Beginn ihres Amtes zu erfolgen.

Vorbemerkung zu den §§ 34 bis 39.

(Aufsichtsrath.)

Die §§ 34 bis 39 in Verbindung mit § 9 enthalten die Bestimmungen über den jetzt obligatorischen Aufsichtsrath. Sie sind wesentlich nachgebildet den Art. 191 Abs. 1 u. 4, 142, 225, 225a u. 226 des A.G.

Der Aufsichtsrath ist bestimmt, die Gesammtheit der Genossenschafter, wie sie in der Generalversammlung organisirt ist, dem Vorstande gegenüber zu vertreten und an Stelle der Generalversammlung unter deren Aufsicht die ganze Führung der Geschäfte des Vereins zu überwachen. Der Aufsichtsrath erscheint seinem Wesen nach als eine verkürzte Generalversammlung, „als ein Gesellschafts-Ausschuß, welcher vor jener, außer der geringern Zahl von Mitgliedern und der größeren Leichtigkeit des Zusammentretens, noch eine gewisse Stetigkeit in der Zusammensetzung und die Möglichkeit einer mit Rücksicht auf Geschäftskenntnisse und Erfahrung zu machenden Bestellung voraus hat". (Renaud S. 626.)

In der Ueberwachung des Vorstandes durch den Aufsichtsrath ist eine Sicherheit gegen die Ueberschreitung seiner Befugnisse geboten. Während in den Händen des Vorstandes die Geschäftsführung liegt, hat der Aufsichtsrath die Kontrole zu üben, und hieraus folgt, daß die Funktionen beider Organe streng geschieden sein müssen, denn Niemand, der die Geschäfte führt, kann gleichzeitig über seine Thätigkeit die Kontrole üben.

Vor dem preuß. Gen.Ges. hatten die Vorschußvereine — und diese kamen für die Gesetzgebungsfrage damals fast allein in Betracht, — nur einen Ausschuß, bestehend aus Direktor, Kassirer, Kontroleur (Schriftführer), die zusammen den Vorstand bildeten, und einer Anzahl Beisitzer. Ein besonderer Aufsichtsrath bestand nicht. Der Ausschuß bewilligte als ungetrennte Körperschaft die Vorschüsse und faßte alle für die Verwaltung erforderlichen Beschlüsse.

Das Gen.Ges. von 1868 verlangte die Zertheilung des Ausschusses in Vorstand und Aufsichtsrath, den es auch Verwaltungsrath oder Ausschuß zu nennen gestattete (§ 28), und Ausschließung des Aufsichtsrathes von der eigentlichen Verwaltung und Beschränkung seiner Thätigkeit im Wesentlichen auf die Kontrole. Die älteren Vereine fanden sich in diese Aenderung schwer hinein, und die neu entstehenden Vereine trafen ihre Einrichtungen oft nach Schulzes vor Erlaß des Gen.Ges. entworfenen Statuten. Viele preuß. Vereine hatten bei Unterstellung unter das preuß. Gen.Ges. den Direktor zugleich zum Vorsitzenden des Aufsichtsraths gemacht, und es bedurfte erst der ausdrücklichen Bestimmung in § 28 des Ges. von 1868, um festzustellen, daß „Niemand zugleich im Vorstande und in dem den Vorstand beaufsichtigenden Aufsichtsrathe sitzen darf". (Bericht der Reichstagskommission von 1868 bei Parisius S. 316.) — Die meisten Vorschußvereine und ebenso auch viele Konsumvereine und Rohstoffassoziationen behielten auch nachher noch eine vollständige Vermischung beider Organe bei. Erst sehr allmählich hat Schulze durch unermüdlichen Eifer und zähe Ausdauer die seinem allgemeinen Verbande angehörenden Vereine zu veranlassen gewußt, die Trennung der Funktionen streng durchzuführen, damit nicht durch verkehrte statutarische Bestimmungen die Kontrole des Aufsichtsraths unmöglich und das Bewußtsein der Verantwortlichkeit bei Vorständen, denen es bequemer war, nur die Anordnungen des Aufsichtsraths auszuführen, erheblich vermindert würde.

Schon auf dem Allgem. Vereinstage zu Neustadt a/Haardt 1869 wurde auf Schulzes Antrag beschlossen:

Die Vorstände eingetragener Genossenschaften können bei der Verwaltung der Genossenschaftsangelegenheiten an die Genehmigung der Ausschüsse und Generalversammlungen mit der im § 21 des Gen.Ges. bezeichneten Wirkung gebunden werden; dagegen entspricht jede definitive Vornahme verantwortlicher Verwaltungsmaßregeln seitens der letzteren weder der Vorschrift des Gesetzes noch den Prinzipien einer geordneten Geschäftsführung.

Da dieser Beschluß noch wenig Wirkung hatte, suchte Schulze Abhülfe durch die Gesetzgebung. In der Novelle von 1876 und 1877 wollte er neben anderen Aenderungen dem vom Aufsichtsrath handelnden § 28 des Gesetzes noch zwei Absätze anhängen:

Zum Abschluß von Rechtsgeschäften außer den ihm im § 29 übertragenen ist er nicht befugt, vielmehr kann der Vorstand dabei nur an seine Genehmigung mit der im § 21 bestimmten Wirkung verwiesen werden.

Dagegen liegt ihm die ordnungsmäßige Wahrnehmung der ihm im Vorstehenden, sowie im Gesellschaftsvertrag übertragenen Kontrole der Geschäftsführung des Vorstandes ob, und ist er der Genossenschaft wegen des durch sein pflichtwidriges Verhalten verursachten Schadens verantwortlich.

Inzwischen zeigte sich bei den Zusammenbrüchen, daß die Aufsichtsräthe ihren Pflichten nicht genügten und ungesetzliche Einrichtungen aufrecht erhalten würden. Auf Schulzes Antrag wurde auf dem Allgem. Vereinstage in Eisenach 1878 beschlossen:

a) Die bei einer Anzahl Kreditgenossenschaften trotz wiederholter Abmahnung noch vorkommende direkte Beschlußfassung der Aufsichtsräthe über die Kreditgesuche ist durchaus verwerflich, weil, wenn der Aufsichtsrath selbst dadurch mit der Verwaltung der wichtigsten, mit dem meisten Risiko verbundenen Geschäftszweige befaßt wird, dies jede Ueberwachung des letzteren seinerseits aufhebt, da man Akte, die man überwachen soll, nicht selbst vornehmen darf.

b) Die Beseitigung dieses Mißstandes ist daher im Interesse der Vereine wie der Aufsichtsräthe selbst geboten, indem die letzteren dadurch in Widerspruch mit den Grundbedingungen ihrer Wirksamkeit gerathen und zu einer Verantwortlichkeit hingedrängt werden, für deren Uebernahme es an den nöthigen Voraussetzungen gebricht

Endlich wurde auf dem Allgem. Vereinstage in Stuttgart 1879, unter Hinweis auf die Beschlüsse von Neustadt a. H. und Eisenach, an die Vereine noch eine Mahnung erlassen wegen besonderer unzulässiger Einrichtungen, wie Uebertragung des Vorsitzes im Aufsichtsrathe an den zum Vorstande gehörigen Direktor und Berufung einzelner Aufsichtsräthe zur Stellvertretung behinderter Vorstandsmitglieder.

Das neue Gesetz mit seinen meist sich dem neuen Aktiengesetz anschließenden Bestimmungen hält zwar die Scheidung zwischen Vorstand und Aufsichtsrath in Uebereinstimmung mit Schulzes Vorschlägen streng aufrecht. Allein durch den in den § 36 ohne Noth eingefügten Satz, wonach „weitere Obliegenheiten des Aufsichtsraths durch das Statut bestimmt werden", ist den Genossenschaften die Handhabe geboten, wiederum dem Aufsichtsrathe wichtige Funktionen, die dem Vorstand gebühren, ungehörigerweise zu übertragen.

In den Musterstatuten Schulzes ist die Scheidung zwischen Vorstand und Aufsichtsrath überall sorgsam durchgeführt. Der Darlegung der Obliegenheiten des Vorstandes folgt die der Obliegenheiten des Aufsichtsraths, sodann sind die Angelegenheiten aufgeführt, zu denen der Vorstand die Genehmigung des Aufsichtsraths einzuholen hat, und endlich eine Reihe Angelegenheiten, welche Vorstand und Aufsichtsrath „in gemeinsamer Sitzung zu beschließen haben".

Außerdem sind aus Vorberathungen der Unterverbandstage und Allgem. Vereinstage Probeinstruktionen für die Aufsichtsräthe sowohl der Vorschußvereine als der Konsumvereine hervorgegangen, die in der Hauptsache von den auf fortschreitende Entwickelung ihrer Einrichtungen bedachten Genossenschaften angenommen sind.

Die Einrichtung der gemeinsamen Sitzungen von Vorstand und Aufsichtsrath findet sich auch wieder in den dem neuen Gesetz angepaßten Statuten. Es bedarf keiner Begründung, daß in allen Genossenschaften Angelegenheiten vorkommen, welche sachgemäß nur in gemeinsamen Sitzungen beider Gesellschaftsorgane erledigt werden können, das heißt einer sorgfältigen gemeinsamen Berathung unterliegen müssen. Eine Nothwendigkeit, dieser gemeinsamen Berathung eine gemeinsame Beschlußfassung folgen zu lassen, bei der ein jedes anwesende Mitglied beider Organe seine Stimme abgiebt und die Mehrheit entscheidet, ist bisher nicht nachgewiesen. Der Unterschied liegt darin, daß in dieser gemeinsamen Sitzung, deren Beschlußfähigkeit an die Anwesenheit der Mehrheit sowohl der Vorstands- wie der Aufsichtsrathsmitglieder geknüpft ist, nicht der Vorstand und nicht der Aufsichtsrath beschließt, sondern eine für jede einzelne Sitzung aus den anwesenden Vorstands- und Aufsichtsrathsmitgliedern neugebildete Körperschaft entscheidet. Es läuft in der That nur darauf hinaus, daß für bestimmte Angelegenheiten möglich gemacht werden soll, die Mehrheit einer der beiden Genossenschaftsorgane mit Hülfe von Mitgliedern des andern Organs niederzustimmen. Da in der Regel die Mitgliederzahl des Vorstandes geringer als die des Aufsichtsrathes ist, so kann selber der einstimmige Vorstand in der gemeinsamen Sitzung überstimmt werden. Soweit es sich um gleichgültige oder unerhebliche Angelegenheiten handelt, ist von dieser Einrichtung keine Gefahr zu befürchten. Aber bei Meinungsverschiedenheiten in wichtigen Fragen wird der auf das eine Genossenschaftsorgan durch die Majorisirung geübte Zwang schwerlich geeignet sein, zu einer oft nothwendigen, jedenfalls wünschenswerthen wirklichen Verständigung beizutragen.*)

Die ganze Einrichtung ist ein Ueberbleibsel der Zeit vor Erlaß der Genossenschaftsgesetze, eine theilweise Konservirung jener alten, aus Vorstand und Beisitzern bestehenden „Ausschüsse". Uns scheint eine Aenderung empfehlenswerth, wonach in der gemeinsamen Sitzung der gemeinsamen Berathung eines Antrages unmittelbar die (schon der Zeitersparniß halber) gemeinsame Abstimmung folgt; angenommen ist jeder Antrag, für den die Mehrheit der anwesenden Mitglieder sowohl des Vorstandes als des Aufsichtsraths stimmt, abgelehnt jeder Antrag, gegen den die Mehrheit der anwesenden Mitglieder sei es des Vorstandes, sei es des Aufsichtsrathes stimmt. Vgl. Parisius in Bl.f.G. 1889 Nr. 34 S. 353.

§. 34.

Der Aufsichtsrath besteht, sofern nicht das Statut eine höhere Zahl festsetzt, aus drei von der Generalversammlung zu wählenden Mitgliedern, die zu einer Beschlußfassung erforderliche Zahl ist durch das Statut zu bestimmen.

*) Wie die Erfahrung lehrt, ist man in den Genossenschaften im Allgemeinen geneigt, den gemeinsamen Sitzungen immer mehr Angelegenheiten zu überweisen. Dafür sprechen auch die Musterstatuten für Vorschußvereine. In Schulzes Buch (Vorschuß- und Kreditvereine 5. Aufl. 1876) waren im Statut (S. 362) die den gemeinsamen Sitzungen überwiesenen Angelegenheiten in 5 Nummern aufgeführt, im neuesten Statut sind es 13 Nummern.

Die Mitglieder dürfen keine nach dem Geschäftsergebniß bemessene Vergütung (Tantieme) beziehen.

Die Bestellung zum Mitgliede des Aufsichtsraths kann auch vor Ablauf des Zeitraums, für welchen dasselbe gewählt ist, durch die Generalversammlung widerrufen werden. Der Beschluß bedarf einer Mehrheit von drei Viertheilen der erschienenen Genossen.

Ges. von 1868 § 28 Abs. 1, Entw. I und II, Komm. 33, Rtg. 34. Begr. I 117, II 78, Komm Ber. 21.

Erläuterungen zu § 34.

1. Absatz I. Wahl. Der Aufsichtsrath wird gewählt, jede „andere Art der Bestellung" (§ 24) ist ausgeschlossen. Nur die Generalversammlung darf den Aufsichtsrath wählen. Das Wahlrecht darf keinem anderen Organ übertragen werden. So ist es auch wohl allgemein bei den Genossenschaften gehalten. Das Statut soll die „zu einer Beschlußfassung" der Generalversammlung erforderliche Zahl, d. h. die Beschlußfähigkeit durch das Statut bestimmen. Der Zweck dieser Bestimmung ist nicht recht ersichtlich. Bestimmt das Statut trotz der Vorschrift nichts hierüber so muß die einfache Mehrheit der Anwesenden entscheiden, jeder Gewählte muß also mehr als die Hälfte der Stimmen erhalten. Da die Aufsichtsrathsmitglieder in der Regel nicht in getrennten Wahlakten gewählt werden, so kann es leicht vorkommen, daß wegen Zersplitterung der Stimmen mehr als ein Wahlgang nöthig ist. Zu verwerfen ist es, durch das Statut zu gestatten, daß Jemand gewählt wird, der nur die relative Mehrheit, d. h. mehr Stimmen als Andere, aber weniger als die Mehrzahl erhalten hat. Der Gewählte sollte nachweisbar das Vertrauen der Mehrheit derer besitzen, die an der Wahl theilnehmen. — Die Mitglieder des Aufsichtsrathes müssen Genossen sein (§ 9 Abs. 1).

2. Mindestzahl.

„Eine geringere Zahl als drei würde gegenüber einem Vorstande von mindestens zwei Mitgliedern nicht die nöthige Selbstständigkeit und Widerstandskraft besitzen" (Begr. I 117, II 78).

3. Absatz II. Besoldung.

Das Verbot der Tantième verdankt seinen Ursprung einer Verkennung der thatsächlichen Verhältnisse. Der Regierungsentwurf verbot die Besoldung der Mitglieder des Aufsichtsraths und wollte ihnen nur einen Anspruch auf Erstattung angemessener baarer Auslagen geben, auch sollte ihnen statutarisch eine Vergütung für Zeitversäumniß zugewiesen werden können. Das Verbot sollte verhindern, „daß die Stellen im Aufsichtsrath lediglich wegen des mit denselben verbundenen pekuniären Vortheils begehrt und angenommen würden, während die Erfahrung zeigt, daß die Zusicherung einer festen Vergütung keineswegs die regelmäßige Folge hat, die Aufsichtsrathsmitglieder zu vermehrter Thätigkeit anzuspornen". Erfahrungen von dem Erfolg hoher Besoldung der Aufsichtsrathsmitglieder können von Genossenschaften nicht vorliegen, weil bei diesen solche

Besoldungen nicht vorkommen. Allerdings gewähren die Vorschußvereine und Konsumvereine den Mitgliedern des Aufsichtsraths in der Regel Entschädigungen und in den verschiedensten Formen. Aber die Generalversammlungen, in denen jeder anwesende Genosse nur eine Stimme hat, sorgen bei Festsetzung der Bilanz schon dafür, daß die Entschädigung der Aufsichtsrathsmitglieder in den bescheidensten Grenzen bleibt.

In der Reichstagskommission erklärten die Regierungsvertreter, daß es bei der Vorschrift vor Allem darauf ankomme, die Tantième*) für die Aufsichtsräthe auszuschließen. Vergeblich wurde vom Anwalt Schenck geltend gemacht, man könne die Besoldungsfrage, wie bisher, dem Statut überlassen, da Unzuträglichkeiten nicht nachgewiesen seien. Schließlich aber meinte die Mehrheit „die Möglichkeit ausschließen zu müssen, daß sich der Aufsichtsrath, der als kontrolirende Behörde die Pflicht habe, die Höhe des Gewinns gegenüber der Solidität des Geschäfts zurücktreten zu lassen, bei Ausübung seiner Thätigkeit durch die Aussicht auf Gewinn bestimmen lasse" (Komm.Ber. 22). So entstand das Verbot der „nach dem Geschäftsergebniß gemessenen Vergütung (Tantième)". Jede andere Art der Vergütung, wie feste Besoldung, Zeitversäumnißgelder, Sitzungsgelder u. s w., ist gestattet. Auch ist, wie in der Kommission ohne Widerspruch konstatirt wurde, nicht ausgeschlossen, „daß eine etwaige feste Besoldung der Aufsichtsrathsmitglieder nach Maßgabe des erzielten Geschäftsgewinns nachträglich erhöht oder daß am Schlusse des Geschäftsjahres denselben mit Rücksicht auf den erzielten Gewinn eine Remuneration zugebilligt wird". Ob unter der verbotenen Tantième „vom Geschäftsergebniß" nur ein im Voraus bestimmter Antheil vom Gewinn zu verstehen ist, oder ob darunter auch die bei Konsumvereinen vorkommende Tantième vom Umsatz, vom Verkaufserlös verstanden werden kann, dürfte zweifelhaft sein. Jedenfalls ist es jeder Genossenschaft schädlich, wenn die Stellen der Aufsichtsrathsmitglieder wegen der Höhe der Vergütung den Genossen besonders begehrenswerth erscheinen. Durch das Gesetz aber läßt sich dies nicht hindern. Künftig wird die Generalversammlung nicht einen Prozentsatz vom Reingewinn, sondern eine bestimmte Summe für die Aufsichtsrathsmitglieder festsetzen — falls nicht eine andere Art Vergütung vorgezogen wird.

4. **Absatz** III. Widerruf der Bestellung.

Abs. 3 ist Art. 191 Abs. 4 u. Art. 224 A.G. nachgebildet. Die Fortdauer der Funktion eines Mitgliedes des Aufsichtsraths, welches nicht mehr das Vertrauen der Genossenschaft besitzt, ist mit den Interessen derselben nicht vereinbar. Das Gesetz von 1868 hatte eine solche Bestimmung nicht.**)

---

*) Tantièmen vom Reingewinn, die dem Einzelnen eine Jahresentschädigung von 8 Mk. bis 30 Mk. verschafften, waren bisher, wie Umfragen auf den im Mai 1889 abgehaltenen Verbandstagen ergaben, bei den meist aus Lohnarbeitern bestehenden lausitzischen, sächsischen, thüringischen Konsumvereinen Regel.

**) Daß die Zurückberufung der Aufsichtsrathsmitglieder unter dem Ges. von 1868 trotz Mangels ausdrücklicher Bestimmung zulässig war, ist von Parisius (320) ausgeführt wie folgt:

Die Mitglieder des Aufsichtsraths dürfen allein von der Generalversammlung gewählt werden, folglich steht dieser allein auch das Recht des Widerrufs zu, und es darf hieran durch das Statut nichts geändert werden. Eine größere Mehrheit ist für den Widerruf vorgeschrieben, damit das Widerrufsrecht nicht gemißbraucht werden kann.

Selbstverständlich wird an den Rechten der abgesetzten Aufsichtsrathsmitglieder aus bestehenden Verträgen nichts geändert.

Ein Mitglied, welches die Wahl zum Aufsichtsrath angenommen hat, hat damit die Verpflichtung übernommen, die ihm durch diesen Auftrag gewordenen Pflichten zu erfüllen, und es hat nicht das Recht, beliebig von diesem Auftrage zurückzutreten (R.G. XIII 50), die Mitglieder des Aufsichtsraths sind nicht nur Bevollmächtigte der Genossenschaft, sondern ein Organ derselben. (R.G. Urtheil vom 17. September 1888, Jurist. Wochenschrift Nr. 15 von 1884.)

§. 35.

Die Mitglieder des Aufsichtsraths dürfen nicht zugleich Mitglieder des Vorstandes oder dauernd Stellvertreter derselben sein, auch nicht als Beamte die Geschäfte der Genossenschaft führen. Nur für einen im Voraus begrenzten Zeitraum kann der Aufsichtsrath einzelne seiner Mitglieder zu Stellvertretern von behinderten Mitgliedern des Vorstandes bestellen; während dieses Zeitraums und bis zur ertheilten Entlastung des Vertreters darf der letztere eine Thätigkeit als Mitglied des Aufsichtsraths nicht ausüben.

Scheiden aus dem Vorstande Mitglieder aus, so dürfen dieselben nicht vor ertheilter Entlastung in den Aufsichtsrath gewählt werden.

„Da der Aufsichtsrath die Generalversammlung gegenüber dem Vorstande zu vertreten hat und Sonderrechte der Generalversammlung gegenüber nicht besitzt, vielmehr nur eine verkürzte Generalversammlung ist, so ist die Generalversammlung berechtigt, den auf bestimmte Zeit gewählten Aufsichtsrath oder einzelne Mitglieder desselben schon vor Ablauf der Zeit wieder von ihren Befugnissen zu entbinden."

Dort ist ferner die Meinung vertreten, daß der Widerruf sogar entgegen einer statutarischen Bestimmung zulässig sei. Schulze-D. Musterstatuten haben regelmäßig Bestimmungen über Enthebung der Ausschußmitglieder von ihrem Amte. Diese kann jederzeit durch Beschluß der Generalversammlung erfolgen auf Antrag des Vorstandes oder des Ausschusses oder einer bestimmten Anzahl Genossenschaftsmitglieder, sobald die Ausschußmitglieder die Disposition über ihr Vermögen oder die bürgerlichen Ehrenrechte verlieren, oder ihre Verpflichtungen gegen die Genossenschaft nicht erfüllen, oder mit der Genossenschaft es zu einem Prozeß kommen lassen, oder einer Unredlichkeit gegen dieselbe sich schuldig machen.

Ges. von 1868 § 28 Abs. 1, Entw. I und II, Komm. 34, Rtg. 35. Begr. I 118, II 79. (Vgl. Art. 225 H.G.B.)

Erläuterungen zu § 35.

1. „Mitglieder des Aufsichtsraths".

Ueber die vielfach vorgekommene Vermischung der Funktionen von Vorstand und Aufsichtsrath vgl. die Vorbemerkung. Die Bestimmung des § 28 Abs. 1 des Ges. von 1868, wonach Vorstandsmitglieder nicht in den Aufsichtsrath gewählt werden können, ist in § 38 zum Ausdruck gelangt; derselbe ist nachgebildet dem Art. 225 H.G.B. Ein Bedürfniß zur Aufnahme der über das Ges. von 1868 hinausgehenden Bestimmungen war bei Genossenschaften keinesfalls vorhanden. —

Der Vorstand hat die Geschäftsführung, der Aufsichtsrath die Kontrole: diese Funktionen können unmöglich in einer Hand vereinigt werden. Da wo dies dennoch geschehen ist, verliert der Aufsichtsrath die Fähigkeit zu einer unparteiischen Kontrole und die getrennten Aufgaben beider Organe werden in unklarer Weise vermengt.*) Vgl. § 36.

2. Stellvertretung der Vorstandsmitglieder.

„Der § 35 untersagt deshalb jede dauernde Stellvertretung oder Delegation, sowie die Bestellung von Aufsichtsrathsmitgliedern zu geschäftsführenden Beamten der Genossenschaft." (Begr II 80.) Nur für einen „im Voraus begrenzten Zeitraum" kann der Aufsichtsrath einzelne seiner Mitglieder zu Stellvertretern von „behinderten" Vorstandsmitgliedern bestellen. Auch diese Stellvertreter müssen als Vorstandsmitglieder eingetragen werden. Es kann sich hier nur um den Fall der Suspension oder der vorübergehenden Behinderung von Vorstandsmitgliedern handeln, denn von einem Vorstandsmitgliede, welches gestorben oder ausgeschieden ist; kann man nicht sagen, daß es behindert sei, dasselbe hat das Amt verloren; in solchen Fällen kann der Aufsichtsrath daher auch nicht einen Stellvertreter aus seiner Mitte bestellen: der Stellvertreter darf nicht dem Aufsichtsrath angehören. Ein zum Stellvertreter bestimmtes Aufsichtsrathsmitglied müßte zuvor aus dem Aufsichtsrath ausscheiden. Es ist vorgekommen, daß Mitglieder des Aufsichtsraths als Vorstandsmitglieder bestellt und eingetragen wurden, die nur in Thätigkeit treten solten, wenn ein Vorstandsmitglied behindert sein würde. Es war dies nach dem Gesetz von 1868 unzulässig und ist im § 35 ausdrücklich verboten. Das vom Aufsichtsrath bestellte interimistische Vorstandsmitglied muß in das Genossenschaftsregister eingetragen werden. Dritten gegenüber ist diese Zeitleschränkung allerdings bedeutungslos (§§ 33, 27 Abs. 2, A.V. § 19). Seine Thätigkeit als Aufsichtsrathsmitglied darf der Betreffende erst wieder übernehmen, wenn ihm Entlastung ertheilt ist. Diese Bestimmung erschwert mit Recht die Bestellung von Aufsichtsrathsmitgliedern zur Stellvertretung behinderter Vorstandsmitglieder; denn die Entlastung des Vertreters kann nur durch die

*) So auch für die Aktiengesellschaft Makower A.G. S. 33; andrer Meinung Esser A.G. S. 121, v. Völdernborff S. 605, Ring A.G. 409.

Generalversammlung auf Grund der Bilanz erfolgen. Endet also die Stellvertretung für den „im Voraus begrenzten Zeitraum" auch noch vor Schluß der Geschäftsperiode, so kann das Aufsichtsrathsmitglied doch nicht eher wieder in den Aufsichtsrath eintreten oder in denselben neu hineingewählt werden, bis auf Grund des Abschlusses über das Geschäftsjahr, in welchem die stellvertretende Thätigkeit stattfand, die Entlastung durch die Generalversammlung erfolgt ist. Auf alle Fälle liegen mindestens mehrere Monate dazwischen, in denen der zur Stellvertretung Bestellte weder im Vorstand noch im Aufsichtsrath thätig sein darf.

3. Absatz II. Wahl von ausgeschiedenen Vorstandsmitgliedern in den Aufsichtsrath.

Das Erforderniß der vorhergehenden Entlastung ist eine Konsequenz des letzten Satzes in Abs. II. Auch wird die Generalversammlung durch die Prüfung der Bilanz, welche der Entlastung vorauszugehen hat, erst in den Stand gesetzt zu beurtheilen, ob das ausgeschiedene Vorstandsmitglied geeignet ist, im Aufsichtsrath die Geschäftsführung des Vorstandes zu kontroliren.

§. 36.

Der Aufsichtsrath hat den Vorstand bei seiner Geschäftsführung in allen Zweigen der Verwaltung zu überwachen und zu dem Zweck sich von dem Gange der Angelegenheiten der Genossenschaft zu unterrichten. Er kann jederzeit über dieselben Berichterstattung von dem Vorstande verlangen und selbst oder durch einzelne von ihm zu bestimmende Mitglieder die Bücher und Schriften der Genossenschaft einsehen, sowie den Bestand der Genossenschaftskasse und die Bestände an Effekten, Handelspapieren und Waaren untersuchen. Er hat die Jahresrechnung, die Bilanzen und die Vorschläge zur Vertheilung von Gewinn und Verlust zu prüfen und darüber der Generalversammlung vor Genehmigung der Bilanz Bericht zu erstatten.

Er hat eine Generalversammlung zu berufen, wenn dies im Interesse der Genossenschaft erforderlich ist.

Weitere Obliegenheiten des Aufsichtsraths werden durch das Statut bestimmt.

Die Mitglieder des Aufsichtsraths können die Ausübung ihrer Obliegenheiten nicht anderen Personen übertragen.

Ges. von 1868 § 28 Abs. 2 bis 4, Entw. I u. II, Komm. 35, Rtg. 36.
Begr. I 118, II 79, Komm.Ber. 22.

I. **Zur Geschichte des § 36.**

a) Bis auf den letzten Satz im ersten Absatz stimmt jetzt der § 36 wörtlich mit Art. 225 des A.G. vom 18. Juli 1884 überein, nur ist „Genossenschaft" statt „Gesellschaft", „Genossenschaftskasse" statt „Gesellschaftskasse", „Statut" statt „Gesellschaftsvertrag" gesetzt. Der letzte Satz des ersten Absatzes lautet im Art. 225: „Er hat die Jahresrechnungen, die Bilanzen und die Vorschläge zur Gewinnvertheilung zu prüfen und darüber der Generalversammlung der Aktionäre Bericht zu erstatten."

b) Im Ges. von 1868 bildete der Inhalt der jetzigen ersten beiden Absätze des § 36 den größeren Theil des zweiten Absatzes und den dritten und vierten Absatz des § 28. Diese Sätze waren wörtlich bis auf den Ausdruck „Genossenschaft" statt „Gesellschaft" dem damaligen Artikel 225 des H.G.B. entlehnt, so daß hier die Umformung der Bestimmungen des Genossenschaftsgesetzes lediglich der Umformung der Bestimmungen des Handelsgesetzbuchs durch das neue Aktiengesetz gefolgt ist.

c) Der Entwurf hatte die Prüfung der „Bilanz" statt der „Bilanzen", wie der „Jahresrechnung" statt der „Jahresrechnungen" des Art. 225 des A.G. auferlegt. In der Kommission ist wieder „Bilanzen" gesetzt, da außer der Jahresbilanz noch andere Bilanzen vorkommen können. Die Vorschrift bezieht sich ganz besonders auf die in den §§ 87 bis 114 vorgesehenen Bilanzen (Komm.Ber 22).

II. **Erläuterungen zu § 36.**

1. **Absatz** I. Funktionen.

Der Umfang der Kontrole ist hier schärfer zum Ausdruck gebracht als in § 28 des Gesetzes von 1868; während in dem letzteren nur bestimmt war, daß der Aufsichtsrath sich von dem Gange der Angelegenheiten der Genossenschaft unterrichten **kann**, ist dies ihm hier zur Pflicht gemacht. Ebensowenig empfiehlt es sich bei der Genossenschaft wie bei der Aktiengesellschaft den Aufsichtsrath ausschließlich auf eine kontrolirende Thätigkeit im engsten Sinne zu beschränken, d. h. ihm jede entscheidende Mitwirkung bei der inneren Verwaltung schlechthin zu entziehen. Als blos beobachtendes Organ und ohne jedes maßgebende Bestimmungsrecht würde derselbe leicht das Interesse an der Kontrole und die Befähigung zu dieser selbst verlieren. Auch an sich ist es zweckmäßig, den Vorstand über besonders wichtige Angelegenheiten nicht allein entscheiden zu lassen. So besteht schon jetzt bei sehr vielen Genossenschaften die Einrichtung, daß über gewisse Gegenstände der Aufsichtsrath allein oder zusammen mit dem Vorstand beschließt, oder daß der letztere dabei an die Genehmigung des Aufsichtsraths gebunden ist. (Begr. II 80. — Vgl. Vorbemerkung.)

Das Gesetz kann selbstverständlich nur die allgemeinen Grundzüge für die Funktionen des Aufsichtsraths geben, es muß jeder Genossenschaft überlassen bleiben, im Statut oder in Geschäftsinstruktionen Einzelbestimmungen zu treffen, die ihrem Geschäftsbetriebe entsprechen. Derartige detaillirte Vorschriften sind ganz besonders nothwendig bei Genossenschaften, deren Aufsichtsrathsmitglieder, zumal in den ersten Jahren des Bestehens, oft nicht genügende Geschäftskenntniß besitzen, um zu wissen, worauf sie hauptsächlich ihr Augenmerk zu richten haben. War dies schon bisher erforderlich, so wird es noch nothwendiger unter dem neuen Gesetz, welches die Pflichten und die Verantwortlichkeit der Aufsichtsrathsmitglieder wesentlich verschärft hat. Bei der Bestimmung der Befugnisse des Aufsichtsraths ist aber immer davon auszugehen, daß er nicht die Verwaltung der Genossenschaft führen darf, sondern daß er in diese nur insoweit eingreifen darf, wie es unbeschadet der Vertretungsbefugniß und Verantwortlichkeit des Vorstandes geschehen darf. (Schulze-Delitzsch, Vorschuß und Kreditvereine, 5. Aufl., bei E. Keil, S. 147 ff.)

Der Aufsichtsrath hat die Kontrole, er kann daher jederzeit Berichterstattung von dem Vorstande verlangen, die Bücher einsehen u. s. w. Daraus aber folgt, daß nicht einzelne Mitglieder eigenmächtig diese Rechte ausüben dürfen, sie müssen durch einen Beschluß des Aufsichtsraths hiermit beauftragt sein.

In Betreff der Gewinn-Vertheilung hat der Aufsichtsrath nur die Pflicht der Prüfung der Vorschläge, es darf ihm nicht das Recht übertragen werden, selbstständig die Gewinn-Vertheilung vorzunehmen, das letztere ist ein Recht der Generalversammlung, welches derselben unter keinen Umständen entzogen werden darf. Dasselbe Verhältniß bestand bereits nach dem Ges. von 1868.

2. **Absatz** II. Berufung der Generalversammlung.

Während hier dem Aufsichtsrath die Pflicht der Berufung der Generalversammlung auferlegt ist, wenn dies im Interesse der Genossenschaft „erforderlich ist", soll nach § 42 die Generalversammlung berufen werden, wenn dies im Interesse der Genossenschaft erforderlich „erscheint". Es soll hier jedenfalls kein prinzipieller Unterschied gemacht werden, und es ist eine gerichtliche Entscheidung darüber, ob die berufene Generalversammlung in der That erforderlich war oder ob es im Interesse der Genossenschaft nicht besser gewesen wäre, sie hätte nicht stattgefunden, nicht denkbar. Der Aufsichtsrath wird also für einen Irrthum in der Beurtheilung der Nothwendigkeit einer Generalversammlung wegen deren Kosten nicht verantwortlich zu machen sein.*)

3. **Absatz** III. „Weitere Obliegenheiten".

Das Gesetz führt in den ersten beiden Absätzen die hauptsächlichsten Funktionen des Aufsichtsraths auf: die Ueberwachung des Vorstandes bei der gesammten Geschäftsführung, die Prüfung der Jahresrechnung, der Bilanzen und der Vorschläge zur Vertheilung von Gewinn und Verlust und die Berichterstattung darüber an die Generalversammlung. Diese Befugnisse können dem Aufsichtsrath nicht durch Statut entzogen werden. Dahingegen kann das Statut „weitere Obliegenheiten des Aufsichtsraths" bestimmen, die durch Aenderung des Statuts dem Aufsichtsrath jederzeit wieder entzogen werden können.

---

*) Im Ges. von 1868 war es ebenso. Dem „erforderlich ist" in § 28 Abs. 4, entlehnt dem Art. 225 H.G.B. alter Fassung, stand das „erforderlich scheint", entlehnt dem Art. 237 Abs. 1, seit der Novelle von 1870 Art. 236 Abs. II H.G.B. alter Fassung, im § 31 Abs. 2 gegenüber. Das A.G. von 1884 hat Art. 225 und Art. 236 abgeändert, aber „erforderlich ist" und „erforderlich scheint" blieben unangetastet an ihrer Stelle und sind von da in § 36 und § 42 des neuen Gen.Ges. gewandert.

4. **Absatz IV. Uebertragung der Geschäfte.**

Die Mitglieder des Aufsichtsraths können die Ausübung ihrer Obliegenheiten nicht andern Personen übertragen, d. h. solchen Personen, welche nicht zum Aufsichtsrath gehören. Innerhalb des Aufsichtsraths können bestimmte Funktionen einem Einzelnen oder einer Kommission übertragen werden, es wird dies in größeren Vereinen sogar die Regel sein. Ist die Einsetzung solcher Kommissionen mit Genehmigung der Generalversammlung erfolgt, so werden regelmäßig die einer Kommission nicht angehörigen Mitglieder des Aufsichtsraths nicht regreßpflichtig gemacht werden können, wenn die Kommission ihren Obliegenheiten nicht pflichtgemäß nachgekommen ist, es sei denn, daß die übrigen Mitglieder des Aufsichtsraths hiervon Kenntniß gehabt haben. Haben die Aufsichtsrathsmitglieder aber eigenmächtig die Funktionen unter sich getheilt, so können sie sich, wenn sie von der Genossenschaft in Anspruch genommen werden, nicht allein damit entschuldigen, daß die betreffenden Pflichten, aus deren Vernachlässigung der Schaden entstanden ist, einer von ihnen eingesetzten Kommission übertragen waren, denn der Aufsichtsrath nimmt eine solche Geschäftstheilung auf seine eigene Verantwortung vor.

Es muß vielmehr daran festgehalten werden, daß die Haftung der Aufsichtsrathsmitglieder sich nach § 39 bemißt und die Bezeichneten deshalb dafür einzustehen haben, daß bei der Substitution Sorgfalt eines ordentlichen Geschäftsmannes angewendet ist. (Vgl. Ring zu Art. 193 A.G. S. 319.)

§. 37

Der Aufsichtsrath ist ermächtigt, die Genossenschaft bei Abschließung von Verträgen mit dem Vorstande zu vertreten und gegen die Mitglieder desselben die Prozesse zu führen, welche die Generalversammlung beschließt.

Der Genehmigung des Aufsichtsraths bedarf jede Gewährung von Kredit an ein Mitglied des Vorstandes, soweit letztere nicht durch das Statut an noch andere Erfordernisse geknüpft oder ausgeschlossen ist. Das Gleiche gilt von der Annahme eines Vorstandsmitgliedes als Bürgen für eine Kreditgewährung.

In Prozessen gegen die Mitglieder des Aufsichtsraths wird die Genossenschaft durch Bevollmächtige vertreten, welche in der Generalversammlung gewählt werden

Ges. von 1868 § 29, Entw. I u. II, Komm. 36, Rtg. 37. Begr. I 119, II 80, Komm.Ber. 22 u. 23.

I. **Zur Geschichte des § 37.**

a) Die Absätze I und III.

Diese Vorschriften stimmen im Wesentlichen mit § 29 des alten Gesetzes überein. Im letzteren befanden sich noch Vorschriften über die Form der

Legitimationsführung und über die Intervention der Genossen in den Prozessen (Parisius 322 bis 326, darüber s. unten Erläuterungen zu 3, 5 und 10).

b) Absatz II ist neu.

Die Kreditgewährung an Mitglieder des Vorstandes eines Vorschußvereins ist von Schulze-Delitzsch und den Allgemeinen Vereinstagen seines Verbandes oftmals behandelt. Auf Schulzes Antrag beschloß der Vereinstag zu Bremen 1874, den Vorschußvereinen „wiederholt und dringend zu empfehlen, die Mitglieder ihres Vorstandes und sonstige Kassenbeamte von Benutzung der von ihnen verwalteten Vereinskasse zu Krediten für eigene Rechnung vollständig auszuschließen". — In der 5. Auflage seines Buches „Vorschuß- und Kreditvereine als Volksbanken" räth er allen Vorschußvereinen ohne Ausnahme, ein Verbot in dieser Richtung in die Statuten aufzunehmen und seine Verletzung durch sofortige Entlassung zu ahnden (S. 225 ff.). Dem entsprechend heißt es in den Musterstatuten für Vorschußvereine § 69 (S. 390):

„§ 69. Die Vorstandsmitglieder sind während der Dauer ihrer Funktion davon (vom Kredit) gänzlich ausgeschlossen und dürfen sich der Vereinskasse für ihre Privatzwecke unter keinen Umständen bedienen, widrigenfalls sie sofort von ihrer Stellung entfernt werden müssen. Ebenso dürfen dieselben dem Vereine gegenüber Bürgschaften oder sonstige Garantien für die Mitglieder und Kunden wegen der an diese gewährten Kredite unter keinen Umständen übernehmen."

Ein großer Theil der zum Verbande gehörenden Vorschußvereine hat den Rath befolgt, andere haben nur den Kassirer von der Kreditgewährung ausgeschlossen, ein Theil aber meint, durch ein Verbot, welches Männer, die Kredit in Anspruch zu nehmen genöthigt seien, von dem Vorstande ausschließt, zu sehr in der Wahl der Vorstandsmitglieder beschränkt zu werden. Schließlich hat Schulze in der letzten Fassung seiner Novelle vorgeschlagen, in das Gesetz aufzunehmen:

„An die Vorstandsmitglieder dürfen während der Dauer ihrer Funktion Kredite aus der Vereinskasse nicht gewährt werden, und ist ihnen jede Benutzung derselben für ihre Privatzwecke untersagt."

Dieser Antrag bezieht sich allgemein auf alle Arten Genossenschaften, nicht blos auf die Vorschußvereine.

Das Reichsjustizamt hielt eine gesetzliche Bestimmung in Betreff dieser Kreditgewährung für nothwendig. In dem ersten den Sachverständigen vorgelegten Entwurfe befand sich ein undurchführbarer Vorschlag dahin:

Die Gewährung von Kredit an ein Mitglied des Vorstandes oder Aufsichtsraths bedarf im einzelnen Falle der Genehmigung durch die Generalversammlung.

Der erste veröffentlichte Entwurf hatte statt dessen als zweiten Absatz des § 36, jetzt 37:

Der einstimmigen Genehmigung des Aufsichtsraths bedarf, soweit nicht das Statut ein Anderes bestimmt, jede Gewährung von Kredit an ein Mitglied des Vorstandes.

Bei der Berathung im Bundesrath erfuhr diese Bestimmung, wonach dem Statut volle Freiheit gewährt wird, Kredit an den Vorstand in beliebiger Form ohne alle Erschwerung zuzulassen, eine sehr bedeutende Umänderung dahin:

Der einstimmigen Genehmigung des Aufsichtsraths bedarf jede Gewährung von Kredit an ein Mitglied des Vorstandes, soweit letztere nicht durch das Statut ausgeschlossen ist.

Zur Begründung dieses Vorschlages ist (Begr. II 80) gesagt:

„Hinsichtlich eines bestimmten Gegenstandes, nämlich der Kreditgewährung an Mitglieder des Vorstandes, erscheint es geboten, im Gesetz selbst eine Vorschrift zu treffen. Es bedarf nach den gemachten Erfahrungen eines Schutzes gegen die Gefahr, daß Vorstandsmitglieder ihre Stellung durch Privatgeschäfte mit der Genossenschaft mißbräuchlich ausnutzen; der Entwurf macht deshalb im § 37 Abs. 2 jede Kreditgewährung an dieselben von der einstimmigen Genehmigung des Aufsichtsraths abhängig. Daß die sämmtlichen Mitglieder, aus denen der Aufsichtsrath besteht, ihre Zustimmung geben, ist zwar nicht nothwendig, vielmehr genügt hier, wie bei allen Erklärungen des Aufsichtsraths, die Erklärung durch die zur Beschlußfähigkeit desselben erforderliche Zahl von Mitgliedern; es soll aber unter denjenigen, welche sich geäußert haben, kein Mitglied gegen die Kreditgewährung gestimmt haben dürfen. Außerdem versteht es sich von selbst, daß die letztere durch den Vorstand, welchem die Verantwortlichkeit nicht abgenommen werden kann, bewilligt sein muß, und hierbei darf das Vorstandsmitglied, welchem der Kredit gewährt werden soll, nicht mitstimmen. Darüber hinaus mag ein vollständiges Verbot, wenn solches wünschenswerth erscheint, durch das Statut ausgesprochen werden; gesetzlich würde sich dasselbe nicht rechtfertigen, zumal es bei zahlreichen, namentlich ländlichen Kreditgenossenschaften, in welchen der Vorstand aus einer größeren Anzahl unbesoldeter Mitglieder besteht, die Auswahl geeigneter Personen für die Besetzung des Vorstandes allzu sehr beschränken würde."

Aus der Berathung in der Kommission ist nur der zweite Absatz hervorgegangen. Vgl. darüber Erläuterungen 6.

Die allgemeinen Vereinstage in Plauen und Erfurt haben sich gegen jede gesetzliche Bestimmung ausgesprochen.

II. Erläuterungen zu § 37.

Zu Absatz I.

1. Abschließung von Verträgen mit dem Vorstande.

Es sind dies die einzigen Fälle, in denen der Aufsichtsrath eine direkte Vertretung der Genossenschaft hat. Die Legitimation wird durch einen Beschluß des Aufsichtsraths geführt werden, in welchem die Personen bestimmt sind, die für den Aufsichtsrath den Vertrag zu unterzeichnen haben, falls dies nicht durch den gesammten Aufsichtsrath geschieht.

2. Prozeßführung gegen Vorstandsmitglieder.

Die Bestimmungen des Handelsgesetzbuchs über die Prozesse der Aktionäre in der Aktiengesellschaft und der Kommanditisten in der Kommanditgesellschaft auf Aktien gegen die Mitglieder des Vorstandes bezw. die persönlich haftenden Gesellschafter und gegen die Mitglieder des Aufsichtsraths (Art. 223, 194, 195 A.G.) weichen in mehreren Beziehungen erheblich von § 37 ab.

a) Der Aufsichtsrath in jenen Handelsgesellschaften kann, wenn es sich „um die Verantwortlichkeit der Mitglieder des Aufsichtsraths handelt", ohne und selbst gegen den Beschluß der Generalversammlung gegen den Vorstand bezw. die persönlich haftenden Mitglieder klagen (Art. 223, 194). Dem Aufsichtsrath der Genossenschaft ist ein solches Recht nicht gegeben.

b) Die Generalversammlung jener Handelsgesellschaften wird bei den von ihr beschlossenen Prozessen gegen den Vorstand bezw. die persönlich haftenden Mitglieder durch den Aufsichtsrath oder durch Bevollmächtigte vertreten, welche in der Generalversammlung gewählt werden (Art. 223). Da in § 37 der Generalversammlung das Recht, sich durch Bevollmächtigte vertreten zu lassen, nicht ausdrücklich abgesprochen ist und der im Art. 194 vielleicht mit Bezug auf die im Art. 195 folgende Ausnahme gewählte und von Art. 194 in § 37 übergegangene Ausdruck „ermächtigt" dem Aufsichtsrath keineswegs ein ausschließliches Recht auf die Vertretung der Genossenschaft in jenen Prozessen zuspricht, so wird man annehmen müssen, daß die Genossenschaft ebenfalls das Recht hat, sich dazu besondere Bevollmächtigte zu wählen, welche dann unter die Bevollmächtigten des § 40 fallen.

c) In Prozessen gegen die Mitglieder des Aufsichtsraths werden bei jenen Handelsgesellschaften die Aktionäre bezw. Kommanditisten durch Bevollmächtigte vertreten, welche in der Generalversammlung gewählt werden. Dem entspricht § 37 Abs. 3.

d) Die Art. 195, 223 haben „gegen die möglichen Chikanen der persönlich haftenden Gesellschafter (bezw. des Vorstandes) oder des Aufsichtsraths" (v. Hahn zu Art. 195) ein Schutzmittel dadurch geschaffen, daß ausnahmsweise auf Antrag auch das Handelsgericht die Bevollmächtigten ernennen kann. Für eine so weitgehende Fürsorge hat sich bei den Genossenschaften kein Bedürfniß herausgestellt.

3. Legitimation in den vom Aufsichtsrath geführten Prozessen.

§ 29 des Ges. von 1868 enthielt eine Bestimmung über die Legitimation; das Gesetz hat eine solche Vorschrift als überflüssig weggelassen (Begr. II 81). Es handelt sich um eine gesetzliche Vertretung, das Gericht ist daher von Amtswegen zur Prüfung der Legitimation verpflichtet (§ 54 C.P.O.). „Der Nachweis, daß die im Prozeß auftretenden Personen zu Aufsichtsrathsmitgliedern gewählt sind, ist zur Erbringung der Legitimation derselben ebenso genügend wie erforderlich" (Begr. II 81). Man wird den Richter für berechtigt halten müssen, zu verlangen, daß ihm der Nachweis durch beglaubigte Abschriften der Wahlprotokolle geführt wird, falls ihm nicht diese im Original vorgelegt werden, was zu beanspruchen er kein Recht hat. Der Nachweis des Generalversammlungsbeschlusses auf Führung des Prozesses gehört dagegen nicht zur Legitimation, er müßte nur erbracht werden, wenn die Beklagten seine Existenz bestreiten.

4. Die Genossenschaft als Beklagte gegen die Vorstandsmitglieder.

Der Aufsichtsrath hat auch diejenigen Prozesse zu führen, in denen die Genossenschaft als Beklagte auftritt und der Vorstand Kläger ist (vgl. § 49 Abs. 2).

5. Intervention der Genossen in Prozessen gegen Vorstandsmitglieder.

Mit Rücksicht auf § 63 C.P.O. ist das in § 29 des Ges. von 1868 den Genossen eingeräumte Recht, in Prozessen gegen die Aufsichtsrathsmitglieder als Intervenient aufzutreten, nicht aufgenommen. Wie bei Parisius S. 325 nachgewiesen ist, war durch Redaktions- und Druckfehler dieses Recht nur auf Prozesse gegen Aufsichtsrathsmitglieder beschränkt, nach der Absicht der Gesetzgeber sollte es auch für Prozesse gegen den Vorstand gelten.

§ 63 C.P.O. lautet: „Wer ein rechtliches Interesse daran hat, daß in einem zwischen andern Personen anhängigen Rechtsstreite die eine Partei obsiege, kann dieser Partei zum Zwecke ihrer Unterstützung beitreten. Die Nebenintervention kann in jeder Lage des Rechtsstreits bis zur rechtskräftigen Entscheidung desselben, auch in Verbindung mit der Einlegung eines Rechtsmittels erfolgen."

Nach dem jetzigen Rechtszustande kann daher jeder Genosse einem Prozesse der Genossenschaft gegen Vorstand oder Aufsichtsrath als Nebenintervenient beitreten.

6. Absatz II. Kreditgewährung an die Vorstandsmitglieder.

Das Ges. von 1868 hatte über die Kreditgewährung an Vorstandsmitglieder überhaupt keine Vorschrift. Der Entwurf des Reichsjustizamts (s. oben I b) ließ dem Statut freie Hand, wie die Genossenschaft die Kreditgewährung an Vorstandsmitglieder ordnen wollte.

Nach dem vom Bundesrath vorgelegten Regierungsentwurf sollte die Genossenschaft nur das Recht haben, die Kreditgewährung an Vorstandsmitglieder zu untersagen, war dies nicht geschehen, so sollte jedes Darlehn an ein Vorstandsmitglied der einstimmigen Genehmigung des Aufsichtsraths, d. h. der Genehmigung aller derjenigen Mitglieder, welche sich an der Beschlußfassung über die Kreditgewährung betheiligten, bedürfen. In der Reichstagskommission wurde beantragt, den Abs. 2 zu streichen, weil es überhaupt nicht angemessen sei, im Gesetz eine Bestimmung über die Kreditgewährung an Vorstandsmitglieder zu treffen, da prinzipiell zwar eine solche überhaupt zu verwerfen sei, die Verhältnisse in den Genossenschaften aber doch so verschiedenartig seien, daß sich ein gesetzliches Verbot nicht rechtfertigen ließe.

Von anderer Seite wurde es im Interesse der kleinen ländlichen Genossenschaften für unumgänglich nothwendig erklärt, die Vorstandsmitglieder in Betreff des Kreditnehmens nicht schlechter zu stellen als die übrigen Genossen. Es würden für diese Genossenschaften nur schwer Vorstandsmitglieder zu gewinnen sein, wenn dieselben, um ein Darlehn zu erlangen, erst den Aufsichtsrath um die Genehmigung hierzu bitten müßten.

Die Kommission billigte den Grundgedanken des Entwurfs, hielt jedoch das Verlangen nach einstimmiger Genehmigung des Aufsichtsraths in jedem Falle der Kreditgewährung für zu weit gehend, da alsdann die Feindschaft eines einzigen Aufsichtsrathsmitgliedes ausreichen würde, um die Darlehnsgewährung an ein Vorstandsmitglied zu hintertreiben (Komm.-Ber. S. 23), und nahm von dem Verlangen der Einstimmigkeit Abstand. Eingeschaltet wurde noch der Zusatz: „soweit letztere nicht durch das Statut an noch andere Erfordernisse geknüpft" ist, wodurch dem Statut ein weiterer Spielraum gelassen ist.

Die Genehmigung des Aufsichtsraths muß in jedem Falle der Kreditgewährung an ein Vorstandsmitglied eingeholt werden, die Genehmigung muß durch Beschluß des Aufsichtsraths ausgesprochen und das Darlehen darf nicht eher ausgezahlt werden, als bis dies geschehen ist. Ein Vorstand, welcher dem zuwiderhandelt, thut es auf seine eigene Verantwortung. Im Statut können „noch andere Erfordernisse" d. h. Erschwernisse aufgestellt werden: z. B. größere Majorität für den betreffenden Beschluß des Aufsichtsraths.

Die Ausdehnung der für die Kreditgewährung gegebenen Vorschriften auf die Bürgschaftsleistung eines Vorstandsmitgliedes ist in der Kommission beschlossen, um die Vorschiebung eines Dritten, für welchen das betreffende Vorstandsmitglied Bürgschaft leistet, zu verhindern (Komm Ber. S. 23).

Die Vorschußvereine, welche bisher dem Rathe Schulze-D. entsprochen und die Vorstandsmitglieder gänzlich von der Kreditgewährung ausgeschlossen haben, können in dem Gesetz keine Veranlassung finden, von dem Verbot Abstand zu nehmen. Neu entstehenden Vereinen räth das Statut des Anwalts dieselbe Bestimmung an.

Wo aber die Bestimmung des Gesetzes maßgebend bleibt, wird der Geschäftsgang folgender sein: zunächst hat sich der Vorstand darüber schlüssig zu machen, ob der von einem Vorstandsmitglied gewährte Kredit gegeben bezw. ob die angebotene Bürgschaftsleistung angenommen werden soll. Ueber die Mitwirkung des betheiligten Vorstandsmitgliedes vgl. § 24 Erläuterungen 4. Will der Vorstand den Kredit gewähren oder das Vorstandsmitglied als Bürgen annehmen, so hat er die Genehmigung des Aufsichtsraths einzuholen, und nur wenn diese ertheilt war, darf das Rechtsgeschäft ausgeführt werden. Versagt der Aufsichtsrath die Genehmigung oder wird dieselbe nicht nachgesucht, und der Vorstand schließt dennoch das Rechtsgeschäft ab, so ist dasselbe jedoch gleichwohl gültig, denn die Ertheilung der Genehmigung ist eine innere Angelegenheit der Genossenschaft, das kontrahirende Vorstandsmitglied tritt dem Verein als Dritter gegenüber und die von dem Vorstande mit Dritten abgeschlossenen Rechtsgeschäfte werden durch keine Einschränkungen in ihrer Wirksamkeit beeinflußt. Die Genossenschaft könnte das Rechtsgeschäft nur mittelst der exceptio doli anfechten (vgl. R.G. VI 17).

An diese Beschränkungen ist nur die Kreditgewährung an Vorstandsmitglieder gebunden, andere Rechtsgeschäfte wie z. B. An- und Verkauf von Werthpapieren können für ein Vorstandsmitglied wie für jeden Dritten vorgenommen werden, und das betheiligte Vorstandsmitglied kann zweifellos auch bei den betreffenden Rechtsgeschäften mitwirken.

7. „Kredit".

Während in § 8 Abs. 2 die Darlehnsgewährung verboten wird, ist hier die Rede von Gewährung von Kredit, es fallen unter die Einschränkung also alle Rechtsgeschäfte, mit denen eine Gewährung von Kredit verbunden ist, wie z. B selbst die Anlage müßiger Gelder.

Das Verbot bezieht sich auf alle Arten Genossenschaften, obschon bei den Verhandlungen im Reichstage stets nur auf die Verhältnisse der Kreditgenossenschaften Rücksicht genommen und niemals die Wirkung geprüft ist, die das Verbot auf andere Arten Genossenschaften haben kann.

8. **Absatz** III. „Prozesse gegen die Aufsichtsrathsmitglieder".

Es handelt sich um Prozesse aus der Verantwortlichkeit der Aufsichtsrathsmitglieder. Prozesse aus Rechtsgeschäften der Genossenschaft mit Aufsichtsrathsmitgliedern führt der Vorstand.

9 Legitimation der Bevollmächtigten.

Abs. 3 entspricht dem § 29 Abs. 2 Satz 1 des Ges. von 1868. Die Legitimation des Bevollmächtigten wird nach § 54 C.P.O. von Amtswegen zu prüfen sein, da die „Bevollmächtigten" als gesetzliche Vertreter der Genossenschaft für den Prozeß angesehen werden müssen. Die Legitimation derselben ist ebenso wie die der Aufsichtsrathsmitglieder im Falle des Abs. 1 zu führen.

10. Intervention der Genossen in Prozessen gegen Aufsichtsrathsmitglieder.

Jeder Genosse hat das Recht zu interveniren (s. oben zu 5).

§. 38.

Der Aufsichtsrath ist befugt, nach seinem Ermessen Mitglieder des Vorstandes vorläufig, bis zur Entscheidung der ohne Verzug zu berufenden Generalversammlung, von ihren Geschäften zu entheben und wegen einstweiliger Fortführung derselben das Erforderliche zu veranlassen.

Ges. von 1888 § 28 Abs. 2, Entw. I und II, Komm. 37, Rtg. 38.
Begr. I 120, II 81. A.B. 19.

I. **Zur Geschichte des** § 38.

§ 38 stimmt im Wesentlichen überein mit § 28 Abs. 2 Satz 2 des Ges. von 1868. Die Vorschrift entstammt den früheren Entwürfen Schulzes und der Kommission des Abgeordnetenhauses vom Jahre 1866, sie ist eigenthümlich der Genossenschaft; die Kommission des Abgeordnetenhauses von 1866 motivirte dieselbe in ihrem Berichte folgendermaßen: „Der Aufsichtsrath ist zur Kontrole des Vorstandes bestellt. Die Natur der Genossenschaften bringt es mit sich, daß keine gleich sichere Garantie wie bei Aktiengesellschaften für die geeignete Auswahl und Tüchtigkeit der Vorstandsmitglieder gegeben ist. Das Amt pflegt häufig eine Mußebeschäftigung zu sein, und der ursprüngliche Eifer nimmt in solchen Fällen ab. Die Erfahrung hat nach dem Zeugniß der Antragsteller und einzelner Kommissionsmitglieder die erwähnten Sätze bestätigt" u. s. w.

§ 28 des Ges. von 1868 gab dem Aufsichtsrathe das Recht, auch Beamte vorläufig zu entsetzen. Dies ist im § 38 fallen gelassen, weil eine solche Maßregel dem Vorstande als dem eigentlichen Verwaltungsorgane zu überlassen sei (Begr. II 81).

II. **Erläuterungen zu § 38.**

1. Rechte von Aufsichtsrath und Generalversammlung bei der Entsetzung.

Die Befugniß, den Vorstand zu suspendiren, kann dem Aufsichtsrathe nicht durch das Statut entzogen werden. Er hat diese Befugniß unbeschränkt. Die bloße Ueberzeugung von der Nothwendigkeit des Schritts genügt. Es ist also nicht nöthig, daß die Vorstandsmitglieder gegen Gesetz, Statut oder berechtigte Beschlüsse der Generalversammlung oder des Aufsichtsraths gehandelt haben, oder daß sie durch Handlungen oder Unterlassungen absichtlich oder fahrlässig die Genossenschaft geschädigt haben, schon die einfache Ueberzeugung von ihrer Unfähigkeit berechtigt den Aufsichtsrath den Vorstand zu suspendiren, aber er muß stets ohne Verzug die Generalversammlung berufen.

Das Statut darf die Befugniß des Aufsichtsraths nicht auf die definitive Absetzung ausdehnen, da das Gesetz die definitive Entscheidung der Generalversammlung vorbehält. Daraus folgt, daß die Generalversammlung die Suspension auch dann aufheben kann, wenn die suspendirte Person sich Handlungen zu Schulden kommen ließe, welche nach allgemeinen gesetzlichen Bestimmungen die Genossenschaft ermächtigen würden, von dem Anstellungsvertrage sofort zurückzutreten.

2. Fürsorge für Fortführung der Geschäfte.

Es ist zu unterscheiden:

a) Es bleiben nach der Suspension von Vorstandsmitgliedern noch so viele im Amt, als nothwendig sind, um für den Verein rechtsverbindlich zu handeln, so kann möglicherweise die Vereinbarung mit diesen genügen, daß die Geschäfte des oder der suspendirten Vorstandsmitglieder von ihnen mit versehen werden, bis die Generalversammlung über die Suspension entschieden hat;

b) der gesammte Vorstand oder so viel Mitglieder desselben sind suspendirt, daß nicht die genügende Anzahl zur Leitung der Geschäfte verbleibt. Der Vorstand ist ein nothwendiges Organ der Genossenschaft, es ist daher ausgeschlossen, daß der Aufsichtsrath sich damit begnügt, Bevollmächtigte zu bestellen. Die Einsetzung von Bevollmächtigten zum gesammten Geschäftsbetriebe ist untersagt (§ 40). Der Aufsichtsrath muß daher für Stellvertreter sorgen (R.G. III S. 99), und zwar unverzüglich, da bis zu deren Bestellung die Geschäfte der Genossenschaft nicht weiter geführt werden können. Der Aufsichtsrath ist auch berechtigt, aus seiner Mitte die Stellvertreter zu bestellen; doch dürfen die Personen nur auf einen bestimmten

Zeitraum bestellt werden und bis zu ihrer wegen dieser Stellvertretung ertheilten Entlastung ihre Thätigkeit als Mitglieder des Aufsichtsraths nicht ausüben (§ 35).

Auf die Stellvertreter kommen die für die Vorstandsmitglieder gegebenen Vorschriften zur Anwendung (§ 33).

Die vorläufige Enthebung von Vorstandsmitgliedern durch den Aufsichtsrath gilt in Ansehung der Anmeldung und Eintragung als Beendigung der Vollmacht (A.V. § 19).

§. 39.

Die Mitglieder des Aufsichtsraths haben die Sorgfalt eines ordentlichen Geschäftsmannes anzuwenden.

Mitglieder, welche ihre Obliegenheiten verletzen, haften der Genossenschaft persönlich und solidarisch für den dadurch entstandenen Schaden.

Insbesondere sind sie in den Fällen des §. 32 Absatz 3 zum Ersatze der Zahlung verpflichtet, wenn diese mit ihrem Wissen und ohne ihr Einschreiten erfolgt ist.

Die Ansprüche auf Grund der vorstehenden Bestimmungen verjähren in fünf Jahren.

Entw. I u. II, Komm. 38, Rtg. 39. Begr. I 121, II 81. (Vgl. § 32.)

Erläuterungen zu § 39.

1. **Absatz** I. Umfang der Sorgfalt.

Das Ges. von 1868 stellte den Grundsatz, daß die Aufsichtsrathsmitglieder die Sorgfalt eines ordentlichen Geschäftsmannes bei der Erfüllung ihrer Pflichten anzuwenden haben, zwar nicht auf, doch hatte sich derselbe in der Praxis und Rechtsprechung auf Grund des zwischen der Genossenschaft und den Aufsichtsrathsmitgliedern bestehenden Auftragsverhältnisses herausgebildet (R.G. XIII S. 45).

Die Vorschriften über die civilrechtliche Verantwortlichkeit entsprechen den Grundsätzen, die nach § 32 für den Vorstand gelten, es treffen daher die Ausführungen zu § 32 auch hier zu.

2. **Absatz** II. Keine subsidiäre Haftpflicht.

Schulze-D. (Vorschuß- und Kreditvereine als Volksbanken, 5. Aufl., S. 160) nimmt als Regel eine subsidiäre Haftpflicht der Aufsichtsrathsmitglieder an und macht eine Ausnahme hiervon nur in den Fällen, in welchen der Schade durch Pflichtverletzung derselben in einer Thätigkeit entstanden ist, welche ihnen direkt und zwar unabhängig vom Vorstande übertragen ist, und rechnet hierher: Prüfung der Jahresrechnungen, der Bilanzen und Vorschläge zur Gewinnvertheilung, sowie die Berichterstattung an die Generalversammlung (anscheinend beistimmend O.H.G. XXIII S. 172); auch diese Fälle aber bilden doch nur einen Theil der Kontrole, die dem Aufsichtsrath direkt und unabhängig vom Vorstand übertragen ist. Das

Gesetz macht den Vorstand für Vernachlässigung der ihm übertragenen Obliegenheiten verantwortlich und den Aufsichtsrath, wenn er seine Obliegenheiten vernachlässigt. Es wird hiernach angenommen werden müssen, daß, wenn die Genossenschaft durch eine Handlung des Vorstandes geschädigt ist und der Aufsichtsrath sich ebenfalls bei derselben einer Pflichtversäumniß schuldig gemacht hat, die Mitglieder des Vorstandes und Aufsichtsraths solidarisch für den dadurch entstandenen Schaden haften; es ist im Gesetz nicht begründet, zwischen verschiedenen Obliegenheiten des Aufsichtsraths einen Unterschied für die Haftpflicht zu machen. In dem Urtheil des Reichsgerichts vom 28. April 1885 (Bd. XIII S. 51) ist die Einrede der Vorausklage eines Aufsichtsrathsmitgliedes verworfen, weil für den eingetretenen Schaden auch sein eigenes Verhalten, nämlich sein Nichteinschreiten kausal gewesen ist, dem Aufsichtsrathsmitgliede daher gegenüber der als Kaufmann geltenden Genossenschaft, welche für die Zwecke ihres Betriebes Vorstand und Aufsichtsrath bestellt hat, nach Art. 281 H.G.B. die Einrede der Vorausklage nicht zusteht.

3. Haftung gegenüber der Genossenschaft.

Wie die Mitglieder des Vorstandes (§ 72) regelmäßig nur der Genossenschaft schadensersatzpflichtig sind, so auch die des Aufsichtsraths. Es sind dieselben Gründe maßgebend; den Gläubigern und den Genossen haften sie unter den gleichen Voraussetzungen wie die Vorstandsmitglieder (vgl. §§ 32, 81 Abs. 3, 136).

4. **Absatz** III. Auszahlung von Gewinn und Geschäftsguthaben.

In den Fällen, in denen Vorstandsmitglieder ohne besonderen Schadensnachweis ersatzpflichtig sind (§ 32 Abs. 3), haften auch die Aufsichtsrathsmitglieder, falls „die Zahlung mit ihrem Wissen und ohne ihr Einschreiten" erfolgt ist. Das Vorhandensein dieser Voraussetzungen gehört zur Klagebegründung. Ist der Genossenschaft ein Schade entstanden, so hat sie die Klage gegen die Aufsichtsrathsmitglieder aus Abs. 2 und diese sind auf den Exkupationsbeweis angewiesen.

§. 40.

Der Betrieb von Geschäften der Genossenschaft sowie die Vertretung der letzteren in Bezug auf diese Geschäftsführung kann auch sonstigen Bevollmächtigten oder Beamten der Genossenschaft zugewiesen werden. In diesem Falle bestimmt sich die Befugniß derselben nach der ihnen ertheilten Vollmacht; sie erstreckt sich im Zweifel auf alle Rechtshandlungen, welche die Ausführung derartiger Geschäfte gewöhnlich mit sich bringt.

Die Bestellung von Prokuristen oder von Handlungsbevollmächtigten zum gesammten Geschäftsbetriebe findet nicht statt.

Ges. von 1868 § 30, Entw. I u. II, Komm. 39, Rtg. 40. Begr. I 121, II 81.

I. **Zur Geschichte des § 40.**

a) Der erste Absatz ist, wie die Begründung ausspricht, mit dem früheren § 30 „wörtlich gleichlautend".*) § 30, wörtlich übereinstimmend mit dem § 29 des preuß. Ges., war aus dem Art. 234 (jetzt Art. 235) A.G. übernommen, von dem er nur durch Umänderung des Wortes „Gesellschaft" in „Genossenschaft" abweicht.

b) Der zweite Absatz ist neu. Das Ges. von 1868 enthält nichts von Prokuristen und Handlungsbevollmächtigten zum gesammten Geschäftsbetriebe. Ob deren Bestellung zulässig sei, war streitig. Schulze-Delitzsch erklärt sich mit Entschiedenheit dagegen (Vorschuß- u. Kreditvereine S. 162). Anderer Meinung Anschütz u. Völderndorff (Bd. 2 S. 8), Sicherer 267, Parisius 266, 285 u. 327 Daß ein praktisches Bedürfniß für die Zulassung von Prokuristen nicht vorhanden sei, ward allgemein anerkannt, auch von der Reichstagskommission von 1876, die den mit Abs. 2 des Ges. übereinstimmenden Antrag Schulzes annahm. Vgl. Schulzes Anträge in seiner Novelle (Mat. 27, Herz 86, Parisius a. a. O.). In das G R. sind öfters Prokuristen eingetragen.

II. **Erläuterungen zu § 40.**

1. **Absatz I.** Umfang der Vollmacht.

Der Vorstand ist der gesetzliche Vertreter der Genossenschaft nach § 24 des Ges., seine Vollmacht regelt das Gesetz. Da nun weder der Generalversammlung noch dem Aufsichtsrath die Vertretung zugewiesen ist, so könnte es zweifelhaft erscheinen, ob die Generalversammlung oder ein sonstiges Organ befugt sei, irgend welche Vollmacht zur Vertretung der Gesellschaft zu ertheilen Wegen der absoluten Fassung von § 32 könnte man sogar bezweifeln, ob der Gesellschaftsvertrag neben dem Vorstand Vertreter der Genossenschaft mit beschränkter Vertretungsbefugniß anerkennen dürfe. Hiergegen ist die vorliegende Bestimmung gerichtet, durch welche anerkannt wird, daß „sowohl durch statutarische Bestimmung als auch durch Beschluß der Generalversammlung oder eines sonst kompetenten Organs" der Genossenschaft Vertreter mit beschränkter Vollmacht bestellt werden können (v. Hahn zu Art. 234 H.G.B.). Nicht die Grundsätze des H.G.B. über die Vertretung durch „Handlungsbevollmächtigte" sollen auf den Umfang der Vollmacht zur Anwendung kommen, sondern in erster Reihe soll der Umfang der ertheilten Vollmacht entscheidend sein. Eine Vollmacht darf aber nicht zum gesammten Geschäftsbetriebe ertheilt werden — und dementsprechend ist auch die noch weitergehende Bestellung von Prokuristen untersagt —, sondern die Vollmacht darf nur den Betrieb „von" Geschäften, d. h. einzelner Geschäfte oder Geschäftszweige umfassen; erst im Zweifel erstrecken sich dieselben auf alle Rechtshandlungen, welche die Ausführung des einzelnen übertragenen Geschäfts oder des übertragenen Geschäftszweiges mit sich bringt

---

*) Darnach ist die kleine Aenderung „die Vertretung der letzteren in Bezug" statt „die Vertretung der Genossenschaft in Beziehung" auf einen Abschreibefehler zurückzuführen.

(H G.B Art. 47). Nur mit dieser Beschränkung sind daher die Vorschriften des H.G B. über die Handlungsbevollmächtigten auf die Bevollmächtigten und Beamten der Genossenschaft anzuwenden.

2. Bevollmächtigte und Beamte.

Der Unterschied zwischen Bevollmächtigten und Beamten ist darauf zurückzuführen, daß das Mandat von Beamten mehr auf Uebertragung dauernder Verrichtungen ganzer Geschäftszweige, das der Bevollmächtigten mehr auf Erledigung einzelner Aufträge sich bezieht (Schulze-D. a. a. O. S. 167).

3. Form der Vollmacht.

Die Vollmacht muß, um Dritten gegenüber Geltung zu haben, von dem Vorstande ertheilt sein und zwar in Gemäßheit des § 25. Schriftlichkeit ist, da es sich um ein Handelsgeschäft handelt, zwar nicht erforderlich, doch im Interesse der Klarheit und Sicherheit durchaus wünschenswerth.

4. Zeichnung der Bevollmächtigten.

Die Form der Zeichnung der Bevollmächtigten und Beamten richtet sich nach den Bestimmungen der Vollmacht. Es darf aber kein eine Prokura andeutender Zusatz gebraucht werden, vielmehr muß der Zusatz das Vollmachtsverhältniß ausdrücken (Art. 48 H.G.B.). Für den Dritten, der mit dem Bevollmächtigten verhandelt, ist allein der Umfang der Vollmacht, und daß sie vom Vorstand in der vorgeschriebenen Form ertheilt ist, maßgebend. Hat der Vorstand hierbei seine Befugnisse überschritten, so ist dies dem Dritten gegenüber unerheblich.

5. Ueberschreitung der Vollmacht.

Ueberschreitet der Bevollmächtigte oder Beamte die Vollmacht, so ist die Genossenschaft nicht an das Geschäft gebunden. Die Rechte und Pflichten zwischen dem Bevollmächtigten und dem Dritten richten sich nach den Landesgesetzen.

Sind die Bevollmächtigten oder Beamten für den kaufmännischen Betrieb bestellt — und handelt es sich nicht um einzelne bestimmte Geschäfte —, so kommen auf sie die Art. 57 ff. H.G B. zur Anwendung; sind sie dagegen im technischen Betriebe thätig, so greifen die Vorschriften der Gewerbeordnung ein. Die Bevollmächtigten und Beamten brauchen nicht Mitglieder der Genossenschaft zu sein.

6. **Absatz** II. Prokuristen.

In Betreff des Verbotes der Bestellung von Prokuristen und Handlungsbevollmächtigten für den gesammten Geschäftsbetrieb heißt es Begr. II S. 81:

„Für die Genossenschaften ist schon bei dem geringeren Umfange ihres Geschäftsbetriebes kein Bedürfniß vorhanden, neben dem Vorstand noch Bevollmächtigte mit so umfassenden Vertretungsbefugnissen zu bestellen. Die Zulassung derselben wäre aber auch mit der Vorschrift des § 24 über die Mindestzahl der zu Erklärungen für die Genossenschaft nothwendigen Vorstandsmitglieder nicht verträglich; denn nach Art. 42 und 47 des Handelsgesetzbuchs steht die Vollmacht des einzelnen Prokuristen oder Disponenten derjenigen des Vorstandes an Umfang wenig nach. Außerdem würde der Schutz hinfällig werden, welchen das Gesetz durch die Vorschrift zu schaffen bezweckt, daß die Mitglieder des Vorstandes nothwendig Mitglieder der Genossenschaft sein, also durch die Haftverbindlichkeit als Genossen zugleich die Folgen ihrer sämmtlichen Handlungen persönlich tragen sollen."

Das Gesetz schweigt darüber, was mit den Prokura-Vermerkungen geschehen soll, die bisher in das Genossenschaftsregister eingetragen sind. Die Prokura erlischt am 30. September 1889, die Vermerke müssen von Amtswegen gelöscht werden, ein besonderer Antrag des Vorstandes wird dazu nicht erforderlich sein.

Vorbemerkung zu §§ 41 bis 50.

Die §§ 41 bis 50 enthalten die Vorschriften über die Generalversammlung. Dieselben werden in dem Ges. vom 4. Juli 1868 in den §§ 10, 31, 32 und 33 behandelt. Das neue Gesetz erweitert, meist im Anschluß an die Bestimmungen des A.G. vom 18. Juli 1884, die Rechte der Genossen, beseitigt aber die Befugniß, durch das Statut ungleiches Stimmrecht der Genossen festzusetzen.

§. 41.

Die Rechte, welche den Genossen in den Angelegenheiten der Genossenschaft, insbesondere in Bezug auf die Führung der Geschäfte, die Prüfung der Bilanz und die Vertheilung von Gewinn und Verlust zustehen, werden in der Generalversammlung durch Beschlußfassung der erschienenen Genossen ausgeübt.

Jeder Genosse hat eine Stimme.

Ein Genosse, welcher durch die Beschlußfassung entlastet oder von einer Verpflichtung befreit werden soll, hat hierbei kein Stimmrecht. Dasselbe gilt von einer Beschlußfassung, welche den Abschluß eines Rechtsgeschäfts mit einem Genossen betrifft.

Die Genossen können das Stimmrecht nicht durch Bevollmächtigte ausüben. Diese Bestimmung findet auf handlungsunfähige Personen, Korporationen, Handelsgesellschaften, Genossenschaften oder andere Personenvereine und, wenn das Statut die Theilnahme von Frauen an der Generalversammlung ausschließt, auf Frauen keine Anwendung. Ein Bevollmächtigter kann nicht mehr als einen Genossen vertreten.

Ges. von 1868 § 10, Entw. I und II, Komm. 40, Rtg. 41. Begr. I 122, II 81, Komm.Ber. 23.

I. Zur Geschichte des § 41.

a) **Absatz** I und II. Inhaltlich stimmten die entsprechenden beiden Absätze des § 10 des Ges. von 1868 genau mit Art. 224 H.G.B. von der Aktiengesellschaft überein. Der erste Absatz dieses Artikels und der § 10 enthielten vor dem Worte „Führung" noch das Wort „Einsicht", und der

Schluß lautete „werden von der Gesammtheit der Aktionäre (bezw. der Genossenschafter) in der Generalversammlung ausgeübt". Der jetzige Abs. 1 stimmt überein mit Abs. 1 des Art. 221 des A.G. Ueber die Gründe der Aenderungen im Aktiengesetz s. v. Völderndorff, A.G. S. 543.

Der Abs. 3 lautete im Ges. von 1868: „Jeder Genossenschafter hat hierbei Eine Stimme, wenn nicht der Gesellschaftsvertrag ein Anderes festsetzt." Ueber Entstehung dieser Bestimmung s. Parisius S. 254.

b) **Absatz** III ist neu, entspricht Art. 190 Abs. 3 (Art. 221 Abs. 2) des A.G.

c) **Absatz** IV ist ebenfalls neu. Ueber Ausübung des Stimmrechts durch Bevollmächtigte enthielt das Ges. von 1868 nichts. Die Bestimmung wegen der Frauen und der letzte Satz des Abs. 4 sind in der Kommission entstanden.

II. **Erläuterungen zu § 41.**

1. **Absatz** I. Umfang der Rechte der Genossen.

Der Abs. 1 stimmt überein mit dem Art. 221 Abs. 1 des A.G. Der einzelne Genosse kann gleich dem Aktionär in Angelegenheiten der Genossenschaft keinerlei Rechte ausüben, dies können nur die statutenmäßigen Organe der Genossenschaft. Der einzelne Genosse als solcher hat auf die Führung der Geschäfte keinen Einfluß.

Die Rechte der Mitglieder sind in den einzelnen Arten der Handelsgesellschaften sehr verschieden.

In der offenen Handelsgesellschaft kann jeder Gesellschafter, auch wenn er nicht in dem Geschäftsbetriebe der Gesellschaft thätig ist, sich persönlich von dem Gange der Geschäftsangelegenheiten unterrichten; er kann jederzeit in das Geschäftslokal kommen, die Handelsbücher und Papiere der Gesellschaft einsehen, und auf ihrer Grundlage eine Bilanz zu seiner Uebersicht anfertigen (Art. 105 H.G.B.).

Der Kommanditist hat diese Rechte nicht. Er kann nur eine abschriftliche Mittheilung der jährlichen Bilanz verlangen und die Richtigkeit derselben unter Einsicht der Bücher und Papiere prüfen. Auch kann das Handelsgericht auf seinen Antrag, wenn wichtige Gründe dazu vorliegen, die Mittheilung einer Bilanz oder sonstige Erklärungen nebst Vorlage der Bücher und Papiere zu jeder Zeit anordnen (Art. 160). Genau dieselben Rechte wie der Kommanditist hat der stille Gesellschafter (Art. 253 H.G.B.). In der Kommanditgesellschaft auf Aktien stehen sie dem Kommanditisten nur mit der Beschränkung zu, daß sie blos die Gesammtheit derselben in der Generalversammlung ausüben darf (Art. 186 H G.B.), und dasselbe gilt für die Mitglieder der Aktiengesellschaft (Art. 221 A.G.).

Das A.G. vom 18. Juli 1884 hatte die Rechte der Kommanditisten wesentlich erweitert; sie können vom Richter zur Berufung einer Generalversammlung (Art. 188, 237 H G.B.) ermächtigt werden; auch haben sie unter bestimmten Voraussetzungen das Recht, Beschlüsse der Generalversammlung als gesetz- und statutenwidrig anzufechten (Art. 190 u. 122 H.G.B.), ferner haben die Aktionäre noch das Recht, eine gerichtliche

Prüfung des Hergangs bei der Gründung zu verlangen (Art. 222a) und sind ihnen weitere Rechte auf Einsicht der Bilanz gewährleistet (Art. 239).

Das Ges. von 1868 räumte den Genossen als solchen gar keine Rechte ein, sie waren nur auf die Generalversammlung angewiesen; in der Praxis allerdings wurde ihr Recht auf Anfechtung der Generalversammlungsbeschlüsse im Wege der Klage anerkannt. Wie das A.G. von 1884, so hat auch das vorliegende Gen.Ges. die Individualrechte der Genossen bedeutend erweitert. Maßgebend sind dieselben Beweggründe, welche die Einführung der Individualrechte in das Aktiengesetz veranlaßt haben.

In der allgemeinen Begründung zum Aktiengesetz (S. 294) wird ausgeführt: Die Mitgliedschaftsrechte, d. h. die Rechte, welche die einzelnen Mitglieder in Gemeinschaft mit den übrigen Mitgliedern in der Generalversammlung ausüben, reichen nicht aus zum Schutz der Mitglieder. Neben diesen Mitgliedschaftsrechten werden vielmehr noch eine Reihe Rechte für die Mitglieder beansprucht, welche sich von jenen dadurch unterscheiden, daß sie unabhängig von dem Willen der übrigen Mitglieder ausgeübt und daher denselben auch nicht durch Beschluß der Generalversammlung entzogen werden können.

Zwei Klassen dieser Rechte lassen sich scharf von einander scheiden: die eigentlichen Sonderrechte und die Individualrechte. Sonderrechte (nach v. Hahn, zu Art. 216 H.G.B. „Einzelrechte") sind vermögensrechtlichen Inhalts; bei ihnen steht die Gesellschaft dem berechtigten Mitgliede als Verpflichtete gegenüber, sie beruhen entweder auf Vertrag oder sind aus der Mitgliedschaft abzuleiten, indem sie nur dem Mitgliede als solchem zustehen, aber Einzelberechtigungen desselben nicht Rechte der Gesellschaft bilden.

In der Genossenschaft gehört zu den Rechten der letzteren Art das Recht des Genossen auf Zahlung der durch die Generalversammlung festgesetzten Dividende (§ 46), auf Herausgabe seines Guthabens bei Austritt aus der Genossenschaft oder bei Auflösung derselben (§ 71).*)

Im Gegensatze zu diesen Sonderrechten soll das Mitglied bei Geltendmachung der Individualrechte Träger und Vertreter des Gesammtwillens der Mitglieder sein und nicht vermögensrechtliche Ansprüche zu eigenem Vortheile gegen die Gesellschaft, sondern Rechte der Genossenschaft Namens und im Interesse derselben verfolgen. Während aber deren Geltendmachung bei normaler Leitung und Verwaltung den Organen der Gesellschaft obliegt und die Mitgliedschaftsrechte das Mitglied auf eine antheilige Mitwirkung anweisen, soll es durch die Individualrechte im Gegensatze zu den Mitgliedschaftsrechten Willen und Recht der Gesellschaft selbstständig und unabhängig von der Generalversammlung geltend machen können.

---

*) Endemann § 89 erklärt „Einsicht der Bücher für ein persönliches Recht des Einzelnen". Dies ist im Gesetz nicht begründet. Ein solches Recht konnte auch gar nicht eingeräumt werden, wenn man berücksichtigt, daß es Genossenschaften mit 20000 Mitgliedern giebt. Nur die Einsicht der Protokollbücher ist vorgesehen.

In der Genossenschaft sind die Individualrechte folgende:

1. Das Recht, in der Generalversammlung gefaßte Beschlüsse im Wege der Klage anzufechten (§ 49).
2. Das Recht, eine Generalversammlung zu berufen (§ 43).
3. Das Recht, Gegenstände zur Beschlußfassung anzukündigen (§ 43).
4. Das Recht, Einsicht der Protokollbücher zu verlangen (§ 45).
5. Das Recht, eine Abschrift der Bilanz, sowie der Gewinn- und Verlustberechnung zu verlangen (§ 46).

Die von der statutenmäßigen und gesetzlichen Mehrheit der Generalversammlung gefaßten Beschlüsse gelten als Beschlüsse der Genossenschaft und verpflichten auch die Minderheit.

Das Aktiengesetz hat eine Reihe Individualrechte, für welche bei den Genossenschaften das Bedürfniß fehlt „Dies gilt insbesondere von einer Befugniß der Genossen, die Verfolgung von Ansprüchen der Genossenschaft gegen die Mitglieder des Vorstandes und Aufsichtsraths aus deren Geschäftsführung selbstständig in die Hand zu nehmen. Nach der Weise, wie die Generalversammlung der Genossenschaften zusammengesetzt ist, muß es bei dem Beschluß der Mehrheit über die Geltendmachung solcher Ansprüche um so mehr sein Bewenden behalten, als es bei Genossenschaften nicht so, wie bei Aktiengesellschaften, möglich ist, durch Uebertragung oder Zutheilung von Antheilsrechten Majoritäten zu bestimmten Zwecken zu erlangen. Noch weniger kann das Recht für eine Minderheit anerkannt werden, besondere Geschäftsrevisionen zu verlangen; für ein solches ist neben der einzuführenden allgemeinen Revision kein Raum." (Begr I 127, II 85.)

2. Rechte der Generalversammlung.

Die Generalversammlung ist ein nothwendiges Organ der Genossenschaft, welches durch das Statut nicht beseitigt werden kann. Ihr stehen folgende Rechte zu:

a) Im Allgemeinen Wahrung der Interessen der Genossenschaft (§ 42 Abs. 2).
b) Feststellung der Bilanz, Vertheilung von Gewinn und Verlust (§ 46)
c) Festsetzung der Beschränkung des Vorstandes in der Vertretung (§ 27 Abs. 1).
d) Wahl des Aufsichtsraths (§ 34).
e) Entsetzung von Mitgliedern des Vorstandes, Aufsichtsraths und von Liquidatoren (§§ 24 Abs. 3, 34 Abs. 3, 81 Abs. 4).
f) Beschlußfassung über die Führung von Prozessen gegen die Mitglieder des Vorstandes und Aufsichtsraths (§ 37).
g) Beschlußfassung über die Auflösung (§ 76 Abs. 1) und Ernennung von Liquidatoren (§ 81 Abs. 1).
h) Festsetzung des Gesammtbetrages der aufzunehmenden Anleihen und Spareinlagen und der bei der Kreditgewährung an die Genossen einzuhaltenden Grenzen (§ 47).
i) Entbindung der Liquidatoren von der öffentlichen Versteigerung unbeweglicher Sachen (§ 87 Abs. 2).

Die Gültigkeit der Beschlüsse ist davon abhängig, daß die Generalversammlung ordnungsmäßig berufen ist und die Beschlüsse auf der Tagesordnung standen (§ 44).

3. Keine rückwirkende Kraft der Beschlüsse.

Die in der Generalversammlung gefaßten Beschlüsse haben keine rückwirkende Kraft, sie sind daher auch nicht im Stande, einem früheren Beschluß eine authentische Interpretation zu geben und diesem z. B. eine verbindliche Kraft beizulegen (vgl. R.G. VIII S. 11).

4. Die Generalversammlung kann nicht Schiedsrichter in Sachen der Genossenschaft sein.

Die Generalversammlung hat auch nicht das Recht, als Schiedsrichter zwischen der Genossenschaft und den Mitgliedern wegen vermögensrechtlicher Ansprüche aufzutreten, denn sie ist nicht eine dritte Rechtspersönlichkeit, sondern ein Organ der Genossenschaft (vgl. v. Sicherer S. 213).

5. Beschränkungen der Generalversammlung.

In ihrer Beschlußfassung ist die Generalversammlung an das Gesetz und Statut gebunden; will sie z. B Schenkungen oder sonstige Verwendungen vornehmen, obgleich das Statut ihr ein solches Recht nicht gewährt, so müßte dem Beschluß zunächst eine diesbezügliche Statutenänderung vorangehen

6. Absatz II. Stimmrecht.

Das Ges. von 1868 stellte nur die Regel der Stimmberechtigung des einzelnen Genossen auf, ließ aber dem Gesellschaftsvertrage volle Freiheit, die Bedingungen des Stimmrechts anders zu ordnen.

Anfänglich hatten es die Genossenschaften als selbstverständlich behandelt, daß in den Generalversammlungen jeder Genosse eine Stimme und nur eine Stimme habe und daß Stellvertretung nicht gestattet sei. In dem ersten Gesetzentwurf Schulzes, wie er aus den Berathungen des preußischen Abgeordnetenhauses von 1863 hervorging, war keine Bestimmung über das Stimmrecht (Innung der Zukunft 1863 S. 60). Erst der Entwurf des preußischen Ministeriums von 1866 hatte aus dem Art. 224 des H.G.B. die Bestimmung übernommen, daß jeder Genosse eine Stimme hat, „wenn nicht der Gesellschaftsvertrag etwas Anderes festsetzt". (Bl.f.G. 1866 S 31.) Die Regierungskommissarien vertraten in der Kommission des Herrenhauses die Vertragsfreiheit. Dort erklärte man es unter Umständen für empfehlenswerth, bei größerer Kapitalbetheiligung Genossen mehrere Stimmen zu geben, aber verlangte, daß jeder Genosse mindestens eine Stimme habe.

Die „Vertragsfreiheit" gelangte so in das preußische und von da in das deutsche Genossenschaftsgesetz. Aber es wurde, soweit Schulzes Einfluß reichte, davon nur selten Gebrauch gemacht. Das Gesetz gestattete, einzelnen Mitgliedern durch das Statut das Stimmrecht ganz zu entziehen, oder ihnen mehrere Stimmen zuzuweisen. In allen Musterstatuten Schulzes aber wurde an der alten Regel festgehalten. Schulze-D. begründete dies für Vorschußvereine ausführlich und erklärte höchstens als zulässig, das Stimmrecht entweder an eine bestimmte Frist zu knüpfen, während welcher Jemand der Genossenschaft angehört haben muß, oder an die Einzahlung einer mäßigen

Quote des Geschäftsantheils. (Schulze, Die Vorschuß- und Kreditvereine, 5. Aufl. S. 112.) Solche Bestimmungen sind in die Statuten einzelner Vorschußvereine übergegangen.*) Neuerdings ist bei den landwirthschaftlichen Genossenschaften vielfach die Neigung hervorgetreten, dies Stimmrecht nach dem Maße der Betheiligung zu ordnen, z. B. bei Molkereigenossenschaften auf jede betheiligte Kuh eine Stimme zu geben (vgl. § 24 Anm. zu Erläut. 6c).

Das Gesetz hat mit Recht die Zulassung eines ungleichen Stimmrechts verboten. Die Begründung des Entwurfs entspricht dem von den Genossenschaften eingenommenen Standpunkt: „Eine Verschiedenheit des Einflusses bei der Beschlußfassung widerspricht dem Wesen der Genossenschaft in ihrem Gegensatz zur Aktiengesellschaft. Bei unbeschränkter Haftpflicht setzt jeder Genosse gleichmäßig seine ganze Person ein, und die etwaige Verschiedenheit in der Höhe der Geschäftsguthaben kann eine Ungleichheit des Stimmrechts nicht rechtfertigen. Auch bei beschränkter Haftpflicht und mehrfachen Geschäftsantheilen muß an der Gleichheit des Stimmrechts festgehalten werden, wenn nicht der genossenschaftliche Charakter der Vereine, welcher auf thunlichster Gleichartigkeit der Mitglieder und auf persönlicher Mitwirkung eines jeden beruht, leiden soll" (Begr. II 82)

Nach gesetzlicher Vorschrift ist nunmehr jedem Genossen eine und nur eine Stimme gewährt. Daraus folgt:

1. daß dies Stimmrecht mit dem Erwerbe der Mitgliedschaft beginnt und mit dem Verlust der Mitgliedschaft endigt. Ausnahme davon im Abs. 3 und zu Ungunsten der Ausgeschlossenen im § 66 Abs. 4;

2. daß keinem Genossen, so lange er Genosse ist, durch das Statut das Stimmrecht in den Generalversammlungen entzogen werden darf. (Ueber die Zulassung statutarischer Bestimmung zu Ungunsten der Frauen s. Erläuterung zu Abs. 4);

3. daß Nichtgenossen kein Stimmrecht in den Generalversammlungen haben. In Folge dessen dürfen sie auch keine Anträge zur Beschlußfassung stellen, denn wer nicht stimmberechtigt ist, kann eine Versammlung auch nicht zwingen, über einen Antrag zu beschließen, der von Niemandem aufgenommen ist. Dagegen steht nichts im Wege, ihnen die Theilnahme an derselben zu gestatten und sie mit ihrem Rath zu hören. Dies ist von besonderer Bedeutung für die bei Bau- und Produktivgenossenschaften vorkommenden stillen Gesellschafter. Daß eine solche Theilnahme statutarisch festgesetzt werden kann, unterliegt keinem Zweifel, es kann aber auch die Generalversammlung dieses Recht, falls das Statut es nicht verbietet, während der Versammlung jedem Dritten einräumen.

7. **Absatz** III. Entziehung des Stimmrechts.

„Unter Anlehnung an die Vorschriften des Aktiengesetzes (Art. 190, 221) ist das Stimmrecht in denjenigen Fällen auszuschließen, in welchen die Privatinteressen des einzelnen Genossen mit denen der Genossenschaft kollidiren." (Begr. I 122, II 82.) Stimmt ein Genosse, dem nach gesetz-

---

*) Vgl. Parisius S. 199 und 255 bis 258.

licher Bestimmung des Abs. 3 das Stimmrecht entzogen ist, dennoch mit, so kann der Beschluß, wenn seine Stimme darauf von Einfluß war, angefochten werden.

8. **Absatz** IV. Ausübung des Stimmrechts durch Vertreter.

Das Ges. von 1868 enthielt keinerlei Bestimmung über Vertretung der Genossen in der Führung des Stimmrechts. Ob die Bestimmung des Abs. 2 § 10 dahin auszulegen ist, daß der Gesellschaftsvertrag, der „ein Anderes festsetzen kann" — als daß jeder Genosse in der Generalversammlung eine Stimme hat, auch die Vertretung durch gesetzliche Vertreter oder Bevollmächtigte festsetzen darf, ist zweifelhaft. Gierke*) und Parisius (S. 257) bejahen die Frage.

Der § 40 hält grundsätzlich daran fest, daß eine Uebertragung des Stimmrechts an andere Personen unzulässig sei:

„Bei dem meist lokalen Charakter der Genossenschaften fehlt es dafür an einem ausreichenden Bedürfniß, und die Gefahr von Mißbräuchen, sowie die Rücksicht auf die möglichste Förderung der individuellen Betheiligung der einzelnen Genossen spricht dagegen. Die Ausübung des Stimmrechts durch Bevollmächtigte ist deshalb, von besonderen Fällen abgesehen, zu untersagen. Es empfiehlt sich auch nicht, nach dem Muster des italienischen Handelsgesetzbuchs (Art. 225) Bevollmächtigte zur Generalversammlung in denjenigen Fällen zuzulassen, in welchen ein Mitglied wegen triftiger, im Statut besonders festzusetzender Gründe am Erscheinen in der Versammlung verhindert ist" . . . (Begr. I 123, II 82.)

Die Ausübung des Stimmrechts durch Bevollmächtigte ist daher nur in Ausnahmefällen gestattet:

a) im Falle des § 75: eine Folge der Bestimmung, daß die Erben des verstorbenen Mitgliedes bis zum Ablauf des Geschäftsjahres an die Mitgliedschaft gebunden bleiben.

b) bei der Mitgliedschaft von handlungsunfähigen Personen. Ein Handlungsunfähiger kann durch Beitrittserklärung seiner gesetzlichen Vertreter Mitglied werden, sofern das Statut ihn nicht ausschließt. Auch wo dies der Fall ist, kann die Genossenschaft handlungsunfähige Mitglieder haben, — solche, die z. B. in Folge Entmündigung handlungsunfähig geworden sind. Das Stimmrecht wird dann ausgeübt durch den gesetzlichen Vertreter oder den von ihm Bevollmächtigten.

c) bei der Mitgliedschaft von Korporationen, Handelsgesellschaften, Ge-

---

*) Gierke (Die Genossenschaftstheorie und die deutsche Rechtsprechung S. 287) sagt mit Bezug auf die E.G.: „Eine Aenderung einzelner Mitgliedschaftsrechte und namentlich auch des Stimmrechts durch Stellvertreter kann statutarisch sowohl zugelassen als geboten sein. In Ermangelung statutarischer Bestimmung muß dagegen hier jede Stellvertretung als ausgeschlossen gelten, sofern es sich nicht blos um die Geltendmachung rein vermögensrechtlicher Ansprüche handelt. So würde auch z. B. der Vormund eines dispositionsunfähig gewordenen Genossenschafters zwar Zinsen und Dividende erheben, indeß nicht das Stimmrecht ausüben können."

nossenschaften u. s. w. Der zum Stimmrecht Bevollmächtigte muß von den gesetzlichen Vertretern bevollmächtigt sein.*)

d) falls Frauen statutarisch von der Generalversammlung ausgeschlossen sind, sollen sie sich durch Bevollmächtigte vertreten lassen können. Der Regierungsentwurf kannte diese Beschränkung der Frauen nicht; sie ist in der Reichstagskommission angenommen. Im Kommissionsbericht heißt es:

„Durch entsprechende Ergänzung des zweiten Satzes des Abs. 4 hat die Kommission eine Vertretung von Frauen in der Generalversammlung für den Fall ermöglichen wollen, daß nach der herrschenden Landessitte (?) die Theilnahme von Frauen an derartigen Versammlungen nicht üblich sei. Um aber andererseits die Vertretungsbefugniß der Frauen nicht weiter als nöthig auszudehnen, ist sie nur für den Fall vorgesehen, daß das Statut das Erscheinen von Frauen in der Generalversammlung ausschließt."

Ob der Besuch von genossenschaftlichen Versammlungen nach der Landessitte üblich sei oder nicht, sollte doch keinen Grund abgeben, die Rechte der Frauen zu schmälern. In den Generalversammlungen der Konsumvereine erscheinen in vielen Vereinen Frauen und betheiligen sich an den Verhandlungen. Wo es sich um Wirthschaftsbedürfnisse oder Wirthschaftsprodukte handelt, sind die Frauen die zuverlässigsten Sachverständigen. Voraussetzung der Zulassung von Vertretern der Frauen ist, daß das Statut die Frauen von der Generalversammlung ausschließt. In der Ausübung der übrigen Rechte, sowohl Mitgliedschaftsrechte wie Individualrechte, sind sie dadurch nicht beschränkt; sie können dieselben in Person geltend machen.

Das Gesetz bestimmt nichts über die Form der Vollmachten. Schriftliche Vollmachten wie bei Aktiengesellschaften wird man als genügend betrachten müssen. Die Vollmachten müssen von der Genossenschaft aufbewahrt werden.

9. „Nicht mehr als einen Genossen".

Der Schlußsatz in Betreff der Vertretung mehrerer Personen durch einen Bevollmächtigten ist von der Kommission zugefügt, er soll einer Häufung von Vertretungen vorbeugen und entspricht dem Abs. 2.

---

*) Hinsichtlich der „Korporationen, Handlungsgesellschaften, Genossenschaften, Personenvereine" und der „mehreren Erben" des § 75 kann es zweifelhaft sein, ob die Ausübung des Stimmrechts nur durch Bevollmächtigte soll erfolgen dürfen. Aus der Begründung geht es nicht hervor. Darin heißt es: „Eine Ausnahme ist nur insofern zuzulassen, als durch den Ausschluß von Bevollmächtigten eine Erschwerung für die Geschäftsbehandlung in der Generalversammlung selbst entstehen würde. Dies wäre der Fall, wenn für die einer Genossenschaft als Mitglieder angehörenden juristischen Personen, Handelsgesellschaften, Genossenschaften oder sonstigen Personenvereine die sämmtlichen nur in Gemeinschaft zur Vertretung befugten Repräsentanten oder Vorstandsmitglieder in der Generalversammlung erscheinen müßten. Hier ist, gleichwie in dem Falle mehrerer Erben, die Zulässigkeit einer Ausübung des Stimmrechts durch Bevollmächtigte nach der Sachlage geboten und die Gefahr eines Mißbrauchs ausgeschlossen." (Begr. I 123.)

§. 42.

Die Generalversammlung wird durch den Vorstand berufen, soweit nicht nach dem Statut oder diesem Gesetz auch andere Personen dazu befugt sind.

Eine Generalversammlung ist außer den im Statut oder in diesem Gesetze ausdrücklich bestimmten Fällen zu berufen, wenn dies im Interesse der Genossenschaft erforderlich erscheint.

Ges. von 1868 § 31 Abs. 1 u. 2, Entw. I u. II, Komm. 41, Rtg. 42.

I. Zur Geschichte des § 42.

Der § 42 gleicht den beiden ersten Absätzen des § 31 des Ges. von 1868, die im Wesentlichen dem preußischen Gesetze entlehnt waren und mit Art. 236 und Abs. 1 des Art. 237 H.G.B. übereinstimmten. Aus letzteren beiden Theilen ist mit geringen Aenderungen der Art. 236 des A.G. entstanden

II. Erläuterungen zu § 42.

1. **Absatz I.** Zu dem übereinstimmenden Abs. 1 des § 31 des preuß. Ges. besagen die Motive des preußischen Regierungsentwurfs: „Die Bestimmungen über die Berufung der Generalversammlung, ihre Befugnisse und Beschlüsse sind hauptsächlich in dem Gesellschaftsvertrage zu bestimmen. Es sind deshalb in dem Gesetz nur allgemeine Normen über die Zusammenberufung der Generalversammlung, die Vorbereitung und den Gegenstand ihrer Beschlüsse aufgestellt, welche einer näheren Motivirung nicht bedürfen." Nach dem Gesetz sind außer dem Vorstande zu Berufung der Generalversammlung berechtigt der Aufsichtsrath (§ 36 Abs. 2) und die Genossen unter der Voraussetzung des § 43. Ueber die Formen der Berufung § 44.

2. **Absatz II.** „Interessen der Genossenschaft".

Abs. 2 entspricht dem § 31 Abs. 2 des Ges. von 1868. Da die Generalversammlung nur über Anträge beschließen darf, die in der bekannt gemachten Tagesordnung standen, so ist es wichtig, daß die Zusammenberufung der Generalversammlung nicht von der Willkür des Vorstandes abhängt. Gegen einen seine Pflicht vernachlässigenden Vorstand hat der Aufsichtsrath in dem Recht der Berufung der Generalversammlung ein wichtiges Droh- und Schreckmittel — gegen einen böswilligen Vorstand ist die schärfere Waffe die Suspension vom Amte, auch die bessere Waffe.

Der einzelne Genosse hat gegen eine schlechte Verwaltung stets in der Generalversammlung, welche Vorstand und Aufsichtsrath absetzen kann, einen weit besseren Schutz, als der Aktionär, da letzterer sich, wenn er nicht niedergestimmt werden will, in eine nur mit großen Geldmitteln zu führende Wettbewerbung um die Stimmen einlassen muß. Je schlechter die Verwaltung einer Aktiengesellschaft ist, desto schwieriger ist oft der Kampf gegen sie, denn desto lieber suchen die ehrlichen Aktionäre aus der Gesellschaft durch Verkauf der Aktien herauszukommen. Anders in der Genossenschaft. Hier hilft die Flucht wegen der Solidarhaft nichts, hier ist es demnach auch leichter, unter der Mitgliedschaft für eine berechtigte Opposition Theilnehmer zu finden. Nach dem Ges. von 1868 konnten die einzelnen Genossenschafter die Zusammenberufung einer Generalversammlung nicht erzwingen. Lehnte der Vorstand diesen Antrag auf Berufung der Generalversammlung ab, so blieb ihnen nur die Beschwerde an den Aufsichtsrath. Der vom Vorstand und Aufsichtsrath abschlägig beschiedene Genosse konnte, wenn der gesetzlich oder statutarisch dazu bestimmte Theil der Genossenschafter seinem Antrage zustimmte, gegen den Vorstand die Hülfe des Genossenschaftsrichters anrufen, welcher den Vorstand alsdann zur Berufung der Generalversammlung durch Ordnungsstrafen anhalten sollte.

In dem jetzigen Gesetze sind den Genossenschaftern weitergehende Rechte gegeben — § 43.

§. 43.

Die Generalversammlung muß ohne Verzug berufen werden, wenn der zehnte Theil oder der im Statut hierfür bezeichnete geringere Theil der Genossen in einer von ihnen unterschriebenen Eingabe unter Anführung des Zwecks und der Gründe die Berufung verlangt.

In gleicher Weise sind die Genossen berechtigt, zu verlangen, daß Gegenstände zur Beschlußfassung einer Generalversammlung angekündigt werden.

Wird dem Verlangen nicht entsprochen, so kann das Gericht (§. 10) die Genossen, welche das Verlangen gestellt haben, zur Berufung der Generalversammlung oder zur Ankündigung des Gegenstandes ermächtigen. Mit der Berufung oder Ankündigung ist die gerichtliche Ermächtigung bekannt zu machen.

Ges. von 1868 § 31 Abs 3, Entw. I u. II, Komm. 42, Rtg. 43.
Begr. I 123, II 83.

I. Zur Geschichte des § 43.

Der dritte Absatz des früheren § 31 findet sich „in veränderter Form" im Abs. 1 des § 43. Die frühere Bestimmung war als Wiedergabe des Art. 237 H.G.B. (alter Fassung) beabsichtigt, aber fehlerhaft aufgenommen (Parisius S. 327 bis 333). Der jetzige § 43 „regelt das Recht der Genossen, die Berufung der Generalversammlung und die Ankündigung von Gegenständen der Tagesordnung zu verlangen in Uebereinstimmung mit den Vorschriften im Art. 237 des Aktiengesetzes".

Das Ges. von 1868 „giebt das Recht zum Berufungsantrage dem zehnten Theil der sämmtlichen Genossen, gestattet aber, daß der Gesellschaftsvertrag eine größere Zahl von Mitgliedern für nothwendig erklärt. Die letztere Bestimmung ist im Entwurfe beseitigt, so daß statutarisch nur noch günstigere Bestimmungen für die Genossen festgesetzt werden können. Zugleich ist das nach dem gegenwärtigen Gesetze fehlende Mittel geschaffen, die Berufung der Generalversammlung und ebenso die Ankündigung von

Gegenständen zur Tagesordnung im Falle ungerechtfertigter Weigerung des Vorstandes oder Aufsichtsraths ohne deren Mitwirkung durchzusetzen. In diesem Falle soll die Berufung oder Ankündigung durch die Antragsteller selbst auf Grund gerichtlicher Ermächtigung gestattet sein". (Begr. I 123, II 83.)

II. Erläuterungen zu § 43.

1. **Absatz** I. „unterzeichnete Eingabe".

Die Eingaben müssen von den Genossen nur unterschrieben sein. Die Genossen brauchen nur ihren Namen schreiben zu können, sind sie auch hierzu nicht im Stande, so kommen die nach den Landesgesetzen für Analphabeten geltenden Vorschriften zur Anwendung. Eine Unterkreuzung ist keine Unterschrift. Die Eingabe ist an dasjenige Organ zu richten, welches die Berufung vorzunehmen hat, also an Vorstand oder Aufsichtsrath. „Zweck" und „Gründe" der Berufung müssen in der Eingabe angeführt sein, d. h. die Gegenstände, welche in der Generalversammlung zur Besprechung bezw. Beschlußfassung gebracht werden sollen, und die Gründe für dieselben.

2. „Der zehnte Theil . . ."

Das Ges. von 1868 gestattete die statutarische Festsetzung eines größeren Theils. Eine solche Bestimmung ist in Zukunft — auch für die bestehenden Genossenschaften, die hiervon Gebrauch gemacht haben — ungesetzlich und unverbindlich.

3. **Absatz** III. Gerichtliche Ermächtigung.

Dem Ges. von 1868 war die gerichtliche Ermächtigung zur selbstständigen Berufung und Stellung von Anträgen unbekannt.*) Die Genossen haben, wenn ihrer Eingabe auf Berufung der Generalversammlung oder Stellung von Anträgen nicht ohne Verzug nachgekommen wird, sich an das Gericht (§ 10) mit dem Antrage zu wenden, sie zur Berufung der Generalversammlung bezw. Stellung von Anträgen zu ermächtigen. Der Antrag muß von allen Genossen unterzeichnet sein, da wider seinen Willen keiner der Genossen ermächtigt werden könnte. Das Handelsgericht ist bei der Prüfung, ob die Ermächtigung zu ertheilen ist, nicht auf die Entscheidung beschränkt, ob den formellen Erfordernissen des Paragraphen genügt ist, sondern ist befugt, nach Einziehung von Informationen aller Art, insbe-

---

*) Das neue Gesetz hat aber das Minderheitsrecht in Betreff der Berufung nicht verstärkt, sondern beschränkt. Schon das alte Gesetz verlangt für die Eingabe Anführung des Zweckes und der Gründe, aber nur um den aufgeforderten Gesellschaftsorganen die bessere Vorbereitung der Generalversammlung zu ermöglichen, die sie einberufen mußten, gleichviel ob die angeführten Gründe stichhaltig waren oder nicht. Trotz Beibehaltung des früheren Wortlauts ist die absolute Verpflichtung der Gesellschaftsorgane zur Einberufung der Generalversammlung beseitigt; denn mit der Bezeichnung „kann" im dritten Absatz ist dem Richter die Befugniß ertheilt, den Antrag abzulehnen, also die Weigerung der Gesellschaftsorgane für berechtigt zu erklären. Daraus folgt, daß diese nicht mehr unterschiedslos verbunden sind, die Versammlung einzuberufen, sondern in eine Prüfung des Zweckes und der Gründe des Antrages eintreten können. (Vgl. Ring, Aktiengesetz S. 288 zu Art. 188 u. 237 A.G.

sondere Anhörung der Genossenschaftsorgane, auch weiter zu prüfen, ob nicht Chikane, Verfolgung von Sonderinteressen und sonstige Schädigung der Genossenschaft beabsichtigt ist (vgl. Mot. S. 83 zu der gleichlautenden Bestimmung des Art. 337 A.G.). Ehe die Genossen die gerichtliche Ermächtigung nachsuchen, müssen sie die Eingaben an alle diejenigen Organe gerichtet haben, die zur Berufung bezw. Aufnahme der Anträge in die Tagesordnung zuständig sind.

4 Beschwerde.

Ob gegen die Entscheidung des Handelsgerichts Beschwerde zulässig ist, richtet sich nach den Landesgesetzen.

5. Form der Berufung.

Die Form der Berufung selbst muß von den Mitgliedern ausgehen, die dazu ermächtigt sind; es ist nicht nothwendig, daß sich alle diese betheiligen, ihre Anzahl muß aber dem im Statut vorgeschriebenen bezw. dem gesetzlichen, zur Berufung berechtigten Theil der Mitglieder mindestens entsprechen.

§. 44.

Die Berufung der Generalversammlung muß in der durch das Statut bestimmten Weise mit einer Frist von mindestens einer Woche erfolgen.

Der Zweck der Generalversammlung soll jederzeit bei der Berufung bekannt gemacht werden. Ueber Gegenstände, deren Verhandlung nicht in der durch das Statut oder durch §. 43 Absatz 3 vorgesehenen Weise mindestens drei Tage vor der Generalversammlung angekündigt ist, können Beschlüsse nicht gefaßt werden; hiervon sind jedoch Beschlüsse über die Leitung der Versammlung sowie über Anträge auf Berufung einer außerordentlichen Generalversammlung ausgenommen.

Zur Stellung von Anträgen und zu Verhandlungen ohne Beschlußfassung bedarf es der Ankündigung nicht.

Ges. von 1868 § 32, Entw. I und II, Komm. 43, Rtg. 44. Begr. I 129, II 83, Komm.Ber. 23.

I. Zur Geschichte des § 44.

Der entsprechende § 31 des preußischen Gesetzes stimmte buchstäblich mit Art. 238 H.G B. überein. Im Ges von 1868 wurden auf Schulzes Antrag die nicht gerade nothwendigen Worte „über die Leitung der Versammlung" und der zweite Satz des zweiten Absatzes eingeschoben. Dabei gingen durch einen Redaktionszufall die Worte „hiervon sind" verloren. (Parisius S. 339.) Der Entwurf hatte nun

1. im Einklang mit dem durch das Aktiengesetz umgeänderten neuen Art. 238 im ersten Absatz eine Frist (im Aktiengesetz zwei Wochen) eingefügt, im ersten Satz des zweiten Absatzes das zwingende „muß" durch ein

instruktionelles „soll" ersetzt und die erste Hälfte des zweiten Satzes ebenfalls unter Einschiebung einer Frist (im Aktiengesetz eine Woche) durch Verweisung auf die beiden Arten der Einberufung geändert;

2. den Rest des § 31 unverändert gelassen, nur die verloren gegangenen Worte „hiervon sind" wieder aufgenommen.

Die Reichstagskommission hat für nöthig befunden, im ersten Absatz das in allen Fassungen der Genossenschaftsgesetze und des H.G.B. unangefochten gebliebene „hat" durch „muß" zu ersetzen.

II. Erläuterungen zu § 44.

1. Absatz I. Frist.

Ist in dem Gesellschaftsvertrage eine längere Frist als eine Woche vorgeschrieben, so hat es bei derselben sein Bewenden. Die Frist ist auch einzuhalten, wenn die Generalversammlung in Folge gerichtlicher Ermächtigung von den Genossen berufen wird.

Die Frist soll dem Genossenschafter eine genügende Vorbereitung für die Generalversammlung ermöglichen und verhindern, daß die Berufung der Generalversammlung so spät erfolgt, daß es den Genossen nicht möglich ist derselben beizuwohnen, oder daß sie gar erst von der Berufung Kenntniß erhalten, nachdem die Versammlung abgehalten ist.

Die Motive sagen nicht, von wann ab die Frist zu rechnen ist, falls eine mehrmalige Bekanntmachung erfolgt ist. Nach den Motiven zu Art. 238 A.G. soll die Frist erst von der letzten Einrückung beginnen: man wird dies auch für die Generalversammlung der Genossenschaft annehmen müssen, es könnte sonst durch böswillige Maßnahmen der Einberufer der Zweck der Bestimmung hintertrieben werden.

2. Bekanntmachung.

Die Bekanntmachung muß in den durch das Statut bestimmten öffentlichen Blättern ausgeschrieben sein. In einem Falle war eins von vier im Statut bezeichneten Blättern eingegangen und das Statut hatte hierfür nicht Vorkehrung getroffen. Die beiden ersten Instanzen haben die Generalversammlung, welche nur durch die drei andern Blätter bekannt gemacht war, in Folge dessen nicht als ordnungsmäßig berufen erachtet, das Kammergericht dagegen durch Beschluß vom 13. November 1883 die Ordnungsmäßigkeit der Berufung anerkannt, indem es ausführte, daß das Recht der Genossenschafter, von der Berufung Kenntniß zu erhalten, vielleicht erschwert, aber nicht genommen war, da sie die Berufung in den drei andern Blättern hätten finden können (s. Erläut. 8 zu § 6). In Nothfällen wird man es als genügend betrachten müssen, wenn die Genossenschafter von der Berufung Kenntniß haben erlangen können.

3. „muß erfolgen".

Im Regierungsentwurf stand, entsprechend dem § 32 des Ges. von 1868 und dem Art. 238 H.G.B. in der alten Fassung und in der neuen des Aktiengesetzes, „hat zu erfolgen"; durch die in der Kommission vorgenommene Aenderung sollte angedeutet werden, daß die hier gegebene Vorschrift über die Berufung der Generalversammlung eine wesentliche ist, deren Verletzung einen Grund zur Anfechtung der gefaßten Beschlüsse geben würde. (Komm.-Ber. S. 24.)

4. Absatz II. Voraussetzungen für die Gültigkeit der gefaßten Beschlüsse.

Die Gültigkeit der Generalversammlungsbeschlüsse ist davon abhängig, daß

a) die Generalversammlung in der durch das Statut bestimmten Weise berufen ist,

b) bei der Berufung die statutarische, mindestens eine Woche betragende Frist gewahrt ist,

c) der Gegenstand der Beschlußfassung die statutarische, mindestens drei Tage betragende Frist vorher angekündigt ist,

d) die Beschlußfassung über den Gegenstand nicht durch das Statut der Generalversammlung entzogen ist.

5. „soll bekannt gemacht werden".

Das Gesetz ist hier durch Aenderung des „muß" in „soll" in Uebereinstimmung gebracht mit dem neuen Art. 238 A.G. (s. oben „zur Geschichte"). Was bei der Aenderung des letztern durch das Aktiengesetz beabsichtigt ist, darüber vgl. Ring, Aktienges. S. 532 und v. Völderndorff, Aktienges. S. 660. Trotz des instruktionellen „soll" wird die Gültigkeit der in genossenschaftlichen Generalversammlungen gefaßten Beschlüsse von der vorherigen Ankündigung abhängig sein.

§. 45.

Die Beschlüsse der Generalversammlung sind in ein Protokollbuch einzutragen, dessen Einsicht jedem Genossen und der Staatsbehörde gestattet werden muß.

Ges. von 1868 § 33 Abs. 2, Entw. I, II, Komm. 44, Rtg. 45.
Begr. I 125, II 83, Komm.Ber. 24.

I. Zur Geschichte des § 45.

§ 45 ist gleichlautend mit § 33 Abs. 2 des Ges. von 1868 und dieser wörtlich mit § 32 Abs. 2 des preuß. Ges. Daß der Staatsbehörde die Einsicht in das Protokollbuch zu gestatten ist, war eine Forderung des preußischen Regierungsentwurfs von 1866. In den Motiven dieses Entwurfs heißt es (S. 30): „Da die Staatsregierung die Generalversammlungen nicht unter ihre Kontrole gesetzt hat, so ist es erforderlich, ihr die Mittel zur Erlangung der Ueberzeugung zu gewähren, daß die Generalversammlungen nicht zu Verhandlungen benutzt werden, welche außerhalb des Zwecks der Genossenschaft liegen. Deshalb ist die Führung eines Protokollbuchs über die Beschlüsse und Gestattung der Einsicht derselben durch die Staatsbehörde im letzten Satz des § 32 (jetzt § 45) vorgeschrieben." Die Kommission des Abgeordnetenhauses strich die Worte „und der Staatsbehörde". Als aber mit der Regierung das Kompromiß über die streitigen Punkte zunächst innerhalb der Kommission geschlossen wurde, war die Wiedereinfügung der betreffenden Worte das zweite der drei Opfer, die man der Regierung zu bringen sich entschloß (s. Erläuterung zu § 79). Der Nachtragsbericht der Kommission meinte, es geschehe dies „in Konsequenz der zu § 28 (jetzt § 143) gemachten Konzession".

II. **Erläuterungen zu § 45.**

1. Protokollbuch.

Die Führung eines Protokolls und die Eintragung der Beschlüsse in das Protokollbuch hat durch § 49 eine größere Bedeutung erlangt. Wenn die Protokolle in das dafür bestimmte Protokollbuch eingetragen sind, und wenn zugleich in den Vereinsstatuten eine gewisse Form für deren Einrichtung vorgeschrieben und diese Form gewahrt ist, so erlangen sie damit zufolge vertragsmäßiger Unterwerfung der Vereinsgenossen unter das Statut eine erhöhte Beweiskraft. Sie erbringen alsdann den Mitgliedern der Genossenschaft gegenüber so lange vollen Beweis für die Wahrheit und Vollständigkeit der darin enthaltenen Beurkundungen, bis deren Unrichtigkeit oder Unvollständigkeit im Wege der Gegenbeweisführung dargelegt wird.

2. Strafvorschrift.

Nach § 152 sind die Vorstandsmitglieder zur Befolgung der in § 45 enthaltenen Vorschriften durch Ordnungsstrafen anzuhalten. Es entspricht dies dem § 66 des Ges von 1868. Die Absicht des preuß. Ges. und des Ges. von 1868 war, es unter die Kontrole des Richters zu stellen, daß den Genossen und der Staatsbehörde die Einsicht in das Protokollbuch der Generalversammlung gestattet werde. Der Wortlaut des Gesetzes ließ auch die Auslegung zu, daß der Richter die Eintragung der Beschlüsse in das Protokollbuch kontroliren und durch Ordnungsstrafen dazu anhalten könne.

In der Kommission des Reichstags zu dem jetzigen Gesetz wurde die Frage aufgeworfen, ob dem Richter ein solches Recht zustehe, und dabei bemerkt, daß dies kaum die Absicht des Entwurfs sein könne, da der Richter nicht die Möglichkeit habe, die Eintragung der Beschlüsse zu kontroliren, auch eine solche Kontrole mit der richterlichen Thätigkeit und der anerkannten rechtlichen Natur der Genossenschaften nicht als verträglich angesehen werden könne. Die Regierungsvertreter erwiderten hierauf, es sei allerdings die Absicht der Vorlage, daß das Zwangsrecht des Registerrichters sich auch auf die Eintragung der Generalversammlungsbeschlüsse in das Protokollbuch beziehe, und daß der Richter, sobald er von einer Unterlassung Kenntniß erhalte, auf die richtige Eintragung der Beschlüsse hinwirken solle (Komm.Ber. S. 24). Wie der Registerrichter von der Unterlassung Kenntniß erhalten, kann sich in den einzelnen Fällen verschieden gestalten; jedenfalls ist es nach der Auslegung, die die §§ 45, 152 durch die Regierungsvertreter erhalten haben, wohl nicht zweifelhaft, daß der Registerrichter nicht beliebig Vorlage der Protokollbücher verlangen kann, wie es unter dem Ges. von 1868 versucht ist (vgl. auch Parisius zu § 66), der Registerrichter muß Kenntniß von einer Unterlassung erhalten haben, dann erst kann er die Angelegenheit weiter verfolgen. Eine wörtliche Auslegung des § 45 könnte zu endlosen Chikanen benutzt werden.

3. Staatsbehörde.

Hätte dem Gericht die jederzeitige beliebige Einsicht der Protokollbücher übertragen werden sollen, so hätte § 45 anders gesetzt werden müssen. Im zweiten Theil des Satzes sind diejenigen Interessenten ausdrücklich benannt, denen jederzeitige Einsicht der Protokollbücher gestattet ist: den Genossen und der Staatsbehörde d. h. den Verwaltungsbehörden. Die Gerichte sind hier nicht benannt, sie aber werden nach dem Sprachgebrauch nicht als „Staatsbehörden" bezeichnet. Man hat auch nach den übereinstimmenden Aeußerungen in den Berichten und Verhandlungen bei Entstehung dieser Bestimmung nicht daran gedacht, unter „Staatsbehörde" die Gerichte mit einzubegreifen. Dem Registerrichter liegt nach § 152 die Aufsicht darüber ob, daß den Genossen und den Staatsbehörden die Bücher zur Einsicht in dem Geschäftslokal zu den Geschäftsstunden vorgelegt werden.

Nach § 171 wird von der Zentralbehörde jedes Bundesstaates bekannt gemacht, welche Behörde hier unter der Bezeichnung „Staatsbehörde" zu verstehen ist. Darnach ist es allerdings in das Belieben der Ministerien der Einzelstaaten gestellt, diese Streitfrage zu entscheiden.

§. 46.

Die Generalversammlung hat über die Genehmigung der Bilanz zu beschließen und von dem Gewinn oder Verlust den auf die Genossen fallenden Betrag festzusetzen.

Die Bilanz, sowie eine den Gewinn und Verlust des Jahres zusammenstellende Berechnung (Jahresrechnung) sollen mindestens eine Woche vor der Versammlung in dem Geschäftslokale der Genossenschaft oder an einer anderen, durch den Vorstand bekannt zu machenden, geeigneten Stelle zur Einsicht der Genossen ausgelegt oder sonst denselben zur Kenntniß gebracht werden. Jeder Genosse ist berechtigt, auf seine Kosten eine Abschrift der Bilanz, sowie der Jahresrechnung zu verlangen.

Ges. von 1868 § 10, Entw. I und II, Komm. 45, Rtg. 46. Begr. I 124, II 83, Komm.Ber. 24.

I. Zur Geschichte des § 46.

a) **Absatz** I. Vgl. Bemerkungen und Erläuterungen zu §§ 19 und 41.

b) **Absatz** II ist neu. Der Entwurf ist in der Kommission mehrfach geändert. Es hieß darin: „Die Vorlagen hierzu sind mindestens . . . auszulegen . . . zu bringen. Jeder Genosse ist berechtigt, auf seine Kosten eine Abschrift der Bilanz, sowie der Gewinn- und Verlustrechnung zu verlangen." Er war dem zweiten Absatz des Art. 239 des Aktiengesetzes nachgebildet.

„Die Kommission hatte," so heißt es im Bericht S. 24, „den Ausdruck „Gewinn- und Verlustrechnung", für welche als Voraussetzung die doppelte Buchführung aufgestellt werden könne, durch den Ausdruck: „Jahresrechnung" ersetzt, da von einer kleinen Genossenschaft, wenn auch die Führung kaufmännischer Bücher, so doch nicht eine doppelte Buchführung verlangt werden könne."

Daß ohne doppelte Buchführung eine Gewinn- und Verlustrechnung nicht aufgestellt werden könne, ist freilich nicht einzuräumen.

II. **Erläuterungen zu § 46.**

1. **Absatz** I. Gewinnvertheilung.

In der Begründung des Entwurfs (I 125, II 83) heißt es:

„In dem geltenden Gesetze fehlt es an einer ausdrücklichen Bestimmung, daß nur die Generalversammlung zur Feststellung der Jahresbilanz und zur Beschlußfassung über die Verwendung des Jahresgewinnes oder die Deckung des Verlustes, insbesondere über den von dem Einen oder Anderen auf die Genossen fallenden Betrag zuständig ist. Es bedarf keiner weiteren Begründung, daß der Generalversammlung dieses wesentliche Recht auch durch das Statut nicht entzogen werden darf. Der Entwurf erkennt deshalb die ausschließliche Zuständigkeit derselben für die erwähnte Beschlußfassung an."

Die Praxis hatte auch bereits nach dem Ges. von 1868 die Beschlußfassung über die Bilanz und die Vertheilung der Dividende als ein ausschließliches Recht der Generalversammlung anerkannt und eine Uebertragung dieses Rechts auf andere Organe der Gesellschaft für unzulässig erklärt (R.G. XIII 26).

§ 46 stellt das Recht der Generalversammlung, über die Genehmigung der Bilanz zu beschließen und Gewinn und Verlust zu vertheilen, unzweideutig fest. (Vgl. § 19.) Den Genossen ist ein unbedingter Anspruch auf den ganzen bilanzmäßigen Jahresgewinn nicht eingeräumt. Es ist den Genossenschaften überlassen, zu bestimmen, inwieweit der Jahresgewinn unter die Genossen zu vertheilen ist. Die ersten Konsumvereine hatten meist in Nachahmung der Pioniere von Rochdale statutarisch einen Theil ihres Reingewinns für gemeinnützige, namentlich Bildungszwecke bestimmt und waren für diese Einrichtung, die in vielen Vereinen mit Erfolg aufrecht erhalten wird, auf Verbandstagen eifrig eingetreten. Die Frage kam durch einen Antrag des Verbandes der Konsumvereine der Prov. Brandenburg auf dem Vereinstage zu Nürnberg 1871 zur Sprache und wurde durch die einstimmige Empfehlung an alle Verbandsgenossenschaften, einen Theil ihres Reingewinns für Zwecke der Volksbildung zu verwenden, erledigt. Bei dieser Gelegenheit waren Bedenken gegen die Zulässigkeit solcher Verwendungen laut geworden, aber von Schulze widerlegt (Parisius S. 314). Nach der Fassung des neuen Gesetzes können Zweifel über die Zulässigkeit von Bewilligungen für gemeinnützige Zwecke aus dem Reingewinn noch weniger Platz greifen.

2. Anspruch auf die Dividende.

Der Anspruch des Genossen auf die Dividende entsteht, wenn dieselbe durch die Generalversammlung festgesetzt ist (vgl. Jurist. Wochenschrift S. 22 1889). Wird die Festsetzung über 6 Monate hinaus verzögert, so kann der Genosse auf Festsetzung klagen. „Eine Anfechtung des Gewinnfestsetzungsbeschlusses ist nur insoweit zulässig, als durch den Beschluß gesetzliche oder statutarische Vorschriften verletzt sind." (Begr. I 106.)

3. Rückzahlung zu Unrecht erhobener Dividende.

Art. 218 H.G.B. bestimmt, daß der Aktionär in keinem Falle verpflichtet ist, die in gutem Glauben empfangene Dividende zurückzugeben. Das Genossenschaftsgesetz enthält keine solche Vorschrift. Wenn auf Grund einer unrichtigen Bilanz oder aus sonstigem Grunde zu viel Dividende vertheilt ist, so kann die Genossenschaft dieselbe von den Genossenschaftsmitgliedern mit der condictio indebiti zurückfordern, wenn die Generalversammlung bei Fassung ihrer Beschlüsse betreffend die Feststellung des Reingewinns in einem entschuldbaren Irrthum über die Existenz oder den Betrag des an die Mitglieder zu vertheilenden Jahresgewinns befangen war (R.G. XIII 29).

4. Abschlagsdividende.

Abschlagsdividenden, die bei Aktiengesellschaften ziemlich gebräuchlich waren, sind weder bei Aktiengesellschaften noch bei Genossenschaften zulässig. Erst durch den Beschluß der Generalversammlung über Vertheilung des festgestellten bilanzmäßigen Reingewinns entsteht ein Anspruch des Genossen auf einen bestimmten Theil des Reingewinns. Neuerdings haben mehrere große und bewährte Konsumvereine, die nur jährlich abschließen und Gewinn vertheilen, Einrichtungen getroffen, die man als „Abschlagsdividende" kennzeichnet. So Breslau, Neustadt-Magdeburg, Meiningen.

1. In dem nicht eingetragenen Breslauer Konsumverein kann der Aufsichtsrath beschließen, „daß seitens der Mitglieder präsentirte, auf 10 Mk. lautende Gegenmarken schon während des laufenden Geschäftsjahres von der Kasse des Vereins eingelöst werden", und stellt in diesem Falle den Einlösungswerth derselben von Zeit zu Zeit fest. Dieser Einlösungswerth soll im ersten Halbjahr $1\frac{1}{2}$%, im zweiten Halbjahr 1% unter der für das laufende Jahr voraussichtlich zu erwartenden Dividende betragen. Auf die in solcher Weise eingelösten Marken wird eine Nachvergütigung nicht gewährt. Der sich für den Verein aus der Einlösung ergebende Gewinn wird zur Deckung der daraus erwachsenden Verwaltungskosten, „der durch vorzeitige Gewinnvertheilung" erwachsenen Verluste an Zinsen zu 5% und der Ueberrest zur Bildung eines Spezial-Dividendenfonds verwendet, der angegriffen werden würde, wenn die zur Vertheilung gelangende Dividende geringer ausfällt als der auf die Gegenmarken gezahlte Einlösungswerth. Daß diese Einrichtung stark benutzt wird, ergiebt der letzte Abschluß. Darnach betrugen die Waaren-Dividende für 1888 644 665 Mk., wovon auf bereits eingelöste Dividenden 115 917 Mk. fielen. Das Risiko des Vereins ist sehr gering. Es wurden in den ersten zehn Jahren 5 bis $7\frac{1}{5}$% Dividende gezahlt, seit 1876 bis 1888 nach der Reihenfolge der Jahre 7—8,25—8,5—9—9,2—9,5—10—10—10—10,2—10—10,5—10,5%.

2. Der Konsumverein Neustadt-Magdeburg, E.G., hat im Statut die Bestimmung, daß aus dem Geschäftserträgniß nach Zahlung der „Zinsen", der Guthaben, der Tantièmen und der Beiträge zum Bildungsfonds und zum Reservefonds ꝛc. der ganze dann noch verbleibende Betrag an die Mitglieder rückvergütet wird „als Erübrigung oder Ersparniß an den Ausgaben, welche sie im Laufe des Jahres für entnommene Waaren an die Vereinskasse geleistet haben". Diese Rückvergütung erfolgt nach Maßgabe des Betrages der Gegenmarken, welche die Mitglieder auf ihre Waaren-

abnahme erhalten ... Die Generalversammlung kann auch beschließen, „daß unter besonderen Bedingungen ein Theil der Erübrigung schon im Laufe des Jahres rückvergütet wird". Unter den von der Generalversammlung angenommenen „Bestimmungen für den Geschäftsverkehr der Mitglieder" heißt es dann: „Die Mitglieder können unter Vorzeigung ihrer Berechtigungskarte im Laufe des Jahres eine Abschlagsrückvergütung von ihrer Jahreserübrigung, und zwar 5 vom 100 des Gegenmarkenbetrages, bei der Vereinskasse erheben. Nur auf 20 Mark-Konten oder das Mehrfache davon werden Abschlagsrückvergütungen gewährt. Die für die Gegenmarken ausgegebenen Nachvergütungsscheine sind vor Jahresschluß in derselben Weise wie die Gegenmarken zur Einschreibung ins Abrechnungsbuch zurückzuliefern. Die Nachvergütung beträgt mit der Abschlagsrückvergütung zusammen 1% weniger als die Jahreserübrigung, es müßte denn sein, daß letztere nicht 6% erreichte. Die Generalversammlung verfügt über den in Folge dieser Einrichtung nicht zur Vertheilung kommenden Theil der Jahreserübrigung erst ein Jahr später (zu humanen Zwecken, insbesondere Konfirmanden-Unterstützung); bis dahin hat derselbe als Sicherheitsrücklage für diese Vereinseinrichtung zu dienen." Auch im Neustadter Verein ist das Risiko gering. Der Verein zahlte in den ersten 5 Jahren seines Bestehens einmal 4½%, sonst nie unter 6% Dividende, in den letzten 20 Jahren aber nach der Reihenfolge der Jahre 6⅔—6—6⅔—6,94—7,5—7,5—7—7—7—7,9—8—7—8—8—8—9,4—10—10—10—10%.

In wirthschaftlicher Beziehung ist bei solchen Vereinen wie Breslau und Neustadt-Magdeburg ein Bedenken kaum zu erheben. Länger bestehende Konsumvereine mit korrekten Einrichtungen verkaufen zu Tagespreisen nur gegen baar, sie haben keine Schulden, bewegliches und unbewegliches Eigenthum steht weit über dem Werth zu Buch, sie machen keine Spekulations-Einkäufe, kaufen nur den Bedarf der nächsten Wochen und nur gegen baar. Erhebliche Verluste, die den Gewinn aufzehren oder unter 5% des Waarenverkaufs herabdrücken, sind sehr unwahrscheinlich. In dem Gewinn steckt auch der Rabatt, den der Kaufmann dem regelmäßig kaufenden Kunden oder wegen Baarzahlung gewährt.

Die Einrichtung der sog. Abschlagsdividende ist getroffen, um dem statutarisch verbotenen Handel mit Dividendenmarken, dem „Dividendenwucher",*) entgegenzutreten und dem unbemittelten Genossen, der von der Hand in den Mund lebt, in Nothlagen Verfügung über einen Theil seiner voraussichtlichen „Ersparnisse" zu gewähren. Auf alle Fälle ist der Verein für jeden möglichen Ausnahmefall durch die Spezialreserve gedeckt, die durch den in der Regel sich aus der Einrichtung ergebenden Gewinn gebildet wird. Gehandhabt wird die Sache nicht als Abschlagsdividende, sondern als Ankauf einer bedingten, ungewissen Forderung, die der Genosse durch die Entnahme einer bestimmten Quantität Waaren aus dem Vereinslager

---

*) Ueber den Handel mit Dividendenmarken und die vom Breslauer Konsumverein dagegen getroffenen Maßregeln vgl. Dr. Crügers Aufsatz in Bl.f.G. Nr. 48 1887.

an die Genossenschaft erworben hat. Bei einer wirklichen Abschlagsdividende würde, wenn deren Betrag von dem auf Grund der Bilanz festgestellten Prozentsatz nicht erreicht wird, der Empfänger — ganz abgesehen von der Ersatzpflicht der Vorstands- und Aufsichtsrathsmitglieder (§§ 32 und 39) — das Zuvielempfangene zurückzugeben haben. Das ist hier nicht der Fall, wenngleich die Statuten, welche den Kauf der bedingten (nicht bestimmten aber bestimmbaren) Forderung (emtio spei) irrthümlich als Abschlagsdividende behandeln, es nicht ausdrücklich aussprechen.

5. **Absatz** II. Vorherige Auslegung der Jahresrechnung.

Nach dem bisherigen Gesetze stand es Vorstand und Aufsichtsrath frei, erst in der Generalversammlung mit ihren Vorlagen für die Genehmigung der Bilanz und die Gewinn- und Verlustvertheilung hervorzutreten.

Diesem Mangel haben nach Vorgang von Unterverbänden die Allgemeinen Vereinstage abzuhelfen gesucht, zuerst in Altona 1880 für die Vorschußvereine (Mittheilung S. 19, Antrag des Pommerschen Verbandes), dann in Cassel 1881 für die Konsumvereine (Mittheilung S. 79, Antrag des Münchener Konsumvereins); endlich ist in Karlsruhe 1886 allen Genossenschaften auf Antrag des engeren Ausschusses empfohlen, „zeitig vor der nach Schluß des Geschäftsjahres stattfindenden Generalversammlung, in welcher über Vertheilung des Reingewinnes zu beschließen ist, den Mitgliedern einen eingehenden Rechenschaftsbericht durch Druck zugänglich zu machen und die darin eingestellten Zahlennachweise mit Erläuterungen zu den einzelnen Geschäftszweigen und Mittheilungen über die Ausdehnung des Geschäftes, Mitgliederzahl und Mitgliederbewegung und wichtigere Vorkommnisse aus dem Geschäft zu begleiten".

Die Motive zu Abs II stellen sich auf den Standpunkt dieses Beschlusses und der Praxis der meisten Genossenschaften des Allgemeinen Verbandes. Sie fordern (I 125, II 83) die nöthige Garantie für die Beschlußfassung der Generalversammlung über Feststellung der Jahresbilanz: „Es ist nothwendig, daß die Theilnehmer der Generalversammlung schon vorher in die Lage versetzt werden, sich über die Aufstellungen der Genossenschaftsorgane zu informiren und die Richtigkeit der Angaben zu prüfen. Die Vorschriften, welche in dieser Beziehung der Art. 239 des Aktiengesetzes enthält, erscheinen im Allgemeinen auch für die Genossenschaften angemessen."

Die Genossenschaften dürfen sich durch den gesetzlichen Zwang nicht abhalten lassen, den in einer Beziehung strengeren Anforderungen des Karlsruher Beschlusses nachzukommen. Wollte künftig eine Genossenschaft sich den Abdruck der Bilanz und der Jahresrechnung ersparen und sich mit der Auslegung begnügen, so könnte sie durch das Verlangen einer Abschrift jener Schriftstücke seitens einer erheblicheren Zahl Mitglieder in große Verlegenheit gerathen.

Uebrigens sind diese Vorschriften nur instruktioneller Natur (Komm.-Ber. S. 24), und es kann daher der Generalversammlungsbeschluß über Gewinn- und Verlust-Vertheilung nicht wegen Nichtbeachtung derselben als ungültig angefochten werden. Die Befolgung dieser Vorschriften ist aber in § 152 unter Ordnungsstrafe gestellt.

§. 47.

Die Generalversammlung hat festzusetzen:

1. den Gesammtbetrag, welchen Anleihen der Genossenschaft und Spareinlagen bei derselben nicht überschreiten sollen;
2. die Grenzen, welche bei Kreditgewährungen an Genossen eingehalten werden sollen.

Entw. I u. II, Komm. 46, Rtg. 47. Begr. I 125, II 84, Komm.Ber. 24.

I. Zur Geschichte des § 47.

a) Schulze-Delitzsch hat schon vor Erlaß des Genossenschaftsgesetzes in Wort und Schrift darauf gedrungen, daß namentlich in Vorschußvereinen und Rohstoffassoziationen die Generalversammlung zufolge statutarischer Bestimmung von Zeit zu Zeit den Höchstbetrag der Schuldverpflichtungen und den Höchstbetrag der bei einem einzelnen Mitgliede gleichzeitig ausstehenden Kredite festzustellen habe (vgl. Verhandlungen der Allgem. Vereinstage zu Gotha 1860, zu Mainz 1864, zu Constanz 1873). Auch in seinen Musterstatuten für Vorschußvereine, Rohstoffgenossenschaften, landwirthschaftliche Konsumvereine und Produktivgenossenschaften fehlen nirgends die entsprechenden Bestimmungen, in Produktivgenossenschaften soll der Generalversammlung auch übertragen werden, den Höchstbetrag der einem einzelnen Kunden zu gewährenden Kredite festzustellen (Schulze, Vorschuß- und Kreditvereine ꝛc. S. 217; Statut S. 366; Die Genossenschaften in einzelnen Gewerbszweigen S. 124, 230, 333, 346, 398; Parisius 296 u. 297). Schulzes Vorschläge wurden selbst von vielen zum Allgemeinen Verbande gehörenden Genossenschaften nicht befolgt, wie fast bei jedem Zusammenbruch einer Genossenschaft zu Tage kam. Dies veranlaßte ihn unter den Vorschlägen seiner Novelle aufzunehmen, daß nach § 3 der Gesellschaftsvertrag auch enthalten muß „die Anweisung an die Generalversammlung auf Bestimmung des Höchstbetrages, welchen a) sämmtliche die Genossenschaften belastende Anleihen und Spareinlagen, b) die bei einem Mitgliede gleichzeitig ausstehenden Kredite nicht übersteigen dürfen".

Der Entwurf nahm den Vorschlag in verbesserter Fassung auf.

b) In dem Entwurf stand unter Ziffer 1: „Anleihen der Genossenschaft sowie Spareinlagen". In der Reichstagskommission wurde die Frage aufgeworfen, ob von der Generalversammlung für Anleihen und für Spareinlagen je eine besondere, oder ob für beide zusammen eine gemeinschaftliche Grenze festzusetzen sei. Die Kommission entschied sich für die letztere Alternative und ersetzte, um dies klarer zu stellen, das Wort „sowie" durch „und" (Komm.Ber. S. 24).

II. Erläuterungen zu § 47.

1. Im Allgemeinen.

In der Begründung (I 125, II 84) heißt es:

„Das richtige Verhältniß zwischen dem fremden Kapital, welches eine Genossenschaft in ihrem Geschäfte verwendet, und ihrem eigenen Vermögen bildet die nothwendige Grundlage für eine solide Geschäftsführung und enthält zugleich einen Schutz gegen die Gefahr persönlicher Heranziehung der einzelnen Genossen. Andererseits verhindert die Festsetzung einer Maximalgrenze für den Kredit, der einem einzelnen Genossen gewährt werden darf, die ungerechtfertigte Begünstigung einzelner Mitglieder und beschränkt den Verlust, der aus dem Vermögensverfall eines einzelnen Schuldners der Genossenschaft erwachsen kann. Die erforderlichen Beschlußfassungen der Generalversammlung herbeizuführen, liegt dem Vorstand ob, natürlich nur bei einer solchen Genossenschaft, von welcher überhaupt Kredit gegeben oder genommen wird. Im Uebrigen aber beziehen sich die Bestimmungen nicht blos auf Vorschuß- und Kreditvereine, sondern auf alle Arten von Genossenschaften. Es wird beispielsweise auch für Konsumvereine und Rohstoffgenossenschaften, von welchen besonders die letzteren nicht selten ihren Mitgliedern einen übermäßig langen und ungedeckten Waarenkredit bewilligten, von vortheilhaftem Einfluß sein, wenn durch allgemeine Normen bestimmte Grenzen hierfür gezogen werden."

2. Ziffer 1: „Anleihen und Spareinlagen".

Die Bestimmung gilt für alle Genossenschaften, aber die Grenze für „Anleihen und Spareinlagen" hat außer bei Vorschußvereinen bei den meisten anderen Genossenschaftsarten wenig Bedeutung. Waarenschulden kommen nicht in Betracht.

3. Ziffer 2: „Kreditgewährung an Genossen".

Daß bei Rohstoffgenossenschaften und bei allen Arten Konsumvereinen der Waarenkredit zu berücksichtigen ist, geht aus der Begründung hervor. Den Waarenkredit, den Produktivgenossenschaften ihren Kunden gewähren, durch die Generalversammlung begrenzen zu lassen, bleibt nach wie vor statutarischer Bestimmung vorbehalten. Zwischen gedecktem und ungedecktem Kredit wird nicht unterschieden: „Kreditgewährungen an Genossen". Hieraus folgt, daß nicht hierunter die vorübergehende Anlage müßiger Gelder fällt, wohl aber Diskontiren von Wechseln, wenn das zu Grunde liegende Geschäft ein Darlehnsgeschäft ist.

4. Ueberschreitung der Grenzen.

„Eine Ueberschreitung der für den Aktiv- oder Passivkredit gezogenen Grenzen soll, wie durch die Wortfassung zum Ausdruck gebracht ist, nur die Folge haben, daß die Mitglieder des Vorstandes und Aufsichtsraths nach § 27 Abs. 1, §§ 32 und 39 der Genossenschaft sich verantwortlich machen. Die Gültigkeit der einzelnen Geschäfte, durch welche die Ueberschreitung herbeigeführt worden ist, muß davon unberührt bleiben, wenn nicht die Sicherheit des Geschäftsverkehrs mit den Genossenschaften gefährdet werden soll."

So die Begründung a. a. O.:

Unterlassen Vorstand und Aufsichtsrath, die Beschlußfassung der Generalversammlung zu beantragen, so können die Genossen nach Abs. 2 u. 3 § 43 die Beschlußfassung betreiben.

§. 48.

Soweit das Statut die Genossen zu Einzahlungen auf den Geschäftsantheil verpflichtet, ohne dieselben nach Betrag und Zeit festzusetzen, unterliegt ihre Festsetzung der Beschlußfassung durch die Generalversammlung.

Komm. 46ª, Rtg. 48.

Erläuterung zu § 48.

Das Statut muß die Einzahlungen auf den Geschäftsantheil nach Betrag und Zeit bis zu einem Gesammtbetrage von mindestens einem Zehntheile des Geschäftsantheils festsetzen (§ 7 Ziff. 2), zu Einzahlungen von dem, was darüber hinaus ist, können die Mitglieder jederzeit durch Generalversammlungsbeschluß angehalten werden. Dieser § 48 ist zur Ergänzung des § 7 Abs. 2 in der Kommission vorgeschlagen und angenommen. (Vgl. Erläuterung 5 zu § 7.)

§. 49.

Ein Beschluß der Generalversammlung kann wegen Verletzung des Gesetzes oder des Statuts als ungültig im Wege der Klage angefochten werden. Dieselbe findet nur binnen der Frist von einem Monate statt. Zur Anfechtung befugt ist außer dem Vorstande jeder in der Generalversammlung erschienene Genosse, sofern er gegen den Beschluß Widerspruch zu Protokoll erklärt hat, und jeder nicht erschienene Genosse, sofern er die Anfechtung darauf gründet, daß die Berufung der Generalversammlung oder die Ankündigung des Gegenstandes der Beschlußfassung nicht gehörig erfolgt war.

Die Klage ist gegen die Genossenschaft zu richten. Die Genossenschaft wird durch den Vorstand, sofern dieser nicht selbst klagt, und durch den Aufsichtsrath vertreten. Zuständig für die Klage ist ausschließlich das Landgericht, in dessen Bezirke die Genossenschaft ihren Sitz hat. Die mündliche Verhandlung erfolgt nicht vor Ablauf der im ersten Absatz bezeichneten Frist. Mehrere Anfechtungsprozesse sind zur gleichzeitigen Verhandlung und Entscheidung zu verbinden.

Die Erhebung der Klage sowie der Termin zur mündlichen Verhandlung sind ohne Verzug von dem Vorstande in den für die Bekanntmachungen der Genossenschaft bestimmten Blättern zu veröffentlichen

Soweit durch ein Urtheil rechtskräftig der Beschluß für ungültig erklärt ist, wirkt es auch gegenüber den Genossen, welche nicht Partei sind. War der Beschluß in das Genossenschaftsregister eingetragen, so hat der Vorstand dem Gerichte (§. 10) das Urtheil behufs der Eintragung einzureichen. Die öffentliche Bekanntmachung der letzteren erfolgt, soweit der eingetragene Beschluß veröffentlicht war.

Entw. I und II, Komm. 47, Rtg. 49. Begr. I 126, II 84, Komm.Ber. 24, A.B. 7.

Zur Geschichte des § 49.

Die Bestimmungen der §§ 49 und 50 sind neu und genau den Art. 190 a und b des Aktiengesetzes nachgebildet. In der Begründung ist dazu gesagt:

„Die Befugniß der einzelnen Genossen, Beschlüsse der Generalversammlung wegen Verstoßes gegen die Bestimmungen des Gesetzes oder Statuts durch Klage als ungültig anzufechten, ist schon nach dem geltenden Recht als begründet anzusehen, wenngleich das Genossenschaftsgesetz selbst keine besondere Bestimmung darüber enthält. Der Schwerpunkt der in den §§ 49 und 50 enthaltenen Vorschriften liegt deshalb in den Voraussetzungen und Beschränkungen, welche für die Geltendmachung des Anfechtungsrechts aufgestellt werden. Sie haben den Zweck, thunlichste Sicherheit zu gewähren, daß nicht ein Zustand längerer Ungewißheit über die Gültigkeit von Generalversammlungsbeschlüssen eintreten kann. Die Vorschriften entsprechen im Einzelnen den Bestimmungen in den Artikeln 190 a, b und 222 des Aktiengesetzes. Da für die Genossenschaften nicht, wie nach Artikel 238 a des letzteren Gesetzes, die Einreichung aller Generalversammlungsbeschlüsse zu den Anlagen des Genossenschaftsregisters vorgesehen ist, so muß im letzten Absatz des § 49 die Einreichung von Urtheilen, durch welche die Ungültigkeit solcher Beschlüsse ausgesprochen wird, auf die Fälle beschränkt werden, in denen der Beschluß in das Genossenschaftsregister eingetragen war."

Ueber die in der Kommission beschlossene Aenderung s. Erläuterung 8.

II. Erläuterungen zu § 49.

1. **Absatz I.** Voraussetzungen der Anfechtungsklage.

Ein Generalversammlungsbeschluß kann angefochten werden

1. von dem Vorstande,

2. von jedem in der Generalversammlung erschienenen Genossen, sofern er gegen den Beschluß Widerspruch zu Protokoll erklärt hat,

3. von jedem nicht erschienenen Genossen, sofern er die Anfechtung darauf gründet, daß die Berufung der Generalversammlung oder die Ankündigung des Gegenstandes der Beschlußfassung nicht gehörig erfolgt war.

2. Klage.

Nur im Wege der Klage kann ein Generalversammlungsbeschluß angefochten werden, nicht im Wege der Einrede; ein Genosse also, welcher von der Genossenschaft verklagt wird, darf nicht einredeweise, sondern nur im Wege der Widerklage den Einwand erheben, daß der jener Klage zu Grunde liegende Generalversammlungsbeschluß ungültig sei — die Widerklage ist selbstverständlich an die Voraussetzungen des § 49 gebunden.

3. Klage-Ansprüche.

Dies Recht im Wege der Klage Generalversammlungsbeschlüsse anzufechten ist ein Individualrecht des Genossen, er hat dasselbe nicht zur Geltendmachung vermögensrechtlicher Ansprüche zu eigenem Vortheil, sondern Namens und im Interesse der Genossenschaft. Hierdurch wird der Kreis der Anfechtungsklagen begrenzt. Nicht unter sie fallen die den Genossen als dritten Personen aus einem besonderen Vertragsverhältnisse zustehenden Rechte gegen die Genossenschaft, falls dieselben durch einen Generalversammlungsbeschluß verletzt werden, zum mindesten ist der Genosse nicht auf die Anfechtungsklage angewiesen (vgl. R.G. XIV S. 76 für die analogen Vorschriften des Aktien-Gesetzes); nicht hierher fallen ferner die Rechte aus der Mitgliedschaft, soweit sie vermögensrechtlicher Natur sind und nur das einzelne Mitglied betreffen, wie z. B. das Recht auf Verbleiben in der Genossenschaft, welches sich durch Anfechtung eines Ausschließungsbeschlusses der Generalversammlung äußert (vgl. zu § 66).

Es kann im einzelnen Falle zweifelhaft sein, ob ein Mitglied bei der Anfechtung auf den § 49 angewiesen ist, bei der Prüfung des Anspruchs muß stets im Auge behalten bleiben, daß § 49 sich nur auf Individualrechte, auf Rechte der Minderheit bezieht.

4. Frist.

Die Klage muß innerhalb eines Monats erhoben, d. h. zugestellt sein. Versäumniß der Frist hat Verlust des Anfechtungsrechts zur Folge, denn es handelt sich um keine Nothfrist, gegen welche die Wiedereinsetzung in den vorigen Stand zulässig wäre, sondern um eine Präklusivfrist (anders im Falle des § 104). Wahrung der Frist durch einen Genossen kommt allen zu Gute, denn das Urtheil hat nach Abs. 4 absolute Wirkung.

5. Widerspruch.

Der Widerspruch muß vor Schluß der Generalversammlung zu Protokoll, d. h zu dem in der Generalversammlung geführten Protokoll erklärt werden. Der Erklärung steht es gleich, wenn die Aufnahme in das Protokoll verweigert oder sonst das Mitglied an der Ausübung seines Rechts behindert ist Die Erhebung des Widerspruchs ist — ausgenommen die im Abs. 2 zugelassenen Ausnahmen — Voraussetzung der Klage, dem Kläger liegt also der Beweis im Bestreitungsfalle ob, daß Widerspruch erhoben, bezw aus welchen Gründen er unterlassen ist. In der Folge ist der Genosse an die zu Protokoll etwa abgegebene Begründung des Widerspruchs nicht gebunden, er kann zur Begründung der Klage alle dem angefochtenen Beschlusse anklebenden Mängel geltend machen, ohne daß ihm entgegengehalten werden kann, der von ihm erhobene Widerspruch habe auf anderen Gründen beruht (R G XX 141 für die gleichlautende Vorschrift des A.G.).

6. Intervention.

Die Genossen können als Nebenintervenienten in den Prozeß eintreten (§ 59 C.P.O. mit Rücksicht auf Abs. 4).

7. Rückwirkende Kraft.

Die Bestimmungen des § 49 haben rückwirkende Kraft, sie sind als das Klagerecht organisirende Vorschriften auf jede einen Generalversammlungsbeschluß betreffende Anfechtungsklage in Anwendung zu bringen, die unter der Herrschaft des neuen Gesetzes erhoben wird, mag auch der angefochtene Beschluß aus einer früheren Zeit herrühren (R.G. XIV S. 42).

8. **Absatz** II. Die Genossenschaft ist Beklagte.

Der Regierungsentwurf bestimmte in Uebereinstimmung mit dem A.G. in Art. 222: „Die Klage ist gegen den Vorstand .... zu richten.“ In der Kommission war beantragt zu sagen: „Die Klage ist gegen die Genossenschaft zu richten; dieselbe wird, sofern der Vorstand klagt, durch den Aufsichtsrath vertreten.“ Um der Absicht des Entwurfs, daß die Klage gegen die Genossenschaft zu richten sei, einen deutlichen Ausdruck zu geben, wurde die jetzige Fassung gewählt; im Uebrigen wurde der Antrag abgelehnt, „weil derselbe im Widerspruch mit der bezüglich der Aktiengesellschaft bestehenden Vorschrift in Art 222 H G B den Aufsichtsrath als allgemeines Mitvertretungsorgan beseitigt und ihm nur dann die Vertretung der Genossenschaft überträgt, wenn der Vorstand selbst klagt“. Die Nothwendigkeit einer regelmäßigen Mitbetheiligung des Aufsichtsraths in den hier in Frage stehenden präjudiziellen Prozessen wurde seitens der Regierungsvertreter damit begründet, daß es sich dabei häufig um die Verantwortlichkeit des Vorstandes handeln werde und dieser an der Anfechtung und Beseitigung des Beschlusses der Generalversammlung ein Interesse haben könne“. (Komm.Ber. S. 24.) Es ist nicht abzusehen, wie der Prozeß geführt werden soll, wenn Vorstand und Aufsichtsrath in der Instruktion nicht einig sind und etwa jedes der beiden Organe einen andern Anwalt zu dem Prozesse stellt. Die Klage, da sie gegen die Genossenschaft zu richten ist, ist dem Vorstand zuzustellen.

Der Vorstand wird als Kläger auftreten, wenn die Generalversammlung gegen seine Anträge statutenwidrige Beschlüsse gefaßt hat. Ueber die Vertretung durch den Aufsichtsrath vgl. § 37.

9. Verhandlung

Die Verhandlung darf nicht vor Ablauf eines Monats stattfinden, damit die sämtlichen Anfechtungsprozesse verbunden werden können. Dies ist erforderlich, weil ein rechtskräftiges Urtheil, das den Beschluß für ungültig erklärt, gegenüber allen Genossen gilt.

10. **Absatz** III. Veröffentlichung der Klageerhebung u. s. w.

Klageerhebung und Termin sind von dem Vorstand in allen Fällen zu veröffentlichen.

11. Ordnungsstrafe.

Die Befolgung der Vorschriften im Abs. 3 und 4 ist im § 152 unter Ordnungsstrafe gestellt.

12. **Absatz** IV. Wirkung des Urtheils.

Nur ein Urtheil, welches den Beschluß für ungültig erklärt, wirkt für und wider alle Genossen; ein Vergleich oder ein Verzicht berührt nur diejenigen Genossen, welche von demselben betroffen werden.

13. „einzureichen“

Der Vorstand hat das Urtheil einzureichen, d. h. nach Maßgabe der für die Form der Willenserklärung des Vorstandes geltenden Bestimmungen bei Vermeidung der Ordnungsstrafen des § 152. Die Einreichung muß auch zum Genossenschaftsregister der Zweigniederlassung erfolgen (§ 148).

14. Wirkung gegen Dritte.

Dritte werden durch die Ungültigkeitserklärung des Generalversammlungsbeschlusses nicht berührt, da der Vorstand ihnen gegenüber unbeschränkt handelt (§ 27).

§. 50.

Für einen durch unbegründete Anfechtung des Beschlusses der Genossenschaft entstandenen Schaden haften ihr solidarisch die Kläger, welchen bei Erhebung der Klage eine bösliche Handlungsweise zur Last fällt.

Entw. I und II, Komm. 48, Rtg. 50. Begr. I 126, II 84.

Erläuterung zu § 50.

§ 50 ist wörtlich dem Art. 190 b des Aktiengesetzes entlehnt: die Anfechtung muß eine unbegründete gewesen, die Klage darf nicht aus blos formalen Gründen abgewiesen sein. Die Nebenintervenienten kommen bei dem Schadensersatz nicht in Betracht.

Vierter Abschnitt.

Revision.

Vorbemerkungen.

Das Gesetz erklärt im § 51: Die Einrichtungen der Genossenschaft und die Geschäftsführung derselben in allen Zweigen der Verwaltung sind mindestens in jedem zweiten Jahre der Prüfung durch einen Revisor zu unterwerfen, und in § 36: Der Aufsichtsrath hat den Vorstand bei seiner Geschäftsführung in allen Zweigen der Verwaltung zu überwachen und zu dem Zweck sich von dem Gange der Angelegenheiten der Genossenschaft zu unterrichten.

Der Unterschied ist klar: dem Aufsichtsrath liegt die dauernde Ueberwachung der Verwaltung ob, der Revisor hat in bestimmten Zeiträumen zu prüfen, ob die Einrichtungen der Genossenschaft die Verwaltung des Vorstandes, die Kontrole des Aufsichtsraths dem Gesetz und Statut entsprechen: die Funktionen von Aufsichtsrath und Revisor sind also durchaus verschieden.

Dieser Abschnitt des Gesetzes ist veranlaßt durch die schnelle Entwickelung der sogenannten „Verbandsrevision“ in den Unterverbänden des Allgemeinen Verbandes der deutschen Erwerbs- und Wirthschaftsgenossenschaften. Diese Entwickelung ist in der Einleitung dargestellt. Erst 1878 unter steter Anregung von Schulze-Delitzsch in einzelnen Verbänden eingeführt, errang die Verbandsrevision in allen denjenigen Unterverbänden, wo man sie geschickt und thatkräftig anfaßte, in kurzer Zeit überraschende Erfolge. Bald bürgerte sie sich in einer stetig wachsenden Zahl Genossenschaften als eine Einrichtung ein, die als unentbehrlich für die gesammte Fortentwickelung und den inneren Ausbau des deutschen Genossenschaftswesens erachtet wurde

Schulze-Delitzsch war in den letzten Lebensjahren von banger Sorge erfüllt, die staatssozialistischen Bestrebungen könnten zu schwerer Beeinträchtigung der „Schöpfungen der Selbsthülfe" führen, die er zur gesunden wirthschaftlichen, politischen und humanen Entwickelung des Vaterlandes für unentbehrlich erklärte.*) In der weiteren Ausbildung der Verbandsrevision sah er ein Mittel, rauhe Eingriffe der Staatsgewalt von den Genossenschaften abzuwenden. Er selbst nahm in seinem 1882 dem Reichstag zur Abänderung des Ges. vom 4. Juli 1888 eingereichten Antrage als Zusatz zu dem die Obliegenheiten des Aufsichtsraths behandelnden Paragraphen folgende Vorschrift auf

> „Außerdem hat die Genossenschaft in Perioden von 2—3 Jahren je eine Superrevision durch einen ihr nicht angehörigen, sachverständigen Revisor, unter Zuziehung des Aufsichtsraths, vornehmen und durch Einreichung eines Attestes desselben bescheinigen zu lassen."

Diese Vorschrift ist ein Zugeständniß an den im Reichstage eingebrachten Antrag der Abg. Ackermann und Genossen, welcher Bestrebungen der Gegner der Genossenschaften unterstützte. Schulze-Delitzsch war weit davon entfernt, die Aufnahme weiterer Bestimmungen über die Revision in das Gesetz zu befürworten.**) Die Verbandsrevision hat nach seinem Tode den erfreulichsten Fortgang genommen, auch andere genossenschaftliche Vereinigungen, die früher Rechnungsrevisoren zum Besten der einbezirkten Vereine unterhielten, haben die bessere Einrichtung der Verbandsrevision eingeführt.

Ein auf Antrag des Anwaltes Schenck auf dem Allgemeinen Vereinstage zu Plauen im August 1887 gefaßter Beschluß zeigt, welche innere Ausbildung die Verbandsrevision genommen hat und wohin ihre weitere Entwickelung zielt:

In Erwägung,

1. daß die weitere erfolgreiche Entwickelung der Verbandsrevision zunächst davon abhängt, daß zu dem verantwortlichen Amte eines Verbandsrevisors überall nur tüchtige, leistungsfähige und taugliche Männer berufen werden, daß in der Person des Revisors ein öfterer Wechsel ausgeschlossen ist, und daß die gesammte Thätigkeit aller in dem allgemeinen Verbande angestellten Revisoren einer fortwährenden, eingehenden, gewissenhaften Kontrole unterstellt ist,

2. daß die Revisionsthätigkeit gefördert wird, wenn die einzelnen Revisoren nicht nur die geschäftlichen Einrichtungen in einem Verbande kennen

---

*) Siehe seinen nachgelassenen Aufsatz: Für Selbsthülfe — gegen Staatssozialismus.

**) „Eine gedeihliche Entwickelung der in die sozialen Aufgaben der Zeit so tief eingreifenden Genossenschaften ist nur denkbar, wenn sie sich aus dem innersten Wesen derselben heraus ungehemmt vollzieht", sagte er zum Schluß seiner Abhandlung über die Revisorenfrage, Material. S. 84 bis 95 mit Bezug auf die Arbeiten des Reichsjustizamts.

lernen, sondern wenn dieselben Gelegenheit und Veranlassung finden, die geschäftliche Behandlung und deren Erfolge in Genossenschaften verschiedener Unterverbände zu beobachten,

3. daß die zweckentsprechende Durch- und Weiterführung der Verbandsrevisionen erfordert, daß in allen Unterverbänden über die Anstellung, die Rechte und die Verpflichtungen der Verbandsrevisoren in den wesentlichen Punkten gleichmäßige Bestimmungen, wie solche auf dem Allgemeinen Vereinstage zu Weimar von dem Anwalte angeregt worden sind, erlassen werden, — und

4. daß endlich die fernere segensreiche Wirksamkeit der Verbandsrevision wesentlich dadurch bedingt ist, daß in allen Unterverbänden — entsprechend dem Beschlusse des Vereinstages zu Karlsruhe — Anordnungen getroffen werden, welche, ohne die Selbstständigkeit der einzelnen Genossenschaften anzutasten, für die bereitwillige, rasche und pünktliche Befolgung der Rathschläge des Revisors in geeigneter Art Fürsorge treffen,

wird den Unterverbänden empfohlen:

I. bei der Anstellung der Verbandsrevisoren darauf bedacht zu sein, daß zu diesem Amte nur kaufmännisch gebildete, mit dem Genossenschaftswesen und den Bestimmungen des Genossenschaftsgesetzes vertraute praktische Genossenschafter berufen werden, welche bereit und im Stande sind, ihre ganze Kraft und Zeit der Revisionssache zu widmen,

II. überall, wo die Revision der Genossenschaften eines Verbandes nicht die ganze Arbeitskraft eines Revisors in Anspruch nimmt, für mehrere Unterverbände einen gemeinsamen Revisor zu bestellen,

III. in jedem Unterverbande über die Anstellung, die Rechte und die Pflichten des Verbandsrevisors Bestimmungen zu erlassen, welche Vorschriften darüber enthalten:

a) daß der Revisor Beamter des Unterverbandes ist und als solcher den Anordnungen des Verbandsdirektors unterworfen ist; daß der Revisor insbesondere nur auf Anweisung des Verbandsdirektors ordentliche und außerordentliche Revisionen vornehmen darf;

b) daß der Revisor von dem Verbandstage auf Vorschlag des Verbandsdirektors gewählt und entlassen wird, und daß in Fällen gröblicher Pflichtverletzung der Verbandsdirektor gehalten ist, den Revisor vorläufig und unter Vorbehalt der Genehmigung des nächsten ordentlichen Verbandstages seines Amtes zu entheben;

c) daß der Revisor für seine Leistungen aus der Verbandskasse nach Anweisung des Verbandsdirektors bezahlt wird, und daß demselben untersagt ist, von einzelnen Vereinen oder von Mitgliedern derselben Bezahlung, Gratifikation oder Geschenke anzunehmen; und daß derselbe auch Nebenbeschäftigungen, welche mit einer Einnahme verbunden sind, nur mit Zustimmung des Verbandsdirektors übernehmen darf;

d) daß der Revisor bei allen ordentlichen Revisionen nach Vorschrift der ihm gegebenen Instruktion zu verfahren hat; daß bei den ordentlichen Revisionen in der Regel nicht eine kalkulatorische Prüfung der einzelnen Geschäfte vorzunehmen ist, daß der Revisor aber ganz besonders darauf sein Augenmerk zu richten hat, ob die Bestimmungen des Gesetzes überall beobachtet sind, ob die Geschäftsführung den Vorschriften des Gesellschaftsvertrages entspricht, und ob die Beschlüsse der Vereinstage und der Verbandstage die erforderliche Beachtung gefunden haben;

e) daß der Revisor überall da, wo die Verwaltung in einzelnen Theilen, wie z. B. bei der Vornahme von Revisionen oder bei der Geschäftsinventur am Jahresschlusse ꝛc., mangelhaft geführt ist, gehalten sein soll, die betreffende Geschäftsthätigkeit in Gegenwart von Vorstand und Aufsichtsrath selbst vorzunehmen und dabei die erforderliche Anleitung zu ertheilen;

f) daß der Revisor die **unabweisbare Verpflichtung** hat, nach vollendeter Revisionsarbeit dem **Vorstand und Aufsichtsrathe** der revidirten Genossenschaft in gemeinschaftlicher Sitzung über seinen Revisionsbefund genaue Mittheilung zu machen und über die Beseitigung vorhandener Mängel und die Herbeiführung besserer Einrichtungen seine Rathschläge zu ertheilen, und nach dieser Verhandlung mit Vorstand und Aufsichtsrath über das Ergebniß seiner Revision schriftlichen Bericht an die revidirte Genossenschaft zu erstatten und eine Abschrift dieses Berichtes an den Verbandsdirektor einzusenden;

g) und daß der Revisor dem ordentlichen Verbandstage in jedem Jahre über seine Thätigkeit als Verbandsrevisor und deren Erfolge schriftlichen Bericht zu erstatten hat, und

IV. in jedem Unterverbande Anordnungen zu treffen, durch welche der Vorstand jeder revidirten Genossenschaft verpflichtet wird, innerhalb einer bestimmten Zeit nach stattgehabter Revision dem Verbandsdirektor Mittheilung zu machen, inwieweit die Erinnerungen und Mahnungen des Verbandsrevisors befolgt worden sind, oder aus welchen Gründen dieses in einzelnen Fällen nicht geschehen ist oder nicht geschehen konnte, und durch welche dem Verbandsdirektor ausdrücklich das Recht ertheilt und die Verpflichtung auferlegt wird, etwa vorhandene Irrthümer und Mißverständnisse über die Ausstellungen und Rathschläge des Verbandsrevisors aufzuklären, sodann aber zur Befolgung dieser Rathschläge durch Beseitigung der vorhandenen Uebelstände und Herbeiführung besserer Einrichtungen aufzufordern und, sofern diese Aufforderungen ohne Erfolg bleiben sollten, in geeigneter Weise dem nächsten ordentlichen Verbandstage Mittheilung zu machen.

Dieser Beschluß ist gefaßt, ohne daß man die Vorschläge der Gesetzgebung in Ansehung der Revision voraussah.

Das Reichsjustizamt hatte den Werth der im Allgemeinen Verbande gemachten Erfahrung erkannt und bemühte sich, dieselbe durch Einführung der Revision als gesetzliche Einrichtung für alle deutschen Genossenschaften zu verwerthen.

In der Begründung seiner Vorschläge zu diesen Abschnitten (I 68, II 49) ist ausgeführt, daß bei den Genossenschaften eine weitere Kontrole, als die, welche der Aufsichtsrath bietet, zweifellos ein Bedürfniß sei. „Hier wird es sich empfehlen, nicht blos in Ausnahmefällen, sondern als dauernde Einrichtung eine regelmäßig wiederkehrende umfassende Prüfung der Geschäftsführung und Vermögenslage durch einen sachverständigen Revisor vorzuschreiben, der von der einzelnen Genossenschaft unabhängig ist und über die Art und Weise seiner Untersuchung und deren Ergebniß zu berichten hat. Eine derartige Einrichtung bietet, wenn richtig gehandhabt, zugleich die Gelegenheit zur Unterweisung und Fortbildung der Genossenschaftsbeamten und dient dazu, die gemachten Erfahrungen in weiteren Kreisen fruchtbar zu machen. Dieser Erwartung haben im Wesentlichen schon jetzt die günstigen Erfahrungen bei denjenigen Genossenschaften entsprochen, welche sich solchen periodischen Revisionen unterworfen haben. Die Bestellung und Besoldung des Revisors ist für diese Genossenschaften in der Regel von den bestehenden Verbänden gewerblicher oder landwirthschaftlicher Genossenschaften in die Hand genommen worden. An diese Einrichtung wird das Gesetz sich am zweckmäßigsten anlehnen. Die Zugehörigkeit zu solchen Verbänden hat sich bisher im Allgemeinen als ein wirksames Mittel zur Stärkung der geschäftlichen Solidität der Genossenschaften erwiesen.

Die Verbände erscheinen zur Wahrnehmung der Revisionskontrole besonders geeignet, weil bei ihnen die eingehendste Sachkenntniß und zugleich das stärkste Interesse an einer wirksamen Aufsicht über ihre Mitgliedgenossenschaften sich vereinigt. Sie sind aber auch am besten in der Lage, den Mißständen, welche bei der Revision etwa zu Tage treten, Abhülfe zu schaffen, und verfügen über hinreichende Mittel, um die einzelnen Genossenschaften zur Abstellung der aufgedeckten Unregelmäßigkeiten anzuhalten."

Der im November 1887 der Sachverständigenkonferenz vorgelegte Entwurf brachte nun einen vollkommenen Ausbau der Revision. Die gesetzliche Regelung wurde beibehalten in dem im Mai 1888 vom Reichsjustizamt veröffentlichten Entwurf Die Ansicht der Genossenschaften über die Aufnahme von Revisionsbestimmungen in das Gesetz war getheilt. Die Einen, und unter ihnen der Anwalt Schenck, wollten in dem Gesetz überhaupt keine Vorschrift über die Revision haben, da, wenn eine solche Aufnahme fände, nothwendigerweise die Regierung auch eine Kontrole über die Ausführung der Revisionen beanspruchen müsse. Die Mehrheit des Allgemeinen Vereinstags zu Erfurt (1888) folgte indessen dem Zugeständniß von Schulze-Delitzsch und beschloß: Der Allgemeine Vereinstag erklärt sich damit einverstanden, daß durch das Genossenschaftsgesetz jede Genossenschaft verpflichtet wird, mindestens in jedem dritten Jahre eine Revision ihrer Einrichtungen und ihrer Geschäftsführung in allen Zweigen der Verwaltung durch einen ihr nicht angehörigen sachverständigen Revisor vornehmen zu lassen und zum Genossenschaftsregister eine Bescheinigung des Revisors, daß die Revision erfolgt ist, einzureichen. Im Uebrigen hält der Allgemeine Vereinstag die Bestimmungen über die Revision in dem IV. Abschnitt des Gesetzentwurfs mit den Grundsätzen der Selbsthülfe nicht vereinbar und befürwortet deshalb dringend deren Beseitigung.

Im Bundesrath wurden noch weitere schwerwiegende, die freie Entwickelung der genossenschaftlichen Verbandsrevision beeinträchtigende Bestimmungen hinzugefügt (§§ 50 u. 55), die ohne Zweifel aus ungenügender Kenntniß des innersten Kerns der ganzen Einrichtung hervorgegangen waren.

Die Ansichten der Reichstagskommission gingen weit auseinander Die von dem Abg. Schenck und seinen Freunden zur Ausführung des Beschlusses des Allgemeinen Vereinstages zu Erfurt gestellten Anträge wurden abgelehnt. Aus einem Kompromiß sind dann die Bestimmungen des Gesetzes hervorgegangen. Der Abschnitt IV hat jedenfalls im Verhältniß zur Regierungsvorlage im Reichstag wesentliche Verbesserungen erfahren.

§. 51.

Die Einrichtungen der Genossenschaft und die Geschäftsführung derselben in allen Zweigen der Verwaltung sind mindestens in jedem zweiten Jahre der Prüfung durch einen der Genossenschaft nicht angehörigen, sachverständigen Revisor zu unterwerfen.

Entw. I u. II, Komm. 49, Rtg. 51. Begr. I 127, II 85, Komm.Ber. 30.

I. Zur Geschichte des § 51.

a) Die Worte: „durch einen der Genossenschaft nicht angehörigen sachverständigen" sind in der Kommission hinzugefügt.

b) Der Vorentwurf des Reichsjustizamts, wie er der Sachverständigenkonferenz vorgelegt wurde, forderte alljährliche Prüfung der Geschäftsführung, insbesondere auch der Bilanz.

II. Erläuterungen zu § 51.

1. „in jedem zweiten Jahre"

Ein Antrag in der Kommission, daß die Revision in jedem dritten Jahre stattfinden sollte, wurde abgelehnt. Die erste Revision der beim Inkrafttreten des Gesetzes bestehenden Genossenschaften muß vor Ablauf des zweiten Jahres seit diesem Zeitpunkt, also bis 1 Oktober 1891 vorgenommen sein. Selbstverständlich kann die Genossenschaft nicht zu häufigeren als zweijährigen Revisionen gezwungen werden; dem würde der Wortlaut des Gesetzes entgegenstehen.

2. „der Genossenschaft nicht angehörigen".

In dem Regierungsentwurf war diese Bestimmung nicht enthalten, ein Antrag auf Einfügung derselben wurde mit der Begründung angenommen, „daß es im Wesen der Revision liege, daß sie eine außerhalb der einzelnen Genossen stehende Einrichtung sei" (Komm.Ber. S. 30).

3. „sachverständigen".

Sachverständig ist derjenige Revisor, der genossenschaftlich und kaufmännisch geschult ist.

4. Strafvorschrift.

Die Vorstände von Genossenschaften, welche keinem Revisionsverbande angehören, sind durch Ordnungsstrafe anzuhalten, bei dem Gericht die Bestellung eines Revisors zu beantragen (§§ 59 Abs. 2 und 152).

§. 52.

Für Genossenschaften, welche einem den nachfolgenden Anforderungen genügenden Verbande angehören, ist diesem das Recht zu verleihen, den Revisor zu bestellen.

Entw. I u. II, Komm. § 50, Rtg. 52. Begr I 128, II 86, Komm.Ber. 31.

Erläuterungen zu § 52.

1. „Das Recht ist zu verleihen".

Der Regierungsentwurf stellte die Verleihung in das völlige Ermessen des Bundesraths; es hieß daselbst: „kann" diesem das Recht verliehen werden. Diese Aenderung der Kommission ist ziemlich bedeutungslos (§ 54).

2. „Verband". Im Entwurfe hieß es „Revisionsverband".

3. „verleihen".

Das Wort „verleihen" besagt, daß eine jederzeit rückziehbare Konzession gegeben wird (§ 58). Ueber Entziehung des Rechts § 58.

4. Voraussetzungen der Verleihung.

Der Verband muß nach §§ 53 u. 54 ein Statut haben, welches

1. als Zweck des Verbandes angiebt: die Revision der demselben angehörigen Vereine, und ferner Bestimmungen enthalten muß über

2. den örtlichen Bezirk des Verbandes,

3. die höchste und die geringste Zahl der Genossenschaften, aus denen der Verband bestehen wird,

4. über Auswahl und Bestellung der Revisoren,

5. über Art und Umfang der Revisionen,

6. über Sitz und Befugnisse des Vorstandes.

Die im Statut getroffenen Bestimmungen aber müssen derart sein, daß sich aus denselben erkennen läßt, daß der Verband im Stande ist, der Revisionspflicht zu genügen. Mit dieser Bestimmung ist die Verleihung des Rechts der Bestellung bis zu einem gewissen Grade in das freie Ermessen der Behörden gestellt (vgl. § 54).

Das Statut ist zwecks Beleihung des Verbandes mit dem Recht der Revisionsbestellung dem Bundesrath bezw. der Zentralbehörde des Bundesstaats einzureichen (§ 55). Das Statut ist ferner nebst beglaubigter Abschrift der Verleihungsurkunde in Gemäßheit des § 56 dem Gericht einzureichen.

§. 53.

Der Verband muß die Revision der ihm angehörigen Genossenschaften und kann auch sonst die gemeinsame Wahrnehmung ihrer im §. 1 bezeichneten Interessen, insbesondere die Unterhaltung gegenseitiger Geschäftsbeziehungen zum Zweck haben. Andere Zwecke darf er nicht verfolgen.

Entw. I 51, Entw. II u. Komm 51, Rtg. 53. Begr. I 129, II 86.

I. **Zur Geschichte des** § 53.

a) Der § 53 stimmt genau mit dem Entw. II, wie er aus den Berathungen des Bundesrathes hervorging, und mit dem ersten Absatz des Entw. I überein.

b) Entw. I hatte noch einen zweiten Absatz dahin: „Derselbe soll wenigstens zehn und höchstens zweihundert Genossenschaften umfassen.“ In der Begründung war gesagt worden, es sei „ebenso ausführbar wie nothwendig, in Betreff der Zahl der Genossenschaften, welche einem Revisionsverband angehören sollen, oder dürfen, im Gesetz selbst gewisse Minimal- und Maximalgrenzen festzusetzen“ . . . „Bei der Maximalzahl von 200 ist in Erwägung gezogen, daß darüber hinaus die nothwendige Einheitlichkeit in der Revisionsleitung nicht mehr genügend aufrecht zu erhalten sein würde, während auf der anderen Seite die angegebene Zahl ausreichen wird, um aus solchen Verbänden, welche, wie theilweise die ländlichen, vorwiegend aus kleinen Genossenschaften bestehen, die Anstellung eines eigenen, berufsmäßigen Revisors zu ermöglichen und bei zweijährigen Revisionsperioden die Thätigkeit des letzteren genügend, aber auch nicht zu stark in Anspruch zu nehmen.“

Im Bundesrath wurde dieser Satz beseitigt und dafür im folgenden § 54 durch Einschiebung der Worte „sowie die höchste und die geringste Zahl von Genossenschaften, welche der Verband umfassen kann", dem Statut die Festsetzung der Zahl überlassen. Die Begründung II 86 motivirt dies nicht näher.

In dem der Sachverständigenkonferenz vorgelegten Vorentwurf war sogar vorgeschlagen, daß der Verband wenigstens zwanzig gleichartige Genossenschaften umfassen müsse und sich nicht über die Bezirke zweier Oberlandesgerichte hinaus erstrecken dürfe.

II. **Erläuterungen zu § 53.**

1. „der ihm angehörigen Genossenschaften".

Welcher Art die Genossenschaften angehören, ist gleichgültig. Nur im Vorentwurf war die Gleichartigkeit der Genossenschaften vorausgesetzt.

2. „Andere Zwecke".

Verfolgt der Verband andere als die benannten Zwecke, so ist ihm nicht das Recht zu verleihen, einen Revisor zu bestellen, und ist dies geschehen, so kann ihm das Recht entzogen werden (§ 58). Der Verband kann seine Thätigkeit nicht auf die im § 1 bezeichneten Gegenstände erstrecken, er kann also nicht selbst Vorschußverein oder Konsumverein sein, er kann seinen Zweck nur auf eine gemeinsame Wahrnehmung der im § 1 bezeichneten Interessen der einzelnen zu ihm gehörigen Genossenschaften richten, denn der Verband hat zweifellos keine Rechtspersönlichkeit, er gehört in Preußen zu den erlaubten Gesellschaften des A.L.R. I 6.

§. 54.

Die Zwecke des Verbandes müssen in dem Statut desselben angegeben sein. Der Inhalt des Statuts muß erkennen lassen, daß der Verband im Stande ist, der Revisionspflicht zu genügen. Das Statut hat insbesondere den Verbandsbezirk sowie die höchste und die geringste Zahl von Genossenschaften, welche der Verband umfassen kann, festzusetzen und die Bestimmungen über Auswahl und Bestellung der Revisoren, Art und Umfang der Revisionen, sowie über Bildung, Sitz und Befugnisse des Vorstandes und über die sonstigen Organe des Verbandes zu enthalten.

Entw. I, Entw. II, Komm. § 52, Rtg. 54. Begr. I 130, II 86, Komm.Ber. 31.

I. **Zur Geschichte des § 54.**

a) Der zweite Satz (s. § 52 Erläuterung 3) ist in der Kommission hinzugefügt. In § 55 des Entwurfes II war ein zweiter, folgendermaßen lautender Absatz vorhanden:

„Die Verleihung ist zu versagen, wenn den Voraussetzungen der §§ 53, 54 nicht entsprochen ist; sie kann außerdem nur versagt werden, wenn die Annahme begründet ist, daß der Verband der Pflicht der Revision nicht genügen werde."

Gegen diese Bestimmung ward geltend gemacht, daß sie Willkür bei Verleihung oder Versagung der Revisionsbefugniß ermögliche. „Um die Prüfung der Revisionstüchtigkeit des Verbandes von außerhalb des Statuts liegenden Erwägungen frei zu halten", ward der Absatz gestrichen und dessen Inhalt „mit § 54" durch Einschaltung des zweiten Satzes verflochten.

b) Ueber die Einschiebung der Worte von der höchsten und geringsten Zahl der Genossenschaften s. § 53b.

II. Erläuterungen zu § 54.

1. „Zwecke des Verbandes".

§ 53 schreibt vor, welche Zwecke der Verband verfolgen darf. (§ 53 Erläuterung 2.)

2. „Inhalt des Statuts".

Wenn auch das Statut die aufgezählten Erfordernisse enthält, so folgt daraus nun noch nicht ein Anspruch auf die Verleihung, denn die Behörde (§ 55) hat darüber zu entscheiden, ob „der Inhalt des Statuts erkennen läßt, daß der Verband im Stande ist, der Revisionspflicht zu genügen". Es läßt sich sehr wohl denken, daß das Statut über die Bestellung des Revisors, die Ausführung der Revisionen, die Anzahl der Genossenschaften Bestimmungen enthält und dieselben sogar erkennen lassen, daß der Verband der Revisionspflicht nicht genügen wird. Die Verleihung des Rechts ist somit trotz des „ist" in § 52 in das Belieben der Behörden gestellt, es ist dies eine nothwendige Konsequenz der im Gesetz normirten Revision.

3. „Verbandsbezirk".

Der Entwurf sagt darüber (I 129, II 86): „Was die Festsetzung eines bestimmten Verbandsbezirks betrifft, so läßt sich im Gesetz selbst eine räumliche Grenze für die Ausdehnung der Verbandsbezirke nicht wohl vorschreiben, da es an einem allgemein zutreffenden Maßstab hierüber fehlt und eine gesetzliche Vorschrift dieser Art in bestehende Einrichtungen vielfach störend eingreifen würde. Immerhin wird sich nicht bestreiten lassen, daß eine allzu große räumliche Ausdehnung der Verbandsbezirke der richtigen Erfüllung der Revisionsaufgaben Hindernisse bereiten muß, und es empfiehlt sich deshalb, wenigstens durch das Erforderniß statutarischer Festsetzung desjenigen Bezirks, in welchem die dem Verband beitretenden Genossenschaften ihren Sitz haben müssen, auf eine gewisse Beschränkung in der fraglichen Richtung hinzuwirken."

Die Bestimmung des Verbandsbezirks macht Schwierigkeiten. Die bestehenden Unterverbände des Allgemeinen Verbandes, welche die Rechte der Revisionsverbände zu erlangen wünschen, sind in voller Freiheit von unten auf ohne strenge Berücksichtigung staatlicher oder provinzieller Grenzen, oft in Folge der Anziehungskraft alter Stammesgemeinschaften gebildet.*) In

*) Die Namen mancher Verbände zeigen dies schon: Lausitzer, Niedersächsischer, Nordwestdeutschland, Norddeutschland, Thüringen, Oberbaden, Unterbaden. Vorschußvereine in der Provinz Brandenburg stecken z. B. in fünf verschiedenen Kreditverbänden: Westbrandenburg, Lausitz, Berlin, Pommern, Norddeutschland.

einzelnen auf der Grenze belegenen Landschaften haben Genossenschaften in der Zugehörigkeit zu den Unterverbänden gewechselt. Wie wird dies künftig sein? — Es ist zweifellos, daß ein Revisionsverband auch Vereine, die außerhalb des statutarischen Verbandsbezirks liegen, ohne Statutänderung zulassen kann. Der Bundesrath oder die zuständige Zentralbehörde können einer solchen Ausdehnung des Bezirks nicht entgegentreten (vgl. § 58).

4. „höchste und geringste Zahl".

Wenn schon die Vorschrift, daß der Verband mindestens 10, höchstens 200 Genossenschaften umfassen soll, fortgelassen ist, so folgt daraus noch nicht, daß auch drei Genossenschaften sich zu einem Revisionsverbande zusammenschließen können. Einem solchen Verbande würde das Recht der Bestellung des Revisors gewiß nicht verliehen werden; dasselbe würde geschehen, wenn die Zahl zu groß bemessen ist (Komm.Ber 31).

In Betreff der Mindestzahl ist darauf zu achten, daß die Kosten für die einzelne Genossenschaft nicht zu groß werden, und in Betreff der höchsten Anzahl ist Obacht zu geben, daß nicht die Einheitlichkeit der Revision verloren geht.

5. „Bildung, Sitz . . . des Vorstandes".

Das Gesetz denkt sich einen mehrköpfigen Vorstand Die meisten Verbände haben nur einen Verbandsdirektor als alleinigen Vorsteher, dessen Funktionen in Behinderungsfällen ein Stellvertreter übernimmt. Da der Verbandsdirektor immer nur auf ein Jahr gewählt wird, so ist der Wohnort des jeweiligen Verbandsdirektors der Sitz des Vorstandes. „Das Statut" — sagen die Motive a. a. O. — „soll die Organe des Verbandes, insbesondere Sitz und Funktionen des Vorstandes, mit welchem die erforderlichen Kommunikationen stattzufinden haben, angeben."

6. Andere Bestimmungen des Statuts.

„Für eine entsprechende Wirksamkeit der Verbände werden freilich noch manche andere statutarische Festsetzungen nicht zu entbehren sein, wie denn namentlich Vorschriften über die Bedingungen der Aufnahme in den Verband und des Austritts oder der Ausschließung aus demselben, über die Beiträge zu den Verbandskosten und über die Voraussetzungen und die Form von Statutenänderungen hierhin zu zählen sein werden." (Begr. I 129, II 86.)

§. 55.

Die Verleihung des Rechts zur Bestellung des Revisors erfolgt, wenn der Bezirk des Verbandes sich über mehrere Bundesstaaten erstreckt, durch den Bundesrath, anderenfalls durch die Zentralbehörde des Bundesstaates.

Aenderungen des Verbandsstatuts sind der nach Absatz 1 zuständigen Stelle einzureichen.

Entw. I, Entw. II und Komm. 53, Rtg. 55. Begr. I 130, II 87, Komm.Ber. 31.

I. **Zur Geschichte des § 55.**

a) In dem der Sachverständigenkonferenz vorgelegten Vorentwurf des Reichsjustizamts lautete die Bestimmung:

„Das Verbandsstatut und eine Aenderung desselben bedarf der Genehmigung durch die Landeszentralbehörde; sofern der Verband sich jedoch über das Gebiet eines Bundesstaates hinaus erstreckt, der Genehmigung durch den Reichskanzler."

Der Entwurf I hatte:

„Die Verleihung des Rechts zur Bestellung des Revisors erfolgt durch den Bundesrath. Aenderungen des Verbandsstatuts sind dem Bundesrath einzureichen."

In der Begründung war für diese Aenderung zutreffend bemerkt, der Bundesrath erscheine nach seiner verfassungsmäßigen Stellung und Zusammensetzung hierzu in erster Linie berufen. Es spreche dafür auch der Umstand, „daß die Bezirke der Revisionsverbände sich in den meisten Fällen über das Gebiet eines Bundesstaates hinaus erstrecken werden und daß auch da, wo dies bei Errichtung eines Verbandes im Statut desselben nicht vorgesehen ist, doch nachträglich noch eine derartige Ausdehnung des Bezirks jederzeit vorgenommen werden kann".

Der Entwurf II des Bundesraths hatte dies geändert, ohne es besonders zu motiviren. In der Kommission ward beantragt, die Entscheidung in allen Fällen dem Bundesrath zu übertragen, „da es wichtig sei, daß die Verleihung überall nach gleichen Grundsätzen geschehe". Der Antrag wurde abgelehnt auf die Erklärung der Regierungsvertreter, „es sei nicht zweckmäßig, dem Bundesrath ohne Noth derartige Geschäfte zu übertragen, bei deren Erledigung er in Ermangelung anderweiter Information doch die Aeußerung der im einzelnen Falle betheiligten Bundesregierung seiner Entscheidung zu Grunde legen müsse". (Komm.Ber. 31.)

b) Ueber den Fortfall des dritten zwischen Abs. I und II befindlich gewesenen Abs. s. § 59 I a.

II. **Erläuterungen zu § 55.**

1. **Absatz I.** Zuständigkeit.

Für die Zuständigkeit des Bundesraths und der Zentralbehörde des Bundesstaates ist nicht der zeitige thatsächliche Genossenschaftsbestand, sondern das Statut und der in ihm gemäß § 54 festgesetzte Verbandsbezirk entscheidend (Komm Ber. S. 32).

2. **Absatz II.** Aenderungen des Statuts.

Die Aenderungen des Statuts bedürfen ebensowenig wie dieses selbst einer Bestätigung und können nur unter den Voraussetzungen des § 58 zur Entziehung des Rechts zur Bestellung des Revisors führen.

§. 56.

Der Verbandsvorstand hat das Statut mit einer beglaubigten Abschrift der Verleihungsurkunde, sowie alljährlich im Monat Januar ein Verzeichniß der dem Verbande angehörigen Genossenschaften den Gerichten (§. 10), in deren Bezirke diese ihren Sitz haben, sowie der höheren Verwaltungsbehörde, in deren Bezirke der Vorstand seinen Sitz hat, einzureichen.

Entw. I, Entw. II u. Komm. § 54, Rtg. 56. Begr. I 130, II 87, A.V. § 8.

Erläuterungen zu § 56.

1. Die Einreichungen an die höhere Verwaltungsbehörde sind erst vom Bundesrath in Folge der Annahme des § 57 vorgeschlagen. In der Begründung heißt es:

„Da die Genossenschaften, welche einem mit dem Revisionsrecht ausgestatteten Verband angehören, der subsidiären Bestellung des Revisors durch das Registergericht (§ 59) nicht unterliegen, so muß dieses Gericht, sofern Genossenschaften des Verbandes in seinem Bezirk ihren Sitz haben, von den in Betracht kommenden Einrichtungen des Verbandes, sowie von den einzelnen demselben angehörenden Genossenschaften Kenntniß erhalten. Zu diesem Behufe, sowie mit Rücksicht auf die im § 57 der höheren Verwaltungsbehörde übertragenen Befugnisse sind die Vorschriften im § 56 und im letzten Abs des § 58 getroffen."

2. „Mit einer beglaubigten Abschrift".

Nach § 8 der A.V. bedarf es hier der gerichtlichen oder notariellen Beglaubigung der Abschrift der Verleihungsurkunde.

3. „Höhere Verwaltungsbehörde" s. § 171.

§. 57.

Generalversammlungen des Verbandes dürfen nur innerhalb des Verbandsbezirks abgehalten werden.

Sie sind der höheren Verwaltungsbehörde, in deren Bezirke der Vorstand seinen Sitz hat, sowie der höheren Verwaltungsbehörde, in deren Bezirke die Versammlung abgehalten werden soll, unter Einreichung der Tagesordnung mindestens eine Woche vorher anzuzeigen.

Der letzteren Behörde steht das Recht zu, in die Versammlung einen Vertreter zu entsenden.

Entw. II u. Komm. § 55, Rtg. 57. Begr. II 87, Komm.Ber. 32.

Erläuterungen zu § 57.

1. Der § 57 fehlte im ersten Entwurfe und verdankt seine Entstehung dem Bundesrath, der für die genossenschaftlichen Revisionsverbände wie auf staatsgefährliche Gesellschaften Ausnahmebestimmungen schaffen wollte.

Im ersten Absatz hieß es:

„Versammlungen des Verbandsvorstandes und Generalversammlungen des Verbandes dürfen nur innerhalb des Verbandsbezirks abgehalten werden."

Der zweite Absatz ist unverändert in den § 57 aufgenommen.

Der dritte aber lautete:

„Der letzteren Behörde steht das Recht zu:

1. die Versammlung zu untersagen, wenn die Tagesordnung Gegenstände umfaßt, welche zu den nach § 51 gestatteten Zwecken des Verbandes nicht in Beziehung stehen,
2. in die Versammlung einen Vertreter zu entsenden und durch diesen die Versammlung zu schließen, wenn die Verhandlungen auf Gegenstände erstreckt werden, welche zu den vorbezeichneten Zwecken nicht in Beziehung stehen, oder wenn Anträge oder Vorschläge erörtert werden, welche eine Aufforderung oder Anreizung zu strafbaren Handlungen enthalten."

Zur Begründung dieser Vorschläge war nur gesagt worden:

„Die Vorschriften des § 55 gewähren der Staatsbehörde die erforderlichen Mittel, um von den Verhandlungen der Verbände Kenntniß zu erhalten und gegen etwaige Gesetzwidrigkeiten rechtzeitig einzuschreiten. Die Bestimmungen lehnen sich im Einzelnen an die auf die Innungsverbände bezüglichen Vorschriften des § 104e der Gewerbeordnung an."

Von wie schiefen Vorstellungen von der genossenschaftlichen Verbandsthätigkeit die Verfasser dieser Vorschläge befangen waren, ergiebt namentlich der Umstand, daß sie sogar „die Versammlungen" des meist einköpfigen „Verbandsvorstandes" acht Tage vorher angezeigt verlangten, und wegen ungehöriger Tagesordnung im Voraus polizeilich verbieten und wegen ungehöriger Verhandlungen auflösen wollten! Die Berücksichtigung dieser Verbandsvorstands-Versammlungen wurde einfach gestrichen. Die Mehrheit der Kommission wollte sich jedoch nicht dazu verstehen, den ganzen § 55 zu streichen. Gegen die Annahme der Regierungsvertreter, daß die Revisionsverbände ein öffentliches Interesse verträten, wurde von mehreren Mitgliedern mit Recht geltend gemacht, daß die Verbände der Genossenschaften keine im öffentlichen Interesse begründeten Einrichtungen seien, sondern lediglich privaten Zwecken dienten, und daß eine polizeiliche Beaufsichtigung erst in Frage kommen könne, wenn sie durch den Nachweis ihrer Nothwendigkeit gerechtfertigt werde; man habe aber weder den Genossenschaftsverbänden noch den Genossenschaften auch nur in einem einzigen Falle vorwerfen können, daß sie in das öffentliche Gebiet hinübergegriffen hätten. Die überwiegende Mehrheit der Kommission hielt diese Vorschläge für zu weitgehend, und für ausreichend, wenn die Verwaltungsbehörde einen Vertreter in die Verhandlungen senden könne, um von den dort gepflogenen Berathungen Kenntniß zu nehmen (Komm.Ber. S. 32).

2. Die Revisionsverbände und das Vereins- und Versammlungsrecht.

In der Kommission wurde die Frage angeregt, ob in Folge des § 57 die landesgesetzlichen Bestimmungen über das Vereins- und Versammlungsrecht beseitigt seien. Hierauf erwiderten die Vertreter des Bundesraths: „Als der § 57 unverändert vorgelegen, habe allerdings der Zweifel entstehen können, ob und inwieweit der Paragraph die Landesgesetze über das Vereins- und Versammlungsrecht absorbire. Nach der dem Paragraphen von der Kommission gegebenen Einschränkung könne die höhere Verwaltungsbehörde nur einen Vertreter in die Verbandsversammlungen senden. Der

Paragraph gewähre dem letzteren keinerlei polizeiliche Befugnisse, vielmehr nur das Recht, von den Verhandlungen Kenntniß zu nehmen, um darüber der höheren Verwaltungsbehörde Bericht zu erstatten, damit diese ersehen könne, ob der Verband der Revisionspflicht entspreche. Da es sich bei § 57 demnach lediglich um die Ausübung des Revisionsrechts handele, so bliebe das Landes-Versammlungs- und Vereinsrecht völlig unberührt." (Komm.-Ber. S. 33.) Es ist dies nun aber nicht etwa dahin zu verstehen, daß die Revisionsverbände „öffentliche" Vereine u. s. w. sind, so daß ihre Versammlungen der Polizei anzuzeigen sind, ihre Thätigkeit ist vielmehr eine rein private, und sie unterstehen dem Vereins- und Versammlungsrecht nur in demselben Maße wie alle anderen privaten Vereine, die sich nicht mit öffentlichen Angelegenheiten befassen. Die Kommission schloß sich „dieser Auffassung einhellig an".

3. Strafvorschrift.

Die unterlassene Anzeige der Versammlung bedroht § 174 mit Strafe.

§. 58.

Das Recht zur Bestellung des Revisors kann dem Verbande entzogen werden,

1. wenn er sich gesetzwidriger Handlungen schuldig macht, durch welche das Gemeinwohl gefährdet wird, oder wenn er andere als die im §. 53 bezeichneten Zwecke verfolgt;
2. wenn der Verband der ihm obliegenden Pflicht der Revision nicht genügt.

Die Entziehung wird nach Anhörung des Verbandsvorstandes durch die für die Verleihung zuständige Stelle ausgesprochen.

Von der Entziehung ist den im §. 56 bezeichneten Gerichten Mittheilung zu machen.

Entw. I 55, II und Komm. 56, Rtg. 58. Begr. I 130, II 87, Komm.Ber. 33.

Erläuterungen zu § 58.

1. **Absatz** I. Der Entwurf II des Bundesraths hatte folgerichtig noch einen dritten Grund für die Entziehung des Rechts, nämlich wenn in dem Falle des § 57 erlassenen Verfügungen (Untersagung, Schließung von Versammlungen) keine Folge gegeben wird Mit Rücksicht auf die bei § 57 erfolgten Aenderungen mußte dieser Grund wegfallen.

2. Entziehung des Rechts.

Anträge auf Ersetzung der Entziehung des Rechts durch Ordnungsstrafen und auf Ueberweisung der Entziehung an die Verwaltungsgerichtsbehörden wurden in der Kommission abgelehnt. Die Regierungsvertreter erklärten, daß das Recht auf Bestellung des Revisors kein jus quaesitum sei (Komm.Ber S. 33). Nur das Recht auf Bestellung des Revisors wird entzogen, auf den Bestand des Verbandes ist dies ohne Einfluß, dieser unterliegt dem Vereinsrecht.

3. Gesetzwidrige Handlungen.

Es ist nicht einzusehen, wie der Verband sich gesetzwidriger Handlungen soll schuldig machen können, da er doch keine Rechtspersönlichkeit hat, geschweige denn handlungsfähig ist.

4. „der ihm obliegenden Pflicht".

Die Entwürfe hatten hier „gesetzlich ihm obliegenden Pflicht" Bei der zweiten Lesung wurde das Wort „gesetzlich" gestrichen, „um damit der etwaigen irrthümlichen Auslegung vorzubeugen, daß die Prüfung sich nur darauf zu erstrecken habe, ob regelmäßig revidirt worden sei, nicht aber auch zugleich darauf, ob die Revisionspflicht in der durch das Statut gebotenen Art und Ausdehnung ausgeübt worden sei" (Komm.-Ber. S. 34.)

5. **Absatz** II. „Anhörung".

Die Anhörung des Verbandsvorstandes wird entweder durch einen Kommissar oder durch Aufforderung zu einer schriftlichen Rückäußerung geschehen.

6. **Absatz** III. Mittheilung an die Gerichte

Die Mittheilung hat der Bundesrath bezw. die Zentralbehörde des Bundesstaates zu machen.

§. 59.

Für Genossenschaften, welche einem Revisionsverbande (§§. 53 bis 55) nicht angehören, wird der Revisor durch das Gericht (§. 10) bestellt.

Der Vorstand der Genossenschaft hat die Bestellung zu beantragen.

Die Bestellung erfolgt, nachdem die höhere Verwaltungsbehörde über die Person des Revisors gehört ist. Erklärt die Behörde sich mit einer von der Genossenschaft vorgeschlagenen Person einverstanden, so ist diese zum Revisor zu bestellen

Entw. I 56, Entw. II u. Komm. 57, Rtg. 59. Begr. I 131, II 87, Komm.Ber. 34.

I. Zur Geschichte des § 59.

a) Der dritte Abs des § 59 fehlte im ersten Entwurf und wurde erst im zweiten Entwurf vorgeschlagen. In der Begründung heißt es über § 59:

„Die subsidiäre Bestellung des Revisors durch den Registerrichter erfolgt für die jedesmalige Revision besonders. Während aber bei den Verbandsrevisionen es im Allgemeinen Sache des Verbandsvorstandes ist, für die Revision der einzelnen Genossenschaften innerhalb des nach § 51 maßgebenden zweijährigen Zeitraums Sorge zu tragen, muß in den Fällen des § 59 dem Vorstand der Genossenschaft die Pflicht auferlegt werden, die rechtzeitige Vornahme der Revision herbeizuführen. Die Bestellung des

Revisors ist deshalb von ihm beim Gericht zu beantragen, und das letztere soll ihn hierzu in Gemäßheit des § 152 durch Ordnungsstrafen anhalten. Die Stellung des Antrags wird dem Vorstand zugleich Gelegenheit geben, Vorschläge in Betreff der Person des Revisors zu machen.

Die wiederholte Bestellung desselben Revisors und die Auswahl aus einer Liste zur Revision befähigter Personen, welche an geeigneter Stelle für einen gewissen Bezirk und Zeitraum aufgestellt ist, erscheint natürlich nicht ausgeschlossen, und um in dieser Richtung eine entsprechende Einwirkung zu üben, empfiehlt es sich, die vorgängige Anhörung der höheren Verwaltungsbehörde vorzuschreiben. Im Falle der Uebereinstimmung dieser Behörde mit einem hinsichtlich der Person des Revisors von der Genossenschaft selbst gemachten Vorschlage wird es auch unbedenklich sein, den Registerrichter an diesen Vorschlag zu binden."

b) In der Kommission war beantragt, an Stelle des Gerichts die höhere Verwaltungsbehörde zu setzen, und dem Revisor eine Berichterstattung an dieselbe aufzuerlegen (§ 61). In der ersten Berathung der Kommission ward der Antrag trotz lebhaften Widerspruchs der Regierungsvertreter mit 16 gegen 8 Stimmen angenommen, aber in zweiter Berathung in Folge des Kompromisses wieder abgelehnt. Die gepflogenen Verhandlungen sind sehr bezeichnend für den Standpunkt der Kommissionsmehrheit gegenüber den Anschauungen der „auf dem Boden der Selbsthülfe" gegründeten Genossenschaften, insbesondere in Ansehung der „Förderung" der Genossenschaften durch den Staat. Im Kommissionsbericht ist darüber Folgendes zu lesen:

„Es war beantragt, für Genossenschaften, welche einem Revisionsverbande nicht angehören, die Bestellung des Revisors an Stelle des Gerichts d e r h ö h e r e n V e r w a l t u n g s b e h ö r d e zu übertragen. Es handle sich, so führten die Antragsteller aus, bei dieser Revisorenbestellung nicht um eine eigentlich richterliche Thätigkeit, weder um die Schlichtung und Entscheidung von Parteistreitigkeiten, noch um die Verleihung öffentlicher Glaubwürdigkeit bei gewissen Rechtshandlungen, sondern lediglich um die Auswahl einer besonders geeigneten technischen Kraft, eine Thätigkeit, die ihrer Natur nach in das Gebiet der Verwaltung falle. Man solle sich hüten, den Richter auf einen Boden zu verpflanzen, wo er nicht am Platze sei und den gehegten Erwartungen nicht genügen könne —, das schwäche die Autorität.

Die Gegner des Antrages bestritten, daß es sich hier um Wahrnehmung von Geschäften handle, die an sich der gerichtlichen Thätigkeit fern lägen; man brauche blos an die Führung der Obervormundschaft zu denken, bei welcher dem Richter sogar eine materielle Prüfung der Geschäftsführung des Vormundes obliege. Der Richter zudem habe das voraus, daß ihm wegen seiner Unabsetzbarkeit von den Genossenschaften ein größeres Vertrauen entgegengebracht werden würde als den Verwaltungsbeamten. Indessen liege das Hauptbedenken gegen den Antrag auf politischem Gebiete. Eine Verwaltungsbehörde möge noch so trefflich und noch so sachlich entscheiden, sie werde leicht unter dem Verdachte stehen, daß von ihr politischer Einfluß geübt werden solle, weil es überhaupt zu ihren Aufgaben gehöre, sich mit politischen Dingen zu beschäftigen.

Von den Freunden des Antrages wurde erwidert, daß man die Verwaltungsbehörden mit denselben Gründen, aus welchen man sie hier als politisch verdächtig beseitigen wolle, auch auf allen übrigen Gebieten ausschließen könne. Diese Gründe seien unhaltbar; die Oeffentlichkeit, die Presse böten ein ausreichendes Korrektiv dagegen, daß die Verwaltungsbehörden politische Gesichtspunkte in ihre Entscheidungen hineintrügen. Es handle sich hier um eine Frage von der erheblichsten wirthschaftlichen Bedeutung, nämlich um die gesunde Entwickelung des Genossenschaftswesens; in der Einführung der Revision solle sich die Fürsorge des Staates für die zahlreichen wirthschaftlich minder widerstandsfähigen Bevölkerungsklassen ausprägen, welche den Hauptbestandtheil der Genossenschaften bildeten. Wo ein so großes öffentliches Interesse im Spiele wäre, da müsse der Staatsverwaltungsbehörde auch ein erhöhter Einfluß gesichert werden.

Man entgegnete, daß der Richter ebenso wie der Verwaltungsbeamte die öffentlichen Interessen wahrzunehmen habe, wenn auch in anderen Formen und in einem anderen Verfahren. Die Bestellung des Revisors sei aber an sich gar keine öffentlich-rechtliche Funktion, ebensowenig wie der Revisionsverband selbst eine öffentliche Behörde sei. Von der anderen Seite wurde entgegengehalten, daß es nicht die Aufgabe des Richters sei, die wirthschaftlichen Interessen überhaupt und diejenigen der Genossenschaften insbesondere zu fördern, und hierum handle es sich im vorliegenden Falle.

Gerade diese Begründung stieß auf den Widerspruch der Regierungsvertreter. Dieselben wendeten gegen die beantragte Uebertragung der Revisorenbestellung auf die Verwaltungsbehörden und gegen den damit in Zusammenhang stehenden Antrag zu § 61, den Revisoren eine Berichterstattung an die Verwaltungsbehörden aufzuerlegen, vornehmlich ein, daß eben deshalb, weil es im Allgemeinen Aufgabe der Verwaltungsbehörden sei, die wirthschaftlichen Interessen wirksam zu vertreten, einerseits die beantragten Bestimmungen zu der Auffassung führen müßten, als sollte dadurch den Verwaltungsbehörden die Pflicht einer Prüfung der vorgenommenen Revisionen, die Verantwortlichkeit für deren Aus- und Durchführung und ein Eingreifen im Falle hervorgetretener und nicht beseitigter wirthschaftlicher Gefahr zugewiesen werden; andererseits aber würden derartige Bestimmungen die Folgerung zulassen, als ob die Verwaltungsbehörden zur Erfüllung solcher Aufgaben und zur Tragung der hiermit verbundenen Verantwortlichkeit im Stande wären. Dagegen werde, wenn die Revisorenbestellung durch das Gericht erfolge, zufolge der engeren Begrenzung richterlicher Thätigkeit, die Folgerung einer staatlichen Ueberwachung der Revision vermieden. Der Registerrichter sei auf die Prüfung beschränkt, ob der zu Bestellende als Revisor geeignet erscheine, und bei dieser Prüfung und Auswahl werde ihm die Unterstützung der Verwaltungsbehörden zugesichert."

c) In erster Lesung hatte die Kommission noch einen Zusatz angenommen:

„Richtet sich der Vorschlag der Genossenschaft auf den Revisor eines Revisionsverbandes, so ist diesem Vorschlage stattzugeben."

Bei der zweiten Lesung strich die Kommission diesen Zusatz, indem sie folgende Ausführungen der Regierungsvertreter für durchschlagend erachtete:

„Mit der Bezeichnung „Revisor eines Revisionsverbandes" sei an und für sich noch keine Qualifikation gegeben. Die Stellung eines Verbandsrevisors sei nicht nothwendig ein dauerndes Amt; ein Verband könne vielleicht einen seiner früheren Revisoren aus wohlerwogenen Gründen nicht mehr verwenden, während der Richter für die außerhalb des Verbandes stehende Genossenschaft sich noch jener Person habe bedienen müssen. Es könne Jemand für einen Verband, der nur Genossenschaften mit einfachen Verhältnissen umfasse, ganz brauchbar, dagegen völlig außer Stande sein, eine große Genossenschaft mit ausgedehntem Bankbetriebe und schwierigen Verhältnissen zu revidiren, in die der Vorstand den Einblick möglichst zu erschweren Ursache habe; der Richter könne aber unmöglich in die Zwangslage versetzt werden, eine gänzlich ungeeignete Persönlichkeit mit der Revision zu betrauen. Ein Verband könne ferner auch eine schwächere Kraft benutzen, die gleichwohl bei selbstständiger Funktionirung den Dienst versage, weil der treibende Faktor, nämlich das Bewußtsein der Abhängigkeit von der disziplinarischen Kontrole des Verbandes, geschwunden sei. Es komme hinzu, daß die fragliche Bestimmung leicht dazu führen könne, die Autorität der Verbände zu schwächen und zu lockern, denn die Genossenschaften würden alsdann gar keine Veranlassung haben, in Verbände einzutreten."

II. **Erläuterungen zu § 59.**

1. **Absatz** II. Ordnungsstrafen.

Der Vorstand ist zur Stellung von Anträgen durch Ordnungsstrafen anzuhalten.

2. **Absatz** III. Weigerung des Vorstandes zur Stellung eines Antrages auf Revision.

Es kann zweifelhaft erscheinen, ob der Richter, wenn der Vorstand trotz der Ordnungsstrafe sich weigert den Antrag zu stellen, berechtigt ist, auch ohne diesbezüglichen Antrag den Revisor zu bestellen.

Ausdrücklich übertragen ist dem Richter dies Recht nicht, und er wird zunächst durch wiederholte Ordnungsstrafen auf den Vorstand dahin einzuwirken haben, daß dieser den Antrag aus Abs. 2 stellt. Verhält sich der Vorstand dennoch ablehnend, so kann der Richter auf Grund des Abs. 1 eigenmächtig den Revisor bestellen; denn alsdann liegen die Verhältnisse doch ebenso, als wenn der vom Vorstand vorgeschlagene Revisor abgelehnt ist. Gestattet der Vorstand diesem Revisor nicht die Einsicht in die Bücher u. s. w. (§ 61), so kann das Gericht wieder Ordnungsstrafen über ihn verhängen (§ 152).

Die Zulässigkeit einer Beschwerde gegen die Verfügung des Gerichts hängt davon ab, ob das Landesgesetz eine solche in derartigen Fällen giebt.

3. Ablehnung.

Wird der vom Vorstande vorgeschlagene Revisor abgelehnt, so bestellt denselben der Richter selbst (§§ 61, 152).

§. 60.

Der Revisor hat gegen die Genossenschaft Anspruch auf Erstattung angemessener baarer Auslagen und auf Vergütung für seine Leistung nach Maßgabe der erforderlichen Zeitversäumniß.

Dem vom Gerichte bestellten Revisor werden in Ermangelung einer Einigung die Auslagen und die Vergütung durch das Gericht festgesetzt. Die Vorschriften im §. 98 Absatz 2, §. 99, §. 702 Nr. 3 der Civilprozeßordnung finden Anwendung.

Entw. I 57, II 58, Komm. 58, Rtg. 60. Begr. I 131, II 88, Komm.Ber. 36.

Erläuterungen zu § 60.

1. Zur Begründung dieser Bestimmung wird gesagt:

„Dem Revisor wird, sei es daß er von Verbänden oder von Gerichten bestellt wird, nicht blos die Erstattung baarer Auslagen, sondern auch angemessener für seine Mühewaltung und Leistung eine Vergütung zuzubilligen sein, für welche als Maßstab am besten die von ihm aufzuwendende Zeitversäumniß dienen wird.

Bei den Revisionsverbänden wird das Honorar des Revisors und in der Regel wohl auch ein bestimmter Pauschsatz für seine Auslagen durch den Anstellungsvertrag festgesetzt werden. Ist dies nicht geschehen, so müssen im Streitfall die Ansprüche des Revisors im Prozeßwege zum Austrage kommen. Dagegen erscheint es nicht angängig, auch den vom Registergericht bestellten Revisor auf die Erhebung einer Klage zu verweisen. Hier soll deshalb gegebenenfalls die Festsetzung der Auslagen und der Vergütung durch den Registerrichter stattfinden."

2. Der letzte Satz des zweiten Absatzes ist in der Kommission beschlossen. Er soll klarstellen, daß auch zur Bezahlung der dem vom Gericht bestellten Revisor zustehenden Gebühren die Genossenschaft, nicht aber die Staatskasse verpflichtet ist, und daß wegen dieser Gebühren die Bestimmungen der Civilprozeßordnung Anwendung finden (Komm.Ber. 36).

3. Die angezogenen Bestimmungen der C.P.O. lauten:

§ 98 Abs. 2. Das Gesuch um Festsetzung des zu erstattenden Betrages ist bei dem Gericht erster Instanz anzubringen; es kann vor dem Gerichtsschreiber zu Protokoll erklärt werden. Die Kostenberechnung, die zur Mittheilung an den Gegner bestimmte Abschrift derselben und die zur Rechtfertigung der einzelnen Ansätze dienenden Belege sind beizufügen.

§ 99. Die Entscheidung über das Festsetzungsgesuch kann ohne vorgängige mündliche Verhandlung erfolgen.

Zur Berücksichtigung eines Ansatzes genügt, daß derselbe glaubhaft gemacht ist.

Gegen den Festsetzungsbeschluß findet sofortige Beschwerde statt.

§ 702 Nr. 3. Die Zwangsvollstreckung findet ferner statt: . . .

3. aus Entscheidungen, gegen welche das Rechtsmittel der Beschwerde stattfindet.

§. 61.

Der Vorstand der Genossenschaft hat dem Revisor die Einsicht der Bücher und Schriften der Genossenschaft und die Untersuchung des Bestandes der Genossenschaftskasse, sowie der Bestände an Effekten, Handelspapieren und Waaren zu gestatten. Zu der Revision ist der Aufsichtsrath zuzuziehen.

Der Vorstand hat eine Bescheinigung des Revisors, daß die Revision stattgefunden hat, zum Genossenschaftsregister einzureichen und den Bericht über die Revision bei der Berufung der nächsten Generalversammlung als Gegenstand der Beschlußfassung anzukündigen. In der Generalversammlung hat der Aufsichtsrath sich über das Ergebniß der Revision zu erklären.

Der von einem Verbande bestellte Revisor hat eine Abschrift des Revisionsberichts dem Verbandsvorstande einzureichen.

Entw. I § 58 und II 59, Komm. 59, Rtg. 61. Begr. I 132, II 88, Komm.Ber. 36.

Erläuterungen zu § 61.

1. **Absatz** I. Zuziehung des Aufsichtsraths.

Daß der Aufsichtsrath zur Revision der Genossenschaft hinzuzuziehen sei, ist eigentlich selbstverständlich. Der zweite Satz des ersten Absatzes ist erst von der Kommission angenommen. Nach den Erfahrungen bei den Revisionsverbänden ist, wie es in dem Beschluß von Plauen (s. oben Vorbemerkung zu 3, 9) heißt, dem Revisor überall die unabweisbare Verpflichtung auferlegt, nach vollendeter Revisionsarbeit, aber vor Abfassung des Revisionsberichts mit Vorstand und Aufsichtsrath über den Revisionsbefund zu verhandeln u. s. w. Eine solche Konferenz ist nicht vorgeschrieben. Die Mitglieder des Aufsichtsraths sind durch den Vorstand von der Revision zu benachrichtigen; die Revision geht dann vor sich, auch wenn sich nicht alle Aufsichtsrathsmitglieder eingefunden haben oder sie sich alle fern halten. Die Kommission glaubte, daß dem Aufsichtsrath die Gelegenheit gegeben werden müsse, sich bei der Revision hören zu lassen.

2. **Absatz** II. Beschlußfassung der Generalversammlung über den Revisionsbericht.

Die Erfahrungen bei den bisherigen Verbandsrevisionen haben dahin geführt, bei diesen den Revisionsbericht gleichsam als ein Internum zwischen Vorstand und Aufsichtsrath zu behandeln, der Generalversammlung nicht das Recht einzuräumen, Verlesung des Berichts zu verlangen. Bei zahlreichen Revisionen von Genossenschaften, die gut und ehrlich verwaltet werden, haben sich bei ersten Revisionen Fehler vorgefunden, deren Abstellung sich mit Sicherheit und ohne Schaden bewirken läßt, deren Bekanntwerden aber der Genossenschaft schweren Schaden zufügen würde. Was in der Generalversammlung mitgetheilt wird, kann nicht mehr verheimlicht werden. Soll nun aber die Generalversammlung ein Anrecht auf den Bericht haben, so führt dies mit Nothwendigkeit dahin, daß unvollständige Berichte oder doppelte Berichte gefertigt werden. Der Verbandsdirektor erhält selbstverständlich den vollständigen Revisionsbericht. Auf den Verbandstagen wird über die Revisionsbefunde ohne Nennung der Namen der Vereine verhandelt.

Der im Reichsjustizamte verfaßte, der Sachverständigenkonferenz vorgelegte Vorentwurf schlug vor: „Der Bericht über das Ergebniß der Prüfung ist von dem Vorstande zu dem Genossenschaftsregister einzureichen und bei der Berufung der nächsten Generalversammlung als Gegenstand der Beschlußfassung anzukündigen."

Es war also der Revisionsbericht als eine Jedermann zur Einsicht offenliegende Urkunde behandelt. Auf die Einwendungen aus der Praxis ward wenigstens die Ueberreichung zum Genossenschaftsregister beseitigt, nur die Bescheinigung, daß eine Revision stattgefunden, soll eingereicht werden. Dahingegen blieb es dabei, daß der Bericht über die Revision mit den vom Aufsichtsrath hierzu abzugebenden Erklärungen bei Berufung der nächsten Generalversammlung als Gegenstand der Beschlußfassung anzukündigen sei.

In der Begründung (I S. 132, II S. 88) ist es ausgesprochen, der Generalversammlung als der unmittelbaren Interessentin am Ergebniß der Revision dürfe dieses allerdings nicht vorenthalten werden. „Sind durch die Revision Thatsachen aufgedeckt worden, deren sofortige Bekanntgebung, auch wenn diese auf die Generalversammlung allein beschränkt bleibt, eine Schädigung der Genossenschaft besorgen läßt, so wird sich wohl meistens die Möglichkeit bieten, die Abstellung der betreffenden Mängel noch vor Abhaltung der Generalversammlung herbeizuführen."

Auch in der Kommission war man mit diesem Troste nicht zufrieden. Schließlich ward der Abs. 2 in der jetzigen Fassung angenommen. Ueber die Rechte der Genossen in der Generalversammlung mit Bezug auf die Vorlage des Revisionsberichts gaben die Regierungsvertreter folgende Erklärung ab, welcher sich die Kommission einhellig anschloß: „Es habe nur das Recht der Generalversammlung gewahrt werden sollen, auf der Vorlage des ganzen Revisionsberichts zu bestehen . . . Da der Revisionsbericht zur Verhandlung stehe, so könne auf den Antrag einzelner Genossen oder auf Vorschlag des Vorstandes die Generalversammlung beschließen, daß die Verhandlung nur über einzelne Theile des Berichts sich erstrecken, ein anderer Theil aber der Prüfung durch einen Ausschuß überwiesen werden, oder daß diese Ueberweisung sich auf den ganzen Bericht erstrecken, oder endlich daß überhaupt von einem weiteren Eingehen auf den Bericht abgesehen werden solle. Keineswegs aber folge aus der vorgeschriebenen Ankündigung des Revisionsberichts als Gegenstand der Tagesordnung, daß ein einzelnes Mitglied das Recht der Einsicht oder der Mittheilung des Berichts habe, denn mit Ausnahme eines einzigen Falls (§ 46) sei nirgends im Entwurf vorgeschrieben, daß die Unterlagen für die Tagesordnung der Generalversammlung zur Einsicht für die einzelnen Genossen ausliegen müßten. Es hier ausdrücklich auszusprechen, daß der Revisionsbericht nicht den Genossen ausgelegt zu werden brauche, sei bedenklich, weil dann ex argumento e contrario gefolgert werden könne, daß in allen übrigen Fällen der Grundsatz des § 46 die Regel sei." (Komm.Ber. S. 37.)

Nach dem Wortlaut des Gesetzes und der Auslegung, welche die Bestimmung in der Kommission und in den Verhandlungen des Reichstages (2. Lesung am 26. März 1889 S. 1079) gefunden hat, kann jedes Mitglied verlangen, daß der auf der Tagesordnung stehende Bericht zur Kenntniß der Generalversammlung gebracht wird, und kann die Vorlage alsdann nur durch einen Beschluß der Generalversammlung ausgeschlossen werden; Sache des Vorstandes und Aufsichtsraths würde also sein, in den Fällen, da die Vorlage verlangt wird, ihnen aber eine Besprechung nicht im Interesse der Genossenschaft zu sein scheint, zu beantragen, daß von der Vorlage ganz Abstand genommen wird, oder daß nur bestimmte Theile zum Vortrage kommen. Der Aufsichtsrath hat sich unter allen Umständen über das Ergebniß der Revision zu erklären.

3. **Absatz** III. Generalbericht.

Ueber den von der Kommission in erster Lesung angenommenen und in zweiter Lesung abgelehnten Antrag, daß der Revisor alljährlich einen Generalbericht über seine Thätigkeit der höheren Verwaltungsbehörde einzureichen habe, vgl. zu § 59.

§. 62.

Der Reichskanzler ist ermächtigt, allgemeine Anweisungen zu erlassen, nach welchen die Revisionsberichte anzufertigen sind.

Entw. I § 59, II, u. Komm. 60, Rtg. 62. Begr. I 133, II 88.

Erläuterungen zu § 62.

„Um die Sicherheit zu gewinnen, daß die Revisoren bei Erfüllung ihrer Aufgaben von richtigen und möglichst gleichmäßigen Gesichtspunkten ausgehen, sind schon bisher von den Genossenschaftsverbänden vielfach allgemeine Instruktionen für die Revisoren aufgestellt worden. In Folge der gesetzlichen Einführung der Revision wird das Bedürfniß nach derartigen Anordnungen, welche für die Ausführung aller auf Grund des Gesetzes stattfindenden Revisionen einer und derselben Gattung von Genossenschaften zu beobachten sind, voraussichtlich in verstärktem Maße sich geltend machen. Der Entwurf überträgt daher dem Reichskanzler die Befugniß zum Erlaß allgemeiner Anweisungen über die Einreichung der Revisionsberichte." (Begr. I 133, II 88.)

Es ist nicht abzusehen, ob und wann der Reichskanzler von dieser Befugniß Gebrauch machen werde.

Fünfter Abschnitt.

Ausscheiden einzelner Genossen.

Vorbemerkung.

Nach dem Ges. von 1868 wurde das Ausscheiden aus der Genossenschaft bewirkt:

1. durch Aufkündigung des Genossen,
2. durch Aufkündigung des Gläubigers eines Genossen,
3. durch Ausschließung durch die Genossenschaft,
4. durch den Tod eines Genossen.

Diese Beendigungsgründe hat das Gesetz in den §§ 63, 64, 66, 75 (114) beibehalten und noch folgende aufgenommen:

5. Verlegung des Wohnsitzes aus dem Vereinsbezirk bei denjenigen Genossenschaften, welche statutengemäß die Mitgliedschaft an den Wohnsitz in einem bestimmten Bezirk knüpfen (§ 65),
6. Uebertragung des Geschäftsguthabens (§ 74).

Dies sind die materiellen Gründe für die Beendigung der Mitgliedschaft, die letztere wird — mit Ausnahme des Todesfalls — allein durch die Eintragung in die Liste bewirkt (vgl. §§ 68 Abs. 2, 74 Abs. 3, 75).

Der Austritt darf — ausgenommen die Fälle der §§ 74 u. 114 — nur zum Schluß des Geschäftsjahres, d. h. der Geschäftsperiode erfolgen. Das Ges. von 1868 schrieb allerdings vor, daß im Falle freiwilligen Austritts die Kündigung zum Schluß des Geschäftsjahres erfolgen sollte, ließ jedoch anderweitige statutarische Regelung zu; im Falle des Todes oder Ausschlusses endigt die Mitgliedschaft mit dem Tage des Todes oder Ausschließungsbeschlusses.

In der Begründung heißt es (I 135, II 90): „Außer dem Falle der Uebertragung des Geschäftsguthabens, in welchem eine Auseinandersetzung des Ausscheidenden mit der Genossenschaft nicht erforderlich ist — (in der Kommission ist noch der Fall des § 114 hinzugekommen) — verbietet das Ausscheiden im Laufe des Geschäftsjahres sich schon aus Rücksichten auf den ungestörten Geschäftsgang der Genossenschaft. Sonst müßte, da ein anderer Zeitpunkt als der des Ausscheidens für die Auseinandersetzung mit dem Ausscheidenden nicht maßgebend sein kann, für jeden Tag im Laufe des Jahres, an welchem Genossen ausscheiden, eine besondere Inventur und Bilanzaufstellung und sogar ein besonderer Beschluß der Generalversammlung über die Vertheilung des bilanzmäßigen Gewinnes oder Verlustes herbeigeführt werden, um die Berechnung des dem ausscheidenden Genossen zu Gute kommenden oder zur Last fallenden Antheils zu ermöglichen. Selbst bei kleinen Genossenschaften mit möglichst einfacher Einrichtung der Geschäfts- und Buchführung würden diese Maßregeln eine außerordentliche Belästigung herbeiführen; sie wären aber unter keinen Umständen zu umgehen, da sonst entgegen den Vorschriften des Gesetzes und unter offensichtlicher Gefährdung der in der Genossenschaft verbleibenden Mitglieder die Auszahlung des Guthabens an die Ausscheidenden ohne die Grundlage einer festgestellten Bilanz und demzufolge ohne jede Garantie, ob das Guthaben nicht durch Verluste gemindert oder erschöpft ist, geschehen würde. Zu diesem Grunde für die gesetzliche Beschränkung des Ausscheidens auf den Jahresschluß treten entscheidend die Gefahren, welche die Genossenschaften selbst wie auch deren Gläubiger durch die Möglichkeit des jederzeitigen, unerwarteten Austritts zahlreicher Genossen und durch die hiermit verbundene plötzliche und nicht zu übersehende Verminderung des Genossenschaftsvermögens und des auf der Haftpflicht sämmtlicher Mitglieder beruhenden Kredits der Genossenschaft ausgesetzt werden. Wenn auch der wirthschaftliche Zweck der Genossenschaften verlangt, daß den Mitgliedern das Recht des freien Austritts gewahrt bleibe, so liegt es andererseits doch ebenso sehr im Wesen der Genossenschaft begründet, daß, wer einer solchen beigetreten ist, darauf verzichten muß, ihr jeden Augenblick, und auch zur Unzeit, wieder den Rücken zu wenden."

Hierzu kommt noch, daß der Genossenschaft die Möglichkeit gewahrt bleiben muß, sich auf die Folgen etwaigen zahlreicheren Austritts wie Einrichtung des Geschäfts, Flüssigmachung der Guthaben, Befriedigung von in Folge des Austritts von Mitgliedern drängender Gläubiger einzurichten. Zu diesem Zweck ist noch eine geräumige Kündigungsfrist vorgesehen.

Die Wirkung des Ausscheidens ist — ausgenommen bei Tod des Mitgliedes, in welchem Falle einige Modifikationen eintreten (§ 119 Abs. 2) — bedingt durch die Eintragung in das Genossenschaftsregister, und zwar so, daß, wenn die Eintragung erst im Laufe eines späteren Geschäftsjahres vorgenommen wird, als sie hätte geschehen müssen, das Ausscheiden auch erst zum Schluß dieses Geschäftsjahres wirkt; im Falle des Austritts durch Uebertragung des Geschäftsguthabens ist der Tag der Eintragung entscheidend.

§. 63.

Jeder Genosse hat das Recht, mittelst Aufkündigung seinen Austritt aus der Genossenschaft zu erklären.

Die Aufkündigung findet nur zum Schluß eines Geschäftsjahres statt. Sie muß mindestens drei Monate vorher schriftlich erfolgen. Durch das Statut kann eine längere, jedoch höchstens zweijährige Kündigungsfrist festgesetzt werden.

Ein den vorstehenden Bestimmungen zuwiderlaufendes Abkommen ist ohne rechtliche Wirkung.

Ges. von 1868 § 38 Abs. 1 und 2, Entw. I 60, II u. Komm. 61, Rtg. 63. Begr. I 137, II 87.

I. **Zur Geschichte des § 63.**

a) § 63 entspricht dem Abs. 1 und dem ersten Satze des Abs. 2 des § 38 Ges. von 1868. Diese lauten:

„Jeder Genossenschafter hat das Recht, aus der Genossenschaft auszutreten, auch wenn der Gesellschaftsvertrag auf bestimmte Zeit geschlossen ist.

Ist über die Kündigungsfrist und den Zeitpunkt des Austritts im Gesellschaftsvertrage nichts festgesetzt, so findet der Austritt nur mit dem Schluß des Geschäftsjahres nach vorheriger, mindestens vierwöchentlicher Aufkündigung statt."

b) Schulze-Delitzsch hatte stets darauf gedrungen, den Austritt nur zum Schluß des Geschäftsjahres nach vorgängiger schriftlicher Kündigung zuzulassen, in seiner Novelle von 1881 beantragte er, durch das Gesetz eine abweichende statutarische Festsetzung auszuschließen. (Vgl. Mat. S. 9 und 24. Beschlüsse der Allgem. Vereinstage zu Weimar 1884, Mittheil. S. 109, und Plauen 1887, Mittheil. S. 142.)

II. **Erläuterungen zu § 63.**

1. Der § 63 weicht von den Bestimmungen des § 38 des Ges. von 1868 darin ab, daß

a) die Aufkündigung nur zum Schluß des Geschäftsjahres erfolgen kann, während bisher das Statut noch einen beliebigen andern Termin bestimmen konnte,

b) die Kündigungsfrist mindestens drei Monate betragen muß, und höchstens zwei Jahre betragen darf, während bisher nur Mangels statutarischer Regelung eine vierwöchentliche Kündigung festgesetzt war.

2. **Absatz** I. Austrittsrecht auch bei auf bestimmte Zeit abgeschlossenem Statut.

Als selbstverständlich ist der in § 38 des Ges. von 1868 enthaltene Satz fortgelassen, daß das Austrittsrecht den Genossen auch dann zustehe, wenn das Statut auf bestimmte Zeit geschlossen ist. Die Auslegung dieses Satzes war nach der Geschichte seines Zustandekommens und der Auslegung, die er bei den gesetzgebenden Faktoren erfahren hatte, recht zweifelhaft (vgl. Parisius S. 347 ff.).

Nach dem Gesetz hat auch derjenige, welcher bei der Gründung der auf bestimmte Zeit geschlossenen Genossenschaft mitgewirkt hat, das statutarische bezw. gesetzliche Kündigungsrecht. Es entspricht dies allein auch dem Wesen der Genossenschaft, die unabhängig von den sie bildenden Personen besteht und deren charakteristisches Moment der mögliche Wechsel ihrer Mitglieder ist. Mit Recht spricht Abs. 1 daher ganz allgemein von dem jedem Genossen zustehenden freien Austrittsrecht: nach § 18 kann der Gesellschaftsvertrag hieran nichts ändern, er kann also auch dieses freie Austrittsrecht nicht dadurch verkümmern, daß die Mitglieder sich verpflichten, bei der Genossenschaft während der Dauer ihres Bestehens zu verbleiben. Zulässig wäre nur eine Bindung des Mitgliedes an die Genossenschaft auf zwei Jahre, weil diese Zeit der gesetzlich zulässigen längsten Kündigungsfrist entsprechen würde.

3. **Absatz** II. Geschäftsjahr.

Zum Schluß des „Geschäftsjahres" muß die Kündigung erfolgen (vgl. § 114); hiermit ist zum Ausdruck gebracht, daß bei Genossenschaften, welche nicht mit dem Kalenderjahre, sondern — wie z. B. häufig Konsumvereine — mit einer kürzeren Geschäftsperiode abschließen (§ 8 Nr. 2), die Kündigung zum Abschluß der Geschäftsperiode erfolgen muß; sie muß nur, falls das Statut nicht eine längere Frist für die Kündigung vorschreibt, drei Monate vor diesem Zeitpunkt erfolgen. Es steht nichts im Wege, die Kündigungsfrist länger als eine Geschäftsperiode festzusetzen.

4. Form der Kündigung.

Die schriftliche Form für die Kündigung entspricht der gleichen Form für die Beitrittserklärung (§ 15), sie ist mit Rücksicht auf das Erforderniß des Gesetzes, daß die Kündigung dem Genossenschaftsrichter im Original eingereicht werden muß (§§ 67, 70), selbstverständlich.

5. Frist der Kündigung.

Die Kündigungsfrist muß so bemessen sein, daß die Genossenschaft bei zahlreichem Austritt Zeit hat, ihren Geschäftsbetrieb entsprechend zu ändern. Nach dem Ges. von 1868 war es zweifelhaft, ob eine längere als einjährige Kündigungsfrist überhaupt zulässig sei (Parisius S. 351). Das Recht des freien Austritts darf nicht durch eine übermäßig lange Kündigungsfrist verkümmert werden, andererseits ist darauf Rücksicht zu nehmen, daß verschiedene Genossenschaftsarten, insbesondere Produktivgenossenschaften in große Verlegenheit gesetzt, wenn nicht gar zur Liquidation gedrängt werden könnten, sollte ihren Mitgliedern eine kurze Kündigung zustehen. Zwei Jahre entspricht in solchen Fällen den thatsächlichen Verhältnissen.

6. Eintragung der Kündigung.

Darüber, daß nicht der Ablauf der Kündigung allein zur Beendigung der Mitgliedschaft hinreicht, sondern noch die Eintragung in das Genossenschaftsregister hinzukommen muß, vgl. zu §§ 67, 68.

7. **Absatz** III. Abkommen über die Kündigung.

Die Bestimmung in Abs. 3 ist mit Rücksicht auf § 18 selbstverständlich, nach der Begr. I 138, II 92 bezieht sie sich auf Verträge zwischen Mitgliedern und der Genossenschaft außerhalb des Gesellschaftsvertrages: „Separatverzichte der einzelnen Genossen auf die Geltendmachung ihres gesetzlichen oder statutarischen Austrittsrechts sind nicht zuzulassen und ebensowenig Vereinbarungen mit der Genossenschaft, durch welche diese ihrerseits Mitglieder von der Innehaltung der maßgebenden Kündigungsfrist entbindet."

§. 64.

Der Gläubiger eines Genossen, welcher, nachdem innerhalb der letzten sechs Monate eine Zwangsvollstreckung in das Vermögen des Genossen fruchtlos versucht ist, die Pfändung und Ueberweisung des demselben bei der Auseinandersetzung mit der Genossenschaft zukommenden Guthabens erwirkt hat, kann behufs seiner Befriedigung das Kündigungsrecht des Genossen an dessen Stelle ausüben, sofern der Schuldtitel nicht blos vorläufig vollstreckbar ist.

Der Aufkündigung muß eine beglaubigte Abschrift des Schuldtitels und der Urkunden über die fruchtlose Zwangsvollstreckung beigefügt sein.

Ges. von 1868 § 16, Entw. I 61, Entw. II 62, Komm. 62, Rtg. 64. Begr. I 138, II 92, Komm.Ber. 38, A.B. 8 = 28.

I. Zur Geschichte des § 64.

a) Der § 64 entspricht dem § 16 des Ges. von 1868 *) mit folgenden wichtigen Abweichungen:

α) es wird nicht mehr verlangt, daß der kündigende Gläubiger die Zwangsvollstreckung betrieben hat. „Dies verursacht unter Umständen zwecklose Weitläufigkeiten und Kosten; es muß vielmehr genügen, wenn die Unmöglichkeit, in anderer Weise Befriedigung zu erlangen, auch nur aus der Fruchtlosigkeit der von einem anderen Gläubiger versuchten Exekution sich ergiebt" (Begr. I 138, II 92).

β) Die Kündigungsfrist ist der des Mitgliedes gleichgesetzt. — Nach § 16 des Ges. von 1868 mußte die Kündigung unter allen Umständen mindestens sechs Monate vor Ablauf des Geschäftsjahres erfolgen, brauchte aber auch nicht früher zu geschehen. Es fehlt für diese Bestimmung, die dem Art. 126 H.G.B. entnommen war, „bei der Genossenschaft an jedem inneren Grunde.

*) Ueber die Entstehungsgeschichte des § 16 des Ges. von 1868 s. Parisius 277.

Der Gläubiger darf in der fraglichen Beziehung nicht größere und nicht geringere Befugnisse haben als der Genosse selbst". Das Gesetz räumt jetzt dem Gläubiger lediglich die Ausübung des dem Genossen zustehenden Kündigungsrechts ein.

b) **Absatz** I. Im Entwurfe hieß es: „welcher nach einer fruchtlosen Zwangsvollstreckung in das Vermögen des letzteren". Die Kommission hat statt dessen gesetzt: „welcher, nachdem innerhalb der letzten sechs Monate eine Zwangsvollstreckung . . . fruchtlos versucht ist". Es soll der Genossenschaft durch die Festsetzung der Zeitgrenze die Prüfung, ob die Voraussetzungen des Kündigungsrechts vorliegen, erleichtert werden. (Komm.Ber. 38; siehe unten Erläuterung 3.)

c) **Absatz** II. Der letzte Absatz lautete im Entwurf:

„Der Aufkündigung muß eine beglaubigte Abschrift des Schuldtitels und d e s über die fruchtlose Zwangsvollstreckung a u f g e n o m m e n e n P r o t o k o l l s beigefügt sein."

In der Kommission ist die Aenderung vorgenommen, weil es sich „nicht nur um Protokolle, sondern, wie z. B. im Falle der Fruchtlosigkeit einer Mobiliarpfändung zufolge der Interventionsklage des dritten Eigenthümers, auch um sonstige Urkunden handeln könne".

II. Erläuterungen zu § 64.

1. D i e G u t h a b e n f o r d e r u n g.

Zufolge Ausscheidens des Genossen löst sich das Rechtsverhältniß desselben zu der Genossenschaft in einen dem Genossen oder der Genossenschaft zustehenden Anspruch auf Zahlung einer Geldsumme auf, deren Höhe durch die Vermögenslage der Genossenschaft und die Zahl der Genossen im Zeitpunkt des Ausscheidens bestimmt wird.

Dieser Auseinandersetzungsanspruch des Mitgliedes, welcher bedingt ist durch die Beendigung der Mitgliedschaft und auf diejenige Summe geht, welche sich in Folge der Einzahlungen auf den Geschäftsantheil, dazu geschriebener Dividenden oder abgeschriebener Verluste allmählich herausgestellt hat (Weiteres vgl. zu § 71) — ist freies Eigenthum des Mitgliedes, und unterliegt seinem Verfügungsrecht und dient daher auch seinen Gläubigern als Befriedigungsobjekt. Die Realisirbarkeit dieses Anspruchs ist also bedingt durch die Beendigung der Mitgliedschaft, und es muß das Gesetz daher dem Gläubiger die Möglichkeit geben, diese Bedingung eintreten zu lassen. § 64 regelt dies Recht des Gläubigers und stellt die Voraussetzungen fest, unter denen er es geltend machen kann.

2. D i e z u r K ü n d i g u n g e r f o r d e r l i c h e n U r k u n d e n.

Der kündigende Gläubiger hat der Genossenschaft beizubringen:

1. beglaubigte Abschrift der Urkunden über fruchtlose Zwangsvollstreckung in das Vermögen des Mitgliedes,

2. beglaubigte Abschrift des rechtskräftigen Schuldtitels,*)

---

*) Die Abschriften des Schuldtitels und der Urkunden über die fruchtlose Zwangsvollstreckung müssen gerichtlich oder notariell beglaubigt sein (A.V. § 8). Vgl. auch wegen der vom Vorstande zur Eintragung des Aus-

3. Pfändung und Ueberweisung des dem Genossen bei der Auseinandersetzung mit der Genossenschaft zukommenden Guthabens.

4. schriftliche Kündigung.

Die Urkunden zu 1, 2 und 3 rechtfertigen das Kündigungsrecht des Gläubigers, sie sind vor oder spätestens gleichzeitig mit der Kündigung beizubringen. Die Kündigung eines Gläubigers, der auch nur eine der erforderlichen Urkunden nicht einreicht, darf nicht beachtet werden. Zuwiderhandlung würde die Gefahr nochmaliger Zahlung nach sich ziehen.

3. Zwangsvollstreckung.

Die Zwangsvollstreckung braucht nicht von dem kündigenden Gläubiger vorgenommen zu sein (anders nach dem Ges. von 1868). In der Kommission ist erst eingeschoben, daß die Zwangsvollstreckung innerhalb der letzten sechs Monate versucht sein muß, weil sonst jeder noch so lange zurückliegende vergebliche Versuch einer Zwangsvollstreckung als genügend anerkannt werden könnte (Komm.Ber. S. 38). In dem Komm.Ber. heißt es: „innerhalb der letzten sechs Monate nach der Pfändung". Hier muß ein Druckfehler vorliegen, denn aus dem Wortlaut des Gesetzes ergiebt sich ganz klar, daß die Pfändung und Ueberweisung erwirkt sein muß, nachdem innerhalb der letzten sechs Monate eine Zwangsvollstreckung versucht ist. Die Zwangsvollstreckung muß der Ueberweisung also voraufgehen.

Zwangsvollstreckung, d. h. die Vollstreckung in eine bestimmte Art von Vermögensgegenständen, wie beispielsweise die Mobiliarpfändung oder die Vollstreckung in Immobilien des Genossen, muß fruchtlos versucht sein (Komm.Ber. S. 39).

4. Schuldtitel.

Das Urtheil oder der Vollstreckungsbefehl, auf Grund dessen die Pfändung und Ueberweisung des Guthabens erfolgen, müssen vollstreckbar sein, sind sie nur vorläufig vollstreckbar, so soll die Geltendmachung des Kündigungsrechts durch den Gläubiger ausgeschlossen sein; denn die Verwickelungen, welche in diesem Falle bei einer späteren Wiederaufhebung der von dem Gläubiger erwirkten Vollstreckungsmaßregeln eintreten würden, müssen vermieden werden (Begr. I 139, II 92). Selbstverständlich ist eine Pfändung auf Grund eines solchen Titels zulässig, sie würde im Falle der Fälligkeit des Guthabens dem Gläubiger einen Vorrang vor andern Gläubigern bieten.

5. Mehrfache Pfändung.

Ist das Guthaben mehreren Gläubigern überwiesen, so entscheidet die Priorität.

6. Kompensation der Genossenschaft.

Ueber das Recht der Genossenschaft, in erster Reihe vermittelst Kompensation Befriedigung in dem Guthaben zu suchen, vgl. § 22 Abs. 2 u. § 71 und Parisius 274.

---

scheidens des Genossen im Fall des § 64 dem Gericht einzureichenden Urkunden: A.V. § 28 2 und unten § 67.

7. Kündigungsfrist.

Der Gläubiger hat die Kündigungsfrist zu wahren, die das Mitglied einzuhalten hätte; also wenn das Statut nicht eine Frist festgesetzt hat, muß der Gläubiger drei Monate vor Ablauf des Geschäftsjahres kündigen. Ist die Kündigung verspätet, so ist es in dem einzelnen Falle Thatfrage, ob sie für das nächste Geschäftsjahr gilt, oder ob sie in Folge der Verspätung nicht gilt.

8. Pfändung der Dividende.

Nicht an die Voraussetzungen des § 64 gebunden ist selbstverständlich die Pfändung und Ueberweisung der dem Mitgliede zukommenden Dividende; die Forderung auf Dividende ist abhängig davon, daß eine Dividende zur Auszahlung kommt. Trotzdem eine Dividende zur Vertheilung kommt, kann die Pfändung und Ueberweisung derselben bedeutungslos sein, wenn nach dem Statut die Dividende dem Geschäftsguthaben zuzuschreiben ist, und in dem Falle des § 19 Abs. 2; in diesen Fällen kann der Gläubiger, der sich die Dividende hat pfänden und überweisen lassen, nicht deren Auszahlung an ihn verlangen.

§. 65.

Ist durch das Statut die Mitgliedschaft an den Wohnsitz innerhalb eines bestimmten Bezirks geknüpft (§. 8 Nr. 2), so kann ein Genosse, welcher den Wohnsitz in dem Bezirke aufgiebt, zum Schlusse des Geschäftsjahres seinen Austritt schriftlich erklären.

Imgleichen kann die Genossenschaft dem Genossen schriftlich erklären, daß er zum Schlusse des Geschäftsjahres auszuscheiden habe.

Ueber die Aufgabe des Wohnsitzes ist die Bescheinigung einer öffentlichen Behörde beizubringen.

Entw. I 62 u. II 63, Komm. 63, Rtg. 65. Begr. I 83 u. 140, II 57, 93, A.B. § 18.

Erläuterungen zu § 65.

1. Der § 65, der in der Kommission nur unerhebliche redaktionelle Aenderungen erfahren hat, enthält die bereits bei § 8 Abs. 1 Ziffer 2 (Erläuterungen 3) behandelte Berücksichtigung des Grundsatzes der Raiffeisenschen Darlehnskassenvereine, die Mitgliedschaft auf einen bestimmten Bezirk zu beschränken.

2. Absatz I. Austrittserklärung.

Voraussetzung des Ausscheidens in Folge Verlegung des Wohnsitzes ist, daß das Statut die Mitgliedschaft an den Wohnsitz in einem bestimmten Bezirk knüpft.

Der Verlust der Mitgliedschaft ist in diesem Falle unabhängig von einer Kündigung, er ist aber abhängig von einer ausdrücklichen Erklärung.

3. Form der Erklärung.

Die Form ist die der Kündigung; die Erklärung muß schriftlich erfolgen, weil dieselbe mit der Bescheinigung der Behörde über die Aufgabe des Wohnsitzes dem Registerrichter zur Eintragung einzureichen ist.

4. Eintragung in die Mitgliederliste.

Wie im Falle der Kündigung, scheidet auch hier der Genosse nicht durch die schriftliche Erklärung aus, sondern erst zum Schluß des Geschäftsjahres, und diese Wirkung ist wie dort noch dadurch bedingt, daß das Ausscheiden in demselben Jahre in das Genossenschaftsregister eingetragen ist; wird die Eintragung erst in dem folgenden Geschäftsjahre (immer gleich Geschäftsperiode) bewirkt, so scheidet der Genosse auch erst mit Ablauf dieses aus (§ 68). Der Wegzug muß also immer so rechtzeitig angezeigt sein, daß die Eintragung noch in demselben Geschäftsjahre erfolgen kann. Die Einreichung ist von dem Vorstand „ohne Verzug" vorzunehmen, falls nicht die Frist des § 67 Abs. 1 noch offen ist (§ 67 Abs. 2); verzögert er die Einreichung und dem Ausgeschiedenen entsteht dadurch ein Schaden, so wird der Ausgeschiedene von der Genossenschaft eventuell Schadensersatz verlangen können. Wird die Eintragung ohne Schuld des Vorstandes durch den Richter verzögert, so kann sich der Ausgeschiedene bei diesem schadlos halten (vgl. zu § 66).

5. **Absatz** II. Verfahren.

Das Verfahren ist folgendes: die Genossenschaft, d. h. der Vorstand erklärt dem verzogenen Genossen schriftlich, daß er zum Schluß des Geschäftsjahres auszuscheiden habe — öffentliche Zustellung reicht nicht aus —, und verschafft sich eine Bescheinigung einer öffentlichen Behörde über die Aufgabe des Wohnsitzes; diese Bescheinigung nebst unbeglaubigter Abschrift seines Schreibens an das Mitglied hat er dann ohne Verzug dem Genossenschaftsrichter einzureichen (vgl. § 67 u A. V. § 28).

§. 66.

Ein Genosse kann wegen des Verlustes der bürgerlichen Ehrenrechte, sowie wegen der Mitgliedschaft in einer anderen Genossenschaft, welche an demselben Orte ein gleichartiges Geschäft betreibt, zum Schlusse des Geschäftsjahres aus der Genossenschaft ausgeschlossen werden. Aus Vorschuß- und Kreditvereinen kann die Ausschließung wegen der Mitgliedschaft in einer anderen solchen Genossenschaft auch dann erfolgen, wenn die letztere ihr Geschäft nicht an demselben Orte betreibt.

Durch das Statut können sonstige Gründe der Ausschließung festgesetzt werden.

Der Beschluß, durch welchen der Genosse ausgeschlossen wird, ist diesem von dem Vorstande ohne Verzug mittelst eingeschriebenen Briefes mitzutheilen.

Von dem Zeitpunkte der Absendung desselben kann der Genosse nicht mehr an der Generalversammlung theilnehmen, auch nicht Mitglied des Vorstandes oder des Aufsichtsraths sein.

Ges. von 1868 § 38 Abs. 3, Entw. I 63, II 64, Komm. 64, Rtg. 66. Begr. I 149, II 93, Komm.Ber. 39.

I. **Zur Geschichte des § 66.**

a) Das Ges. von 1868 hatte über die Ausschließung von Mitgliedern nur die Bestimmung des § 38 Abs. 3:

In jedem Falle kann die Genossenschaft einen Genossenschafter aus den im Gesellschaftsvertrage festgesetzten Gründen, sowie wegen des Verlustes der bürgerlichen Ehrenrechte ausschließen.

(Vgl. über die Entstehung und Anwendung der Bestimmung Parisius 349 u. 353.)

b) Im Entwurfe hieß der letzte Satz des ersten Absatzes:

Bei Vorschuß- und Kreditvereinen begründet die Mitgliedschaft in einer anderen solchen Genossenschaft die Ausschließung, auch wenn die letztere ihr Geschäft nicht an demselben Ort betreibt.

In der Kommission ist die Aenderung vorgenommen, die „das Mißverständniß auszuschließen bezweckt, als ob bei Vorschuß- und Kreditvereinen die Mitgliedschaft in einer andern solchen Genossenschaft die Ausschließung ohne Weiteres herbeiführen könne, während doch auch hier nur ein Recht zur Ausschließung begründet sein soll".

II **Erläuterungen zu § 66.**

1. **Absatz I.** Zum Unterschiede vom Ges. von 1868 führt § 66 als neuen gesetzlichen Ausschließungsgrund unter gewissen Voraussetzungen die Mitgliedschaft bei einer andern Genossenschaft an und verlegt die Wirkung der Ausschließung auf den Schluß des Geschäftsjahres der Geschäftsperiode.

2. Durch wen die Ausschließung erfolgt.

„Von welchen Organen der Genossenschaft die Ausschließung auszugehen hat, überläßt der Entwurf ebenso, wie das geltende Recht, der Bestimmung durch das Statut", heißt es in der Begründung des Entw. I (124). Das geeignete Organ ist die Generalversammlung. Nur Ausschluß durch die Generalversammlung kennen Schulzes Musterstatuten. In größeren Vorschuß- oder Konsumvereinen findet sich zuweilen, daß das Ausschließungsrecht dem Vorstande oder dem Vorstande und Aufsichtsrathe übertragen ist. In solchen Fällen kann es leicht gemißbraucht werden, um diesen Organen unliebsame Mitglieder zu beseitigen.

3. Mehrfache Mitgliedschaft.

Die Bestimmung, wonach die mehrfache Mitgliedschaft in gleichartigen Vereinen gesetzlicher Ausschließungsgrund geworden, hat nur für die Vorschußvereine Bedeutung. Für diese ist die doppelte Mitgliedschaft, und wie man den daraus erwachsenen Schäden begegnen kann, mehrfach Gegenstand der Berathung von Unterverbandstagen gewesen. (Vgl. auch Mittheil. über Allgem. Vereinstag in Cassel 1866; Probst, Die Grundlehren deutscher Genossenschaften Bd. 1 S. 162.) Die meisten Vorschußvereine haben in ihren Statuten die Bestimmung, daß aufnahmefähig nur Personen sind, die nicht bereits Mitglied eines andern Vorschußvereins sind, und daß ein Mitglied ausgeschlossen werden kann wegen der Mitgliedschaft in einem andern Vorschußvereine. (So auch neues Musterstatut.) Die mehrfache Mitgliedschaft zum gesetzlichen Ausschließungsgrund zu erheben, lag wohl kaum ein genügender Grund vor.

Das Statut darf an der gesetzlichen Vorschrift nichts ändern, das Organ der Genossenschaft, welchem das Ausschließungsrecht zusteht, kann dasselbe in den gedachten Fällen stets ausüben, allerdings ist es nicht zur Ausschließung verpflichtet, sondern nur berechtigt.

Ist der Beitritt eines Mitgliedes zu einer gleichartigen Genossenschaft vor dem Inkrafttreten des Gesetzes erfolgt, so ist damit ein gesetzlicher Ausschließungsgrund nicht gegeben (§ 159), das Gesetz legt sich nach dieser Richtung hin keine rückwirkende Kraft bei, es ist eine Verbotsbestimmung, die, wenn sie rückwirkend sein sollte, wohlerworbene Rechte Dritter schädigen würde.

4. Absatz II. Statutarische Ausschließungsgründe.

Außer wegen der im Gesetz ausdrücklich benannten Gründe kann ein Mitglied nur aus einem solchen Grunde ausgeschlossen werden, den das Statut anführt Die Statuten müssen daher hierüber eingehende Vorschriften enthalten. Es müssen insbesondere die Fälle vorgesehen werden, in denen sich für die Genossenschaft das Bedürfniß herausstellt, in dem Guthaben des Mitgliedes Befriedigung zu suchen, denn da solches nur nach Beendigung der Mitgliedschaft erfolgen kann, muß die Genossenschaft die Möglichkeit besitzen, die Beendigung eintreten zu lassen, es muß also nach dem Statut zulässig sein, in einem solchen Falle das Mitglied auszuschließen; dies trifft z. B zu, wenn über das Vermögen eines Mitgliedes Konkurs eröffnet wird, der Konkurs hat den Verlust der Mitgliedschaft nicht zur Folge, will daher die Genossenschaft sich wegen ihrer Forderung an das Guthaben halten, so muß sie das Mitglied ausschließen können, es muß daher das Statut ihr dies Recht einräumen.

5. Anfechtung des Ausschlusses.

Den Ausschlußbeschluß kann das Mitglied im Wege der Klage anfechten. Es kann in einzelnen Fällen in Frage kommen, ob der Genosse, wenn der Ausschluß durch die Generalversammlung erfolgt ist, auf die Anfechtung aus § 49 angewiesen ist — wenn nämlich Gesetzes- oder Statutenverletzung behauptet wird. Es ist dies zu verneinen, da § 49 den Schutz der Individualrechte der Genossen, d. h. den Schutz der Minderheit bezweckt, aber nicht den Schutz vermögensrechtlicher Rechte, und um ein solches handelt es sich beim Ausschluß; ferner ist noch zu berücksichtigen, daß es nicht die Absicht des Gesetzes sein kann, zweierlei Frist einzuführen, je nachdem die Ausschließung durch die Generalversammlung oder andere Organe erfolgt ist.*)

*) Prozesse auf Aufhebung des Ausschlußbeschlusses sind wiederholt, namentlich gegen große Konsumvereine geführt worden.

Das Reichs-Oberhandelsgericht hat in einem Erkenntniß vom 16. April 1878 erklärt, daß durch § 38 Gen.Ges. das Recht der eingetragenen Genossenschaften, Mitglieder auszuschließen, auf den Fall des Ehrverlustes und

6. **Absatz** III. Benachrichtigung von dem Ausschluß.

Die Bestimmung über die Mittheilung des Ausschlusses durch eingeschriebenen Brief ist nur Ordnungsvorschrift, sie ist auf die Ausschließung selbst ohne Einfluß. Ihr Unterlassen könnte nur unter Umständen die Genossenschaft dem Ausgeschlossenen schadensersatzpflichtig machen, falls die Eintragung des Ausschlusses verspätet erfolgt.

7 **Absatz** IV. Wirkung des Ausschlusses.

Die Wirkung des Ausschlusses tritt erst zum Schluß der Geschäftsperiode ein (§ 71), es sind daher hier Vorkehrungen zu treffen, daß nicht das weitere Verbleiben der Genossenschaft dieser nachtheilig werden kann. Die Folge tritt mit der Absendung des Briefes ein, der Vorstand hat es also in der Hand, den Genossen aus der Generalversammlung zu entfernen, in welcher der Beschluß gefaßt ist.

Vorbemerkung zu §§ 67 und 68.

1. **Geschichte.**

Ebenso wie die Entstehung der Mitgliedschaft, wird auch das Ausscheiden aus der Genossenschaft von der Eintragung in die Liste abhängig gemacht. Nach dem Ges. von 1868 endigte die Mitgliedschaft bei rechtzeitiger Kündigung mit deren Ablauf oder mit dem Tode des Mitgliedes oder endlich mit dem Ausschluß des Mitgliedes. Die Mitgliedschaft beruht auf einem Vertragsverhältniß, welches von dem sich um die Mitgliedschaft Bewerbenden mit der Genossenschaft eingegangen wird Hat es schon Bedenken, die Rechtswirksamkeit eines Vertragsverhältnisses durch die Handlung eines Dritten eintreten zu lassen, so läßt es sich kaum rechtfertigen, die Wirksamkeit der Auflösung eines Vertrages von der Handlung eines Dritten abhängen zu lassen, also eventuell Jemanden gegen seinen Willen und ohne sein Verschulden und gleichzeitig auch gegen den Willen seines Mitkontrahenten und ohne dessen Verschulden an einen Vertrag zu binden, der, wenn er nicht rechtzeitig gelöst wird, schwere Nachtheile zur Folge haben kann.

Die Vorschriften des Ges. von 1868 über den Verlust der Mitgliedschaft genügten allerdings ebensowenig wie die über den Erwerb, sie boten keine Sicherheit dafür, daß die von dem Gericht geführten Mitgliederlisten dem wirklichen Mitgliederbestande entsprachen. Schulze-Delitzsch verlangte daher in seinem bei dem Reichstage 1881 eingebrachten Antrage zur Revision des Genossenschaftsgesetzes: daß der Vorstand den Quartalsanzeigen über den Mitgliederbestand die Kündigungen im Original, Abschrift der Gesellschaftsbeschlüsse über Ausschluß und die Todesanzeige beifügen sollte.

Der Entwurf des Reichsjustizamts und die Regierungsvorlage hielten dies nicht für ausreichend, sie verlangten, daß nicht nur in die Liste die das Ausscheiden des Genossen begründende Thatsache und der aus den Urkunden hervorgehende Jahresabschluß eingetragen wird, sondern daß in Folge

die außerdem im Statut besonders vorgeschriebenen Fälle beschränkt ist, aber dem Richter die Nachprüfung der inneren Berechtigung einer statutenmäßigen Ausschlußverfügung entzogen. (Vgl. Gierke, Die Genossenschaftstheorie S. 186 u. 297 u. Erk. R.O.H. Bd. 32 S 308 ff)

dieser Eintragung der Genosse mit dem in der Liste vermerkten Jahresabschluß (ausgenommen die Fälle der §§ 74, 114) ausscheiden soll, und wenn die Eintragung erst im Laufe eines späteren Geschäftsjahres erfolgt, mit dem Schluß des letzteren. In den Motiven wird zur Rechtfertigung dieses Verfahrens ausgeführt: „Ebenso wie die Entstehung der Mitgliedschaft muß auch das Ausscheiden aus der Genossenschaft von der Eintragung in die Liste abhängig gemacht werden, wenn die Zuverlässigkeit der letzteren gewährleistet sein soll. Die Liste hätte keinen ernstlichen Werth, wenn sie blos die Gewißheit gäbe, daß die darin aufgeführten Personen irgend einmal Mitglieder der Genossenschaft gewesen, nicht aber, daß sie es geblieben sind ... Die Gefahr, daß Unrichtigkeiten in derselben durch Unterlassung der Anzeige des Ausscheidens von Genossen entstehen, liegt jedenfalls noch näher als die Gefahr der Eintragung von Personen, die überhaupt nicht beigetreten sind." Das erstrebte Ziel ist nicht erreicht (vgl. zu § 68 Abs. 2).

2. Rechtliche Konstruktion.

Die in den §§ 63—66, 74 bezeichneten Thatsachen können für sich selbst nicht die Endigung der Mitgliedschaft herbeiführen, sie bilden vielmehr die Titel, auf Grund deren die Löschung zu erfolgen hat. Allein der Tod endigt als solcher die Mitgliedschaft zum Schluß der Geschäftsperiode, freilich ist auch hier die Eintragung nicht ohne Bedeutung (§§ 75, 119, 135). Ist nun die Eintragung von diesen Thatsachen abhängig, so ist sie auch durch deren Richtigkeit bedingt, sind die Titel unrichtig, so bleibt der Betreffende trotz der Löschung Mitglied der Genossenschaft; dagegen sind die urkundlichen Belege hier nicht von derselben Bedeutung wie bei dem Erwerb der Mitgliedschaft, ein Mangel derselben kann die Ungültigkeit der Eintragung nur zur Folge haben, wenn er gleichzeitig ein Mangel der materiellen Voraussetzungen des Ausscheidens ist (Begr. I 114, II 96), denn es heißt in § 68 Abs. 2: „In Folge der Eintragung scheidet der Genosse aus", während nach § 15 Abs. 3 die Mitgliedschaft entsteht „durch die Eintragung, welche auf Grund der Erklärung und deren Einreichung stattfindet".

Die Rechtslage nach dem Gesetz ist nun folgende: Kündigung (§§ 63, 64), Verlegung des Wohnsitzes (§ 65), Ausschluß (§ 66), Uebertragung des Geschäftsguthabens (§ 74) geben einen Anspruch auf Entlassung aus der Mitgliedschaft. Die Beendigung der Mitgliedschaft ist abhängig von der Eintragung, ihre Wirkung tritt, ausgenommen die Fälle der §§ 74, 114, erst mit dem Schluß der Geschäftsperiode ein, in welcher sie erfolgt ist.

3. Pflichten des Vorstandes.

Der Vorstand ist verpflichtet:

a) im Falle der Kündigung die Kündigung des Genossen oder des Gläubigers im Original nebst schriftlicher Versicherung, daß die Aufkündigung rechtzeitig erfolgt ist — und bei Kündigung durch den Gläubiger nebst der beglaubigten Abschrift des Schuldtitels, der Urkunden über die fruchtlose Zwangsvollstreckung und des Pfändungs- und Ueberweisungsbeschlusses mindestens 6 Wochen (Modifikation für den Fall des § 114) vor dem Schlusse des Geschäftsjahres, zu dem sie erfolgt ist, dem Registerrichter einzureichen, welcher hierauf unverzüglich die Eintragung vorzunehmen hat. Wissentlich falsche Angaben in der Erklärung sind unter Strafe gestellt (§ 141);

b) im Falle der Verlegung des Wohnsitzes und der in Folge dessen erfolgten schriftlichen Erklärung des Austritts die Bescheinigung der öffentlichen Behörde über die Aufgabe des Wohnsitzes und die schriftliche Austrittserklärung, bezw. wenn der Vorstand dem Mitgliede schriftlich erklärte, es solle ausscheiden, Abschrift dieser Erklärung dem Genossenschaftsrichter innerhalb 6 Wochen vor dem Schlusse des Geschäftsjahres, zu dem der Austritt erfolgt, oder wenn derselbe nach diesem Zeitpunkt erklärt ist, ohne Verzug einzureichen;

c) im Falle des Ausschlusses Abschrift des Beschlusses innerhalb 6 Wochen vor Ende des Geschäftsjahres, zu dessen Schluß der Ausschluß erfolgt, oder wenn der Beschluß später gefaßt ist, ohne Verzug dem Gericht einzureichen;

d) im Falle des Ausscheidens durch Uebertragung des Geschäftsguthabens (§ 74) die Uebereinkunft zwischen dem Veräußerer und Erwerber des Geschäftsguthabens, und falls dieser schon Genosse ist, die schriftliche Versicherung, daß dessen bisheriges Guthaben mit dem zuzuschreibenden Betrage den Geschäftsantheil nicht übersteigt, nebst der durch § 131 Abs. 1 erforderten Erklärung des Genossen, und falls derselbe nicht Genosse ist, die Beitrittserklärung ohne Verzug dem Gericht einzureichen;

e) im Falle des Todes eines Mitgliedes ohne Verzug eine Anzeige von dem Tode des Genossen (§ 75) dem Gericht einzureichen.

Ueber die einzureichenden Urkunden AV. § 28 f. bei § 67.

§. 67.

Der Vorstand ist verpflichtet, die Aufkündigung des Genossen oder des Gläubigers mindestens sechs Wochen vor dem Ende des Geschäftsjahres, zu dessen Schlusse sie stattgefunden hat, dem Gerichte (§. 10) zur Liste der Genossen einzureichen. Er hat zugleich die schriftliche Versicherung abzugeben, daß die Aufkündigung rechtzeitig erfolgt ist. Der Aufkündigung des Gläubigers sind die im §. 64 Absatz 2 bezeichneten Urkunden, sowie eine beglaubigte Abschrift des Pfändungs- und Ueberweisungbeschlusses beizufügen.

Imgleichen hat der Vorstand im Falle des §. 65 mit der Bescheinigung die Erklärung des Genossen oder Abschrift der Erklärung der Genossenschaft, sowie im Falle der Ausschließung Abschrift des Beschlusses dem Gerichte einzureichen. Die Einreichung ist bis zu dem im ersten Absatz bezeichneten Zeitpunkte und, wenn die Erklärung oder der Beschluß später erfolgt, ohne Verzug zu bewirken.

Entw. I 64 u. II 65, Komm. 65, Rtg. 67. Begr. I 146, II 97, A.V. 7, 8, 28, 29.

Erläuterungen zu § 67.

1. Der § 67 stimmt wörtlich mit dem Entwurfe überein, nur hat die Kommission das Wort „spätestens", welches im letzten Satze des zweiten Absatzes hinter den Worten „Die Einreichung ist" sich befand, gestrichen.

Die Ausführungsverordnung enthält in den §§ 28 bis 33 ausführliche Bestimmungen über die einzureichenden Urkunden (28), über die Zeit der Einreichung (29), über die Eintragung des Ausscheidens (30), über die Eintragung der Ausgeschiedenen (31), über die Eintragung von Vormerkungen (33).

2. **Absatz** I. Einreichung.

Die Einreichung geschieht in der für die Erklärungen des Vorstandes überhaupt vorgeschriebenen Form.

Der Vorstand braucht nicht jede Kündigung unter allen Umständen sofort einzureichen, als äußerster Termin sind 6 Wochen vor Ablauf der Geschäftsperiode vorgeschrieben, Ausnahmen enthalten Abs. 3 dieses Paragraphen, §§ 114, 75.

3. Verzögerung.

Eine Verzögerung der Einreichung kann zur Folge haben, daß die Eintragung erst in der nächsten Geschäftsperiode möglich ist, hierdurch bleibt der Ausgeschiedene noch bis zum Ablauf dieser Geschäftsperiode Mitglied. Entsteht ihm nun durch diese Verlängerung der Mitgliedschaft ein Schaden, so hat er einen Ersatzanspruch gegen die Genossenschaft und unter Umständen auch gegen den Vorstand. Der Anspruch gegen die Genossenschaft beruht auf der Verpflichtung der letzteren, die Beendigung der Mitgliedschaft herbeizuführen, wenn die Voraussetzungen hierfür gegeben sind. Der Ersatzanspruch gegen den Vorstand ist ein außerkontraktlicher Schadensersatzanspruch, denn zwischen dem Vorstand und dem Genossen besteht kein Vertragsverhältniß, nach gemeinem Recht würde der Ersatzanspruch arglistiges Verhalten des Vorstandes voraussetzen, nach Allgem. Landrecht genügt auch grobes und mäßiges Versehen des Vorstandes (vgl. A.L.R. I 6 §§ 10ff., 15; I 3 § 23). Der Schade ist stets ein mittelbarer, hervorgerufen nicht durch die Unterlassung der Eintragung, sondern durch andere Ereignisse, die wegen der versäumten rechtzeitigen Löschung schädigend wirken. Für das Gebiet des Allgem. Landrechts kommen ferner auch noch in Betracht die Vorschriften I 6 §§ 18ff. über die Folgen gleichzeitigen Verschuldens des Geschädigten. Der Ausgeschiedene hat das Recht, die Eintragung einer Vormerkung zu verlangen (§ 69). Durch die Vormerkung wird dem Genossen die Rechtsstellung gewahrt, welche er haben würde, wenn der Vorstand rechtzeitig die Kündigung oder den sonstigen Austritt oder die Ausschließung angezeigt und die betreffenden Urkunden eingereicht hätte (Begr. I 147, II 97). Der Ausgeschiedene ist also stets in der Lage, etwaige nachtheilige Folgen von Versäumnissen des Vorstandes — falls nicht noch etwa gleichzeitig eine Versäumniß des Richters hinzutritt, von sich abzuwenden. Unmöglich aber kann man es als eine Pflicht des Ausgeschiedenen ansehen, daß er sich unter allen Umständen dieses Rechts bedienen soll, widrigenfalls er sich die Folgen selbst zuzuschreiben hat. Eine allgemeine Regel dafür, wann er sich des Rechts der Vormerkung zu bedienen hat, läßt sich selbstverständlich nicht aufstellen. Es ist im einzelnen Falle Thatfrage, ob ein Versehen und was für ein Versehen des Ausscheidenden konkurrirt. Ein Verschulden wäre dann anzunehmen, wenn der Ausgeschiedene das Ausbleiben der Bekanntmachung des Gerichts (§ 70) unbeachtet gelassen hat.

4. **Absatz** II. Abschrift des Beschlusses.

Der Beschluß ist in unbeglaubigter Abschrift einzureichen.

§. 68.

In die Liste ist die das Ausscheiden des Genossen begründende Thatsache und der aus den Urkunden hervorgehende Jahresschluß unverzüglich einzutragen.

Infolge der Eintragung scheidet der Genosse mit dem in der Liste vermerkten Jahresschlusse, wenn jedoch die Eintragung erst im Laufe eines späteren Geschäftsjahres bewirkt wird, mit dem Schlusse des letzteren aus der Genossenschaft aus.

Entw. I 65, Entw. II u. Komm. 66, Rtg. 68. Begr. I 143, II 94, A.B. 7.

Erläuterungen zu § 68.

1. **Absatz** I. Prüfungsrecht des Richters.

Die Prüfung des Gerichts erstreckt sich nur darauf, daß die eingereichten Urkunden vorschriftsmäßig und vollständig vorliegen, nicht aber auf die Richtigkeit und Rechtmäßigkeit der einzutragenden Thatsachen. Zu solcher Prüfung, insbesondere ob die Kündigung rechtzeitig erfolgt ist, ist der Richter weder berufen noch im Stande (Begr. I 143, II 95).

2. Unverzügliche Eintragung.

Mehr noch als bei dem Vorstande kann es hier im konkreten Falle zweifelhaft sein, ob an der verzögerten Eintragung Versäumniß des Richters schuld ist.

3. **Absatz** II. Jahresschluß.

Vgl. Vorbemerkung. Ausnahmen in §§ 74, 114. Der „in der Liste vermerkte Jahresschluß": die Mitgliedschaft endigt also nicht nur mit dem Geschäftsjahr, in welchem die Eintragung erfolgt ist, bei zweijähriger Kündigung z. B. wird, wenn die Eintragung bei der Kündigung erfolgt ist, die Mitgliedschaft erst mit Ablauf des nächsten auf die Eintragung folgenden Geschäftsjahres endigen. Die Eintragung muß nur vor Ablauf des Geschäftsjahres erfolgen, mit welchem die Mitgliedschaft endigen soll.

4. Haftpflicht des Richters für Versäumniß.

Für den Umfang der Vertretungspflicht gilt nach gemeinrechtlicher Praxis der Grundsatz, den Richter, abgesehen von dem Falle des unrechtmäßigen Urtheils, für omnis culpa haften zu lassen (Windscheid § 470 Anm. 3). Voraussetzung des Anspruchs aber ist ein bereits erwachsener Schaden. Für Preußen ist maßgebend A.L.R. II 10 § 88: „Wer ein Amt annimmt, muß auf die pflichtmäßige Führung desselben die genaueste Aufmerksamkeit wenden.“ Es ist hierunter Haftung für das geringste Versehen zu verstehen (Str.Arch. 70 S. 188, vgl. Koch Kommentar zu § 88), § 23 III 1 A.G.O. bestimmt, daß ein Justizbedienter, der seine Pflicht vernachlässigt oder den Vorschriften der Gesetze und den Obliegenheiten seines Amtes zuwiderhandelt, allen der Partei dadurch verursachten Schaden ersetzen soll. Nach § 91 a. a. O. aber findet die Vertretung des Schadens erst statt, wenn der Beschädigte anders nicht zum Ersatz desselben kommen kann (vgl. § 11 Einf.Ges. zum G.V.G.). Konkurrirt mit dem Versehen des Richters ein Versehen des Genossen, welches z. B. in der Nichtbeachtung des Ausbleibens der in Gemäßheit des § 70 zu erwartenden Benachrichtigung bestehen kann (vgl. § 65), so fällt eventuell jede Entschädigungspflicht des Beamten fort, die §§ 18 bis 21 I 6 A.L.R. kommen zur Anwendung.

5. Anfechtung der Eintragung.

„In Folge der Eintragung“ scheidet der Genosse aus; abweichend von dem Erwerb der Mitgliedschaft (§ 15) ist hier die Rechtsgültigkeit der Eintragung nicht abhängig gemacht von bestimmten Formvorschriften. „Ist ein Mangel in dieser Hinsicht übersehen worden, so darf deshalb allein die Eintragung noch nicht als wirkungslos behandelt werden; auch in einem solchen Falle ist vielmehr die Anfechtung nur auf den Mangel der materiellen Voraussetzungen des Ausscheidens zu stützen“ (Begr. I 144, II 96). Während z. B. die Eintragung des Erwerbs der Mitgliedschaft angefochten werden kann, weil die Einreichung der Beitrittserklärung nicht ordnungsmäßig erfolgt ist, ist dies hier ausgeschlossen: die Eintragung wirkt unabhängig von den zu Grunde liegenden Urkunden, sie stellt allein die Thatsachen fest, denn die Kündigung u. s. w. sind einseitige Rechtsakte. Die Anfechtung kann darauf gestützt werden, „daß die Kündigung keine rechtmäßige gewesen ist, insbesondere die gesetzliche oder statutenmäßige Kündigungsfrist nicht eingehalten ist, und in gleicher Weise muß die Anfechtung gegen die Rechtmäßigkeit des Wegzugs oder der Ausschließung u. s. w. sich richten können, denn die betreffenden Thatsachen sind es, welche die Eintragung und damit das Ausscheiden begründen“, und sie müssen deshalb als materielle Voraussetzungen wesentlich bleiben (Begr I 144, II 96). Anfechtbar ist selbstverständlich auch eine Löschung, welche in Folge Fälschung, falscher Todesanzeige u. s. w. erfolgte. (Vgl. Vorbemerkung.)

Der zu Unrecht Gelöschte bleibt Mitglied sowohl der Genossenschaft wie den Gläubigern gegenüber, und zwar auch denjenigen Gläubigern gegenüber, welche mit der Genossenschaft zu einer Zeit kontrahirten, da die Löschung erfolgt war, denn der Genossenschaft gegenüber ist die Löschung unwirksam, das irrthümlich gelöschte Mitglied ist Mitglied geblieben, hieraus aber folgt, daß dasselbe im Konkurse zu Nachschüssen herangezogen werden kann, als wenn eine Löschung nicht erfolgt wäre; der Einzelangriff weiter ist wieder mit dem Nachschußverfahren so enge verbunden, daß nicht dieser oder jener Genosse von demselben ausgenommen werden kann. Muß man auch grundsätzlich anerkennen, daß der Gläubiger, welcher mit der Genossenschaft zu einer Zeit kontrahirte, da der Genosse gelöscht war, diesen gar nicht berücksichtigen konnte, so zwingen doch die obigen Erwägungen auch den Gläubigern gegenüber die Löschung als nicht erfolgt zu betrachten.

6. Verfahren zwecks Beseitigung der Eintragung.

1. Ist die Eintragung durch ein Versehen des Richters erfolgt, so hat dieser dieselbe, als zur Ungebühr bewirkt, zu löschen (A.V. § 33).

2. Ist sie auf unrichtigen Antrag erfolgt, so ist zu unterscheiden:

a) bei bestehender Genossenschaft geschieht die Berichtigung in Gemäßheit des § 33 Abs. 2, 7 und 8 A.V.,

b) bei in Konkurs befindlicher Genossenschaft muß der Konkursverwalter, wenn der Gelöschte nicht seine Mitgliedschaft anerkennt, gegen denselben hierauf klagen, denn die Löschung hat zur Folge, daß die Vermuthung Platz greift, der Betreffende ist nicht mehr Mitglied; deswegen müssen auch die Gläubiger, wenn sie einen in der Liste gelöschten Genossen in Anspruch nehmen wollen, den Nachweis führen, daß der Betreffende noch Mitglied ist.

Die Entscheidung des Richters über den Antrag auf Eintragung ist in Gemäßheit des § 150 anfechtbar, die daselbst gegebenen Rechtsmittel stehen nur dem Antragsteller zu.

§. 69.

Auf Antrag des Genossen, im Falle des §. 64 auf Antrag des Gläubigers, hat das Gericht die Thatsache, auf Grund deren das Ausscheiden, und den Jahresschluß, zu welchem dasselbe beansprucht wird, ohne Verzug in der Liste vorzumerken.

Erkennt der Vorstand den Anspruch in beglaubigter Form an oder wird er zur Anerkennung rechtskräftig verurtheilt, so ist dies bei Einreichung des Anerkenntnisses oder Urtheils der Vormerkung hinzuzufügen. In Folge dessen gilt der Austritt oder die Ausschließung als am Tage der Vormerkung eingetragen.

Entw. I 66, II 67, Komm. 67, Rtg. 69. Begr. I 146, II 97, A.V. §§ 32, 34, 7 u. 8.

Erläuterungen zu § 69.

1. Vormerkung. „Dem Genossen kann und muß ein Mittel gewährt werden, auch da, wo der Vorstand die Einreichung unterläßt oder verzögert, das Recht auf sein Ausscheiden selbstständig zu wahren. Dieses Mittel besteht in der Befugniß, den Anspruch auf das Ausscheiden in der Liste vormerken zu lassen." (Begr. I 146.)

Schulze-Delitzsch hatte diese Vormerkung nach der Weise des sich an das Genossenschaftsgesetz von 1868 anschließenden preußischen Gesetzes, betreffend die Bildung von Wassergenossenschaften vom 1. April 1879, in seiner Novelle von 1881 vorgeschlagen (Mater. S. 9 u. 28).

Die Ausführungsverordnung vom 11. Juli 1889 behandelt im § 32 die Eintragungen von Vormerkungen (vgl. daselbst auch §§ 7, 8 u. 34).

2. **Absatz** I. Antragsberechtigte.

In jedem Falle der Endigung der Mitgliedschaft hat der Genosse einen Anspruch auf das Ausscheiden: auch der Genosse, welcher ausgeschlossen ist, da er in der Zeit bis zu seinem wirklichen Ausscheiden nicht befugt ist, an der Generalversammlung theilzunehmen (§ 66 Abs. 4); er hat daher auch ein berechtigtes Interesse, daß dieser Zustand mindern Rechts nicht über den Schluß des Geschäftsjahres ausgedehnt werde, deswegen muß auch ihm das Recht der Vormerkung gewährt werden (Begr. I 147, II S. 97).

3. Form des Antrags.

Der Antrag auf Eintragung der Vormerkung ist schriftlich zu stellen, derselbe muß die das Ausscheiden begründenden Thatsachen enthalten. Das Nachweisen oder die Glaubhaftmachung dieser Thatsachen ist nicht erfordert und kann daher nicht vom Gericht verlangt werden.

Lehnt der Richter die Eintragung ab, etwa weil die Thatsachen das Ausscheiden nicht begründen, so hat der Antragsteller die gegen Entscheidung über Eintragung in das Handelsregister zulässigen Rechtsmittel (vgl. zu § 150).

4. **Absatz** II. Umwandlung der Vormerkung.

Ein Interesse an der Umwandlung hat wesentlich der Genosse, denn die Bedeutung der Vormerkung ist abhängig davon, daß der Vorstand das Ausscheiden anerkennt oder rechtskräftig hierzu verurtheilt wird; regelmäßig wird daher der Genosse als Kläger auftreten. Aber auch dem Vorstand kann es nicht versagt werden, auf Anerkennung der Mitgliedschaft zu klagen, sein rechtliches Interesse ist darin zu finden, daß der Kredit der Genossenschaft darunter leiden kann, daß sich in der Mitgliederliste Vormerkungen finden, da die Gläubiger die Genossen, bei denen sich eine Vormerkung findet, nicht mehr als Mitglieder bei Prüfung der Lage der Genossenschaft berücksichtigen werden.

Wird die Unwirksamkeit durch eine übereinstimmende Erklärung des betheiligten Genossen und des Vorstandes der Genossenschaft in beglaubigter Form anerkannt, oder durch rechtskräftiges Urtheil festgestellt, so ist dies auf Antrag eines der beiden Theile in der letzten Spalte einzutragen (A.V. § 33 Abs. 2); der Antrag des Vorstandes hierauf hat in der für die Erklärungen des Vorstandes vorgeschriebenen Form zu erfolgen (A.V. § 7). Zur „beglaubigten Form" genügt die Beglaubigung der Unterschriften, auch durch Gemeindevorsteher oder Polizeibehörden (A.V. § 8).

5. Wirkung der Vormerkung.

„Durch die Vormerkung wird dem Genossen die Rechtsstellung gewahrt, welche er haben würde, wenn der Vorstand rechtzeitig die Kündigung oder den sonstigen Austritt oder die Ausschließung angezeigt und die betreffenden Urkunden eingereicht hätte" (Begr. II 98). Die Vormerkung aber soll nur der definitiven Eintragung rückwirkende Kraft beilegen, so daß auch den Gläubigern gegenüber die Eintragung als vom Tage der Eintragung der Vormerkung erfolgt zu betrachten ist. Bis zur definitiven Eintragung aber bleibt der Betreffende Mitglied, seine Sache ist es daher, dieselbe herbeizuführen. Auch im Konkurse der Genossenschaft ist er von dem Konkursverwalter als Mitglied heranzuziehen, und er könnte nur gegen die Vorschußberechnung einwenden, daß er nicht Mitglied, und im Wege der Klage den Vertheilungsplan, insoweit er ihn betrifft, anfechten. Auch sind die Genossenschaftsgläubiger trotz der Eintragung der Vormerkung berechtigt, den Gläubiger event. in Anspruch zu nehmen. Es könnte nur das Gericht die Entscheidung aussetzen, bis über den Anspruch der Genossen gegen den Konkursverwalter auf Anerkennung der Nichtmitgliedschaft rechtskräftig entschieden ist (§ 139 C.P.O.).

Der Genosse kann seine Nichtmitgliedschaft nicht im Wege der Einwendungen durchsetzen, ihm nützt nur ein Urtheil, in dem ausgesprochen ist, daß er nicht Mitglied ist.

§. 70.

Von der Eintragung sowie der Vormerkung oder von deren Versagung hat das Gericht den Vorstand und den Genossen, im Falle des §. 64 auch den Gläubiger zu benachrichtigen.

Die behufs der Eintragung oder der Vormerkung eingereichten Urkunden bleiben in der Verwahrung des Gerichts.

Entw. I 67, Entw. II 68, Komm. 68, Rtg. 70. Begr. I 147, II 98, A.V. § 9.

Erläuterung zu § 70.

In dem Entwurf II sind die Worte „oder von deren Versagung" eingefügt Die Benachrichtigung kann ohne Förmlichkeiten, durch einfache Postsendung erfolgen — für die Benachrichtigung von Eintragungen sind in der Regel Postkarten zu verwenden. Für die Versagung sind Gründe mitzutheilen (A.V. § 9).

§. 71.

Die Auseinandersetzung des Ausgeschiedenen mit der Genossenschaft bestimmt sich nach der Vermögenslage derselben und dem Bestande der Mitglieder zur Zeit seines Ausscheidens.

Die Auseinandersetzung erfolgt auf Grund der Bilanz. Das Geschäftsguthaben des Genossen ist binnen sechs Monaten nach dem Ausscheiden auszuzahlen; an den Reservefonds und das sonstige Vermögen der Genossenschaft hat er keinen Anspruch. Reicht das Vermögen einschließlich des Reservefonds und aller Geschäftsguthaben zur Deckung der Schulden nicht aus, so hat der Ausgeschiedene von dem Fehlbetrage den ihn treffenden Antheil an die Genossenschaft zu zahlen; der Antheil wird in Ermangelung einer anderen Bestimmung des Statuts nach der Kopfzahl der Mitglieder berechnet.

Ges. von 1868 § 39 Abs. 2, Entw. I 68, Entw. II 69, Komm. 69, Rtg. 71. Begr. I 147, II 98.

I. **Zur Geschichte des § 71.**

a) Das Ges. von 1868 hatte über die Forderungen der ausgetretenen oder ausgeschlossenen Genossenschafter sowie der Erben verstorbener Genossenschafter folgende Bestimmungen (§ 39 Absatz 2):

Wenn der Gesellschaftsvertrag nichts Anderes bestimmt, haben sie an den Reservefonds und an das sonst vorhandene Vermögen der Genossenschaft keinen Anspruch, sind vielmehr nur berechtigt zu verlangen, daß ihnen ihr Geschäftsantheil, wie er sich aus den Büchern ergiebt, binnen drei Monaten nach ihrem Ausscheiden ausgezahlt werde

Ueber die Entstehung und die Mängel dieser Bestimmung u. s. w. vgl. Parisius 355. Ueber den dritten Absatz vgl. § 73.

b) Im Entw. I befand sich im Abs. II im zweiten Satze hinter den Worten „Das Geschäftsguthaben der Genossen ist" noch das Wörtchen „ihm", welches schon im Entw. II fortgefallen ist.

II. **Erläuterungen zu § 71.**

1. Im Allgemeinen.

Der § 71 entspricht dem § 39 Abs. 2 des Ges. von 1868, enthält jedoch erhebliche Abweichungen. § 39 setzte nur den Umfang des Auseinandersetzungsanspruchs der Genossen fest, d. h. wie viel der Ausscheidende bei seinem Ausscheiden von dem Vereinsvermögen sollte verlangen können. Das jetzige Gesetz dagegen geht weiter: es führt eine vollständige Auseinandersetzung ein, die sich nach der Vermögenslage der Genossenschaft und dem Bestande der Mitglieder zur Zeit des Ausscheidens bestimmt.

2. **Absatz I** Auseinandersetzung.

Das Reichsgericht hat in dem Urtheil vom 19. Februar 1889 (Jurist. Wochenschrift Nr. 13, 14) zu § 39 des Ges. von 1868 erklärt: „die Auseinandersetzung ist keine Rechnung, sondern ein auf Grund einer Rechnung geschlossenes Rechtsgeschäft". Dies ist nicht richtig, die Auseinandersetzung ist die nothwendige Folge der Beendigung der Mitgliedschaft und kein Rechtsgeschäft, mit der Beendigung der Mitgliedschaft wird das zwischen der Genossenschaft und dem Genossen bestehende Rechtsverhältniß gelöst, und auf Grund dieser Lösung, nicht der Auseinandersetzung, fordert der Ausscheidende sein Guthaben, durch die Auseinandersetzung wird dasselbe nur ziffermäßig dargestellt.

„Zufolge Ausscheidens des Genossen löst sich das Rechtsverhältniß desselben zu der Genossenschaft in einen dem Genossen oder der Genossenschaft zustehenden Anspruch auf Zahlung einer Geldsumme auf, deren Höhe durch die Vermögenslage der Genossenschaft und die Zahl der Genossen im Zeitpunkt des Ausscheidens bestimmt wird. In der Feststellung und Berichtigung dieses Anspruchs des Genossen oder der Genossenschaft besteht die Auseinandersetzung zwischen denselben." (Begr. I S. 147, II S. 98.)

3. Absatz II. Umfang des Geschäftsguthabens.

Es ist zu unterscheiden zwischen dem Auseinandersetzungsanspruch des Genossen und dem der Genossenschaft.

Der Auseinandersetzungsanspruch des Genossen: er setzt voraus, daß die Bilanz keine Ueberschuldung ergiebt, seinen Umfang bestimmt das Gesetz auf der Grundlage der für den Schluß des Geschäftsjahres, zu welchem das Ausscheiden erfolgt, maßgebenden Bilanz nach denselben Grundsätzen wie das Ges. von 1868 § 39. Das „Geschäftsguthaben" ist dem Genossen nach dem Ausscheiden auszuzahlen; nach § 39 des Gesetzes war der Genosse berechtigt zu verlangen, „daß ihm sein Geschäftsantheil, wie er sich aus den Büchern ergiebt, ausgezahlt werde". Diese Vorschrift des Ges. von 1868 bedeutet nach ihrer Entstehungsgeschichte, daß das austretende Mitglied seinen Geschäftsantheil nur in dem Umfange zu fordern habe, wie er sich in Folge der zugeschriebenen Dividende und der abgeschriebenen Verluste als Resultat der Geschäftsführung der Genossenschaft ergiebt, wie solches durch die Bücher nachgewiesen wird (vgl. u. A. das Urtheil des R.O.H. Bd. VIII S. 68.

Der buchmäßige Antheil ist gewählt im Gegensatz zum eingezahlten Antheil des preußischen Gesetzes (R.G. Urtheil vom 6. Juni 1888 in der Jurist. Wochenschrift vom 6. Juli). Das Gesetz hat korrekter Weise den Ausdruck „Geschäftsantheil" durch „Geschäftsguthaben" ersetzt (vgl. zu § 7 Nr. 2).

Das Geschäftsguthaben ist also auf Grund der zum Schluß des Geschäftsjahres (Geschäftsperiode), in welchem das Ausscheiden erfolgt, aufgenommenen Bilanz aus den Einzahlungen, den zugeschriebenen Dividenden und den abgeschriebenen Verlusten zu berechnen. Das Geschäftsguthaben ist die aus der Mitgliedschaft folgende Forderung, über die das Mitglied zwar bereits bei bestehender Mitgliedschaft frei verfügen kann und die auch dem Zugriff der Gläubiger ausgesetzt ist, deren Realisirbarkeit aber bedingt ist durch die Beendigung der Mitgliedschaft.

Nur auf das „Geschäftsguthaben" hat das ausscheidende Mitglied einen Anspruch, nicht auf den Reservefonds, zu welchem Zwecke er auch gebildet sein mag, oder auf sonstiges Vereinsvermögen, und es kann auch nicht im Statut ein solcher Anspruch eingeräumt werden, die Bestimmung wäre, auch wenn sie eingetragen sein sollte, weil gesetzwidrig, nichtig. Der Anspruch auf das Geschäftsguthaben darf aber auch nicht in irgend welcher Art genommen oder beschränkt werden — es sei denn daß die Genossenschaft Forderungen gegen den Ausscheidenden hat —, weder ist eine Konfiskation des Geschäftsguthabens aus irgend welchem Grunde noch ein Austrittsgeld zulässig. Dieses würde überdies als eine Art Strafe angesehen werden, während das Gesetz jedem Genossen den freien Austritt nach rechtzeitiger Kündigung wahrt.*)

*) Die ersten Arbeiterkonsumvereine hatten nach englischem Vorbilde ein Austrittsgeld festgestellt, um die Mitglieder zu fesseln und gewissermaßen für leichtfertigen freiwilligen Austritt abzustrafen, — beim Nachweis zwingender Gründe wurde es erlassen. Da das Ges. von 1868 ohne Zweifel

4. Auszahlungsfrist.

Das Geschäftsguthaben ist dem Ausgeschiedenen binnen sechs Monaten nach dem Ausscheiden herauszubezahlen; die vorgängige Feststellung der Bilanz ist die nothwendige Voraussetzung für die Berechnung des auszuzahlenden Guthabens, es kann daher für die Auszahlung keine kürzere als die der Genossenschaft für die Bilanzfeststellung verstattete Frist bestimmt werden. Die blos dreimonatliche Frist des § 39 des bisherigen Gesetzes war deshalb schon nach den Bestimmungen jenes Gesetzes nicht gerechtfertigt. Ist die Auszahlung nicht binnen sechs Monaten erfolgt, so ist die Genossenschaft verpflichtet, von Ablauf der sechs Monate ab Zögerungszinsen zu zahlen. Verjährung der Forderung auf Auszahlung des Guthabens: § 72.

5. Guthabenbuch.

Regelmäßig wird seitens der Genossenschaft über die geleisteten Einzahlungen in einem sog. Guthabenbuch quittirt; inwieweit nun das Guthaben nur gegen Aushändigung dieses Buches zurückgezahlt werden kann, hängt davon ab, ob es eine Schuldurkunde oder nur eine Quittung darstellt, im ersteren Falle ist es wesentlich, im letzteren nicht.

Die Amortisation resp. Mortifikation der Schuldurkunde richtet sich nach den Landesgesetzen.

6. Verfügung über das Geschäftsguthaben während der Mitgliedschaft.

Wie bereits erwähnt ist, kann das Mitglied auch bei bestehender Mitgliedschaft über das Geschäftsguthaben verfügen, es kann dasselbe — ausgenommen an die Genossenschaft (§ 22 Abs. 2) — verpfänden, cediren u. s. w., und es kann auch gepfändet werden (§ 64). Ist einer dieser Fälle eingetreten und die Genossenschaft hat die ordnungsmäßige Kenntniß davon erhalten, so darf sie die Auszahlung an das Mitglied nicht vornehmen. Die Motive rechtfertigen das Verbot der Guthabenbeleihung (§ 22) damit, daß mit Rücksicht auf die Natur des Geschäftsguthabens wird angenommen werden dürfen, daß der Genosse durch einseitige Verfügungen über das Guthaben das Recht der Genossenschaft, im Falle des Ausscheidens des Genossen, sich wegen ihrer Forderungen durch Aufrechnung gegen das Guthaben zu befriedigen, ohnehin nicht schmälern kann. Dies trifft nur insoweit zu, als es sich um Forderungen der Genossenschaft handelt, welche entstanden sind, bevor der Genosse über die Guthabenforderung verfügte oder bevor ein Dritter ein Pfandrecht auf dieselbe erwarb; wegen Forderungen dagegen, welche die Genossenschaft erst erworben hat, nachdem ein Dritter ein Recht auf das Geschäftsguthaben erlangt hat, kann sie sich nur unter Wahrung der Rechte des Dritten an dasselbe halten (vgl. Parisius 271). Bisher war es bei der Genossenschaft vielfach üblich, sich mit dem Geschäftsguthaben für die ihr gegen den Genossen bei dem Ausscheiden zustehenden Forderungen Sicherheit

---

kein Austrittsgeld zuließ, wurde es vielfach in ein Eintrittsgeld verwandelt, welches bis zum Austritt kreditirt wurde (Dr. Schneider, Taschenbuch S. 42 und Statut §§ 49 und 53 S. 337 f.). Diese Einrichtung hat sich nicht bewährt. Ist das Eintrittsgeld kreditirt, so muß es auch als ausstehende Forderung gebucht werden.

bestellen zu lassen, in Zukunft ist dies in Folge § 22 nicht mehr zulässig, die Genossenschaften müssen daher, wollen sie vor Schaden bewahrt bleiben, es vermeiden, dem Genossen noch etwas zu kreditiren, nachdem ein Dritter ein Recht auf das Geschäftsguthaben erlangt hat.

7. Konkurs des Genossen.

Was die Behandlung des Geschäftsguthabens im Konkurse des Mitgliedes anbelangt, falls die Genossenschaft eine Forderung an dasselbe hat, so gilt nach beendigter Mitgliedschaft Folgendes:

a) Uebersteigt die Forderung der Genossenschaft das Geschäftsguthaben, so ist dies sowie das Vorhandensein des letzteren und der damit vorgenommenen Kompensation dem Konkursverwalter anzuzeigen und sodann der nach Abzug der Guthabenforderung verbleibende Rest der Forderung im Konkurse — natürlich mit dem erforderlichen Nachweise — anzumelden und beizutreiben.

b) Uebersteigt das Geschäftsguthaben die Forderung der Genossenschaft, so ist dieselbe Anzeige an den Verwalter zu machen und der nach der Kompensation verbleibende Ueberschuß des Antheils zur Masse zu verabfolgen.

Die Genossenschaft ist nicht berechtigt, ihre Forderung in dem Konkurse anzumelden und die Anzeige des Geschäftsguthabens des Gemeinschuldners zu unterlassen, um sich aus diesem wegen des Ausfalls im Konkurse zu befriedigen; eine solche Handlungsweise würde ihr nur Schaden bringen, da das alsdann nach dem Schlusse des Verfahrens von dem Konkursverwalter eingezogene Geschäftsguthaben unter alle Gläubiger vertheilt würde (§ 153 R.K.O., Bl.f G. Nr. 10 v. 1883, Nr 45 v. 1887).

8. Der Anspruch der Genossenschaft.

Der Auseinandersetzungsanspruch der Genossenschaft: er setzt voraus, daß die Bilanz Ueberschuldung ergiebt. Es ist zu unterscheiden:

a) bei Genossenschaften mit beschränkter Haft muß es unter der Voraussetzung des § 134 zum Konkurse kommen, es entwickelt sich alsdann das Vorschuß- und Nachschußverfahren (§§ 98 ff), andernfalls, wie

b) bei Genossenschaften mit unbeschränkter Haftpflicht und Nachschußpflicht hat der Ausgeschiedene — falls nicht Konkurs eintritt, §§ 92, 115, 120 — den ihn zur Deckung der Unterbilanz treffenden Verlustantheil einzuzahlen.

9. Folgen der Auseinandersetzung.

Das Ges. von 1868 kannte diese „Zubuße" nicht: der Ausgeschiedene war, falls die Bilanz ein Defizit ergab, nicht verpflichtet, einen Beitrag zu dessen Deckung zu zahlen; er hatte in diesem Fall, da sein Geschäftsantheil von den Verlusten verschlungen wurde, nur nichts von der Genossenschaft zu beanspruchen. Nach § 71 Abs. 2 des Gesetzes ist der Ausgeschiedene dagegen verpflichtet, falls das Vereinsvermögen (Reservefonds und Geschäftsguthaben) zur Deckung der Schulden nicht ausreicht, von dem Fehlbetrage den ihn treffenden Antheil einzuzahlen. Es ist dies eine Ausnahme von dem Grundsatz, daß während des Bestehens der Genossenschaft eine Heranziehung der Genossen über die statutenmäßig auf den Geschäftsantheil zu leistenden Einzahlungen nicht stattfindet. Diese Ausnahme aber mußte gemacht werden, denn ohne die Heranziehung des Ausgeschiedenen zur Deckung der Verluste mit einem Verlustantheil auch über seine statutenmäßigen Einzahlungen hinaus ist eine endgültige Auseinandersetzung zwischen dem Genossen und der Genossenschaft nicht möglich (Begr. II 98).

Die Folge dieser Auseinandersetzung ist die Lösung des Verhältnisses zwischen dem Ausgeschiedenen und der Genossenschaft. Die Genossenschaft hat die Pflicht, den Ausgeschiedenen von seinen Verbindlichkeiten zu befreien. Diese Wirkung kann nur dadurch beseitigt werden, daß das Gesetz unter bestimmten Voraussetzungen fingirt, der Austritt wäre nicht erfolgt. Das Gesetz enthält zwei solcher Fälle:

1. für alle drei Genossenschaftsarten, wenn sich die Genossenschaft innerhalb sechs Monaten nach dem Ausscheiden auflöst (§ 73),
2. für die Genossenschaft mit unbeschränkter Nachschußpflicht, wenn über dieselbe innerhalb 18 Monaten nach dem Ausscheiden der Konkurs eröffnet wird, und die Gläubiger alsdann nicht nach Ablauf von drei Monaten seit dem Termin, in welchem die Nachschußberechnung für vollstreckbar erklärt ist, die Befriedigung oder Sicherstellung in Gemäßheit des § 122 erlangt haben.

In diesen beiden Fällen wird das Ausscheiden als nicht geschehen behandelt und der Ausgeschiedene als zur Genossenschaft gehörig betrachtet; im zweiten Falle mit einem Regreß an die thatsächlich nicht ausgeschiedenen Genossen (das Nähere vgl. zu § 73 und §§ 122, 124).

Was das Verhältniß des Ausgeschiedenen zu den Genossenschaftsgläubigern anlangt, so wird dasselbe bei den Genossenschaften mit unbeschränkter und beschränkter Haftpflicht durch die Auseinandersetzung nicht berührt, der Ausgeschiedene bleibt ihnen während der zweijährigen Haftfrist verhaftet; bei den Genossenschaften mit unbeschränkter Nachschußpflicht steht der Genosse überhaupt in keiner Beziehung zu den Genossenschaftsgläubigern, hier wird aber die Wirksamkeit des Ausscheidens 18 Monate über den Zeitpunkt des Ausscheidens hinausgeschoben. Der Grund, weswegen bei den Genossenschaften mit unbeschränkter und beschränkter Haftpflicht der ausgeschiedene Genosse zu dem Nachschußverfahren nicht herangezogen werden kann (ausg. in dem Falle des § 73), ist der, daß in dem Nachschußverfahren die Beiträge umgelegt werden, welche erforderlich sind, um die Genossenschaft in den Stand zu setzen, allen ihren Verbindlichkeiten gerecht zu werden, der Ausgeschiedene aber bei seinem Ausscheiden aus der Genossenschaft bei der Auseinandersetzung den auf ihn fallenden Theil hierzu beigetragen hat. „Das Nachschußverfahren bietet keinen Raum für die Heranziehung des Ausgeschiedenen. In demselben könnte von dem ausgeschiedenen Genossen nichts weiter verlangt werden, als was die Genossenschaft selbst von ihm zu fordern berechtigt ist. .. Die Auseinandersetzung ergiebt den Antheil an dem bilanzmäßigen Ueberschuß der Aktiven über die Passiven, welchen der ausscheidende Genosse zu erhalten oder zu tragen hat" (Begr. I 62, II 43). Die Folge hiervon ist, daß, wenn eine Auseinandersetzung nicht stattgefunden hat — ganz gleich aus welchem Grunde — und die Auflösung später als sechs Monate nach dem Ausscheiden erfolgt ist, der Ausgeschiedene alsdann in dem Konkurse der Genossenschaft allerdings zu dem Nachschußverfahren heranzuziehen ist, aber auf Grund der für den Zeitpunkt seines Ausscheidens geltenden Bilanz, da er nur für die bis dahin von der Genossenschaft eingegangenen Verbindlichkeiten zu haften hat. Bei den Genossenschaften mit unbeschränkter Nachschußpflicht würde der Ausgeschiedene beim Mangel einer Auseinandersetzung zunächst mit den in der Genossenschaft verbliebenen Genossen zum Nachschußverfahren heranzuziehen sein, und zwar auf Grund der für den Zeitpunkt seines Ausscheidens maßgebenden Bilanz, da er für die später von der Genossenschaft eingegangene Verbindlichkeit nur unter den Voraussetzungen des § 122 in dem besonderen Nachschußverfahren der Ausgeschiedenen einzustehen hat. Wegen der ersteren Nachschüsse hätte er natürlich nicht den Regreß aus § 124.

§. 72.

Die Klage des ausgeschiedenen Genossen auf Auszahlung des Geschäftsguthabens verjährt in zwei Jahren.

Komm. 60a, Rtg. 72. Komm.Ber. S. 39.

Erläuterungen zu § 72.

Bei Vorschußvereinen und noch mehr bei Konsumvereinen klagte man über die unnütze Arbeit, die kleine nicht abgehobene Geschäftsguthaben ausgeschiedener, namentlich verstorbener Genossen bereiten. Kannte man den Aufenthaltsort der Empfangsberechtigten, so war bei nicht erfolgter Abhebung anzurathen, den Betrag denselben ins Haus zu senden. Manche Genossenschaft hatte die statutarische Bestimmung, daß solche Beiträge nach einigen Jahren an den Reservefonds verfielen. Aber diese Bestimmung war gesetzlich unzulässig. Um die Genossenschaften der Mühe zu entheben, Geschäftsguthaben bis zum Ablauf der ordentlichen (dreißigjährigen) Verjährung zur Verfügung des Ausgeschiedenen oder dessen Erben zu stellen, wurde in der Kommission zur Beseitigung „praktischer Mißstände" der Antrag zur Einschiebung dieses § 72 von den Abg. Schenck und Baumbach gestellt und angenommen. Nur die „Klage" verjährt; gegen Forderungen der Genossenschaft könnte das ausgeschiedene Mitglied die Guthabenforderung einredeweise auch nach zwei Jahren noch geltend machen.

Das Guthaben ist fällig mit Ablauf von sechs Monaten seit dem Ausscheiden, in diesem Zeitpunkt hat der Ausgeschiedene bezw. dessen Erben ein Klagerecht auf das Guthaben und beginnt folglich dessen Verjährung. Ob vorher die Ziehung und Genehmigung der Bilanz stattgefunden hat, ist gleichgültig, da, wenn sie unterblieben, dies nicht die Klage des Genossen auf Auszahlung des Guthabens aufhalten kann, er würde in diesem Falle auf Auszahlung seines „buchmäßigen" Guthabens klagen müssen.

§. 73.

Wird die Genossenschaft binnen sechs Monaten nach dem Ausscheiden des Genossen aufgelöst, so gilt dasselbe als nicht erfolgt.

Ges. von 1868 § 39 Abs. 3, Entw. I 69, II u. Komm. 71, Rtg. 74.
Begr. I 149, II 99.

I. Zur Geschichte des § 73.

§ 73 entspricht dem § 39 Abs. 3 des Ges. von 1868, beseitigt aber eine Reihe Zweifel, welche die frühere Fassung über die Tragweite dieser Vorschrift veranlaßt hatte.

§ 39 Abs. 3 lautete:

Gegen diese Verpflichtung der Auszahlung des Geschäftsguthabens kann sich die Genossenschaft nur dadurch schützen, daß sie ihre Auflösung beschließt und zur Liquidation schreitet.

Das Reichsgericht (Bd. XII S. 58 ff.) hat diese Gesetzesbestimmung dahin ausgelegt, daß nach der Auflösung der Ausgeschiedene für das Liquidationsgeschäft als nicht ausgeschieden angesehen werden soll, und daß die Ausgeschiedenen im Verhältniß zur Genossenschaft auch rücksichtlich späterer Verbindlichkeiten der Genossenschaft keine andere Stellung einnehmen als die verbliebenen Genossenschafter.

Unberücksichtigt ließ das frühere Gesetz auch die Fälle, in denen die Auflösung aus anderen Gründen erfolgte als durch Liquidationsbeschluß, insbesondere durch Konkurs.

II. Erläuterungen zu § 73.

1. Auflösung der Genossenschaft.

Nach § 73 des Gesetzes gilt ein Ausscheiden als nicht erfolgt, wenn nach demselben innerhalb der sechsmonatigen Frist die Auflösung der Genossenschaft aus irgend einem Grunde erfolgt. Jedes Ausscheiden ist mit einer gesetzlichen Resolutivbedingung behaftet und wird erst endgültig, wenn innerhalb der erwähnten Frist jene Bedingung nicht eingetreten ist (Begr. II 99).

2. Wirkung der Auflösung.

Mag also die Genossenschaft durch Liquidationsbeschluß, durch Konkurs, durch Beschluß der Verwaltungbehörde oder des Gerichts innerhalb sechs Monate nach dem Ausscheiden aufgelöst werden, so ist der ausgeschiedene Genosse im Nachschußverfahren zur Deckung etwaiger Verluste im gleichen Umfange heranzuziehen, wie die in der Genossenschaft verbliebenen Genossen; es ist gleichgültig, ob die Auseinandersetzung bereits erfolgt ist oder nicht, ob die Auseinandersetzungsansprüche — sei es von der Genossenschaft durch Zahlung des Guthabens an den Genossen, sei es von dem ausgeschiedenen Genossen durch Zahlung des Verlustantheils an die Genossenschaft — bereits erfüllt sind oder nicht. Es tritt eine vollkommene Rescission des Austritts ein, die auf Grund der Auseinandersetzung gezahlten Beträge sind zurückzugewähren, sind eventuell als Konkursforderung anzumelden Der Austritt wird so behandelt, als wenn er nicht erfolgt wäre; der Ausgeschiedene hat auch für diejenigen Verbindlichkeiten zu haften, welche innerhalb der sechs Monate nach seinem Ausscheiden von der Genossenschaft eingegangen sind. Diese Wirkung der Auflösung ist nach den Motiven das Korrektiv für das freie Austrittsrecht der Genossen. Dieselben führen (Begr. II 100) dann noch zur Rechtfertigung an: Die Vorschrift ist auch nicht unbillig, denn es darf füglich verhindert werden, daß die Mitglieder einer Genossenschaft dieselbe in dem Augenblick im Stich lassen, in welchem der Zusammenbruch in naher Aussicht steht. Selbst die Erwägung steht nicht entgegen, daß die Verluste, zu welchen die betreffenden Genossen herangezogen werden, möglicherweise erst in den sechs Monaten nach ihrem Ausscheiden veranlaßt und eingetreten sind. Denn können überhaupt Mitglieder einer Genossenschaft sich nicht durch eine sofort wirksame Austrittserklärung von den Schicksalen der Genossenschaft loslösen, unterliegen sie diesen vielmehr bis zum Ablauf einer in allen Fällen beträchtlichen Kündigungsfrist und bis zum Schlusse des Geschäftsjahres, so kann es nichts Bedenkliches enthalten, wenn die unbedingte Wirksamkeit des Ausscheidens weiterhin noch für einen beschränkten Zeitraum suspendirt wird. Der Grundsatz erleidet eine Modifikation im Falle des Ausscheidens durch Uebertragung der Geschäftsantheile (§ 74). Er findet dagegen Anwendung, wenn das Ausscheiden in Folge Kündigung, Tod, Ausschluß oder Wegzug erfolgt ist. Für die Genossenschaften mit unbeschränkter Nachschußpflicht vgl. § 122.

§. 74.

Ein Genosse kann zu jeder Zeit, auch im Laufe des Geschäftsjahres, sein Geschäftsguthaben mittelst schriftlicher Uebereinkunft einem Anderen übertragen und hierdurch aus der Genossenschaft ohne Auseinandersetzung mit ihr austreten, sofern der Erwerber an seiner Stelle Genosse wird oder sofern derselbe schon Genosse ist und dessen bisheriges Guthaben mit dem ihm zuzuschreibenden Betrage den Geschäftsantheil nicht übersteigt. Das Statut kann eine solche Uebertragung ausschließen oder an weitere Voraussetzungen knüpfen.

Der Vorstand hat die Uebereinkunft dem Gerichte (§. 10) ohne Verzug einzureichen und, falls der Erwerber schon Genosse ist, zugleich die schriftliche Versicherung abzugeben, daß dessen bisheriges Guthaben mit dem zuzuschreibenden Betrage den Geschäftsantheil nicht übersteigt.

Die Uebertragung ist in die Liste bei dem veräußernden Genossen unverzüglich einzutragen. Als Zeitpunkt des Ausscheidens gilt der Tag der Eintragung. Dieselbe darf, falls der Erwerber noch nicht Genosse ist, nur zugleich mit der Eintragung des letzteren erfolgen. Die Vorschriften der §§ 15, 69 und 70 finden entsprechende Anwendung.

Wird die Genossenschaft binnen sechs Monaten nach dem Ausscheiden des Genossen aufgelöst, so hat dieser im Falle der

Eröffnung des Konkursverfahrens die Nachschüsse, zu deren Zahlung er verpflichtet gewesen sein würde, insoweit zu leisten, als zu derselben der Erwerber unvermögend ist.

Entw. I 70, II 71, Komm. 71, Rtg. 74. Begr. I 151, II 100, Komm.Ber. 40, A.B. §§ 7 u. 28.

Erläuterungen zu § 74.

1 Der § 74, der in der Kommission nur eine redaktionelle Aenderung in Abs. IV erfuhr, ist neu. Die Motive (II 100) sagen darüber im Allgemeinen: „Es läßt sich nicht verkennen, daß das unbedingte Verbot des Austritts vor dem Ende des Geschäftsjahres und das Erforderniß einer mindestens dreimonatigen Kündigung in Verbindung mit einer Frist von sechs Monaten für die Auszahlung des Geschäftsguthabens die Verfügung über das letztere für die Genossen stark beschränkt. So nothwendig für die Verhältnisse der Genossenschaft sich diese Beschränkung erweist, so wünschenswerth wird im Hinblick auf die Vermögensverhältnisse eines großen Theils der Mitglieder sich nach anderer Richtung eine Erleichterung darstellen. Eine solche ist ohne Beeinträchtigung der vorerwähnten Kautelen durch die Zulassung des Ausscheidens mittelst Veräußerung des Guthabens ohne weitere Auseinandersetzung mit der Genossenschaft möglich."

2. **Absatz** I. Ausscheiden zu jeder Zeit.

Der wesentlichste Grund für die Verlegung des Ausscheidens in allen andern Fällen auf das Ende des Geschäftsjahres ist der, daß das Ausscheiden eine Auseinandersetzung zur Folge hat und diese sich, sollen nicht große Schwierigkeiten verursacht werden, nur am Ende des Geschäftsjahres ausführen läßt. Bei dem Ausscheiden durch Uebertragung des Geschäftsguthabens ist von der Auseinandersetzung Abstand genommen, dasselbe kann daher jederzeit erfolgen. Eine Auseinandersetzung aber ist in diesem Falle nicht erforderlich, weil das Geschäftsguthaben der Genossenschaft verbleibt, es wechselt nur seinen Eigenthümer.

3. Uebertragung des Guthabens.

Die Veräußerung erfolgt unter Formen und Voraussetzungen, welche Sicherheit dafür gewähren, daß von der Befugniß nicht über das Maß des Bedürfnisses hinaus Gebrauch gemacht wird. „Jede Konstruktion, welche die Uebertragung der Antheilsrechte in einer den Aktien ähnlichen Weise erleichterte, muß vermieden werden. Sie würde dahin führen, daß die Grundsätze über die Haftpflicht wirkungslos gemacht, das feste Band zwischen den Genossen und der Genossenschaft gelockert und die Genossenschaften den erheblichsten Gefahren ausgesetzt würden" (Begr. II 100). Die Uebertragung verstößt nicht gegen den genossenschaftlichen Grundsatz, daß Träger der Genossenschaft Personen und nicht Kapitaltheile sind; dem ist dadurch vorgebeugt, daß durch die Uebertragung des Geschäftsguthabens Niemand wider Willen der Genossenschaft Mitglied derselben werden kann. Die Uebertragung ist nur statthaft

a) an einen andern Genossen, sofern dessen bisheriges Guthaben mit dem ihm zuzuschreibenden Betrage den Geschäftsantheil nicht übersteigt,

b) an einen Nichtgenossen, sofern derselbe Genosse wird, d. h. die Mitgliedschaft nach den Bestimmungen des Gesetzes und des Statuts erwirbt. Die in diesem Falle nothwendige Beitrittserklärung kann in dem Veräußerungsvertrage abgegeben oder auch besonders ausgestellt werden (Begr. II 101).

Die Eintragung der Uebertragung ist gleichzeitig mit derjenigen des Beitritts vorzunehmen. Die Uebertragung des Geschäftsguthabens muß in schriftlicher Form erfolgen.

4. „Das Statut kann . . . ausschließen".

Ein Antrag, die „nicht unbedenkliche" Uebertragung des Geschäftsguthabens nur zu gestatten, wenn sie im Statut ausdrücklich zugelassen sei, wurde in der Kommission abgelehnt.

5. Absatz II. Einreichung zur Eintragung.

Das Ausscheiden ist abhängig von der Eintragung in die Liste, dieselbe muß daher von dem Vorstand ohne Verzug bewirkt werden, vgl. zu §§ 67 u. 68. Die dortigen Ausführungen über den von dem Genossen erworbenen Anspruch auf Ausscheiden, die Verantwortlichkeit des Vorstandes und des Richters für Verzögerung bei der Herbeiführung der Eintragung treffen auch hier zu. Die Einreichung der Uebereinkunft u. s. w findet auch hier nur bei dem Gericht der Hauptniederlassung statt. Der Vorstand hat in dem Falle, daß der Erwerber bereits Mitglied ist, dem Gericht eine schriftliche Erklärung gleichzeitig mit der Uebereinkunft einzureichen, daß das bisherige Guthaben des Erwerbers mit dem zuzuschreibenden Betrage die statutarisch festgesetzte Höhe des Geschäftsantheils nicht übersteigt, wissentliche Unrichtigkeit der Erklärung ist unter Strafe gestellt (§ 141), bei Genossenschaften mit beschränkter Haftpflicht geht, falls mehrere Geschäftsantheile eingeführt sind, die Versicherung dahin, daß das bisherige Guthaben mit dem ihm zuzuschreibenden Betrage die der höchsten Zahl der Geschäftsantheile entsprechende Gesammtsumme nicht übersteigt (§ 132).*)

6. Vormerkung.

Die Bestimmungen der §§ 69 und 70 über Eintragung einer Vor-

---

*) In der Ausführungsverordnung heißt es § 28:

„Die Eintragung des Ausscheidens von Genossen erfolgt auf Grund der vom Vorstande einzureichenden Urkunden. Diese sind:

5. im Falle der Uebertragung des Geschäftsguthabens (Gesetz §§ 74, 132) die zwischen dem Ausscheidenden und dem Erwerber des Guthabens wegen der Uebertragung geschlossene Uebereinkunft oder beglaubigte Abschrift derselben und,

falls der Erwerber bereits Mitglied der Genossenschaft ist, die schriftliche Versicherung des Vorstandes, daß das bisherige Geschäftsguthaben des Erwerbers mit dem ihm zuzuschreibenden Betrage den Geschäftsantheil oder — im Falle des § 132 des Gesetzes — die der höchsten Zahl der Geschäftsantheile entsprechende Gesammtsumme nicht übersteigt,

falls der Erwerber des Guthabens noch nicht Mitglied der Genossenschaft ist, die vorschriftsmäßige Beitrittserklärung desselben."

Hiernach würde die Beitrittserklärung nicht in dem nur in beglaubigter Abschrift eingereichten Uebertragungs-Vertrage stecken, was überhaupt Bedenken hat.

merkung, Benachrichtigung des Vorstandes und Genossen von der Eintragung und Verwahrung der Urkunden finden auch hier Anwendung.

7. Gewinn- und Verlustvertheilung nach Zuschreibung des Guthabens auf Grund des § 19.

In der Kommission ist die Frage erörtert, wie sich die Gewinnvertheilung auf Grund des § 19 im Falle der Zuschreibung des Guthabens stellt. Die Kommission war in Uebereinstimmung mit dem Regierungsvertreter der Ansicht, daß das Guthaben eines Genossen im Laufe des Geschäftsjahres bei der Gewinnvertheilung mit zu berücksichtigen sei, weil die Zuschreibung des Guthabens nicht einer im Laufe des Geschäftsjahres geleisteten Einzahlung gleichgestellt werden könne und das Geschäftsguthaben in seinen beiden Bestandtheilen schon am Schlusse des Vorjahres bestanden habe, und dies genügen müsse, um nach der Vereinigung der beiden Guthaben in der Hand des Erwerbers die volle Berücksichtigung des nunmehrigen Gesammtguthabens bei der Gewinn- und Verlustvertheilung zu sehen. Nur müßten dabei selbstverständlich die von dem ausgeschiedenen Genossen noch im letzten Jahre (dem Jahre des Ausscheidens) geleisteten Zahlungen ebenso wie die von dem Erwerber selbst gemachten Zahlungen in Abzug kommen (Komm.Ber. S. 40). Es ist dies zweifellos richtig, hätte das Geschäftsguthaben des Ausgeschiedenen bei der Gewinn- und Verlustvertheilung in Gemäßheit des § 19 doch berücksichtigt werden müssen, wenn derselbe zum Schluß des Geschäftsjahres ausgetreten wäre.

8. Wirkung der Uebertragung.

Während in den anderen Fällen des Ausscheidens bei Auflösung der Genossenschaft innerhalb sechs Monaten nach dem Ausscheiden der ausgeschiedene Genosse so behandelt wird, als wenn der Austritt nicht erfolgt wäre, hat er hier nur als Bürge für diejenigen Nachschüsse einzutreten, welche er selbst hätte leisten müssen, wenn er Mitglied geblieben wäre. Dem Veräußerer des Guthabens wird in diesem Falle eine subsidiäre Nachschußpflicht hinter seinem Rechtsnachfolger insoweit auferlegt, als nicht die Beitragspflicht des letzteren höher ist, als seine eigene gewesen sein würde. Diese Einschränkung hat hauptsächlich Bedeutung für die Genossenschaften mit beschränkter Haftpflicht.

Der Ausgeschiedene haftet subsidiär nur insoweit persönlich, als er mit Geschäftsantheilen betheiligt war (§ 129), ist also der Erwerber mit mehr Geschäftsantheilen betheiligt, so kann der Veräußerer deswegen nicht stärker herangezogen werden.

Für Genossenschaften mit unbeschränkter Haftpflicht hat die Einschränkung Bedeutung, sofern die Nachschüsse statutarisch nicht nach der Kopfzahl, sondern nach dem Verhältniß der Guthaben zu leisten sind.

9. Zukünftige Anwendung des § 74.

Das Ausscheiden mittelst Uebertragung des Guthabens kann in gewissen Fällen für alle Arten Genossenschaften zu einer werthvollen Ergänzung des Gesetzes werden Ausscheidenden Genossen, die ins Ausland ziehen, auswandern, überhaupt den Wohnsitz wechseln und im neuen Wohnsitz die Genossenschaft nicht benutzen können, bietet der § 74 die Mittel, ihre Guthabenforderung sofort flüssig zu machen. Die Genossenschaft läuft keine Gefahr, da sie den neuen Genossen, den Stellvertreter nicht anzunehmen braucht, wenn er ihr nicht paßt. Konsumvereine, unter deren Genossen die fluktuirende Bevölkerung stark vertreten ist, und bei denen die persönlichen Eigenschaften des einzelnen Genossen von geringerer Bedeutung sind, werden die frühere ungesetzliche Gepflogenheit, in dringlichen Fällen Mitglieder ohne Aufkündigung zu entlassen und ihnen sofort ihr Guthaben auszuzahlen, künftig mit Hülfe des § 74 unter der Aenderung beibehalten können, daß jene einen geeigneten Stellvertreter stellen.

Wichtiger noch ist § 74 für diejenigen Arten Genossenschaften, in denen die Genossen in erster Linie mit ihrer gewerblichen Thätigkeit in Betracht kommen — namentlich bei industriellen und landwirthschaftlichen Produktivgenossenschaften. Bei Molkereigenossenschaften ist das Mitglied für die Genossenschaft nur als Besitzer oder Pächter eines Guts mit Milchwirthschaft von Werth. Die Uebertragung des Guthabens kommt in Frage, wenn der Besitzer sein Gut seinen Kindern überläßt, wenn er es verkauft oder verpachtet, wenn der Pächter die Pacht an einen Andern abtritt oder das Gut bei Ablauf der Pachtzeit an den Besitzer zurückgiebt. In der Regel bleibt in allen diesen Fällen die Milchwirthschaft auf demselben Grundstück unverändert bestehen; die Genossenschaft ist dabei interessirt, die Milch derselben Kuhställe ohne Unterbrechung zur Verarbeitung geliefert zu bekommen. Ebenso ist es bei anderen landwirthschaftlichen Produktivgenossenschaften, bei denen die Genossen verpflichtet sind, Erzeugnisse ihrer Wirthschaft (Obst, Sauerkraut, Zuckerrüben) von der Genossenschaft verarbeiten zu lassen.

Auch bei anderen Arten landwirthschaftlicher Genossenschaften und bei Vorschußvereinen, bei denen der kleinere und mittlere Landwirth stark betheiligt ist, wird § 74 sich nützlich erweisen, wenn der Besitzer ins Altentheil geht (Auszügler wird). Der Gutsannehmer übernimmt etwaige Forderungen des Vorschußvereins dem Verein gegenüber als Selbstschuldner

Bei kleinen Produktivgenossenschaften, bei denen der Genosse mitarbeitet, seine besondere Geschicklichkeit, Kunstfertigkeit mit ins Gewicht fällt, und deshalb lange Kündigungsfristen nöthig sind, wird man ebenfalls den § 74 in Betracht zu ziehen haben.*)

10. Ausgeschlossene (§ 66) können von § 74 keinen Gebrauch machen, ebenso wenig die Erben eines verstorbenen Genossen.

§. 75.

Im Falle des Todes eines Genossen gilt dieser mit dem Schlusse des Geschäftsjahres, in welchem der Tod erfolgt ist, als ausgeschieden. Bis zu diesem Zeitpunkte wird die Mitgliedschaft des Verstorbenen durch den Erben desselben fortgesetzt. Für mehrere

*) Nach den neuen Musterstatuten für Molkereigenossenschaften und für Produktivgenossenschaften mit unbeschränkter Haftpflicht soll die Aufkündigung nur zum Schlusse eines Geschäftsjahres und zwei Jahre vorher schriftlich erfolgen (Bl.f.G. Nr. 34 v. 1889).

Erben kann das Stimmrecht durch einen Bevollmächtigten ausgeübt werden.

Der Vorstand hat eine Anzeige von dem Tode des Genossen ohne Verzug dem Gerichte (§. 10) zur Liste der Genossen einzureichen.

Die Vorschriften in §. 68 Absatz 1, §§. 69 bis 73 finden entsprechende Anwendung.

Ges. von 1868 § 38, Entw. I 72, II 73, Komm. 73, Rtg. 16. Begr. I 155, II 103, Komm.Ber. 41, A.B. §§ 7 und 28.

Erläuterungen zu § 75.

1. Allgemeines. In der Begründung (II 103) heißt es:

„In Uebereinstimmung mit dem geltenden Recht hält der Entwurf im Allgemeinen an der Unvererblichkeit der Mitgliedschaft fest. Bei der Wichtigkeit, welche die Individualität der einzelnen Genossen für die Genossenschaft besitzt, würde eine dauernde Succession in die Mitgliedschaft dem Wesen dieser Vereinigungsform widersprechen. In Folge Todes muß daher die Mitgliedschaft ihr Ende finden, aber es muß nach der allgemeinen Regel des Entwurfs auch in diesem Falle die Wirkung des Ausscheidens erst zum Schlusse des Geschäftsjahres eintreten, die Mitgliedschaft des Verstorbenen daher noch bis zu diesem Zeitpunkt durch den Erben fortgesetzt werden."

2. Absatz I. Durch den Tod erlischt die Mitgliedschaft.

Die Endigung der Mitgliedschaft in Folge des Todes ist der einzige Fall, in welchem das Ausscheiden nicht durch die Eintragung bedingt ist, „denn die Achtsamkeit, welche von dem Genossen, der aus Gründen in seiner Person ausscheidet, ohne Härte gefordert werden kann, ist von den Erben, die oft nicht wissen und nicht leicht erfahren, daß ihr Erblasser Mitglied der Genossenschaft gewesen ist, nicht zu verlangen (vgl. Begr. II 101).

3. Unvererblichkeit der Mitgliedschaft.

Das Gesetz bringt deutlicher als das frühere Gesetz, welches im § 38 Abs. 2 Satz 2 bestimmte:

> Ferner erlischt die Mitgliedschaft durch den Tod, sofern der Gesellschaftsvertrag keine entgegengesetzten Bestimmungen enthält. (Parisius S. 352.)

die Unvererblichkeit der Mitgliedschaft zum Ausdruck. Weder kann der Gesellschaftsvertrag die Erben eines Mitgliedes zwingen, in die Genossenschaft mit der Solidarhaft ihres eigenen Vermögens einzutreten, noch kann er die Genossenschaft nöthigen, die Erben als Genossen aufzunehmen. Es würde dies dem Wesen der Genossenschaften widersprechen. Das Statut könnte nur die Erben verstorbener Mitglieder von der Erfüllung der sonst neu eintretenden Mitgliedern obliegenden Pflichten wie z. B. Zahlung des Eintrittsgeldes befreien: Voraussetzung aber ist stets, daß der oder die Erben gesetzmäßige Beitrittserklärungen ausgestellt haben und in das Genossenschaftsregister eingetragen sind. (Vgl. Parisius 353.)

4. Zeitpunkt der Endigung der Mitgliedschaft.

Nach dem früheren Recht endigt die Mitgliedschaft im Falle des Todes mit dem Todestage. Regelmäßig wurde jedoch im Statut bestimmt, daß die Erben noch bis zum Ablauf des Geschäftsjahres an die Mitgliedschaft gebunden seien. Hierdurch wurde erreicht, daß das Geschäftsguthaben erst nach Schluß des Geschäftsjahres ausgezahlt zu werden brauchte und keine besondere Auseinandersetzung vorgenommen werden mußte. Die Erben selbst aber gewannen dadurch keinen Einfluß auf die Geschäftsführung, ein solches Recht konnte ihnen nach dem Gesetz nicht eingeräumt werden.

§ 75 läßt der allgemeinen Regel entsprechend auch im Falle des Todes eines Mitgliedes die Wirkung des Ausscheidens erst zum Schluß des Geschäftsjahres eintreten und bestimmt, daß bis dahin die Mitgliedschaft durch die Erben fortgesetzt werde.

5. Fortsetzung der Mitgliedschaft des Verstorbenen durch dessen Erben.

Dem Erben wird indessen eine Einwirkung auf die Geschäftsführung wie jedem andern Genossen eingeräumt: er hat Stimmrecht in der Generalversammlung. Sind mehrere Erben vorhanden, so können sie das Stimmrecht durch einen Bevollmächtigten ausüben lassen. Ist nur ein Erbe, so muß er seine Rechte in der Generalversammlung persönlich ausüben, denn nur bei mehreren Erben ist Bevollmächtigung gestattet. Für die Vollmacht ist keine Form vorgeschrieben, schriftliche Vollmacht wird als erforderlich und genügend betrachtet werden müssen. Die Legitimation der Erben richtet sich nach den Landesgesetzen.

6. **Absatz** II. Anzeige.

Der Entwurf schlug im § 129 eine besondere Strafbestimmung (Geldbuße bis zu 150 Mk.) gegen Mitglieder des Vorstandes vor, „wenn sie entgegen der Vorschrift des § 75 Abs. 2 unterlassen, die Anzeige von dem Tode eines Genossen einzureichen". Dieser § 129 ist in der Kommission beseitigt.

Da es im § 75 nicht „die Anzeige", sondern „eine Anzeige" heißt, so kann man darunter nicht die Anzeige der Erben vom Tode verstehen. Der Vorstand hat vielmehr, wenn er von dem Tode eines Mitgliedes, gleichviel auf welche Art, zuverlässige Kenntniß erhält, dem Gericht den Tod schriftlich anzuzeigen. Wenn die vorgeschriebene Frist von sechs Wochen bis zum Schluß der Geschäftsperiode im Fall des § 67, von drei Wochen bis zum Vierteljahrsschluß im Fall des § 114 nicht mehr vorhanden sind, ist die Anzeige ohne Verzug einzureichen.

Die Ausführungsverordnung vom 11. Juli 1889 versteht übrigens unter Anzeige nicht blos eine Anzeige des Vorstandes, sondern auch die Anzeige der Erben. Warum denn nicht auch die Todesanzeige in der Zeitung?*)

*) A.V. § 28: „Die Eintragung des Ausscheidens vom Genossen erfolgt auf Grund der von dem Vorstande einzureichenden Urkunden. Diese sind:
6. im Falle des Todes eines Genossen (Ges. § 75) eine Anzeige des Sterbefalls; als solche genügt eine von den Angehörigen des Verstorbenen

Für einen durch schuldhafte Verzögerung der Erben entstandenen Schaden ist diesen der Vorstand außerkontraktlich insoweit verpflichtet, als nach den Landesgesetzen eine außerkontraktliche Verpflichtung besteht (Gemeines Recht: Vorsatz; A.L.R. I 6 §§ 10 ff.), ferner haftet die Genossenschaft den Erben kontraktlich aus dem Verschulden des Vorstandes. (Vgl. zu § 67 u. § 68 Erläuterungen.)

7. Absatz III.

Die Bestimmungen des Gesetzes über unverzügliche Eintragung des Ausscheidens in die Liste durch den Richter (§ 68 Abs. 1), über Vormerkungen (§§ 69, 70), Auseinandersetzung (§ 71), Wirkung der Auflösung der Genossenschaft innerhalb sechs Monate nach dem Ausscheiden (§ 73) kommen auch in diesem Fall zur Anwendung.

Nachbemerkung.

Die Regierungsvorlage hatte als folgenden Paragraphen (Entw. II 72) die Vorschrift über die Haftpflicht der Genossen den Gläubigern gegenüber:

„Der ausgeschiedene Genosse (§§ 68, 73) bleibt den Gläubigern der Genossenschaft für die von ihr bis zu dem Zeitpunkte seines Ausscheidens eingegangenen Verbindlichkeiten gleich den in derselben verbliebenen Genossen verhaftet.

Die Haftpflicht erlischt nach Ablauf von drei Jahren seit dem Zeitpunkte des Ausscheidens, sofern nicht innerhalb dieses Zeitraums das Konkursverfahren über das Vermögen der Genossenschaft eröffnet wird."

Diese Haftpflicht besteht nicht bei der von der Kommission angenommenen dritten Genossenschaftsart: der „Genossenschaft mit unbeschränkter Nachschußpflicht", die Bestimmung mußte daher unter den für alle Genossenschaften geltenden Vorschriften in Wegfall kommen, sie findet sich bei den Genossenschaften mit unbeschränkter Haftpflicht in § 119 und bei den Genossenschaften mit beschränkter Haftpflicht in § 135.

Das Gleiche gilt von einem 2. Satz des Abs. 3 des § 75, der in der Regierungsvorlage (Entw. II 73) lautete:

„Wird das Ausscheiden nach dem im ersten Absatze bezeichneten Zeitpunkt eingetragen, so erstreckt sich die Haftung des Erben auf die bis zum Tage der Eintragung von der Genossenschaft eingegangenen Verbindlichkeiten, sofern der Erbe nicht beweist, daß bei ihrer Eingehung dem Gläubiger der Tod des Genossen bekannt war."

Sechster Abschnitt.

Auflösung und Liquidation.

Vorbemerkung.

Nach dem Gesetz von 1868 konnte eine Genossenschaft aufgelöst werden:

1. durch Ablauf der im Gesellschaftsvertrage bestimmten Zeit,
2. durch einen Beschluß der Genossenschaft,
3. durch Eröffnung des Konkurses,

---

veröffentlichte oder der Genossenschaft erstattete Anzeige und mangels einer solchen die Erklärung des Genossenschaftsvorstandes, daß der Todesfall eingetreten sei."

4. durch Urtheil, falls sich die Genossenschaft gesetzwidriger, das Gemeinwohl gefährdender Handlungen oder Unterlassungen schuldig macht.

Es kommt jetzt noch hinzu Auflösung

5. durch Gerichtsbeschluß, wenn die Zahl der Mitglieder weniger als sieben beträgt.

Im Falle der Auflösung zu 4 ist an die Stelle des Gerichts die Verwaltungsbehörde getreten.

§. 76.

Die Genossenschaft kann durch Beschluß der Generalversammlung jederzeit aufgelöst werden; der Beschluß bedarf einer Mehrheit von drei Viertheilen der erschienenen Genossen. Das Statut kann außer dieser Mehrheit noch andere Erfordernisse aufstellen.

Die Auflösung ist durch den Vorstand ohne Verzug zur Eintragung in das Genossenschaftsregister anzumelden.

Ges. von 1868 §§ 34 u. 36, Entw I 73, II 74, Komm. 74, Rtg. 76. Begr. I 156, II 103.

I. **Zur Geschichte des § 76.**

Der § 76 entspricht (Abs I) dem § 34 Nr. 2 und (Abs. II) dem § 36 des Ges von 1868. Das unbedingte Erforderniß der Mehrheit von drei Viertheilen der erschienenen Genossen ist lediglich dem Art. 242 Nr. 2 des Aktiengesetzes entlehnt.

Im alten Gesetz hieß es: „Die Genossenschaft wird aufgelöst . . . 2 durch einen Beschluß der Genossenschaft". Damit konnte nur der Beschluß der Generalversammlung gemeint sein. Vgl. Parisius 339 u. 342.

II. **Erläuterungen.**

1. **Absatz** I. Auflösung durch die Generalversammlung.

Nur die Generalversammlung hat das Recht, die Auflösung zu beschließen, durch das Statut darf dies Recht keinem anderen Organ übertragen werden. Der Beschluß wird in das Protokollbuch eingetragen.

2. **Absatz** II Eintragung.

Die Rechtswirksamkeit des Beschlusses ist nicht von der Eintragung in das Genossenschaftsregister abhängig, es folgt dies daraus, daß im Abs. 2 die Anmeldung des Beschlusses zur Eintragung vorgeschrieben ist, ohne daß damit eine aufschiebende Wirkung verbunden ist, wie es bei § 16 Abs. 4 geschehen. Dennoch hat die Eintragung und die öffentliche Bekanntmachung eine civilrechtliche Wirkung; ist sie nämlich unterlassen und der Vorstand hat die Geschäfte weiter geführt, so kann sie dritten Personen nur entgegengesetzt werden, wenn die Genossenschaft beweist, daß der Auflösungsbeschluß letzteren beim Abschluß des Geschäfts bekannt war (vgl. v. Hahn Art. 243 § 1).

Ueber Anmeldung und Eintragung vgl. § 6 u. § 21 A.V.

3. Bekanntmachung der Auflösung.

Der Auflösungsbeschluß ist vom Vorstand zu drei verschiedenen Malen durch die für die Bekanntmachung der Genossenschaft bestimmten Blätter bekannt zu machen (§ 80), außerdem ist die Eintragung im Reichsanzeiger und in anderen vom Gericht für die öffentlichen Bekanntmachungen bestimmten Blättern zu veröffentlichen (§ 147). Dritten gegenüber sind diese letzteren Bekanntmachungen entscheidend, d. h. ist die Bekanntmachung der Auflösung durch das Gericht erfolgt, so muß ein Dritter, der sich dennoch mit dem Vorstand für die Genossenschaft in Geschäfte eingelassen hat, dieselbe gegen sich gelten lassen, sofern nicht Umstände vorhanden sind, welche die Annahme rechtfertigen, daß er die Auflösung beim Abschlusse des Geschäfts weder gekannt habe, noch habe kennen müssen.

§. 77.

In dem Falle, daß durch das Statut die Zeitdauer der Genossenschaft beschränkt ist, tritt die Auflösung derselben durch Ablauf der bestimmten Zeit ein.

Die Vorschrift im §. 76 Absatz 2 findet Anwendung.

Ges. von 1868 § 34 Ziff. 1, Entw. I 74, II 75, Komm. 78, Rtg. 77. Begr. I 156, II 104.

Erläuterungen zu § 77.

1. **Absatz** I. Zeitablauf.

Ein Auflösungsbeschluß ist in diesem Falle selbstverständlich nicht nothwendig. Der Vorstand hat dem Gericht ohne Verzug zur Eintragung in das Genossenschaftsregister anzumelden, daß die Zeitdauer der Genossenschaft abgelaufen sei. Dies ist wie im Falle des § 76 von dem Gericht öffentlich bekannt zu machen.

2. Bekanntmachung.

Der Vorstand hat außerdem die Auflösung drei Mal bekannt zu machen (§ 80). Die Eintragung und öffentliche Bekanntmachung wird aber in diesem Falle nicht wie in dem der Auflösung durch Beschluß eine civilrechtliche Bedeutung haben können, denn die Zeitdauer der Genossenschaft ist eingetragen und öffentlich bekannt gemacht, folglich wird sich ein Dritter auch nicht damit entschuldigen können, daß ihm die Auflösung der Genossenschaft unbekannt geblieben sei.

3. Fortsetzung der Genossenschaft.

Eine stillschweigende Fortsetzung der Genossenschaft über die vorgeschriebene Zeitdauer hinaus ist selbstverständlich unmöglich; soll die Genossenschaft fortgesetzt werden, so ist eine rechtzeitige Statutenänderung nothwendig, welche, wenn das Statut darüber nichts bestimmt, durch eine Mehrheit von drei Viertheilen der erschienenen Genossen beschlossen sein (§ 16) und welche in das Genossenschaftsregister eingetragen werden muß (§ 16 Abs. 4). Da die Statutenänderung erst durch diese Eintragung rechtliche Wirkung erhält (§ 16 Abs. 4), so muß diese Eintragung erfolgt sein, ehe die Zeitdauer abgelaufen ist; ist dieser Zeitpunkt verpaßt, so muß die Genossenschaft in Liquidation treten; eine Fortsetzung ist nicht mehr möglich. v. Sicherer zu § 30 des Ges. von 1868 verlangt zur Fortsetzung der Genossenschaft einen einhelligen Beschluß der sämmtlichen Genossenschafter wie zu jeder Statutenänderung (vgl. hierüber zu § 16).

§. 78.

Beträgt die Zahl der Genossen weniger als sieben, so hat das Gericht (§. 10) auf Antrag des Vorstandes und, wenn der Antrag nicht binnen sechs Monaten erfolgt, von Amtswegen nach Anhörung des Vorstandes die Auflösung der Genossenschaft auszusprechen.

Der Beschluß ist der Genossenschaft zuzustellen. Gegen denselben steht ihr die sofortige Beschwerde nach Maßgabe der Civilprozeßordnung zu. Die Auflösung tritt mit der Rechtskraft des Beschlusses in Wirksamkeit.

Entw. I 75, II 76, Komm. 76, Rtg. 78. Begr. I 157, II 104. A.B. § 21.

Erläuterungen zu § 78.

1. **Absatz** I. Auflösung tritt in Folge des Gerichtsbeschlusses ein.

Das Ges. von 1868 enthielt keine Bestimmung für die Fälle, daß alle Mitglieder sterben oder die Mitgliedschaft soweit herabsinkt, daß sie die zum Fortbestande der Genossenschaft erforderlichen Organe nicht mehr besetzen kann (vgl. Parisius S. 338). Die Auflösung der Genossenschaft, im Falle die Genossenschaft nicht mehr sieben Mitglieder hat, ist eine Konsequenz der Vorschrift im § 4. Diese Thatsache allein hat aber die Auflösung noch nicht zur Folge, sie muß durch Gerichtsbeschluß ausgesprochen werden, „denn es kann im einzelnen Falle zweifelhaft sein, ob das siebente Mitglied als aus der Genossenschaft ausgeschieden zu betrachten ist oder nicht“ (Begr. II 104).

Die Auflösung hat nicht unter allen Umständen sofort nach dem Herabsinken des Mitgliederbestandes unter die gesetzliche Mindestzahl zu erfolgen. „Der Vorstand muß allerdings das Recht haben, die alsbaldige Auflösung durch Stellung des Antrages bei dem Gericht zu veranlassen, denn er ist für die ordnungsmäßige Besetzung der Genossenschaftsorgane, wie namentlich des Aufsichtsraths verantwortlich, und wenn die geringe Mitgliederzahl diese Besetzung unmöglich macht, so muß er im Stande sein, sich von dieser Verantwortlichkeit zu befreien. Wenn dagegen ein derartiger Grund zur schleunigen Auflösung nicht vorliegt und der Vorstand dafür hält, daß der baldige Eintritt neuer Genossen zu erwarten steht, so erscheint es angemessen, hierfür eine entsprechende Frist zu gewähren. Die Auflösung ist deshalb von Amtswegen erst, wenn nach Ausweis der gerichtlichen Mitgliederliste der fragliche Zustand sechs Monate gedauert hat, und nur nach Anhörung des Vorstandes, also nachdem diesem zur mündlichen oder schriftlichen Erklärung Gelegenheit gegeben ist, auszusprechen“ (Begr. II 104).

2. **Absatz** II. Suspensiv-Effekt der Beschwerde.

Die Auflösung erfolgt erst durch den rechtskräftigen Beschluß. Ist es also der Genossenschaft gelungen, die Zahl der Mitglieder auf sieben zu bringen vor Ablauf der Frist für die sofortige Beschwerde, und wird noch rechtzeitig Beschwerde eingelegt, so hat das Beschwerdegericht den Auflösungsbeschluß des Amtsgerichts aufzuheben.

Die sofortige Beschwerde ist binnen einer Nothfrist von zwei Wochen, welche mit der Zustellung beginnt, bei dem Amtsgericht oder dem Beschwerdegericht einzulegen (C.P.O. § 540). Zu erheben ist die Beschwerde durch den Vorstand als den Repräsentanten der Genossenschaft, die Mitglieder haben nicht das Beschwerderecht.

Auf eine Genossenschaft, welche bei dem Inkrafttreten des Gesetzes weniger als sieben Mitglieder hat, findet die Bestimmung über die Auflösung erst Anwendung, wenn die Genossenschaft nach dieser Zeit bereits eine Mitgliederzahl von sieben erreicht hat (§ 159).

§. 79.

Wenn eine Genossenschaft sich gesetzwidriger Handlungen oder Unterlassungen schuldig macht, durch welche das Gemeinwohl gefährdet wird, oder wenn sie andere als die in diesem Gesetze (§. 1) bezeichneten geschäftlichen Zwecke verfolgt, so kann sie aufgelöst werden, ohne daß deshalb ein Anspruch auf Entschädigung stattfindet.

Das Verfahren und die Zuständigkeit der Behörden richtet sich nach den für streitige Verwaltungssachen landesgesetzlich geltenden Vorschriften. Wo ein Verwaltungsstreitverfahren nicht besteht, finden die Vorschriften in §§. 20, 21 der Gewerbeordnung mit der Maßgabe Anwendung, daß die Entscheidung in erster Instanz durch die höhere Verwaltungsbehörde erfolgt, in deren Bezirke die Genossenschaft ihren Sitz hat.

Von der Auflösung hat die in erster Instanz entscheidende Behörde dem Gerichte (§. 10) Mittheilung zu machen.

Ges. von 1868 § 35, Entw. I 76, II 77, Komm. 77, Rtg. 79. Begr. I 157, II 104, Komm.Ber. 41.

I. **Zur Geschichte des § 79.**

a) Die thatsächlichen Voraussetzungen, unter denen eine Genossenschaft aufgelöst werden kann, sind dieselben wie in § 35 des Ges. von 1868, der mit § 34 des preuß. Gen.Ges. übereinstimmt. In den parlamentarischen Kämpfen um das preußische Genossenschaftsgesetz kam nach der Vorlegung des Regierungsentwurfs vom 11. November 1866 auf Schulze-Delitzsch' Betrieb zunächst in der Kommission des Abgeordnetenhauses ein Kompromiß mit der Staatsregierung zu Stande, bei dem die Mehrheit drei Beschlüsse als der Regierung gebrachte Opfer am Prinzip auffaßte — als drei Zugeständnisse an das Mißtrauen der preußischen Staatsregierung, die einen

Mißbrauch der Genossenschaften zu fremden und staatsgefährlichen Zwecken befürchtete. Das Abgeordnetenhaus bestätigte das in der Kommission geschlossene Abkommen. Die Genossenschaften hofften auf baldige Wiederaufhebung der ihrer Meinung nach ungerechtfertigten Beschränkungen rein privatrechtlicher Gesellschaften. „Die erste Gelegenheit" (sagt Parisius im Kommentar zum preuß. Gen.Ges. S. 87) „wird zur Beseitigung dieser dem öffentlichen Interesse keineswegs förderlichen, sondern nur schädlichen Bestimmungen zu benutzen sein." Allein alle drei Bestimmungen gingen unverändert in das Ges. von 1868 und von da wieder in das Ges. vom 1. Mai 1889 über, obschon in der langen Reihe von Jahren keine jenes Mißtrauen der Regierung rechtfertigenden Thatsachen vorgekommen sind. Die drei Zugeständnisse sind:

1. die Strafvorschrift gegen Mitglieder des Vorstandes, wenn sie andere als die geschäftlichen Zwecke des Genossenschaftsgesetzes verfolgen oder Erörterung auf öffentliche Angelegenheiten gerichteter Anträge in den Generalversammlungen dulden — § 26 des preuß. Ges. vom 27. März 1867, § 27 des deutschen Ges. vom 4. Juli 1888 und § 143 des Ges. vom 1. Mai 1889;

2. die Befugniß der Staatsbehörde zur Einsicht in das Protokollbuch der Generalversammlungen — § 32 des preuß. Ges., § 33 des Ges. von 1868, § 45 des Ges. von 1889;

3. Auflösung der Genossenschaft wegen Mißbrauchs — § 34 des preuß. Ges., § 35 des Ges von 1868, § 79 des Ges. von 1889. Vgl. die Erläuterungen und zur Geschichte der §§ 45 u. 143.

b) **Absatz** I. Dieser Absatz stimmt jetzt genau mit dem ersten Absatz des § 34 bezw. § 35 der früheren Gen.Ges. überein, nur daß früher „im gegenwärtigen" statt „in diesem" Gesetz gesagt war. Der erste Entwurf der preußischen Regierung bedrohte sogar mit Auflösung jede Genossenschaft, „wenn sie andere als die im Gesellschaftsstatut bezeichneten Zwecke verfolgt". Die Aufnahme des § 34 in das preußische Gesetz, sagt Parisius 340,*) war

„die letzte und erheblichste der drei Konzessionen, welche die Kommission des preußischen Abgeordnetenhauses der Staatsregierung insofern gemacht hat, als sie die Bestimmung desselben nicht für nützlich, sondern für schädlich erachtete, und dennoch dem Abgeordnetenhause deren Annahme empfahl. Der § 34 stimmt mit dem § 5 Art. 12 des preuß. Einführungsgesetzes zum Deutschen Handelsgesetzbuche vom 24. Juni 1861,**) welcher Gleiches

*) Vgl. dort die entsprechenden Bestimmungen des bayerischen und des badischen Genossenschaftsgesetzes.

**) Für die Auslegung des den deutschen Genossenschaften so gefährlichen § 79 sind die Verhandlungen des preußischen Abgeordnetenhauses über § 5 Art. 12 des Ges. vom 24. Juni 1861 lehrreich. Dieses Gesetz wurde gemeinsam von der Justizkommission und einer verstärkten Kommission für Handel und Gewerbe vorberathen. In dem Bericht vom 26. Mai 1861 (St. Ber 7 Bd. Anlage Theil 4 Aktenstück Nr. 190 S. 1491) heißt es:

„Es wurde zu § 5 Art. 12 das Bedenken angeregt, daß nicht die Aktiengesellschaft selbst, als eine fingirte Person, sondern nur der Vorstand oder die Generalversammlung sich rechtswidriger Handlungen und Unterlassungen schuldig machen könne, und jedenfalls nicht erfür die Aktiengesellschaften anordnet, überein, jedoch mit dem Unterschiede, daß nur die das Gemeinwohl gefährdenden Handlungen und Unterlassungen, nicht auch die Verfolgung anderer Zwecke eine Auflösung der Aktiengesellschaft ohne Entschädigung zur Folge haben kann Die preußische Regierung hatte eine ähnliche Bestimmung zur Aufnahme in das Deutsche Handelsgesetzbuch selbst in ihrem Entwurfe vorgeschlagen, nur sollte an Stelle der Gefährdung des Gemeinwohls der grobe Mißbrauch ihres Rechts zur Auflösung der Aktiengesellschaft durch richterliches Urtel führen. Die Kommission zum Entwurf des Handelsgesetzbuchs überließ dies aber den Landesgesetzgebungen und ordnete im letzten Absatz des Art. 242 des Handelsgesetzbuchs nur an, daß der über die Auflösung der Aktiengesellschaften handelnde Vierte Abschnitt des dritten Titels auf Fälle der Auflösung oder Konzessionszurücknahme nach dem in den einzelnen Staaten geltenden Recht ebenfalls Anwendung finde."

Uebrigens hat das Ges. vom 11. Juli 1870 den Auflösungsgrund der Zurücknahme der staatlichen Genehmigung beseitigt. Das A.G. vom 18. Juli 1884 änderte nach dieser Richtung an dem Art. 242 des H.G B. nichts.

c) Der Entwurf hatte den thatsächlichen Voraussetzungen, unter denen die Auflösung einer Genossenschaft durch die Staatsbehörde stattfinden kann, noch den Fall einer fortgesetzten Zuwiderhandlung gegen das Verbot des § 8 Abs. 2 für Vorschuß- und Kreditvereine (Ausdehnung des Geschäftsbetriebes auf Nichtmitglieder) hinzugefügt. Die Reichstagskommission hat dies einstimmig gestrichen (Komm Ber. 10).

d) **Absatz** II u. III. Diese lauteten im Ges von 1868:

Die Auflösung kann in diesem Falle nur durch gerichtliches Erkenntniß auf Betreiben der höheren Verwaltungsbehörde erfolgen. Als das zuständige Gericht ist dasjenige anzusehen, bei welchem die Genossenschaft ihren ordentlichen Gerichtsstand hat.

Das Erkenntniß ist von dem zuständigen Gerichte demjenigen Gerichte, welches das Genossenschaftsregister führt, zur Eintragung und Veröffentlichung nach § 36 mitzutheilen.

---

sichtlich sei, ob schon eine rechtswidrige Handlung des Vorstandes oder nur der Generalversammlung der Aktiengesellschaft zu imputiren sei. Von Seiten der Regierungskommissare wurde indessen erwidert, daß vom kriminalrechtlichen Standpunkte das Bedenken begründet sei, es sich hier aber nur um die privatrechtlichen Wirkungen widerrechtlicher Handlungen und Unterlassungen handle, und müsse der Richter in jedem einzelnen Falle entscheiden, ob nach den generellen Grundsätzen die Widerrechtlichkeit, welche vorliege, als eine widerrechtliche Handlung und Unterlassung der Aktiengesellschaft anzusehen sei; derselbe Ausdruck befinde sich bereits im § 7 des Ges. vom 9. November 1843 und habe man denselben zu verlassen keinen Grund gehabt."

§ 7 des Ges. über die Aktiengesellschaften vom 9. November 1843 lautete: „Macht sich eine Aktiengesellschaft eines groben Mißbrauchs ihres Privilegiums schuldig, so geht dieselbe ihres Rechts ohne Entschädigung verlustig. Die Aufhebung des Rechts kann jedoch in diesem Falle nur durch Richterspruch erfolgen" (G.S. 1843 S. 341).

Die Motive zum Einf Ges zum H.G.B. führen aus, daß die Aenderung des § 7 des Ges. von 1843 durch den § 5 des Einf Ges. — „groben Mißbrauch des Privilegiums" in „Gefährdung des Gemeinwohls durch rechtswidrige Handlungen oder Unterlassungen" eine „besondere materielle Bedeutung nicht habe" (St. Ber. Bd. 6 Anlage Theil 3 Aktenstück Nr. 149 S. 1125).

Ebenso im preußischen Gesetz, nur daß dort „auf Betreiben der Bezirksregierung" statt „der höheren Verwaltungsbehörde" stand.

Nach dem ersten, der Sachverständigenkonferenz vorgelegten Entwurf sollte das Fortbestehen jeder Genossenschaft ganz und gar in das Belieben der Verwaltungsbehörden — der Staatsregierung — gestellt werden. Es hieß darin:

Die Auflösung wird durch die höhere Verwaltungsbehörde ausgesprochen, in deren Bezirke die Genossenschaft ihren Sitz hat; gegen die Verfügung findet der Rekurs statt; im Uebrigen gelten bezüglich des Verfahrens und der Behörden die Vorschriften der Gewerbeordnung §§ 20, 21. Landesgesetzlich kann bestimmt werden, daß auf das Verfahren und die Zuständigkeit der Behörden die für streitige Verwaltungssachen geltenden Vorschriften Anwendung finden.

Von der Auflösung hat die Verwaltungsbehörde dem Gerichte Mittheilung zu machen. An Stelle dieser Bestimmung ist die jetzige bereits in den ersten Entwurf aufgenommen. Auch gegen sie erklärten sich mit Entschiedenheit die Genossenschaften.*)

Der Allgemeine Vereinstag zu Plauen (August 1887) sprach sich gegen die Uebertragung der Entscheidung an die Verwaltungsgerichtsbehörden und Verwaltungsbehörden aus und fand darin eine durch nichts gerechtfertigte schwere Beeinträchtigung der Genossenschaften.

In der Reichstagskommission stieß die Aenderung des Verfahrens, wie es in dem Komm.Ber. (S. 41) heißt, bei einzelnen Mitgliedern der Kommission auf lebhaften Widerspruch. Dieselben führten aus, „daß zu einer solchen Minderung des Rechtsschutzes für die Genossenschaften keinerlei Grund vorliege; die letzteren hätten zu dem Mißtrauen einen Anlaß nicht geboten, vielmehr sei von der Auflösung unter den geltenden Gesetzen so gut wie kein Gebrauch gemacht worden. Die Uebertragung der Auflösung an die Verwaltungsgerichte oder gar an die Verwaltungsbehörden stehe auch im Widerspruch mit der Stellung der Genossenschaften als reiner Privatvereine".

Allein „die große Mehrheit der Kommission erblickte in der Bestimmung der Vorlage eine Verbesserung des geltenden Rechts, indem den Gerichten eine Aufgabe abgenommen werde, welche ihrer Natur nach der Thätigkeit der ordentlichen Gerichte fremd sei und weit mehr dem Wirkungskreise der Verwaltungsgerichte und Verwaltungsbehörden anheimfalle, denn die Gründe, aus welchen die Auflösung ausgesprochen werden könne, seien vorwiegend solche des öffentlichen Wohles".

Mit allen gegen 4 Stimmen wurde ein Antrag auf Wiederherstellung der Zuständigkeit der Gerichte abgelehnt.

II. Erörterungen zu § 79.

1. Absatz I. „eine Genossenschaft".

Wie die Entstehungsgeschichte ergiebt, waltete bei Annahme der un-

*) Schon der Allgemeine Vereinstag zu Nürnberg (August 1871) beschloß auf Antrag des Unterverbandes der Provinz Preußen den Anwalt Schulze-Delitzsch zu ersuchen, auf Aufhebung der §§ 27 u. 35 des Ges. von 1868 hinzuwirken. Schulze erklärte es dabei ebenfalls „für zweckgemäß, diesen Ballast in unserem Genossenschaftsgesetze zu beseitigen" (Mittheilungen vom Vereinstag Nürnberg S. 37—42).

verändert gebliebenen Bestimmung des preußischen Gesetzes entschieden die Absicht ob, daß nicht Handlungen oder Unterlassungen des Vorstandes oder des Aufsichtsrathes oder der Generalversammlung die Auflösung begründen sollten, sondern daß die Genossenschaft selbst sich gesetzwidrig verhalten müsse.

Die drei bisher vorgekommenen Fälle der Anwendung dieses § (s. unten) geben in dieser Beziehung keinen Anhalt für die Auslegung. (Man vgl. Gierke, Die Genossenschaftstheorie und die deutsche Rechtsprechung S. 743 ff.)

2. „das Gemeinwohl gefährden".

Bisher ist noch kein einziger Fall vorgekommen, in welchem von der Staatsbehörde die Gefährdung des Gemeinwohls durch eine eingetragene Genossenschaft behauptet ist

3. „**kann** aufgelöst werden".

„Das Gesetz bestimmt zwar die Voraussetzungen, unter welchen allein die Auflösung ausgesprochen werden kann, aber . . das Vorhandensein dieser Voraussetzungen soll nicht die Auflösung unter allen Umständen nach sich ziehen; auch wenn dieselben an und für sich vorliegen, hat doch die Behörde nach Lage des Falles zu befinden" (Begr II 104).

4. **Absatz** II „landesgesetzlich geltende Vorschriften".

Es lohnt sich nicht, auf die Gründe einzugehen, welche die Motive dafür beibringen, die Entscheidung den Civilgerichten zu entziehen. — Das deutsche Reich besitzt ein einheitliches Gerichtsverfahren. Nach dem Genossenschaftsgesetze von 1868 konnte die Auflösung von Genossenschaften durch die Staatsbehörde nur in einem nach diesem einheitlichen Gerichtsverfahren geführten Prozesse und schließlich durch Urtel des Reichsgerichts ausgesprochen werden. Dieser Schutz ist beseitigt. Der Fortbestand einer Genossenschaft des deutschen Genossenschaftsgesetzes ist nunmehr von den überall verschiedenen Vorschriften der Landesgesetze für das Verfahren bei streitigen Verwaltungssachen und, wo ein Verwaltungsstreitverfahren gar nicht besteht (und das ist in Sachsen und fast allen kleineren Staaten der Fall), von dem Belieben der Verwaltungsbehörden abhängig. Diese Verschlechterung des deutschen Genossenschaftsgesetzes verstößt bei der Anerkennung, welche sich die deutsche Genossenschaftsbewegung und die deutsche Genossenschaftsgesetzgebung bei allen Kulturstaaten der Welt errungen hat, in der That gegen „nationale Interessen".

5. Das Verfahren.

Wo ein Verwaltungsstreitverfahren besteht, sind die Verwaltungsgerichte kompetent, andernfalls die höhern Verwaltungsbehörden, und diese müssen unter den in §§ 20 u. 21 Gewerbe-Ordn. hinsichtlich der Zusammensetzung der Behörden und des Verfahrens gebotenen Garantien entscheiden.

§ 20 der Gewerbe-Ordn. lautet:

Gegen den Bescheid ist Rekurs an die nächst vorgesetzte Behörde zulässig, welcher bei Verlust desselben binnen vierzehn Tagen vom Tage der Eröffnung des Bescheides an gerechnet gerechtfertigt werden muß. Der Rekursbescheid ist den Parteien schriftlich zu eröffnen und muß mit Gründen versehen sein.

§ 21. Die nähern Bestimmungen über die Behörden und das Verfahren sowohl in der ersten als in der Rekurs-Instanz bleiben den Landesgesetzen vorbehalten. Es sind jedoch folgende Grundsätze einzuhalten.

1 In erster oder in zweiter Instanz muß die Entscheidung durch eine kollegiale Behörde erfolgen. Diese Behörde ist befugt, Untersuchungen an Ort und Stelle zu veranlassen, Zeugen und Sachverständige zu laden und eidlich zu vernehmen, überhaupt den angetretenen Beweis in vollem Umfange zu erheben.

2. Bildet die kollegiale Behörde die erste Instanz, so ertheilt sie ihre Entscheidung in öffentlicher Sitzung, nach erfolgter Ladung und Anhörung der Parteien auch in dem Falle, wenn zwar Einwendungen nicht angebracht sind, die Behörde aber nicht ohne Weiteres die Genehmigung ertheilen will und der Antragsteller innerhalb vierzehn Tagen nach Empfang des .... Bescheides der Behörde auf mündliche Verhandlung anträgt.

3. Bildet die kollegiale Behörde die zweite Instanz, so ertheilt sie stets ihre Entscheidung in öffentlicher Sitzung, nach erfolgter Ladung und Anhörung der Parteien.

6. „höhere Verwaltungsbehörden". Vgl. § 171.

Das in § 79 geregelte Verfahren tritt auch in Bezug auf die Vorschriften im § 2 des Ges. vom 21. Oktober 1878 gegen die gemeingefährlichen Bestrebungen der Sozialdemokratie an die Stelle des Verfahrens nach § 35 des Ges. von 1868 (§ 153 Abs. 2).

7. **Absatz** III. Bekanntmachung der Auflösung.

Die in erster Instanz entscheidende Behörde hat, wenn ihre Entscheidung rechtskräftig geworden ist, dem Gericht von der Auflösung Mittheilung zu machen, dieses hat die Auflösung einzutragen und bekannt zu machen. Gleichfalls hat der Vorstand die Auflösung zu drei verschiedenen Malen durch die für die Bekanntmachungen der Genossenschaft bestimmten Blätter, mit der Aufforderung an die Gläubiger sich zu melden, zu veröffentlichen (§ 80). Von der Wirkung der Auflösung Dritten gegenüber vgl. § 76.

8. Strafbarkeit der Vorstandsmitglieder.

Ueber die besondere Strafbarkeit der Mitglieder des Vorstandes, wenn ihre Handlungen auf andere als die im § 1 erwähnten geschäftlichen Zwecke gerichtet sind oder wenn sie in der Generalversammlung die Erörterung von Anträgen gestatten oder nicht hindern, welche auf öffentliche Angelegenheiten gerichtet sind, vgl. § 143.

9. Bisherige Fälle der Verfolgung von Genossenschaften durch Auflösungsanträge.

Nur drei Fälle sind vorgekommen, in denen § 35 des Ges. von 1868 angewendet worden:

a) Durch Erkenntniß des Bezirksgerichts München I. J. vom 9. Juni 1875, bestätigt in zweiter Instanz vom Appellationsgericht München am 27. Dezember 1875, ist (statt in dem allein zulässigen Civilprozeßverfahren) in einem großen Sozialistenstrafprozeß gegen die erste Münchener Genossenschaftsbuchdruckerei E.G. auf Auflösung erkannt, weil es ihr „eigentlich nicht um den angegebenen Zweck (Buchdruckerei verbunden mit einem Buchhandel), sondern überhaupt nicht um geschäftliche Zwecke im Sinne des § 1 des Ges. vom 4. Juli 1868 zu thun gewesen". Vgl. ausführliche Darstellung bei Parisius 341 und 566. Abgesehen von dem unrichtigen Verfahren wird die Schlußfolgerung, die in dem Erkenntniß aus den vorliegenden Thatsachen gemacht wird, schwerlich ein mit dem Genossenschaftswesen einigermaßen vertrauter Jurist für richtig halten.

b) Ueber einen zweiten Fall erfährt man durch einen Beschluß des Reichsgerichts (zweiter Civilsenat) vom 26. Juni 1885 (Bd. 14 Nr. 11 S. 29) auf eine Beschwerde der Kreishauptmannschaft zu Bautzen. Diese hat gegen den homöopathischen Verein E.G. zu E. die Auflösungsklage angestellt. Das Landgericht zu Bautzen hatte zur mündlichen Verhandlung im Strafverfahren vorgeladen, das Oberlandesgericht zu Dresden auf Beschwerde den Beschluß aufgehoben. Das Reichsgericht wies die Beschwerde der Kreishauptmannschaft als unzulässig zurück und sprach aus, daß das Verfahren ein civilprozessuales sei, vor das ordentliche Civilgericht gehöre, daß der höheren Verwaltungsbehörde nicht die Stellung des Staatsanwalts eingeräumt sei, sie sich auch nicht durch den Staatsanwalt vertreten lassen könne, daß die Kreishauptmannschaft eine Beschwerde an das Oberlandesgericht durch einen bei demselben zugelassenen, eine unmittelbare Beschwerde an das Reichsgericht durch einen bei diesem zugelassenen Rechtsanwalt habe einreichen müssen. Wie weit das Verfahren gegen den nicht aufgelösten homöopathischen Verein betrieben ist, wissen wir nicht. Der Zweck dieser Art Vereine, ihren Mitgliedern billige Medizin zu verschaffen, fällt durchaus in die geschäftlichen Zwecke des § 1 (vgl. oben S. 13 u. 17). Wahrscheinlich werden in Zukunft in Sachsen die Kreishauptmannschaften selbst die mit der Entscheidung der Auflösung nach § 79 betrauten Behörden sein.

c) Der dritte Prozeß schwebt in zweiter Instanz vor dem preußischen Oberlandesgericht Marienwerder. Der Regierungspräsident v. Heppe zu Danzig klagte durch einen Rechtsanwalt gegen den Ackerbau- und Kreditverein zu Pinschin E.G., vertreten durch den Vorstand, auf Auflösung des Vereins vor der Civilkammer des Landgerichts Danzig und wurde durch Urtel vom 16. Mai 1889 abgewiesen. Aus den Urtelsgründen ist zu bemerken: Der Gegenstand des Unternehmens der am 10. Juli 1888 in das Genossenschaftsregister des Amtsgerichts zu Stargard eingetragenen Genossenschaft ist nach dem Statut: „Förderung des Kredits, des Erwerbes und der Wirthschaft der Mitglieder durch Erwerb des Rittergutes Pinschin, dessen Bewirthschaftung durch Mitglieder, Geldanlage und Verleihung seitens der Mitglieder und an dieselben.“ Der Kläger versuchte nachzuweisen, daß, da die Genossenschaft ohne gemeinsamen Geschäftsbetrieb und mit Beschränkung der Mitgliederzahl die Förderung des Kredits, des Erwerbes und der Wirthschaft der Mitglieder vornehmen wolle, sie nicht den gesetzlich zugelassenen Zweck verfolge ... In dem den Kläger kostenpflichtig abweisenden Urtel heißt es:

„Es liegt auf der Hand, daß die Verfolgung anderer als der bezeichneten geschäftlichen Zwecke sich weder aus einer geschlossenen Mitgliederzahl, noch aus dem Mangel eines gemeinschaftlichen Geschäftsbetriebes herleiten läßt. Diese beiden Punkte kommen nur bei der Prüfung in Frage, ob eine Gesellschaft unter die rechtlichen Formen einer Genossenschaft gebracht werden kann, oder ob derselben ein anderer rechtlicher Charakter beizulegen ist. Diese Prüfung jedoch ist lediglich dem Richter gegeben, welcher das Genossenschafts-Register führt und die Eintragung der Gesellschaft in das

Register anzuordnen hat. Der Verwaltungsbehörde ist ein Klagerecht wegen Bedenken über die rechtliche Gestaltung der Gesellschaft nicht beigelegt; sie ist als Aufsichtsbehörde nicht für den das Genossenschafts-Register führenden Richter, sondern für die Genossenschaft selbst bestellt Eine Klage auf Auflösung einer Genossenschaft setzt voraus, daß die Genossenschaft dem Gesetze entsprechend gegründet sei. Hier wird Auflösung der Genossenschaft verlangt, weil die Genossenschaft nach ihrem Statute dem Gesetze nicht entsprochen, zur Eintragung nicht geeignet gewesen, im Grunde also eine Genossenschaft gar nicht zu Stande gekommen sein soll. Hieraus ergiebt sich die Unzulässigkeit der Klage. Es kann deshalb dahingestellt bleiben, ob die Ausführungen des Klägers auch sonst noch zutreffend sind" ...

Gegen das Urtel ist Berufung eingelegt, die sich aber nur darauf stützt, daß die Genossenschaft wegen Fehlens des gemeinschaftlichen Geschäftsbetriebs andere als die in § 1 des Gesetzes bezeichneten geschäftlichen Zwecke verfolge.

Die Klage wird in allen Instanzen abgewiesen werden; allein die bloße Klageanstellung hätte die Genossenschaft zerstört, wenn den Mitgliedern nicht das Vertrauen auf ihr gutes Recht Ausdauer und Widerstandsfähigkeit verlieh. Die Genossenschaft ist ein sinnig ausgedachter Versuch innerer Kolonisation, in einem Bezirk, wo der Grund und Boden fast ausschließlich in Händen von Großgrundbesitzern ist und Auswanderung Arbeitermangel erzeugt. Auf dem Verbandstage der preußischen Genossenschaften bezeichnete sie Verbandsdirektor Hopf als „vielleicht bahnbrechend". Die Mitglieder, die es wünschen (bisher 96), erhalten zu einem die Amortisation einschließenden Pachtzinse eine Gutsparzelle, deren Eigenthum sie nach einer Reihe von Jahren erwerben. Nach dem Pachtvertrage aber sind sie verpflichtet, ein Wohnhaus zu errichten. Mit Rücksicht auf die Klage werden ihnen Ansiedelungsgesuche und Baukonsense verweigert, Holzverschläge zur Aufbewahrung von Baumaterialien und Wirthschaftsgeräthschaften im Exekutionswege abgerissen. Beschwerden an den Minister blieben seit Monaten unbeantwortet. Diese Thatsachen sprechen für sich ...

§. 80.

Die Auflösung der Genossenschaft ist von dem Gerichte ohne Verzug in das Genossenschaftsregister einzutragen.

Sie muß vom Vorstande zu drei verschiedenen Malen durch die für die Bekanntmachungen der Genossenschaft bestimmten Blätter bekannt gemacht werden. Durch die Bekanntmachung sind zugleich die Gläubiger aufzufordern, sich bei der Genossenschaft zu melden.

Ges. von 1868 § 36, Entw. I 77, II 78, Komm. 78, Rtg. 80.
Begr. I 159, II 105.

Erläuterungen zu § 80.

§ 80 giebt im Wesentlichen den § 36 des Ges. von 1868 und Art. 243 H.G.B. wieder.

1. **Absatz** I. Bekanntmachung der Auflösung durch das Gericht.

Die Eintragung der Auflösung ist von dem Gericht durch den deutschen Reichsanzeiger und die andern für die Bekanntmachungen des Gerichts bestimmten Blätter zu veröffentlichen (§ 147). Ueber die Wirkung vgl. zu § 76. Diese Bekanntmachung ist unabhängig von der von dem Vorstande ausgehenden, welche in den für die Bekanntmachungen der Genossenschaft von dieser bestimmten Blättern geschieht, die Bekanntmachung wird also meistens in ganz verschiedenen Blättern geschehen.

2. Anmeldung der Auflösung.

Von dem Vorstande ist die Auflösung nur in den Fällen der Auflösung durch Beschluß (§ 76) und durch Zeitablauf (§ 77) anzumelden. Zu dem Genossenschaftsregister der Zweigniederlassung wird die Eintragung der Auflösung von dem Gerichte der Hauptniederlassung mitgetheilt (vgl. § 149 Abs. 2).

3. **Absatz** II. Aufforderung der Gläubiger.

Nach dem Ges. von 1868 sollten sich die Gläubiger „bei dem Vorstande" der Genossenschaft melden, es war dies jedenfalls nur ein Redaktionsfehler (Parisius 343).

Die Aufforderung an die Gläubiger bezweckt, diese zur Wahrung ihrer Rechte zu veranlassen und die Genossenschaftsorgane in den Stand zu setzen, den Umfang der Ansprüche kennen zu lernen, welche anzuerkennen oder zu bestreiten sind (R.O.H. Bd. 24 S. 254)

Vorbemerkung zu §§ 81 bis 90.

Die Genossenschaft in Liquidation ist dasselbe Rechtssubjekt wie die Genossenschaft vor ihrer Auflösung. Mit dem Auflösungsbeschluß und dessen Eintragung in das Genossenschaftsregister hört die Genossenschaft nicht auf zu existiren, sondern sie besteht fort zwecks Abwickelung ihrer Geschäfte. Deswegen muß sie auch ihre Organisation behalten: Generalversammlung und Aufsichtsrath bleiben in ihrer Stellung, an Stelle des Vorstandes treten die Liquidatoren. Die Folge des Fortbestehens der Genossenschaft ist, daß der § 17 auch auf die eingetragene Genossenschaft in Liquidation Anwendung findet: sie kann als solche klagen, verklagt werden, Eigenthum und andere dingliche Rechte an Grundstücken erwerben.

Die Organe der Genossenschaft bestehen auch dann fort, wenn diese in Folge Konkurses aufgelöst wird, es geht dies zweifellos aus § 97 hervor.

§. 81.

Die Liquidation erfolgt durch den Vorstand, wenn nicht dieselbe durch das Statut oder durch Beschluß der Generalversammlung anderen Personen übertragen wird.

Es sind wenigstens zwei Liquidatoren zu bestellen.

Auf Antrag des Aufsichtsraths oder mindestens des zehnten Theils der Genossen kann die Ernennung von Liquidatoren durch das Gericht (§. 10) erfolgen.

Die Abberufung der Liquidatoren kann durch das Gericht unter denselben Voraussetzungen wie die Bestellung erfolgen. Liquidatoren, welche nicht vom Gerichte ernannt sind, können auch durch die Generalversammlung vor Ablauf des Zeitraums, für welchen sie bestellt sind, abberufen werden.

Ges. von 1868 § 40, Entw. I 78 u. II, Komm. 79, Rtg. 81. Begr. I 160, II 106.

I. **Zur Geschichte des § 81.**

Der § 40 des Ges. von 1868 lautete übereinstimmend mit dem Inhalt des Art. 243 des H.G.B. wie folgt:

„Nach Auflösung der Genossenschaft außer dem Falle des Konkurses erfolgt die Liquidation durch den Vorstand, wenn nicht dieselbe durch den Gesellschaftsvertrag oder einen Beschluß der Genossenschaft an andere Personen übertragen wird. Die Bestellung der Liquidatoren ist jederzeit widerruflich."

Damit stimmt, abgesehen von dem etwas dunkelgehaltenen Schlußsatze, der erste Absatz des § 81 des neuen Gesetzes überein.

Der zweite Absatz „über die Mindestzahl von zwei Liquidatoren" ist eine Konsequenz der für den Vorstand aufgestellten gleichartigen Vorschrift des § 24. Die Abs. 3 und 4 sind dem neuen Art. 244 des Aktiengesetzes nachgebildet.

II. **Erläuterungen zu § 81.**

1. Liquidator. Als Liquidatoren können fungiren:

a) der Vorstand,

b) die durch das Statut bestimmten,

c) die durch die Generalversammlung erwählten,

d) die durch den Richter ernannten Personen.

2. **Absatz** II. Abberufung der Liquidatoren.

Die vom Richter ernannten Liquidatoren können auch nur von diesem abberufen werden, und zwar auf Antrag des Aufsichtsraths oder des zehnten Theiles der Genossen.

Die Bestellung der nicht vom Richter ernannten Personen kann jederzeit von der Generalversammlung widerrufen werden, und von dem Richter auf Antrag des Aufsichtsraths oder des zehnten Theiles der Genossen.

Der Widerruf geschieht unbeschadet der Ansprüche der Liquidatoren aus den Anstellungsverträgen.

Da der Aufsichtsrath in Funktion bleibt (§ 85) und ihm insbesondere das Recht und die Pflicht der Ueberwachung der Liquidatoren übertragen ist (§ 87), so muß ihm auch die Befugniß des § 38 den Liquidatoren gegenüber zustehen, diese vorläufig von ihrem Amte zu entheben; sind die Liquidatoren vom Richter ernannt, so hat dieser darüber zu entscheiden, ob die Liquidatoren abzuberufen sind oder nicht; sind die Liquidatoren nicht vom Richter ernannt, so hat der Aufsichtsrath entweder das Recht, die Abberufung beim Richter zu beantragen oder unverzüglich eine Generalversammlung zur Beschlußfassung über die Abberufung anzuberaumen (§ 38). Sollte sein Antrag auf Abberufung vom Richter abgelehnt sein, so steht nichts im Wege, daß er sich noch an die Generalversammlung wendet und diese nun seinem Antrage stattgiebt; auch das Umgekehrte kann eintreten. Im Falle der vorläufigen Suspension hat der Aufsichtsrath für die Fortführung der Geschäfte zu sorgen (§ 38), und sind die Liquidatoren nach seinem Antrage abgesetzt, so muß er entweder von der Generalversammlung Neuwahlen vornehmen lassen oder sich an das Gericht mit dem Antrage auf Ernennung von Liquidatoren wenden.

Die Vorschriften über die Ernennung und Abberufung von Liquidatoren durch den Richter beruhen nach den Motiven auf denselben Erwägungen wie die analogen Bestimmungen des Art. 244 A.G.

In der Begründung zu Art. 244 A.G. heißt es: Die Erfahrung hat gezeigt, daß auch bei den sogenannten Entgründungen von Aktiengesellschaften Mißbräuche nicht minder schwerer Art wie bei den Gründungen derselben vorzukommen pflegen, insofern dieselben von Interessenten dazu benutzt werden, sich mit Hülfe gefügiger Liquidatoren auf Kosten der Gesellschaftsgläubiger und Aktionäre zu bereichern. Solchen Mißständen kann nur dadurch mit Erfolg gesteuert werden, daß dem Handelsgericht die Befugniß gegeben wird, auf Antrag Liquidatoren zu bestellen oder abzuberufen; auch können sonstige Fälle vorkommen, in denen nur durch ein solches richterliches Recht zweckmäßige Abhülfe eintreten kann. Die Entscheidung über die Gründe ist im Einzelfalle dem pflichtmäßigen Ermessen des Richters überlassen.

Die hier in Erwägung gezogenen Erfahrungen sind bei den Genossenschaften bisher nicht vorgekommen.

Ueber die Zulässigkeit von Rechtsmitteln gegen die Entscheidungen des Richters sind die Landesgesetze maßgebend.

§. 82.

Die Bestellung der ersten Liquidatoren ist durch den Vorstand, jede Aenderung der Liquidatoren oder Beendigung ihrer Vollmacht ist durch diese zur Eintragung in das Genossenschaftsregister ohne Verzug anzumelden.

Zugleich haben die Liquidatoren ihre Unterschrift persönlich vor dem Gerichte zu zeichnen oder die Zeichnung in beglaubigter Form einzureichen.

Eine Abschrift der Urkunden über ihre Bestellung ist der Anmeldung beizufügen und wird bei dem Gerichte aufbewahrt.

Ges. von 1868 § 41, Entw. I 79 und II, Komm. 80, Rtg. 82. Begr. I 160, II 106, A.B. 6, 21.

Erläuterungen zu § 82.

§ 82 entspricht dem § 41 des Ges. von 1868 mit redaktionellen, durch die §§ 11 und ff. erforderlich gewordenen Aenderungen (Art. 243 Abs. 3, 244 des A.G.).

1. **Absatz** I. Anmeldung der Vorstandsmitglieder als Liquidatoren.

Geschieht die Liquidation durch die Vorstandsmitglieder, so haben diese sich als Liquidatoren anzumelden.

2. Beendigung der Vollmacht.

„Beendigung der Vollmacht" umfaßt alle die Fälle, in denen nicht „Aenderung", d. h. Ausscheiden eines Liquidators vorliegt, sie begreift alle sonstigen Formen des Aufhörens der Liquidirungsbefugniß, z. B. Entlassung eines Liquidators ohne Ernennung eines andern, Beendigung der Liquidation; auch in letzterem Falle ist eine Löschung nothwendig, weil es immerhin möglich ist, daß ohne dieselbe in Folge betrügerischer Handlungsweise der Liquidatoren die in Liquidation befindliche Genossenschaft gegen Dritte Verpflichtungen erhält, falls das Vermögen noch nicht vertheilt ist (§ 84).

3. Anmeldung.

Erfolgt bereits die erste Bestellung der Liquidatoren durch den Richter, so ist auch diese von dem Vorstande zur Eintragung anzumelden, eine Abschrift der Bestellungsurkunde ist der Anmeldung beizufügen.

Die Anmeldung zur Eintragung ist wie bei dem Vorstande nur eine Ordnungsvorschrift. (Vgl. auch §§ 148, 152 über Anmeldung zum Gericht der Zweigniederlassung und Ordnungsstrafen.)

4. **Absatz** II. Zeichnung der Unterschrift.

Nach dem Wortlaut des Abs. 2 müssen die Liquidatoren auch dann ihre Unterschrift vor dem Gericht zeichnen oder die Zeichnung in beglaubigter Form einreichen, wenn sie als Vorstandsmitglieder die Liquidation besorgen. In § 28, welchem § 82 entspricht, ist ausdrücklich bestimmt, daß nur neue Vorstandsmitglieder ihre Unterschrift zu zeichnen haben, diese einschränkende Vorschrift fehlt in § 82. Dennoch wird man die Vorschrift des § 28 analog anwenden müssen, denn da doch die Unterschrift der Personen die gleiche ist, ob sie Vorstandsmitglieder oder Liquidatoren sind, so läßt sich kein Grund dafür finden, weswegen die Vorstandsmitglieder als Liquidatoren nochmals ihre Unterschrift abgeben sollten.

§. 83.

Die Liquidatoren haben in der bei ihrer Bestellung bestimmten Form ihre Willenserklärungen kundzugeben und für die Genossenschaft zu zeichnen. Ist nichts darüber bestimmt, so muß die Erklärung und Zeichnung durch sämmtliche Liquidatoren erfolgen. Weniger als zwei dürfen hierfür nicht bestimmt werden.

Die Bestimmung ist mit der Bestellung der Liquidatoren zur Eintragung in das Genossenschaftsregister anzumelden.

Die Zeichnungen geschehen derartig, daß die Liquidatoren der bisherigen, nunmehr als Liquidationsfirma zu bezeichnenden Firma ihre Namensunterschrift beifügen.

Ges. von 1868 §§ 42, 45, Entw. I 80 u. II, Komm. 81, Rtg. 83. Begr. I 160, II 106.

Erläuterungen zu § 83.

1. **Absatz** I. Bestimmungen über die Vertretung.

§ 83 entspricht dem § 42 Abs. 2 des Ges. von 1868 mit den durch § 25 erforderlichen Abänderungen. Falls das Statut nichts über die Vertretung der Liquidatoren bestimmt, so kann dieselbe nur von dem Organ, durch welches die Bestellung erfolgt, also von der Generalversammlung oder dem Registergericht, getroffen werden. Wie für Vorstandsmitglieder, gilt auch für Liquidatoren, daß die Vertretung mindestens zwei Liquidatoren übertragen werden muß.

2. **Absatz** II. Bedeutung der Eintragung.

Die Bestimmungen über die Vertretung der Genossenschaft durch die Liquidatoren — falls dieselbe nicht durch sämmtliche erfolgen soll — ist von den Liquidatoren zur Eintragung in das Genossenschaftsregister anzumelden, und von der Eintragung und Veröffentlichung hängt die Wirkung Dritten gegenüber ab (§ 84). Dieser Grundsatz hat auch dann Anwendung zu finden, wenn eine Bestimmung der fraglichen Art erst nachträglich, d. h. nach der Bestellung und Anmeldung der Liquidatoren, erfolgt ist. (Vgl. §§ 148, 152 über Anmeldungen zum Gericht der Zweigniederlassung und Ordnungsstrafen.)

3. **Absatz** III. Firma.

Die Firma der Genossenschaft, welche mit den Worten „Eingetragene Genossenschaft mit unbeschränkter Haftpflicht (oder mit unbeschränkter Nachschußpflicht oder mit beschränkter Haftpflicht)" schließen muß, erhält den Zusatz „In Liquidation". Die Vorschriften über die Zeichnung sind gleich denen für den Vorstand nur Ordnungsvorschriften.

§. 84.

Die Vorschriften im §. 29 über das Verhältniß zu dritten Personen finden bezüglich der Liquidatoren Anwendung.

Ges. von 1868 § 42, Entw. I 81 u. II, Komm. 82, Rtg. 84. Begr. I 160, II 106.

§. 85.

Bis zur Beendigung der Liquidation kommen ungeachtet der Auflösung der Genossenschaft in Bezug auf die Rechtsverhältnisse derselben und der Genossen die Vorschriften des zweiten und dritten Abschnitts dieses Gesetzes zur Anwendung, soweit sich aus den Bestimmungen des gegenwärtigen Abschnitts und aus dem Wesen der Liquidation nicht ein Anderes ergiebt.

Der Gerichtsstand, welchen die Genossenschaft zur Zeit ihrer Auflösung hatte, bleibt bis zur vollzogenen Vertheilung des Vermögens bestehen.

Ges. von 1868 § 49, Entw. I 82 u. II, Komm. 83, Rtg. 85. Begr. I 161, II 106.

Erläuterungen zu § 85.

§ 85 regelt, wie § 49 des Ges. von 1868, die Rechtsverhältnisse der Genossenschaft und der Genossen während der Liquidation. Fortgefallen ist die dortige Vorschrift über die Zustellungen an die Liquidatoren. Die Frage ist im § 157 C.P.O. geregelt.

1. **Absatz** I. „Vorschriften des zweiten und dritten Abschnittes".

Von den Vorschriften des zweiten und dritten Abschnittes kommen nicht zur Anwendung die §§ 18, 22, 30 Abs. 2, 40, 47, weil es an den entsprechenden Voraussetzungen fehlt. Es sind ersetzt § 19 durch § 89, § 25 durch § 83, § 24 durch §§ 80, 86, § 28 durch § 82, § 31 Abs. 2 durch § 87. Die übrigen Vorschriften finden entsprechende Anwendung; insbesondere behalten der Aufsichtsrath und die Mitglieder in der Generalversammlung ihre Rechte und Pflichten gegenüber den Liquidatoren.

2. **Absatz** II. Gerichtsstand.

Nach § 49 des Ges. von 1868 sollte der Gerichtsstand der Genossenschaft „bis zur Beendigung der Liquidation" bestehen bleiben; genauer und in Uebereinstimmung mit § 193 Abs. 2 K.O. (§ 89 Abs 2 des Ges.) wird hier „bis zur vollzogenen Vertheilung des Vermögens" gesagt, dann hat thatsächlich die Genossenschaft erst aufgehört zu bestehen (vgl. § 91 Abs. 2).

§. 86.

Die Liquidatoren haben die laufenden Geschäfte zu beendigen, die Verpflichtungen der aufgelösten Genossenschaft zu erfüllen, die Forderungen derselben einzuziehen und das Vermögen der Genossenschaft in Geld umzusetzen; sie haben die Genossenschaft gerichtlich und außergerichtlich zu vertreten. Zur Beendigung schwebender Geschäfte können die Liquidatoren auch neue Geschäfte eingehen.

Ges. von 1868 § 43, Entw. I 83, II u. Komm. 84, Rtg. 86. Begr. I 161, II 106.

Erläuterungen zu § 86.

§ 86, inhaltlich gleich dem Art. 137 H.G.B., entspricht dem § 43 Abs. 1 des Gesetzes von 1868, weggelassen ist nur als selbstverständlich, daß die Liquidatoren Vergleiche schließen und Kompromisse eingehen können.

1. Gesetzlicher Umfang der Vertretung.

§ 86 bestimmt den gesetzlichen Umfang der Vertretungsbefugniß der Liquidatoren, welche mit Wirkung gegen Dritte ebensowenig wie die der

Vorstandsmitglieder durch Statut oder Generalversammlungs-Beschlüsse beschränkt werden kann. Solche Beschränkungen haben nur die Bedeutung, daß sich die Liquidatoren durch Nichtinnehaltung derselben der Genossenschaft verantwortlich machen (§§ 87, 26, 27); im Gesetze von 1868 trafen §§ 44 und 46 in diesem Sinne besondere Bestimmungen für die Einschränkung der Vertretung der Liquidatoren und deren Verantwortlichkeiten. Diese Vorschriften sind durch die Bezugnahme des § 87 auf die für den Vorstand geltenden analogen Normen entbehrlich geworden.

Durch Rechtsgeschäfte, welche nicht in dem Rahmen der gesetzlichen Vollmacht liegen, wird die Genossenschaft nicht verpflichtet. Eine Spezialvollmacht zur Vornahme eines unter § 86 fallenden Rechtsgeschäfts ist selbstverständlich nicht erforderlich.

Wie in der Vorbemerkung erwähnt ist, findet § 27 auch auf die in Liquidation befindliche Genossenschaft Anwendung und können die Liquidatoren auch Immobilien für die Genossenschaft erwerben, soweit der Erwerb in den Rahmen ihrer Vertretungsbefugniß fällt; es kann der Erwerb von Immobilien z. B. zur Rettung von Forderungen in der Subhastation erforderlich werden (vgl. v. Hahn zu Art. 137 H.G.B.). Ueber die Veräußerung von Immobilien vgl. § 87 Abs. 2.

2. Einräumung weiterer Rechte.

In Frage kann kommen, ob durch das Statut oder die Generalversammlung den Liquidatoren weitere Rechte eingeräumt werden können; es wird dies verneint werden müssen, da es sich in der Liquidation gesetzlich nur um Rechtsgeschäfte handeln kann und soll, die zur Abwickelung der Geschäfte der Genossenschaft nothwendig sind (dagegen v. Hahn zu Art. 137 H.G.B.).

3. Befugnisse der Liquidatoren.

Die Liquidatoren sind verpflichtet:

a) zur Beendigung der laufenden Geschäfte; es kann im einzelnen Fall kaum zweifelhaft sein, welche Rechtsakte hierher gehören,
b) zur Erfüllung der Verpflichtungen der aufgelösten Gesellschaft,
c) zur Einziehung der Forderungen derselben,
d) zur Versilberung des Vermögens derselben,

und die Liquidatoren sind berechtigt

e) zur Beendigung schwebender Geschäfte neue Geschäfte einzugehen.

4. Beendigung schwebender Geschäfte.

Wann ein Geschäft sich als solches qualifizirt, kann natürlich im einzelnen Falle zweifelhaft sein; und mit Recht sagt daher v. Hahn zu Art. 137 H.G.B. § 4, daß dieser Punkt es ist, welcher den Geschäftsverkehr mit einer in Liquidation begriffenen Gesellschaft bedenklich macht, besonders wenn Ordrepapiere ausgestellt, acceptirt oder indossirt werden und dieselben in dritte Hand kommen. Unerheblich für die Beurtheilung der Frage, ob es sich um ein Geschäft handelt, welches ein „schwebendes" beendigt, ist, ob sich den Liquidatoren zur Abwickelung des schwebenden Geschäfts ein zweckmäßigerer Weg bot (R.G. IV S. 64). Nicht zu verstehen ist unter der Beendigung allein die gänzliche Tilgung aus dem alten Geschäft; unter die in Rede stehenden Geschäfte fällt nach Ansicht des Reichsgerichts a. a. O., wenn der Liquidator der Genossenschaft nach Leistung einer Abschlagszahlung auf eine vor Auflösung der Genossenschaft kontrahirte Wechselschuld über den nicht bezahlten Restbetrag derselben dem bisherigen Wechselgläubiger einen neuen Wechsel ausstellt.

Ueber die Beweislast läßt sich das Urtheil des O.H.G. 13 S. 226 wie folgt aus: Der Regel nach darf der Liquidator neue Geschäfte nicht eingehen. Aus diesem Verhältniß von Regel und Ausnahme folgt, daß derjenige, welcher Ansprüche aus einer von dem Vertreter einer in Liquidation befindlichen Firma eingegangenen Wechselverpflichtung erhebt, beweisen muß: entweder, daß die Wechsel zur Beendigung schwebender Geschäfte bestimmt gewesen seien, oder daß er trotz Erfüllung der ihm obliegenden Erkundigungspflicht berechtigt gewesen anzunehmen, die fragliche Wechselverpflichtung sei eingegangen zur Beendigung schwebender Geschäfte (anderer Ansicht anscheinend das R G. Bd. IV S. 66).

§. 87.

Die Liquidatoren haben die aus den §§. 26, 27, §. 31 Absatz 1, §. 32, §§. 42 bis 45, §. 46 Absatz 2 sich ergebenden Rechte und Pflichten des Vorstandes und unterliegen gleich diesem der Ueberwachung des Aufsichtsraths. Sie haben sofort bei Beginn der Liquidation und demnächst in jedem Jahre eine Bilanz aufzustellen. Die erste Bilanz ist zu veröffentlichen; die Bekanntmachung ist zu dem Genossenschaftsregister einzureichen.

Die Veräußerung unbeweglicher Sachen kann von den Liquidatoren, sofern nicht das Statut oder ein Beschluß der Generalversammlung anders bestimmt, nur durch öffentliche Versteigerung bewirkt werden.

Ges von 1868 §§ 44, 40, 48, 43, Entw. I 84, II u. Komm. 85, Rtg. 87. Begr. I 161, II 107, Komm.Ber 42, A.B. § 7

Erläuterungen zu § 87.

1. **Absatz** I. Anwendbarkeit der für die Vorstandsmitglieder gegebenen Vorschriften auf die Liquidatoren.

Die Liquidatoren verpflichten die Genossenschaft durch die von ihnen für diese abgeschlossenen Rechtsgeschäfte, sobald sich nur aus den Umständen ergiebt, daß das Rechtsgeschäft für die Genossenschaft gelten sollte. Zu ihrer Legitimation vor den Behörden genügt eine Bescheinigung des Gerichts über ihre Eintragung (§ 26). Beschränkungen in ihrer gesetzlichen Vertretung haben Wirksamkeit nur der Genossenschaft gegenüber (§ 27). Sie haben dafür Sorge zu tragen, daß die erforderlichen Bücher geführt werden (§ 31 Abs. 1); in Betreff ihrer Verantwortung gelten die gleichen Bestimmungen wie für den Vorstand (§ 32), sie sind also regelmäßig nur der Genossenschaft gegenüber verantwortlich. Die Prozesse gegen die Liquidatoren hat der Aufsichtsrath zu führen, allerdings ist § 37 Abs. 1 hier nicht besonders aufgeführt, seine Anwendung folgt aber aus § 85 Abs. 1 und dem Fortbestand des Aufsichtsraths (der gleichen Ansicht für das Ges. vom 1868 Endemann § 91 Note 12, Sicherer S. 294). Für ihr Verhältniß dem Gläubigern gegenüber gelten die §§ 88 Abs. 3 u. 136, vgl. ferner zu § 32. Eine gesetzliche weitergehende Verantwortlichkeit der Liquidatoren dem Gläubigern gegenüber wäre am Platz gewesen, da die Liquidatoren nicht Mitglieder der Genossenschaft zu sein brauchen und der für die Beschränkung der direkten Haftbarkeit der Vorstandsmitglieder angeführte Grund daher wegfällt. Die Liquidatoren haben ferner die den Vorstandsmitgliedern mit Bezug auf die Berufung der Generalversammlung obliegenden Pflichten (§§ 42, 45, 46 Abs. 2).

2. Aufsichtsrath.

Um jeden Zweifel über die Thätigkeit des Aufsichtsraths während der Liquidation auszuschließen, wird hier zum Ausdruck gebracht, daß die Liquidatoren der Ueberwachung durch den Aufsichtsrath unterliegen. Dieser hat zudem das Recht der vorläufigen Suspension (vgl. zu § 81).

3. Bilanz.

Das Ges. von 1868 hatte in Betreff der Aufstellung der Bilanz in § 48 die Bestimmung, daß die Liquidatoren sofort beim Beginn der Liquidation eine Bilanz aufzustellen haben; diese Bilanz hatte nur den Zweck, eine Uebersicht über die Vermögenslage der Genossenschaft zu geben. Die Bilanz des jetzigen Gesetzes hat eine größere Bedeutung. Durch die in § 89 über die Gewinn- und Verlustvertheilung für den Zeitraum der letzten Geschäftsperiode getroffenen Vorschriften erhält die erste Liquidationsbilanz noch einen weitergehenden Zweck. „Tritt die Liquidation mit dem Beginn eines Geschäftsjahres ein, so fällt die Liquidationsbilanz mit der Jahresbilanz zusammen, in allen anderen Fällen ist sie gesondert aufzustellen, indem dabei der Zeitraum seit dem Ende des letzten Jahres als eine besondere Geschäftsperiode zu behandeln ist. Mit dieser Bilanz ist daher auch in allen Beziehungen ebenso zu verfahren wie mit den Jahresbilanzen bei bestehender Genossenschaft, insbesondere hat in gleicher Weise wie bei diesen die Veröffentlichung und Einreichung zum Genossenschaftsregister zu erfolgen. Dagegen sollen die weiterhin im Laufe der Liquidation in jedem Jahre aufzustellenden Bilanzen nur dazu dienen, den Mitgliedern der Genossenschaft regelmäßige Aufklärung über die Vermögenslage und den Fortgang der Liquidation zu geben. Sie sind deshalb zwar der Generalversammlung vorzulegen (§ 46 Abs. 2), eine Veröffentlichung derselben ist dagegen nicht erforderlich" (Begr. II 107). „In jedem Jahre" bedeutet hier nach dem Sprachgebrauch des Gesetzes „Kalenderjahr" und nicht „Geschäftsperiode". Es ist dies auch in der Kommission noch von dem Regierungsvertreter auf Anfrage eines Mitgliedes ausdrücklich anerkannt mit der Begründung, daß eine Normirung des Geschäftsjahres auf weniger als ein Jahr mit der Auflösung der Genossenschaft ihre Bedeutung verliere; für den Zweck, welcher mit der Bilanz im Liquidationsstadium verfolgt würde, sei die Aufstellung in Zwischenräumen von einem Jahre genügend (Komm.Ber. S. 42). Aufstellung im Kalenderjahre reicht also auch bei Genossenschaften aus, die mit kürzerer Geschäftsperiode abschließen. Für den Fall der Ueberschuldung vgl. § 92.

4. **Absatz** II. Veräußerung von Immobilien.

Abs. 2 entspricht dem § 43 Abs. 2 des Ges. von 1868 und ist gleichlautend mit Art. 244a Abs. 4 A.G. Die Liquidatoren können Immobilien beliebig veräußern, sie bedürfen keiner Genehmigung seitens der Generalversammlung und des Aufsichtsraths hierzu, sie sind nur in der Art der Veräußerung beschränkt, diese muß, falls nicht das Statut oder ein Beschluß der Generalversammlung anders bestimmt, öffentlich geschehen, die Versteigerung braucht aber nicht gerichtlich zu erfolgen. Diese Beschränkung bezieht sich nur auf den Verkauf von Immobilien. Ferner vgl. zu § 86.

§. 88.

Eine Vertheilung des Vermögens unter die Genossen darf nicht vor Tilgung oder Deckung der Schulden und nicht vor Ablauf eines Jahres seit dem Tage vollzogen werden, an welchem die Aufforderung der Gläubiger in den hierzu bestimmten Blättern (§. 80 Absatz 2) zum dritten Male erfolgt ist.

Nicht erhobene Schuldbeträge, sowie die Beträge für betagte oder streitige Forderungen sind zurückzubehalten. Dasselbe gilt von schwebenden Verbindlichkeiten.

Liquidatoren, welche diesen Vorschriften zuwiderhandeln, sind außer der Genossenschaft den Gläubigern zum Ersatze des ihnen daraus erwachsenen Schadens persönlich und solidarisch verpflichtet. Die gleiche Verpflichtung trifft die Mitglieder des Aufsichtsraths, wenn die Zuwiderhandlung mit ihrem Wissen und ohne ihr Einschreiten geschieht. Die Verpflichtung wird den Gläubigern gegenüber dadurch nicht aufgehoben, daß die Zuwiderhandlung auf einem Beschlusse der Generalversammlung beruht.

Entw. I 85, II 86, Komm. 86, Rtg. 88. Begr. I 162, II 107, Komm.Ber. 42.

Erläuterungen zu § 88.

1. **Absatz** I. Vertheilung.

Nach dem Ges. von 1868 konnte sofort nach Eröffnung der Liquidation mit der Vertheilung des Genossenschaftsvermögens begonnen werden. Es bestimmte § 47 unter Nr. 1 nur, daß zunächst die Gläubiger der Genossenschaft je nach der Fälligkeit ihrer Forderungen befriedigt und die zur Deckung noch nicht fälliger Forderungen nöthigen Summen zurückbehalten werden sollten. Die Vorschrift war dem für die offene Handelsgesellschaft geltenden Art. 140 H.G.B. entnommen, „sie genügt aber keineswegs nun auch bei der Genossenschaft die Rechte der Gläubiger zu sichern, denn die

Mitglieder der Genossenschaft haften den Gläubigern nicht unbedingt wie die Theilnehmer einer offenen Handelsgesellschaft, sondern nur im Falle des Konkurses, und die Konkurseröffnung ist nicht mehr möglich, sobald das Genossenschaftsvermögen vollständig vertheilt ist" (Begr. II 107).

Aus diesen Gründen sind für die Vertheilung des Vermögens die für die Aktiengesellschaften maßgebenden Vorschriften aus Art. 245 H.G.B. analog für die Genossenschaften angewendet. Der früheste Termin für die Vertheilung des Vermögens ist Ablauf eines Jahres seit der dritten Aufforderung an die Gläubiger sich zu melden, vorausgesetzt, daß die den Liquidatoren bekannten Schulden getilgt oder sichergestellt sind.

In Folge Auflösung der Genossenschaft wird keine Forderung an dieselbe fällig.

2. **Absatz** II. „zurückhalten".

Es ist nicht vorgeschrieben, daß die zur Deckung u. s. w. erforderlichen Beträge zu hinterlegen sind, doch wird dies regelmäßig geschehen.

3. **Absatz** III. (Vgl. Art. 244a, 241, 226 A.G.) Verantwortlichkeit

a) gegenüber der Genossenschaft

α) der Liquidatoren.

Die Worte „außer der Genossenschaft" sind in der Kommission hinzugesetzt, „um mit der Absicht der Vorlage klarzustellen, daß die Schadensersatzpflicht der Liquidatoren, im Falle von Zuwiderhandlungen gegen die Vorschriften über die Vertheilung des Genossenschaftsvermögens, sowohl der Genossenschaft als den Gläubigern gegenüber besteht" (Komm.Ber. S. 42); Voraussetzung ist ein Schaden; ein solcher ist wohl nur dann denkbar, wenn Gläubiger befriedigt sind, deren Forderungen mit Erfolg hätten angefochten werden können oder welche zur Zeit noch keinen Anspruch auf Befriedigung hatten. Den Liquidatoren gleich zu achten sind die Vorstandsmitglieder bis zur Bestellung von Liquidatoren (§ 81, vgl. aber v. Hahn zu Art. 245 H.G.B., auch in Art. 241 Abs. 3 A.G. ist der Vorstandsmitglieder besonders gedacht).

β) der Aufsichtsrathsmitglieder.

Die Aufsichtsrathsmitglieder haften für den der Genossenschaft durch die vorzeitige Vertheilung entstandenen Schaden, wenn sie Kenntniß von derselben gehabt haben und trotzdem nicht eingeschritten sind (z. B. durch Suspension).

b) gegenüber den Gläubigern

α) der Liquidatoren.

Die Liquidatoren haften jedem Gläubiger für den durch die vorzeitige Vertheilung entstandenen Schaden. Kann es noch zum Konkurse der Genossenschaft kommen, so haben die Gläubiger folglich zunächst bei der Genossenschaft bezw. bei den Genossen Befriedigung zu suchen.

β) der Aufsichtsrathsmitglieder.

Es gelten dieselben Voraussetzungen wie oben zu β.

Das Gesetz giebt in diesen Fällen den Gläubigern ausnahmsweise einen direkten Anspruch, da „die vorzeitige Vertheilung des Genossenschaftsvermögens gerade die Folge haben kann, daß ein unberücksichtigt gebliebener Gläubiger weder Vermögen noch Personen mehr vorfindet, an welche er sich halten kann" (Begr. II 108).

c) gegenüber den Genossen.

Den Genossen gegenüber besteht nur eine außerkontraktliche Schadensersatzpflicht nach den landesgesetzlichen Bestimmungen (vgl. § 32).

4. Vertheilung auf Grund eines Generalversammlungsbeschlusses.

Den Gläubigern gegenüber ist es bedeutungslos, wenn die vorzeitige Vertheilung auf Grund eines Generalversammlungsbeschlusses ausgeführt ist; denn wenn Vorstand (Liquidatoren) und Aufsichtsrath einen gesetzwidrigen Beschluß ausführen, so thun sie es den Gläubigern gegenüber auf ihre eigene Verantwortlichkeit. Aus der Bestimmung des letzten Satzes ist nicht zu schließen, daß, wenn die Vertheilung auf Grund eines Generalversammlungsbeschlusses geschehen ist, Vorstand (Liquidatoren) und Aufsichtsrath unter allen Umständen von der Ersatzverbindlichkeit der Genossenschaft gegenüber frei werden; weist die Genossenschaft nach, daß der Vorstand (Liquidatoren) die Generalversammlung nicht genügend aufgeklärt hat, so besteht die Verbindlichkeit der Organe auch ferner, es gilt hier das Gleiche wie bei der Decharge (vgl. zu § 32).

§. 89.

Die Vertheilung des Vermögens unter die einzelnen Genossen erfolgt bis zum Gesammtbetrage ihrer auf Grund der ersten Liquidationsbilanz (§. 87) ermittelten Geschäftsguthaben nach dem Verhältniß der letzteren. Bei Ermittelung der einzelnen Geschäftsguthaben bleiben für die Vertheilung des Gewinnes oder Verlustes, welcher sich für den Zeitraum zwischen der letzten Jahresbilanz (§. 31) und der ersten Liquidationsbilanz ergeben hat, die seit der letzten Jahresbilanz geleisteten Einzahlungen außer Betracht. Der Gewinn aus diesem Zeitraum ist dem Guthaben auch insoweit zuzuschreiben, als dadurch der Geschäftsantheil überschritten wird.

Ueberschüsse, welche sich über den Gesammtbetrag dieser Guthaben hinaus ergeben, sind nach Köpfen zu vertheilen.

Durch das Statut kann ein anderes Verhältniß für die Vertheilung bestimmt werden.

Ges. von 1868 § 47, Entw. I 86, II 87, Komm. 87, Rtg. 89. Begr. I 163, II 108, Komm.Ber. 43.

I. Zur Geschichte des § 89.

Im Ges. von 1868 behandelte die Theilung des liquidirten Vermögens der Genossenschaft unter die Mitglieder § 47, über dessen Entstehung Parisius S. 365 Auskunft giebt. Er lautet:

Die bei Auflösung der Genossenschaft vorhandenen und die während der Liquidation eingehenden Gelder werden, wie folgt, verwendet:

a) es werden zunächst die Gläubiger der Genossenschaft je nach der Fälligkeit ihrer Forderungen befriedigt und die zur Deckung noch nicht fälliger Forderungen nöthigen Summen zurückbehalten;
b) aus den alsdann verbleibenden Ueberschüssen werden die Geschäftsantheile an die Genossenschafter zurückgezahlt. Reicht der Bestand zur vollständigen Deckung nicht aus, so erfolgt die Vertheilung desselben nach Verhältniß der Höhe der einzelnen Guthaben, wenn der Gesellschaftsvertrag nicht anders bestimmt;
c) aus dem nach Deckung der Schulden der Genossenschaft, sowie der Geschäftsantheile der Genossenschafter (§ 39) noch verbleibenden Bestande wird zunächst der Gewinn des letzten Rechnungsjahres an die Genossenschafter nach den Bestimmungen des Gesellschaftsvertrages gezahlt. Die Vertheilung weiterer Ueberschüsse unter die Genossenschafter erfolgt in Ermangelung anderer Vertragsbestimmungen nach Köpfen.

Der § 89 stammt aus dem Regierungsentwurfe. Mehrere Aenderungen des ersten Absatzes, welche die Reichstagskommission vornahm, sind lediglich redaktioneller Natur.

II. Erläuterungen zu § 89.

1. Absatz I. Grundlage der Vertheilung.

Nach § 47 des Ges. von 1868 erfolgt also in Ermangelung einer anderweiten Bestimmung des Statuts die Vertheilung des Genossenschaftsvermögens bis zum Gesammtbetrage der Geschäftsguthaben ebenfalls nach dem Verhältniß dieser. Es wurde jedoch in litt. b der Fall, daß der Bestand zur vollständigen Deckung nicht ausreicht, von dem Fall in litt. c getrennt behandelt, daß sich über den Gesammtbetrag der Guthaben ein Ueberschuß ergiebt, in welchem Falle zunächst „der Gewinn des letzten Rechnungsjahres" gezahlt werden sollte, und zwar nach den Geschäftsantheilen, wenn das Statut nichts Anderes bestimmt.

2. Die Liquidationsbilanz und die ihr vorangehende Geschäftsperiode.

Das Gesetz regelt die Vertheilung weit einfacher. Es trennt zunächst nicht die Vertheilung der Geschäftsguthaben, falls der Betrag die Gesammtguthaben nicht überschreitet, und die Vertheilung des Gewinnes der letzten Rechnungsperiode, da beide Male dieselbe nach der Höhe der Geschäftsguthaben zu erfolgen hat, und legt der Vertheilung des Vermögens die zu Beginn der Liquidation ermittelten Geschäftsguthaben zu Grunde. In den Motiven heißt es (Begr. II 108): „Es erscheint ungerecht, in dem einen oder anderen Falle als Maßstab für die Theilung diejenigen Guthaben, welche für die einzelnen Genossen zum Schlusse des letzten vollen Geschäftsjahres, nach der letzten Jahresbilanz, ermittelt waren, und nicht vielmehr die einzelnen Guthaben in ihrer zu Beginn der Liquidation ermittelten Höhe zu nehmen, soweit beide Zeitpunkte nicht etwa zusammenfallen . . . Der Abschluß in ihrer (der Genossen) Betheiligung findet erst mit der Auflösung der Genossenschaft statt, und der Zeitraum zwischen dem Schlusse des letzten Geschäftsjahres und dem Beginn der Liquidation erscheint daher als eine den früheren vollen Geschäftsjahren gleichartige, aber in ihrer Begrenzung selbstständige Geschäftsperiode."

3. Gewinn- und Verlust-Vertheilung.

Für die Gewinn- und Verlust-Vertheilung sind die Guthaben daher auch in Gemäßheit des § 19 zu berechnen, d. h. es werden die durch Zuschreibung von Gewinn, Abschreibung von Verlusten und durch Einzahlungen angesammelten Geschäftsguthaben festgestellt, wie sie sich am Schluß der letzten Geschäftsperiode vor der Bilanz herausgestellt haben. Die in der Zwischenzeit geleisteten Einzahlungen bleiben unberücksichtigt. — Immer vorausgesetzt, daß nicht das Statut eine andere Vertheilung vorschreibt.

Bei der Berechnung des Guthabens zur Auszahlung sind diese Einzahlungen selbstverständlich mitzurechnen.

4. Zuschreibung des Gewinnes.

Der Grund für die Zuschreibung des Gewinnes in dem angeführten Falle ist, daß es sich nur um eine Rechnungsoperation handelt, durch welche der richtige Maßstab für die Vertheilung der Liquidationsmasse gefunden werden soll (Begr. II 108); selbstverständlich werden bei dieser Berechnung auch die in der Zeit von der letzten Geschäftsperiode bis zur Auflösung auf den Geschäftsantheil geleisteten Einzahlungen mitberechnet.

Durch diese Feststellung des Guthabens ist eine besondere Bestimmung über die Auszahlung des Gewinnes übrig geworden (§ 47 des Ges. von 1868), da die berechneten Geschäftsguthaben den Maßstab der Vermögensvertheilung bilden.

5. Verletzung der Vertheilungsvorschriften.

Werden von den Liquidatoren die Vertheilungsgrundsätze verletzt, so kann der benachtheiligte Genosse gegen die Genossenschaft klagen, von welcher der bei der Vertheilung den einzelnen Genossen zu viel gezahlte Betrag als Indebitum zurückgefordert werden kann (2. Lesung am 26. März 1887 S. 1083). Gegen die Liquidatoren hat der benachtheiligte Genosse nur einen außerkontraktlichen Anspruch; es ist nicht berücksichtigt, daß sie nicht Mitglieder der Genossenschaft zu sein brauchen.

6. **Absatz** II. Vertheilung der Ueberschüsse.

Der Ueberschuß wird Mangels anderweitiger statutarischer Bestimmung wie nach dem früheren Gesetz nach Köpfen vertheilt. „Sobald das während der Mitgliedschaft beziehungsweise während bestehender Genossenschaft durch das Geschäftsguthaben nur formell zum Ausdruck gelangte ideelle Antheilsrecht der einzelnen Genossen bei der Auseinandersetzung seine Deckung gefunden hat, tritt in der Betheiligung der Genossen eine kapitalistische Verschiedenheit gegenüber der persönlichen Gleichheit zurück" (Begr. II 109).

Diese Vertheilung nach Köpfen entspricht der Solidar-Bürgschaft der Genossen, welche erst eintritt, wenn das Vermögen vollständig aufgezehrt ist, während bei der Aktiengesellschaft die Vertheilung des gesammten Gewinns nach den Geschäftsantheilen (Art. 245 A.G.) und bei der offenen Handelsgesellschaft nach Köpfen (Art. 109 H.G.B.) folgerichtig ist.

§. 90.

Nach Beendigung der Liquidation sind die Bücher und Schriften der aufgelösten Genossenschaft für die Dauer von zehn Jahren einem der gewesenen Genossen oder einem Dritten in Verwahrung zu geben. Der Genosse oder der Dritte wird in Ermangelung einer Bestimmung des Statuts oder eines Beschlusses der Generalversammlung durch das Gericht (§. 10) bestimmt. Dasselbe kann die Genossen und deren Rechtsnachfolger, sowie die Gläubiger der Genossenschaft zur Einsicht der Bücher und Schriften ermächtigen.

Ges. von 1868 § 50, Entw. I 87, II 88, Komm. 88, Rtg. 90. Begr. I 165, II 109, Komm.Ber. 43.

I. Zur Geschichte des § 90.

Der entsprechende § 49 des preußischen Ges. vom 27. März 1867 war wörtlich dem Art. 145 H.G.B. von der offenen Handelsgesellschaft entlehnt, nur daß „Genossenschaft" für „Gesellschaft" und „Genossenschafter" für „Gesellschafter" gesetzt war.

Dieser § 49 ging wörtlich als § 50 in das Reichsges. von 1868 über, nur daß durch einen im Reichstage vorgekommenen Schreibfehler die „gütliche Uebereinkunft" in eine „gültige" verwandelt wurde. (Vgl. Parisius S. 370.) § 50 des Ges. von 1868 lautete darnach:

Nach Beendigung der Liquidationen werden die Bücher und Schriften der aufgelösten Genossenschaft einem der gewesenen Genossenschafter oder einem Dritten in Verwahrung gegeben. Der Genossenschafter oder der Dritte wird in Ermangelung einer gültigen Uebereinkunft durch das Handelsgericht bestimmt.

Die Genossenschafter und deren Rechtsnachfolger behalten das Recht auf Einsicht und Benutzung der Bücher und Papiere.

Der jetzige § 90 schließt sich den Bestimmungen des Art. 246 A.G. an. Im Entwurf waren dem entsprechend nur die „Bücher", nicht auch die Schriften genannt. In der Reichstagskommission ist die Bestimmung wieder auf die „Schriften" ausgedehnt.

II. Erläuterungen zu § 90.

1. Aufbewahrung der Bücher und Schriften — Bestimmung des Dritten.

Nach Art. 33 H.G.B. sind Kaufleute verpflichtet, ihre Handelsbücher während zehn Jahren, von dem Tage der in dieselben geschehenen letzten Eintragung an gerechnet, aufzubewahren, ebenso die empfangenen Handelsbriefe sowie Inventarien und Bilanzen. Diese Bestimmung kommt nach § 17 Abs. 2 des Ges. auch auf Genossenschaften zur Anwendung.

Nach dem jetzigen Gesetz soll beim Mangel einer Bestimmung des Statuts oder eines Beschlusses der Generalversammlung das Gericht den Genossen oder den Dritten bestimmen, der die Bücher aufzubewahren habe. Diese Aenderung ist vorgenommen, weil bei der Genossenschaft — anders als bei der offenen Handelsgesellschaft — eine gütliche Uebereinkunft zwischen allen Genossen nicht in Betracht zu ziehen ist. — Aehnlich Art. 246 H.G.B. für Aktiengesellschaften.

2. Einsicht der Bücher.

Ungenauerweise bestimmte § 50 Abs. 2 des Ges. von 1868, daß die Genossen und deren Rechtsnachfolger das Recht auf Benutzung und Einsicht der Bücher „behalten", bei bestehenden Genossenschaften hatten sie ein solches Recht gar nicht (vgl. Parisius S. 371). Das Gesetz läßt, wie Art. 246 Abs. 2 A.G., die Einsicht der Bücher von einer Ermächtigung des Gerichts abhängen; es soll dem vorgebeugt werden, daß berechtigte Interessen Dritter durch grundlose Offenlegung ihrer früheren Geschäftsbeziehungen verletzt werden (Begr. II 109). Der Richter wird also vor Ertheilung der Ermächtigung zu prüfen haben, ob der Nachsuchende ein berechtigtes Interesse hat, die Einsicht der Bücher zu verlangen. Ein Recht zur Einsicht der Bücher und Schriften hat Niemand. Unter den Genossen sind auch vor der Auflösung ausgeschiedene frühere Mitglieder und deren Rechtsnachfolger mit einbegriffen. Ablehnung des Antrags giebt die Rechtsmittel, welche gegen Verfügungen der nicht streitigen Gerichtsbarkeit nach Landesgesetzen zustehen (vgl. Ring a. a. O. zu Art. 246 S. 570).

Siebenter Abschnitt.

Konkursverfahren und Haftpflicht der Genossen.

Vorbemerkung.

Die Voraussetzungen für die Konkurseröffnung sind die gleichen wie nach dem Ges. von 1868 (§ 28 desselben und § 195 K.O.), hinzugekommen ist nur in § 134 eine Spezialvorschrift für die Genossenschaften mit beschränkter Haftpflicht. Abgesehen von dieser Spezialvorschrift ist Voraussetzung entweder Zahlungsunfähigkeit oder Ueberschuldung bei aufgelöster Genossenschaft. Eine wesentliche Abweichung von dem Ges. von 1868 besteht darin, daß dieses für den Fall der Ueberschuldung bei aufgelöster Genossenschaft einen Aufschub von 8 Tagen gewährte: die Liquidatoren sollten zunächst, wenn sich Ueberschuldung herausstellte, eine Generalversammlung einberufen und erst wenn binnen 8 Tagen nach derselben der Fehlbetrag nicht gedeckt war, den Konkurs anmelden.

Die Motive (I 167, II 110) sehen in diesem Aufschub einen Fehler. „Durch freiwillige Zahlungen mögen die Genossen die Ueberschuldung und die Konkurseröffnung abwenden. Aber nach wirthschaftlichen wie rechtlichen Gründen verbietet sich jeder gesetzliche Aufschub des Konkurses und ... ein Nachschußverfahren zur Abwendung des Konkurses ... Ueberhaupt wird verkannt, daß nicht das Konkursverfahren, sondern die ihm zu Grunde liegende Ueberschuldung der Genossenschaft das eigentliche Uebel ist, welches vorliegt, und um dessen bestmögliche Hebung es sich handelt."

In der Kommission wurde ein Antrag gestellt, welcher vom Standpunkt des Ges. von 1868 ausging, die 8tägige Frist durch eine 14tägige zu ersetzen und ein freiwilliges Umlageverfahren zum Zweck der Vertheilung der vom einzelnen Genossen zur Deckung der Unterbilanz eingezahlten Beträge auf alle Genossen zuzulassen. Die Antragsteller beriefen sich auf die Praxis, die gezeigt, daß die Liquidation dem Konkurse vorzuziehen sei und daß die Genossen zur Deckung des Defizits meist bereit seien, um den Konkurs zu verhüten. Die Regierungsvertreter vertraten die Vorlage mit den oben angeführten Gründen, und die Kommission schloß sich ihnen an. Der Antrag wurde abgelehnt. Es ist dies zu bedauern, ist doch noch in letzter Zeit in dem Vorschußverein zu Chemnitz ein sprechender Beweis geliefert, daß es im Interesse der Genossenschaft und weiter Kreise der Bevölkerung liegt, den Konkurs auch im Falle der Ueberschuldung zu vermeiden (Bl.f G. Nr 9 v. 1889), dies aber wäre um so eher in Zukunft zu erreichen gewesen, wenn den Genossen, welche zur Deckung des Defizits Vorschüsse geleistet, ein Weg geboten würde, diese Summen auf alle betheiligten Genossen zu vertheilen. Nicht bei der Liquidation werden die Aktiven verschleudert, sondern im Konkurse.

§. 91.

Das Konkursverfahren findet im Falle der Zahlungsunfähigkeit, nach Auflösung der Genossenschaft auch im Falle der Ueberschuldung statt.

Nach Auflösung der Genossenschaft ist die Eröffnung des Verfahrens so lange zulässig, als die Vertheilung des Vermögens nicht vollzogen ist.

Ges. von 1868 § 48, Entw I 88, II 89, Komm. 89, Rtg. 91. Begr. I 166, II 109, Komm.Ber. 4.

Erläuterungen zu § 91.

1. **Absatz** I. Zahlungsunfähigkeit.

Die Genossenschaft ist zahlungsunfähig, wenn sie nicht mehr genügende Mittel besitzt, um fällige Schulden zu decken; Zahlungsunfähigkeit ist nach § 94 K.O. insbesondere anzunehmen, wenn „Zahlungseinstellung“ erfolgt ist, d. h. wenn die Zahlungsunfähigkeit sich äußerlich bemerkbar macht, indem die Zahlung verlangenden Gläubiger aus Mangel an Geld zurückgewiesen werden.

2. Ueberschuldung.

Ueberschuldung liegt vor, wenn die Passiven höher sind als die Aktiven, wenn das Vereinsvermögen nicht hinreicht, um die Schulden, auch die nicht fälligen, zu decken. Es kann also sehr wohl Ueberschuldung bereits vorliegen, ohne daß Zahlungsunfähigkeit eingetreten ist, und ebenso ist es umgekehrt möglich, daß Zahlungsunfähigkeit ohne Ueberschuldung vorhanden ist, indem z. B. der Vermögensbestand festgelegt und nicht verfügbar ist, so daß die nöthigen Betriebskapitalien fehlen, um die fälligen Schulden berichtigen zu können.

3. Konkurseröffnung.

Im Falle der Zahlungsunfähigkeit ist stets die Eröffnung des Konkursverfahrens zu beantragen (§ 92 Abs. 2), im Falle der Ueberschuldung nur wenn die Genossenschaft aufgelöst ist (Ausnahme für Genossenschaften mit beschränkter Haftpflicht in § 134). Während bei der Aktiengesellschaft Ueberschuldung stets die Konkurseröffnung zur Folge hat (§ 193 K.O.), soll dies auf Genossenschaften mit unbeschränkter Haftpflicht während ihres Bestehens nicht Anwendung finden, denn es ist denselben Raum zu gewähren, eine von Zahlungsunfähigkeit nicht begleitete Ueberschuldung durch Anwendung der ihnen zu Gebote stehenden Mittel, Erhöhung der Geschäftsantheile oder der auf diese zu leistenden Einzahlungen, zu beseitigen (Begr. II 110). Die Aktiengesellschaft hat ein feststehendes eigenes Vermögen und kann dies nur schwer vergrößern, die Genossenschaft hat es dagegen durch Erhöhung der Geschäftsantheile oder der Einzahlungen jederzeit in der Hand, das Vereinsvermögen zu vermehren.

4. Haftbarkeit der Mitglieder des Vorstandes und der Liquidatoren.

Ueber die Haftbarkeit für Zahlungen, die nach dem Zeitpunkt geleistet sind, in welchem der Antrag auf Konkurseröffnung zu stellen war, vgl. § 92 Abs. 2; strafrechtliche Verantwortung in § 142 Nr. 2, falls Vorstand oder Liquidatoren nicht die Eröffnung des Konkursverfahrens beantragen, wenn sich nach oder bei der Auflösung aus der Bilanz Ueberschuldung ergiebt. Vgl. ferner §§ 115 u. 120.

5. **Absatz** II. Vertheilung des Vermögens.

Der Abs. 2 ist der gleichlautenden Vorschrift für Aktiengesellschaften in § 193 Abs. 2 K.O. nachgebildet. Eine besondere Begründung findet sich in den Motiven nicht, nur gelegentlich wird S. 113 Begr. II bemerkt: „Darauf braucht kaum hingewiesen zu werden, daß die Unzulässigkeit einer Abweisung des Konkursantrages wegen Mangels an Masse nicht der Bestimmung widerspricht, nach welcher die Eröffnung des Konkurses über eine aufgelöste Genossenschaft nicht mehr stattfindet, wenn die Vertheilung des Vermögens vollzogen ist. Denn in dem letztern Falle wird der Konkursantrag nicht wegen Mangels an Masse, sondern deswegen abgewiesen, weil die Genossenschaft auch als Liquidationsfirma nicht mehr existirt."

Die Folge der Vorschrift des Abs. 2 ist, daß, wenn die Vertheilung des Vermögens vollzogen ist, die Eröffnung des Konkurses nicht mehr statthaft ist. Hierdurch wird unter Umständen gerade die Bedingung beseitigt, von welcher die Nachschußverbindlichkeit der Genossen abhängig ist. Sie versagt also unter Umständen gerade für einen Fall, für welchen sie vorgesehen ist, — den Fall der Ueberschuldung.

Daß über das Vermögen einer Aktiengesellschaft nach deren Auflösung nicht mehr der Konkurs eröffnet werden kann, wenn das Vermögen aufgetheilt ist, ist selbstverständlich, denn es kann auf keine Weise mehr Vermögen geschafft werden. Anders liegt der Fall bei einer eingetragenen Genossenschaft. Bei ihr dient nicht allein das Vereinsvermögen den Gläubigern als Befriedigungsobjekt, sondern auch das persönliche Vermögen der Genossen (entweder unbeschränkt oder beschränkt), die Realisirbarkeit dieses Befriedigungsobjekts ist allerdings bedingt durch den Konkurs über das Vereinsvermögen, diese Bedingung aber muß eintreten bei Zahlungsunfähigkeit und unter Umständen auch bei Ueberschuldung, und diese Bedingung wird im Abs. 2 für einen bestimmten Fall aufgehoben.

Es läßt sich auch nicht behaupten, daß mit der Auftheilung des Vermögens bei der eingetragenen Genossenschaft das Rechtssubjekt beseitigt sei, über welches der Konkurs eröffnet werden könnte, denn anders als bei den Aktiengesellschaften ist nicht das Kapital der Träger der Rechtspersönlichkeit, sondern die Mitglieder bilden dieselbe in ihrer Gesammtheit. Die eingetragene Genossenschaft ist denkbar auch ohne alles Vermögen. Wäre dies nicht der Fall, dann könnte ja auch über eine eingetragene Genossenschaft nicht der Konkurs eröffnet werden, wenn sich nach der Auflösung herausstellt, daß die Genossenschaft gar kein Vermögen besitzt, und doch ist dies nach dem Gesetz angängig (§ 95).

Die Genossenschaft besteht nach ihrer Auflösung fort zum Zwecke der Abwickelung ihrer Geschäfte, zur Erfüllung ihrer Verbindlichkeiten; dies ist vielleicht nur möglich durch Herbeiführung der Bedingung, welche das in den Mitgliedern ruhende Vermögen der Genossenschaft derselben dienstbar macht, und daher ist § 91 Abs. 2 zum mindesten ein Eingriff in die unbeschränkte Solidarhaft.

§. 92.

Sobald die Zahlungsunfähigkeit der Genossenschaft eintritt, hat der Vorstand die Eröffnung des Konkursverfahrens zu beantragen; dasselbe gilt, wenn bei oder nach Auflösung der Genossenschaft aus der Jahresbilanz oder aus einer im Laufe des Jahres aufgestellten Bilanz Ueberschuldung sich ergiebt.

Die Mitglieder des Vorstandes sind der Genossenschaft zum Ersatz einer nach diesem Zeitpunkte geleisteten Zahlung nach Maßgabe des §. 32 verpflichtet.

Die Ansprüche auf Grund der vorstehenden Bestimmungen verjähren in fünf Jahren.

Ges. von 1868 § 48, Entw. I 89, II 90, Komm. 90, Rtg. 92. Begr. I 165 ff., II 109 ff., Komm.Ber. 43 ff.

Erläuterungen zu § 92.

1. **Absatz** I. „bei oder nach Auflösung“.

In der Regierungsvorlage fehlten die Worte „bei oder“, sie sind in der Kommission hinzugesetzt, um zum Ausdruck zu bringen, daß, wenn sich vor Auflösung aus einer Bilanz Ueberschuldung ergiebt, und der Vorstand in Gemäßheit des § 115 eine Generalversammlung zur Beschlußfassung über die Auflösung beruft und diese die Auflösung beschließt, der Vorstand verpflichtet ist, sofort die Konkurseröffnung zu beantragen (Komm.Ber. S. 45). Vgl. § 115.

2. **Absatz** II. Die Mitglieder des Vorstandes sind ersatzpflichtig.

Die „Mitglieder des Vorstandes" sind ersatzpflichtig, nicht der Vorstand, d. h. also diejenigen Personen, welche bei der Zahlung mitgewirkt haben. Das Gleiche gilt für die Liquidatoren (§ 111). Der Ersatzanspruch aus § 92 wird allein durch die Thatsache der Zahlung nach dem in Abs. 1 bezeichneten Zeitpunkt begründet. Ebenso Art. 241 A.G. Ein Schadensnachweis ist nicht erforderlich. „In allen Genossenschaften können die Genossen, wenn die während des kritischen Zeitraums noch bezahlten Forderungen hätten bestritten werden können, benachtheiligt sein; überhaupt haben sowohl die Gläubiger wie die Genossen ein begründetes Interesse, daß die bei Eintritt der Konkursvoraussetzungen vorhandenen Aktiven zur gleichmäßigen Vertheilung unter diejenigen und nur unter diejenigen Gläubiger verwendet werden, welche demnächst im Konkursverfahren auftreten und demzufolge auch allein auf weitere Befriedigung durch Beiträge der Genossen Anspruch haben" (Begr. II 112).

3. Zeitpunkt der Zahlungen.

Die Zahlungen müssen, abgesehen von der Zahlungsunfähigkeit, geleistet sein nach der Bilanz, welche „bei oder nach Auflösung der Genossenschaft" aufgenommen ist. Bei Auflösung aber ist regelmäßig die Bilanz nicht aufgenommen, sondern vor Auflösung, und die Generalversammlung hat wegen der sich aus dieser Bilanz ergebenden Ueberschuldung erst die Auflösung zu beschließen. Man wird in diesem Falle das Zahlungsverbot von dem Auflösungsbeschluß ab rechnen müssen, denn vor demselben ist der Vorstand nicht in der Lage, die Konkurseröffnung zu beantragen, und darf daher auch nicht Zahlungen verweigern.

4. Die Ersatzverbindlichkeit besteht der Genossenschaft gegenüber.

„Eine subsidiäre direkte Ersatzverbindlichkeit gegenüber den Gläubigern, wie sie der Art. 241 A.G. vorsieht, ist mit Rücksicht auf die allgemeine genossenschaftliche Haftpflicht der Vorstandsmitglieder auch hier entbehrlich" (Begr. II 112). Dies ist nicht ganz zutreffend, es ist nicht berücksichtigt, daß die Liquidatoren nicht Mitglieder der Genossenschaft zu sein brauchen.

5. Die Mitglieder des Aufsichtsraths.

Eine Ersatzverbindlichkeit wie der Vorstandsmitglieder und der Liquidatoren besteht für die Mitglieder des Aufsichtsraths nicht, sie werden daher nur unter der Voraussetzung des § 39 Abs. 2 haften; es muß also thatsächlich durch die Zahlungen ein Schaden entstanden sein, derselbe wird nicht wie bei den Vorstandsmitgliedern und Liquidatoren als eingetreten vorausgesetzt. Bei den Aktiengesellschaften gilt das Gleiche. Für die Genossenschaften mit beschränkter Haftpflicht ist eine Spezialvorschrift in § 136 getroffen.

6. Anfechtung der geleisteten Zahlungen.

In Betreff der Anfechtung der nach der Zahlungseinstellung geleisteten Zahlungen verbleibt es bei § 23 R.K.O. Soweit in Folge der Anfechtung Ersatz erlangt wird, fällt der Anspruch gegen die Vorstandsmitglieder und Liquidatoren fort, und andererseits können diese bei Rückerstattung der

Zahlungen die Abtretung etwaiger Anfechtungsansprüche von dem Konkursverwalter fordern (Begr. II 113).

§. 93.

Zu dem Antrage auf Eröffnung des Verfahrens ist außer den Konkursgläubigern jedes Mitglied des Vorstandes berechtigt.

Wird der Antrag nicht von allen Mitgliedern gestellt, so ist derselbe zuzulassen, wenn die ihn begründenden Thatsachen (§. 91) glaubhaft gemacht werden. Das Gericht hat die übrigen Mitglieder nach Maßgabe der Konkursordnung §. 97 Absatz 2, 3 zu hören.

Der Eröffnungsantrag kann nicht aus dem Grunde abgewiesen werden, daß eine den Kosten des Verfahrens entsprechende Konkursmasse nicht vorhanden sei.

K.O. §§ 193 Abs. 2, 194 u. 195, Entw. I 90, II 91, Komm. 91, Rtg. 93. Begr. I 171, II 113.

Erläuterungen zu § 93.

1. **Absatz** I und II stimmen mit §§ 194 und 195 Abs. 2 der Konkursordnung vom 10. Februar 1877 überein.*)

Berechtigt ist jedes Mitglied des Vorstandes, verpflichtet ist der Vorstand (§ 92). Die Mitglieder des Vorstandes haben sich in Gemäßheit des § 26 Abs. 2 zu legitimiren. Was hier von den Mitgliedern des Vorstandes gesagt wird, gilt auch von den Liquidatoren.

2. **Absatz** II. „glaubhaft machen".

Ueber „glaubhaft machen" bestimmt § 266 C.P.O.: „Wer eine thatsächliche Behauptung glaubhaft zu machen hat, kann sich aller Beweismittel mit Ausnahme der Eideszuschiebung bedienen, auch zur eidlichen Versicherung der Wahrheit der Behauptung zugelassen werden. Eine Beweisauf-

---

*) Die Bestimmungen der Konkursordnung lauten:

§ 194. Zu dem Antrage auf Eröffnung des Verfahrens ist außer den Konkursgläubigern jedes Mitglied des Vorstandes und jeder Liquidator berechtigt.

Wird der Antrag nicht von allen Mitgliedern des Vorstandes oder allen Liquidatoren gestellt, so ist derselbe zuzulassen, wenn die Zahlungsunfähigkeit oder Ueberschuldung glaubhaft gemacht wird. Das Gericht hat die übrigen Mitglieder oder Liquidatoren nach Maßgabe des § 97 Abs. 2, 3 zu hören.

§ 195. Ueber das Vermögen einer eingetragenen Genossenschaft findet das Konkursverfahren außer dem Falle der Zahlungsunfähigkeit in dem Falle des § 48 des Ges. vom 4. Juli 1868 statt.

Die Vorschriften der §§ 193 Abs. 2, 194 finden entsprechende Anwendung.

§ 193 Abs. 2 lautet: Nach Auflösung einer Aktiengesellschaft ist die Eröffnung des Verfahrens so lange zulässig, als die Vertheilung des Vermögens nicht vollzogen ist.

nahme, welche nicht sofort erfolgen kann, ist unstatthaft.“ Die „Glaubhaftmachung“ erfordert nicht eine objektive Begründung, sondern lediglich ein subjektives richterliches Ermessen (v. Wilmowski und Levy zu § 266 C.P.O.).

3. Verfahren vor dem Konkursgericht.

§ 97 Abs. 2 und 3 K.O. schreiben vor: „Wird der Antrag zugelassen, so hat das Gericht den Schuldner zu hören und, sofern dieser nicht seine Zahlungsunfähigkeit oder Zahlungseinstellung einräumt, die erforderlichen Ermittelungen anzuordnen.

Die Anhörung des Schuldners kann unterbleiben, wenn sie eine öffentliche Zustellung oder eine Zustellung im Auslande erfordert; in diesem Falle ist, soweit thunlich, ein Vertreter oder Angehöriger des Schuldners zu hören.

Gegen den Eröffnungsbeschluß steht dem Gemeinschuldner (Vorstand bezw. Liquidatoren), gegen den abweisenden Beschluß demjenigen, welcher den Antrag gestellt hat, die sofortige Beschwerde zu (§ 101 K.O.). Für den Schuldner — die Genossenschaft — sind alle Vorstandsmitglieder bezw. Liquidatoren zu hören.

4. **Absatz** III. Mangel an Masse.

Die Vorschrift in Abs. 3 ist eine Folge (§ 99 R.K.O.) der im Entwurf gewählten Konstruktion der Nachschußpflicht, da nach derselben auch die Nachschußansprüche zur Konkursmasse gehören.

Eine weitere Konsequenz hiervon ist, daß § 190 R.K.O.: „Das Gericht kann das Verfahren einstellen, sobald sich ergiebt, daß eine den Kosten des Verfahrens entsprechende Konkursmasse nicht vorhanden ist“ keine Anwendung findet (Begr. II 125).

§. 94.

Durch die Eröffnung des Konkursverfahrens wird die Genossenschaft aufgelöst.

Ges. von 1868 § 34, Entw. I 91, II 92, Rtg. 94. Begr. I 171, II 113.

Zur Erläuterung der §§ 94 und 95 heißt es in der Begründung:

„Die beiden die Auflösung der Genossenschaft durch die Eröffnung des Konkursverfahrens und die Eintragung derselben in das Genossenschaftsregister betreffenden Paragraphen geben den Inhalt der früheren §§ 34 Nr. 3 und 37 wieder. Die sonst vorgeschriebenen öffentlichen Bekanntmachungen über die Auflösung der Genossenschaft sind im Falle der Konkurseröffnung mit Rücksicht auf die Veröffentlichung des Konkursgerichts (Konkursordnung § 103) entbehrlich und fallen deshalb hier fort. Ebenso ist der Schlußsatz des seitherigen § 37, nach welchem das Konkursgericht dem Registerrichter von der Konkurseröffnung Mittheilung zu machen hatte, durch die Vorschrift im § 104 der Konkursordnung überflüssig geworden und deshalb weggelassen.“

§. 95.

Die Eröffnung des Konkursverfahrens ist unverzüglich in das Genossenschaftsregister einzutragen. Die Eintragung wird nicht bekannt gemacht.

Ges. von 1868 § 37, Entw. I 92, II 93, Komm. 93, Rtg. 95. Begr. I 171, II 113.

Erläuterung zu § 95.

Vgl. § 94. Der Registerrichter hat dem Gerichte der Zweigniederlassung Nachricht zu geben (§ 149). Wegen der Eintragung der Auflösung vgl. A.V. § 21.

§. 96.

Bei der Eröffnung des Verfahrens ist von dem Gerichte ein Gläubigerausschuß zu bestellen. Die Gläubigerversammlung hat über die Beibehaltug der bestellten oder die Wahl anderer Mitglieder zu beschließen. Im Uebrigen kommen die Vorschriften im §. 79 der Konkursordnung zur Anwendung.

Komm. 93a, Rtg. 96. Komm.Ber. 46.

Zur Erläuterung des § 96.

Dieser § 96 ist von der Kommission hinzugefügt und damit begründet, daß zwar als allgemeine Regel die fakultative Bestellung des Gläubigerausschusses (§ 79 K.O.) ausreichen möge, daß dies aber für den Konkurs der Genossenschaften nicht genüge; denn hier forderr das Interesse nicht nur der Gläubiger, sondern namentlich auch der der Haft- und Nachschußpflicht unterliegenden Genossen, daß der Konkursverwalter stets von Anfang an einer wirksamen Kontrole unterstellt werde (Komm.Ber. S. 46).

§. 97.

Die Generalversammlung ist ohne Verzug zur Beschlußfassung darüber zu berufen (§§. 42 bis 44), ob die bisherigen Mitglieder des Vorstandes und des Aufsichtsraths beizubehalten oder andere zu bestellen sind.

Entw. I 93, II 94, Komm. 94, Rtg. 97. Begr. I 172, II 113, Komm.Ber. 46.

Erläuterungen zu § 97.

1. Berufung.

Es erscheint „unter allen Umständen angemessen, daß der Generalversammlung Gelegenheit gegeben wird, Beschluß darüber zu fassen, ob die Personen, unter deren Geschäftsführung die Katastrophe eingetreten ist, noch weiter in der Stellung als Vorsteher, Liquidatoren oder Aufsichtsrathsmitglieder zu belassen, oder ob sie durch andere ersetzt werden sollen" (Begr. I 172, II 113).

Die Generalversammlung ist vom Vorstande bezw. den Liquidatoren zu berufen (§§ 42, 87: Aufsichtsrath § 36 Abs. 2). — Die Bestimmung bezieht sich auch auf die Liquidatoren (§ 111). — Die Beschlußfassung kann bereits in der Generalversammlung erfolgen, welche über die Auflösung entscheidet (§ 115).

2. Fortdauer der Organisation der Genossenschaft während des Konkurses.

Durch den Inhalt des § 97 wird die Fortdauer der im 3. Abschnitt geregelten Organisation der Genossenschaft auch für den Konkurs ausdrücklich anerkannt, es ist daher von der Aufnahme der Vorschrift aus § 196 Abs. 1 R.K.O., daß die Genossenschaft durch den Vorstand oder die Liquidatoren vertreten werde, abgesehen (Begr. II 114).

Vorbemerkung zu § 98.

Bevor die Genossenschaften die gesetzliche Anerkennung erlangt hatten, konnten die Gläubiger jeden Genossen jederzeit wegen ihrer fälligen Forderungen in Anspruch nehmen. Sie konnten von diesem nicht auf das Gesellschaftsvermögen verwiesen werden, da ein solches im eigentlichen Sinne nicht vorhanden war Hieran wurde auch nichts geändert, als die Gerichte die Prozeßfähigkeit organisirter Vereine anerkannten, denn die Vorsteher handelten Dritten gegenüber nur immer als Bevollmächtigte der einzelnen Genossen und berechtigten und verpflichteten daher auch nur diese allein. Schulze-Delitzsch' Streben ging nun nicht allein dahin, die Anerkennung der Genossenschaft als Rechtsperson zu erlangen, sondern er strebte auch darnach, aus der prinzipalen unbeschränkten Solidarhaft eine Solidarbürgschaft zu konstruiren. Schon in seinem ersten Gesetzentwurf hatte er ein besonderes Verfahren zur Realisirung der Solidarhaft im Falle der Insuffizienz vorgeschlagen, was denjenigen Bestimmungen nachgebildet war, welche die Königlich sächsische Regierung zu Ende der fünfziger Jahre mehreren Volksbanken, zuerst dem Kreditverein zu Meißen auf Betreiben seines verdienstvollen Gründers, des Finanzprokurator Hallbauer, bei Verleihung der Korporationsrechte zugestanden hatte.

Die betreffenden Bestimmungen bildeten den § 36 des Schulzeschen Entwurfs und sind in dem Kommentar von Parisius zum preußischen Gesetze S. 124 Anm. 132 abgedruckt. In der Kommission des preußischen Abgeordnetenhauses von 1863 machte sich zwar überwiegend die Ansicht geltend, daß es „wünschenswerth sei, derartige Bestimmungen in das Gesetz aufzunehmen" (Protokoll vom 24. April 1863 in den Akten des Abgeordnetenhauses); schließlich ließ man dieselben aber fallen, weil man die Schwierigkeiten, welche sich aus der Organisation der Gerichte in den verschiedenen Landestheilen dabei ergeben, für überwiegend erachtete. Bei den Verhandlungen, welche zum Erlaß des preußischen Genossenschaftsgesetzes führten, ließ Schulze einstweilen jenen Plan fallen, in der Absicht, darauf bei erster gelegener Zeit zurückzukommen. Er that dies in seinem Entwurfe für den Norddeutschen Bund. Der § 52 seines Entwurfs lautete mit den kleinen Aenderungen, welche daran in der Reichstagskommission beziehungsweise im Reichstage mit Zustimmung des Antragstellers vorgenommen wurden, wie folgt:

„Sobald das Konkursverfahren (Falliment) zur Schlußvertheilung gediehen ist, wird durch den Vorstand oder, im Falle besondere Liquidatoren an dessen Stelle getreten sind, durch diese eine Generalversammlung der bisherigen Genossenschafter berufen zur Verhandlung über die Beschaffung der zur Deckung der Gläubiger wegen ihrer im Konkurs erlittenen Ausfälle erforderlichen Summe.

Zu diesem Behufe ertheilt das Konkursgericht dem Vorstande, beziehungsweise den Liquidatoren, sobald der Schlußvertheilungsplan feststeht, ein Attest über den Stand der Masse, auf dessen Grund der Vorstand, beziehungsweise die Liquidatoren, die zur vollen Befriedigung der Gläubiger fehlende Summe auf alle einzelnen, der Genossenschaft bei der Auflösung angehörigen, sowie die früheren noch haftbaren Mitglieder (§§ 39 und 53) vertheilen und diesen Vertheilungsplan vor der Generalversammlung zur Kenntniß dieser Mitglieder bringen.

Wird in Folge eines von der Generalversammlung gefaßten Beschlusses innerhalb 8 Tagen die erforderliche Summe zu Händen des Vorstandes, beziehungsweise der Liquidatoren, eingezahlt, so hat es hierbei sein Bewenden. Ist dies nicht der Fall, so beantragen der Vorstand, beziehungsweise die Liquidatoren bei dem persönlichen Gerichte der Genossenschaft gegen die säumigen Mitglieder die Exekution, indem sie dem Antrage das Attest des Konkursgerichts, das Verzeichniß der Mitglieder und eine Abschrift oder einen Abdruck des Gesellschaftsvertrages (Statuts), sowie des der Generalversammlung vorgelegten Vertheilungsplans beifügen. Das Gericht erläßt hierauf die Zahlungsaufforderung mit 3- bis 8tägiger Frist und vollstreckt auf ferneren Antrag gegen die Säumigen die Exekution.

Im Falle die Exekution bei einzelnen Mitgliedern fruchtlos bleibt, wird der dadurch an der aufzubringenden Summe entstandene Defekt von Neuem durch den Vorstand, beziehungsweise die Liquidatoren, unter die übrigen solventen Mitglieder vertheilt, und durch das Gericht auf Antrag in derselben Weise beigetrieben, auch damit so lange fortgefahren, bis vollständige Deckung erfolgt ist.

Den einzelnen Genossenschaften stehen gegen diese Beitreibung nur solche Einwendungen zu, welche entweder das der Umlage zu Grunde gelegte Vertheilungsprinzip oder die Richtigkeit der Berechnung, oder ihre auf der Mitgliedschaft in der Genossenschaft beruhende Haftbarkeit allen oder einzelnen der zur Einforderung gelangenden Forderungsreste gegenüber, betreffen. Dergleichen Einwendungen müssen, bei Vermeidung der Präklusion, vor Ablauf der Zahlungsfrist dem Gerichte angemeldet werden, welches im abgekürzten Verfahren, wie solches bei Einwendungen in der Exekutionsinstanz nach den Landesgesetzen stattfindet, darüber entscheidet. Die Genossenschaft, als Provokatin, wird dabei vom Vorstande, beziehungsweise den Liquidatoren vertreten.

Die Zahlung der ausgeschriebenen Beträge erfolgt an den Vorstand, beziehungsweise die Liquidatoren, welche auch die Vertheilung der eingegangenen Gelder an die Gläubiger zu bewirken haben.

Insofern die Konkurseröffnung ohne vorgängige Liquidation stattgefunden hat, kann die Berufung der Generalversammlung außer vom Vorstande auch von den nach dem Gesellschaftsvertrage sonst dazu befugten Personen ausgehen, und in dieser Versammlung die Vertretung der Genossenschaft in dem ganzen Verfahren durch andere sofort zu erwählende Bevollmächtigte an der Stelle des Vorstandes beschlossen werden, ohne daß der Antrag hierauf vorher auf die Tagesordnung zu bringen ist.

Bis zur Beendigung des im Vorstehenden angeordneten Verfahrens kommen ungeachtet der Auflösung der Genossenschaft, wie im Falle der

Liquidation (§ 49 Absatz 1) in Bezug auf die Rechtsverhältnisse der bisherigen Genossenschafter untereinander wie gegen Dritte, die Vorschriften des zweiten und dritten Abschnittes dieses Gesetzes zur Anwendung.

Uebrigens wird durch das vorstehende Verfahren an dem Rechte der Genossenschaftsgläubiger, wegen der im Konkurs an ihren Forderungen erlittenen Ausfälle die Genossenschafter solidarisch in Anspruch zu nehmen, nichts geändert."

Der Bericht der Reichstagskommission (Drucksachen Nr. 80 Seite 11 und 12) fand in dem § 52 „die wichtigste und folgenreichste Ergänzung des preußischen Gesetzes, welche als ein dringendes Bedürfniß für die gedeihliche Entwickelung der Genossenschaften, ja geradezu als eine Forderung des Gemeinwohls von der Kommission anerkannt ist".

Der Reichstag nahm den § 52 ohne Diskussion an. Die Civilprozeßkommission schlug statt dessen die Einschiebung der §§ 52—62 des Ges. von 1868 vor. (Reichstags-Drucksachen Nr. 193 S. 1 ff u. S. 5)

Der Reichstag nahm am 20. Juni 1868 mit einer kleinen Aenderung des § 62 die ganzen Vorschläge der Civilprozeßkommission an. (Vgl. Parisius S. 357 378.)

Nach dem Ges. von 1868 beruhte die Beitragspflicht im Umlageverfahren auf der Verpflichtung der einzelnen Genossen gegenüber den übrigen Mitgliedern, mitzutragen an der Deckung der Verbindlichkeiten der Genossenschaft.*) Es sollte das Umlageverfahren erst beginnen, sobald der Schlußvertheilungsplan im Konkurse festgestellt war, ohne daß jedoch hierdurch das Recht des Gläubigers, die einzelnen Genossen wegen des im Konkurse der Genossenschaft an der festgestellten Forderung erlittenen Ausfalls direkt in Anspruch zu nehmen, aufgehalten wurde.

Die rechtliche Konstruktion und der Zeitpunkt des Beginns des Umlageverfahrens benahmen demselben jede größere praktische Bedeutung. Hierzu kam noch, daß die Fassung des Gesetzes zu einer Reihe Streitfragen von prinzipieller Bedeutung Veranlassung gab, wohin insbesondere die gehört, ob die Heranziehung der ausgeschiedenen Genossen in das Umlageverfahren statthaft ist.

Das Gesetz hat diesen Mängeln durch Veränderung der Konstruktion und Verlegung des Beginns des Umlageverfahrens in vorzüglicher Weise abgeholfen. Die Nachschußpflicht der einzelnen Genossen besteht jetzt der Genossenschaft gegenüber, die Nachschüsse sind daher zur Konkursmasse zu leisten (§ 48), sie bilden einen Bestandtheil des Vermögens der Genossenschaft, der allerdings in seiner Entstehung durch den Eintritt des Konkurses bedingt und in seinem Umfang durch dessen Ausgang begrenzt ist (Begr. II 41).

Die Nachschußpflicht, d. h. die Verhaftung des Mitgliedes mit seinem persönlichen Vermögen, ist in dem Wesen der Genossenschaft begründet, deren Träger die jeweilig ihr angehörigen Mitglieder sind, deren Vermögen daher auch — durch Ein- und Austritt — einer fortwährenden Veränderung

*) Anders, jedoch nicht richtig, R G. Bd. III S. 11 und Gierke S 300, welche die Beitragspflicht als der Genossenschaft gegenüber bestehend betrachten; es ist dies im Ges. von 1868 nicht begründet, vgl. auch Begr. II 41.

unterworfen wird. Jeder, der der Genossenschaft als Mitglied beitritt, hat die statutenmäßig vorgeschriebenen Einzahlungen auf den Geschäftsantheil zu leisten und übernimmt ferner die Verpflichtung, mit seinem persönlichen Vermögen für die Befriedigung der Gläubiger einzustehen, falls diese nicht aus dem Vereinsvermögen erfolgen kann. Während nach dem Ges. von 1868 Voraussetzung der Beitragspflicht die den Gläubigern gegenüber bestehende Garantiehaft war, die Beitragspflicht ihr juristisches Fundament nicht in sich selbst, sondern in dem außerhalb liegenden Moment der Garantiehaft fand, nur als ein Ausfluß der in Folge möglicher Geltendmachung der direkten Haftung zu erwartenden gegenseitigen Regreßrechte der Genossen erscheint — ist jetzt die Nachschußpflicht eine selbstständige Verbindlichkeit der Genossenschaft gegenüber, welche Voraussetzung und Grund allein in der Zugehörigkeit zu derselben hat (Begr. II 41).

Das „Nachschußverfahren" des Gesetzes ist, da die Nachschüsse Theile des Genossenschaftsvermögens sind, ein Theil des Konkursverfahrens. Dem Konkursverwalter hat daher nothwendigerweise die Leitung übertragen werden müssen. Der Vorstand und die Liquidatoren haben jedoch mitzuwirken, um den Konkursverwalter zu unterstützen, aber auch um die Rechte der Genossen wahrzunehmen (§§ 108, 110, 116, 135).

Was dann weiter den Zeitpunkt des Beginns des Umlageverfahrens anbelangt, so ist derselbe auf den Beginn des Konkurses verlegt. Parisius sagte bereits zu § 52 des Ges. von 1868 mit Bezug auf den Zeitpunkt des Beginns: „Es ist leicht erklärlich, daß sich, je länger der Konkurs dauert, desto mehr solidarisch Verpflichtete der Erfüllung ihrer Verpflichtungen zu entziehen suchen und dadurch ihre Mitgenossen benachtheiligen.... Eine wesentliche Abhülfe würde schon geschaffen sein, wenn der Vorstand der Genossenschaft verpflichtet würde, schon nach dem ersten Prüfungstermin auf Grund einer Bilanz..., einen vorläufigen Umlageplan aufzustellen und nach den §§ 52—58 prüfen zu lassen und auszuführen. Ein zweiter definitiver Umlageplan würde dann nach dem festgestellten Konkurs-Vertheilungsplan stattfinden." Dem Vorschlag entspricht das Nachschußverfahren des Gesetzes, nur daß die Leitung entsprechend der veränderten Konstruktion des Gesetzes in die Hände des Verwalters gelegt ist.

Bei den Genossenschaften mit unbeschränkter und beschränkter Haftpflicht besteht außer der Nachschußpflicht der Genossen gegenüber der Genossenschaft noch eine direkte Garantiehaft dem Genossenschaftsgläubiger gegenüber; ist der Gläubiger nach Ablauf von drei Monaten seit dem Termine, in welchem die Nachschußberechnung für vollstreckbar erklärt ist, nicht befriedigt, so ist er berechtigt, die einzelnen Genossen in Anspruch zu nehmen (§§ 116, 135 und wegen der Ausgeschiedenen §§ 119, 71). Bei den Genossenschaften mit unbeschränkter Nachschußpflicht existirt eine solche direkte Garantiehaft nicht, der Gläubiger ist auf das Nachschußverfahren verwiesen (vgl. § 122). Das Nähere hierüber vgl. in der Einleitung.

§. 98.

Soweit die Konkursgläubiger wegen ihrer bei der Schlußvertheilung (Konkursordnung §. 149) berücksichtigen Forderungen aus dem zur Zeit der Eröffnung des Konkursverfahrens vorhandenen Vermögen der Genossenschaft nicht befriedigt werden, sind die Genossen verpflichtet, Nachschüsse zur Konkursmasse zu leisten.

Die Nachschüsse sind von den Genossen, wenn nicht das Statut ein anderes Beitragsverhältniß festsetzt, nach Köpfen zu leisten.

Beiträge, zu deren Leistung einzelne Genossen unvermögend sind, werden auf die übrigen vertheilt.

Zahlungen, welche Genossen über die von ihnen nach den vorstehenden Bestimmungen geschuldeten Beiträge hinaus leisten, sind ihnen, nachdem die Befriedigung der Gläubiger erfolgt ist, aus den Nachschüssen zu erstatten.

Gegen die Nachschüsse kann der Genosse eine Forderung an die Genossenschaft aufrechnen, sofern die Voraussetzungen vorliegen, unter welchen er als Konkursgläubiger Befriedigung wegen der Forderung aus den Nachschüssen zu beanspruchen hat.

Ges. von 1868 § 59, Entw. I 94, II 95, Komm. 95, Rtg. 98. Begr. I 172—176, II 114—116, Komm.Ber. 46.

Erläuterungen zu § 98.

1. **Absatz** I. Befriedigung der Konkursgläubiger.

Die Befriedigung der Konkursgläubiger der Genossenschaft ist aus dem persönlichen Vermögen der Genossen insoweit herbeizuführen, als dieselbe aus dem Genossenschaftsvermögen — also der zur Zeit der Konkurseröffnung vorhandenen Masse, wie sich diese durch die konkursmäßige Ermittelung und Verwerthung, insbesondere durch die Aktiva, die Anfechtungs- und die Passivprozesse gestaltet — nicht erreicht wird. Dies ist der Grundsatz, nach welchem sich der Kreis der Gläubiger und die Höhe der von ihnen geltend zu machenden Forderungen sowohl für das Umlageverfahren wie für den direkten Angriff bestimmt.

2. Kreis der Gläubiger.

Nach § 12 des Ges. von 1868 und § 197 R.K.O. waren diejenigen Konkursgläubiger, deren Forderungen festgestellt waren, berechtigt, sich an die einzelnen persönlich haftenden Genossen zu halten. Als festgestellt gilt nach § 132 R.K.O. eine Forderung, soweit gegen sie im Prüfungstermine ein Widerspruch weder von dem Verwalter noch von einem Konkursgläubiger erhoben oder soweit ein erhobener Widerspruch beseitigt wird. Darüber, ob die Feststellung bis zur Aufhebung des Konkurses erfolgt sein mußte, gingen die Ansichten auseinander (vgl. v. Wilmowski, Deutsche R.K.O. zu 197). Die persönliche Haftpflicht der Genossen ist bedingt durch die Eröffnung des Konkurses über das Vermögen der Genossenschaft, und nach § 98 Abs. 1 haben alle die Konkursgläubiger, deren Forderungen bei der Schlußvertheilung berücksichtigt sind, das Recht, Befriedigung aus dem persönlichen Vermögen der Genossen zu verlangen. Hierunter fallen:

a) die im Konkurse festgestellten Forderungen;

b) streitig gebliebene Konkursforderungen, für welche ein mit der Vollstreckungsklausel versehener Schuldtitel, ein Endurtheil oder ein Vollstreckungsbefehl nicht vorliegt, sofern der Gläubiger innerhalb der zweiwöchigen Ausschlußfrist nachweist, daß die Feststellungsklage erhoben oder das Verfahren in dem früher anhängigen Prozesse wieder aufgenommen ist (§ 140 R.K.O.);

c) streitig gebliebene Konkursforderungen, für welche ein mit der Vollstreckungsklausel versehener Schuldtitel, ein Endurtheil oder ein Vollstreckungsbefehl vorliegt (§ 134 R.K.O.);

d) Forderungen unter aufschiebender Bedingung, sofern dem Verwalter bis zum Ablauf der Ausschlußfrist der Eintritt der Bedingung nachgewiesen ist oder soweit die Genossenschaft zu einer Sicherheitsleistung verpflichtet war (§ 142 R.K.O.);

e) Forderungen, wegen deren abgesonderte Befriedigung verlangt wird, falls bis zum Ablaufe der Ausschlußfrist der Nachweis des Verzichts oder des Ausfalls geführt ist (§ 141 R.K.O.);

f) Forderungen unter auflösender Bedingung (§§ 59, 155 $_4$ R.K.O.).

3. Vertheilungen.

Das im Konkurs aufgestellte Schlußverzeichniß (§ 150 R.K.O.) entscheidet für alle Vertheilungen im Nachschußverfahren, und die Vertheilung der Nachschüsse erfolgt nach den Grundsätzen der Konkurs-Ordnung im Wege der Nachtragsvertheilung (§ 107 des Ges. und § 153 R.K.O.); doch soll hier der zur Vertheilung kommende Antheil außer in den Fällen des § 155 R.K.O. auch für solche Forderungen zurückbehalten werden, welche im Prüfungstermine vom Vorstande ausdrücklich bestritten worden sind (§ 107).

4. Umfang der im Nachschußverfahren zu berücksichtigenden Forderungen.

Nach § 12 des Ges. von 1868 und § 197 R.K.O. hatten die solidarisch haftenden Genossen für den im Konkurs der Genossenschaft erlittenen Ausfall „einschließlich der Zinsen und Kosten" zu haften. Es war dies von dem Standpunkte aus, daß die Gläubiger an der Genossenschaft, so lange noch solvente Mitglieder vorhanden, keinen Pfennig verlieren sollten, gerechtfertigt; denn im Konkurse selbst konnten diese Ansprüche nicht geltend gemacht werden (§ 56 R.K.O.). Diese weitgehende Fürsorge für die Gläubiger hat aber nicht selten zu Unzuträglichkeiten geführt, dieselbe machte eine Uebereinkunft zwischen den Mitgliedern der Genossenschaft und den Gläubigern in der Regel unmöglich, weil diese leicht für ihre Forderungen Käufer fanden, die in der Voraussetzung, weder Zins- noch Kosten-Verlust zu erdulden, die Nothlage der Genossenschaft ausbeuteten und diese zum Konkurse drängten. Eine Berücksichtigung der Zinsen und Kosten im Nachschußverfahren würde auch eine besondere Anmeldung und Feststellung dieser

Nebenforderungen nothwendig machen, was aus Zweckmäßigkeitsgründen vermieden werden muß (Begr II 115).

Nach der Bestimmung in Abs. 1 sollen die Gläubiger nur wegen der bei der Schlußvertheilung berücksichtigten Forderungen Befriedigung aus den Nachschüssen verlangen können; hierdurch ist von selbst eine Hereinziehung der fraglichen Zins- und Kostenansprüche ausgeschlossen; abgesehen hiervon hat die Vorschrift zur Folge, daß der Betrag der zu deckenden Ausfälle einer weiteren Feststellung oder Erörterung nicht mehr bedarf (Begr. II 115).

5. Betagte Forderungen, wiederkehrende Hebungen u. s. w. Insbesondere sind darnach Forderungen, welche nicht auf einen Geldbetrag gerichtet sind, sowie Ansprüche auf wiederkehrende Hebungen und betagte unverzinsliche Forderungen (§§ 58, 62, 63 R.K.O.) nur zu dem Betrage zu decken, mit welchem sie bei der Schlußvertheilung berücksichtigt und ausgefallen sind (Begr. II 115).

6. **Absatz** II und III. Vertheilung nach Köpfen.

Abs. 2 und 3 enthalten die Grundsätze, nach denen der Ausfall von den einzelnen Genossen aufzubringen ist, sie stimmen in Betreff der Umlagen überein mit §§ 71, 89 Abs. 2 und 3 und mit dem Ges. von 1868 §§ 9 Abs. 2 und 57. Entsprechend dem Wesen der Solidarhaft sind die erforderlichen Nachschüsse auf die Genossen nach Köpfen zu vertheilen, vorbehaltlich anderer statutarischer Regelung.

7. Unvermögende Genossen.

Während das Ges. von 1868 in § 57 die Uebertragung des auf einen Genossen fallenden Antheils auf die übrigen von der fruchtlosen Exekution gegen den einzelnen Genossen abhängig machte, der zu deckende Ausfall der Gläubiger also auf alle Genossen ohne Ausnahme zu vertheilen war, was zu unnützen Weitläufigkeiten führt, bestimmt nun Abs. 3, daß die auf unvermögende Genossen fallenden Beiträge auf die andern zu vertheilen sind (vgl. § 99 Abs. 2 und § 107 Abs. 2). In der Regierungsvorlage hieß es: „Beiträge, welche von den einzelnen Genossen nicht zu erlangen sind." Die Aenderung ist in der Kommission beschlossen, um das Mißverständniß auszuschließen, „als ob es jedesmal einer fruchtlosen Zwangsvollstreckung bedürfe, um den Beitrag eines Genossen als uneinbringlich zu behandeln" (Komm.Ber. S. 46).

Als „unvermögend" wird nicht blos der Genosse zu betrachten sein, der zahlungsunfähig ist, sondern auch derjenige, von dem aus anderem Grunde, z. B. wegen unbekannten Aufenthalts, der Beitrag nicht zu erlangen ist.

8. **Absatz** IV. Freiwillige Zahlungen.

Der vierte Absatz ist von der Kommission eingefügt zu dem Zwecke, um freiwillige Zahlungen, welche behufs schleunigerer Befriedigung der Gläubiger von einzelnen Genossen über die an sich ihnen obliegenden Beiträge hinaus geleistet werden, zu fördern. Das Nachschußverfahren würde in solchem Falle nach der Befriedigung der Genossenschaftsgläubiger zu dem gedachten Zwecke fortzusetzen sein (§§ 118, 124), und tritt an Stelle besonderer Regreßprozesse, wodurch die Zulassung solcher Regreßklagen entbehrlich wird (Komm.Ber. S. 47).

9. **Absatz** V. Kompensation.

Nach allgemeinen Grundsätzen müßte es dem Genossen gestattet sein, seine Forderung an die Genossenschaft gegen seine Nachschußverbindlichkeit (Forderung der Genossenschaft) aufzurechnen, denn dadurch, daß die letztere bedingt ist, wird die Aufrechnung im Konkurse nicht ausgeschlossen (§ 47 R.K.O.). Das Gesetz lehnt jedoch die Zulässigkeit der Aufrechnung in ihrer Allgemeinheit ab, weil durch dieselbe die nach dem Ausfall der Konkursgläubiger bei der Schlußvertheilung bemessenen Nachschüsse in unzulässiger Weise gemindert würden (Begr. II 115), und beschränkt dieselbe auf die Fälle, in denen der Genossenschafter als Konkursgläubiger Befriedigung wegen der Forderung aus den Nachschüssen zu beanspruchen hatte.

10. Berücksichtigung der Forderung des Genossen im Schlußverzeichniß.

Der Genosse hat also wie jeder Gläubiger der Genossenschaft — wenn er überhaupt Befriedigung aus den Nachschüssen erwarten will — seine Forderung anzumelden und dafür zu sorgen, daß die Höhe seines Ausfalls im Schlußverzeichniß feststeht. Die inzwischen von ihm im Vorschußverfahren gezahlten Beiträge muß er ohne Abzug leisten, er darf erst gegen diejenigen Beiträge (Nachschüsse) aufrechnen, welche ihm in Gemäßheit des § 107 auferlegt sind, — also in der Nachschußberechnung (die von dem Konkursverwalter aufgestellt wird, sobald mit dem Vollzuge der Schlußvertheilung begonnen wird). Ist der Genosse noch mit Beiträgen im Rückstande, die ihm in früheren Vorschußberechnungen auferlegt sind, so hat er auf diese kein Kompensationsrecht mit seiner Forderung.

11. Befriedigung.

Weitere Voraussetzung für das Kompensationsrecht ist, daß der Genosse als Konkursgläubiger Befriedigung aus den Nachschüssen verlangen kann; es genügt nicht, daß er in der Schlußvertheilung berücksichtigt ist. Die Forderung des Genossen muß also im Augenblick der Aufrechnung entweder

a) festgestellt sein oder

b) mit einem vollstreckbaren Schuldtitel, einem Endurtheil oder Vollstreckungsbefehl versehen und nicht im Prozeß befangen sein, und

c) in beiden Fällen muß gegen die Forderung seitens des Vorstandes oder der Liquidatoren ein Widerspruch im Prüfungstermine nicht erhoben oder durch Anerkennung oder rechtskräftiges Urtheil beseitigt sein.

Die Aufrechnung ist unter obigen Voraussetzungen auch zulässig, wenn der Genosse nach der Eröffnung des Konkursverfahrens die Forderung eines Gläubigers erworben hat (§ 117).

Unzulässig ist in allen Fällen die Aufrechnung, wenn eine der Voraussetzungen des § 48 R.K.O. vorliegt.

Das Nachschußverfahren.

Das Nachschußverfahren soll die gerichtliche Feststellung der von den einzelnen Genossen zu entrichtenden Beiträge herbeiführen und die Einziehung derselben nöthigenfalls im Wege der Zwangsvollstreckung ermöglichen.

Nach §§ 52 ff. des Ges. von 1868 lag die Leitung des Umlageverfahrens in den Händen des Vorstandes und sollte erst beginnen, nachdem der Schlußvertheilungsplan im Konkurse feststand. Dem Gericht war der „Vertheilungsplan" zur vorläufigen Vollstreckbarkeitserklärung erst einzureichen, wenn die Zahlung der Beiträge verweigert oder verzögert wurde.

Ueber die für das Nachschußverfahren des vorliegenden Gesetzes geltenden Grundsätze läßt sich die Begründung (II 116) folgendermaßen aus:

„Zur Sicherung und Beschleunigung dieses Resultats sollen schon vor der endgültigen Feststellung des Ausfalls der Gläubiger die Beiträge der Genossen vorläufig nach Maßgabe des in der Bilanz des Konkursverwalters ermittelten Defizits berechnet und erhoben werden. Das Verfahren zerfällt deshalb in zwei Hauptabschnitte. Der erste Abschnitt (§§ 99—106) hat die Feststellung und Einziehung der vorläufigen Beiträge der Genossen zum Gegenstande; dieselben haben den Charakter von Vorschüssen, welche demnächst auf Grund der endgültigen Feststellung der Nachschüsse entweder von den Genossen zu ergänzen oder, soweit sie die Nachschüsse übersteigen, von dem Konkursverwalter zurückzuerstatten sind. Die definitive Feststellung der Nachschüsse bildet den zweiten Abschnitt des Verfahrens (§ 107). Derselbe kann nicht vor dem Anfang der Schlußvertheilung im Konkurse beginnen, da erst dann die nach § 98 für die Berechnung des endgültigen Ausfalls maßgebenden Gesichtspunkte Anwendung finden können. Jeder der beiden Hauptabschnitte des Verfahrens erweitert sich möglicherweise noch durch ein Zusatzverfahren (auch mehrere), wenn die aufgestellte Berechnung (Vorschuß- und Nachschußberechnung) in Folge der Insolvenz einzelner Genossen oder aus anderen Gründen einer Ergänzung (Zusatzberechnung) bedarf. Das Verfahren, das vom Konkursverwalter mit Unterstützung des Vorstandes oder der Liquidatoren betrieben und vom Konkursgericht unter Zuziehung des Gläubigerausschusses geleitet wird, ist als ein Theil des Konkursverfahrens selbst behandelt. Es braucht daher im Gesetz nicht besonders ausgesprochen zu werden, daß die allgemeinen Bestimmungen der Konkurs-Ordnung auch für diesen Theil des Verfahrens maßgebend sind, und ebenso wird es in Folge dessen entbehrlich, die Erhebung besonderer Gebühren für das Verfahren vorzusehen."

Nach § 77 R.K.O. hat der Verwalter Anspruch auf Erstattung angemessener baarer Auslagen und auf Vergütung für seine Geschäftsführung. Die Festsetzung der Auslagen und der Vergütung erfolgt durch das Konkursgericht. Ueber die Beendigung des Nachschußverfahrens vgl. zu § 109.

§. 99.

Der Konkursverwalter hat sofort, nachdem die Bilanz auf der Gerichtsschreiberei niedergelegt ist (Konkursordnung §. 114), zu berechnen, wieviel zur Deckung des in der Bilanz bezeichneten Fehlbetrages die Genossen vorschußweise beizutragen haben.

In der Berechnung (Vorschußberechnung) sind die sämmtlichen Genossen namentlich zu bezeichnen und auf sie die Beiträge zu vertheilen. Die Höhe der Beiträge ist jedoch derart zu bemessen, daß durch ein vorauszusehendes Unvermögen einzelner Genossen zur Leistung von Beiträgen ein Ausfall an dem zu deckenden Gesammtbetrage nicht entsteht.

Die Berechnung ist dem Konkursgerichte mit dem Antrag einzureichen, dieselbe für vollstreckbar zu erklären. Wird das Genossenschaftsregister nicht bei dem Konkursgerichte geführt, so ist dem Antrage eine beglaubigte Abschrift des Statuts und der Liste der Genossen beizufügen.

Ges. von 1868 § 52, Entw. I 95, II 96, Komm. 96, Rtg. 99. Begr. I 177, II 117, Komm.Ber. 47.

Erläuterungen zu § 99.

1. **Absatz** 1. Fehlbetrag. In der Begründung heißt es:

„Das Verfahren ist unverzüglich nach der Niederlegung der Bilanz auf der Gerichtsschreiberei einzuleiten. Ein früherer Zeitpunkt ist nicht möglich, weil es vorher an jeder zuverlässigen Abschätzung des vermuthlichen Ausfalls der Gläubiger fehlt. Es wird Sache des Konkursgerichts sein, den Verwalter zur schleunigen Aufnahme des Inventars und der Bilanz anzuhalten. Derselbe wird bei dem Ansatz der einzelnen Werthe und daher bei Abschluß der Bilanz mit besonderer Sorgfalt eine Ueberschätzung der Aktiva und Unterschätzung der Passiva zu vermeiden haben; je mehr die angenommene Unterbilanz von dem Ausfall der Gläubiger bei der Schlußvertheilung überschritten wird, desto größer ist die Zeitversäumniß, Schwierigkeit und Gefahr, in dem späteren Nachschußverfahren den Fehlbetrag einzuziehen, während durch eine zu hoch angenommene Unterbilanz keine Gefahr erwächst; denn die zuviel eingezogenen Vorschüsse werden sicher verwahrt und den Genossen zurückgezahlt. Im Interesse aller Betheiligten wird deshalb der bilanzmäßige Fehlbetrag und also der Gesammtbetrag der einzuziehenden Vorschüsse nicht zu gering zu veranschlagen sein." — Ueber Zusatzberechnung vgl. § 106.

2. **Absatz** II. Heranziehung unvermögender Genossen und Höhe des Gesammtbetrages.

Der Regierungsentwurf hatte nur zwei Absätze. Im zweiten hieß es statt des jetzigen Abs. II und des ersten Satzes vom Abs. III:

„Die Berechnung (Vorschußberechnung), in welcher die Genossen namentlich zu bezeichnen sind, ist dem Konkursgerichte mit dem Antrag einzureichen, dieselbe für vollstreckbar zu erklären."

Ueber die Heranziehung unvermögender Genossen zur Vorschußberechnung war im Regierungsentwurf keine ausdrückliche Bestimmung enthalten, es war nur in § 98 Abs. 3 vorgeschrieben: „Beiträge, die von einzelnen Genossen nicht zu erlangen sind, werden auf die übrigen vertheilt." Der Wortlaut war den Art. 184b Abs. 1, 213c, 226 Abs. 3 u. s. w. des A.G. nachgebildet. In der Begr. II 117 war der Sinn dieser Bestimmung dahin angegeben, daß „ein zahlungsunfähiger Genosse schon in der ersten Berechnung außer Ansatz zu lassen ist". Nach der Erklärung der Regierungsvertreter in der Kommission war es ferner Absicht der Vorlage, daß der Gesammtbetrag der Umlagen nicht auf mehr als das aus der Bilanz des Konkursverwalters sich ergebende Defizit zu bemessen sei. Dieser Standpunkt stieß in der Kommission auf Widerspruch, weil dies leicht zu Willkürlichkeiten führen könne und nach demselben kaum jemals zu vermeiden sei, daß ein Ausfall in dem einzuziehenden Gesammtbetrage entstehe; die Möglichkeit, das Vorschußverfahren mit einer einzigen Berechnung zu erledigen, sei nach dem System der Vorlage ausgeschlossen. Aus diesen Gründen wurde der Grundsatz aufgestellt, daß alle Genossen herangezogen werden und der einzuziehende Gesammtbetrag höher als das bilanzmäßige Defizit bemessen werden sollte. Ein in diesem Sinne gestellter Antrag (Abs. 2) wurde angenommen.

Stellt sich trotzdem in Folge Unvermögens einzelner Genossen die Nothwendigkeit einer Zusatzberechnung heraus (§ 106), so sind die uneinbringlichen Beiträge auf die übrigen Genossen zu vertheilen (§ 98 Abs. 3), die Uneinbringlichkeit braucht nicht durch fruchtlose Zwangsvollstreckung konstatirt zu sein (vgl. zu § 98 Abs. 3). Ob der Genosse zur Zahlung unvermögend ist, hat der Konkursverwalter und das Gericht bei Prüfung der Zusatzberechnung zu entscheiden, dissentirende Mitglieder oder Organe der Genossenschaft sind auf Einwendungen in dem Verfahren über die Zusatzberechnung (§§ 106, 101) und auf die Anfechtungsklage angewiesen.

3. Bezeichnung der Genossen.

Die Genossen müssen in der Vorschußberechnung so genau bezeichnet sein, daß ein Auszug aus derselben (§ 102 Abs. 2) die Zwangvollstreckung nach § 671 C.P.O. ermöglicht (Begr. II 117).

4. **Absatz** III. Vollstreckbarkeitserklärung.

Nach dem Ges. von 1868 § 52 Abs. 2 war der Vertheilungsplan zur Vollstreckbarkeitserklärung erst einzureichen, wenn die Zahlung der Beiträge verweigert oder verzögert wurde, wodurch das Verfahren sehr aufgehalten wurde; jetzt muß die Berechnung sogleich nach ihrer Aufstellung eingereicht werden, und es wird die ganze Berechnung für vorläufig vollstreckbar erklärt (§ 101), die Genossen behalten nur das Recht, die Berechnung im Wege der Klage (§ 102 Abs. 3) anzufechten, und können nur in Gemäßheit der §§ 688, 689 C.P.O. die Einstellung der Zwangsvollstreckung oder Aufhebung der Vollstreckungsmaßregeln beantragen (§§ 104 Abs. 1, 105 Abs. 4). Das Verfahren wird von dem Konkursgericht geleitet, welches nicht dasselbe zu sein braucht, das das Genossenschaftsregister führt. Ist dies der Fall, so muß der Konkursverwalter beglaubigte Abschrift des Statuts und der Liste der Genossen einreichen.

§. 100.

Zur Erklärung über die Berechnung bestimmt das Gericht einen Termin, welcher nicht über zwei Wochen hinaus anberaumt werden darf. Derselbe ist öffentlich bekannt zu machen; die in der Berechnung aufgeführten Genossen sind besonders zu laden.

Die Berechnung ist spätestens drei Tage vor dem Termine auf der Gerichtsschreiberei zur Einsicht der Betheiligten niederzulegen. Hierauf ist in der Bekanntmachung und den Ladungen hinzuweisen.

Ges. von 1868 § 53, Entw. I 96, II 97, Komm. 97, Rtg. 100. Begr. I 178, II 117.

Erläuterungen zu § 100.

1. Absatz I. — Frist. —

„Die Vorschriften über die Anberaumung und Vorbereitung des Termins zur Verhandlung über die Berechnung (§ 100), sowie die Bestimmungen über das Verfahren in demselben (§ 101) entsprechen mit den durch die veränderten Grundlagen des Verfahrens sowie durch die Vorschriften der C.P.O. und R.K.O. bedingten Modifikationen im Wesentlichen den Bestimmungen der §§ 53 bis 55 des Ges von 1868" (Begr. II 178).

Im Interesse der Beschleunigung ist für das Gericht eine Frist gesetzt, über welche hinaus es den Termin zur Verhandlung über die Berechnung nicht ansetzen „darf".

2. Oeffentliche Bekanntmachung.

Der Termin ist öffentlich bekannt zu machen, für diese Bekanntmachung und die besondere Ladung der in der Berechnung aufgeführten Genossen gelten die Bestimmungen der R.K.O. §§ 68 und 69:

§ 68 R.K.O.: „Die öffentlichen Bekanntmachungen erfolgen durch mindestens einmalige Einrückung in das zur Veröffentlichung amtlicher Bekanntmachungen des Gerichts bestimmte Blatt; die Einrückung kann auszugsweise geschehen. Die Bekanntmachung gilt als bewirkt mit dem Ablaufe des zweiten Tages nach der Ausgabe des die Einrückung oder die erste Einrückung enthaltenden Blattes.

Das Gericht kann weitere Bekanntmachungen anordnen.

Die öffentliche Bekanntmachung gilt als Zustellung an alle Betheiligten, auch wenn dieses Gesetz neben ihr eine besondere Zustellung vorschreibt."

§ 69: „Wenn neben der öffentlichen Bekanntmachung eine besondere Zustellung vorgeschrieben ist, so kann dieselbe durch Aufgabe zur Post bewirkt werden. Einer Beglaubigung des zuzustellenden Schriftstücks bedarf es nicht."

Die Ladung an den „in der Berechnung aufgeführten Genossen" (s. § 99 Abs. 2) gilt also schon mit der öffentlichen Bekanntmachung des Termins als erfolgt. Ist dem Genossen die besondere Ladung nicht zugegangen, so kann er damit allein die Anfechtungsklage nicht begründen (§ 104).

„Die Genossenschaftsorgane, der Konkursverwalter und der Gläubigerausschuß erhalten keine besondere Ladung, zumal eine solche auch sonst nach der Konkursordnung bei öffentlich bekannt zu machenden Terminen nicht stattfindet, und die Mitglieder des Vorstandes und des Aufsichtsraths zudem als Genossen eine Ladung erhalten" (Begr. II 118).

§. 101.

In dem Termine sind Vorstand und Aufsichtsrath der Genossenschaft, sowie der Konkursverwalter und der Gläubigerausschuß und, soweit Einwendungen erhoben werden, die sonst Betheiligten zu hören.

Das Gericht entscheidet über die erhobenen Einwendungen, berichtigt, soweit erforderlich, die Berechnung oder ordnet die Berichtigung an und erklärt die Berechnung für vollstreckbar. Die Entscheidung ist in dem Termine oder in einem sofort anzuberaumenden Termine, welcher nicht über eine Woche hinaus angesetzt werden soll, zu verkünden. Die Berechnung mit der sie für vollstreckbar erklärenden Entscheidung ist zur Einsicht der Betheiligten auf der Gerichtsschreiberei niederzulegen.

Gegen die Entscheidung findet ein Rechtsmittel nicht statt.

Entw. I 97, II 98, Komm. 98, Rtg. 101. Begr. I 179, II 118.

Erläuterungen zu § 101.

1. § 101 entspricht mit den durch die C.P.O. und R.K.O. bedingten Aenderungen den §§ 54, 55 Abs. 1 und 2 des Ges. von 1868.

2. Absatz II. Die Verhandlung und die Einwendungen.

In der Begr. II 118 heißt es:

„In dem Termin hat das Gericht stets den Konkursverwalter und Gläubigerausschuß sowie den Vorstand oder die Liquidatoren und den Aufsichtsrath über die Berechnung gegen einander zu hören; den Genossen bleibt es überlassen, Einwendungen zu erheben; im Falle der Erhebung sind dieselben zu erörtern.

Die Einwendungen können sich beispielsweise auf die Mitgliedschaft eines Genossen, auf die Weglassung zahlungsfähiger oder die Aufnahme zahlungsunfähiger Genossen, auf den Vertheilungsmaßstab und namentlich auf die Richtigkeit der Bilanz und des in ihr und in der Berechnung bezeichneten Fehlbetrags, also auch auf die Richtigkeit und Vollständigkeit des der Bilanz zu Grunde liegenden Inventars, und zwar sowohl in Betreff der Aktiv- wie der Passivposten, beziehen.

Die Verhandlung in dem Termin soll einen summarischen Charakter haben, wie dies auch nach dem bisherigen Gesetz der Fall war. Ein förmliches Beweisverfahren ist nicht vorgesehen, wenn auch Ermittelungen des Gerichts zu dessen näherer Informirung in Gemäßheit des § 67 der Konkursordnung nicht ausgeschlossen sind. Soweit die Erörterungen zwischen den Betheiligten zur Klarstellung der Sachlage nicht führen, müssen illiquide Einwendungen gegen die Berechnung der Geltendmachung im Wege der Anfechtungsklage nach §§ 104 und 105 überlassen bleiben."

3. Die Entscheidung.

„Die Entscheidung darf niemals eine bloße Zurückweisung des Antrags auf Vollstreckbarerklärung enthalten, da im Interesse aller Betheiligten ein kein negatives Resultat des Verfahrens unter allen Umständen ausgeschlossen sein muß. Wenn dem Antrag nicht ohne Weiteres zu entsprechen ist und auch die Berichtigungen, die auf Grund der erhobenen Einwendungen oder von Amtswegen an der Berechnung für nothwendig befunden werden, nicht alsbald von dem Gericht selbst vorgenommen werden können, so hat dasselbe unter Aussetzung des Termins dem Verwalter die Berichtigung aufzugeben, es ist so lange zu verhandeln, bis eine zur Vollstreckbarerklärung geeignete Berechnung vorliegt." (Begr. II 118.)

4. Neuer Termin.

Ist ein neuer Termin erforderlich, so muß derselbe sogleich in dem ersten Termin anberaumt werden und soll nicht über eine Woche hinaus angesetzt werden. Es konnte hier nicht wie in § 100 „darf" gesagt werden, weil die Erhebungen sich möglicherweise über eine Woche hinausziehen können, es wird immer möglichst die Frist eingehalten werden müssen.

5. Verkündung der Entscheidung.

Die Entscheidung ist zu verkünden, daher ist die in § 55 Abs. 1 des Ges. von 1868 vorgesehene Zustellung der Entscheidung an den Vorstand u. s. w. nicht erforderlich.

6. **Absatz** III. Rechtsmittel.

Rechtsmittel gegen die Entscheidung sind ausgeschlossen, weil dieselbe durch Anfechtungsklage angefochten werden kann, es entspricht dies dem früheren Recht.

Ueber das Kompensationsrecht der Genossen vgl. § 98 Abs. 4, § 99.

§. 102.

Nachdem die Berechnung für vollstreckbar erklärt ist, hat der Konkursverwalter ohne Verzug die Beiträge von den Genossen einzuziehen.

Die Zwangsvollstreckung gegen einen Genossen findet in Gemäßheit der Civilprozeßordnung auf Grund einer vollstreckbaren Ausfertigung der Entscheidung und eines Auszuges aus der Berechnung statt.

Für die in den Fällen der §§. 667, 686, 687 der Civilprozeßordnung zu erhebenden Klagen ist das Amtsgericht, bei welchem das Konkursverfahren anhängig ist, und, wenn der Streitgegenstand zur Zuständigkeit der Amtsgerichte nicht gehört, das Landgericht ausschließlich zuständig, zu dessen Bezirke der Bezirk des Konkursgerichts gehört.

Ges. von 1868 § 55, Entw. I 98, II 99, Komm. 99, Rtg. 102.
Begr I 180, II 119 u. Komm.Ber. 48.

Erläuterungen zu § 102.

1. **Absatz** I und II. Der § 102 entspricht mit den durch das veränderte Verfahren nach der C.P.O. erforderten Aenderungen dem § 55

Abs. 3 des Ges. von 1868. Bisher hatte der Vorstand die Beiträge einzuziehen, jetzt der Konkursverwalter.

2. Absatz III. Zuständiges Gericht.

Wo die Civilprozeßordnung dem Prozeßgericht eine Mitwirkung bei der Zwangsvollstreckung überträgt, tritt das Konkursgericht ein. „Die vollstreckbare Ausfertigung der Entscheidung und der Auszug aus der Berechnung sind daher in Gemäßheit des § 662 Civilprozeßordnung durch den Gerichtsschreiber des Konkursgerichts zu ertheilen, und vor dieses Gericht gehören auch die Klagen aus §§ 667, 686 und 687 Civilprozeßordnung" (Begr. II 119). — Dieser Absatz ist erst durch die Kommission hinzugefügt, um jeden Zweifel über die Zuständigkeit auszuschließen (Komm.Ber. S. 48).

§. 103.

Die eingezogenen Beträge sind bei der von der Gläubigerversammlung bestimmten Stelle (Konkursordnung §. 120) zu hinterlegen oder anzulegen.

Entw. I 99, II 100, Komm. 100, Rtg. 103. Begr. I 181, II 119.

Erläuterung zu § 103.

Die eingezogenen Vorschüsse sind zu hinterlegen oder anzulegen, weil sie „bedingt, sofern und soweit der Ausfall und also die Nachschußpflicht festgestellt wird, einen Theil der Konkursmasse bilden" (Begr. II 119). Ihre Verwendung bestimmt sich erst durch die Nachschußberechnung.

§. 104.

Jeder Genosse ist befugt, die für vollstreckbar erklärte Berechnung im Wege der Klage anzufechten. Die Klage ist gegen den Konkursverwalter zu richten. Sie finden nur binnen der Nothfrist eines Monats seit Verkündung der Entscheidung und nur insoweit statt, als der Kläger den Anfechtungsgrund in dem Termine (§. 100) geltend gemacht hat oder ohne sein Verschulden geltend zu machen außer Stande war.

Das rechtskräftige Urtheil wirkt für und gegen alle beitragspflichtigen Genossen.

Ges. von 1868 § 56, Entw. I 100, II 101, Komm. 101, Rtg. 109. Begr. I 181, II 119.

Erläuterungen zu § 104.

1. Absatz I. Feststellungsklage.

Die Klage ist eine Feststellungsklage (R.G. XIV 90).

2. Voraussetzungen.

Die Voraussetzungen der Anfechtungsklage sind erheblich gegen § 56 des Ges. von 1868 verschärft, welches ganz allgemein die Anfechtungsklage gegen die übrigen betheiligten Genossen zuließ.

„Der Mangel jeder zeitlichen und gegenständlichen Schranke hatte die Folge, daß der Vertheilungsplan niemals als endgültig festgestellt anzusehen war, vielmehr jederzeit noch nachträgliche Aenderungen erfahren konnte" (Begr. II 119).

Voraussetzungen der Anfechtungsklage sind jetzt:

a) Anstellung binnen der Nothfrist eines Monats seit Verkündung der Entscheidung,

b) erfolglose Geltendmachung des Anfechtungsgrundes in dem Termine, oder

c) schuldlose Verhinderung, den Anfechtungsgrund in dem Termine geltend zu machen (vgl. § 545 C.P.O.). Gegen die Versäumung der Frist findet Wiedereinsetzung in Gemäßheit der §§ 211 ff. C.P.O. statt:

„Einer Partei, welche durch Naturereignisse oder andere unabwendbare Zufälle verhindert worden ist, eine Nothfrist einzuhalten, ist auf Antrag die Wiedereinsetzung in den vorigen Stand zu ertheilen."

Einwendungen, welche erst nach dem Termin entstanden sind, können auch nach Ablauf der Nothfrist im Wege der Klage vor dem zuständigen Gericht (§ 99) geltend gemacht werden: § 686 C.P.O. (Begr. II 121).

3. Klage gegen den Konkursverwalter.

Die Klage ist gegen den Konkursverwalter zu richten, weil die Beiträge zur Konkursmasse gehören — was nach dem Ges. von 1868 nicht der Fall war.

4. Intervention der Genossen.

Die nicht in den Prozeß verwickelten Genossen können einer der Parteien gemäß § 63 C.P.O. als Intervenienten beitreten, die Intervention ist nicht abhängig von den Voraussetzungen der Anfechtungsklage.

5. **Absatz** II. Wirkung des Urtheils.

Es können auch mehrere Genossen gemeinschaftlich die Klage anstellen (§ 56 C.P.O.), und mehrere Anfechtungsprozesse können verbunden werden (§ 138 C.P.O., § 105 Abs. 2), alsdann würde das streitige Rechtsverhältniß allen Genossen gegenüber einheitlich festgestellt (§ 59 C.P.O.). Da aber nicht immer alle Genossen als Intervenienten oder Streitgenossen auftreten, die Feststellung der Berechnung aber immer nur einheitlich möglich ist, so rechtfertigt sich die Vorschrift, daß das im Anfechtungsprozeß ergehende rechtskräftige Urtheil für und gegen alle Genossen wirkt (Begr. II 120, vgl. 105).

§. 105.

Die Klage ist ausschließlich bei dem Amtsgericht zu erheben welches die Berechnung für vollstreckbar erklärt hat. Die mündliche Verhandlung erfolgt nicht vor Ablauf der bezeichneten Nothfrist. Mehrere Anfechtungsprozesse sind zur gleichzeitigen Verhandlung und Entscheidung zu verbinden.

Uebersteigt der Streitgegenstand eines Prozesses die sonst für die sachliche Zuständigkeit der Amtsgerichte geltende Summe, so hat das Gericht, sofern eine Partei in einem solchen Prozesse vor der Verhandlung zur Hauptsache darauf anträgt, durch Beschluß die sämmtlichen Streitsachen an das Landgericht, in dessen Bezirke es seinen Sitz hat, zu verweisen. Gegen diesen Beschluß findet die sofortige Beschwerde statt. Die Nothfrist beginnt mit der Verkündung des Beschlusses.

Ist der Beschluß rechtskräftig, so gelten die Streitsachen als bei dem Landgerichte anhängig. Die im Verfahren vor dem Amtsgerichte erwachsenen Kosten werden als Theil der bei dem Landgerichte erwachsenen Kosten behandelt und gelten als Kosten einer Instanz.

Die Vorschriften der Civilprozeßordnung §§. 688, 689 über die Einstellung der Zwangsvollstreckung und die Aufhebung der Vollstreckungsmaßregeln finden entsprechende Anwendung.

Entw. I 101 u. II 102, Komm. 102, Rtg. 105. Begr. I 182, II 120, Komm.Ber. S. 48.

Erläuterungen zu § 105.

1. **Absatz** I. Einheitliche Feststellung.

§ 105 bezweckt, wie die Motive ergeben, der Vervielfältigung selbstständiger Anfechtungsprozesse und der Möglichkeit abweichender gesetzlicher Entscheidungen vorzubeugen. Die Bestimmungen lehnen sich an die analogen Vorschriften des § 49.

2. **Absatz** II. Zuständigkeit.

Zuständig ist das mit dem Konkursgericht identische Amtsgericht, ohne Rücksicht auf den Werth des Streitgegenstandes. Da jedoch durch die Zuständigkeitserklärung des Amtsgerichts die Revisionsinstanz verloren geht, hat jeder Genosse das Recht, die Prozesse vor das Landgericht zu bringen. Der Antrag hierauf muß jedoch bei Verlust des Rechts vor der Verhandlung zur Hauptsache gestellt sein. Das Amtsgericht entscheidet ohne mündliche Verhandlung durch Beschluß (vgl. § 467 C.P.O.), der im Termin zu verkünden ist und mit der sofortigen Beschwerde anfechtbar ist, welche binnen der Nothfrist von zwei Wochen bei dem Beschwerdegericht oder dem Amtsgericht einzulegen ist.

Die Reichstagskommission hat unter andern redaktionellen Aenderungen in Abs. 2 und 3 „statt des in der Vorlage gebrauchten Ausdrucks „Entscheidung" das Wort „Beschluß" gesetzt, weil es sich hier um eine im Civilprozeß ohne mündliche Verhandlung ergehende Verfügung und nicht, wie in den Fällen der §§ 101 und 102, um eine im Konkursverfahren erlassene, den Vorschriften des § 66 der Konkursordnung unterliegende Entscheidung handelt" (Komm.Ber. 48).

3. **Absatz** III. Kosten.

Die Bestimmung, daß das Verfahren vor dem Lande und Amtsgerichte als eine Instanz gilt, ist im Interesse der Kostenersparniß getroffen (C.P.O. § 467 Abs. 2, G.K.G. § 30 Abs. 1, Gebührenordnung für Rechtsanwälte § 26).

4. Inhalt des Urtheils.

Das Urtheil kann nur über die erhobenen Einwendungen entscheiden, eventuell den Konkursverwalter zur Rückerstattung des zu viel gezahlten Antheils verurtheilen. Die in Folge dessen erforderliche Abänderung der Berechnung kann nur im Wege der Zusatzberechnung (§ 106) erfolgen.

5. **Absatz** IV. Einstellung und Aufhebung der Zwangsvollstreckung.

Das Ges. von 1868 bestimmte in § 56, daß durch den Prozeß die Exekution nicht gehemmt wird, das vorliegende Gesetz bringt die §§ 688, 689 C.P.O., welche den Einfluß materieller Einwendungen auf den Fortgang der Zwangsvollstreckung behandeln, zur analogen Anwendung. Nach § 688 a. a. O. kann das Prozeßgericht und in dringenden Fällen das Vollstreckungsgericht anordnen, daß bis zur Erlassung des Urtheils die Zwangsvollstreckung gegen oder ohne Sicherheitsleistung eingestellt oder nur gegen Sicherheitsleistung fortgesetzt werde und daß die erfolgten Vollstreckungsmaßregeln gegen Sicherheitsleistung aufzuheben seien. Nach § 689 a. a. O. kann das Prozeßgericht in dem Urtheil, durch welches über die Einwendungen entschieden wird, die vorbezeichneten Aenderungen erlassen oder bestätigen (oder aufheben, abändern).

§. 106.

Soweit in Folge des Unvermögens einzelner Genossen zur Leistung von Beiträgen der zu deckende Gesammtbetrag nicht erreicht wird, oder in Gemäßheit des auf eine Anfechtungsklage ergehenden Urtheils oder aus anderen Gründen die Berechnung abzuändern ist, hat der Konkursverwalter eine Zusatzberechnung aufzustellen. Rücksichtlich derselben kommen die Vorschriften in §§. 99 bis 105 zur Anwendung.

Die Aufstellung einer Zusatzberechnung ist erforderlichenfalls zu wiederholen.

Ges. von 1868 § 57, Entw. I 102, II 103, Komm. 103, Rtg. 106. Begr. I 184, II 121, Komm.Ber. 49.

Erläuterungen zu § 106.

1. **Absatz** I. (Andere Gründe.) In der Begründung (II 121) heißt es:

„Nicht nur durch erfolgreiche Anfechtung der Berechnung kann eine Abänderung derselben erforderlich werden. Auch ohne Anfechtung kann sich ein Fehler in der Berechnung ergeben, Genossen können als zahlungsunfähig sich erweisen. Aus diesen und ähnlichen Gründen muß die Abänderung im Wege einer Zusatzberechnung erfolgen. Für einen Zusatz zur Vorschußberechnung ergeben sich jedoch die durch den Zweck der letzteren gezogenen Grenzen. Dieser Zweck besteht nur in der Aufbringung des in der Vorschußberechnung selbst schätzungsweise festgestellten oder durch Urtheil im Anfechtungsprozesse bestimmten Fehlbetrags, und hieraus folgt, daß eine Zusatzberechnung nicht wegen bloßer Aenderungen in dem Bestand der Konkursmasse oder wegen der Wahrscheinlichkeit eines größeren oder geringeren als des ursprünglich veranschlagten Defizits aufzustellen ist. Vor beendigter Realisirung der Masse beruht die Veranschlagung des voraussichtlichen Ausfalls der Konkursgläubiger stets auf mehr oder weniger schwankenden Grundlagen, und die Berücksichtigung der jeweilig wechselnden Schätzungen würde zu einer unzweckmäßigen Häufung der Zusatzberechnungen führen." . .

„Die Zusatzberechnung soll überhaupt nur stattfinden, wenn die Abänderung der Vorschußberechnung sich als nothwendig erweist."

2. Art der Berechnung der Umlagen in der Zusatzberechnung.

Für dieselbe gelten die Ausführungen zu § 99 über die erste Berechnung.

3. **Absatz** II. Der zweite Absatz ist in der Reichstagskommission hinzugefügt. Wie es im Kommissionsbericht heißt, um

„deutlicher zum Ausdruck zu bringen, daß die Zusatzberechnungen so lange zu wiederholen sind, bis der nach der Bilanz zu deckende Fehlbetrag eingezogen oder die Leistungsfähigkeit aller Genossen erschöpft ist. In dem Nachschußverfahren im engeren Sinne (§ 107) gilt das Gleiche bis zu voller Befriedigung der Gläubiger sowie der nach § 98 Abs. 4, §§ 118, 120 etwa regreßberechtigten Genossen. Anträge, welche dahin gingen, letzteres noch ausdrücklich im Gesetz auszusprechen, wurden zurückgezogen, indem man anerkannte, daß die bezeichneten Sätze sich aus dem Zusammenhange des Entwurfs von selbst ergeben" (Komm.Ber. 49).

§. 107.

Sobald mit dem Vollzuge der Schlußvertheilung (Konkursordnung §. 149) begonnen wird, hat der Konkursverwalter in Ergänzung oder Berichtigung der Vorschußberechnung und der zu derselben etwa ergangenen Zusätze zu berechnen, wieviel die Genossen in Gemäßheit des §. 98 an Nachschüssen zu leisten haben.

Die Berechnung (Nachschußberechnung) unterliegt den Vorschriften in §§. 99 bis 102, 104 bis 106, der Vorschrift im §. 99 Absatz 2 mit der Maßgabe, daß auf Genossen, deren Unvermögen zur Leistung von Beiträgen sich herausgestellt hat, Beiträge nicht vertheilt werden

Entw. I 103, II 104, Komm. 104, Rtg. 107. Begr. I 185, II 122, Komm.Ber. 49.

Erläuterungen zu § 107.

1. **Absatz** I. Zwecke der Nachschußberechnung.

Die Nachschußberechnung hat zweierlei Zwecke. Sie hat

a) den Betrag festzustellen, welcher erforderlich ist, um die Konkursgläubiger, insoweit sie Anspruch auf Befriedigung aus den Nachschüssen haben (§ 98), zu befriedigen und die Kosten des Konkursverfahrens, sowie etwaige von dem Vorstand (§ 108 Abs. 2) oder dem Verwalter zu führende Prozesse zu decken. In der Nachschußberechnung sind diejenigen Beträge zu berechnen, welche von den Genossen in Form von Nachschüssen aufzubringen sind. In dem Zeitpunkt, da die Nachschußberechnung aufgemacht wird — Vollzug der Schlußvertheilung — steht vorbehaltlich der Vertheilung der nach § 155 K.O. zurückzubehaltenden oder gemäß § 153 ebenda sonst zur Masse zurückfließenden oder ihr noch zugehenden Beträge der Ausfall der Konkursgläubiger fest (vgl. Begr. II 122). Der Betrag ist nach den Grundsätzen des § 98 zu berechnen;

b) entweder

α) den nach Verrechnung der bereits gezahlten Vorschüsse auf die festgestellte Ausfallssumme der Konkursgläubiger verbleibenden Rest auf die Genossen umzulegen. Die Nachschußberechnung darf nicht etwa die vollen, die einzelnen Genossen treffenden Nachschüsse bezeichnen, welche von diesen überhaupt aufzubringen sind, und ebensowenig genügt es, daß von diesen Antheilen lediglich die bereits gezahlten Vorschüsse abgezogen werden, denn die vollstreckbaren Titel der früheren Berechnungen bilden auch fernerhin die Grundlage für deren Einziehung, und es darf nicht ein weiterer vollstreckbarer Titel auf dieselben Nachschüsse geschaffen werden. Nur der noch verbleibende Rest ist Gegenstand der Berechnung. Die Nachschußberechnung hat in dieser Beziehung nur den Charakter einer Zusatzberechnung (vgl. Begr. II 122).

oder

β) falls weitere Beträge nicht erforderlich sind, dies kalkulatorisch darzulegen, und eventuell ist auch der von den eingezahlten Vorschüssen zurückzugewährende Betrag festzustellen (Begr. II 122, § 108 Abs. 3).

2. **Absatz** II. Art der Berechnung.

Die „unvermögenden" Genossen sind in der Nachschußberechnung nicht mehr unter den leistungspflichtigen Genossen aufzunehmen, weil das vorhergehende Vorschußverfahren eine bestimmte Grundlage für die Zahlungsfähigkeit der Genossen bietet. Der Gesammtbetrag ist in dieser Berechnung nur entsprechend dem wahren Fehlbetrag zu bestimmen, weil es sich in diesem Stadium um den Abschluß des Verfahrens handelt, bei welchem die einzuziehenden Beiträge endgültig nach dem vorliegenden Ergebnisse des Konkursverfahrens festgestellt werden müssen (Komm.Ber. 48).

Die Nachschußberechnung ist von dem Verwalter dem Konkursgericht einzureichen (§ 99), welches einen Verhandlungstermin anberaumt (§§ 100, 101). Eventuell sind auch Zusatzberechnungen aufzustellen (§ 106). In Betreff der Einwendungen, Anfechtung u. s. w. kommen die bei der Vorschußberechnung geltenden Grundsätze zur Anwendung.

§. 108.

Der Verwalter hat, nachdem die Nachschußberechnung für vollstreckbar erklärt ist, unverzüglich den gemäß §. 103 vorhandenen Bestand und, so oft von den noch einzuziehenden Beiträgen hinreichender Bestand eingegangen ist, diesen im Wege der

Nachtragsvertheilung (Konkursordnung §. 153) unter die Gläubiger zu vertheilen.

Außer den Antheilen auf die im §. 155 der Konkursordnung bezeichneten Forderungen sind zurückzubehalten die Antheile auf Forderungen, welche im Prüfungstermine von dem Vorstande ausdrücklich bestritten worden sind. Dem Gläubiger bleibt überlassen, den Widerspruch des Vorstandes durch Klage zu beseitigen. Soweit der Widerspruch rechtskräftig für begründet erklärt wird, werden die Antheile zur Vertheilung unter die übrigen Gläubiger frei.

Die zur Befriedigung der Gläubiger nicht erforderlichen Ueberschüsse hat der Konkursverwalter an die Genossen zurückzuzahlen.

Entw. I 104, Entw. II 105,*) Komm. 105, Rtg. 108. Begr. I 186, II 125.

Erläuterungen zu § 108.

1. **Absatz** I. Vollstreckbarkeitserklärung der Nachschußberechnung.

Die Nachschußberechnung muß von dem Gericht für vollstreckbar erklärt werden (§ 101 Abs. 2), die Vollstreckbarkeitserklärung muß also auch dann erfolgen, wenn weitere Nachschüsse gar nicht umgelegt werden. Da die Berechnung für vollstreckbar erklärt wird, so ist, wie bereits zu § 107 bemerkt ist, nur der nach Abzug der gezahlten Vorschüsse von den Nachschüssen verbleibende Rest Gegenstand der Berechnung. Durch den Umfang der Berechnung werden auch die Einwendungen bestimmt.

2. Vertheilung der Nachschüsse.

Der Vertheilung muß die Vollstreckbarkeitserklärung der Nachschußberechnung voraufgehen. Für die Vertheilung der Nachschüsse sind die Bestimmungen der Konkursordnung über Nachtragsvertheilung (§ 153 R.K.O.) maßgebend, als welche sich die Nachschußvertheilung — wegen ihrer Zugehörigkeit zur Konkursmasse — rechtlich darstellt. Die Bestimmungen der Konkursordnung entscheiden darüber, wie die Nachschüsse zu verwenden sind, inwieweit Masseansprüche, Massekosten geltend gemacht werden können, welche Konkursforderungen zu berücksichtigen sind und in welcher Rangordnung und zu welchem Betrage die Befriedigung der Gläubiger zu geschehen hat.

Die Grundlage bietet unter allen Umständen das Schlußverzeichniß, denn die Konkursgläubiger können nur wegen ihrer bei der Schlußver-

---

*) In dem Entwurfe des Reichsjustizamtes lautete der Schluß des zweiten Absatzes nach dem ersten Satze: „Soweit in dem Prozeß gegen den Vorstand dessen Widerspruch rechtskräftig für begründet erklärt wird, werden die Antheile zur Vertheilung unter die übrigen Gläubiger frei.“ (Begr. II 125.)

theilung berücksichtigten Forderungen Befriedigung aus den Nachschüssen verlangen (§ 98 Abs. 1). Massekosten und Masseschulden aber sind aus den Nachschüssen vorweg zu berichtigen (§ 50 R.K.O.). Hierher gehören: die gerichtlichen Kosten, die Ausgaben für die Verwaltung, Verwerthung und Vertheilung der Masse, Ansprüche, welche aus Geschäften oder Handlungen des Konkursverwalters entstehen, Ansprüche aus zweiseitigen Verträgen, deren Erfüllung zur Konkursmasse verlangt wird oder für die Zeit nach der Eröffnung des Verfahrens erfolgen muß, die Ansprüche aus einer rechtlosen Bereicherung der Masse.

3. **Absatz** II. Zurückbehaltung der Nachschüsse.

Die Nachschußdividende ist zurückzubehalten:

a) auf die im § 155 R.K.O. bezeichneten Forderungen,

α) auf streitige im Prozeß befangene Forderungen (§§ 134 Abs. 1 und 6, 140 R.K.O.),

β) auf aufschiebend bedingte Forderungen, falls die Genossenschaft zu einer Sicherheitsleistung verpflichtet ist,

γ) auf Forderungen unter auflösender Bedingung, sofern der Gläubiger zu einer Sicherheitsleistung verpflichtet ist und die Sicherheit nicht leistet,

b) auf Forderungen, welche im Prüfungstermine von dem Vorstande ausdrücklich bestritten sind. „Für die Befriedigung aus den Nachschüssen verlangt das Interesse der Genossen die selbstständige Mitwirkung eines dieselben vertretenden Organs bei der Prüfung der Forderungen ebenso, wie bei der Feststellung und Aufbringung der Nachschüsse die Gläubiger durch den Konkursverwalter und Gläubigerausschuß vertreten werden ... Das Organ der Genossen kann natürlich nur der Vorstand oder die Liquidatoren sein, welche nach § 129 Konkursordnung sich ohnhin über die angemeldeten Forderungen zu erklären haben" (Begr. II 123). Die Konkursordnung bestimmt Gleiches für das Recht auf Zwangsvollstreckung gegen den Gemeinschuldner (§ 152 Abs. 2 R.K.O.) — vgl. auch § 116 für den Fall der direkten Haftpflicht.

Das Gesetz verlangt nicht für die Berücksichtigung der Forderung aus den Nachschüssen, d. h. für die Zurückbehaltung der Nachschußdividende, daß die Erhebung der Klage bis zum Ablauf der Ausschlußfrist für die Schlußvertheilung dem Konkursverwalter nachgewiesen sei, weil dies das Verfahren kompliziren würde, da dann die Nachtragsvertheilungen aus der Nachschußmasse nicht einfach auf Grund des rechtskräftigen Schlußverzeichnisses geschehen könnten (Begr. II 124).

4. Klagen gegen den Widerspruch.

Die Vorschriften über die Anfechtung des Widerspruchs durch Klage enthalten wesentliche Abweichungen von der Konkursordnung:

„Kläger ist in allen Fällen der Inhaber der bestrittenen Forderung, mag auch für diese ein vollstreckbarer Schuldtitel, ein Endurtheil oder ein Vollstreckungsbefehl vorliegen, während in einem solchen Falle nach §§ 134 Abs. 6, 140, 155 Konkursordnung der Widerspruch die Auszahlung des Antheils nur aufhält, wenn der Widersprechende die Klage erhebt. Für die Nachschußvertheilung muß dem Bestreiten seitens des Organs der die Nachschüsse leistenden Genossen, sowohl was die Verhinderung der Zahlung, als was die Parteirollen behufs Erlangung derselben betrifft, die gleiche Bedeutung beigelegt werden, wie dies naturgemäß bei der direkten Inanspruchnahme der einzelnen Genossen durch den Gläubiger der Fall ist" (Begr. II 124).

Die Klage, welche gegen die Genossenschaft, vertreten durch den Vorstand und die Liquidatoren, geht, ist weder die Feststellungsklage des § 132 Abs. 1 K.O. noch des § 231 C.P.O. (Begr. II 124), sie geht allein darauf, den Widerspruch als unbegründet zu erklären. Wird die Klage abgewiesen, so wird die Forderung der Nachschußmasse gegenüber als nicht bestehend betrachtet und der auf die Forderung zurückbehaltene Antheil wird daher für die andern Genossen frei Das Urtheil hat aber keinen Einfluß auf die Berücksichtigung der Forderung bei Vertheilungen aus der eigentlichen Konkursmasse, es wirkt nur für die Nachschußmasse.

War bereits ein von dem Konkursverwalter oder einem Gläubiger erhobener Widerspruch als begründet anerkannt, so kann dem Gläubiger ein weiterer Prozeß gegen den Vorstand wegen Berücksichtigung bei Vertheilung der Nachschußmasse nichts nützen, da eine als Konkursforderung in Wegfall gekommene Forderung auch nicht mehr für die Nachschüsse in Betracht kommt (vgl. Begr. II 124).

Die übrigen Konkursgläubiger, der Konkursverwalter und die Genossen können in dem Prozeß gegen den Vorstand oder die Liquidatoren interveniren.

5. **Absatz** III. Rückzahlung der Nachschüsse, vgl. §§ 98 Abs. 4, 118, 124 Abs. 2, 135.

Die Rückzahlung muß nach Höhe der geleisteten Nachschüsse erfolgen.

§. 109.

Eine Aufhebung des Konkursverfahrens durch Zwangsvergleich findet nicht statt.

Eine Einstellung des Verfahrens ist erst zulässig, nachdem mit dem Vollzuge der Schlußvertheilung begonnen ist. Die Zustimmung aller bei der letzteren berücksichtigen Konkursgläubiger ist beizubringen. Inwieweit es der Zustimmung oder der Sicherstellung von Gläubigern bedarf, deren Forderungen nicht festgestellt sind, entscheidet das Konkursgericht nach freiem Ermessen.

Entw. I 105, II 106, Komm. 106, Rtg. 109. Begr. I 189, II 125.

Erläuterungen zu § 109.

1. **Absatz** I. Zwangsvergleich.

Abs. 1 entspricht dem früheren Recht (§ 51 Abs. 3 des Ges. von 1868, § 196 R.K.O.). „Der Zwangsvergleich im Genossenschaftskonkurse müßte sich nothwendig auch auf die Haftung der einzelnen Genossen erstrecken, es würde daher der majorisirte Theil der Konkursgläubiger gezwungen, auf das in dieser Haftung der Mitglieder gerade für den Fall des Konkurses ihnen zugesicherte Mittel der vollen Befriedigung zu verzichten. Dies kann nicht als zulässig betrachtet werden" (Begr. II 125).

2. Einstellung.

Dieselben Gründe führen auch zu einer Beschränkung der Einstellung des Konkursverfahrens (vgl. Entscheidung des R.G. vom 11. Januar 1884, abgedruckt in Nr. 45 des Bl.f.G. von 1884). „Wenn es gestattet würde, in Gemäßheit des § 188 Konkursordnung das Verfahren nach Ablauf der Anmeldefrist auf Grund der Einwilligung derjenigen Gläubiger, welche bis dahin ihre Forderungen angemeldet haben, einzustellen, so würden hierdurch diejenigen, welche sich noch weiterhin hätten melden können, ohne vorgängiges Gehör von der Befriedigung ausgeschlossen sein, welche die Fortsetzung des Verfahrens bis zur persönlichen Heranziehung der Genossen ihnen verschaffen konnte" (Begr. II 125).

In Konsequenz der Vorschrift in § 93 Abs. 2 ist eine Einstellung des Verfahrens wegen ungenügender Konkursmasse unzulässig (vgl. § 190 R.K.O.).

Aufhebung des Konkursverfahrens.

In Betreff der formellen Aufhebung des Konkursverfahrens ist keine Bestimmung getroffen. Die Aufhebung des Konkursverfahrens kann nach § 151 R.K.O. nach Abhaltung des Schlußtermins ausgesprochen werden. Das Nachschußverfahren ist aber ein Theil des Konkursverfahrens, folglich kann bei Genossenschaften die Aufhebung regelmäßig auch erst nach Beendigung des Nachschußverfahrens stattfinden. „Zudem aber verbietet sich eine Aufhebung des Konkursverfahrens, bevor die Nachschußberechnung für vollstreckbar erklärt und auf der Gerichtsschreiberei niedergelegt ist, da es jedenfalls bis zu dem Zeitpunkt, mit welchem die Frist für die direkte Inanspruchnahme eines Genossen beginnt, also bis zur Ermöglichung der letzteren fortgeführt werden muß" (Begr. II 126).

Das Richtige und Zweckmäßige ist, das Konkursverfahren erst nach vollständig durchgeführtem Nachschußverfahren zu beendigen, d. h. also wenn die Mitglieder der Genossenschaft die Gläubiger bezw. die ausgeschiedenen Genossen, welche durch Befriedigung der Gläubiger an deren Stelle getreten sind, befriedigt haben, oder wenn sie alle zahlungsunfähig geworden sind; bis zu diesem Zeitpunkt muß der Konkursverwalter in Thätigkeit bleiben, und über alle von ihm in den Nachtragsvertheilungen vorgenommenen Vertheilungen muß er dem Konkursgericht Rechnung ablegen. Es ist nicht einzusehen, welchen Vortheil eine frühere Konkursbeendigung haben soll.

Eine besondere Beendigung des Nachschußverfahrens ist im Gesetz nicht vorgesehen, es ist daher, bis alle Gläubiger bezw. Genossen (§§ 98 Abs. 4, 118, 124 Abs. 2, 135) befriedigt sind, auch immer noch eventuell die Aufstellung einer Zusatzberechnung zulässig. Dieser Fall könnte z. B. eintreten, wenn zahlungsunfähige Mitglieder wieder zu Vermögen kommen; es ist dies von besonderer Wichtigkeit für die Fälle, in denen ein direkter Zugriff nicht gestattet ist: § 98 Abs. 4, 118, 123 ff., 135. Für die Zahlung von Nachschüssen läuft die gewöhnliche landesgesetzliche Verjährungsfrist. Das

Verfahren hat der Konkursverwalter zu betreiben. §§ 153 ff. K.O. werden zur entsprechenden Anwendung kommen müssen.

§. 110.

Der Vorstand ist verpflichtet, den Konkursverwalter bei den diesem im §. 99 Absatz 1, §. 102 Absatz 1, §§. 106, 107 zugewiesenen Obliegenheiten zu unterstützen.

Entw. I 106 und II 107 (erster Absatz), Komm. 107, Rtg. 110. Begr. I 191, II 126, Komm.Ber. 49.

Erläuterungen zu § 110.

1. § 110 und § 111 bildeten zusammen den § 106 des Entw. I und den § 107 des Entw. II und sind von der Reichstagskommission aus redaktionellen Gründen getrennt.

2. „Es liegt in der Natur der Sache und entspricht dem Grundsatze des § 92 Konkursordnung, daß der Genossenschaftsvorstand auf Grund seiner Kenntniß der Verhältnisse der Genossenschaft und der einzelnen Genossen auch im Nachschußverfahren dem Konkursverwalter seine Unterstützung zu leihen hat" (Begr. II 126).

§. 111.

Die in diesem Abschnitte hinsichtlich des Vorstandes getroffenen Bestimmungen gelten auch hinsichtlich der Liquidatoren.

Entw. I 106 u. II 107 (zweiter Absatz), Komm. 107a, Rtg. 111. Begr. I 191, II 126, Komm.Ber. 49.

Erläuterungen zu § 111.

1. „Die ergänzende Vorschrift ist erforderlich, weil in den vorausgehenden Bestimmungen dieses Abschnitts der Kürze halber immer nur des Vorstandes und nicht zugleich der Liquidatoren Erwähnung gethan ist" (Begr. II 128).

2. Vgl. § 110 Erläuterung 1.

Achter Abschnitt.

Besondere Bestimmungen.

I. Für Genossenschaften mit unbeschränkter Haftpflicht.

§. 112.

Bei Genossenschaften mit unbeschränkter Haftpflicht darf ein Genosse nicht auf mehr als einen Geschäftsantheil betheiligt sein.

Entw. I 107, II 108, Komm. 108, Rtg. 112. Begr. I 191, II 126. Komm.Ber. 54.

Erläuterungen zu § 112.

1. Beschränkung auf einen Geschäftsantheil.

Die Beschränkung des Genossen bei einer Genossenschaft mit unbeschränkter Haftpflicht auf einen Geschäftsantheil ist nach den Motiven veranlaßt durch das Streben, eine allzugroße Ungleichheit in der Betheiligung und ein übermäßiges Herandrängen des kapitalistischen Elements zu verhindern. Letzteres müsse die Neigung zu Geschäften befördern, die mit den Chancen eines erheblichen Gewinnes zugleich diejenigen beträchtlicher Verluste in sich tragen. Zudem würde in solchen Fällen der Gewinn, der zu einem unverhältnißmäßig hohen Antheil wenigen Mitgliedern zuflösse, in der Hauptsache aus den Geschäften mit den übrigen Genossen erzielt werden, also gerade von denjenigen zu leisten sein, in deren Interesse die Genossenschaft ihre Wirksamkeit äußern soll. Es wird dann noch für die Nothwendigkeit des Verbots angeführt, daß sich bei den bestehenden Vorschußvereinen die Einzahlungspflicht meist auf den vollen Betrag des Geschäftsantheils erstreckt, in Folge dessen es vielfach nothwendig geworden sei, den Erwerb weiterer Geschäftsantheile zu gestatten (Begr. II 126). In der Kommission wurde ein Antrag gestellt, wie in § 115 die Regelung der Geschäftsantheile dem Statut zu überlassen, da Verhältnisse denkbar seien, in denen das Verbot mehrerer Geschäftsantheile die Genossenschaft schädigen könnte: „Die Besorgniß, daß durch die Zulassung mehrerer Antheile kapitalistische Strömungen in den Genossenschaften die Oberhand erlangen, insbesondere Diskont- und Darlehnszinsen behufs Erzielung hoher Dividenden über Gebühr erhöht werden könnten, sei nicht begründet, da solche Bestrebungen bisher nirgends hervorgetreten seien" . . . Die Kommission lehnte jedoch den Antrag ab (Komm.Ber. S. 55).

In der That sprechen die Erfahrungen bei den Vorschußvereinen, gegen welche das Verbot vorzugsweise gerichtet ist, gegen dasselbe. Die „doppelten Geschäftsantheile" sind schon vor Erlaß der Genossenschaftsgesetze vielfach eingeführt und bei vorzüglich geleiteten Vereinen bis heute festgehalten.*)

*) „Das Bedürfniß, ein stärkeres Gesellschafts-Kapital, ein schnelleres Anwachsen also der Einzelbetheiligung, zu erzielen, ohne die Gleichberechtigung zu verletzen, führte" — wie Parisius 191 mittheilt — „bald dazu, Mitgliedern, welche das Maximum des Geschäftsantheils erreicht hatten, zu gestatten, einen „zweiten Geschäftsantheil", ein zweites Guthaben von demselben oder von einem noch höheren Maximalbetrage durch Einzahlungen und durch Zurückbehalten der Dividenden zu erwerben. Die Frage des „doppelten Guthabenmaximums", die Frage also, ob der Vorschußverein „die Grenze der Berechtigung mit der Grenze der Verpflichtung zusammenfallen lassen" oder „neben dem obligatorischen Maximum noch ein darüber hinausgehendes fakultatives Maximum stellen soll", ist zuerst in den Bl.f.G. 1866 in Nr. 5 und 12 erörtert worden. Schulze-Delitzsch hatte sich in einem Gutachten dagegen ausgesprochen, weil dadurch die Befestigung der bestehenden Klassenunterschiede gefördert würde. Nizze, Parisius und Julius Wiggers-Rostock vertheidigten gegen ihn „die doppelten Guthaben-Maxima", als durch die fortschreitende Entwickelung der Geschäfte bedingt. Sie sind oft gerade im Interesse der kleinsten Gewerbtreibenden eingeführt. Der tüchtige, selbstständige Hand-

2. Obligatorische Einzahlungen.

In Folge der Bestimmung in § 7 Ziffer 2, nach welcher statutarisch der Genosse zu baaren Einzahlungen nur bis zum zehnten Theil des Geschäftsantheils verpflichtet zu werden braucht, ist thatsächlich jede Genossenschaft in der Lage, eine Einrichtung zu treffen, welche den mehreren Geschäftsantheilen gleichkommt. Das Statut braucht Einzahlungen nur bis zu dem gedachten Betrage festzusetzen und überläßt es den Genossen, höhere Beträge durch freiwillige Einzahlungen zu leisten. In Betreff der Gewinn-Auszahlung kann im Statut Vorkehrung getroffen werden, daß jedes Mitglied, welches im Besitz des zehnten (oder höheren) Theils des Geschäftsantheils ist, die Herauszahlung des Jahresgewinns verlangen kann, daß derselbe nur bis zur obligatorischen Grenze der Einzahlungen dem Geschäftsantheil zuzuschreiben ist (§ 19).

§. 113.

Die Beitrittserklärungen (§. 15) müssen die ausdrückliche Bemerkung enthalten, daß die einzelnen Genossen für die Verbindlichkeiten der Genossenschaft dieser sowie unmittelbar den Gläubigern derselben nach Maßgabe des Gesetzes mit ihrem ganzen Vermögen haften.

Entw. 108, II 109, Komm. 109, Rtg. 113. Begr. I 192, II 127, Komm.Ber. 55, A.B. § 26.

Erläuterungen zu § 113.

1. Inhalt der Beitrittserklärung.

Die Bestimmung ist neu, das Ges. von 1868 kannte nur Genossenschaften mit unbeschränkter Haftpflicht, und es mußte daher Jeder, der einer Genossenschaft beitrat, wissen, daß er mit seinem ganzen Vermögen zu haften habe. Wie die Firma der Genossenschaft mit unbeschränkter Haftpflicht den diesbezüglichen Zusatz enthalten muß, damit der Gläubiger, der sich mit der Genossenschaft einläßt, sofort weiß, auf welcher Haftpflicht die Genossenschaft beruht, so soll durch den Zusatz in der Beitrittserklärung Vorkehrung getroffen werden, daß Jeder, der einer solchen Genossenschaft beitritt, „über die

---

werksmeister wird als Anfänger in der Regel am besten thun, seine Ersparnisse im eigenen Geschäft nutzbringend anzulegen, er sollte nicht gezwungen sein, sein Kreditbedürfniß durch allmähliches Festlegen von Ersparnissen zu erkaufen, die vielleicht höher werden als das Darlehn, das er von Zeit zu Zeit beansprucht. In demselben Kreditverein den Genossen, der 20000 Mk. Kredit begehrt und erhält, und den, der höchstens 300 Mk. Darlehn brauchen kann, zur Ansammlung eines Guthabens von 1200 Mk. zu zwingen, wird zu einer Benachtheiligung der Kleinen zu Gunsten der Großen. Für den, der diese Gesichtspunkte für richtig hielt, war der mehrfache Geschäftsantheil das beste Mittel, sie zur Geltung zu bringen. — Schulze-D. blieb übrigens ein Gegner dieses Auskunftsmittels, er empfahl „gleich hohe Geschäftsantheile für Alle mit fester Begrenzung, ohne Gestattung mehrerer Antheile in einer Hand". (Vorschuß- und Kreditvereine, Aufl. 5 S. 104.)

rechtliche Tragweite seines Schritts thunlichst aufgeklärt werde" (Begr. II 127). Die Worte „dieser sowie unmittelbar den Gläubigern derselben" sind in der Kommission hinzugesetzt als eine Konsequenz der Einführung der Genossenschaften mit unbeschränkter Nachschußpflicht (§ 121).

2. Mängel der Beitrittserklärung.

Die Bemerkung in Betreff der Haftpflicht ist so wesentlich, daß ihr Fehlen Ungültigkeit der Beitrittserklärung zur Folge hat, und der Richter hat deshalb seine Prüfung auf diesen Punkt zu erstrecken (Begr. II 127). Würde er dennoch, obgleich die Erklärung fehlt, die Eintragung der Mitglieder vornehmen, so kann die Eintragung von dem Mitgliede angefochten werden.

3. Formulare. Eine Beitrittserklärung sollte nur das unbedingt Nothwendige enthalten. Jedes überflüssige Wort giebt mindestens Gelegenheit zu Irrthümern und zu Einwendungen. Parisius empfiehlt in den Bl.f G. 1889 S. 279 für die Genossenschaften mit unbeschränkter Haftpflicht folgendes Formular:

> Ich erkläre hierdurch meinen Beitritt zu dem unter der Firma „Vorschußverein (Konsumverein) zu X., eingetragene Genossenschaft mit unbeschränkter Haftpflicht" bestehenden Vorschußverein (Konsumverein), dessen einzelne Genossen für die Verbindlichkeiten der Genossenschaft dieser, sowie unmittelbar den Gläubiger derselben nach Maßgabe des Gesetzes mit ihrem ganzen Vermögen haften.
>
> X., den . . . . (Name.)

Anderweitig meint man zur Verdeckung der „schroffen Worte", welche die Beitrittserklärung enthalten muß, durch Erläuterungen in der Formulirung die Schroffheit mildern zu sollen. In dem soeben (während des Drucks) erschienenen Kommentar des verdienstvollen Verbandsdirektors F. X. Pröbst-München (S. 322) ist zu diesem Zwecke folgendes Formular vorgeschlagen:

> „Ich erkläre hiermit meinen Beitritt zum Kreditverein A., eingetragene Genossenschaft mit unbeschränkter Haftpflicht, dessen Statuten mit der Verpflichtung der einzelnen Genossen, für die von der Genossenschaft bis zu ihrem Ausscheiden eingegangenen Verbindlichkeiten nach Maßgabe des Gesetzes vom 1. Mai 1889 über die Erwerbs- und Wirthschaftsgenossenschaften sowohl der Genossenschaft selbst als äußersten Falles unmittelbar den Gläubigern mit ihrem ganzen Vermögen zu haften, mir genau bekannt sind."

Da der Beitretende in der Erklärung des § 113 seine Kenntniß nicht von einer statutarischen, durch die Genossenschaft selbst abänderlichen Bestimmung, sondern von einer gesetzlichen Bestimmung zu versichern hat, so kann die Zulässigkeit jener Erklärung nicht anerkannt werden.

§. 114.

Ist durch das Statut die Gewinnvertheilung ausgeschlossen (§. 20), so finden während des hierfür bestimmten Zeitraums auf das Ausscheiden der Genossen die Bestimmungen in den §§. 63 bis 75 mit der Maßgabe Anwendung, daß an Stelle des Geschäftsjahres das Quartal tritt und daß die Aufkündigung (§. 63 Absatz 2) mindestens sechs Wochen, sowie die Einreichung der Urkunden durch den Vorstand (§. 67) mindestens drei Wochen vor dem Quartalsschluß erfolgen muß.

Im Falle des Ausscheidens ist eine Bilanz aufzustellen; die Zahl der mit dem Quartalsschluß ausgeschiedenen Genossen ist zu veröffentlichen.

Komm. 109a, Rtg. 114. Komm.Ber. 56, A.V. §§ 24, 29, 30, 31.

Erläuterungen zu § 114.

1. Entstehung. Der § 114 ist ein Zusatz der Kommission und mit Bezug auf diejenigen kleineren ländlichen Genossenschaften, welche nach § 20 die Gewinnvertheilung ausgeschlossen haben, beantragt. Die besonderen Verhältnisse dieser Genossenschaften machten es namentlich mit Rücksicht auf die den Vereinen „in Folge des Ausschlusses jeder Gewinnvertheilung häufig nur aus Humanitätsgründen beigetretenen wohlhabenderen Mitglieder" wünschenswerth, den Austritt nicht zu sehr zu erschweren und an zu lange Fristen zu binden. Bei diesen Genossenschaften fielen die Gründe fort, welche regelmäßig für die Verlegung des Austritts auf das Ende des Geschäftsjahres sprechen: Eine Gewinnvertheilung besteht nicht und die Bilanz-Ziehung ist bei dem kleinen Geschäftsbetrieb und der einfachen Buchführung sehr leicht. (So der Komm.Ber. S. 56.)

Die Erleichterung gilt nur für Genossenschaften mit unbeschränkter Haftpflicht.

Die Ausführungsverordnung enthält in Betreff des § 114 ausführliche Bestimmungen über die Einrichtung der Liste der Genossen (§ 24), über die Zeit der Einreichung der Urkunden im Falle des Ausscheidens (§ 29), über die Eintragung des Ausscheidens (§§ 30 und 31).

2. **Absatz** I. Ausschluß der Gewinnvertheilung.

Die Gewinnvertheilung muß statutarisch verboten sein, es ist dies die Voraussetzung für die Möglichkeit der Beendigung der Mitgliedschaft zum Quartalsschluß; eine solche ist statthaft, so lange die Gewinnvertheilung bei einer Genossenschaft mit unbeschränkter Haftpflicht ausgeschlossen ist.

3. Ausscheiden der Genossen.

Die Vorschriften des § 114 beziehen sich auf alle Arten des Austritts (Kündigung §§ 63, 64, Aufgabe des Wohnsitzes § 65, Ausschluß § 66, Tod § 75), die Folge der Zulassung des Austritts zum Quartalsschluß ist Verkürzung der Kündigungsfrist und der Frist für Einreichung der Urkunden zum Registergericht.

Das Ausscheiden selbst ist in allen Fällen abhängig von der Eintragung: § 68 findet nur mit der Modifikation Anwendung, daß an Stelle „Jahresschlusse" „Quartalsschlusse" zu setzen ist. § 74: Uebertragung des

Geschäftsguthabens greift unverändert Platz. Die Frist des § 73 läuft vom Ende des Quartalsschlusses, in welchem der Austritt erfolgt ist.

Sein Geschäftsguthaben kann der Ausgeschiedene erst innerhalb 6 Monaten nach dem betreffenden Quartalsschluß herausverlangen, denn die Frist des § 71 ist für diesen Fall nicht abgekürzt. Gleichfalls beginnt die Haftfrist den Gläubigern gegenüber mit diesem Zeitpunkt zu laufen.

4. „an Stelle des Geschäftsjahres das Quartal" — „drei Wochen vor dem Quartalsschluß".

Der Kommissionsbericht ergiebt keinerlei Auskunft, ob der Antragsteller (Freiherr v. Huene) das mit dem 1. Januar, 1. April, 1. Juli und 1. Oktober beginnende Kalenderquartal an Stelle des Geschäftsjahres treten lassen, oder auch Geschäftsquartale, die nicht mit dem Kalenderjahre zusammenfallen, zulassen wollte Indessen nach dem Wortlaut des zur zweiten Lesung der Kommission gestellten und daselbst angenommenen, und nach dem Wortlaut eines in der ersten Lesung der Kommission gestellten Antrages zum damaligen § 61*) — vgl. Reichstagsdrucksachen der VII. Kommission Nr. 22 und Nr. 35 — muß man das erstere annehmen. Wohl um jeden Zweifel zu beseitigen, kennzeichnet die Ausführungsverordnung die Genossenschaft des § 20, so oft sie dieselbe erwähnt, also in den §§ 24, 29, 30 und 31, als die Genossenschaft, „bei welcher in Gemäßheit des § 114 des Gesetzes das Ausscheiden von Genossen zum Schlusse jedes Kalenderquartals stattfindet" u. s. w., und bestimmt, daß auf der Liste der Genossen vermerkt werde: „Das Ausscheiden der Genossen findet zum Schlusse eines jeden Kalendenquartals statt." Andrer Meinung F. X. Pröbst in der wohl vor Kenntniß der Ausführungsverordnung geschriebenen Bemerkung zu § 114 (Das Reichsgesetz vom 1. Mai 1889 2c. S. 324).

5. **Absatz** II. Bilanz.

Auf die Aufstellung dieser Bilanz kommen die andern hierfür getroffenen Vorschriften des Gesetzes gleichmäßig zur Anwendung. Die Bilanz ist erforderlich wegen der Herausgabe des Guthabens, deswegen gilt aber auch für ihre Aufstellung die sechsmonatige Frist (§ 71), die Bilanz ist vom Aufsichtsrath zu prüfen und der Generalversammlung vorzulegen (§ 36). Die Bilanz ist zu veröffentlichen und eine Bekanntmachung ist dem Gericht einzureichen. Die Bestimmung über die Veröffentlichung der Zahl der zum Quartalsschluß ausgeschiedenen Genossen entspricht dem § 31 Abs. 2.

§. 115.

Sobald sich bei der Geschäftsführung ergiebt, daß das Vermögen der Genossenschaft einschließlich des Reservefonds und der Geschäftsguthaben zur Deckung der Schulden nicht ausreicht, hat

*) Nach diesem Antrage sollte dem § 61 (jetzt § 63) folgender Absatz hinzugefügt werden: Für Genossenschaften, welche durch Statut die Vertheilung des Gewinns ausschließen (§ 19a), kann der Austritt mit jedem Quartalsschlusse stattfinden, die Kündigung muß mindestens sechs Wochen vorher schriftlich erfolgen.

der Vorstand die Generalversammlung zur Beschlußfassung, ob die Genossenschaft aufgelöst werden soll, zu berufen.

Für den Fall, daß die Auflösung beschlossen wird, ist zugleich die im §. 97 vorgesehene Beschlußfassung herbeizuführen.

Entw. I 109, II 110, Komm. 110, Rtg. 115. Begr. I 193, II 127.

Erläuterungen zu § 115.

1. Absatz I. Ueberschuldung bei bestehender Genossenschaft.

Die Ueberschuldung allein hat bei der Genossenschaft mit unbeschränkter Haftpflicht den Konkurs noch nicht zur Folge (vgl. § 134). Der Zustand der Ueberschuldung ist jedoch so gefahrdrohend, daß die Generalversammlung sofort davon Kenntniß erhalten muß, um sich darüber zu entscheiden, ob sie durch Erhöhung der Geschäftsantheile die Ueberschuldung beseitigen, oder zur Auflösung schreiten oder auch trotz der Ueberschuldung die Geschäfte weiter geführt wissen will (Begr. II 127). Soll die Generalversammlung zur Beseitigung der Ueberschuldung über Erhöhung der Geschäftsantheile u. s. w. beschließen können, so müssen auch diese Gegenstände auf der Tagesordnung stehen und rechtzeitig bekannt gemacht sein (§ 44), insoweit sie eine Statutenänderung enthalten.

2. Absatz II. Beschluß über Belassung der Vorstands- und Aufsichtsrathsmitglieder im Amte.

Dagegen ist die Generalversammlung, falls sie die Auflösung beschließt, berechtigt zugleich darüber Beschluß zu fassen, ob die bisherigen Mitglieder des Vorstandes oder Aufsichtsraths beizubehalten oder andere zu bestellen sind (§ 97); es müßte dies nicht als besonderer Gegenstand auf die Tagesordnung gesetzt gewesen sein. Es ist eine Folge davon, daß die Auflösung, da durch sie die Ueberschuldung konstatirt wird, die Konkurseröffnung zur Folge hat und der Vorstand zur Stellung des Antrages auf Eröffnung des Konkursverfahrens verpflichtet ist (§§ 91, 92).

§. 116.

Im Falle des Konkursverfahrens sind neben der Genossenschaft die einzelnen Genossen solidarisch und mit ihrem ganzen Vermögen den Konkursgläubigern für den Ausfall verhaftet, welchen diese an ihren bei der Schlußvertheilung (Konkursordnung §. 149) berücksichtigten Forderungen bei derselben erleiden.

Nach Ablauf von drei Monaten seit dem Termine, in welchem die Nachschußberechnung für vollstreckbar erklärt ist, können die Gläubiger, soweit sie bisher nicht befriedigt sind, die einzelnen Genossen in Anspruch nehmen, ohne daß den letzteren die Einrede der Theilung zusteht.

Festgestellte Forderungen, welche im Prüfungstermine von

dem Vorstande oder den Liquidatoren nicht ausdrücklich bestritten sind, können auch von den in Anspruch genommenen Genossen nicht bestritten werden.

Das rechtskräftige Urtheil, welches in dem Prozeß über eine im Prüfungstermine von dem Vorstande oder den Liquidatoren bestrittene Forderung für oder gegen dieselben ergeht, wirkt gegenüber allen Genossen.

In Ansehung einer im Konkursverfahren streitig gebliebenen Forderung kann, solange dieselbe nicht festgestellt ist, eine Verurtheilung der Genossen nicht erfolgen.

Entw. I 110, II 111, Komm. 111, Rtg. 116. Begr. I 194—197, II 127—130, Komm.Ber. 57.

Erläuterungen zu § 116.

1. Früheres Recht.

Nach dem Ges. von 1868 konnte gegen jeden Genossen (gegen einen ausgeschiedenen innerhalb der zweijährigen Verjährungsfrist) die Solidarhaft geltend gemacht werden, ohne daß ihm die Einrede der Theilung zustand,

a) wenn die Eröffnung des Konkurses nicht erfolgen konnte,

b) im Falle des Konkurses nach Aufhebung desselben wegen des an der festgestellten Forderung in dem Verfahren erlittenen Ausfalls einschließlich der Zinsen und Kosten. Einwendungen konnten nur gegen solche Forderungen erhoben werden, welche von dem Vorstande oder den Liquidatoren im Prüfungstermin ausdrücklich bestritten waren.

Der direkte Anspruch der Gläubiger wurde nicht aufgehalten durch das nach der Beendigung des Konkurses beginnende Umlageverfahren (§§ 12, 62 Ges. von 1868, § 197 R.K.O.).

Der jetzige § 116 entspricht dem Regierungsentwurf, abgesehen von den nachher zu besprechenden Aenderungen, welche die Kommission in Absatz II vornahm.

2. **Absatz I.** „neben der Genossenschaft“.

Die direkte Haftung hat einen subsidiären bürgschaftsartigen Charakter, vgl. Einleitung.

3. „solidarisch und mit ihrem ganzen Vermögen“.

„Solidarisch und mit ihrem ganzen Vermögen“ haften den Gläubigern direkt jetzt nur die Mitglieder einer Genossenschaft mit unbeschränkter Haftpflicht. Weggefallen ist die besondere Vorschrift des Ges. von 1868, daß diese Haftung auch dann eintreten soll, wenn es nicht zum Konkurse kommen kann, da jetzt auch dann der Konkurs zu eröffnen ist, wenn eine den Kosten des Verfahrens entsprechende Masse nicht vorhanden ist (§ 93 Abs. 3).

4. „bei der Schlußvertheilung berücksichtigte Forderungen“.

Nach dem Ges. von 1868 bezw. § 197 R.K.O. war der direkte Angriff nur wegen der im Konkurse „festgestellten Forderungen“ zulässig. Das

Gesetz stellt für die Geltendmachung im direkten Angriff die Voraussetzungen auf, welche für die Betheiligung an der Befriedigung aus der Nachschußmasse maßgebend sind; wie in § 98 müssen die Forderungen bei der Schlußvertheilung nur berücksichtigt sein (vgl. zu § 98).

Die Garantiehaft ist nur ein weiteres Sicherungsmittel neben der Nachschußpflicht, für Voraussetzungen und Umfang des Anspruchs der Gläubiger aus der direkten Haftpflicht gelten daher die gleichen Grundsätze wie für die Befriedigung aus den Nachschüssen (Begr. II 127).

5. Absatz II. „Nach Ablauf von drei Monaten".

Der der Sachverständigenkonferenz vorgelegte Entwurf des Reichsjustizamts schlug als Zeitpunkt für die Zulassung des Einzelangriffs einen Monat „seit dem Tage, an welchem die Nachschußberechnung auf der Gerichtsschreiberei niedergelegt ist", vor. In der Begründung war gesagt: wenn auch mit der Eröffnung des Einzelangriffs die mit vollstreckbarem Schuldtitel versehenen Gläubiger sich die wohlhabenderen Genossen aussuchen, so können die letzteren doch noch im Nachschußverfahren zur Deckung der übrigen Gläubiger, die nicht so rasch zugreifen konnten, herangezogen werden. Nach Ablauf der Frist von einem Monat müsse in der Regel und in der Hauptsache durch ordnungsmäßige Durchführung des Vorschuß- und Nachschußverfahrens meistens die Befriedigung der Gläubiger schon erfolgt oder doch die Einziehung der Mittel dazu erledigt sein, sofern die nachschußpflichtigen Genossen zur Aufbringung derselben überhaupt im Stande sind . . . (Manuskript S 49, wiederholt zum großen Theil in allg Begr. II 42).

In dem veröffentlichten Regierungsentwurfe ist aus der einmonatlichen Frist eine zweimonatliche geworden. In der Begr. II 128 heißt es:

„Es darf der Einzelangriff nicht früher zugelassen werden, als zu einem Zeitpunkt, in welchem bei ordnungsmäßigem Sachbetriebe das Nachschußverfahren im Wesentlichen erledigt sein muß. Der Entwurf bestimmt hierfür das Ende des zweiten Monats nach der Niederlegung der vollstreckbar erklärten Nachschußberechnung auf der Gerichtsschreiberei (§ 102 Abs. 2). Dies muß genügen. Erwägt man, daß auf Grund der Nachschußberechnung der Regel nach nur noch ein verhältnißmäßig unbedeutender Restbetrag zur Deckung des Ausfalls der Gläubiger zu erheben sein wird, da in der Hauptsache die hierzu erforderlichen Beiträge schon während der Dauer des Konkursverfahrens auf Grund der Vorschußberechnung und der Zusätze zu derselben eingezogen sein müssen, so kann es nicht zweifelhaft sein, daß die weiter gewährte Frist von zwei Monaten vollkommen ausreicht, um die noch erforderlichen Nachschüsse beizutreiben."

Die Kommission verlängerte diese Frist auf drei Monate und gegen die Ausgeschiedenen (§ 115) auf sechs Monate — „um dem subsidiären Charakter des Einzelangriffs praktisch eine erhöhte Geltung zu verschaffen" (Komm.Bericht S. 57).

6. Beginn der Frist.

Die Regierungsvorlage ließ die Frist mit der Niederlegung der vollstreckbaren Nachschußberechnung auf der Gerichtsschreiberei beginnen, in der

Kommission ist dies geändert, weil dies „eine innere, den Betheiligten nur durch Einsicht der Akten bekannt werdende Angelegenheit des Gerichts ist, während der Vollstreckbarkeitsbeschluß öffentlich verkündet wird" (Komm.-Ber. S. 57).

7. Die einzelnen Genossen.

Es können beliebig viele Genossen gleichzeitig in Anspruch genommen werden.

Zu den Genossen gehören auch die Ausgeschiedenen innerhalb der Haftfrist (§ 119).

8. **Absatz** III. Einwendungen gegen festgestellte Forderungen.

Der Vorstand bezw. die Liquidatoren müssen die festgestellte (wegen der bestrittenen vgl. Abs. 5) Forderung bestritten haben, soll dem in Anspruch genommenen Genossen ein Bestreitungsrecht zustehen (ebenso § 197 R.K.O. für das bisherige Recht); selbstverständlich bezieht sich dies nur auf den Bestand der Forderung, nicht auf die individuelle Haftpflicht des einzelnen Genossen; einen dieserhalb betreffenden Einwand zu erheben, kann dem Genossen nicht benommen werden (Begr. II 130).

9. Klage.

Der Gläubiger muß wie nach dem bisherigen Recht klagen, es handelt sich nicht um festgestellte Forderungen, welche auf Grund der Tabellen und der Nachschußberechnung im Wege der Zwangsvollstreckung beizutreiben sind.

„Die sofortige Zwangsvollstreckung würde die direkte Haftpflicht . . ohne zwingenden Grund verschärfen und in den Vordergrund drängen" (Begr. II 128).

10. **Absatz** IV. Beseitigung des Widerspruchs.

Der Gläubiger muß auch den Widerspruch beseitigen, um aus den Nachschüssen Befriedigung zu erlangen (§ 108 Abs. 2). Beklagte ist die Genossenschaft, vertreten durch den Vorstand bezw. die Liquidatoren (vgl. zu § 108). Der Gläubiger ist aber auch berechtigt, ohne vorhergehende Klage gegen die Genossenschaft auf Beseitigung des Widerspruchs zunächst die Genossen direkt in Anspruch zu nehmen, er kann dann aber nur ein Urteil gegen den oder die in Anspruch genommenen Genossen erlangen, er erhält auch bei obsieglichem Urtheil nicht das Recht, Befriedigung aus den Nachschüssen zu verlangen oder sich anderen Genossen gegenüber auf dieses Urtheil zu berufen. Der Gläubiger kann ferner auch den Vorstand und den oder die Genossen gleichzeitig verklagen (Begr. II 129). Auch in diesen Fällen müssen immer die Voraussetzungen des Einzelangriffs selbstverständlich vorliegen. Die Klage gegen den „Vorstand" geht darauf, den Widerspruch für unbegründet zu erklären, gegen die Genossen würde der Antrag auch in den hier erwähnten Fällen auf Zahlung gehen.

11. Wirkung des Urtheils gegen den Vorstand.

Das Urtheil wirkt für und gegen alle, auch die ausgeschiedenen noch haftpflichtigen Genossen, weil der Vorstand bezw. die Liquidatoren „den Widerspruch als Organ der einzelnen Genossen und in deren Interesse erhebt" (Begr. II 129). In Betreff der Einwendungen aus der individuellen Haftpflicht der einzelnen Genossen vgl. Nr. 8 zu diesem Paragraphen.

12. Absatz V. Verurtheilung wegen streitiger Forderungen. Klage gegen die einzelnen Genossen auf Grund des Einzelangriffs kann auch erhoben werden aus einer streitigen, d. h. einer im Konkurs befangenen Forderung (§ 155 R.K.O., § 108 des Ges.), es darf aber vor der Feststellung derselben keine Verurtheilung des Genossen erfolgen, denn wenn der Widerspruch des Konkursverwalters oder eines Gläubigers demnächst rechtskräftig für begründet befunden würde, würde sie auch den in Anspruch genommenen Genossen gegenüber hinfällig werden (Begr. II 65). Die Prozesse gegen den bestreitenden Verwalter bezw. Gläubiger und den Genossen können nebenhergehen, der Genosse ist, bis die Feststellung erfolgt ist, unbeschränkt in der Bestreitung der Forderung, auch wenn dieselbe im Prüfungstermin durch den Vorstand bezw. die Liquidatoren unbestritten geblieben ist (Begr. II 125).

§. 117.

Die Klage der Gläubiger gegen die einzelnen Genossen verjährt, sofern nicht nach Beschaffenheit der Forderung eine kürzere Verjährungsfrist gesetzlich eintritt, in zwei Jahren seit Ablauf der im § 116 Absatz 2 bestimmten Frist.

Die Verjährung zu Gunsten eines Genossen wird durch Rechtshandlungen unterbrochen, welche gegen die Genossenschaft oder von derselben vorgenommen werden; sie wird nicht unterbrochen durch Rechtshandlungen, welche gegen einen anderen Genossen oder von demselben vorgenommen werden.

Die Verjährung läuft auch gegen Minderjährige und bevormundete Personen, sowie gegen juristische Personen, denen gesetzlich die Rechte der Minderjährigen zustehen, ohne Zulassung der Wiedereinsetzung in den vorigen Stand, jedoch mit Vorbehalt des Rückgriffs gegen die Vormünder und Verwalter.

Ges. von 1868 §§ 63, 64, 65, Entw. I 111, II 112, Komm. 112, Rtg. 117. Begr. I 197 bis 199, II 130, Komm.Ber. 57.

Erläuterungen zu § 117.

1. Verjährung der Ansprüche aus der direkten Haftpflicht.

„Die Bestimmungen dieses Paragraphen beziehen sich nur auf die Verjährung der aus der direkten Haftpflicht der Genossen hervorgehenden Ansprüche. Für die Nachschußpflicht erscheint die Einführung einer besonderen Verjährung weder nothwendig noch zweckdienlich, da durch eine solche die Gläubiger, um sich nicht die Befriedigung entgehen zu lassen, unter Umständen zur Geltendmachung des Einzelangriffs auch da genöthigt sein würden, wo aus sonstigen Gründen eine Veranlassung hierzu nicht vorläge" (Begr. II 130).

2. **Absatz** I. Dauer und Beginn der Verjährung.

„Für die direkte Haftpflicht sieht der Entwurf in Uebereinstimmung mit dem bisherigen Gesetze (§§ 63, 64) eine zweijährige Verjährung vor. Im Einzelnen gestalten sich jedoch die Vorschriften über dieselbe im Entwurf wesentlich einfacher."

Die Verjährung beginnt in Uebereinstimmung mit allgemeinen Rechtsgrundsätzen mit dem Zeitpunkte, in welchem die Klage aus der direkten Haftpflicht erhoben werden kann (§ 116 Abs. 2). Betagte Forderungen gelten als fällig, da die Befriedigung der Gläubiger in dem Umfang und in der Art nur beansprucht werden kann, wie im Konkurse, und nach § 58 R.K.O. betagte Forderungen als fällig gelten; aus diesem Grunde ist § 63 Abs. 2 des Ges. von 1868 hinsichtlich solcher Forderungen nicht aufgenommen (Begr. II 131).

3. **Absatz** II. Unterbrechung der Verjährung.

Die Unterbrechung der Verjährung ist wie in dem bisherigen Recht geordnet. Die Verjährung wird unterbrochen durch jede Rechtshandlung gegen oder von der Konkursmasse, zu der auch die Nachschußmasse gehört. Klagen gegen die Genossenschaft während des Konkurses kommen in den Fällen der §§ 108 Abs. 2 und 116 Abs. 4 vor. Unter „Rechtshandlungen" sind solche zu verstehen, welche nach dem geltenden Civilrechte zur Unterbrechung geeignet sind (Jurist. Wochenschrift 1889 S. 70).

§. 118.

Soweit Genossen in Gemäßheit des §. 116 Konkursgläubiger befriedigen, treten sie in die Rechte der letzteren gegen die Genossenschaft ein.

Entw. I 112, II 113, Komm. 113, Rtg. 118. Begr. I 200, II 131.

Erläuterungen zu § 118.

1. Rückgriff und Umfang desselben.

„Das Recht des Rückgriffs, welches dem von einem Gläubiger in Anspruch genommenen Genossen gegenüber der Genossenschaft eingeräumt wird, steht im Einklang mit den Grundsätzen, welche nach den in Deutschland geltenden Rechtssystemen in Bezug auf den Regreß des Bürgen gegen den Hauptschuldner anerkannt sind" (Begr. II 131).

Hat der Genosse im Nachschußverfahren die auf ihn entfallenden Beiträge vollständig geleistet, so kann er vollen Ersatz dessen, was er an den Gläubiger bezahlt hat, verlangen; ist dies nicht der Fall, so werden gegen ihn die auf ihn fallenden noch nicht berichtigten Nachschüsse aufgerechnet.

2. Genossenschaft.

Nur an die Genossenschaft kann er Regreß nehmen, nicht an die Genossen, also nur im Wege des Nachschußverfahrens, nicht des Einzelangriffs (vgl. §§ 98 Abs. 4, 124 Abs. 2).

3. Genossen.

Unter Genossen sind auch die ausgeschiedenen Mitglieder zu verstehen (Begr. II 131).

Ein in Anspruch genommener ausgeschiedener Genosse hat seinen Regreß bei der Genossenschaft im Nachschußverfahren zu suchen, erlangt er hier nicht seine Befriedigung, so bestimmt sich sein Recht, von den übrigen ausgeschiedenen Genossen Ersatz zu verlangen, resp. der Umfang dieses Ersatzes nach den Landesgesetzen (Begr. II 132). In einem Vertragsverhältniß hat er immer nur mit denjenigen ausgeschiedenen Genossen gestanden, die mit ihm zu der Zeit der Genossenschaft angehörten, aus welcher er wegen einer Forderung von einem Gläubiger in Anspruch genommen ist.

§. 119.

Die Bestimmungen der §§. 116 bis 118 finden auf die in den letzten zwei Jahren vor der Eröffnung des Konkursverfahrens aus der Genossenschaft ausgeschiedenen Genossen (§§. 68, 74), welche nicht schon in Gemäßheit des §. 73 der Haftpflicht unterliegen, wegen der bis zum Zeitpunkte ihres Ausscheidens von der Genossenschaft eingegangenen Verbindlichkeiten mit der Maßgabe Anwendung, daß der Anspruch der Gläubiger erst nach Ablauf von sechs Monaten seit dem Termine, in welchem die Nachschußberechnung (§. 107) für vollstreckbar erklärt ist, erhoben werden kann.

Dieser Anspruch erstreckt sich, wenn im Falle des Todes eines Genossen dessen Ausscheiden nach dem in §. 75 Absatz 1 bezeichneten Zeitpunkte eingetragen ist, auf die bis zum Tage der Eintragung von der Genossenschaft eingegangenen Verbindlichkeiten, sofern nicht der Erbe beweist, daß bei ihrer Eingehung dem Gläubiger der Tod des Genossen bekannt war.

Ges. von 1868 §§ 39 und 63, Entw. I 71 u. 72, II 72 u. 73, Komm. 113a, Rtg. 119. Begr. I 154, II 102, Komm.Ber. 40 u. 57.

Erläuterungen zu § 119.

1. Der § 119 ist von der Kommission an Stelle der gestrichenen §§ 72 und 73 Abs 3 aufgenommen. Die Bestimmungen mußten in Folge der Einfügung der Genossenschaften mit unbeschränkter Nachschußpflicht, aus dem allgemeinen Theil herausgenommen werden; sie gelten für Genossenschaften mit unbeschränkter Haftpflicht und mit beschränkter Haftpflicht (§ 135).

§ 117 regelt die Verjährung des Anspruchs aus der direkten Haft gegen alle Genossen, § 119 regelt die Haftfrist für die ausgeschiedenen Genossen.

2. **Absatz** I. Frist und nicht Verjährung der Haftpflicht.

Die ausgeschiedenen Genossen wurden nach § 39 des Ges. von 1868 von der Haftung für die Verbindlichkeiten der Genossenschaft befreit durch den Ablauf einer zweijährigen Verjährung; die Verjährung begann mit dem Tage, da das Ausscheiden dem Registergericht angezeigt war. Die

Folge dieser Vorschrift war, daß die Verjährung entgegen allen Rechtsgrundsätzen lange vor der Möglichkeit der Klageerhebung selbst zu laufen begann. Anderseits aber wurde die „Verjährung schon in diesem Stadium durch jede gegen die Genossenschaft selbst gerichtete und zur Unterbrechung an sich geeignete Rechtshandlung auch gegenüber den ausgeschiedenen Genossen unterbrochen. Berücksichtigt man aber, daß nach den meisten Rechtssystemen schon die regelmäßigen Zins- und Abschlagszahlungen, sowie alle Arten von Anerkennungshandlungen zur Unterbrechung der Verjährung genügen, so liegt auf der Hand, daß hierdurch der Zweck der kurzen Verjährungsfrist fast ganz vereitelt wurde" (Begr. II 102), so daß thatsächlich die ausgeschiedenen Genossen in den meisten Fällen erst mit der Tilgung der betreffenden Verbindlichkeit befreit würden.

Den Mängeln einer solchen Einrichtung hilft das Gesetz dadurch ab, daß es an Stelle der zweijährigen Verjährung eine zweijährige Frist setzt und diese Frist allein mit der Konkurseröffnung über die Genossenschaft unterbrechen läßt. Der Rechtszustand ist für die Genossenschaften mit unbeschränkter Haftpflicht und beschränkter Haftpflicht (§ 135, in Betreff der Genossenschaft mit unbeschränkter Nachschußpflicht vgl. § 122) folgender:

Das Ausscheiden erfolgt unter der Resolutivbedingung, daß nicht innerhalb sechs Monate nach demselben die Genossenschaft aufgelöst wird (§ 73), tritt dieser Fall ein, so gilt das Ausscheiden als nicht erfolgt. Andernfalls bleiben die Ausgeschiedenen noch während einer zweijährigen Haftfrist den Gläubigern direkt haftbar, falls in dieser Zeit der Konkurs über die Genossenschaft eröffnet wird; z. B. der Konkurs wird am 1. Mai 1890 eröffnet; dann gilt der Austritt der zu Ende 1889 Ausgeschiedenen als nicht erfolgt, diese sind zum Nachschußverfahren heranzuziehen und haften außerdem den Gläubigern für alle bis zum Konkurs seitens der Genossenschaft eingegangenen Verbindlichkeiten direkt (in Gemäßheit des § 116, § 135). Ferner haften die zu Ende 1888 Ausgeschiedenen und zwar nur nach § 116, im Wege des Einzelangriffs, an dem Nachschußverfahren nehmen sie nicht Theil. Die zu Ende 1887 ausgeschiedenen Genossen sind durch Ablauf der Haftfrist Ende 1889 frei geworden. Ist der Konkurs im September 1890 eröffnet, also nach Ablauf der sechsmonatigen Frist (§ 73), so haften auch in Folge dessen die Ende 1889 nur nach § 116 im Wege des Einzelangriffs, und ferner haften die zu Ende 1888 Ausgeschiedenen.

Es ist bei diesen Beispielen davon ausgegangen, daß das Geschäftsjahr mit dem Kalenderjahr abschließt; ist die Geschäftsperiode nicht gleich dem Kalenderjahr, schließt sie mit einem andern Termin ab oder ist sie kürzer, so ändert sich dem entsprechend die Fristberechnung, und dasselbe gilt für den Fall des § 114. Für die in Folge Uebertragung des Geschäftsguthabens ausgeschiedenen Mitglieder ist die Haftfrist von dem Tage der Eintragung des Ausscheidens ab zu rechnen.

Ist innerhalb der sechsmonatigen Frist nach dem Ausscheiden die Genossenschaft aufgelöst oder innerhalb der zweijährigen Haftfrist Konkurs eröffnet, so greift für die Verjährung des Anspruchs aus der direkten Haftpflicht die Verjährungsfrist des § 117 Abs. 1 Platz.

3. Verbindlichkeiten.

Der Ausgeschiedene kann nur für diejenigen Verbindlichkeiten der Genossenschaft von den Gläubigern in Anspruch genommen werden, welche bis zu seinem Ausscheiden eingegangen sind; ob dies der Fall ist, wird in einzelnen Fällen Thatfrage sein. Anders bei Genossenschaften mit unbeschränkter Nachschußpflicht vgl. § 122.

4. Sechs Monate.

In der Regierungsvorlage war für alle Genossen der gleiche Zeitpunkt bestimmt. Die in der Genossenschaft verbliebenen Genossen können nach dem Gesetz die Gläubiger nach Ablauf von drei Monaten seit dem Termin, in welchem die Nachschußberechnung für vollstreckbar erklärt ist, in Anspruch nehmen (§ 116). Diese Frist ist für die Ausgeschiedenen auf sechs Monate ausgedehnt, um die Subsidiarität der Haftung der Ausgeschiedenen gegenüber derjenigen der aktiven Genossen hervortreten zu lassen (Komm.Ber. S. 57).

5. **Absatz** II. Haftung der Erben verstorbener Mitglieder.

Die Beendigung der Mitgliedschaft durch Tod ist der einzige Fall, der unabhängig von der Eintragung in die Mitgliederliste ist (§ 75). Die Eintragung ist dennoch nicht ohne Bedeutung. Der Erbe soll, wenn die Beendigung der Mitgliedschaft erst nach Schluß des Geschäftsjahres eingetragen ist, in welchem der Tod erfolgte, wegen der bis zur Eintragung von der Genossenschaft eingegangenen Verbindlichkeiten dem Gläubiger haften müssen, wenn er, der Erbe, nicht beweist, daß bei ihrer Eingehung dem Gläubiger der Tod des Genossen bekannt war. Es wird hier der allgemein für handelsrechtliche Eintragungen geltende Grundsatz über die Wirkung derselben Dritten gegenüber zur Geltung gebracht.

In § 129 der Regierungsvorlage waren die Mitglieder des Vorstandes mit Strafe bedroht, wenn sie es unterließen, die Anzeige von dem Tode des Genossen dem Gerichte einzureichen. Diese Strafvorschrift ist in der Kommission beseitigt (vgl. Erläuterungen zu § 75).

II. Für Genossenschaften mit unbeschränkter Nachschußpflicht.

— Ueber die Geschichte dieser Genossenschaftsart und ihre Bedeutung vgl. Einleitung. —

§. 120.

Die Bestimmungen des §. 112 über die Beschränkung der Betheiligung auf einen Geschäftsantheil und des §. 115 über die Berufung der Generalversammlung im Falle der Ueberschuldung finden auf die Genossenschaften mit unbeschränkter Nachschußpflicht Anwendung.

Komm. 113 b, Rtg. 120, Komm.Ber. 58.

Vgl. die Erläuterungen zu §§ 112 und 115.

§. 121.

Die Beitrittserklärungen (§. 15) müssen die ausdrückliche Bemerkung enthalten, daß die einzelnen Genossen mit ihrem ganzen Vermögen verpflichtet sind, der Genossenschaft die zur Befriedigung der Gläubiger derselben erforderlichen Nachschüsse nach Maßgabe des Gesetzes zu leisten.

Komm. 113c, Rtg. 121, A.B. § 26.

Erläuterungen zu § 121.

1. Ueber Mängel der Form vgl. Erläuterungen zu § 113.

2. Auch hier dürfte das Formular der Beitrittserklärung bei Pröbst, welches die Kenntniß des Inhalts der Statuten mit der Bestimmung, daß die einzelnen Genossen u. s. w. (wie im § 121), bezeugt, nicht ohne Bedenken sein (vgl. oben zu § 113).

§. 122.

Ist im Falle der Eröffnung des Konkursverfahrens nach Ablauf von drei Monaten seit dem Termine, in welchem die Nachschußberechnung (§. 107) für vollstreckbar erklärt ist, die Befriedigung oder Sicherstellung der im §. 98 Absatz 1 bezeichneten Konkursgläubiger noch nicht bewirkt, so sind die hierzu erforderlichen Beiträge von den innerhalb der letzten achtzehn Monate vor der Eröffnung des Konkursverfahrens ausgeschiedenen Genossen, welche nicht schon in Gemäßheit des §. 73 oder des §. 74 Absatz 4 der Nachschußpflicht unterliegen, nach Maßgabe des §. 98 zur Konkursmasse zu leisten.

Komm. 113 d, Rtg. 122.

Erläuterungen zu § 122.

1. Im Allgemeinen.

Bei den Genossenschaften mit unbeschränkter und beschränkter Haftpflicht hat der Gläubiger das Recht, insoweit er nach Ablauf von drei Monaten seit dem Termine, in welchem die Nachschußberechnung für vollstreckbar erklärt ist, nicht befriedigt ist, alle Genossen, d. h. die zur Zeit der Auflösung der Genossenschaft angehörigen Mitglieder, und außerdem nach Ablauf von sechs Monaten die innerhalb zwei Jahre vor Eröffnung des Konkurses Ausgeschiedenen im Wege des Einzelangriffs in Anspruch zu nehmen. Bei der Genossenschaft mit unbeschränkter Nachschußpflicht ist ihm dies Recht nicht gewährt, sondern es müssen nach dem erst gedachten Zeitpunkt die innerhalb achtzehn Monate vor der Eröffnung des Konkursverfahrens Ausgeschiedenen im Wege eines besonderen Nachschußverfahrens die Beträge aufbringen, welche in diesem Zeitpunkt noch zur Befriedigung der Gläubiger erforderlich sind. Die Genossen stehen „bei der neuen Form in keinerlei Beziehung zu den Gläubigern" (Komm.Ber.

S. 54), es ist die bürgschaftsartige, sogenannte Garantiehaft bei ihr in Wegfall gekommen.

Für die Genossenschaften mit unbeschränkter Nachschußpflicht gelten die allgemeinen Bestimmungen des Gesetzes.

2. Die in der Genossenschaft verbliebenen Genossen.

Das Nachschußverfahren der in der Genossenschaft verbliebenen Genossen wird nicht durch das Nachschußverfahren gegen die Ausgeschiedenen aufgehalten (§ 124).

3. Die Ausgeschiedenen.

Falls die Genossenschaft innerhalb sechs Monate nach dem Ausscheiden aufgelöst wird, ist das Ausscheiden rescindirt und die Ausgeschiedenen sind für alle auch in diesem Zeitraum von der Genossenschaft eingegangenen Verbindlichkeiten gleich den in der Genossenschaft verbliebenen Genossen und mit diesen zusammen im Nachschußverfahren heranzuziehen. Nach § 71, welcher auch auf diese Genossenschaftsart Anwendung findet, hat zwischen den Ausgeschiedenen und der Genossenschaft eine Auseinandersetzung stattzufinden, durch welche alle Verbindungen zwischen beiden Theilen gelöst werden. Trotzdem wird der Ausgeschiedene nun bei den Genossenschaften mit unbeschränkter Nachschußpflicht im Falle des Konkurses nochmals zur Deckung der Verbindlichkeiten der Genossenschaft herangezogen. Während bei den andern beiden Genossenschaftsarten der Austritt unter der Resolutivbedingung erfolgt, daß sich nicht innerhalb sechs Monaten die Genossenschaft auflöst, ist bei den Genossenschaften mit unbeschränkter Nachschußpflicht das Ausscheiden außer an diese Resolutivbedingung noch an die fernere gebunden, daß nicht innerhalb achtzehn Monaten nach dem Ausscheiden Konkurs über die Genossenschaft eröffnet wird und nicht in dem Konkurse nach Ablauf von drei Monaten seit dem Termine, in welchem die Nachschußberechnung für vollstreckbar erklärt ist, die Befriedigung oder Sicherstellung der im § 98 Abs. 1 bezeichneten Konkursgläubiger bewirkt ist. Auch in diesem Falle tritt Rescission des Ausscheidens ein, und der Ausgeschiedene muß für diejenigen Verbindlichkeiten haften, welche innerhalb dieses Zeitraums von der Genossenschaft eingegangen sind. Die Rechtfertigung für diese Ordnung soll nach den Komm.Ber. S. 54 in der „Bestimmung in § 124, nach welcher den Ausgeschiedenen die von ihnen geleisteten Beiträge aus den Nachschüssen der in der Genossenschaft verbliebenen Genossen zu erstatten sind", und in der „Annahme . . daß die Auseinandersetzung auf Grund der Bilanz unzureichend gewesen sei", liegen.

4. Die Frist.

Die Ausgeschiedenen sollen zum Nachschußverfahren herangezogen werden können, wenn innerhalb achtzehn Monaten nach ihrem Ausscheiden der Konkurs eröffnet ist; diese Frist kann eine sehr verschiedene Wirkung haben, z. B. der Konkurs wird im Mai 1890 eröffnet, so ist zunächst das Ausscheiden der am 31. Dezember 1889 Ausgetretenen rescindirt, welche gleich den in der Genossenschaft Verbliebenen zum Nachschußverfahren heranzuziehen sind, und ferner das Ausscheiden der am 31. Dezember 1888 Ausgetretenen, welche zum besondern Nachschußverfahren zu veranlagen sind:

es haften also zwei Jahrgänge. Wird dagegen der Konkurs im zweiten Semester 1890 eröffnet, so sind nur die zum 31. Dezember 1889 Ausgetretenen zum besonderen Nachschußverfahren heranzuziehen, die zum 31. Dezember 1888 Ausgetretenen sind wegen Ablaufs der achtzehnmonatigen Frist frei geworden.

Ob diese Verschiedenartigkeit beabsichtigt war, ist aus den Kommissions-Verhandlungen nicht zu ersehen.

5. Konkursmasse.

Auch das Nachschußverfahren gegen die Ausgeschiedenen ist ein Theil des Konkursverfahrens und kommen daher die Bestimmungen der Konkursordnung auf dies Verfahren in dem gleichen Umfang zur Anwendung, wie auf das Nachschußverfahren der §§ 98 ff., ebenso sind die Bestimmungen des § 98 auf dasselbe anzuwenden: die Konkursgläubiger haben keine weitern Rechte, als sie ihnen dort gegeben sind.

§. 123.

Der Konkursverwalter hat ohne Verzug eine Berechnung über die Beitragspflicht der Ausgeschiedenen aufzustellen.

In der Berechnung sind dieselben namentlich zu bezeichnen und auf sie die Beiträge zu vertheilen, soweit nicht das Unvermögen Einzelner zur Leistung von Beiträgen vorauszusehen ist.

Im Uebrigen finden die Vorschriften in §. 99 Absatz 3, §§. 100 bis 102, 104 bis 106 und 108 entsprechende Anwendung.

Komm. 113e, Rtg. 123.

Erläuterungen zu § 123.

Vgl. die im Abs. III angezogenen §§ mit den Erläuterungen. § 103 findet keine Anwendung. Die Ausfälle der ersten Umlage werden nur dann eine Zusatzberechnung erfordern, wenn sie höher sind, als die inzwischen durch die fortgesetzte Einziehung der Nachschüsse eingegangenen Beträge.

§. 124.

Durch die Bestimmungen der §§. 122, 123 wird die Einziehung der Nachschüsse von den in der Genossenschaft verbliebenen Genossen nicht berührt.

Aus den Nachschüssen der letzteren sind den Ausgeschiedenen die von diesen geleisteten Beiträge zu erstatten, sobald die Befriedigung oder Sicherstellung der sämmtlichen im §. 98 Absatz 1 bezeichneten Konkursgläubiger bewirkt ist.

Komm. 113f, Rtg. 124.

Erläuterungen zu § 124.

1. Vertheilung.

Die eingekommenen Beträge hat der Konkursverwalter nach den Bestimmungen der Konkursordnung, sobald hinreichender Bestand vorhanden ist, im Wege der Nachtragsvertheilung zu vertheilen (§ 153 R.K.O.).

2. **Absatz II.** Die Rückerstattung an die Ausgeschiedenen erfolgt ebenfalls im Wege der Nachtragsvertheilung. Denn nach Befriedigung der Konkursgläubiger treten die Ausgeschiedenen wegen ihrer Nachschüsse an deren Stelle, da auch auf sie § 118 analoge Anwendung finden muß.

III. Für Genossenschaften mit beschränkter Haftpflicht.

— Ueber die Geschichte dieser Genossenschaftsart und ihre Bedeutung vgl. Einleitung. —

§. 125.

Bei Genossenschaften mit beschränkter Haftpflicht darf die Haftsumme der einzelnen Genossen (§. 2) nicht niedriger als der Geschäftsantheil sein.

Die Haftsumme muß bei Errichtung der Genossenschaft durch das Statut bestimmt werden. Die Bestimmung oder eine Abänderung derselben ist zu veröffentlichen (§§. 12, 16).

Entw. I 113 Abs. 1 und 2, II 114 Abs. 1 und 2, Komm. 114, Rtg. 125. Begr. I 201, II 132, Komm.Ber. 58, A.B. 15.

Erläuterungen zu § 125.

1. Haftsumme.

Während bei den Genossenschaften mit unbeschränkter Haftpflicht und unbeschränkter Nachschußpflicht die persönliche Haftpflicht unbeschränkt ist, ist dieselbe bei den Genossenschaften mit beschränkter Haftpflicht begrenzt durch einen im Statut für alle Genossen grundsätzlich gleichen Betrag: die Haftsumme. „Haftsumme und Geschäftsantheil sind getrennte Begriffe. Der letztere gehört weder selbst zur Haftsumme, noch verstärkt er dieselbe in dem Sinne, daß die auf die einzelnen Geschäftsantheile noch nicht eingezahlten Beträge den Haftsummen der betreffenden Genossen hinzuzurechnen wären. Soweit Einzahlungen, welche auf den Geschäftsantheil hätten geleistet werden müssen, auch bei Eröffnung des Konkursverfahrens gegen die Genossenschaft fällig sind oder im Laufe des Verfahrens fällig werden, bilden sie eine Forderung der Genossenschaft, welche wie jede andere Forderung derselben durch den Konkursverwalter einzuziehen ist. Darüber hinaus findet nach dem Entwurf eine Haftung mit den auf den Geschäftsantheil noch nicht eingezahlten Beträgen nicht statt; denn nach der Beendigung des Konkursverfahrens existirt die durch die Konkurseröffnung oder schon vorher aufgelöste Genossenschaft nicht einmal mehr als Liquidationsfirma" (Begr. II 132).

Die Höhe der Haftsumme muß nach dem Kreditbedürfniß bestimmt werden, sie kann nach oben hin beliebig hoch gegriffen werden — braucht nicht in einem Vielfachen des Geschäftsantheils zu bestehen — nach unten ist sie durch die Höhe des Geschäftsantheils begrenzt. Mit dem Erwerbe jedes weiteren Geschäftsantheils übernimmt der Genosse eine weitere Haftsumme, insoweit steht die Haftsumme in einem Verhältniß zum Geschäftsantheil (§ 129).

2. **Absatz** II. Bekanntmachung der Höhe der Haftsumme.

Die Garantiesummen bilden einen wesentlichen Bestandtheil der Kreditbasis der Genossenschaft, deshalb ist ihre Bekanntmachung erforderlich.

3. „Abänderung". Im Entwurf hieß der letzte Satz: „die Bestimmung ist in die Veröffentlichung derselben aufzunehmen". Die Kommission änderte dies (Komm.Ber. 58).

§. 126.

Zu einer Erhöhung der Haftsumme bedarf es einer Mehrheit von drei Viertheilen der in der Generalversammlung erschienenen Genossen. Das Statut kann noch andere Erfordernisse aufstellen.

Entw. I 113 Abs. 3, II 114 Abs. 3, Komm. 114a, Rtg. 126. Begr. I 204, II 134, Komm.Ber. 58.

Erläuterungen zu § 126.

1. Dreiviertel Mehrheit.

Durch das unbedingte Erforderniß der erhöhten Mehrheit werden die Rechte der Minderheit geschützt, denn die Minderheit ist an den Beschluß gebunden, die Mitglieder können sich auch durch Austritt nicht schützen, dazu sind die Kündigungsfristen zu lang. Außerdem kann der Austritt immer erst zum Schluß eines Geschäftsjahres erfolgen.

Das Statut kann noch weitere Erschwernisse einführen.

Die Erhöhung der Haftsumme enthält stets eine Statutenänderung, sie ist zur Eintragung in das Genossenschaftsregister anzumelden und zu veröffentlichen (§ 125 Abs. 2).

2. Erhöhung der Geschäftsantheile.

Eine Erhöhung der Geschäftsantheile ohne gleichzeitige Erhöhung der Haftsumme kann nur bis zum Betrage derselben erfolgen, eine weitere Erhöhung hat ohne Weiteres auch die Erhöhung der Haftsumme bis zu dem nunmehrigen Betrage zur Folge (Begr. II 134); es ist dies die nothwendige Folge der absoluten Vorschrift in § 125 Abs. 1, und würde eintreten, auch wenn die Erhöhung der Haftsumme nicht eingetragen ist.

3. Herabsetzung der Geschäftsantheile.

Eine Herabsetzung der Geschäftsantheile ist auf die Höhe der Haftsumme ohne Einfluß.

§. 127.

Eine Herabsetzung der Haftsumme kann nur unter Beobachtung der Bestimmungen erfolgen, welche für die Vertheilung des Genossenschaftsvermögens im Falle der Auflösung maßgebend sind (§. 80 Absatz 2, §. 88 Absatz 1 bis 3).

Die Anmeldung des Herabsetzungsbeschlusses zum Genossenschaftsregister erfolgt nicht vor Ablauf des im §. 88 Absatz 1 bezeichneten Jahres. Mit der Anmeldung sind die Bekanntmachungen des Beschlusses einzureichen. Zugleich hat der Vorstand die schriftliche Versicherung abzugeben, daß die Gläubiger, welche sich bei der Genossenschaft gemeldet und der Herabsetzung nicht zugestimmt haben, befriedigt oder sicher gestellt sind.

Entw. I 113 Abs. 4, II 114 Abs. 4, Komm. 114b, Rtg. 127. Begr. I 204, II 133, Komm.Ber. 58.

Erläuterungen zu § 127.

1. **Absatz I.** Herabsetzung der Haftsumme.

Die Herabsetzung der Haftsumme enthält eine Verminderung des Haftobjekts; deshalb sind die für die Herabsetzung der Geschäftsantheile, die Auftheilung des Genossenschaftsvermögens geltenden Bestimmungen auch in diesem Falle für anwendbar erklärt.

2. Materielle Seite der Herabsetzung und Verfahren.

Als Grenze für die Herabsetzung dient der Betrag des Geschäftsantheils, eine Herabsetzung unter denselben wäre unter allen Umständen wirkungslos.

Eine qualifizirte Majorität ist für den Beschluß nicht vorgeschrieben.

Der Vorstand hat die Herabsetzung zu drei verschiedenen Malen in den für die Bekanntmachungen der Genossenschaft bestimmten Blättern zu veröffentlichen und in der Bekanntmachung die Gläubiger aufzufordern, sich zu melden (§ 80 Abs. 2). Bevor nicht diejenigen Gläubiger, welche sich innerhalb eines Jahres nach der dritten Bekanntmachung melden — gleichviel ob ihre Forderung aus der Zeit vor Beschlußfassung auf Herabsetzung oder aus späterer Zeit herrührt — befriedigt oder sichergestellt sind, kann die Herabsetzung nicht ausgeführt werden. Der früheste Zeitpunkt ist hiernach also ein Jahr nach der dritten Bekanntmachung und Aufforderung an die Gläubiger, sich zu melden.

3. **Absatz II.** Anmeldung und Bekanntmachung des Herabsetzungsbeschlusses.

Mit der Erfüllung der Bedingungen des Abs. 1 sind die materiellen Voraussetzungen für die Herabsetzung gegeben. Abs. 2 regelt die formelle Erledigung: der Beschluß ist mit den daselbst bezeichneten Anlagen zur Eintragung in das Genossenschaftsregister anzumelden und mit dieser Eintragung beginnt seine Rechtswirksamkeit (§ 16 Abs. 4), das Gericht hat die Eintragung zu veröffentlichen (§§ 16 Abs. 3, 125 Abs. 2) (vgl. Art. 248 H.G.B.).

Dieser zweite Absatz ist erst in der Kommission beschlossen (vgl. Komm.-Ber. S. 58).

§. 128.

Durch das Statut kann die Betheiligung des Genossen auf mehrere Geschäftsantheile, unter Festsetzung der höchsten Zahl derselben, gestattet werden.

Die Bestimmung oder eine Abänderung derselben ist zu veröffentlichen (§§. 12, 16)

Entw. I 114, II 115, Komm. 115, Rtg. 128. Begr. I 204, II 134, A.B. §§ 15, 17, 27.

Erläuterungen zu § 128.

1. Begründung.

Bei den Genossenschaften mit unbeschränkter Haftpflicht ist eine Betheiligung mit mehr als einem Geschäftsantheil verboten (§ 112), jedes Mitglied haftet für die Gesellschaftsschulden ohne Rücksicht auf die Höhe der Geschäftsantheile eventuell persönlich mit seinem gesammten Vermögen; bei den Genossenschaften mit beschränkter Haftpflicht dagegen richtet sich die persönliche Haftpflicht nach der Höhe der Geschäftsantheile, falls nicht statutarisch dieselbe höher gegriffen ist. Der Umfang der Haftpflicht der einzelnen Mitglieder soll sich nach der Leistungsfähigkeit derselben richten, deshalb mußte von dem Verbot der Betheiligung mit mehreren Geschäftsantheilen Abstand genommen werden.

„Würde bei Beschränkung der Betheiligung auf Einen Geschäftsantheil dieser so hoch normirt, daß auch den leistungsfähigeren Mitgliedern noch hinreichender Raum zu freiwilligen Einlagen bliebe, so erschiene für die weniger bemittelten Genossen die Haftsumme von vornherein zu hoch gegriffen, und der reelle Werth des garantirten Gesammtbetrages würde hierdurch erheblich beeinträchtigt. Andererseits müßte es, wenn letzterem Gesichtspunkt Rechnung getragen und der Geschäftsantheil den Verhältnissen unbemittelter Genossen entsprechend niedrig bestimmt wird, als ein Nachtheil für die Genossenschaft und ihren Kredit erscheinen, daß die Bildung des eigenen Vermögens und die Gesammtgarantie unter dem durch die Leistungsfähigkeit der vermögenderen Mitglieder gegebenen Maße bliebe" (Begr II 135).

Die Zulassung von mehreren Geschäftsantheilen ermöglicht den Mitgliedern die Betheiligung nach ihrer Leistungsfähigkeit.

2. Höchste Zahl.

Das Statut muß die höchste Zahl der Geschäftsantheile der einzelnen Genossen festsetzen, um eine übermäßige Verschiedenheit der Betheiligung einzelner Mitglieder zu verhindern. Da jeder Genosse nur seine Stimme und nur eine Stimme hat, ist dem übermäßigen Einfluß des Kapitals vorgebeugt.

3. Erwerb weiterer Geschäftsantheile vgl. 131.

§. 129.

Die Haftung eines Genossen, welcher auf mehr als einen

Geschäftsantheil betheiligt ist, erhöht sich auf das der Zahl der Geschäftsantheile entsprechende Vielfache der Haftsumme.

Entw. I 115, II 116, Komm. 116, Rtg. 129

Erläuterung zu § 129.

Mit dem Erwerb jedes weiteren Geschäftsantheils erhöht sich auch die persönliche Haftpflicht um eine weitere Haftsumme, mag dieselbe auch noch so hoch bemessen sein. Das Statut kann hieran nichts ändern, es ist eine absolute Vorschrift. Sie ist eine Konsequenz der Zulassung mehrerer Geschäftsantheile: die Haftpflicht eines Jeden soll sich nach seiner Leistungsfähigkeit richten. Die Erhöhung der persönlichen Haftpflicht tritt sofort ein, wenn der weitere Geschäftsantheil erworben ist, und dies tritt ein mit der Eintragung der Zulassung auf einen weiteren Geschäftsantheil in das Genossenschaftsregister (§ 131 Abs. 3); es kommt nicht darauf an, ob bereits Einzahlungen auf den weiteren Geschäftsantheil geleistet sind.

§. 130.

Bevor der erste Geschäftsantheil erreicht ist, darf die Betheiligung des Genossen auf einen zweiten Geschäftsantheil seitens der Genossenschaft nicht zugelassen werden. Das Gleiche gilt von der Zulassung zu jedem weiteren Geschäftsantheile.

Entw. I 116, II 117, Komm. 117, Rtg. 130. Begr I 205, II 135.

Erläuterungen zu § 130.

1. Zweiter Geschäftsantheil.

Durch diese Vorschrift soll der „leicht eintretenden Täuschung vorgebeugt werden, als ob jeder Erhöhung der Garantiepflicht der einzelnen Genossen auch wirklich eine größere Leistungsfähigkeit derselben zu Grunde liegt".

Nach der Begründung könnte man annehmen, als ob die Vorschrift nur anzuwenden sei, wo die Haftsumme im Verhältniß zum Geschäftsantheil festgesetzt ist. Nach dem Wortlaut des Gesetzes aber muß als allgemeine Regel, welche durch das Statut nicht abgeändert werden darf, angenommen werden, daß bei Genossenschaften mit beschränkter Haftpflicht ein weiterer Genossenschaftsantheil nur erworben werden kann, wenn der vorhergehende voll eingezahlt ist.

2. „zugelassen werden".

„Ob dem Genossen hierauf ein Anspruch zusteht, oder ob der Antrag nach freiem Ermessen von der Genossenschaft zurückgewiesen werden kann, bestimmt sich nach dem Statut." (Begr. II 135.)

§. 131.

Ein Genosse, welcher auf einen weiteren Geschäftsantheil betheiligt sein will, hat darüber eine von ihm zu unterzeichnende, unbedingte Erklärung abzugeben.

Die Erklärung ist von dem Vorstande nach der Zulassung

des Genossen zu dem weiteren Geschäftsantheile behufs Eintragung des letzteren in die Liste der Genossen dem Gerichte (§. 10) einzureichen. Zugleich hat der Vorstand schriftlich zu versichern, daß die übrigen Geschäftsantheile des Genossen erreicht seien.

Die Betheiligung auf den weiteren Geschäftsantheil tritt mit der in Gemäßheit der vorstehenden Absätze erfolgten Eintragung in Kraft.

Im Uebrigen kommen die Vorschriften des §. 15 zur entsprechenden Anwendung.

Entw. I 117, II 118, Komm. 118, Rtg. 131. Begr. I 206, II 135, A.B. §§ 7, 27.

Erläuterungen zu § 131.

§ 131 regelt die formellen Vorschriften der Betheiligung auf mehrere Geschäftsantheile im Anschluß an die Vorschriften des § 15 über den Erwerb der Mitgliedschaft.

1. **Absatz** I. Voraussetzungen des Erwerbes eines weiteren Geschäftsantheils.

Unter welchen Voraussetzungen ein Mitglied einen weiteren Geschäftsantheil erwerben kann, hat das Statut zu bestimmen. Bindende Vorschrift für dasselbe ist, daß ein weiterer Geschäftsantheil nicht eher erworben werden darf, als bis der vorhergehende voll eingezahlt ist (§ 130).

2. Erklärung über den Erwerb.

Wie das der Genossenschaft beitretende Mitglied eine unbedingte schriftliche Beitrittserklärung auszustellen hat, so hat das Mitglied, welches einen weiteren Geschäftsantheil erwerben will, die schriftliche, von keiner Bedingung abhängige Erklärung abzugeben, daß es „einen weiteren Geschäftsantheil erwerben wolle".

3. **Absatz** II. Eintragung in die Mitgliederliste.

Ist die Erklärung ordnungsmäßig ausgestellt und sind die weiteren statutarischen Voraussetzungen für den Erwerb erfüllt, so muß der Vorstand die Erklärung im Original und die schriftliche Versicherung, daß die bisherigen Geschäftsantheile erreicht seien (vgl. § 141 Strafvorschrift) dem Gericht mit dem Antrage einreichen (§ 148), die Betheiligung des Genossen auf einen weiteren Geschäftsantheil in die Mitgliederliste einzutragen. In dem Antrag liegt das Einverständniß der Genossenschaft zu dem Erwerb. Der Genosse und die Genossenschaft sind von der Eintragung zu benachrichtigen, die Urkunden vom Gericht aufzubewahren (§ 15, Begr. II 135).

4. **Absatz** III. Inkrafttreten des Erwerbs.

Die Betheiligung des Genossen auf den weiteren Geschäftsantheil und damit die Erhöhung der Haftbarkeit auch in Betreff der Haftsumme (§ 129) tritt — analog dem Erwerb der Mitgliedschaft — mit der Eintragung ein. Vorher auf den neuen Geschäftsantheil geleistete Einzahlungen begründen, ehe die Eintragung erfolgt ist, keinen Anspruch auf Gewinn, verpflichten auch nicht zur Theilnahme an der Verlustdeckung, derartige Einlagen müssen als der Genossenschaft gewährte Darlehen angesehen werden; erfolgt aber die Eintragung, so wird man diese Einzahlungen als an dem Tage des Erwerbs des Geschäftsantheils auf diesen gemacht betrachten müssen.

5. Absatz IV. Entsprechende Anwendung sonstiger Bestimmungen.

§ 15 Abs. 4 findet entsprechende Anwendung. Die Bestimmungen des Gesetzes über die Geschäftsantheile: Ansammlung, Erhöhung, Erniedrigung, Vertheilung, Zu- und Abschreibung von Gewinn und Verlust finden auf jeden weiteren Geschäftsantheil gleichmäßig Anwendung, insbesondere ist zu beachten, daß auch die Vorschriften über die obligatorischen Einzahlungen angewendet werden müssen (§§ 7 Nr. 2, 16, 19, 21, 22). Ohne Einfluß ist der Erwerb eines weiteren Geschäftsantheils auf das Stimmrecht in der Generalversammlung (§ 41 Abs. 2), auf den Antheil am Ueberschuß und am Verlust im Falle der Liquidation (§ 89). „Nur dann tritt im Nachschußverfahren eine stärkere Heranziehung der mehrfach betheiligten Mitglieder ein, wenn die einfachen Haftsummen der zahlungsfähigen Genossen zur Deckung des Ausfalls der Gläubiger unzureichend sind; in diesem Falle ist der Fehlbetrag auf die mehrfach Betheiligten bis zur Erschöpfung der für sie maßgebenden mehrfachen Haftsummen umzulegen“ (Begr. II 136).

6. Beispiel.

Der durch die Haftsummen zu deckende Ausfall beträgt 15 000 Mk. Vorhanden sind 150 Genossen. Die Haftsumme beträgt 100 Mk. Von den 150 Genossen haben 100 einen, 20 zwei, 30 drei Geschäftsantheile, es haften also 100 mit je 100, 20 mit je 200, 30 mit je 300 Mk.

Erste Umlage 15 000 Mk. Fehlbetrag wird auf 150 Genossen mit 150 ersten Haftsummen vertheilt. Die ganze erste Haftsumme eines Jeden wird in Anspruch genommen. Ausfall 3000 Mk., weil sich zahlungsunfähig erwiesen 20 Genossen mit einer, 5 mit zwei und 5 mit drei Haftsummen. Für den Ausfall sind nicht in Anspruch zu nehmen die zahlungsfähigen 80 Genossen mit einer Haftsumme. Dagegen haften dafür bei Fortlassung der zahlungsunfähigen von denen mit nur zwei Haftsummen 20 — 5 = 15, von denen mit drei Haftsummen 30 — 5 = 25 Genossen.

Zweite Umlage auf die zweiten Haftsummen von 40 Genossen. Da nur 3000 Mk. zu decken, werden von jeder der 40 zweiten Haftsummen 75 Mk. erfordert ($75 \times 40 = 3000$). Es fallen aus 1500 Mk., da sich 20 Genossen als zahlungsunfähig erwiesen, und zwar von den 15 mit zwei Haftsummen 10 und von den 25 mit drei Haftsummen ebenfalls 10.

Zur Deckung der 1500 Mk. bleiben noch übrig

a) die nicht eingezogenen je 25 Mk. der zweiten Haftsummen von den 20 bisher zahlungsfähigen Genossen (5 mit zwei, 15 mit drei Haftsummen), zusammen 500 Mk.,

b) 1500 Mk. dritte Haftsumme mit je 100 Mk. von den bisher zahlungsfähigen 15 Genossen mit drei Haftsummen. Es sind nur 1500 Mk. zu decken.

Dritte Umlage a) mit je 25 Mk. von zweiter Haftsumme auf jene fünf Genossen mit zwei Antheilen 125 Mk.

b) mit gleichem Betrage von der zweiten Haftsumme auf die 15 andern mit 375 Mk.

c) mit je $66^2/_3$ Mk. vertheilt auf die dritte Haftsumme derselben 15 Genossen 1000 „ 1375 Mk.

1500 Mk.

Von jedem der 15 Genossen mit drei Haftsummen werden somit $25 + 66^2/_3 = 91^2/_3$ Mk. erfordert. Das Ergebniß der Umlage ist: es zahlen zwar die fünf Genossen zu a 125 Mk., aber von den 15 Genossen, die je $91^2/_3$ Mk. zahlen sollen, stellen sich 9 als zahlungsunfähig heraus, so daß statt 1375 Mk. nur $91^2/_3 \times 6 = 550$ Mk. eingehen und 825 Mk. ausfallen. Wegen dieser muß nun die

Vierte Umlage stattfinden. Allein da die zahlungsfähigen fünf Genossen mit zwei Haftsummen nicht mehr herangezogen werden, und die sechs noch zahlungsfähigen Genossen mit drei Haftsummen bereits $100 + 75 + 25 + 66^2/_3$ oder $266^2/_3$ Mk. gezahlt haben und nur noch auf die dritte Haftsumme je $33^1/_3$ Mk. zu zahlen verpflichtet sind, so gehen von den 825 Mk. nur $33^1/_3 \times 6 = 200$ Mk. ein — und die Gläubiger verlieren die letzten 625 Mk.

Den Gläubigern hafteten $100 + 20 \times 2 + 30 \times 3 = 330$ Haftsummen von je 100 Mk., aber sie erhielten nur 14375 Mk. von 15000 Mk. Was die einzelnen der drei Klassen von Genossen anlangt, so haben gezahlt

1. von 100 Genossen mit einer Haftsumme 20 nichts, 80 je 100 Mk.		8000 Mk.
2. von 20 Genossen mit zwei Haftsummen		
a) 5 nichts,		
b) 10 je 100 Mk.	Mk. 1000	
c) 5 je (100 + 75 + 25) 200 Mk.	„ 1000	2000 Mk.
3. von 30 Genossen mit drei Haftsummen		
a) 5 nichts,		
b) 10 je 100 Mk.	Mk. 1000	
c) 9 je (100 + 75) 175 Mk.	„ 1575	
d) 6 je ($100 + 75 + 91^2/_3 + 33^1/_3$) 300 Mk.	„ 1800	4375 Mk.
		Summa 14375 Mk.

Als zahlungsfähig, soweit ihre Verpflichtungen reichten, stellten sich 80 Genossen mit einer, 5 mit zwei und 6 mit drei Haftsummen, zusammen 91 von 150 Genossen heraus — unter denen möglicherweise außerordentlich reiche Personen sein können.

§. 132.

Eine Uebertragung des Geschäftsguthabens findet in dem Falle des §. 128 an einen anderen Genossen nur statt, sofern dessen bisheriges Guthaben mit dem ihm zuzuschreibenden Betrage die der höchsten Zahl der Geschäftsantheile entsprechende Gesammtsumme nicht übersteigt. Hierauf ist die im §. 74 vorgesehene Versicherung des Vorstandes zu richten. Im Uebrigen verbleibt es bei den Bestimmungen im §. 131.

Entw. I 118, II 119, Komm. 119, Rtg. 132. Begr. I 206, II 138.

Erläuterungen zu § 132.

1. Ausscheiden der Mitglieder, Voraussetzung der Uebertragung.

Voraussetzung der Uebertragung eines Geschäftsguthabens ist Ausscheiden des Mitgliedes, die Vorschriften des § 74 finden in der Hauptsache auch hier Anwendung, sie gelten nach ihrer Stellung für alle Genossenschaftsarten. „Dadurch verbietet sich einmal die Kündigung und Herausziehung eines der Antheile beziehungsweise eines Theils des Guthabens; das würde in Verbindung mit der dadurch eintretenden Verringerung der Garantiehaft leicht zu einer Täuschung der Gläubiger und zur Gefährdung der Genossenschaft führen. Sodann wird die Uebertragung eines der Antheile bezw. eines entsprechenden Theils des Guthabens an Andere derart, daß der Genosse mit dem Rest in der Genossenschaft verbliebe, ausgeschlossen" (Begr. II 136).

2. Uebertragung und Erwerb eines weiteren Geschäftsantheils.

Aus der Hinweisung auf die Bestimmungen im § 131 folgt, daß der Genosse, falls er durch die Zuschreibung des Guthabens des Ausscheidenden einen weiteren Geschäftsantheil erwerben will, die schriftliche Erklärung abzugeben hat, daß er auf einen weiteren Geschäftsantheil betheiligt sein will. Er soll sich darüber klar werden, daß auch seine persönliche Haftbarkeit eine größere wird; diese Erklärung ist von dem Vorstand mit der schriftlichen Uebereinkunft zwischen dem Veräußerer und dem Erwerber dem Gericht einzureichen.

§. 133.

Mit der Bilanz eines jeden Geschäftsjahres ist außer den im §. 31 vorgesehenen Angaben über die Zahl der Genossen der Gesammtbetrag, um welchen in diesem Jahre die Geschäftsguthaben, sowie die Haftsummen der Genossen sich vermehrt oder vermindert haben, und der Betrag der Haftsummen zu veröffentlichen, für welche am Jahresschluß alle Genossen zusammen aufzukommen haben.

Entw. I 119, II 120, Komm. 120, Rtg. 133. Begr. I 208, II 137.

Erläuterungen zu § 133.

§ 133 bezweckt, den Gläubigern ein Urtheil über die Kreditfähigkeit der Genossenschaft zu ermöglichen, deren Grundlage die Guthaben und die persönlichen Haftsummen bilden. Es sollen daher mit der Bilanz (§ 31 Abs. 2) veröffentlicht werden

1. der Betrag der Haftsummen am Jahresschluß, wobei die zum Jahresschluß ausgeschiedenen Mitglieder mit zu berücksichtigen sind;

2. der Betrag der Erhöhung bezw. Verminderung
   a) der Haftsummen,
   b) der Geschäftsguthaben

zum Vorjahre; es sind also hier nur die Differenzen zwischen den beiden Jahresschlüssen zu veröffentlichen. Der Gesammtbetrag der Geschäftsguthaben ist nicht zu veröffentlichen, da er in der Bilanz steht.

§. 134.

Das Konkursverfahren findet auch bei bestehender Genossenschaft außer dem Falle der Zahlungsunfähigkeit in dem Falle der Ueberschuldung statt, sofern diese ein Viertheil des Betrages der Haftsummen aller Genossen übersteigt. Der Vorstand hat, wenn eine solche Ueberschuldung sich aus der Jahresbilanz oder aus einer im Laufe des Jahres aufgestellten Bilanz ergiebt, die Eröffnung des Konkursverfahrens zu beantragen. Die Vorschriften des §. 92 Absatz 2, 3, §. 93 finden entsprechende Anwendung.

Entw. I 120, II 121, Komm. 121, Rtg. 134. Begr. I 209, II 137, Komm.Ber. 59.

I. Zur Geschichte des § 134.

a) In dem Entwurfe I bestand der entsprechende § 120 aus zwei Sätzen: „Das Konkursverfahren findet auch bei bestehender Genossenschaft im Falle der Ueberschuldung statt." Sodann folgte der letzte Satz wie im § 134. Im Bundesrath ward zwischen beiden Sätzen noch ein dritter eingeschoben: „Der Vorstand hat, wenn aus der Jahresbilanz oder aus einer im Laufe des Jahres aufgestellten Bilanz Ueberschuldung sich ergiebt, die Eröffnung des Konkursverfahrens zu beantragen."

b) Während bei Genossenschaften mit unbeschränkter Haftpflicht und unbeschränkter Nachschußpflicht die Ueberschuldung nur im Falle der Liquidation den Konkurs nach sich zieht, soll dies hier schon bei bestehender Genossenschaft der Fall sein. In der Regierungsvorlage war der Vorstand zum Antrage auf Konkurseröffnung verpflichtet, wenn die einfache Ueberschuldung sich aus der Bilanz ergab. Als Vorbild diente die gleiche Bestimmung für die Aktiengesellschaften (§ 193 R.K.O.). In der Erwägung, daß anders als Aktiengesellschaften die Genossenschaften mit beschränkter Haftpflicht in der Lage sind, jederzeit durch Erhöhung der Geschäftsantheile oder der Einzahlungen die Ueberschuldung zu beseitigen, wurde in der Kommission ein Antrag auf Streichung dieser Spezialbestimmung gestellt, derselbe jedoch abgelehnt, da „die Nothwendigkeit, die Genossenschaften mit beschränkter Haftpflicht in der fraglichen Beziehung anders zu behandeln als die übrigen Genossenschaften . . . anerkannt wurde". (Komm.Ber. S. 59.)

In der Begr. II 137 wird angeführt:

„Wenngleich auch bei den Genossenschaften mit beschränkter Haftpflicht das Vermögen der Genossenschaft nicht das ausschließliche Deckungsmittel für die Gläubiger bildet, so hat dasselbe für die Befriedigung der Gläubiger in Folge der betragsmäßigen Beschränkung der persönlichen Haftung der Genossen eine vermehrte Wichtigkeit. Es erscheint nicht gerechtfertigt, im Falle der Ueberschuldung lediglich im Hinblick auf die beschränkte Mitgliederhaftung die Eröffnung des Konkurses auszuschließen."

Die erwähnte Möglichkeit der Erhöhung des Vereinsvermögens und die damit verbundene Beseitigung der Ueberschuldung, sowie der Umstand, daß, namentlich so lange eine Genossenschaft noch kein erhebliches eigenes Vermögen besitzt, eine Ueberschuldung leicht eintreten könne, welche bei ungestörtem Fortgang des Geschäftsbetriebes leicht wieder verschwindet, bestimmte jedoch die Kommission von einer völligen Gleichstellung der Genossenschaften mit beschränkter Haftpflicht und der Aktiengesellschaften in dieser Beziehung abzusehen, und man nahm daher einen Antrag an, der auch die Haftsummen bei der Konstatirung der Ueberschuldung berücksichtigen wollte. Es entstand die jetzige Fassung des Paragraphen.

Erläuterungen zu § 134.

1. Ueberschuldung.

Die Unterbilanz muß mehr als ein Viertheil des Gesammtbetrages der Haftsummen betragen, mit welchen die Mitglieder im Konkurse einzustehen haben.

2. Im Falle der Ueberschuldung keine Berufung der Generalversammlung.

Bei Genossenschaften mit unbeschränkter Haftpflicht und unbeschränkter Nachschußpflicht ist der Vorstand verpflichtet, sobald sich bei der Geschäftsführung Ueberschuldung herausstellt, eine Generalversammlung zur Beschlußfassung darüber zu berufen, ob die Genossenschaft aufgelöst werden soll (§ 115). Für die Genossenschaft mit beschränkter Haftpflicht hat der Vorstand eine solche Verpflichtung nicht, selbstverständlich aber ist er dazu berechtigt.

3. Bilanz.

Die Ueberschuldung muß durch eine Bilanz festgestellt sein (anders bei den anderen Genossenschaften, § 115). Nach § 31 Abs. 2 ist der Vorstand verpflichtet, binnen sechs Monaten nach Ablauf jedes Geschäftsjahres die Bilanz desselben zu ziehen, so daß trotz des § 134 die Genossenschaft 18 Monate sich im Zustande der Ueberschuldung befinden kann, ohne daß sich der Vorstand strafbar macht (§ 142) und ohne daß ihn eine civilrechtliche Verantwortlichkeit unter allen Umständen zu treffen braucht.

§. 135.

Die einzelnen Genossen können über ihre Haftsumme hinaus weder auf Leistung von Nachschüssen, noch von den Konkursgläubigern in Anspruch genommen werden. Im Uebrigen finden auf den Anspruch der Gläubiger die Bestimmungen in §§. 116 bis 119 Anwendung.

Entw. I 121, II 122, Komm. 122, Rtg. 135. Begr. I 209, II 137.

Erläuterung zu § 135.

Grenze der persönlichen Haftbarkeit.

Die Höhe der Haftsumme bildet die Grenze, mit welcher der einzelne Genosse außer mit seinen Einzahlungen auf den Geschäftsantheil für die Verbindlichkeiten der Genossenschaft zu haften hat. Wird gegen den Genossen im Wege des direkten Angriffs ein Anspruch erhoben, welcher unter Einrechnung der zur Schuldendeckung von dem Genossen bereits gemachten Leistungen die Haftsumme desselben übersteigt, so ist er berechtigt, die entrichteten Nachschüsse und ebenfalls die sonst geleisteten Zahlungen jedem Gläubiger gegenüber geltend zu machen.

§. 136.

Außer dem Falle des §. 88 kann in dem Falle, daß entgegen den Vorschriften in §§. 19, 22 der Gewinn oder das Geschäftsguthaben ausgezahlt wird, der Ersatzanspruch gegen die Mitglieder des Vorstandes oder des Aufsichtsraths oder gegen die Liquidatoren von den Gläubigern der Genossenschaft, soweit sie von dieser ihre Befriedigung nicht erlangen können, selbständig geltend gemacht werden. Dasselbe findet gegen die Mitglieder des Vorstandes oder die Liquidatoren statt, wenn nach dem Zeitpunkte, mit welchem die Verpflichtung zum Antrage auf Eröffnung des Konkursverfahrens eingetreten ist, eine Zahlung geleistet wird, rücksichtlich des Ersatzes derselben.

Die Ersatzpflicht wird den Gläubigern gegenüber dadurch nicht aufgehoben, daß die Handlung auf einem Beschlusse der Generalversammlung beruht.

Entw. I 122, II 123, Komm. 123, Rtg. 136. Begr. I 210, II 138.

Erläuterungen zu § 136.

1. **Absatz** I. Direkte Haftpflicht der Organe.

Die Ersatzverbindlichkeit von Vorstand, Aufsichtsrath und Liquidatoren besteht in den genannten Fällen den Gläubigern gegenüber direkt, während bei den anderen beiden Genossenschaftsarten eine solche direkte Haftpflicht nur im Falle des § 88 besteht. Die Mitglieder der Organe der Genossenschaft haften bei den Genossenschaften mit beschränkter Haftpflicht nicht als Genossen mit ihrem ganzen Vermögen den Gläubigern, folglich ist hier eine Spezialbestimmung getroffen (vgl. Art. 226, 241 A.G.).

2. Geltendmachung der Haftpflicht.

Für die Geltendmachung der Ersatzverbindlichkeit treffen auch hier die Ausführungen in der allgemeinen Begründung zum A.G. (§ 12 Nr. 4) zu

„Die Gläubiger sollen nicht nöthig haben, erst die Gesellschaft zu verklagen und sich den Anspruch der Gesellschaft gegen die Mitglieder des Aufsichtsraths im Wege der Zwangsvollstreckung überweisen zu lassen, ... jeder Gläubiger, welcher nachweist, daß die Gesellschaft ihn nicht befriedigen könne, kann den Anspruch gegen das Aufsichtsrathsmitglied zu seiner Befriedigung im Wege der Klage selbstständig verfolgen.... Dem Beklagten muß es überlassen bleiben, wie sonstige Einwendungen gegen den Anspruch, so auch Zahlungen geltend zu machen, welche er auf denselben an andere Gläubiger oder an die Gesellschaft etwa geleistet hat, ... soweit von den Aufsichtsrathsmitgliedern Ersatz der Gesellschaft wirklich geleistet wird, erlischt natürlich auch der Anspruch den Gläubigern gegenüber."

Das Gleiche gilt von den Vorstandsmitgliedern und den Liquidatoren.

3. Haftpflicht der Vorstandsmitglieder bezw. Liquidatoren.

Die Vorstandsmitglieder bezw. Liquidatoren sind den Gläubigern schadensersatzpflichtig:

a) wenn sie entgegen den Vorschriften des § 88 das Vermögen der Genossenschaft vertheilt haben;

b) wenn sie nach dem Zeitpunkt, mit welchem die Verpflichtung zum Antrag auf Eröffnung des Konkursverfahrens bestand (im Falle der Zahlungsunfähigkeit: § 91, und Ueberschuldung: §§ 91, 134), eine Zahlung geleistet haben.

Die Vorstandsmitglieder sind ferner schadensersatzpflichtig, wenn sie, entgegen den Vorschriften in §§ 19 und 22, Gewinn oder Geschäftsguthaben ausbezahlt haben.

4. Haftpflicht der Aufsichtsrathsmitglieder.

Die Aufsichtsrathsmitglieder sind den Gläubigern schadensersatzpflichtig:

a) wenn entgegen den Vorschriften in § 88 das Vermögen der Genossenschaft vertheilt ist, und die Zuwiderhandlung mit ihrem Wissen und ohne ihr Einschreiten geschehen ist; die letztere Voraussetzung muß auch hier Anwendung finden, denn es ist ganz allgemein der Fall des § 88 hier angezogen;

b) wenn entgegen den Vorschriften in §§ 19 u. 22 Gewinn- und Geschäftsguthaben ausbezahlt sind, und die Zahlung mit ihrem Wissen und ohne ihr Einschreiten erfolgt ist, zwar ist das letztere hier nicht ausdrücklich vorgesehen, doch liegt es auch nicht in der Absicht des Gesetzes, den Gläubigern größere Rechte zu geben als der Genossenschaft, die Gläubiger machen nur die Rechte der Genossenschaft für sich selbst in eigenem Namen geltend. Es heißt in den Begr. II 138: „Es ist insbesondere der nach den §§ 32 Abs. 3, 39 Abs. 3 rc. für die Genossenschaft selbst begründete Anspruch, welcher, ohne daß es einer besonderen Ueberweisung bedarf, von den Gläubigern geltend gemacht werden darf." Es folgt dies auch ferner aus einer Vergleichung mit Art. 226 A.G., dem Vorbild der Bestimmung des Gesetzes, woselbst ausdrücklich gesagt ist, daß der Gläubiger den „Ersatzanspruch" der „Gesellschaft" geltend machen kann.

Die Mitglieder des Aufsichtsraths haften den Gläubigern nicht für Zahlungen, welche geleistet sind, nachdem ein Antrag auf Eröffnung des Konkursverfahrens gestellt werden mußte (ebenso Art. 226, 241 A.G.).

5. Haftung gegenüber der Genossenschaft.

In Betreff der Verantwortlichkeit gegenüber der Genossenschaft kommen die §§ 32 Abs. 3, 39 Abs. 3, 87, 92, 134 zur Anwendung.

6. **Absatz** II. Generalversammlungsbeschluß.

Die Mitglieder des Vorstandes und Aufsichtsraths dürfen gesetz- oder statutenwidrigen Beschlüssen der Generalversammlung nicht Folge leisten, widrigenfalls sie die Verantwortlichkeit tragen (vgl. § 88), ebenso Art. 226, 241 A.G.

7. Beabsichtigte weitere Beschränkung der Genossenschaft mit beschränkter Haftpflicht.

Der erste Entwurf des Reichsjustizamts schlug, wohl in der Absicht, den Kreditgenossenschaften die Umwandlung in Genossenschaften mit beschränkter Haftpflicht zu verleiden, folgende Bestimmung vor:

> (§ 119.) „Eine Spareinlage darf zehn Mark und der Gesammtbetrag der für dieselbe Person eingelegten Gelder darf dreihundert Mark nicht überschreiten. Die letztere Bestimmung gilt auch für die Hinterlegung von Geldern gegen Verzinsung.
>
> Bei fortgesetzter Zuwiderhandlung gegen diese Vorschriften kann die Auflösung der Genossenschaft in Gemäßheit des § 76 [jetzt 79] erfolgen."

In der Sachverständigenkonferenz werden sich die Verfasser des Entwurfs wohl von der Unhaltbarkeit solcher Bestimmung überzeugt haben.

IV. Für die Umwandlung von Genossenschaften.

Vorbemerkung.

Der Entwurf hatte nur den § 123 (124), welcher die Umwandlung der Genossenschaft mit unbeschränkter Haftpflicht in eine mit beschränkter Haftpflicht durch den einen Satz erledigte:

„Eine Genossenschaft mit unbeschränster Haftpflicht kann sich in eine Genossenschaft mit beschränkter Haftpflicht unter Beobachtung der Bestimmung umwandeln, welche fur die Vertheilung des Genossenschaftsvermögens im Falle der Auflösung maßgebend sind" (§ 78 Abs. 2, § 86).

Durch die Einfügung der Genossenschaft mit unbeschränkter Nachschußpflicht wurden weitere Bestimmungen nothwendig. Die betreffenden §§ 137, 138 und 139 vereinigte die Kommission in eine besondere Unterabtheilung des achten Abschnittes.

§. 137.

Eine Genossenschaft mit unbeschränkter Haftpflicht kann sich in eine solche mit unbeschränkter Nachschußpflicht nur unter Beobachtung der Bestimmungen umwandeln, welche für die Vertheilung des Genossenschaftsvermögens im Falle der Auflösung maßgebend sind (§. 80 Absatz 2, §. 88 Absatz 1 bis 3).

Dasselbe gilt von der Umwandlung einer Genossenschaft mit unbeschränkter Haftpflicht oder mit unbeschränkter Nachschußpflicht in eine solche mit beschränkter Haftpflicht.

Die Vorschriften im §. 127 Absatz 2 finden entsprechende Anwendung.

Entw. I 123, II 124, Komm. 124, Rtg. 137. Begr. I 211, II 138, Komm.Ber. 60 bis 62, A.B. §§ 6 Ziffer 2, 17.

Erläuterungen zu § 137.

1. Absatz I. „umwandeln".

Für die Umwandlung einer Genossenschaft mit unbeschränkter Haftpflicht in eine solche mit unbeschränkter Nachschußpflicht und einer mit unbeschränkter Haftpflicht oder mit unbeschränkter Nachschußpflicht in eine solche mit beschränkter Haftpflicht müssen für die Gläubiger der Genossenschaft Kautelen geschaffen werden, da die Sicherheit derselben herabgemindert wird. Eine Umwandlung in der Art, daß die geringere Haftbarkeit nur den späteren Gläubigern gelte, ist nicht angängig, weil dieselbe das Fortbestehen zweier Haftungsarten neben einander ergeben und zu fortwährenden Streitigkeiten führen würde, diese Art der Umwandlung aber verbietet sich vollständig nach Einführung der Genossenschaften mit unbeschränkter Nachschußpflicht. Die Gläubiger werden am zweckmäßigsten durch die Kautelen geschützt, welche für die Vertheilung des Vermögens und eine Herabsetzung der Geschäftsantheile bezw. Haftsummen gelten.

Dadurch daß das Gesetz diese Kautelen auch fur die Umwandlung einer Genossenschaft mit unbeschränkter Haftpflicht in eine solche mit unbeschränkter Nachschußpflicht vorsieht, bringt es unzweideutig zum Ausdruck, daß auch in diesem Falle eine Herabminderung der Sicherheit der Gläubiger zu sehen ist.

2. Das Verfahren bei der Umwandlung.

Das Verfahren ist folgendes:

Nachdem der Beschluß auf Umwandlung, für den eine qualifizirte Mehrheit nicht vorgeschrieben ist (anders in dem Falle des § 138), im Wege der Statutenänderung gefaßt ist, muß der Vorstand diesen Beschluß zu drei verschiedenen Malen durch die für die Bekanntmachungen der Genossenschaft bestimmten Blätter veröffentlichen, und gleichzeitig mit diesen Bekanntmachungen sind die Gläubiger, welche der Umwandlung nicht zustimmen wollen, aufzufordern sich zu melden. Diejenigen Gläubiger, welche bis zum Ablauf eines Jahres seit der dritten Bekanntmachung sich melden — zu welchem Zeitpunkte ihre Forderungen entstanden sind, ist gleichgültig —, sind von dem Vorstande wegen ihrer Forderungen zu befriedigen bezw. sicherzustellen. Die Umwandlung hat ebensowenig wie die Auflösung zur Folge, daß die Forderungen fällig werden, es sind daher nur fällige Forderungen zu befriedigen, alle andern sicherzustellen. Sind die Gläubiger befriedigt bezw. sicher gestellt und ist ein Jahr seit der letzten Bekanntmachung verflossen, so ist der Umwandlungsbeschluß zur Eintragung anzumelden. Mit der Eintragung des Beschlusses erhält die Umwandlung

Rechtswirksamkeit allen Gläubigern gegenüber. Das Gericht hat die Eintragung zu veröffentlichen.

3. Anmeldung.

Der Anmeldung zur Eintragung hat der Vorstand beizufügen die Blätter, in welchen die vorgeschriebenen Bekanntmachungen veröffentlicht sind (A.V. 17), und die schriftliche Versicherung, daß die Gläubiger, welche sich bei der Genossenschaft gemeldet und der Umwandlung nicht zugestimmt haben, befriedigt oder sichergestellt sind. Ferner ist gleichzeitig anzumelden die veränderte Firma.

4. Besonderheit für Umwandlung in eine Genossenschaft mit beschränkter Haftpflicht.

Endlich bei einer Umwandlung in eine Genossenschaft mit beschränkter Haftpflicht auch die Bestimmung über die Höhe der Haftsumme. Die Haftsumme ist nach § 125 bei Errichtung der Genossenschaft mit beschränkter Haftpflicht durch das Statut zu bestimmen; der Errichtung steht bei der Umwandlung der Zeitpunkt des Inkrafttretens derselben gleich, es muß daher die Generalversammlung schon vorher die Höhe der Haftsumme festgesetzt haben.

Die Bestimmung der Höhe der Haftsumme ist ein Essentiale des Statuts für Genossenschaften mit beschränkter Haftpflicht. Wird der Beschluß über die Bestimmung der Höhe nicht gleichzeitig mit dem Umwandlungsbeschluß zur Eintragung angemeldet, so hat der Richter auch die Eintragung des letztern zu verweigern. Die Bestimmung über die Höhe der Haftsumme ist von dem Gericht zu veröffentlichen (§ 125).

5. Rechtszustand in der Zeit zwischen Beschluß auf Umwandlung und dessen Eintragung.

Bis zur Eintragung des Umwandlungsbeschlusses behält die Genossenschaft die bisherige Haftform bei, die in dieser Zeit ausgestellten Beitrittserklärungen müssen daher auch in dieser Haftform entsprechende Erklärung enthalten.

Ein in dieser Zeit ausgebrochener Konkurs trifft die Genossenschaft in ihrer früheren Haftform.

Die für Genossenschaften mit beschränkter Haftpflicht zugelassene Betheiligung mit mehreren Geschäftsantheilen kann erst eingetragen werden und in Wirksamkeit treten, nachdem die Umwandlung eingetragen ist, oder gleichzeitig mit dieser.

Das Statut ist entsprechend den für die neue Haftform geltenden besondern gesetzlichen Bestimmungen abzuändern.

§. 138.

Zu dem Beschluß auf Umwandlung einer Genossenschaft mit unbeschränkter Nachschußpflicht in eine solche mit unbeschränkter Haftpflicht oder einer Genossenschaft mit beschränkter Haftpflicht in eine solche mit unbeschränkter Haftpflicht oder mit unbeschränkter Nachschußpflicht bedarf es einer Mehrheit von drei Viertheilen der in der Generalversammlung erschienenen Genossen. Das Statut kann noch andere Erfordernisse aufstellen.

Komm. 124a, Rtg. 138. Komm.Ber. 60 bis 62, A.B. § 6 Ziffer 2 und §§ 17 und 18.

I. **Zur Geschichte des § 138.**

Die Regierungsvorlage enthielt keine Vorschriften über die Umwandlung der Genossenschaften mit beschränkter Haftpflicht in solche mit unbeschränkter Haftpflicht. „Die hierbei stattfindende Beseitigung der früheren Haftungsgrenze steht dem Falle der Erhöhung der Haftsumme im Sinne des § 126 gleich, und es müssen deshalb die dort getroffenen Bestimmungen entsprechende Anwendung finden" (Begr. II 139). In Folge der Einführung der Genossenschaften mit unbeschränkter Nachschußpflicht und der dadurch bedingten Umwandlung von Genossenschaften mit beschränkter Haftpflicht in Genossenschaften mit unbeschränkter Nachschußpflicht und der letzteren in solche mit unbeschränkter Haftpflicht wurde es jedoch erforderlich, Bestimmungen in das Gesetz auch für die Umwandlung in eine Form mit strengerer Haftung aufzunehmen. Für die getroffenen Vorschriften in § 138 war „maßgebend die Erwägung, daß denjenigen Genossenschaften, bei welchen die Wahl eines strengeren Haftungsprinzipes nach Lage ihrer Verhältnisse als nothwendig sich erweist, eine Umwandlung in diesem Sinne zwar ermöglicht werden mußte, daß andererseits aber den Genossen durch das unbedingte Erforderniß einer qualifizirten Mehrheit für den Umwandlungsbeschluß der nöthige Schutz gegen eine ungerechtfertigte Schädigung ihrer Interessen zu gewähren sei" (Komm.Ber. S. 61).

II. **Erläuterungen zu § 138.**

Kautelen für die Gläubiger sind selbstverständlich in diesen Fällen nicht zu schaffen, die Wirkung des Umwandlungsbeschlusses ist daher nicht suspendirt, der Beschluß kann sofort zur Eintragung angemeldet werden und tritt mit derselben in Wirksamkeit (§ 16 Abs. 4), gleichzeitig sind die Aenderungen der Firma und die durch die Umwandlung erforderlichen Statutenänderungen anzumelden.

§. 139.

Die Umwandlung (§§. 137, 138) ist auch gegenüber den vor der Eintragung des Beschlusses in das Genossenschaftsregister aus der Genossenschaft Ausgeschiedenen wirksam.

Im Falle der Umwandlung einer Genossenschaft mit unbeschränkter Nachschußpflicht können dieselben für die Verbindlichkeiten der Genossenschaft nicht in Anspruch genommen werden, sofern ihr Ausscheiden früher als achtzehn Monate vor der Eintragung erfolgt ist. Im Falle der Umwandlung einer Genossenschaft mit beschränkter Haftpflicht bleibt der Anspruch gegen sie auf ihre bisherige Haftsumme beschränkt.

Komm. 124b, Rtg. 139. Vgl. Begr. I 211, II 138 u. 139, Komm.Ber. 60 bis 62.

Erläuterungen zu § 139.

1. Rückwirkende Kraft der Umwandlung.

Das Gesetz stellt in Absatz I als Grundsatz auf, daß die Umwandlung Rechtswirksamkeit auch für die Haftpflicht derjenigen Genossen hat, welche vor der Umwandlung ausgeschieden sind, daß also auf sie die neue Haftform anzuwenden ist. Es sind zwei Fälle zu unterscheiden:

a) an Stelle der strengeren Haftform tritt die mildere (§ 137),

b) an Stelle der milderen Haftform tritt die strengere (§ 138).

a) Umwandlung der strengeren Haftform in die mildere.

Die Anwendung des gedachten Prinzips auf diese Fälle ist in Betreff der Gläubiger ohne Bedenken, da diese durch die bei der Umwandlung in ihrem Interesse getroffenen Bestimmungen genügend geschützt sind. Ob dies Prinzip auch wirklich für die Ausgeschiedenen immer ohne Bedenken ist, ist Ansichtssache. Die Umwandlung einer Genossenschaft mit unbeschränkter Haftpflicht in eine solche mit unbeschränkter Nachschußpflicht ist die Umwandlung einer strengeren Haftform in eine mildere jedenfalls dem Gläubiger gegenüber, welchem bei der letzteren Genossenschaftsart nicht die gleichen Sicherheiten geboten sind wie bei der ersteren; anders dagegen verhält es sich mit den Genossen. Es wird ganz zweifellos sehr viele Personen geben, die es vorziehen, sich bei der Genossenschaft mit unbeschränkter Haftpflicht der Gefahr des Einzelangriffs auszusetzen und nur für die bis zum Austritt von der Genossenschaft eingegangenen Verbindlichkeiten haften zu müssen, als bei der Genossenschaft mit unbeschränkter Nachschußpflicht zwar den Einzelangriff nicht fürchten zu brauchen, dagegen aber auch für die von der Genossenschaft innerhalb 18 Monate nach dem Austritt eingegangenen Verbindlichkeiten Nachschüsse leisten zu müssen. Diesem Umstande scheint in der Kommission nicht Rechnung getragen zu sein, wenigstens ist er in dem Kommissionsbericht nicht in Erwägung gezogen. Aus der Genossenschaft mit unbeschränkter Haftpflicht sind die vor der Umwandlung ausgeschiedenen Genossen mit der Ueberzeugung ausgetreten, schlimmsten Falls nur für diejenigen Verbindlichkeiten der Genossenschaft eintreten zu müssen, die vor ihrem Austritt kontrahirt waren. Erfolgt nun aber innerhalb 18 Monate nach ihrem Austritt die Umwandlung, so sind sie im Konkursfalle nach dem Wortlaut des ersten Absatzes verpflichtet, auch zur Deckung derjenigen Verbindlichkeiten beizutragen, die in diesen 18 Monaten nach ihrem Austritt von der Genossenschaft eingegangen sind.

b) Umwandlung einer Genossenschaft mit milderer Haftform in eine solche mit strengerer Haftpflicht.

In diesen Fällen kommen die Interessen der Gläubiger überhaupt nicht in Anbetracht, da ihnen eine größere Sicherheit geboten wird, wohl aber die der Genossen. Auch hier ist nach dem Komm.Ber. S. 62 an dem obigen Prinzip mit den Einschränkungen des Abs. 2 festgehalten, „denn die Haftung der Ausgeschiedenen ist bei den einzelnen Genossenschaftsarten nicht blos in Bezug auf Umfang und Dauer der Verpflichtung, sondern auch in Betreff der Person des Berechtigten (Genossenschaft bezw. Gläubiger), sowie rücksichtlich der Form der Geltendmachung und des Verfahrens so verschiedenartig, daß eine theilweise Uebertragung der für eine Genossenschaftsart geltenden Bestimmungen auf eine andere zu erheblichen Schwierigkeiten und Verwickelungen führen müßte".

Die Rechtslage ist unter Berücksichtigung der Einschränkungen des Absatzes 2 folgende:

α) Umwandlung einer Genossenschaft mit unbeschränkter Nachschußpflicht in eine solche mit unbeschränkter Haftpflicht: Die bis zur Umwandlung ausgeschiedenen Genossen haften mit „unbeschränkter Haftpflicht", d. h. den Gläubigern gegenüber nach den für diese Haftform aufgestellten Grundsätzen im Wege der direkten Klage für die bis zu ihrem Ausscheiden von der Genossenschaft eingegangenen Verbindlichkeiten. Es können aber diejenigen Genossen, welche länger als 18 Monate vor der Umwandlung ausgeschieden sind, für die Genossenschaftsschulden nicht mehr in Anspruch genommen werden. Diese Beschränkung ist selbstverständlich, sie schützt jura quaesita, denn die Genossen, welche aus einer Genossenschaft mit unbeschränkter Haftpflicht 18 Monate ausgeschieden sind, sind von allen Verpflichtungen frei (§ 122), falls nicht inzwischen Konkurs eröffnet ist; sie können selbstverständlich in Folge der Umwandlung nicht mehr dem Einzelangriffe ausgesetzt werden, die zweijährige Haftfrist für Genossenschaften mit unbeschränkter Haftpflicht kann auf sie keine Anwendung finden.

β) Umwandlung einer Genossenschaft mit beschränkter Haftpflicht in eine solche mit unbeschränkter Haftpflicht oder mit unbeschränkter Nachschußpflicht: Die bis zur Umwandlung Ausgeschiedenen haften zwar nach den Grundsätzen der neuen Haftform, aber **niemals über den Betrag ihrer Haftsumme hinaus.**

Neunter Abschnitt.

Strafbestimmungen.

Vorbemerkung.

Das Ges. von 1868 hatte nur zwei Strafvorschriften: Vorstandsmitglieder sollten 1. wegen Unrichtigkeiten in den ihnen obliegenden Anzeigen und amtlichen Angaben mit Geldbuße bis zu 20 Thalern, und 2. wenn ihre Handlungen auf andere als die in § 1 erwähnten geschäftlichen Zwecke gerichtet waren, oder wenn sie in der Generalversammlung die Erörterung von Anträgen gestatteten oder nicht hinderten, welche auf öffentliche Angelegenheiten gerichtet waren, deren Erörterung unter die Landesgesetze über das Vereins- und Versammlungsrecht fiel, mit einer Geldbuße bis zu 200 Thalern bestraft werden.

Im Uebrigen wurden die Handlungen der Vorstands- und Aufsichtsrathsmitglieder nach dem gemeinen Strafrecht beurtheilt. Diese Strafbestimmungen sind bei der Revision des Gesetzes von der Regierung für nicht genügend erachtet, und es sind in den §§ 140 bis 142, 145 eine Reihe neuer Strafvorschriften eingeführt, welche dem Aktiengesetz nachgebildet sind. Ein in der Kommission gestellter Antrag auf Streichung des ganzen Abschnittes wurde abgelehnt (Komm.Ber. S. 63).

§. 140.

Mitglieder des Vorstandes und des Aufsichtsraths und Liquidatoren werden, wenn sie absichtlich zum Nachtheile der Genossenschaft handeln, mit Gefängniß und zugleich mit Geldstrafe bis zu dreitausend Mark bestraft.

Zugleich kann auf Verlust der bürgerlichen Ehrenrechte erkannt werden.

Entw. I 124, II 125, Komm. 125, Rtg. 140. Begr. I 212, II 139, Komm.Ber. 63.

Erläuterungen zu § 140.

1. Untreue.

Der § 140 enthält den Thatbestand der Untreue aus § 266 St.G.B. Das Reichsgericht Bd. III S. 35 hat den Art. 2 des § 266 St.G.B., welcher von der Untreue der Bevollmächtigten, von absichtlichen Verfügungen zum Nachtheil des Auftraggebers handelt, für anwendbar auf die Vorstandsmitglieder einer eingetragenen Genossenschaft erklärt. Das Gesetz hat sich für den weitergehenden Thatbestand der Nr. 1 entschieden, da Nr. 2 sich nur auf Verfügungen über Forderungen und Vermögensstücke bezieht. Es genügt das Bewußtsein der Benachtheiligung, dieselbe braucht nicht bezweckt zu sein, das Bewußtsein aber muß vorhanden sein. Unerheblich ist es, ob die Handlung vom Thäter in der Absicht begangen ist, sich oder einem Anderen einen Vermögensvortheil zu verschaffen oder nicht (Mot. zum A.G. S. 343).

2. Strafmaß.

Der Entw. I hatte „Gefängniß und Geldstrafe bis zu 6000 Mk.". Der Entw. II (des Bundesraths) setzte dafür „Gefängniß und zugleich mit Geldstrafe".

Die Kommission hat den Höchstbetrag herabgesetzt.

§. 141.

Mitglieder des Vorstandes und des Aufsichtsraths und Liquidatoren werden mit Gefängniß bis zu einem Jahre und zugleich mit Geldstrafe bis zu dreitausend Mark bestraft, wenn sie in den von ihnen dem Gerichte (§. 10) zu machenden Anmeldungen, Anzeigen und Versicherungen wissentlich falsche Angaben machen, oder in ihren Darstellungen, ihren Uebersichten über den Vermögensstand der Genossenschaft, über die Mitglieder und die

Haftsummen, oder den in der Generalversammlung gehaltenen Vorträgen den Stand der Verhältnisse der Genossenschaft wissentlich unwahr darstellen.

Zugleich kann auf Verlust der bürgerlichen Ehrenrechte erkannt werden.

Sind mildernde Umstände vorhanden, so tritt ausschließlich die Geldstrafe ein.

Ges. von 1868 §§ 67 und 68, Entw. I 125, II 126, Komm. 126, Rtg. 141. Begr. I 213, II 140.

Erläuterungen zu § 141.

1. **Absatz** I. Wissentlich unrichtige Anmeldungen, Anzeigen, Versicherungen.

§ 141 richtet sich 1. gegen wissentlich falsche Anmeldungen, Anzeigen, Versicherungen zu Eintragungen in das Genossenschaftsregister (Anmeldungen §§ 11, 14, 16, 29, 78, 79, 84, 85, 170; Anzeigen §§ 57, 164; Versicherungen §§ 67, 74, 131, 132); 2. gegen wissentlich unwahre Darstellung des Standes der Verhältnisse der Genossenschaft. Des ersten Vergehens können sich nur Vorstandsmitglieder und Liquidatoren schuldig machen, da dem Aufsichtsrath keine Anmeldungen u. s. w. obliegen; es ist daher nicht richtig, wenn in dem § 141 beide Vergehen auch auf die Mitglieder des Aufsichtsraths bezogen werden. Das Gesetz von 1868 ahndete alle Unrichtigkeiten in den dem Vorstande obliegenden Anzeigen u. s. w. mit Geldbuße, ohne zu unterscheiden, ob der Vorstand vorsätzlich gehandelt oder nicht. Das Gesetz bestraft in § 141 mit Recht nur die wissentlich falschen Angaben und ist in dieser — der einzigen — Beziehung milder als das frühere Gesetz. Der erste Theil des § 114 entspricht dem § 271 St.G.B., der von der intellektuellen Urkundenfälschung handelt. Die Strafe des § 141 kommt zur Anwendung ohne Rücksicht auf den Zweck, zu welchem der Vorstand eine wissentlich falsche Angabe gemacht hat, es ist insbesondere gleichgültig, ob er damit sich oder einem Dritten einen Vermögensvortheil verschaffen wollte oder nicht; würde dieser erschwerende Umstand hinzutreten, so würde der Thäter unter § 272 St.G.B. fallen.

2. Wissentlich unwahre Darstellungen.

Der zweite Theil des § 141 ist dem Art. 249b des Aktiengesetzes nachgebildet, stellt jedoch nicht wie dieser auch die Verschleierung des Standes der Verhältnisse unter Strafe, sondern bezieht sich nur auf wissentlich unwahre Darstellungen.

„Bei den Genossenschaften wird eine Strafvorschrift in dieser Beschränkung genügen. Die wissentliche Verschleierung der Verhältnisse trägt wohl in den meisten Fällen zugleich die Merkmale einer unwahren Darstellung; soweit dies aber nicht der Fall ist, wäre bei der nicht selten unvollkommenen technischen Ausbildung und Einsicht der Genossenschaftsfunktionäre eine Strafvorschrift nicht ohne Bedenken“ (Begr. II 140).

Voraussetzung ist eine wissentliche falsche Darstellung der Verhältnisse der Genossenschaft „in den Darstellungen, den Uebersichten über den Vermögensstand der Genossenschaft“, es sind hierunter die Geschäftsberichte und

Bilanzen zu verstehen. Strafbar würden hiernach z. B. die Mitglieder des Vorstandes und Aufsichtsraths sein, wenn sie in die Bilanz unter die Aktiven Forderungen aufnahmen, die entweder bereits ganz ausgefallen, oder von denen sie wissen, daß sie nicht mehr vollwerthig sind. Es wird fortan bei der Aufstellung der Bilanz mit der größten Vorsicht zu verfahren sein. Ferner sind strafbar wissentlich falsche Darstellungen über die Mitglieder und die Haftsummen: hierher gehören insbesondere die Bekanntmachungen aus § 31 und § 133; endlich sind strafbar wissentlich unwahre Darstellungen in den in der Generalversammlung gehaltenen Vorträgen.

§. 142.

Mit Geldstrafe bis zu sechshundert Mark oder mit Gefängniß bis zu drei Monaten oder mit beiden Strafen zugleich werden bestraft:

1. die Mitglieder des Vorstandes und des Aufsichtsraths und die Liquidatoren, wenn länger als drei Monate die Genossenschaft ohne Aufsichtsrath geblieben ist, oder in dem letzteren die zur Beschlußfähigkeit erforderliche Zahl von Mitgliedern gefehlt hat;
2. die Mitglieder des Vorstandes oder die Liquidatoren, wenn entgegen den Vorschriften in §§. 92, 111, 134 der Antrag auf Eröffnung des Konkursverfahrens unterlassen ist.

Die Strafe tritt nicht gegen denjenigen ein, welcher nachweist, daß die Unterlassung ohne sein Verschulden geschehen ist.

Entw. I 126, II 127, Komm. 127, Rtg. 142. Begr. I 214, II 140, Komm.Ber. 63.

Erläuterungen zu § 142.

1. **Absatz** I. Strafe.

Der Entwurf hatte auch hier eine Bestimmung des neuen Aktiengesetzes (Art. 249 c) aufgenommen. Im Eingange: „mit Gefängniß bis zu drei Monaten und zugleich mit Geldstrafe bis zu 5000 Mk." war nur die Geldstrafe auf 600 Mk. herabgesetzt; wie im Aktiengesetz war daneben die Bestimmung, daß bei mildernden Umständen ausschließlich auf Geldstrafe zu erkennen sei.

In der Kommission wurden die Strafen „allseitig als zu hart empfunden. Man wünschte die Geldstrafe als das in erster Linie Zulässige, die Gefängnißstrafe als das für schwerere Fälle und die Vereinigung beider Strafen als das für die schwersten Fälle Anwendbare hingestellt zu sehen" (Komm.Ber. S. 63), der Paragraph wurde daher in diesem Sinne abgeändert.

2. Bestellung eines beschlußfähigen Aufsichtsraths. (Verschulden.)

Nr. 1 entspricht den Vorschriften in Art. 249c Nr. 1. Strafbar sind nur diejenigen Mitglieder des Vorstandes u. s. w., welche hierbei ein Verschulden trifft. Das Gesetz aber stellt wie das A.G. eine generelle Präsumtion für das Verschulden auf, und es ist nur den Mitgliedern des Vorstandes u. s. w. gestattet, einen Exkulpationsbeweis zu führen (Abs. 3). Die Motive rechtfertigen dies S. 141 folgendermaßen: „im Allgemeinen wird die Kenntniß der Thatsachen, welche die Vornahme der betreffenden Handlung nothwendig machen, bei ordnungsmäßiger Pflichterfüllung den in Betracht kommenden Personen nicht entgehen können".

Eine Schuld der Mitglieder des Vorstandes, des Aufsichtsraths oder der Liquidatoren wird z. B. nicht vorliegen, wenn es ihnen nicht gelingt, eine beschlußfähige Generalversammlung zusammenzuberufen. Die Strafbarkeit kann nicht dadurch ausgeschlossen werden, daß nach dem Statut die Wahlen zum Aufsichtsrath nur zu bestimmten Zeiten stattfinden sollen, denn es handelt sich hier um eine Strafvorschrift öffentlichen Rechts, die nicht durch Privatvertrag abgeändert werden kann, auch würde § 18 hier anzuwenden sein (vgl. v. Hahn zu Art. 249 H.G.B.).

3. Antrag auf Konkurseröffnung.

Die Nr. 2 giebt Art. 249c Nr. 2 des A.G. insoweit wieder, als daselbst die Unterlassung des Antrages auf Eröffnung des Konkurses behandelt wird.

Auch in diesen Fällen wird Verschulden präsumirt und die Angeklagten müssen den Exkulpationsbeweis führen. Die Regierungsvorlage hatte auch den Fall des § 115 hierher bezogen, wenn entgegen der Vorschrift desselben im Falle der Ueberschuldung einer Genossenschaft mit unbeschränkter Haftpflicht die alsbaldige Berufung der Generalversammlung unterlassen ist. Die Kommission strich denselben, weil die Verzögerung der Einberufung der Generalversammlung häufig in dem guten Glauben veranlaßt sein könne, die Konkurseröffnung noch abwenden zu können. In dieser Strafvorschrift hätte eine außerordentliche Härte gelegen, da die Ueberschuldung nur durch die Bilanz konstatirt werden kann.

§. 143.

Mitglieder des Vorstandes werden mit Geldstrafe bis zu sechshundert Mark bestraft, wenn ihre Handlungen auf andere als die im §. 1 erwähnten geschäftlichen Zwecke gerichtet sind, oder wenn sie in der Generalversammlung die Erörterung von Anträgen gestatten oder nicht hindern, welche auf öffentliche Angelegenheiten gerichtet sind, deren Erörterung unter die Gesetze über das Versammlungs- und Vereinsrecht fällt.

Ges. von 1868 § 27, Entw. I 127, II 128, Komm. 128, Rtg. 143. Begr. I 215, II 141.

I. **Zur Geschichte des § 143.**

a) Der § 143 stimmt inhaltlich mit § 27 Abs. 2 des Ges. von 1868 und dieser mit § 26 Abs. 2 des preuß. Ges.

§ 26 des preuß. Ges. enthielt eine der Konzessionen, welche die Genossenschaften durch ihre in der Kommission des Abgeordnetenhauses befindlichen Mitglieder und insbesondere durch ihren Anwalt Schulze-Delitzsch der Staatsregierung machten, um das Zustandekommen des Gesetzes zu erwirken. Der preußische Regierungsentwurf hatte ursprünglich eine noch viel weiter gehende Bestimmung:

„Sie haben, wenn ihre Handlungen auf einen andern als den im Gesellschaftsvertrage bezeichneten Zweck der Genossenschaft gerichtet sind, oder wenn sie in den Generalversammlungen die Erörterung von Anträgen gestatten oder nicht verhindern, welche auf einen andern als in dem Gesellschaftsvertrage bezeichneten Zweck der Genossenschaft gerichtet sind, eine Geldstrafe bis zu 200 Thaler verwirkt."

Zur Begründung dieser Bestimmung hieß es in den Motiven, daß es sowohl im öffentlichen Interesse, als auch im eigenen Interesse der Genossenschaft selbst liege, daß der Verfolgung anderer als der statutenmäßigen Zwecke durch den Vorstand möglichst wirksam vorgebeugt werde. Die Staatsregierung, welche keine speziellere Ueberwachung der Geschäftsführung der Genossenschaften und ihrer Vorstände sich vindicire, müsse wenigstens dagegen gesichert sein, daß die einmal anerkannten Genossenschaften demnächst ihre Thätigkeit und ihre Vereinsfonds anderen, als den im Statut bezeichneten, vielleicht sogar dem eigentlichen Gebiete des Genossenschaftswesens ganz fremden Zwecken zuwenden u. s. w. Die Kommission des Abgeordnetenhauses beschloß anfänglich, den ganzen Satz zu streichen. Gegen die Uebertretung von strafrechtlichen Bestimmungen schütze das allgemeine Straf- und das speziellere Vereinsgesetz. Ein Spezialstrafgesetz dürfe nicht anders erlassen werden, als bis ein gefühlter, durch den Schutz der allgemeinen Gesetze nicht zu unterdrückender Mißbrauch dargethan sei. Es liege aber kein einziger Fall eines solchen Mißbrauchs vor. Die Kommanditgesellschaft sei keinen derartigen Bestimmungen unterworfen. Die Genossenschaft habe sich keiner Handlungsweise schuldig gemacht, welche ein erhöhtes Mißtrauen rechtfertige. (Vgl. Bericht Nr. 55 der Drucksachen S. 13 u. 14.) — Als nun später die Staatsregierung durch Vorlegung des Entwurfs vom 11. November 1866 die Kommission zu nochmaliger Prüfung der Streitpunkte veranlaßte, erklärte sich, wie es in dem Nachtragsbericht (Nr. 104 der Drucksachen S. 2) vom 5. Dezember 1866 heißt, der Antragsteller bereit, in einem gewissen Umfange den Schutz einer besondern Strafbestimmung gegen den befürchteten Mißbrauch der Genossenschaft zu fremden und staatsgefährlichen Zwecken zuzulassen, wenn durch diese Konzession das Zustandekommen des Gesetzes gefördert werde. Dem entsprechend wurden in der Kommission drei, als der Regierung gebrachte Opfer am Prinzip erscheinende Beschlüsse gefaßt, von denen der erste in der Aufnahme des zweiten Absatzes des § 20 bestand. Als nun die Ausdehnung des preußischen Genossenschaftsgesetzes über den Norddeutschen Bund in Frage kam, hat Schulze-Delitzsch sich vergeblich bemüht, die Streichung des Absatzes durchzusetzen. Der Bericht der Reichstagskommission sagt hier: „Bei § 27 entstand eine längere Diskussion darüber, ob der zweite Absatz nicht in allen Bundesstaaten durch die mit hinreichenden Vorsichtsmaßregeln ausgestattete Gesetzgebung über das Vereinswesen u. s. w. überflüssig gemacht und als ein das vorliegende Gesetz wenig zierender Ausdruck des Mißtrauens gegen das Genossenschaftswesen zu streichen sei. Das Bedürfniß dieser besondern Strafbestimmung wurde fast einstimmig in Zweifel gezogen; jedoch wurde auch vielfach anerkannt, daß die Strafbarkeit für den Vorstand nicht lediglich deshalb, weil in der Versammlung irgend Jemand sich Ungehörigkeiten erlaube, sondern nur, wenn der Vorstand nicht mit allen ihm zu Gebote stehenden Mitteln einer solchen Ausschreitung begegne, eintrete; ferner wurde unter Bezugnahme auf die Verhandlungen des preußischen Abgeordnetenhauses über das Genossenschaftsgesetz sehr nachdrücklich die Befürchtung geäußert, daß der Versuch, den zweiten Absatz dieses Paragraphen zu streichen, das Zustandekommen des Gesetzes gefährden könne, und darum schließlich von der Streichung Abstand genommen" (Drucksachen Nr. 80 Seite 7.) Zur Ergänzung des Berichtes theilt Schulze in den Blättern für Genossenschaftswesen (1868 Nr. 23 S. 89) mit, der Vertreter des Bundeskanzleramtes habe jede solche Aenderung für eine das Zustandekommen des Gesetzes gefährdende Maßregel erklärt. —

Darnach hielt auch der Reichstag es für gerathen, die Bestimmung mit den durch die Sache gebotenen Aenderungen anzunehmen.*)

---

*) Der Abs. 2 des § 26 des preußischen Ges. lautet.
„Sie haben, wenn ihre Handlungen auf andere als die in dem gegenwärtigen Gesetze (§ 1) erwähnten geschäftlichen Zwecke gerichtet sind, oder wenn sie in der Generalversammlung die Erörterung von Anträgen gestatten, oder nicht verhindern, welche auf keinen geschäftlichen Zweck, sondern auf öffentliche Angelegenheiten (§ 1 der Verordnung über die Verhütung eines die gesetzliche Freiheit gefährdenden Mißbrauchs des Versammlungsrechtes vom 11. März 1850) gerichtet sind, eine Geldbuße bis zu 200 Thalern verwirkt."

Der § 1 der Verordnung vom 11. März 1850 lautet in seinem ersten Absatze: „Von allen Versammlungen, in welchen öffentliche Angelegenheiten erörtert oder berathen werden sollen, hat der Unternehmer mindestens 24 Stunden vor dem Beginn der Versammlung, unter Angabe des Ortes und der Zeit derselben, Anzeige bei der Ortspolizeibehörde zu machen. Diese Behörde hat darüber sofort eine Bescheinigung zu ertheilen." — Was unter „öffentlichen Angelegenheiten" zu verstehen sei, darüber sind die verschiedenartigsten, mehr kulturgeschichtlich als juristisch interessanten Entscheidungen ergangen.

Im bayerischen Ges. vom 29. April 1869 lautete der zweite Absatz: „Sie sind, wenn sie in der Generalversammlung die Erörterung von Anträgen gestatten oder nicht hindern, welche auf keine geschäftlichen Zwecke, sondern auf öffentliche Angelegenheiten gerichtet sind, wegen Vergehens an Geld bis zu dreihundert Gulden zu bestrafen."

Im badischen Ges. vom 11. Februar 1870 war der ganze Absatz gestrichen, — schon auf Antrag der Regierung, die in den Motiven ihrer Vorlage (Beiträge zum Protokoll der 3 öffentlichen Sitzung der 2. Kammer vom 28. September 1869 Seite 26) sagte, zur Aufnahme einer Strafbestimmung für den Fall, wenn die Handlungen auf andere u. s. w. als die geschäftlichen Zwecke gerichtet sind, liege ein ausreichender Grund nicht vor. „Sind die Handlungen der Vorstände strafbarer Art, so bietet das St.G.B. und das Ges vom 7 November 1867 das Vereins- und Versammlungsrecht betr., das für alle Arten von Vereinen gilt, die nöthigen Mittel zum Einschreiten." Die weitere Strafbestimmung sei für Baden in-

b) In den Motiven des gegenwärtigen Gesetzes ist nichts zur Begründung des § 143 gesagt, als daß die Bestimmung des alten Gesetzes unverändert wiedergegeben ist. Die Erfahrung aber lehrte, daß diese gänzlich überflüssig war. Um so anstößiger werden die Ausnahme-Strafbestimmungen des Genossenschaftsgesetzes (§ 79 und § 143) den Genossenschaften bleiben.

Den in der Kommission gegen die Dehnbarkeit der in diesem Paragraphen enthaltenen Strafbestimmung erhobenen Bedenken gegenüber wurde darauf hingewiesen, daß die gleichlautende Fassung des § 27 Abs. 2 des Ges. vom 4. Juli 1868 seiner Zeit das schwer zu Stande gekommene Resultat eines Kompromisses zwischen gegensätzlichen Anschauungen der Regierungen und des Parlaments gewesen sei.

II. Erläuterungen zu § 143.

1. „geschäftliche Zwecke".

Die in § 1 erwähnten geschäftlichen Zwecke sind Förderung des Erwerbes oder der Wirthschaft der Genossen. Daß alle auf andere Zwecke gerichteten Handlungen für strafbar erklärt sind, ist ungefährlich, so lange man es mit wohlwollenden oder wenigstens nicht mißgünstigen Behörden zu thun hat. Andernfalls aber läßt sich manche durchaus gleichgültige oder harmlose Handlung der Vorsteher eines großen Vereins zu einer Anklage benutzen.

2. „nicht hindern"

In Betreff dieses Punktes, durch welchen sich die Mitglieder des Vorstandes strafbar machen können, kommt die Sache dadurch eigenthümlich zu stehen, daß nach vielen Statuten nicht ein Vorstandsmitglied, sondern der Vorsitzende des Aufsichtsraths die Generalversammlung beruft und leitet. Wie sollen die Vorstandsmitglieder es nun anfangen, die Erörterung auf öffentliche Angelegenheiten gerichteter Anträge durch die Generalversammlung zu verhindern, wenn sie selbst kein Recht haben die Versammlung zu schließen? Sollen sie etwa Polizei herbeiholen? — Uebrigens wurde in der Kommission konstatirt, daß der Ausdruck „nicht hindern" die Bedeutung habe „nicht das Ihrige thun, um zu verhindern" (Komm.Ber S. 64).

3. Oeffentliche Angelegenheiten.

In § 27 des Ges. von 1868 hieß es „auf öffentliche Angelegenheiten gerichtet sind, deren Erörterung unter die Landesgesetze über das Versammlungs- und Vereinsrecht fällt". An Stelle des Wortes „Landesgesetze" ist jetzt einfach „Gesetze" gesagt mit Bezug auf das Sozialistengesetz und ein künftiges Reichsgesetz über das Vereins- und Versammlungsrecht.

In denjenigen Staaten, in denen wie in Baden solche öffentlichen Angelegenheiten gar nicht in den Gesetzen vorkommen, fällt die Strafbestimmung ganz zusammen. Ueber den Begriff „öffentliche Angelegenheiten" vgl. den Aufsatz in Nr. 36 der Bl.f.G. von 1874.

---

haltlos, da das citirte Ges. vom 2. November 1867 zwischen politischen und anderen Vereinen nicht mehr unterscheide.

§. 144.

Die Mitglieder des Vorstandes eines Revisionsverbandes werden, wenn unterlassen ist, die Versammlung in Gemäßheit des §. 57 Absatz 2 anzuzeigen, mit Geldstrafe bis zu sechshundert Mark bestraft.

Die Strafe tritt nicht gegen denjenigen ein, welcher nachweist, daß die Unterlassung ohne sein Verschulden geschehen ist.

Komm. 129 a, Rtg. 144. Komm.Ber. S. 64.

Erläuterung zu § 144.

Diese Strafbestimmung hat die Reichstagskommission eingeschaltet, um einen Mangel zu beseitigen.

§. 145.

Wer sich besondere Vortheile dafür hat gewähren oder versprechen lassen, daß er bei einer Abstimmung in der Generalversammlung in einem gewissen Sinne stimme, wird mit Geldstrafe bis zu dreitausend Mark, oder mit Gefängniß bis zu einem Jahre bestraft.

Entw. I 129, II 130, Komm. 130, Rtg 145. Begr. I 215, II 141.

Erläuterungen zu § 145.

Gleiche Strafbestimmung enthält die Konkursordnung in § 213 und das Aktiengesetz im Art. 249e. Die Strafe trifft alle diejenigen, welche zur Ausübung des Stimmrechts berechtigt sind, also auch gesetzliche Vertreter und Bevollmächtigte (§§ 40, 73). Das Vergehen ist vollendet mit der Annahme des Vortheils oder des Vortheilsversprechens für das Stimmen in einem gewissen Sinne. Auf die zu Grunde liegende Obligation kommt es nicht an und auch nicht darauf, ob die Abstimmung thatsächlich erfolgt ist. (Jurist. Wochenschrift S. 54 von 1889. Willenbücher, Die Reichskonkursordnung zu § 213.)

Zehnter Abschnitt.

Schluß- und Uebergangsbestimmungen.

§. 146.

In bürgerlichen Rechtsstreitigkeiten, in welchen durch Klage oder Widerklage ein Anspruch auf Grund der Bestimmungen dieses Gesetzes geltend gemacht ist, wird die Verhandlung und Entscheidung letzter Instanz im Sinne des §. 8 des Einführungsgesetzes zum Gerichtsverfassungsgesetze dem Reichsgerichte zugewiesen.

Entw. I 130, II 131, Komm. 131, Rtg. 146. Begr. I 215, II 141.

Erläuterungen zu § 146.

Nach § 8 des Einführungsgesetzes zum Gerichtsverfassungsgesetz kann durch die Gesetzgebung eines Bundesstaates, in welchem mehrere Oberlandesgerichte errichtet werden, die Entscheidung der zur Zuständigkeit des Reichsgerichts gehörenden Revisionen und Beschwerden in bürgerlichen Rechtsstreitigkeiten einem obersten Landesgericht zugewiesen werden, falls es sich nicht um Rechtsstreitigkeiten handelt, die zur Zuständigkeit des früheren Reichsoberhandelsgerichts gehören oder durch besondere Reichsgesetze dem Reichsgerichte zugewiesen sind Ein solches oberstes Landesgericht ist in Bayern errichtet. Im Interesse einer gleichmäßigen Rechtsprechung wird die Entscheidung letzter Instanz über Klagen und Widerklagen aus Ansprüchen auf Grund dieses Gesetzes dem Reichsgericht zugewiesen. Ueber Beschwerden vgl. § 150.

§. 147.

Die Vorschriften in Artikel 12 bis 14 des Handelsgesetzbuchs finden auf das Genossenschaftsregister Anwendung Die Eintragungen sind durch den Deutschen Reichsanzeiger bekannt zu machen. Die anderen Blätter hat das Gericht zu bestimmen, für kleinere Genossenschaften nur ein anderes Blatt.

Ges von 1868 §§ 4, 8, Entw. I 131, II 132, Komm. 132, Rtg. 147. Begr. I 216, II 141 ff., Komm.Ber. 64, A.V §§ 3, 5.

Erläuterungen zu § 147.

1. Oeffentlichkeit des Genossenschaftsregisters.

Ueber die zur Führung des Genossenschaftsregisters zuständigen Gerichte ist in § 10 Abs. 1 Bestimmung getroffen. Für die Oeffentlichkeit des Genossenschaftsregisters genügen Art. 12 bis 14 H.G.B. (s. oben zu § 10 S. 71 und 73). Für die Oeffentlichkeit der Liste der Genossen ist besondere Bestimmung in § 12 Abs. 3 (s. oben S. 76 und Erläuterung S. 77 und 79) getroffen. Die Einsicht in das Genossenschaftsregister ist während der gewöhnlichen Dienststunden einem Jeden gestattet (Art. 12 H G.B.); es bezieht sich dies auch auf die Anlagen des Registers, d. h. diejenigen Urkunden, auf Grund deren die Eintragungen erfolgt sind. Von den Eintragungen „kann gegen Erlegung der Kosten eine Abschrift gefordert werden, die auf Verlangen zu beglaubigen ist".

2. Veröffentlichung der Eintragungen.

Vgl. oben § 12 und Erläut. 1 S. 77 und A.V. § 5. — Die Eintragungen sind in den für die öffentlichen Bekanntmachungen des Gerichts bestimmten Blättern und, falls das Gesetz nichts Anderes bestimmt, „nach ihrem ganzen Inhalte" zu veröffentlichen (Art. 13 H.G.B.). Zu diesen Blättern muß nach § 147 Satz 2 der Reichsanzeiger gehören, damit sich „die sämmtlichen Publikationen aus dem Genossenschaftsregister in einem Zentralorgan vereinigen". Außer im Reichsanzeiger müssen die Bekanntmachungen noch in mindestens einem Blatte veröffentlicht werden. Es ist, „um die den Genossenschaften entstehenden Kosten thunlichst zu ermäßigen, die Auswahl der sonst noch für die Bekanntmachungen zu bestimmenden Blätter auf das Nöthigste zu beschränken" (Begr II 142). Für kleinere Genossenschaften darf nur ein anderes Blatt bestimmt werden. Der Entwurf hatte: „für kleinere Genossenschaften genügt ein anderes Blatt". Um die Bestimmung mehrerer anderer Blätter ganz auszuschließen, wurde dies in der Kommission geändert. (Vgl. § 12 und Erläuterung S. 77 und A.V. § 5.)

3. „Die anderen Blätter" — „nur ein anderes Blatt".

Es ist nicht erforderlich, daß neben dem Reichsanzeiger für die größeren Genossenschaften noch zwei, und blos für die kleineren Genossenschaften nur noch ein Blatt gewählt werden Ein Blatt neben dem Reichsanzeiger wird — wenn die Auswahl „auf das Nöthigste beschränkt" wird — überall da genügen, wo im ganzen Gerichtsbezirk ein bestimmtes Blatt das allgemein verbreitete ist.

4. Bekanntmachung der Blätter

Nach Art. 14 H.G.B. hat das Gericht für seinen Bezirk alljährlich für das nächstfolgende Jahr im Monat Dezember die öffentlichen Blätter für die Bekanntmachungen auszuwählen und seinen Beschluß bekannt zu machen. Diese Bestimmung ist im § 5 der A.V. unter Bezugnahme auf die besonderen Vorschriften des § 147 entsprechend erläutert.*) Dabei ist nirgends besonders erwähnt, wie es für den Zeitraum vom 1 Oktober bis 31 Dezember 1889 gehalten werden soll, ob es etwa für dieses Quartal noch bei den Bekanntmachungen in den im Dezember 1888 für die Eintragungen in das Genossenschaftsregister ausgewählten Blättern verbleiben kann, oder ob das Gericht im Monat September für das letzte Quartal die anderen Blätter und für die kleineren Genossenschaften das andere Blatt zu bestimmen hat, in denen die Bekanntmachungen außer im Reichsanzeiger stattzufinden haben. Das letztere ist zweifellos richtig. Zur Beseitigung der bei mehreren Gerichten darüber entstandenen Zweifel ist Folgendes hervorzuheben

Die Bestimmungen des § 147 lassen nach dem Wortlaute keine Ausnahme zu. Die Eintragungen in das Genossenschaftsregister, welches vom 1. Oktober 1889 ab nicht mehr ein Theil des Handelsregisters ist (s. oben S. 69ff), müssen von diesem Tage ab im deutschen Reichsanzeiger erfolgen und dürfen für kleinere Genossenschaften nur in einem andern Blatt bekannt gemacht werden Das Gericht hat deshalb vor dem 1 Ok-

*) Mit Recht ist in § 5 der Ausführungsverordnung hervorgehoben, daß bei der Auswahl des für die kleineren Genossenschaften auszuwählenden Blattes hauptsächlich auf seine Verbreitung im Gerichtsbezirke Gewicht zu legen ist. Dadurch soll jedenfalls verhütet werden, daß ein im Gerichtsbezirk allgemein verbreitetes Blatt wegen politischer oder konfessioneller Färbung etwa zu Gunsten eines „unter Ausschluß der Oeffentlichkeit" erscheinenden Amtsblättchens unberücksichtigt bleibe.

tober über die Blätter für das letzte Quartal 1889 genau so wie künftig im Dezember für das nächstfolgende Jahr zu beschließen und den Beschluß bekannt zu geben. Da im nächsten Vierteljahr jede eingetragene Genossenschaft des deutschen Reiches Eintragungen zum Genossenschaftsregister zu machen hat, die eine Veröffentlichung erfordern (§ 155), so würde, wenn es anders geschähe, der Zweck der Bestimmungen des § 147 zum Theil vereitelt werden. Weder „die Zusammenfassung der Publikation in einem Zentralorgan" erfolgte, noch träte die „thunlichste Ermäßigung" in den kleineren Genossenschaften entstehenden Kosten ein. Sollte dennoch ein Registergericht den § 147 für das letzte Quartal 1889 unberücksichtigt lassen, so würde auf Beschwerde zu veranlassen sein: 1. daß die Veröffentlichung im Reichsanzeiger nachgeholt wird, und 2. daß die durch jene Nichtberücksichtigung namentlich den kleineren Genossenschaften erwachsenen Mehrkosten an Insertionsgebühren von den Genossenschaften nicht getragen, beziehungsweise ihnen erstattet werden.

§. 148.

Die Anmeldungen zum Genossenschaftsregister sind durch sämmtliche Mitglieder des Vorstandes oder sämmtliche Liquidatoren persönlich zu bewirken oder in beglaubigter Form einzureichen.

Die in §§. 16, 28, §. 31 Absatz 2, §. 49 Absatz 4, §. 61 Absatz 2, §. 82, §. 83 Absatz 2 vorgeschriebenen Anmeldungen und Einreichungen müssen auch zu dem Genossenschaftsregister einer jeden Zweigniederlassung erfolgen.

Für den Eintritt der in §. 13, §. 16 Absatz 4, §§. 29, 84, 139 vorgesehenen Wirkungen entscheidet die Eintragung in das Genossenschaftsregister der Hauptniederlassung.

Entw I 132, II 133, Komm. 133, Rtg. 148. (Vgl. Ges. von 1868 §§ 18, 23, 41). A.V. §§ 6, 20. Begr. I 271, II 142.

I. Zur Geschichte des § 148.

Absatz I. Das Ges. von 1868 bestimmte über die Form der Anmeldungen nur in den §§ 18, 23, 41 (Anmeldung der Vorstandsmitglieder und Liquidatoren zum Genossenschaftsregister und Zeichnung vor dem Gericht), daß dieselbe vom Vorstande bezw. von den Liquidatoren in Person oder in beglaubigter Form erfolgen muß. Das Gesetz verallgemeinert dies auf alle „Anmeldungen". (Vgl. A.V. § 6, der die „Form der Anmeldungen, Anzeigen, Einreichungen u. s. w." behandelt.)

II. Erläuterungen zu § 148.

1. **Absatz I.** „in beglaubigter Form".

In diesem Falle genügt die Beglaubigung der Unterschriften, die außer durch das Gericht oder einen Notar auch durch den Gemeindevorsteher oder die Polizeibehörde erfolgen kann — ohne Zuziehung von Zeugen (A.V. § 8: „Beglaubigungen").

2. „Anmeldungen". Die Vorschrift des Abs. 1 bezieht sich nur auf die Fälle der Anmeldung, nicht auf die sonstigen Anzeigen, Einreichungen oder Versicherungen; diese können vielmehr mündlich oder schriftlich nach Maßgabe der auf die Form der Willenserklärungen des Vorstandes bezüglichen Bestimmungen des § 25 erfolgen. (Vgl. Erläuterungen zu § 141 und Begr. II 142.)

3. **Absatz** II. Anmeldungen und Einreichungen bei dem Gericht der Zweigniederlassung.

Nach dem Ges. von 1868 § 7 ist nur die Errichtung einer Zweigniederlassung und jede Statutenänderung bei dem Gericht der Zweigniederlassung anzumelden. Der Zweck des Registers der Zweigniederlassung aber ist Auskunft zu geben über die Rechtsverhältnisse der Genossenschaft, das Gesetz verlangt daher, daß

a) Statutenänderungen — § 16 —
b) Aenderungen in der Zusammensetzung des Vorstandes — § 28 —
c) Bekanntmachungen der Bilanz und des Mitgliederstandes — § 3 Abs. 2 —
d) Ungültigkeitserklärung eines eingetragenen Generalversammlungsbeschlusses — § 49 Abs. 4 —
e) Bescheinigung des Revisors über Ausführung der Revision — § 61 Abs. 2 —
f) Bestellung der Liquidatoren — § 82 —
g) Zeichnung der Liquidatoren — § 83 Abs. 2 —

durch den Vorstand oder die Liquidatoren auch zu dem Gericht der Zweigniederlassung anzumelden sind. Außerdem ist durch das Gericht der Hauptniederlassung in den beiden Fällen des § 149 der Zweigniederlassung Nachricht zu geben.

4. **Absatz** III.

Die Rechtswirksamkeit der Eintragungen bestimmt sich nach den Eintragungen des Gerichts der Hauptniederlassung, so

a) Erlangung der Rechte einer eingetragenen Genossenschaft — § 13 —
b) Statutenänderungen zufolge Beschlüsse der Generalversammlung — § 16 Abs. 4 —
c) Aenderungen im Vorstande u. s. w. — § 29 —
d) Aenderungen in Betreff der Liquidatoren — § 84 —
e) Umwandlung einer Genossenschaft — § 139 —.

§. 149.

Von der Eintragung eines beitretenden Genossen, der Eintragung oder Vormerkung des Austritts, der Ausschließung oder des Todes von Genossen, sowie von der Eintragung weiterer Geschäftsantheile in die Liste der Genossen hat das Gericht (§. 10) dem Gerichte einer jeden Zweigniederlassung zur Berichtigung der dort geführten Liste Mittheilung zu machen.

Imgleichen ist die Eintragung der Auflösung einer Genossenschaft, sowie der Eröffnung des Konkursverfahrens zu dem Genossenschaftsregister einer jeden Zweigniederlassung mitzutheilen.

Entw. I 134, II 135, Komm. 135, Rtg. 149. A.V. §§ 20—25. Begr. I 218, II 143.

Erläuterungen zu § 149.

Regelmäßig hat der Vorstand alle Anmeldungen und Anzeigen zu dem Genossenschaftsregister sowohl bei dem Gericht der Haupt- wie bei dem der Zweigniederlassung zu erstatten; hiervon werden zwei Ausnahmen in § 149 gemacht:

1. Anmeldungen behufs Berichtigung der Liste der Genossen sind nur bei dem Gericht der Hauptniederlassung zu machen. Der Grund hierfür liegt in der Vermeidung von Verschiedenheiten in den beiden Listen, der Nothwendigkeit der Prüfung der Originalurkunden und endlich in dem Umstande, daß Eintragungen auch auf Verlangen einzelner Genossen vorzunehmen sind (§ 69).

2. Anmeldungen über Auflösung der Genossenschaft. Die Eintragung erfolgt nur im Falle der freiwilligen Auflösung (§ 76) und des Zeitablaufs (§ 77) auf Antrag, in den anderen Fällen (Herabsinken der Anzahl der Mitglieder unter sieben, Auflösung durch die Verwaltungsbehörde bezw. das Verwaltungsgericht, Konkurs) von Gericht zu Gericht; um „allzu viele Verschiedenheiten zu vermeiden", ist daher das Gleiche auch für die Fälle der §§ 76, 77 angeordnet.

Das Gericht der Hauptniederlassung hat von der vorgenommenen Eintragung dem Gericht der Zweigniederlassung Mittheilung zu machen.

§. 150.

Gegen die Entscheidung über Anträge auf Eintragung in das Genossenschaftsregister oder die Liste der Genossen oder auf Vormerkung in der letzteren finden die Rechtsmittel statt, welche gegen die Entscheidung über Eintragungen in das Handelsregister zulässig sind.

Entw. I 134, II 135, Komm. 135, Rtg. 150. Begr. I 218, II 143.

Erläuterungen zu § 150.

„Eine einheitliche Regelung in Betreff der Rechtsmittel gegen die Entscheidungen des Registergerichts ist bei der Verschiedenheit der in den einzelnen Bundesstaaten zur Führung des Registers zuständigen Gerichte nicht durchführbar" (Begr. II 143).

In Preußen sind nach dem Ausf.Ges. zum deutschen G.V.G. vom 24. April 1878 § 25 die Amtsgerichte für die auf die Führung der Genossenschaftsregister bezüglichen Geschäfte zuständig; gegen die Entscheidung der Amtsgerichte ist das Rechtsmittel der Beschwerde bei dem Landgericht gegeben und gegen die Entscheidung der Landgerichte die weitere Beschwerde bei dem Kammergericht in Berlin (§§ 40, 51 a. a. O.). Die weitere Beschwerde kann aber nur darauf gestützt werden, daß die Entscheidung auf einer Verletzung des Gesetzes beruht (§ 52 a. a. O.).

§. 151.

Gebühren für die Verhandlung und Entscheidung erster Instanz über die in vorstehendem Paragraphen bezeichneten Anträge, sowie für die Eintragungen und Vormerkungen werden nicht erhoben. Die Erhebung von Auslagen findet nach §§. 79, 80 und 80b des Gerichtskostengesetzes statt.

Ges. von 1868 § 69, Entw. I 135, II 136, Komm. 136, Rtg. 151. Begr. I 218, II 143.

I. **Zur Geschichte des § 151.**

Gebührenfreiheit.

§ 69 des Ges. von 1868 lautete: „Die Eintragungen in das Genossenschaftsregister erfolgen kostenfrei". Diese Vorschrift stimmte mit dem ersten Satze des § 57 des preuß. Ges. überein. Die Motive des Regierungsentwurfs zu diesem § lauteten: „Zur Förderung der Genossenschaften ist den Eintragungen in das Genossenschaftsregister Kostenfreiheit zugestanden". Die Kommission des Abgeordnetenhauses war nicht ohne Bedenken in Betreff der Kostenfreiheit. Es heißt darüber in dem Bericht (Drucksachen Nr. 55 S. 22): „Weder der Antragsteller noch die Kommission ist gesinnt, irgend ein Vorrecht für die Genossenschaft zu beanspruchen. Da sie jedoch mit der Prüfung des ehemaligen Regierungsentwurfs sich befaßten, so hielten sie sich nicht gezwungen, die für die Eintragungen angebotene Kostenfreiheit abzulehnen. Es liegt im öffentlichen Interesse, die Genossenschaften zu ermuntern, wenn sie einmal die übrigen Erfordernisse erfüllen, daß sie durch Eintragung sich unter die Herrschaft dieses Gesetzes stellen. Unzweifelhaft werden die Genossenschaften ihren eigenen Vortheil zu würdigen wissen. Wenn aber die Königliche Staatsregierung durch Kostenfreiheit den Antrieb vermehren und ihre Theilnahme für die Entwickelung des Genossenschaftswesens ausdrücken will, so darf die Landesvertretung dem beistimmen, ohne das fiskalische Interesse strenger wahren zu müssen als die Staatsregierung. In England ist den Genossenschaften durchweg Freiheit von Stempel und Kosten gewährt. Nur darf aus der kleinen Gunst kein Einmischungsrecht hergeleitet werden; gegen einen solchen Preis verzichten die Genossenschaften gern auf jede Bevorzugung." — Ueber den Umfang der Kostenfreiheit traten in den einzelnen Staaten schon in den Ausführungsverordnungen sehr verschiedene Anschauungen hervor. Noch schwankender war die Auslegung der Gerichte. Während manche Amtsgerichte — besonders im Königreich Sachsen — die Gebührenfreiheit möglichst einschränkend auslegten, wurde sie von oberen Gerichten öfters in weitem Umfange ausgedehnt. Durch

Beschluß z. B. vom 14 Juni 1888 in Sachen des Konsumvereins im Plauenschen Grunde, EG, zu Deuben (abgedruckt in Nr. 6 der Bl.f.G. von 1889) hat das Königlich sächsische Oberlandesgericht ausgeführt, daß lediglich die baaren Auslagen, welche dem Gerichte erwachsen, zu ersetzen, daß aber die Schreib- und Bestellgebühren sowie die Botenlöhne mit in die Gesetzbestimmung einzubeziehen sind, da damit ebenfalls nur eine dem Gericht obliegende Thätigkeit vergütet wird, baarer Aufwand aber nicht darunter begriffen ist.

II. **Erläuterungen zu § 151.**

1. „Gebühren für die Verhandlung und Entscheidung erster Instanz".

„Die Gebührenfreiheit für die Eintragungen in das Genossenschaftsregister ist aufrecht erhalten und zugleich dahin erläutert, daß auch für die Verhandlungen und Entscheidungen, die sich auf die Eintragungen beziehen, Gebühren nicht in Ansatz zu bringen sind. Es entspricht dies dem nach den ergangenen Ausführungsverordnungen in dem größten Theil der Bundesstaaten bestehenden Rechtszustand Dagegen fehlt es an einem Grund, die Gebührenfreiheit auch auf die Beschwerdeinstanz auszudehnen; für die höheren Instanzen müssen vielmehr die im § 151 bezeichneten landesrechtlichen Vorschriften auch in Betreff der Gebührenordnung Platz greifen. Die Erhebung der Auslagen ist im Entwurf für alle Instanzen einheitlich nach den Grundsätzen des Gerichtskostengesetzes geregelt." (Begr. II 143.)

2. Baare Auslagen.

Die für Erhebung von Auslagen geltenden Paragraphen des Gerichtskostengesetzes lauten:

„§ 79. An baaren Auslagen werden erhoben: 1. die Schreibgebühren, 2. die Post- und Telegraphengebühren, 3. die durch Einrückung einer Bekanntmachung in öffentliche Blätter entstehenden Kosten, 4. die an Zeugen und Sachverständige zu zahlenden Gebühren, 5. die bei Geschäften außerhalb der Gerichtsstelle den Gerichtsbeamten zustehenden Tagegelder und Reisekosten . . .

§ 80. Die Schreibgebühren werden für Ausfertigungen und Abschriften erhoben. Die Schreibgebühr beträgt für die Seite, welche mindestens zwanzig Zeilen von durchschnittlich zwölf Silben enthält, zehn Pfennig, auch wenn die Herstellung auf mechanischem Wege stattgefunden hat. Jede angefangene Seite wird voll berechnet.

§ 80 b. Für die von Amtswegen bewirkten Zustellungen werden baare Auslagen nicht erhoben. Die Erhebung der Schreibgebühr für die Ausfertigungen und Abschriften des zuzustellenden Schriftstücks wird hierdurch nicht ausgeschlossen."

§. 152.

Die Mitglieder des Vorstandes sind von dem Gerichte (§. 10) zur Befolgung der in §. 8 Absatz 2, §. 14, § 16 Absatz 3, §§. 28, 30, §. 59 Absatz 2, §. 61, §. 76 Absatz 2, § 77 Absatz 2, §. 127 Absatz 2, §. 137 Absatz 3 enthaltenen Vorschriften durch Ordnungsstrafen im Betrage von zwanzig bis sechshundert Mark anzuhalten. In gleicher Weise sind die Mitglieder des Vorstandes und die Liquidatoren zur Befolgung der im §. 31 Absatz 2, §. 45, §. 46 Absatz 2, §. 49 Absatz 3 und 4, §. 82, §. 83 Absatz 2, §. 87 Absatz 1, §. 148 Absatz 2 enthaltenen Vorschriften anzuhalten.

Rücksichtlich des Verfahrens sind die Vorschriften maßgebend, welche zur Erzwingung der im Handelsgesetzbuch angeordneten Anmeldungen zum Handelsregister gelten.

Ges. von 1868 § 66, Entw. I 136, II 137, Komm. 137, Rtg. 152
Begr. I 219, II 144, Komm.Ber. 64.

Erläuterungen zu § 152.

Der § 152 entspricht mit den durch die Abänderung der betreffenden Gesetzesstellen nothwendig gewordenen veränderten Bezugnahmen dem § 66 des Ges. von 1868.

1. **Absatz** I. Strafvorschrift.

Weggefallen ist die Androhung von Ordnungsstrafen wegen verzögerter Einreichung der vierteljährlichen Mitgliederliste (§ 25 a. a. O.), wegen Nichtberufung der Generalversammlung (§§ 31 Abs. 3, 48 a. a. O. — §§ 43, 92 des Ges.), wegen Vernachlässigung der im früheren Umlageverfahren dem Vorstande und den Liquidatoren obliegenden Pflichten (§§ 52 bis 59, 61 a. a. O.), weggefallen ist die Ordnungsstrafe auf Anmeldung der Genossenschaft zur Eintragung (§ 11 a. a. O. — vgl. § 11 des Ges.).

Neu unter Ordnungsstrafe gestellt sind: Das Verbot der Darlehnsgewährung in Kreditvereinen (§ 8 Abs. 2), die rechtzeitige Auslegung des Entwurfs der Jahresbilanz und der Gewinn- und Verlustberechnung (§ 46 Abs. 2), die Einreichung der veröffentlichten Bilanz (§ 31 Abs. 2) und der Urtheile, durch welche Statutenänderungsbeschlüsse der Generalversammlung für ungültig erklärt werden (§ 49 Abs. 4), der Antrag auf Bestellung eines Revisors (§ 59), die ungestörte Zulassung der Geschäftsuntersuchung durch den Revisor, der Nachweis der stattgehabten Revision und der Ankündigung der Revisionsberichte (§ 61), die Anmeldung des Herabsetzungsbeschlusses der Haftsumme 2c. (§ 127 Abs. 2), der Umwandlung von Genossenschaften mit strengerer in solche mit milderer Haftform (§ 137 Abs. 3), die Anmeldung der Firma (§ 155), Berichtigung der Mitgliederliste (§ 164).

In der Kommission war folgender Zusatz beantragt: „Der Richter soll damit nicht beauftragt sein, den Vorstand von Amtswegen durch Ordnungsstrafen zur Eintragung der Beschlüsse der Generalversammlung in das Protokollbuch anzuhalten." Der Antrag wurde mit Rücksicht auf die Erklärung des Regierungsvertreters zu § 45 abgelehnt (vgl. zu § 45).

2. **Absatz** II. Das Verfahren.

Das Verfahren bei Verhängung der Ordnungsstrafen hat wegen der Verschiedenheit der in den einzelnen Bundesstaaten mit der Führung des

Genossenschaftsregisters beauftragten Gerichte nicht einheitlich geregelt werden können; es werden die für die Angelegenheiten des Handelsregisters geltenden Bestimmungen, worunter auch die auf Kosten und Rechtsmittel bezüglichen Vorschriften begriffen sind, für anwendbar erklärt. Der Erlaß besonderer Gesetze oder Ausführungen zur Ausführung des § 152 wird hierdurch entbehrlich (Begr. II 144).

Für Preußen sind die Artikel 5 und 6 des Einführungsgesetzes vom 24. Juni 1861, abgeändert durch § 78 des preuß. Ausführungsgesetzes zur C.P.O. vom 24. März 1879, maßgebend: „Erhält das Gericht glaubhafte Kenntniß davon, daß eine gesetzliche Anordnung nicht befolgt ist, so giebt es unter Androhung einer Ordnungsstrafe dem Betheiligten auf, innerhalb einer Frist die gesetzliche Anordnung zu befolgen. Wird kein Einspruch erhoben, so wird die Strafe festgesetzt, andernfalls wird, wenn nicht der Einspruch als gerechtfertigt anerkannt wird, Termin zur mündlichen Verhandlung anberaumt; gegen das Urtheil hat der Verurtheilte das Rechtsmittel der sofortigen Beschwerde und gegen die Entscheidung des Landgerichts die weitere Beschwerde." Es sind somit eine Reihe Sicherheiten geboten, was besonders für den Fall des § 8: Verbot der Darlehnsgewährung an Nichtmitglieder nicht ohne Bedeutung ist.

§. 153.

Das Gesetz, betreffend die privatrechtliche Stellung der Erwerbs- und Wirthschaftsgenossenschaften, vom 4. Juli 1868 (Bundes-Gesetzbl. S. 415) mit der Deklaration vom 19. Mai 1871 (Reichs-Gesetzbl. S. 101), sowie die Vorschriften in §§. 195 bis 197 der Konkursordnung und im §. 3 Absatz 4 des Einführungsgesetzes zu derselben werden aufgehoben. Unberührt bleibt die Vorschrift im §. 6 des letzteren Gesetzes.

Wo in anderen Gesetzen auf die Bestimmungen des Gesetzes vom 4. Juli 1868 Bezug genommen ist, treten an deren Stelle die entsprechenden Bestimmungen des gegenwärtigen Gesetzes.

Entw. I 137, II 138, Komm. 138, Rtg. 153. Begr. I 220, II 145.

Erläuterungen zu § 153.

1. Im Allgemeinen. (Aufgehobene Bestimmungen.)

Die §§ 153 bis 170 enthalten die Uebergangsbestimmungen für die nach dem Ges. 4. Juli 1868 eingetragenen Genossenschaften. § 175 R.K.O. ist durch § 91 des Ges.; § 196 a. a. O. durch §§ 95, 109; § 197 a. a. O. durch §§ 98, 116; § 3 Abs. 4 des Einf.Ges. zur R.K.O. durch § 118 Abs. 2 ersetzt.

2. **Absatz** I. Das bayerische Gesetz vom 29. April 1869.

§ 6 des Einf.Ges. zur R.K.O. erklärt die Vorschriften der R.K.O. über Konkurseröffnung für Aktiengesellschaften, über das Verbot des Zwangsvergleichs für eingetragene Genossenschaften und über Bestrafung der Vorstandsmitglieder und für Liquidatoren für entsprechend anwendbar auf die registrirten Gesellschaften des bayerischen Ges. vom 29. April 1869, im Uebrigen kam auf diese Gesellschaften das genannte Gesetz zur Anwendung. Das Gesetz ändert hierin nichts. „Die Haftungsgrundsätze des bayerischen Gesetzes sind zu verschieden von den Bestimmungen der §§ 125 bis 136 des Gesetzes, als daß jene Gesellschaften ohne Weiteres zu Genossenschaften mit beschränkter Haftpflicht im Sinne des neuen Gesetzes erklärt werden können. Bei der geringen Zahl der in Betracht kommenden Institute erscheint es auch unbedenklich, dieselben nach ihrem bisherigen Spezialrecht fortbestehen zu lassen, sofern sie nicht freiwillig den Bestimmungen des neuen Gesetzes sich unterwerfen (Begr. II 145).

§. 154.

Auf die in Gemäßheit des Gesetzes vom 4. Juli 1868 eingetragenen Genossenschaften findet das gegenwärtige Gesetz mit den in den nachfolgenden Paragraphen enthaltenen Maßgaben Anwendung.

Entw. I 138, II 139, Komm. 139, Rtg. 154. Begr. I 220, II 144. A.B §§ 36+39 („Anlegung und Berichtigung der Liste für bestehende Genossenschaften").

Erläuterungen zu § 154.

1. Nothwendige Abänderungen des Statuts bestehender Genossenschaften.

Die Genossenschaften des Ges. von 1868 bestehen unter dem jetzigen Gesetze als Genossenschaften mit unbeschränkter Haftpflicht fort. Sie haben dementsprechend ihre Firma mit dem 1. Oktober zu ändern (§ 155) und zur Eintragung in das Genossenschaftsregister anzumelden. Ein Beschluß der Generalversammlung ist nicht erforderlich, die Vornahme der Firmenänderung ist eine gesetzliche Pflicht des Vorstandes, zu deren Erfüllung er durch Ordnungsstrafen anzuhalten ist.

Soweit die Statuten der bestehenden eingetragenen Genossenschaften dem neuen Gesetz nicht entsprechen, sind Statutenänderungen vorzunehmen. Es kommen hierbei hauptsächlich folgende Vorschriften des neuen Gesetzes in Betracht, welche sich in dem Ges. von 1868 entweder gar nicht oder nicht als obligatorische Bestimmungen finden:

1. Zu der Firma ist die gesetzliche Bezeichnung „eingetragene Genossenschaft mit unbeschränkter Haftpflicht" anzunehmen (§ 155).
2. In das Statut sind Bestimmungen aufzunehmen:
   a) über die Beurkundung des Beschlusses der Generalversammlung und über den Vorsitz in derselben (§ 6 Ziff. 3);
   b) über den Betrag, bis zu welchem sich die einzelnen Genossen mit Einlagen betheiligen können (Geschäftsantheil) und über die Einzahlungen, zu welchen jeder Genosse verpflichtet ist (§ 7 Ziff. 2);
   c) über die Bildung des Reservefonds (§ 7 Ziff. 4);
   d) über die Dauer des Geschäftsjahres, falls dasselbe auf kürzere Zeit als auf ein Jahr bemessen ist oder nicht dem Kalenderjahr entspricht (§ 8 Ziff. 2);

e) über Erwerb und Fortdauer der Mitgliedschaft, falls dieselbe an den Wohnsitz innerhalb eines bestimmten Bezirkes geknüpft ist (§ 8 Ziff 2);

f) über die Ausdehnung des Geschäftsbetriebes auf Nichtmitglieder, falls eine solche zugelassen ist (§ 8 Ziff. 4).

3. Die Beitrittserklärungen müssen die Bemerkung enthalten, daß die einzelnen Genossen „für die Verbindlichkeiten der Genossenschaft dieser sowie unmittelbar den Gläubigern derselben nach Maßgabe des Gesetzes mit ihrem ganzen Vermögen haften" (§ 113).

4. Zu dem Vorstand sind mindestens zwei Mitglieder zu bestellen (§ 24 Abs 2); zur Zeichnung für die Genossenschaft dürfen nicht weniger als zwei Vorstandsmitglieder bestimmt werden (§ 25).

5. Der Vorstand hat ein Verzeichniß der Genossen zu führen (§§ 30, 152).

6. Ein Aufsichtsrath aus mindestens 3 Personen muß bestellt werden (§§ 9, 34, 158).

7. Prokuristen und Handlungsbevollmächtigte zum gesammten Geschäftsbetriebe dürfen nicht bestellt werden (§ 40 Abs. 2).

8. Jeder Genosse hat in der Generalversammlung eine einzige Stimme (§ 41 Abs. 2).

9. Das Ausscheiden von Genossen findet nur zum Schluß des Geschäftsjahres statt (§§ 63, 64, 65, 66, 75); die Kündigung muß auf mindestens 3 Monate und höchstens 2 Jahre angesetzt sein (§ 63 Abs. 2) — Ausnahme in § 114; das Geschäftsguthaben ist innerhalb 6 Monate nach dem Ausscheiden auszuzahlen (§ 71).

10. Die Uebertragung des Geschäftsguthabens muß im Statut verboten sein, falls dieselbe nicht statthaft sein soll (§ 74).

11. Der Beschluß auf Auflösung sowie eine jede Statutenänderung bedürfen einer Mehrheit von drei Viertheilen (§§ 76, 16).

12. Ein Genosse darf nicht auf mehr als einen Geschäftsantheil betheiligt sein (§ 112). — Diejenigen Genossen, welche beim Inkrafttreten des Gesetzes mehr als einen Geschäftsantheil besitzen, werden hiervon nicht betroffen (§ 163); haben sie auf einen weiteren Geschäftsantheil Einzahlungen in diesem Zeitpunkte gemacht, so können sie den angefangenen Geschäftsantheil noch ganz erwerben (vgl unten).

13. Für das Geschäftsguthaben dürfen Zinsen von bestimmter Höhe nicht vergütet werden (§ 21 Abs. 1).

14. Das Geschäftsguthaben darf während der Mitgliedschaft weder ausgezahlt noch im geschäftlichen Betriebe zum Pfande genommen werden (§ 22 Abs 2).

2. Uebergangsbestimmungen.

a) Die Einführung eines zweigliedrigen Vorstandes und Einsetzung eines Aufsichtsraths muß bis zum 1. April 1890 erfolgt sein.

b) Die Vorschrift in Nr. 3 § 8 Abs. 1 über das Geschäftsjahr findet vom 1. Januar 1890 ab Anwendung.

c) Das Verbot der Ausdehnung des in Darlehnsgewährung bestehenden Geschäftsbetriebes auf Nichtmitglieder tritt für Vorschußvereine erst am 1. Oktober 1891 in Kraft. Die übrigen Aenderungen sind sofort nach Inkrafttreten des Gesetzes einzuführen.

d) Bis aber in dem Statut die im § 7 Nr. 4 vorgesehene Bestimmung über die Bildung des Reservefonds getroffen ist, ist zu derselben mindestens der zehnte Theil des jährlichen Reingewinns zu verwenden (§ 156).

e) Ferner enthalten Uebergangsbestimmungen noch die §§ 159 und 160 in Betreff des Ausschlusses eines Mitgliedes wegen Zugehörigkeit zu einer gleichartigen Genossenschaft und in Betreff der Auflösung einer Genossenschaft wegen Herabsinken der Mindestzahl der Mitglieder unter sieben.

f) Alle bestehenden eingetragenen Genossenschaften müssen die nach dem neuen Gesetze für die Genossenschaften mit unbeschränkter Haftpflicht gegebenen Bestimmungen annehmen, mögen sie auch sich in Genossenschaften mit anderer Haftpflicht umwandeln wollen, denn erstens kann diese Umwandlung erst nach dem Inkrafttreten des Gesetzes vorgenommen werden und zweitens bleiben auch die in der Umwandlung begriffenen Genossenschaften noch bis zu ihrer Umwandlung Genossenschaften mit unbeschränkter Haftpflicht.

3. Das Verbot der mehreren Geschäftsantheile.

Eine besondere Erwähnung verdient die Frage, wie sich die Genossenschaften mit mehreren Geschäftsantheilen nach dem neuen Gesetz zu verhalten haben. Es trifft dies auch, aus den eben angeführten Gründen, die Genossenschaften, welche sich in solche mit beschränkter Haftpflicht umwandeln. Die Genossenschaften mit unbeschränkter Haftpflicht und die mit unbeschränkter Nachschußpflicht dürfen den Erwerb nur eines Geschäftsantheils gestatten.

Eine Genossenschaft, die bisher mehrere Geschäftsantheile zuließ, kann entweder

a) in der Höhe der Geschäftsantheile keine Aenderung vornehmen, alsdann bleiben diejenigen Mitglieder, welche beim Inkrafttreten des Gesetzes bereits mehrere Geschäftsantheile erworben hatten, in deren Besitz; nach dem genannten Zeitpunkt aber darf kein weiterer Geschäftsantheil erworben werden (§§ 112, 163), oder

b) die mehreren Geschäftsantheile auch für diejenigen Mitglieder beseitigen, welche solche bereits erworben hatten.

Dies kann geschehen.

α) durch Festsetzung des Geschäftsantheils auf die Gesammtsumme der bisher zulässigen Geschäftsantheile. Hierin würde eine Erhöhung des Geschäftsantheils liegen, welche mit einer Mehrheit von drei Viertheilen der erschienenen Genossen in der Generalversammlung beschlossen sein müßte, falls nicht das Statut noch weitere Erfordernisse aufstellt (§ 16 Abs. 2);

β) durch Festsetzung des Geschäftsantheils auf die bisherige Höhe oder einen hinter der Gesammtsumme der bisher auch nur von einem Mitgliede erworbenen Geschäftsantheile zurückbleibenden Betrag, so daß eine Auszahlung nothwendig wird. Alsdann müssen die für die Herabsetzung des Geschäftsantheils in §§ 16 und 22 gegebenen Vorschriften beobachtet werden.

4. Nicht eingetragene Genossenschaften.

Die Stellung der nicht eingetragenen Genossenschaften wird durch das neue Gesetz nicht berührt, dieselben können sich nur freiwillig demselben unterwerfen.

Das Gesetz findet als regelmäßige Form die eingetragene Genossenschaft vor, sein Verhältniß zu dieser regelt es. Die nicht eingetragenen Genossenschaften werden von dem Gesetze nicht erwähnt.

Das Gesetz von 1868 bestimmte in § 71:

In dem Vermögensstande einer schon bestehenden Genossenschaft wird durch deren Eintragung in das Genossenschaftsregister nichts geändert.

Auf nicht eingetragene Genossenschaften kommen die Bestimmungen dieses Gesetzes nicht zur Anwendung.

In den Motiven der Civilprozeßkommission — welche den Paragraphen gestrichen wissen wollte — heißt es:

„Diese Vorschrift soll, wie es scheint, der rückwirkenden Kraft des Gesetzes entgegentreten. Allein bei einem Gesetze, wie das vorliegende, ist eine derartige Bestimmung, wenn sie etwas Mehreres sein soll, als was sich ganz von selbst versteht, bedenklich. Die Genossenschafter können die Einwirkung des Gesetzes dadurch verhindern, daß sie die Genossenschaft nicht eintragen lassen Daß aber die Eintragung, *wenn* sie erfolgt, an den vermögensrechtlichen Verhältnissen der Genossenschaft nichts ändere, kann so unbedingt nicht gesagt, es muß die gehörige Unterscheidung zwischen den verschiedenen möglichen Fällen und die Lösung der dabei entstehenden Fragen der Rechtsprechung überlassen werden. Außerdem könnte die Fassung zu dem Irrthume verleiten, als erkenne das Gesetz die bestehenden Genossenschaften, auch abgesehen von deren Eintragung, als selbstständige Rechtssubjekte an."

Dieser Bedenken wegen wurde im bayerischen Gesetz der ganze § 71 und im badischen Gesetz der Absatz 1 gestrichen. In den Motiven der Regierungsvorlage zu dem letzteren Gesetz heißt es:

„Stimmen die Statuten bestehender Genossenschaften mit den Vorschriften des Gesetzes nicht überein, so müssen diese Genossenschaften, bevor sie sich unter das Gesetz stellen, Statutenänderungen vornehmen und unter Umständen das alte Geschäft liquidiren."

Die Praxis hat die Frage, ob die Mitglieder einer nach den Landesgesetzen bestehenden Genossenschaft an einen Beschluß derselben, sich unter das Genossenschaftsgesetz zu stellen, gebunden seien, nicht gleichmäßig entschieden. Das R.O.H. (Bd. XXII S. 104) entschied in einem Falle, in welchem sich in *Hessen* eine nach dem Landesgesetz bestehende Genossenschaft unter das für *Südhessen* erlassene Genossenschaftsgesetz vom 4. August 1869 bezw das später an dessen Stelle getretene Reichsgesetz vom 4. Juli 1868 stellte: „schon nach allgemeinen Rechtsgrundsätzen müßte in einer derartigen Umwandlung eine *Fortsetzung* der ursprünglichen Genossenschaft erblickt werden; ganz unbedenklich sei dies nach den angeführten Gesetzen, denn durch die Eintragung würden die *bestehenden* Genossenschaften nur mit *erweiterten* Rechten ausgestattet". Das Reichsgericht ferner folgert in dem Urtheil vom 1. Juli 1886 (abgedruckt in Nr. 52 der Bl.f.G. von 1888) aus § 71 des Gesetzes von 1868: „daß Genossenschaften, welche schon vor dem Gesetze bestanden, sobald sie sich dem Gesetze unterwerfen und die Rechte einer eingetragenen Genossenschaft erwerben, hiermit regelmäßig nur eine Statutenänderung vollziehen".

Dagegen nun heißt es in dem Urtheil des Reichsgerichts vom 11. Oktober 1884 (Bd. XV S. 77 ff.), nachdem der oben mitgetheilten Entscheidung des R.O.H. beigetreten ist: „Aber allerdings darf dabei nicht außer Acht gelassen werden, daß Jemand, der einem zur Zeit noch keineswegs zu einer eingetragenen Genossenschaft bestimmt gewesenen Vereine beigetreten ist, nicht gegen seinen Willen durch Umwandlung des Vereins zum Mitgliede einer eingetragenen Genossenschaft gemacht werden kann, daß es ihm daher wenigstens freistehen muß, nachdem er von dieser Umwandlung erfahren hat, durch Kundgebung seines entgegengesetzten Willens die letztere Mitgliedschaft auszuschließen."

In dem Uebergang einer Gesellschaftsform zu einer andern nach „allgemeinen Rechtsgrundsätzen" eine „Fortsetzung" der bestehenden Genossenschaft zu sehen, kann nicht für richtig erachtet werden. Wer sich einer Aktiengesellschaft anschließt, kann nicht für verbunden erachtet werden, der offenen Handelsgesellschaft anzugehören, in welche sich jene umwandeln will; wählt eine Gesellschaft eine neue Form, so hört sie auf in der bisherigen Form zu bestehen und konstituirt sich neu unter der neuen Gesellschaftsform. Selbst eine offene Handelsgesellschaft könnte nicht mit rechtsverbindlicher Kraft für die widerstrebenden Mitglieder ihre Umwandlung in eine eingetragene Genossenschaft beschließen. Jede Gesellschaft, welche eine neue Gesellschaftsform wählt, muß sich auflösen und die Mitglieder müssen eine neue Gesellschaft gründen (v. Sicherer S. 135, Endemann S. 290 Note 23).

Was nun das jetzige Gesetz anlangt, so kommt noch dazu, daß dasselbe verlangt, daß die Mitglieder entweder das Statut (bis zur Anmeldung) unterschrieben oder eine schriftliche Beitrittserklärung ausgestellt haben, für welche zum Theil sogar bestimmte Formerfordernisse aufgestellt sind (§§ 113, 121), die Genossenschaft, welche ihre Eintragung beschließt, also regelmäßig gar nicht in der Lage wäre, die erforderlichen Beitrittserklärungen dem Gericht einzureichen. Das in § 164 für die Berichtigung der Mitgliederliste vorgesehene Verfahren bezieht sich nur auf solche Genossenschaften, welche unter dem Ges. vom 4. Juli 1868 beim Inkrafttreten des Gesetzes gestanden haben. Nach ihrer Eintragung aber auf Ausstellung formgerechter Beitrittserklärungen zu klagen, ist die Genossenschaft u. E. nicht im Stande, weil keins ihrer früheren Mitglieder verpflichtet ist, die Umwandlung mitzumachen, es sei denn, es hätte sich vorher dazu verpflichtet. Mit der Eintragung entsteht eine neue Gesellschaft, welche nicht ipso jure die Rechtsnachfolgerin ihrer Vorgängerin ist. Hat sie deren Aktiven und Passiven übernommen, so liegt hierin nur eine Art der Liquidation.

§. 155.

Die Genossenschaften haben in die Firma die zusätzliche Bezeichnung: „eingetragene Genossenschaft mit unbeschränkter Haftpflicht" aufzunehmen. Zur Anmeldung dieses Zusatzes ist der

Vorstand von dem Gerichte (§§. 10, 14) durch Ordnungsstrafen in Gemäßheit des §. 152 anzuhalten.

Entw. I 139, II 140, Komm. 140, Rtg 155. Begr. I 221, II 144, Komm.Ber 65, A.V. §§ 6 u. 18.

Erläuterungen zu § 155.

Der entsprechende § 140 des Entw. II lautete:

„Zur Anmeldung des von der Genossenschaft nach § 3 anzunehmenden Zusatzes zur Firma ist der Vorstand von dem Gerichte (§§ 10—14) durch Ordnungsstrafe anzuhalten."

In der Begründung war ausgesprochen, es sei nicht nothwendig, „besonders zu bestimmen, daß die bestehenden Genossenschaften, so lange nicht eine Umwandlung derselben ... stattfindet, als Genossenschaften mit unbeschränkter Haftpflicht ... anzusehen sind. Dieselben haben .. die für Genossenschaften mit unbeschränkter Haftpflicht vorgeschriebene Beschreibung in der Firma zu führen und diese Veränderung ihrer Firma zum Genossenschaftsregister anzumelden" (Begr. II 144). Die Kommission hielt es, um in Folge der Einführung von drei Genossenschaftsarten Irrthümern vorzubeugen, für zweckmäßig, ausdrücklich jene Verpflichtung auszusprechen, und änderte dementsprechend den § 156. Der Zusatz ist bereits vom 1. Oktober und nicht erst von der Eintragung ab zu führen, denn die Eintragung ist nicht als Voraussetzung für die Führung der veränderten Firma hingestellt (anders § 16 Abs. 4).

§. 156.

Solange in dem Statut einer Genossenschaft die im §. 7 Nr. 4 vorgesehene Bestimmung über die Bildung eines Reservefonds nicht getroffen ist, hat die Genossenschaft von dem nach Inkrafttreten des Gesetzes beginnenden Geschäftsjahre an zur Bildung des Reservefonds mindestens den zehnten Theil des jährlichen Reingewinns zu verwenden.

Entw. I 140, II 141, Komm. 141, Rtg. 156. Begr. I 221, II 145.

Erläuterungen zu § 156.

Das Statut, in welchem die Bestimmung des § 7 Nr. 4 über die Bildung eines Reservefonds noch fehlt, muß entsprechend ergänzt werden. „Ein unmittelbarer Zwang hierzu kann nicht geübt werden, weil die Ergänzung des Statuts nur durch einen Beschluß der Generalversammlung vorzunehmen ist. Der § 156 trifft deshalb eine subsidiäre Bestimmung" ... (Begr. II 145).

Vorstands- und Aufsichtsrathsmitglieder, welche dieser Bestimmung zuwider handeln und, ohne die aufgegebene Zuwendung zum Reservefonds zu machen, Gewinn vertheilen, machen sich der Genossenschaft schadensersatzpflichtig (§§ 32 Abs. 2, 39 Abs. 2).

§. 157.

Die Vorschrift der Nr. 3 im §. 8 Absatz 1 über das Geschäftsjahr findet nach Ablauf von drei Monaten seit dem Inkrafttreten des Gesetzes Anwendung.

Eine Genossenschaft, deren Statut die Ausdehnung des Geschäftsbetriebes durch Gewährung von Darlehen an Personen gestattet, welche nicht Mitglieder der Genossenschaft sind, unterliegt dem Verbote des §. 8 Absatz 2 nach Ablauf von zwei Jahren seit dem Inkrafttreten des Gesetzes.

Entw. I 141, II 142, Komm. 142, Rgt. 157, Rtg III 157. Begr. I 222, II 145. St. Ber. vom 4. April 1889 S. 1201.

Erläuterungen zu § 157.

1. **Absatz** I ist erst in dritter Berathung in Folge der Aenderung des § 8 Ziff 3 hinzugefügt (vgl. zu § 8 Ziff. 3 S. 42).

2. **Absatz** II. Voraussetzung ist, daß das Statut die Darlehnsgewährung an Nichtmitglieder gestattet.*) Der Genossenschaft soll Zeit gewährt werden, sich auf den veränderten Geschäftsbetrieb einzurichten (vgl. oben S. 49). Selbstverständlich werden die von dem Verein an Nichtmitglieder ausgeliehenen Darlehen nicht mit Ablauf jener Frist fällig.

§. 158.

Auf den Vorstand findet die Bestimmung im §. 24 Absatz 2 über die Mindestzahl der Mitglieder, auf den Aufsichtsrath finden die Bestimmungen im §. 9, § 34 Absatz 1 nach Ablauf von sechs Monaten seit dem Inkrafttreten des Gesetzes Anwendung. Das Gleiche gilt von der Bestimmung im §. 81 Absatz 2 über die Zahl der Liquidatoren.

Entw. I 142, II 143, Komm. 143, Rtg. 158. Begr. I 222, II 146, Komm.Ber. 65.

Erläuterungen zu § 158.

Die Suspension der Bestimmungen über den Aufsichtsrath sind erst von der Kommission beschlossen.

Nicht suspendirt sind die Bestimmungen in §§ 25 und 83, daß die Rechtshandlungen von mindestens zwei Vorstandsmitgliedern bezw. Liquidatoren vorgenommen werden müssen; sobald also diese Anzahl der Vorstandsmitglieder bezw. Liquidatoren vorhanden ist, müssen auch diese Vorschriften in Geltung treten.

---

*) In den Motiven heißt es: „Dabei ist vorausgesetzt, daß die bisherige Ausdehnung des Geschäftsbetriebes der betreffenden Genossenschaften durch die Bestimmungen ihrer Statuten ausdrücklich gestattet war; denn andernfalls war dieselbe schon nach dem Deklarationsges. vom 19. Mai 1871 unzulässig." Letztere Auslegung ist nun aber unrichtig. Das genannte Gesetz ist niemals so ausgelegt worden.

§. 159.

Die Bestimmung des §. 66 über die Ausschließung von Genossen wegen der Mitgliedschaft in einer gleichartigen Genossenschaft findet, soweit der Beitritt zu dieser vor dem Inkrafttreten des Gesetzes erfolgt ist, keine Anwendung.

Entw. I 143, II 144, Komm. 144, Rtg. 159. Begr. I 223, II 146.

Erläuterung zu § 159.

Wenn im Statut die mehrfache Mitgliedschaft als Ausschließungsgrund vorgesehen war, so hat es dabei natürlich sein Bewenden.

§. 160.

Auf eine Genossenschaft, welche bei dem Inkrafttreten des Gesetzes weniger als sieben Mitglieder hat, findet der §. 78 so lange keine Anwendung, als nicht diese Mitgliederzahl erreicht wird.

Entw. I 144, II 145, Komm. 145, Rtg. 160. Begr. I 223, II 146.

Erläuterung zu § 160.

Die Bestimmung des § 78, wonach die Auflösung einer Genossenschaft erfolgen kann, wenn die Mitgliederzahl unter sieben fällt, findet erst Anwendung, wenn die Zahl sieben erreicht gewesen, aber ein erneutes Herabsinken der Mitgliederzahl eingetreten ist.

§. 161.

Die Haftpflicht der Genossen bestimmt sich nach den Vorschriften in §§. 52 bis 65 des Gesetzes vom 4. Juli 1868 und im §. 197 der Konkursordnung, sofern vor dem Inkrafttreten des gegenwärtigen Gesetzes der Vertheilungsplan zur Erklärung der Vollstreckbarkeit eingereicht oder ohne Einreichung eines solchen das Konkursverfahren aufgehoben war.

Entw. I 145, II 146, Komm. 146, Rtg. 161. Begr. I 224ff., II 146ff.

Erläuterungen zu § 161.

1. Ausnahmen von § 154.

Die Regel, daß die Vorschriften des neuen Gesetzes über die Haftpflicht auch auf die bestehenden Genossenschaften Anwendung finden (§ 154), erleidet zwei Ausnahmen: das Ges. von 1868 kommt in Betreff des Umlageverfahrens und der direkten Haftpflicht zu Anwendung, wenn der Vertheilungsplan bei dem Inkrafttreten des Gesetzes bereits dem Gericht eingereicht ist, d. h. wenn das Umlageverfahren bereits begonnen hat. Denn eine Ueberleitung des alten in das neue Verfahren ist wegen der grundsätzlichen Verschiedenheit nicht angängig und die direkte Haftpflicht steht in beiden Gesetzen im engsten Zusammenhange mit dem verschieden geordneten Umlageverfahren.

Aus diesem Grunde rechtfertigt sich auch die zweite Ausnahme, daß das

Umlageverfahren und die direkte Haftpflicht des Ges. von 1868 gelten solle, wenn das Konkursverfahren beim Inkrafttreten des Gesetzes bereits aufgehoben war; das Nachschußverfahren des Gesetzes bildet einen Theil des Konkursverfahrens, es kann also nicht mehr eingeleitet werden.

2. Anwendung des Gesetzes.

Das Gesetz kommt also auf Genossenschaften des Ges. von 1868 nur zur Anwendung,

a) wenn das Konkursverfahren zur Zeit des Inkrafttretens überhaupt noch nicht eröffnet war, und

b) wenn das Konkursverfahren allerdings zwar schon begann, ein Vertheilungsplan dem Gericht aber noch nicht eingereicht war, in diesem Falle ist unverzüglich das Nachschußverfahren einzuleiten.

3. Haftpflicht der Genossen vgl. § 162.

4. Rechte der Gläubiger.

Diese Bestimmungen sind auf die Rechte der Gläubiger nach zwei Richtungen hin von Einfluß:

1. sie verlieren in den beiden eben bezeichneten Fällen ihre nach dem Ges. von 1868 bestehenden Rechte auf Zinsen und Kosten, da dieselben in dem Konkursverfahren (Nachschußverfahren und direkter Haftpflicht) nicht geltend gemacht werden können. Die Motive II 147 rechtfertigen dies damit, daß, wollte man sich zu einem so geringfügigen Eingriff nicht entschließen, die Bestimmungen des Gesetzes über die Haftpflicht der Genossen für die bestehenden Genossenschaften überhaupt so lange außer Anwendung bleiben, als noch Gläubiger aus der Zeit vor dem Inkrafttreten des Gesetzes vorhanden sind.

2. Die Gläubiger können auch die bei Aufhebung des Konkursverfahrens noch streitigen und erst nachher festgestellten Forderungen im Nachschußverfahren geltend machen (vgl. zu § 98).

§. 162.

Außer den Fällen des vorhergehenden Paragraphen kommen rücksichtlich der Haftpflicht der Genossen, welche vor dem Tage des Inkrafttretens des Gesetzes aus der Genossenschaft ausgeschieden und noch nicht durch Verjährung der Klage befreit sind, die Vorschriften des gegenwärtigen Gesetzes mit der Maßgabe zur Anwendung, daß mit dem bezeichneten Tage die zweijährige Frist des §. 119 Absatz 1 beginnt, und daß die im zweiten Absatz desselben Paragraphen bestimmte Ausdehnung der Haftpflicht nicht eintritt.

Entw. I 146, II 147, Komm. 147, Rtg. 162. Begr. I 227 ff., II 147—149.

Erläuterungen zu § 162.

1. Durch Verjährung nach dem früheren Gesetz befreit.

Diejenigen ausgeschiedenen Genossen, welche beim Inkrafttreten des Gesetzes durch Ablauf der Verjährungsfrist befreit sind, bleiben dies selbstverständlich nach dem neuen Gesetze. Neue Verjährungsgesetze finden auf früher entstandene Forderungen Anwendung, insoweit dieselben nicht schon verjährt sind; mit dieser selbstverständlichen Beschränkung kommen Vorschriften über die Verjährung und daher auch über die Haftpflicht des neuen Gesetzes auf die vor dem Inkrafttreten desselben ausgeschiedenen Genossen und auf die Mitglieder einer vor diesem Zeitpunkt aufgelösten Genossenschaft zur Anwendung.

2. Ausnahmen

Nur zwei Modifikationen werden getroffen für den Beginn der Haftfrist des § 119 und für die Haftpflicht verstorbener Mitglieder. Während nach dem Gesetze die Haftfrist (§ 119 Abs. 1) mit dem Ausscheiden des Genossen beginnt, soll sie bei den vor dem Inkrafttreten des Gesetzes ausgeschiedenen Genossen mit diesem Zeitpunkt beginnen, weil ohnedies „diejenigen, deren Mitgliedschaft drei (— zwei —) Jahre oder länger vor dem Inkrafttreten des Gesetzes erloschen ist, mit dem letzteren Zeitpunkt ohne Weiteres von jeder Haftpflicht befreit würden, auch wenn nach dem bisherigen Recht ihre Verbindlichkeit zufolge Unterbrechung der zweijährigen Verjährungsfrist noch längere Zeit gedauert hätte (Begr. II 149).

Nach dem Ges. von 1868 hafteten ferner die Erben für die bis zum Ende der Mitgliedschaft entstandenen Genossenschaftsschulden ohne Rücksicht auf den Zeitpunkt der Eintragung des Ausscheidens in die Mitgliederliste, nach § 119 Abs. 2 des Ges. wird unter Umständen die Haftpflicht der Erben den Gläubigern gegenüber bis auf den Zeitpunkt der Eintragung des Todes in die Mitgliederliste erstreckt. Die Anwendung dieser Bestimmung auf die Erben vor dem Inkrafttreten des Gesetzes verstorbener Mitglieder würde eine unzulässige Ausdehnung der einmal begründeten Haftverbindlichkeiten der Erben sein (Begr. II 149), das Gesetz untersagt daher in § 162 diese Ausdehnung der Haftpflicht.

§. 163.

Die Bestimmung im §. 112 findet nicht Anwendung, insoweit beim Inkrafttreten des Gesetzes ein Genosse auf mehr als einen Geschäftsantheil betheiligt ist.

Entw. I 147, II 148, Komm. 148, Rtg. 163. Begr. I 228, II 149.

Erläuterung zu § 163.

Die Begr. II 149 sagt hierüber Folgendes:

„Sind zur Zeit des Inkrafttretens des neuen Gesetzes bei einer Genossenschaft die Mitglieder oder ein Theil derselben auf mehr als einen Geschäftsantheil betheiligt, so würde die unbedingte Anwendung des § 112 die Folge haben, daß entweder eine theilweise Zurückzahlung der Guthaben gestattet oder eine allgemeine Erhöhung des Geschäftsantheils vorgenommen werden müßte. Weder zu der einen noch zu der anderen Maßregel liegt ein ausreichender Grund vor. Es erscheint zweckmäßiger, in einem solchen Falle es bei dem thatsächlich vorhandenen Zustande bewenden zu lassen. Zwar darf eine weitere Betheiligung auf neue Geschäftsantheile auch bei solchen Genossenschaften nicht mehr gestattet sein; die begonnene Bildung der Guthaben aber muß bis zur vollen Erreichung der betreffenden Geschäftsantheile fortgesetzt werden können. Sofern eine Genossenschaft, bei welcher die Voraussetzungen des § 164 vorliegen, sich demnächst in eine Genossenschaft mit beschränkter Haftpflicht umwandelt, sind die auf die mehrfache Betheiligung und deren Eintragung in die Liste bezüglichen Vorschriften der §§ 128 bis 131 wie bei jeder anderen Genossenschaft zu beobachten." Vgl. § 154 Erläuterung 3.

Vorbemerkung zu §§ 164 bis 169.

Die §§ 164 bis 169 bezwecken, durch ein Berichtigungsverfahren die bisher von den Gerichten geführten Mitgliederlisten zu einer ähnlichen Bedeutung zu erheben, wie sie den nach den §§ 15 und 66 des Gesetzes geführten Listen innewohnt.

Zunächst hat der Vorstand — und er ist durch Ordnungsstrafen hierzu anzuhalten — dafür zu sorgen, daß die von dem Gerichte bisher geführten Mitgliederlisten vorläufig berichtigt werden; er hat dieselben mit dem Mitgliederverzeichniß der Genossenschaft zu vergleichen und dem Gericht eine Zusammenstellung der Berichtigungen einzureichen. Hierher gehören etwaige Irrthümer in den Listen und Veränderungen in dem Mitgliederbestande, die bis zum Inkrafttreten des Gesetzes vorgekommen sind. Denn die berichtigte Liste soll dem wirklichen Mitgliederbestande am Tage des Inkrafttretens des Gesetzes entsprechen. Auch die Kündigungen und Ausschließungen, welche vor dem Inkrafttreten des Gesetzes erfolgt sind, jedoch erst auf einen späteren Zeitpunkt gelten, sind mitzutheilen (§ 164 Abs. 2). Der Vorstand kann auch eine Liste in Gemäßheit des § 36 A.V. einreichen.

Auf Grund der von dem Vorstande richtig gestellten Liste erläßt das Gericht das Aufgebot (§§ 165, 166).

§. 164.

Der Vorstand hat dem Gerichte (§. 10) binnen einem Monate nach dem Tage des Inkrafttretens des Gesetzes anzuzeigen, welche Personen außer den in der gerichtlichen Mitgliederliste (§§. 4, 25 Absatz 2 des Gesetzes vom 4. Juli 1868) aufgeführten bis zu dem bezeichneten Tage Mitglieder der Genossenschaft geworden sind, und welche von den in der Liste aufgeführten Personen an diesem Tage der Genossenschaft nicht angehört haben.

Zugleich sind die Mitglieder, welche nach dem Inkrafttreten des Gesetzes in Folge vorher geschehener Aufkündigung oder Ausschließung ausscheiden, und der Tag ihres Ausscheidens zu bezeichnen.

Zur Befolgung dieser Vorschriften ist der Vorstand durch Ordnungsstrafen in Gemäßheit des §. 152 anzuhalten.

Entw. I 148, II 149, Komm. 149, Rtg. 164. Begr. I 228 bis 232, II 149 ff. A.V. § 36.

Erläuterung zu § 164.

Die materielle Wirkung der Gründe des Ausscheidens richtet sich nach dem Ges. von 1868. Es bleibt daher z. B. für eine Kündigung, die unter der Herrschaft des früheren Gesetzes ordnungsmäßig erfolgt ist, aber erst in der Zeit nach dem Inkrafttreten dieses Gesetzes ihre Wirkung äußern soll, das ältere Recht maßgebend (Begr. II 150); deswegen hat der Vorstand die vor dem Inkrafttreten des Gesetzes erfolgten, aber erst nach demselben wirkenden Kündigungen und Ausschließungen dem Gericht zur Eintragung mitzutheilen, und es kommen in diesem Falle die §§ 63 ff. nicht zur Anwendung.

§. 165.

Das Gericht hat die Liste nach den in vorstehendem Paragraphen bezeichneten Angaben zu berichtigen.

Es hat mittelst öffentlicher Bekanntmachung eine allgemeine Aufforderung zu erlassen, inhalts deren die in der Liste aufgeführten Personen, welche behaupten, daß sie am Tage des Inkrafttretens des Gesetzes nicht Mitglieder der Genossenschaft gewesen sind oder daß ihr Ausscheiden nicht richtig in die Liste eingetragen ist, sowie die in derselben nicht aufgeführten Personen, welche behaupten, daß sie an dem bezeichneten Tage Mitglieder der Genossenschaft gewesen sind, ihren Widerspruch gegen die Liste bis zum Ablauf einer Ausschlußfrist von einem Monate schriftlich oder zum Protokoll des Gerichtsschreibers zu erklären haben.

Entw. I 149, II 150, Komm. 150, Rtg. 165. Begr. I 228 bis 232, II 149 bis 252. A.B. §§ 36 bis 38.

Erläuterungen zu § 165.

1. Das Aufgebot.

Das Aufgebot richtet sich

a) an diejenigen, welche behaupten, unrichtigerweise als Mitglieder in der Liste aufgeführt zu sein, sei es, weil sie überhaupt nie Mitglieder geworden, oder schon vor dem Inkrafttreten dieses Gesetzes ausgeschieden sein wollen;

b) an diejenigen, welche zwar richtig eingetragen sind, aber auf Grund einer vor dem Inkrafttreten des Gesetzes erfolgten Kündigung das demnächstige Ausscheiden beanspruchen, oder umgekehrt die Richtigkeit einer dahin gehenden Eintragung bestreiten;

c) an diejenigen, welche nicht in der Liste aufgeführt sind, aber Mitglieder zu sein behaupten (Begr. II 150).

2. Keine namentliche Aufführung der Mitglieder.

Eine namentliche Aufführung der Mitglieder in dem Aufgebote ist der hohen Kosten wegen, die dadurch verursacht würden, nicht erfordert.

3. Folgen des Aufgebots.

Das Aufgebot hat zur Folge, daß nach Ablauf der einmonatigen Ausschlußfrist der Inhalt der Liste für die Mitgliedschaft am Tage des

Inkrafttretens des Gesetzes und für das Ausscheiden in Folge vorher geschehener Aufkündigung oder Ausschließung maßgebend ist, und daß Einwendungen gegen die Liste nur vorbehalten bleiben, falls sie binnen der einmonatigen Ausschlußfrist erhoben oder bei unverschuldeter Verhinderung binnen eines Monats nach Beseitigung des Hindernisses angemeldet sind (Begr. II 151). Die rechtzeitigen Widersprüche sind in der Liste zu vermerken und dem Vorstande mitzutheilen (§ 38 A.V.). Der Widerspruch ist von Amtswegen zu löschen, falls nicht binnen zwei Jahren seit der Eintragung eine Anerkenntniß oder ein Urtheil oder eine die vorläufige Aufrechterhaltung des Widerspruchs anordnende einstweilige Verfügung des Prozeßgerichts eingereicht ist (§ 169 Abs. 2, § 38 A.V.).

Die Liste stellt den Mitgliederbestand für den Zeitpunkt des Inkrafttretens des Gesetzes fest, sie besagt nichts darüber, ob Jemand bis zu dem Zeitpunkt Mitglied gewesen ist und welche Verbindlichkeiten aus diesem Rechtsverhältniß entstanden sind; es haften daher diejenigen, welche bis zum Inkrafttreten des Gesetzes der Genossenschaft angehört haben, wenngleich sie bei Berichtigung der Liste in diese nicht aufgenommen sind, und auch ihre nachträgliche Aufnahme nicht bewirken, den Gläubigern in demselben Umfange, als wenn sie mit dem Inkrafttreten des Gesetzes ausgeschieden wären (Begr. II 151). Späteren Gläubigern also sind sie nicht verhaftet.

Diejenigen, welche in die Liste aufgenommen sind und ihre Einwendungen nicht in Gemäßheit des § 168 gewahrt haben, können nur nach den Vorschriften des Gesetzes ausscheiden.

§. 166.

Die Bekanntmachung erfolgt durch einmalige Einrückung in die für die Bekanntmachungen der Genossenschaft bestimmten Blätter.

Die Kosten der Bekanntmachungen werden von der Genossenschaft getragen.

Entw. I 150, II 151, Komm. 151, Rtg. 166. Begr. I 228 bis 232, II 149 bis 152.

§. 167.

Die Ausschlußfrist beginnt mit dem Tage, an welchem das letzte der die Bekanntmachung enthaltenden Blätter erschienen ist

Entw. I 151, II 152, Komm. 152, Rtg. 167. Begr. I 228 bis 232, II 149 bis 152.

§. 168.

Nach Ablauf der Ausschlußfrist ist für die Mitgliedschaft am Tage des Inkrafttretens des Gesetzes und für das Ausscheiden in Folge vorher geschehener Aufkündigung oder Ausschließung (§. 164 Absatz 2) der Inhalt der Liste maßgebend.

Einwendungen gegen die Liste bleiben den im §. 165 Absatz 2 bezeichneten Personen vorbehalten, sofern sie in Gemäßheit desselben den Widerspruch erklärt haben oder hieran ohne ihr Verschulden verhindert waren und binnen einem Monate nach Beseitigung des Hindernisses den Widerspruch schriftlich oder zum Protokoll des Gerichtsschreibers erklärt haben.

Auf diese Rechtsfolgen ist in der im §. 165 vorgeschriebenen Bekanntmachung hinzuweisen.

Entw. I 152, II 153, Komm. 153, Rtg. 168. Begr. I 228 bis 232, II 149—152, A.B. §§ 37, 38, 39.

Erläuterungen zu § 168.

1. Absatz I. Bedeutung der Liste.

Die berichtigte Mitgliederliste stellt den Mitgliederbestand der Genossenschaft zu dem Zeitpunkt des Inkrafttretens des Gesetzes fest, es ist dies eine Folge des Aufgebots (§ 165). Da aber nicht vorausgesetzt werden kann, daß in Folge des Aufgebots etwaige Unrichtigkeiten der Liste unter allen Umständen zur Kenntniß der Betheiligten kommen, so läßt das Gesetz Einwendungen gegen dieselben noch unter der zweifachen Voraussetzung des Abs. 2 zu.

2. Absatz II. Einwendungen.

Einwendungen können gegen die Liste erhoben werden, wenn sie den betreffenden Personen entweder

a) in Gemäßheit des § 165 Abs. 2 vorbehalten sind, oder

b) wenn die Betreffenden an dem rechtzeitigen Widerspruch ohne ihr Verschulden verhindert waren und den Widerspruch binnen eines Monats nach Beseitigung des Hindernisses erklärt haben. Ueber die Eintragung des Widerspruchs s. § 38 A.B.

3. Klage des Widersprechenden.

Erkennt der Vorstand den Widerspruch nicht als begründet an, so muß der Widersprechende im Wege des Prozesses seine Einwendungen geltend machen (§ 169 innerhalb einer zweijährigen Frist). Im Prozesse hat der Widersprechende nachzuweisen, daß die Voraussetzungen des gültigen Widerspruchs vorhanden sind. Berichtigung des Widerspruchs § 38 A.B.

4. Keine Einwendungen der Genossenschaft und älterer Gläubiger gegen die Liste.

Für die Genossenschaft ist ein Recht, die Mitgliederliste anzufechten, nicht vorgesehen, da die Berichtigung derselben nach der Angabe des Vorstandes erfolgt; den älteren Gläubigern ist ein solches Recht nicht gegeben, da ihre Ansprüche durch die Liste nie beeinträchtigt werden (Begr. II 151, vgl. § 165).

§. 169.

Das Gericht hat die in Gemäßheit des §. 165 Absatz 2 und

§. 168 Absatz 2 erklärten Widersprüche in der Liste zu vermerken und dem Vorstande der Genossenschaft zur Erklärung mitzutheilen.

Soweit der Vorstand die Widersprüche in beglaubigter Form als begründet anerkennt oder zur Anerkennung rechtskräftig verurtheilt wird, ist die Liste zu berichtigen. Wird das Anerkenntniß oder Urtheil oder eine die vorläufige Aufrechterhaltung des Widerspruchs anordnende einstweilige Verfügung des Prozeßgerichts nicht binnen zwei Jahren seit Eintragung des Widerspruchs dem Gerichte (§. 10) eingereicht, so ist derselbe als nicht erfolgt anzusehen und von Amtswegen zu löschen.

Entw. I 153, II 154, Komm. 154, Rtg. 169. Bgr. I 231, II 152, A.V. §§ 7, 8, 36 bis 39.

Erläuterung zu § 169.

In der Begründung (II 152) heißt es:

„Aus den innerhalb der Ausschlußfrist oder in Gemäßheit des § 168 Absatz 2 nachträglich in der Liste vermerkten Widersprüchen ergiebt sich zunächst nur, daß die Mitgliedschaft der betreffenden Personen bestritten ist. Es ist aber wünschenswerth, daß diese Vermerke binnen angemessener Frist durch die Eintragung des wirklichen Sachverhältnisses ersetzt werden. Nach § 169 sind deshalb die rechtzeitig oder nachträglich angemeldeten Widersprüche dem Vorstand zur Erklärung mitzutheilen. Falls dieser persönlich zum Gerichtsprotokoll oder sonst in beglaubigter Form den Widerspruch als begründet anerkennt, so ist der betreffende Genosse endgültig als Mitglied einzutragen beziehungsweise zu löschen. Erkennt dagegen der Vorstand den Widerspruch nicht als begründet an, so muß von dem Widersprechenden verlangt werden, daß er seine Einwendungen gegen die Liste im Prozeßwege verfolge. Der § 169 Absatz 2 gewährt ihm hierzu eine zweijährige Frist. Wenn innerhalb derselben der Widerspruch durch rechtskräftiges Urtheil für begründet erklärt wird, so gilt das Gleiche wie im Falle des Anerkenntnisses durch den Vorstand; wird dagegen bis zum Ablauf der Frist weder ein Urtheil dieses Inhalts, noch ein Anerkenntniß des Vorstandes vorgelegt und auch nicht durch einstweilige Verfügung des Prozeßgerichts die vorläufige Aufrechterhaltung des Widerspruchs angeordnet, so soll der letztere als nicht erfolgt gelten und von Amtswegen in der Liste gelöscht werden. Daß auf Antrag die Löschung auch schon vorher erfolgen kann, wenn der Widerspruch zurückgenommen oder durch rechtskräftiges Urtheil für unbegründet erklärt wird, versteht sich von selbst.“

§. 170.

Das Gericht hat von den zufolge §. 165 Absatz 1, §. 169 vorgenommenen Eintragungen dem Gerichte einer jeden Zweigniederlassung zur Berichtigung der dort geführten Liste Mittheilung zu machen.

Auf die Eintragungen finden die Vorschriften in §§. 150, 151 entsprechende Anwendung.

Entw. I 154, II 155, Komm. 155, Rtg. 170. Begr. I 232, II 152, A.B. § 25.

Erläuterung zu § 170.

Die Vorschrift in Absatz I über die Mittheilung „von den im Berichtigungsverfahren in die Liste eingetragenen Aenderungen und Vermerken" an das Gericht der Zweigniederlassung entspricht der Vorschrift des § 149 Abs. I. Die Bestimmung des Absatz II betrifft die Gebührenfreiheit und die Rechtsmittel in jenem Verfahren.

§. 171.

Die zur Ausführung der Vorschriften über das Genossenschaftsregister und die Anmeldungen zu demselben erforderlichen Bestimmungen werden von dem Bundesrath erlassen.

Welche Behörden in jedem Bundesstaate unter der Bezeichnung Staatsbehörde (§. 45) und höhere Verwaltungsbehörde (§§. 56, 57, 59, 79) zu verstehen sind, wird von der Zentralbehörde des Bundesstaates bekannt gemacht.

Entw. I 155, II 156, Komm. 156, Rtg. 171. Begr. I 232, II 152.

Erläuterungen zu § 171.

1. **Absatz** I. Ausführungsvorschriften.

„Die Bekanntmachung, betreffend die Führung des Genossenschaftsregisters und die Anmeldungen zu demselben" vom 11. Juli 1889 (R.G.B. Nr. 15 vom 22. Juli 1889 S. 150—164). Mit dem § 72 des Ges. von 1868, der die Regierungen der einzelnen Bundesstaaten beauftragte, die näheren Bestimmungen behufs Ausführung des Gesetzes im Verordnungswege zu erlassen, hatte das Reich sehr böse Erfahrungen gemacht. (Vgl. Parisius 100, 399—402, 309—461.) Mit Recht ist daher diesmal den Regierungen der Einzelstaaten der gleiche Auftrag nicht ertheilt.

2. **Absatz** II. Bekanntmachungen der Zentralbehörde der Bundesstaaten.

Von diesen Bekanntmachungen, die im dritten Theile dieses Buches veröffentlicht werden sollen, ist bis heute (8. September) erst eine Minderzahl erschienen.

§. 172.

Dieses Gesetz tritt am 1. Oktober 1889 in Kraft.

Entw. II 157, Komm. 157, Rtg. 172.

Zur Geschichte des § 172.

Der Entwurf II vom 22. November 1888 schlug den 1. Juli 1889 vor. Sonderbarerweise ward noch in der zweiten Lesung der Reichstagskommission (laut Bericht vom 18. März 1889) ein Antrag (des Anwalts

Schenck) auf Hinausrückung des Termins auf den 1. Oktober 1889, da man den Genossenschaften Zeit lassen müsse, sich auf das Gesetz vorzubereiten, mit 11 gegen 10 Stimmen abgelehnt. Die Mehrheit hielt hierzu die Zeit bis 1. Juli für ausreichend. Die Aenderung wurde, als die einzige Abweichung von den Kompromißbeschlüssen der Kommission, in der zweiten Berathung des Reichstags (26. Mai) angenommen.

Urkundlich unter Unserer Höchsteigenhändigen Unterschrift und beigedrucktem Kaiserlichen Insiegel.

Gegeben Berlin, den 1. Mai 1889.

(L. S.)

Wilhelm.

Fürst von Bismarck.

Zweiter Theil.

Bekanntmachung, betreffend die Führung des Genossenschaftsregisters und die Anmeldungen zu demselben. Vom 11. Juli 1889.

(Nr. 1861.)

Bekanntmachung,

betreffend

die Führung des Genossenschaftsregisters und die Anmeldungen zu demselben.

Vom 11. Juli 1889.

(Nr. 15 des Reichsgesetzblattes, ausgegeben zu Berlin den 22. Juli 1889 Seite 149 bis 164.)

Auf Grund des §. 171 Absatz 1 des Gesetzes, betreffend die Erwerbs- und Wirthschaftsgenossenschaften, vom 1. Mai 1889 (Reichs-Gesetzbl. S. 55) hat der Bundesrath folgende Bestimmungen über die Führung des Genossenschaftsregisters und die Anmeldungen zu demselben erlassen:

I. Allgemeine Bestimmungen.

§. 1.

Registergericht.

Das Genossenschaftsregister bildet fortan nicht einen Theil des Handelsregisters, sondern wird von dem zur Führung des letzteren zuständigen Gericht (Gesetz, betreffend die Erwerbs- und Wirthschaftsgenossenschaften, vom 1. Mai 1889, Reichs-Gesetzbl. S. 55, §. 10 Absatz 2) als ein selbständiges Register geführt.

§. 2.

Bisherige Register.

Die in Gemäßheit des Gesetzes vom 4. Juli 1868 (Bundes-Gesetzbl. S. 415) angelegten Register gelten als Genossenschaftsregister im Sinne des neuen Gesetzes und dieser Bestimmungen.

Wo bisher die dem Gesetze vom 4. Juli 1868 unterstehenden Genossenschaften nicht in eine besondere, als Genossenschaftsregister dienende Abtheilung des Handelsregisters, sondern zusammen mit den Handelsgesellschaften in das letztere eingetragen sind, ist ein besonderes Genossenschaftsregister anzulegen. In dasselbe sind aus dem Handelsregister die auf die vorgedachten Genossenschaften bezüglichen Eintragungen, soweit sie noch Geltung haben, von Amtswegen zu übertragen; hierbei ist die erfolgte Uebertragung aus dem Handelsregister zu vermerken.

§ 3

Oeffentlichkeit des Registers und der Liste; Bekanntmachung der Registereintragungen.

Die für jede bei dem Registergericht eingetragene Genossenschaft zu führende Liste der Genossen ist, wie das Genossenschaftsregister, öffentlich (Gesetz §. 12 Absatz 3, §. 147).

In Betreff der Ertheilung von Abschriften, Auszügen und Bescheinigungen aus dem Register und der Liste, sowie in Betreff der Bekanntmachung der Eintragungen in das Register und in Betreff der Bestimmung der öffentlichen Blätter, in welchen die Bekanntmachungen erfolgen, finden, soweit nicht in dem Gesetze oder diesen Bestimmungen etwas Anderes verordnet ist, außer den auf das Handelsregister bezüglichen Vorschriften der Artikel 12 bis 14 des Handelsgesetzbuches die zu denselben in den einzelnen Bundesstaaten ergangenen Ausführungsbestimmungen entsprechende Anwendung.

§. 4.

Die öffentliche Bekanntmachung einer Eintragung muß ohne Verzug, sobald diese geschehen ist, und ohne daß eine andere Eintragung abgewartet werden darf, veranlaßt werden.

§. 5.

Für die Bekanntmachungen aus dem Genossenschaftsregister können andere, als die für die Bekanntmachungen aus dem Handelsregister dienenden Blätter bestimmt werden.

Die Bekanntmachungen im Deutschen Reichsanzeiger (Gesetz §. 147) sind in einem bestimmten Theile desselben zusammenzustellen.

Bei der im Dezember jedes Jahres zu bewirkenden Veröffentlichung der für die Bekanntmachungen bestimmten Blätter ist dasjenige Blatt besonders zu bezeichnen, in welchem außer dem Deutschen Reichsanzeiger die Bekanntmachungen für kleinere Genossenschaften erfolgen sollen (Gesetz §. 147). Bei der Auswahl dieses Blattes ist hauptsächlich auf seine Verbreitung im Gerichtsbezirke Gewicht zu legen.

Bei der Entscheidung, ob im Sinne der vorstehenden Bestimmung eine Genossenschaft zu den kleineren Genossenschaften zu rechnen ist, hat das Registergericht sowohl die Zahl der Mitglieder und die Größe des Genossenschaftsvermögens, als die Art und den Umfang des Geschäftsbetriebes zu berücksichtigen.

§. 6.

Form der Anmeldungen, Anzeigen, Einreichungen u. s. w.

Die Vorschrift, daß Anmeldungen zum Genossenschaftsregister durch sämmtliche Mitglieder des Vorstandes oder durch sämmtliche Liquidatoren persönlich zu bewirken oder in beglaubigter Form einzureichen sind (Gesetz §. 148), gilt nur von denjenigen Anmeldungen, welche in dem Gesetze als solche ausdrücklich bezeichnet sind.

Hierher gehören:

1. die Anmeldung des Statuts der Genossenschaft (Gesetz §§. 10, 11);
2. die Anmeldung von Beschlüssen auf Abänderung des Statuts (Gesetz § 16), einschließlich der Anmeldung einer Herabsetzung der Haftsumme oder der Umwandlung einer Genossenschaft nebst den von dem Vorstande hierbei abzugebenden Versicherungen (Gesetz §§. 127, 137, 138);
3. die Anmeldung einer Zweigniederlassung (Gesetz §. 14) oder der Aufhebung einer solchen;
4. die Anmeldung der Bestellung, des Ausscheidens oder der vorläufigen Enthebung von Vorstandsmitgliedern und Liquidatoren (Gesetz §§. 10, 11, 28, 82, §. 83 Absatz 2);
5. die Anmeldung der Auflösung einer Genossenschaft in den Fällen der §§. 76 und 77 des Gesetzes;
6. die Anmeldung des von den bestehenden Genossenschaften nach §. 155 des Gesetzes mit dem Inkrafttreten desselben anzunehmenden Firmenzusatzes.

Die Anmeldung durch einen Bevollmächtigten ist ausgeschlossen.

§. 7.

Für die sonstigen Anzeigen und Erklärungen, welche zum Genossenschaftsregister oder zu der Liste der Genossen zu bewirken sind, bedarf es weder der Mitwirkung sämmtlicher Vorstandsmitglieder oder Liquidatoren, noch, soweit das Gegentheil nicht besonders bestimmt ist, der beglaubigten Form (z. B. Gesetz §. 31 Absatz 2, §. 87 Absatz 1, §. 61 Absatz 2). Sofern jedoch solche Anzeigen oder Erklärungen mit rechtsverbindlicher Wirkung für die Genossenschaft verbunden sind, müssen dieselben in der für die Willenserklärungen des Vorstandes oder der Liquidatoren vorgeschriebenen Form, insbesondere unter Mitwirkung der hiernach erforderlichen Zahl von Mitgliedern der bezeichneten Organe erfolgen (Gesetz §§. 25, 83).

Letzteres gilt insbesondere von den sämmtlichen Einreichungen, Anzeigen und Versicherungen, welche in Bezug auf den Beitritt und das Ausscheiden von Genossen, sowie auf die Betheiligung derselben mit weiteren Geschäftsantheilen von dem Vorstande zur Liste der Genossen zu bewirken sind (Gesetz §. 15 Absatz 2, §. 67, §. 69

Absatz 2, §. 74 Absatz 2, §. 75 Absatz 2, §. 131 Absatz 2, §§. 132, 164, §. 169 Absatz 2), imgleichen von der Einreichung eines Urtheils, durch welches ein in das Genossenschaftsregister eingetragener Beschluß der Generalversammlung für ungültig erklärt wird (Gesetz §. 49 Absatz 4).

Die Einreichungen und Anzeigen können persönlich bei dem Gericht oder schriftlich mittelst Einsendung bewirkt werden. Im ersteren Falle hat das Gericht über den Vorgang unter Bezeichnung der erschienenen Vorstandsmitglieder einen Vermerk aufzunehmen; im Falle schriftlicher Einreichung ist die ordnungsmäßige Zeichnung durch den Vorstand erforderlich.

§. 8.

Beglaubigung.

Soweit Anmeldungen zum Genossenschaftsregister oder Zeichnungen der Vorstandsmitglieder oder Liquidatoren in beglaubigter Form einzureichen sind (§. 6), genügt die Beglaubigung der Unterschriften. Das Gleiche gilt in Betreff der Anerkenntnisse des Vorstandes in den Fällen des §. 69 Absatz 2 und des §. 169 Absatz 2 des Gesetzes, sofern nicht das Anerkenntniß bei dem Gericht zu Protokoll erklärt wird.

Die Beglaubigung der Unterschriften kann außer durch das Gericht oder einen Notar auch durch den Gemeindevorsteher oder die Polizeibehörde erfolgen. Einer Zuziehung von Zeugen bedarf es nicht.

In den Fällen, in welchen die Abschrift einer Urkunde zum Genossenschaftsregister oder zur Liste der Genossen einzureichen ist, genügt, sofern nicht das Gesetz die Beglaubigung vorschreibt, eine einfache Abschrift (Gesetz §. 11 Nr. 3, §. 28, §. 67 Absatz 2). Anderenfalls bedarf es der gerichtlichen oder notariellen Beglaubigung (Gesetz §. 14 Absatz 2, §. 56, §. 64 Absatz 2, §. 67 Absatz 1).

§. 9.

Benachrichtigung der Betheiligten.

Von einer erfolgten Eintragung in das Genossenschaftsregister sind der Vorstand oder die Liquidatoren zu benachrichtigen. Das Gleiche gilt von der Ablehnung einer beantragten Eintragung.

Diese Benachrichtigungen sowie die im §. 15 Absatz 4 und §. 70 des Gesetzes vorgesehenen Benachrichtigungen bezüglich des Beitritts oder des Ausscheidens von Genossen können ohne Förmlichkeiten, insbesondere durch einfache Postsendung erfolgen. Für die Benachrichtigung von Eintragungen in die Liste der Genossen sind in der Regel Postkarten zu verwenden.

Wird eine Eintragung in das Register oder in die Liste abgelehnt, so sind zugleich die Gründe der Ablehnung mitzutheilen.

§. 10.

Obliegenheiten des Richters und des Gerichtsschreibers.

Die Obliegenheiten des Richters und des Gerichtsschreibers (Registerführers) in Betreff der Führung des Genossenschaftsregisters und der Liste der Genossen sowie in Betreff der auf die Eintragungen in dieselben bezüglichen Verhandlungen bestimmen sich nach den in den einzelnen Bundesstaaten für das Handelsregister geltenden Vorschriften.

§. 11.

Behandlung als Feriensachen.

Auf die Erledigung der das Genossenschaftsregister und die Liste der Genossen betreffenden Angelegenheiten sind die Gerichtsferien ohne Einfluß.

II. Die Eintragungen in das Genossenschaftsregister.

§. 12.

Einrichtung des Registers.

Das Genossenschaftsregister wird nach dem in den einzelnen Bundesstaaten vorgeschriebenen Formular geführt.

Jede Genossenschaft ist auf einem besonderen Blatte des Registers einzutragen; die für spätere Eintragungen noch erforderlichen Blätter sind freizulassen.

§. 13.

Registerakten.

Für jede in das Register eingetragene Genossenschaft werden besondere Akten angelegt. Zu denselben kommen alle zur Eintragung in das Register bestimmten Anmeldungen nebst den dazu gehörigen Schriftstücken, insbesondere den Zeichnungen von Unterschriften, sowie die sonst dem Gericht einzureichenden Urkunden und Beläge, soweit dieselben sich nicht auf die Liste der Genossen beziehen (§. 24 Absatz 4), ferner die auf die Eintragungsgesuche erlassenen Verfügungen und die Nachweisungen über die erfolgte Bekanntmachung der Eintragungen.

§. 14.

Datum und Unterschrift der Eintragungen.

Bei jeder Eintragung in das Genossenschaftsregister ist der Tag derselben anzugeben. Die Eintragung ist von dem Registerführer zu unterzeichnen. Zugleich ist auf die Verfügung, durch welche die Eintragung angeordnet ist, zu verweisen.

Nach erfolgter Eintragung ist in den Akten bei der Verfügung die Erledigung derselben und der Tag der Erledigung zu vermerken.

§. 15.

Eintragung des Statuts.

Vor der Eintragung des Statuts einer Genossenschaft (Gesetz §§. 10 bis 12) hat das Gericht zu prüfen, ob das Statut den gesetzlichen Vorschriften entspricht, insbesondere ob die in demselben bezeichneten Zwecke der Genossenschaft mit den Bestimmungen im §. 1 des Gesetzes im Einklange stehen.

Die Eintragung geschieht in der Weise, daß in das Register selbst nur ein Auszug aus dem Statut aufgenommen wird. Derselbe hat die im §. 12 Absatz 2 und 4 des Gesetzes bezeichneten Angaben, bei Genossenschaften mit beschränkter Haftpflicht außerdem die Höhe der Haftsumme und im Falle des §. 128 des Gesetzes die höchste Zahl der Geschäftsantheile, auf welche ein Genosse sich betheiligen kann, zu enthalten.

Das von dem Vorstande einzureichende Originalstatut ist zu den Akten zu nehmen; in dem Register ist auf die Stelle der Akten, an welcher dasselbe sich befindet, zu verweisen.

§. 16.

Eintragung von Statutenänderungen;

Beschlüsse auf Abänderung des Statuts (Gesetz §. 16) werden, wenn sie eine der im Absatz 2 des vorhergehenden Paragraphen bezeichneten Bestimmungen zum Gegenstande haben, ihrem Inhalte nach, in anderen Fällen nur unter allgemeiner Bezeichnung ihres Gegenstandes eingetragen.

Mit Beschlüssen auf Fortsetzung einer auf bestimmte Zeit beschränkten Genossenschaft wird, auch wenn sie nicht eine Statutenänderung enthalten, ebenso wie mit einer solchen verfahren.

Die eine der von dem Vorstande einzureichenden beiden Abschriften des Beschlusses ist zu den Akten zu nehmen; in dem Register ist auf die Stelle der Akten, an welcher dieselbe sich befindet, zu verweisen.

§. 17.

insbesondere der Umwandlung einer Genossenschaft und der Herabsetzung der Haftsumme.

Im Falle der Umwandlung einer Genossenschaft (Gesetz §§. 137, 138) ist außer dem Umwandlungsbeschluß auch die durch denselben bedingte Aenderung der Firma (Gesetz §§. 2, 3) und bei der Umwandlung in eine Genossenschaft mit beschränkter Haftpflicht die Höhe der Haftsumme, sowie im Falle des §. 128 des Gesetzes die höchste Zahl der Geschäftsantheile, auf welche ein Genosse sich betheiligen kann, einzutragen.

In den im §. 137 des Gesetzes bezeichneten Umwandlungsfällen und ebenso im Falle einer Herabsetzung der Haftsumme bei einer Genossenschaft mit beschränkter Haftpflicht (§. 127 daselbst) müssen mit der Anmeldung des Beschlusses die Blätter, in welchen die vorgeschriebenen Bekanntmachungen des Beschlusses veröffentlicht sind, eingereicht werden; zugleich haben die sämmtlichen Mitglieder des Vorstandes die im §. 127 Absatz 2 des Gesetzes vorgesehene schriftliche Versicherung abzugeben. Die Eintragung darf nur stattfinden, wenn zwischen der letzten der bezeichneten Bekanntmachungen und der Anmeldung ein Jahr verstrichen ist.

Im Uebrigen finden die Vorschriften des vorhergehenden Paragraphen Anwendung.

§. 18.

Eintragung des Firmenzusatzes bestehender Genossenschaften.

Die Eintragung des Zusatzes „eingetragene Genossenschaft mit unbeschränkter Haftpflicht", welchen die unter dem Gesetz vom 4. Juli 1868 eingetragenen Genossenschaften in ihre Firma aufzunehmen haben (Gesetz §. 155), erfolgt auf Grund der Anmeldung des Vorstandes. Eines Beschlusses der Generalversammlung bedarf es nicht; die bezeichnete Aenderung der Firma tritt kraft Gesetzes ein. Der Vorstand ist jedoch gegebenenfalls durch Ordnungsstrafen zur Anmeldung anzuhalten.

Die vorstehende Bestimmung findet auf Genossenschaften, welche die Umwandlung in eine Genossenschaft mit unbeschränkter Nachschußpflicht oder mit beschränkter Haftpflicht beschließen, so lange Anwendung, bis der Umwandlungsbeschluß in das Genossenschaftsregister eingetragen ist.

Auf Genossenschaften, welche beim Inkrafttreten des Gesetzes bereits aufgelöst sind, findet die Bestimmung des ersten Absatzes keine Anwendung.

§. 19.

Eintragungen in Bezug auf Mitglieder des Vorstandes.

Die Anmeldung und Eintragung der Vorstandsmitglieder (Gesetz §. 10 Absatz 1, §. 28) hat mit dem Beginn ihres Amtes zu erfolgen. Dasselbe gilt für den Fall der Wiederwahl bisheriger Vorstandsmitglieder und für den Fall der Bestellung von Stellvertretern behinderter Vorstandsmitglieder (Gesetz §. 33).

Imgleichen ist die Beendigung der Vollmacht von Vorstandsmitgliedern alsbald nach dem Ausscheiden derselben aus dem Vorstande anzumelden und einzutragen. Als Beendigung der Vollmacht gilt auch eine vorläufige Enthebung durch den Aufsichtsrath (Gesetz §. 38).

Eine Beschränkung der Vertretungsbefugniß des Vorstandes kann nicht eingetragen werden.

§. 20.

Eintragung von Zweigniederlassungen.

Die Errichtung einer Zweigniederlassung außerhalb des Gerichtsbezirks der Hauptniederlassung ist bei dem Gericht, in dessen Bezirk die erstere sich befindet, in Gemäßheit des §. 14 des Gesetzes zur Eintragung anzumelden. Die Eintragung erfolgt nicht, bevor die Eintragung der Hauptniederlassung nachgewiesen ist.

Von der bewirkten Eintragung der Zweigniederlassung hat das Gericht dem Gericht der Hauptniederlassung Mittheilung zu machen. Von dem letzteren ist auf Grund dieser Mittheilung die Errichtung der Zweigniederlassung im Register bei der Hauptniederlassung einzutragen.

Die bei dem Gericht der Hauptniederlassung zu bewirkenden Anmeldungen und Einreichungen zum Genossenschaftsregister haben in der gleichen Weise auch bei dem Gericht jeder Zweigniederlassung zu erfolgen (Gesetz §. 148 Absatz 2). Nur im Falle der Auflösung der Genossenschaft findet eine Anmeldung durch den Vorstand zum Register der Zweigniederlassung nicht statt; vielmehr hat in diesem Falle und ebenso im Falle der Eröffnung des Konkursverfahrens das Gericht der Hauptniederlassung von der geschehenen Eintragung unverzüglich zu dem Genossenschaftsregister einer jeden Zweigniederlassung Mittheilung zu machen. Auf Grund dieser Mittheilung erfolgt die Eintragung in das Register der Zweigniederlassung.

Wird abgesehen von dem Falle der Auflösung der Genossenschaft eine Zweigniederlassung aufgehoben, so ist dies in der gleichen Weise, wie die Errichtung, zur Eintragung anzumelden und von der bewirkten Eintragung dem Gericht der Hauptniederlassung behufs Eintragung in das Register dieses Gerichts Mittheilung zu machen.

Wird eine Zweigniederlassung in demselben Gerichtsbezirk errichtet, welchem die Hauptniederlassung angehört, so ist nur die Errichtung und der Ort der Zweigniederlassung sowie gegebenenfalls die Aufhebung durch den Vorstand anzumelden und in dem Register bei der Hauptniederlassung einzutragen.

§. 21.

Eintragung der Auflösung.

Die Eintragung der Auflösung einer Genossenschaft in das Register der Hauptniederlassung erfolgt

1. in den Fällen der §§. 76 und 77 des Gesetzes auf Grund der Anmeldung des Vorstandes,
2. in den übrigen Fällen von Amtswegen, und zwar in dem Falle des §. 78 nach Eintritt der Rechtskraft des von dem Registergericht erlassenen Auflösungsbeschlusses, in dem Falle des §. 79 auf Grund der von der zuständigen Ver-

waltungsgerichts- oder Verwaltungsbehörde erster Instanz dem Registergerichte mitzutheilenden rechtskräftigen Entscheidung, durch welche die Auflösung ausgesprochen ist, im Falle der Eröffnung des Konkursverfahrens auf Grund der Mittheilung des Gerichtsschreibers des Konkursgerichts (Konkursordnung §. 104); in dem letzteren Falle unterbleibt die Veröffentlichung der Eintragung (Gesetz §. 95).

In allen Fällen der Auflösung, außer dem Falle der Eröffnung des Konkursverfahrens, sind zugleich die Liquidatoren von dem Vorstande anzumelden. Dies gilt auch dann, wenn die Liquidation durch die Mitglieder des Vorstandes als Liquidatoren erfolgt (Gesetz §§. 81, 82).

Ist über die Form, in welcher die Liquidatoren ihre Willenserklärungen kundzugeben und für die Genossenschaft zu zeichnen haben, insbesondere über die Zahl der Liquidatoren, welche dabei mitwirken müssen, eine Bestimmung getroffen, so ist auch diese anzumelden und einzutragen (Gesetz §. 83).

Im Uebrigen finden die auf den Vorstand bezüglichen Vorschriften des §. 19 dieser Bestimmungen entsprechende Anwendung.

§. 22.

Sobald mit der vollständigen Vertheilung des Genossenschaftsvermögens die Liquidation beendigt ist, haben die Liquidatoren das Erlöschen ihrer Vollmacht zur Eintragung anzumelden.

Die Aufhebung oder Einstellung des Konkursverfahrens (Konkursordnung §§. 151, 191; Gesetz §. 109) ist auf Grund der bezüglichen Mittheilung des Gerichtsschreibers des Konkursgerichts im Genossenschaftsregister zu vermerken.

Zugleich mit den in Absatz 1 und 2 bezeichneten Eintragungen sind die sämmtlichen, auf die Genossenschaft bezüglichen Eintragungen roth zu unterstreichen.

§. 23.

Das Genossenschaftsregister ist dauernd aufzubewahren.

Die Registerakten (§. 13) können nach Ablauf von dreißig Jahren seit der Eintragung einer der im §. 22 bezeichneten Thatsachen vernichtet werden.

III. Die Eintragungen in die Liste der Genossen.

§. 24.

Einrichtung der Liste.

Die Liste der Genossen wird für jede in das Register eingetragene Genossenschaft nach dem anliegenden Formular geführt. Sie bildet eine besondere Beilage zum Genossenschaftsregister.

Auf dem Titelblatt der Liste ist die Firma und der Sitz der Genossenschaft sowie Beginn und Ende des Geschäftsjahres derselben (Gesetz §. 8 Nr. 3, §. 12 Nr. 6, §. 157 Absatz 1) anzugeben. Für eine Genossenschaft, bei welcher in Gemäßheit des §. 114 des Gesetzes das Ausscheiden von Genossen zum Schlusse jedes Kalenderquartals stattfindet, ist dies statt der Angabe über das Geschäftsjahr auf dem Titelblatt zu vermerken.

Die Eintragungen in die Liste sind stets ohne Verzug vorzunehmen. Bei jeder Eintragung ist der Tag derselben anzugeben; eine Unterzeichnung der einzelnen Eintragungen durch den Registerführer ist nicht erforderlich.

Die Anträge, Schriftstücke und Verfügungen, auf Grund deren die Eintragung stattfindet, sind mit der laufenden Nummer, unter welcher der Genosse in die Liste eingetragen ist, zu versehen und, nach Jahrgängen gesammelt, aufzubewahren.

§. 25.

Liste der Zweigniederlassung.

Eine Liste der Genossen wird auch bei jedem Gericht geführt, in dessen Register eine Zweigniederlassung der Genossenschaft eingetragen ist. Die Eintragungen in dieselbe erfolgen nicht auf Grund unmittelbarer Anzeigen oder Anträge der Betheiligten, sondern auf Grund der von dem Gericht der Hauptniederlassung dem Gericht der Zweigniederlassung zu machenden Mittheilungen über die in der Hauptliste bewirkten Eintragungen (Gesetz §. 149 Absatz 1, §. 170).

§. 26.

Eintragung des Beitritts.

In Spalte 1 bis 4 werden die Mitglieder der Genossenschaft unter fortlaufenden Nummern nach Vor- und Zunamen, Beruf und Wohnort eingetragen.

Als erste Mitglieder einer nach dem Inkrafttreten des Gesetzes zur Eintragung angemeldeten Genossenschaft sind die Unterzeichner des Statuts einzutragen. Dieselben müssen auch in einer mit der Anmeldung des Statuts von dem Vorstande einzureichenden besonderen Liste aufgeführt sein (Gesetz §. 11 Nr. 1 und 2).

Bei der Eintragung eines Genossen, welcher nach der Anmeldung des Statuts der Genossenschaft beitritt, hat das Gericht zu prüfen, ob die Beitrittserklärung (Gesetz §. 15) die Unterschrift des Genossen trägt, eine unbedingte ist und bei Genossenschaften mit unbeschränkter Haftpflicht oder unbeschränkter Nachschußpflicht die in den §§. 113, 121 des Gesetzes vorgeschriebene Bemerkung enthält, sowie ob die Einreichung ordnungsmäßig durch den Vorstand erfolgt ist (§. 7 dieser Bestimmungen).

Auf die Echtheit der Unterschrift und die materielle Gültigkeit der Beitrittserklärung erstreckt sich die Prüfung des Gerichts nicht; vielmehr bleibt es im Allgemeinen den Betheiligten überlassen, Mängel in dieser Richtung durch Anfechtung der Eintragung im Wege der Klage geltend zu machen. Eine Ablehnung der Eintragung aus solchen Gründen ist jedoch nicht ausgeschlossen, falls die Ungültigkeit der Beitrittserklärung, ohne daß es weiterer Ermittelungen bedarf, aus den dem Gericht bekannten Thatsachen sich als zweifellos ergiebt.

Bei der Benachrichtigung des Genossen und des Genossenschaftsvorstandes von der erfolgten Eintragung (Gesetz §. 15 Absatz 4; oben §. 9) ist die laufende Nummer, unter welcher die Eintragung bewirkt ist, anzugeben.

§. 27.

Eintragung weiterer Geschäftsantheile.

Die Spalten 5 und 6 dienen zur Eintragung der weiteren Geschäftsantheile bei solchen Genossenschaften mit beschränkter Haftpflicht, deren Statut die Betheiligung der Genossen auf mehr als einen Geschäftsantheil gestattet (Gesetz §§. 128 bis 131). Der erste Geschäftsantheil wird nicht eingetragen.

Die Eintragung erfolgt auf Grund der von dem Vorstande einzureichenden Betheiligungserklärung des Genossen und der schriftlichen Versicherung des Vorstandes, daß die übrigen Geschäftsantheile des Genossen erreicht seien.

Bei der Einreichung der Urkunden ist die Nummer, unter welcher der Genosse in die Liste eingetragen ist, anzugeben.

Hinsichtlich der Prüfung der Urkunden sowie hinsichtlich der Anfechtung der Eintragung finden die Vorschriften des vorhergehenden Paragraphen entsprechende Anwendung.

Bei anderen, als den im Absatz 1 bezeichneten Genossenschaften ist die fünfte und sechste Spalte der Liste mit Rücksicht auf die Möglichkeit einer späteren Umwandlung der Genossenschaft offen zu lassen.

§. 28.

Einreichung der Urkunden im Falle des Ausscheidens von Genossen.

Die Eintragung des Ausscheidens von Genossen erfolgt auf Grund der von dem Vorstande einzureichenden Urkunden. Diese sind:

1. im Falle der Aufkündigung eines Genossen (Gesetz §§. 63, 67) die Kündigungserklärung desselben und die schriftliche Versicherung des Vorstandes, daß die Aufkündigung rechtzeitig erfolgt sei;
2. im Falle der Aufkündigung des Gläubigers eines Genossen

(Gesetz §§. 64, 67) die Kündigungserklärung des Gläubigers und die in Nr. 1 bezeichnete Versicherung des Vorstandes, außerdem beglaubigte Abschrift des rechtskräftigen Urtheils oder sonstigen Schuldtitels und des Beschlusses, durch welchen das Geschäftsguthaben des Genossen für den Gläubiger gepfändet und demselben überwiesen ist, sowie des Gerichtsvollzieherprotokolls oder der sonstigen Urkunden, aus welchen sich die Fruchtlosigkeit einer innerhalb der letzten sechs Monate vor der Pfändung und Ueberweisung des Geschäftsguthabens gegen den Genossen versuchten Zwangsvollstreckung ergiebt;

3. im Falle der Aufgabe des Wohnsitzes eines Genossen in dem Bezirke bei Genossenschaften, deren Statut die Mitgliedschaft an den Wohnsitz innerhalb eines bestimmten Bezirks knüpft (Gesetz §. 8 Nr. 2, §§. 65, 67), die Austrittserklärung des Genossen oder Abschrift der an den Genossen gerichteten Erklärung der Genossenschaft, mit welcher diese das Ausscheiden desselben verlangt hat, sowie eine Bescheinigung der Polizei- oder Gemeindebehörde über den Wegzug aus dem Bezirke;

4. im Falle der Ausschließung eines Genossen aus der Genossenschaft (Gesetz §§. 66, 67) Abschrift des Ausschließungsbeschlusses;

5. im Falle der Uebertragung des Geschäftsguthabens (Gesetz §§. 74, 132) die zwischen dem Ausscheidenden und dem Erwerber des Guthabens wegen der Uebertragung geschlossene Uebereinkunft oder beglaubigte Abschrift derselben und,

   falls der Erwerber bereits Mitglied der Genossenschaft ist, die schriftliche Versicherung des Vorstandes, daß das bisherige Geschäftsguthaben des Erwerbers mit dem ihm zuzuschreibenden Betrage den Geschäftsantheil oder — im Falle des §. 132 des Gesetzes — die der höchsten Zahl der Geschäftsantheile entsprechende Gesammtsumme nicht übersteigt,

   falls der Erwerber des Guthabens noch nicht Mitglied der Genossenschaft ist, die vorschriftsmäßige Beitrittserklärung desselben;

6. im Falle des Todes eines Genossen (Gesetz §. 75) eine Anzeige des Sterbefalls; als solche genügt eine von den Angehörigen des Verstorbenen veröffentlichte oder der Genossenschaft erstattete Anzeige und mangels einer solchen die Erklärung des Genossenschaftsvorstandes, daß der Todesfall eingetreten sei.

§. 29.

Zeit der Einreichung.

In den Fällen der Aufkündigung des Genossen oder des Gläubigers eines Genossen (§. 28 Nr. 1, 2) muß die Einreichung der Urkunden durch den Vorstand spätestens sechs Wochen vor dem Schlusse des Geschäftsjahres (Gesetz §. 67 Absatz 1), und wenn das Ausscheiden der Genossen zum Schlusse jedes Kalenderquartals gestattet ist (Gesetz §. 114), spätestens drei Wochen vor dem Quartalsschlusse erfolgen. Die Einreichung der sämmtlichen im Laufe des Geschäftsjahres oder Quartals erfolgten Aufkündigungen kann bis zu dem bezeichneten Zeitpunkt aufgeschoben und zusammen bewirkt werden.

Dasselbe gilt in den Fällen der Austrittserklärung wegen Aufgabe des Wohnsitzes und der Ausschließung (§. 28 Nr. 3, 4); sind jedoch diese Thatsachen erst in den letzten sechs Wochen des Geschäftsjahres, beziehungsweise in den letzten drei Wochen des Quartals eingetreten, so ist die Einreichung unverzüglich zu bewirken.

Imgleichen hat in den Fällen der Uebertragung des Geschäftsguthabens und des Todes eines Genossen (§. 28 Nr. 5, 6) die Einreichung durch den Vorstand stets unverzüglich zu erfolgen.

Bei der Einreichung der Urkunden ist die Nummer, unter welcher der ausscheidende Genosse in die Liste eingetragen ist, anzugeben.

Hinsichtlich der Prüfung der Urkunden und hinsichtlich der Anfechtung der Eintragung finden die Vorschriften des §. 26 entsprechende Anwendung.

§. 30.

Eintragung des Ausscheidens.

Das Ausscheiden von Genossen wird in Spalte 7 bis 9 der Liste eingetragen.

Außer der das Ausscheiden begründenden Thatsache (§. 28 Nr. 1 bis 6) ist in den Fällen der Aufkündigung, des Wegzuges aus dem Bezirke und der Ausschließung (§. 28 Nr. 1 bis 4) in Spalte 8 zugleich der Jahresschluß und, wenn in Gemäßheit des §. 114 des Gesetzes das Ausscheiden zum Schlusse des Kalenderquartals stattfindet, der Quartalsschluß, zu welchem die Aufkündigung, Austrittserklärung oder Ausschließung erfolgt ist, zu vermerken.

Im Falle der Uebertragung des Geschäftsguthabens (§. 28 Nr. 5) ist in Spalte 8 außer der Uebertragung die Person des Erwerbers und die laufende Nummer, unter welcher derselbe in die Liste eingetragen ist oder eingetragen wird, anzugeben. Ist der Erwerber noch nicht Genosse, so darf die Uebertragung nur gleichzeitig mit dem Beitritt des Erwerbers eingetragen werden.

Im Falle des Todes eines Genossen (§. 28 Nr. 6) ist der Zeitpunkt des Todes zu vermerken.

§. 31.

Der Tag des Ausscheidens wird in Spalte 9 eingetragen. Da mit den im Gesetze bestimmten Ausnahmen das Ausscheiden nur zum Schlusse eines Geschäftsjahres, bei den im §. 114 des Gesetzes bezeichneten Genossenschaften nur zum Schlusse eines Kalenderquartals und nur nach erfolgter Eintragung wirksam wird, so kann als Zeitpunkt desselben regelmäßig nur der letzte Tag des Geschäftsjahres oder Quartals, in welchem die Eintragung stattfindet, eingetragen werden.

Soll nach den eingereichten Urkunden das Ausscheiden nicht zum Schlusse des laufenden, sondern eines späteren Geschäftsjahres oder Quartals stattfinden, so ist dieser spätere Zeitpunkt einzutragen.

Wird die Einreichung der Urkunden oder die Eintragung selbst erst nach dem Jahres- oder Quartalsschlusse, mit welchem das Ausscheiden stattfinden sollte, bewirkt, so kann dasselbe erst mit dem nächsten Jahres- oder Quartalsschlusse wirksam werden; in diesem Falle ist deshalb der letztere Zeitpunkt als derjenige des Ausscheidens in die Liste einzutragen. Eine Ausnahme gilt in dieser Beziehung für die Eintragung des Ausscheidens bei Todesfällen, indem hier das Ausscheiden des Erben nicht von der vorgängigen Eintragung in die Liste abhängig ist (Gesetz §. 75). Auch bei verspäteter Einreichung der Todesanzeige ist deshalb der letzte Tag desjenigen Geschäftsjahres oder Quartals, in welchem der Todesfall eingetreten ist, als Zeitpunkt des Ausscheidens einzutragen.

Auf den Fall des Ausscheidens durch Uebertragung des Geschäftsguthabens (§. 28 Nr. 6) finden die vorstehenden Bestimmungen keine Anwendung. In diesem Falle wird das Ausscheiden unmittelbar durch die Eintragung wirksam; der Tag der letzteren ist deshalb auch der Zeitpunkt des Ausscheidens und als solcher in der Liste zu vermerken.

§. 32.

Eintragung von Vormerkungen.

Vormerkungen zur Sicherung des Ausscheidens (Gesetz §. 69) werden in Spalte 7 und 8 eingetragen. Die Eintragung erfolgt auf Antrag des Genossen, welcher das Ausscheiden beansprucht, im Falle des §. 64 des Gesetzes auf Antrag des Gläubigers des Genossen. Die Thatsachen, auf welche der Anspruch gegründet wird (rechtzeitig bewirkte Aufkündigung, Uebertragung des Geschäftsguthabens, Tod des Erblassers u. s. w), sind anzugeben; des Nachweises oder der Glaubhaftmachung derselben bedarf es nicht.

Der Zeitpunkt, zu welchem das Ausscheiden beansprucht wird, ist ebenfalls in Spalte 8 anzugeben. Derselbe bestimmt sich nach den Grundsätzen, welche maßgebend sein würden, wenn statt der Vormerkung das Ausscheiden selbst einzutragen wäre (§. 31). In

Spalte 9 wird der hiernach vorgemerkte Zeitpunkt erst eingetragen, wenn das Ausscheiden durch ein Anerkenntniß des Vorstandes oder durch ein gegen denselben ergangenes rechtskräftiges Urtheil festgestellt ist und dies in die Liste eingetragen wird (Gesetz §. 69 Absatz 2).

§. 33.

Unrichtige und unwirksame Eintragungen.

Unrichtige Eintragungen, welche auf einem Versehen des Gerichts beruhen, sind durch einen Vermerk in der letzten Spalte als zur Ungebühr bewirkt zu löschen.

Wird die Unwirksamkeit einer Eintragung aus anderen Gründen durch eine übereinstimmende Erklärung des betheiligten Genossen und des Vorstandes der Genossenschaft in beglaubigter Form anerkannt oder durch rechtskräftiges Urtheil festgestellt, so ist dies auf Antrag eines der beiden Theile in der letzten Spalte einzutragen.

§. 34.

Mit der Eintragung des Ausscheidens eines Genossen (§§. 28 bis 31, §. 32 Absatz 2) sowie mit den im §. 32 bezeichneten Eintragungen sind zugleich die sämmtlichen, auf den Genossen bezüglichen Eintragungen roth zu unterstreichen.

§. 35.

Die Liste der Genossen ist dauernd aufzubewahren.

Auf die nach Jahrgängen gesammelten Anträge, Schriftstücke und Verfügungen (§. 24 Absatz 4) findet die Bestimmung im §. 23 Absatz 2 entsprechende Anwendung.

§. 36.

Anlegung und Berichtigung der Liste für bestehende Genossenschaften.

Für die bei dem Inkrafttreten des Gesetzes bestehenden Genossenschaften (Gesetz §. 154) ist die Liste der Genossen in der durch die gegenwärtigen Bestimmungen vorgeschriebenen Form neu anzulegen und hiermit die im §. 165 des Gesetzes angeordnete Berichtigung des Inhalts der bisherigen Mitgliederliste zu verbinden.

Die Anlegung hat unverzüglich nach Eingang der im §. 164 des Gesetzes vorgeschriebenen Anzeige des Vorstandes der Genossenschaft zu erfolgen. Derselbe kann die Anzeige in der Weise erstatten, daß er die neue Liste selbst entwirft und bei Einreichung derselben die Abweichungen von der bisherigen Liste bezeichnet.

Bei Eintragung der beim Inkrafttreten des Gesetzes der Genossenschaft angehörenden Mitglieder wird das Datum der Eintragung nicht in Spalte 2 angegeben, sondern unter der letzten Eintragung folgender Vermerk beigefügt:

„Die unter Nr. 1 bis ..... eingetragenen Personen sind als die der Genossenschaft am 1. Oktober 1889 angehörenden Mitglieder eingetragen am ......"

Zugleich ist bei denjenigen Genossen, welche in Folge einer vor dem 1. Oktober 1889 geschehenen Aufkündigung nach diesem Tage aus der Genossenschaft ausscheiden (Gesetz §. 164 Absatz 2), die frühere Aufkündigung und der nach den bisherigen Vorschriften sich bestimmende Zeitpunkt des Ausscheidens in Spalte 8 und 9 einzutragen.

§. 37.

Sobald die Anlage der neuen Liste bewirkt ist, hat das Gericht die in §. 165 Absatz 2, §. 168 Absatz 3 des Gesetzes bezeichnete allgemeine Aufforderung in den für die Bekanntmachungen der Genossenschaft im Statut derselben bestimmten Blättern zu erlassen.

Soweit die zu dem Bezirke des Gerichts gehörenden Genossenschaften für ihre Bekanntmachungen dieselben Blätter bestimmt haben, kann für diese Genossenschaften die allgemeine Aufforderung verbunden werden.

§. 38.

Widersprüche, welche in Gemäßheit des §. 165 Absatz 2 oder des §. 168 Absatz 2 des Gesetzes gegen den Inhalt der neuen Liste erhoben werden, sind, sofern sie sich gegen die Aufnahme des Widersprechenden in die Liste richten oder das Ausscheiden desselben auf Grund einer vor dem 1. Oktober 1889 erklärten Aufkündigung betreffen, in der letzten Spalte einzutragen. Ist in Folge eines Anerkenntnisses des Vorstandes oder eines rechtskräftigen Urtheils gegen denselben die Liste nach Maßgabe des erhobenen Widerspruchs zu berichtigen (Gesetz §. 169 Absatz 2), so ist der Grund der Berichtigung in der letzten Spalte zu vermerken und zugleich die wegfallende Eintragung roth zu unterstreichen.

Zur Eintragung von Widersprüchen, mit welchen die Aufnahme des Widersprechenden in die Liste beansprucht wird, ist eine besondere Liste anzulegen. In dieselbe sind die Widersprechenden nach Namen, Beruf und Wohnort einzutragen. Eine spätere Berichtigung der Liste in Gemäßheit des Widerspruchs erfolgt durch Uebertragung des Genossen in die Hauptliste.

Des Nachweises oder der Glaubhaftmachung der Thatsachen, auf welche ein Widerspruch und im Falle des §. 168 Absatz 2 des Gesetzes die Zulässigkeit der nachträglichen Geltendmachung desselben gegründet wird, bedarf es nicht.

Die Löschung eines Widerspruchs erfolgt, wenn die Voraussetzungen des §. 169 Absatz 2 des Gesetzes vorliegen oder der Widerspruch zurückgenommen oder durch rechtskräftiges Urtheil für unbegründet erklärt wird, durch entsprechenden Vermerk in der Liste, in welche der Widerspruch eingetragen war.

§. 39.

Solange die Anlegung der neuen Liste (§. 36) für eine Genossenschaft noch nicht vollendet ist, sind Eintragungen, welche auf Grund eines nach dem 1. Oktober 1889 erfolgten Beitritts oder Ausscheidens von Genossen erforderlich werden, in einer vorläufigen Liste zu bewirken. Dieselben sind nach Anlegung der neuen Liste in diese unter dem Datum der früheren Eintragung zu übertragen.

§. 40.

Die vorstehenden Bestimmungen treten gleichzeitig mit dem Gesetze vom 1. Mai 1889 in Kraft.

Berlin, den 11. Juli 1889.

Der Reichskanzler.

In Vertretung:

von Boetticher.

Anlage.

Liste der Genossen

für

Das Geschäftsjahr beginnt am .... und

endigt am ....

(Das Ausscheiden der Genossen findet zum Schluß eines jeden Kalenderquartals statt.)

Laufende Nr.	Genossen.			Weitere Geschäftsantheile.	
	Tag der Eintragung.	Name und Beruf.	Wohn-ort.	Tag der Eintragung.	Zahl der weiteren Geschäftsantheile
1.	2.	3.	4.	5.	6.
1.	4. Februar 1890	Meier, Wilhelm, Schlossermeister	Merseburg		
2.	4. Februar 1890	Böttcher, Hermann, Tischlermeister	"		
3.	15. März 1890	Kraus, Philipp, Kaufmann	"	15. Dezember 1890 1. Juni 1891	1 1 2
4.	15. März 1890	Himmelreich, Anton, Klempnermeister	"		
5.	15. März 1890	Kannegießer, Adolf, Auslaufer	"		
6.	15. März 1890	Müller, Hans, Landwirth	Bolzhausen	1. Mai 1891	1
7.	2. April 1890	Schulz, Eduard, Gastwirth	Merseburg		
8.	2. April 1890	Becker, Matthias, Maurermeister	"		

Ausscheiden.			
Tag der Eintragung.	Grund des Ausscheidens.	Tag des Ausscheidens.	Bemerkungen.
7.	8.	9.	10.
18. November 1892	Aufkündigung zum 31. Dezember 1892	31. Dezember 1892	
			Die Eintragung des Beitritts ist durch rechtskräftiges Urtheil für ungültig erklärt. Eingetragen am 6. Juli 1891.
7. August 1892	Verstorben am 30. Juli 1892	31. Dezember 1892	
5. Juni 1891	Uebertragung des Guthabens an .... (Nr. ....)	5. Juni 1891	
25. Januar 1893	Ausschließung zum 31. Dezember 1893	31. Dezember 1893	
20. Dezember 1893 4. März 1894	Vorgemerkt Kündigung zum 31. Dezember 1893 Anerkannt	31. Dezember 1893	
20. Dezember 1892	Wegen Aufgabe d. Wohnsitzes im Bezirk ausgetreten zum 31. Dezember 1892	31. Dezember 1892	

Dritter Theil.

Bekanntmachungen der Zentralbehörden der Bundesstaaten nach § 171 Absatz II des Gesetzes vom 1. Mai 1889.

Vorbemerkung.

Die Bekanntmachungen, zu welchen der § 171 Abs. 2 des Reichsgesetzes vom 1. Mai 1889 die Zentralbehörde jedes Bundesstaates verpflichtet, mußten spätestens am 1. Oktober erfolgen. Aber nur der größere Theil der Zentralbehörden kam der Verpflichtung pünktlich nach. Preußen blieb beinahe drei Monate lang im Rückstande.

Die Reihenfolge nach den Vollzugstagen der Bekanntmachungen ist:

1889 6. Juni (verkündet 20. Juni) Hessen VI.
„ 24. Juli (27. Juli) Bayern II.
„ 29. Juli (17. August) Schwarzburg-Sondershausen XVI.
„ 31. Juli (7. August) Schaumburg-Lippe XXI.
„ 2. August (7. August) Reuß jüngere Linie XX.
„ 4. August (27. August) Reuß ältere Linie XIX.
„ 11. August (13. September) Württemberg IV.
„ 14. August (18. September) Sachsen III.
„ 16. August (20. August) Waldeck XVIII.
„ 19. August (22. September) Schwarzburg-Rudolstadt XVII.
„ 29. August (5. September) Braunschweig XI.
„ 30. August (14. September) Sachsen-Weimar VII.
„ 3. September (11. September) Sachsen-Altenburg XIII.
„ 11. September (13 September) Lübeck XXIII.
„ 13. September (15. September) Hamburg XXV.
„ 18. September (28. September) Sachsen-Coburg-Gotha XIV.
„ 25. September (30. September) Mecklenburg-Schwerin VIII.
„ 25. September (**22. Oktober**) Mecklenburg-Strelitz VII.
„ 27. September (30. September) Baden V.
„ 28. September (**5. Oktober**) Elsaß-Lothringen XXVI.
„ **8. Oktober** (12. Oktober) Bremen XXIV.
„ **11. Oktober** (18. Oktober) Sachsen-Meiningen XII.
„ **14. Oktober** (17. Oktober) Oldenburg X.
„ **12. Dezember** (20. Dezember) Anhalt XV.
„ **18. Dezember** (24. Dezember) Preußen I.

Eine Bekanntmachung der Zentralbehörde im Fürstenthum Lippe ist im Jahre 1889 nicht ergangen.

I. Preußen.

Bekanntmachung.

(Aus Nr. 307 des deutschen Reichsanzeigers und königlich preußischen Staatsanzeigers, ausgegeben Berlin, Dienstag den 24. Dezember Abends.)

Zur Ausführung des Gesetzes, betreffend die Erwerbs- und Wirthschaftsgenossenschaften vom 1. Mai 1889 (R.-G.-Bl. S. 55), wird auf Grund des §. 171 Abs. 2 desselben bestimmt:

1) Als Staatsbehörde gilt für Genossenschaften, deren Bezirk sich über die Grenzen eines Kreises nicht hinauserstreckt, der Landrath, in allen übrigen Fällen der Regierungs-Präsident desjenigen Bezirks, in welchem die Genossenschaft ihren Sitz hat. An Stelle des Regierungs-Präsidenten tritt für den Stadtkreis Berlin der Polizei-Präsident, und in der Provinz Posen bis zum 1. April 1890 die Regierung.

2) Als höhere Verwaltungsbehörde gilt der Regierungs-Präsident, für den Stadtkreis Berlin der Polizei-Präsident und in der Provinz Posen bis zum 1. April 1890 die Regierung.

Berlin, den 18. Dezember 1889.

Für den Minister für Handel und Gewerbe:	Der Minister für Landwirthschaft, Domänen und Forsten:	Der Minister des Innern:
von Boetticher.	Freiherr Lucius von Ballhausen.	Herrfurth.

II. Bayern.

Nr. 10,750. Königlich Allerhöchste Verordnung, den Vollzug des §. 171 des Reichs-Gesetzes über die Erwerbs- und Wirthschaftsgenossenschaften vom 1. Mai 1889 betreffend.

(Aus Nr. 26 des Gesetz- und Verordnungs-Blattes für das Königreich Bayern, ausgegeben München den 27. Juli 1889, S. 409 und 410.)

Im Namen Seiner Majestät des Königs. **Luitpold**, von Gottes Gnaden Königlicher Prinz von Bayern, Regent.

Wir finden Uns bewogen, im Hinblick auf §. 171 des Reichs-Gesetzes vom 1. Mai 1889, betreffend die Erwerbs- und Wirthschaftsgenossenschaften, anzuordnen, was folgt:

Die in diesem Gesetze der Staatsbehörde und der höheren Verwaltungsbehörde zugewiesenen Befugnisse und Verrichtungen sind von den Distriktspolizeibehörden, in München von der kgl. Polizeidirektion, wahrzunehmen.

München, den 24. Juli 1889.

Luitpold, Prinz von Bayern, des Königreichs Bayern Verweser.

Frhr v. Feilitzsch. Frhr. v. Leonrod.

Auf Allerhöchsten Befehl:

Der General-Sekretär, an dessen Statt: Ministerialrath v. Zenetti.

III. Königreich Sachsen.

Nr. 36. Verordnung zu Ausführung des Reichsgesetzes, die Erwerbs- und Wirthschaftsgenossenschaften, vom 1. Mai 1889 betreffend; vom 14. August 1889.

(8. Stück des Gesetz- und Verordnungsblattes für das Königreich Sachsen. Ausgegeben zu Dresden den 18. September 1889, S. 78 bis 83.)

Mit Allerhöchster Genehmigung wird zu Ausführung des Reichsgesetzes, betreffend die Erwerbs- und Wirthschaftsgenossenschaften, vom 1. Mai 1889 (R.-G.-Bl. S. 55 flg.) verordnet, was folgt:

§. 1. Das Genossenschaftsregister ist nach dem unter ⊙ beigefügten Formulare zu führen.

Die Folien erhalten fortlaufende Nummern.

Jedes Folium enthält drei Rubriken.

§. 2. In der ersten Rubrik, welche die Ueberschrift „Firma" erhält, wird die Firma und der Sitz der Genossenschaft eingetragen.

In derselben Rubrik erfolgt die Verlautbarung

1. der Errichtung und der Aufhebung einer Zweigniederlassung,
2. der Eröffnung des Konkursverfahrens zum Vermögen der Genossenschaft, sowie der Aufhebung oder Einstellung desselben,
3. der Auflösung der Genossenschaft außer dem Falle des Konkurses.

§. 3. Die zweite Rubrik ist mit der Ueberschrift „Rechtsverhältnisse der Genossenschaft" zu versehen und zur Eintragung eines Auszuges aus dem Statute, der Beschlüsse auf Abänderung des Statuts und auf Fortsetzung einer auf bestimmte Zeit beschränkten Genossenschaft und des in § 49 Absatz 4 des Gesetzes bezeichneten Urtheils bestimmt.

§. 4. In der dritten Rubrik, welche die Ueberschrift „Vertreter" erhält, werden die Mitglieder des Vorstands, die Stellvertreter derselben und die Liquidatoren, ferner die Bestimmungen über die Form, in welcher diese Personen ihre Willenserklärungen kundzugeben und für die Genossenschaft zu zeichnen haben, und die Beendigung der Vollmacht derselben, sowie auch eine vorläufige Enthebung der Vorstandsmitglieder von ihren Geschäften durch den Aufsichtsrath, eingetragen.

Mehrere Vorstandsmitglieder, Stellvertreter derselben oder Liquidatoren, welche gleichzeitig zur Eintragung kommen, werden unter fortlaufenden Buchstaben (a, b, c u. s. w.) aufgeführt.

§. 5. Im Uebrigen sind die Vorschriften in den §§. 15, 16 Absatz 1 und 2, 17 bis 20, 24, 25, 30, 31 und 35 der Verordnung zu Ausführung des Allgemeinen Deutschen Handelsgesetzbuchs und des Gesetzes vom 30. Oktober 1861, die Einführung des Allgemeinen Deutschen Handelsgesetzbuchs betreffend, vom 30. Dezember 1861 (G.- u. V.-Bl. S. 559 flg.) bei Führung des Genossenschaftsregisters und, soviel § 17 Absatz 2 und § 30 betrifft, auch in Bezug auf Eintragungen in die Liste der Genossen entsprechend anzuwenden. In Betreff kleinerer Genossenschaften ist als das neben dem Deutschen Reichsanzeiger für die Bekanntmachung der Eintragungen zu benutzende eine Blatt (§. 147 Satz 3 des Gesetzes) das Amtsblatt des betreffenden Amtsgerichts zu bestimmen.

§. 6. Die Schriftstücke, auf Grund deren die Eintragungen in die Liste der Genossen erfolgen, sind nach der Zeitfolge des Eingangs in besondere Akten (Listenakten) einzuheften, auf deren Deckel die Firma der betreffenden Genossenschaft und Nummer des Registers anzugeben ist.

Jeder Eintrag in die Liste der Genossen einschließlich der Vormerkungen und der Verlautbarung von Widersprüchen (§§. 69, 74 Absatz 3, 75 Absatz 3, 169 des Gesetzes) erfolgt auf Grund eines zu den Listenakten zu bringenden Beschlusses des Richters.

Eine vorgängige Entwerfung des Eintrags in den Akten findet nicht Statt. Neben dem Beschlusse hat der Registerführer die Erledigung zu bemerken.

Am Schlusse jedes Kalendermonats ist die Liste der Genossen vom Richter mit den bei den Akten befindlichen Unterlagen zu vergleichen und, daß dies geschehen, in der Liste zu vermerken.

§. 7. Unter Staatsbehörde im Sinne von §. 45 des Gesetzes sind die Registerbehörden, die in den Fällen des §. 79 zur Entscheidung zuständigen Verwaltungsbehörden und die Staatsanwaltschaft zu verstehen.

Die höhere Verwaltungsbehörde im Sinne von §§. 56, 57, 59 ist die Kreishauptmannschaft.

§. 8. In den §. 79 Absatz 1 gedachten Fällen richtet sich das Verfahren und die Zuständigkeit nach dem Gesetze D vom 30. Januar 1835, sowie nach dem Gesetze vom 5. Januar 1870.

Dresden, den 14. August 1889.

Die Ministerien des Innern und der Justiz.

v. Nostitz-Wallwitz. v. Abeken.

Dr. Gilbert.

⊙

Fol. 46.

Nummer.	Firma.	Anmerkungen.
1.	1. November 1889. Konsumverein, eingetragene Genossenschaft mit unbeschränkter Haftpflicht, in Leipzig. Verfügung vom 30. Oktober 1889. Specialakten zu Fol. 46. Bl. 20. Müller, Registerführer.	Zweigniederlassung s. Nr. 2. Verändert s. Nr. 3. Aufgelöst s. Nr. 4. Konkurseröffnung s. Nr 5.
2. Zu Nr. 1.	25. Mai 1890. Eine Zweigniederlassung ist in Taucha errichtet worden. Verfügung vom 25. Mai 1890. Specialakten 2c. Müller, Registerführer.	
3. Zu Nr. 1.	2. Januar 1893. Die Firma lautet künftig Konsumverein, eingetragene Genossenschaft mit beschränkter Haftpflicht. Verfügung vom 2. Januar 1893. Specialakten 2c. Müller, Registerführer.	
4. Zu Nr. 1.	25. Januar 1895. Die Genossenschaft ist aufgelöst. Verfügung vom 25. Januar 1895. Specialakten 2c. Müller, Registerführer.	
5. Zu Nr. 1.	14. Juli 1895. Zum Vermögen der Genossenschaft ist Konkurs eröffnet worden. Verfügung vom 14. Juli 1895. Specialakten 2c. Müller, Registerführer.	

Nummer.	Rechtsverhältnisse der Genossenschaft.	Anmerkungen.
1.	1. November 1889. Das Statut vom 20. Oktober 1889 befindet sich in Urschrift Bl. 2 flg. der Specialakten. Gegenstand des Unternehmens ist der gemeinschaftliche Einkauf von Lebens- und Wirthschaftsbedürfnissen im Großen und Ablaß im Kleinen. Die von der Genossenschaft ausgehenden Bekanntmachungen sind im Leipziger Tageblatte und Anzeiger, sowie in der Leipziger Zeitung zu veröffentlichen und von zwei Mitgliedern des Vorstands zu unterzeichnen. Die Zeitdauer der Genossenschaft ist auf Zwanzig Jahre bestimmt. Das Geschäftsjahr läuft vom 1. November des einen bis zum 31. Oktober des anderen Jahres. Verfügung vom 30. Oktober 1889. Specialakten 2c. Müller, Registerführer.	Statut abgeändert s. Nr. 2.
2. Zu Nr. 1.	2. Januar 1893. Das Statut ist abgeändert. Abschrift des Beschlusses Bl 32 der Specialakten. Die Haftsumme eines jeden Genossen beträgt Dreihundert Mark. Die höchste Zahl der Geschäftsantheile, auf welche ein Genosse sich betheiligen kann, ist auf Drei bestimmt. Verfügung vom 2. Januar 1893. Specialakten 2c. Müller, Registerführer.	

Nummer.	Vertreter.	Anmerkungen.
1.	1. November 1889. a) Karl Bruno Müller in Leipzig, b) Ernst Balduin Kunze in Eutritzsch, c) Franz Friedrich Schneider in Plagwitz sind Mitglieder des Vorstands. Willenserklärungen und Zeichnungen für die Genossenschaft sind verbindlich, wenn sie durch zwei Vorstandsmitglieder erfolgen. Verfügung vom 30. Oktober 1889. Specialakten 2c. Müller, Registerführer.	Zu a ausgeschieden s. Nr. 2. Neues Vorstandsmitglied s. Nr. 3.
2. Zu Nr. 1a.	23. Juli 1891. Der unter Nr. 1a genannte Karl Bruno Müller ist nicht mehr Mitglied des Vorstands. Verfügung vom 23. Juli 1891. Specialakten 2c. Müller, Registerführer.	
3. Zu Nr. 1.	23. Juli 1891. Wilhelm David Schmidt in Leipzig ist Mitglied des Vorstands. Verfügung vom 23. Juli 1891. Specialakten 2c. Müller, Registerführer	
4.	25. Januar 1895. a) Richard Albert Schumann in Leipzig, b) Karl Ferdinand Werner in Lindenau sind Liquidatoren. Verfügung vom 25. Januar 1895. Specialakten 2c. Müller, Registerführer.	

IV. Württemberg.

Verfügung des Ministeriums des Innern, betreffend den Vollzug des Reichsgesetzes vom 1. Mai 1889 über die Erwerbs- und Wirthschaftsgenossenschaften. Vom 31. August 1889.

(Nr. 25 des Regierungsblattes für das Königreich Württemberg, ausgegeben Stuttgart, den 13. September 1889, S. 279 und 280.)

Zum Vollzug des Reichsgesetzes vom 1. Mai 1889 über die Erwerbs- und Wirthschaftsgenossenschaften (Reichsgesetzblatt S. 55) wird hiemit unter Bezugnahme auf §. 171 Abs. 2 dieses Gesetzes Nachstehendes verfügt:

§. 1. Die Zuständigkeiten der „Zentralbehörde" in den Fällen der §§. 55 und 58 des Reichsgesetzes werden von dem Ministerium des Innern wahrgenommen.

Als „Staatsbehörde" im Sinne des §. 45 des Reichsgesetzes und als „höhere Verwaltungsbehörde" im Sinne der §§. 56, 57 und 59 des Reichsgesetzes gelten die Kreisregierungen.

§. 2. Zur Auflösung von Genossenschaften in den Fällen des §. 79 des Reichsgesetzes sind die Kreisregierungen zuständig. Gegen deren Verfügung ist Beschwerde an das Ministerium des Innern und gegen dessen Bescheid Rechtsbeschwerde an den Verwaltungsgerichtshof nach Art. 13 und 59 fg. des Gesetzes über die Verwaltungsrechtspflege vom 16. Dezember 1876 Reg.Blatt S. 485) zulässig.

Stuttgart, den 31 August 1889.

Schmid.

V. Baden.

Verordnung, die Erwerbs- und Wirthschaftsgenossenschaften betreffend, vom 27. September 1889.

(Aus Nr. XXIII des Gesetzes und Verordnungs-Blattes für das Großherzogthum Baden, ausgegeben Karlsruhe den 30. September 1889, S. 218 bis 226.)

Zum Vollzuge des Reichsgesetzes vom 1. Mai 1889, betreffend die Erwerbs- und Wirthschaftsgenossenschaften (Reichsgesetzblatt Seite 55 ff.), und der vom Bundesrathe nach der Bekanntmachung des Reichskanzlers vom 11. Juli 1889 (Reichsgesetzblatt Seite 150 ff.) erlassenen „Bestimmungen über die Führung des Genossenschaftsregisters und die Anmeldungen zu demselben" wird — und zwar hinsichtlich der nachstehenden §§. 10 und 11 auf Grund Allerhöchster Ermächtigung aus Großherzoglichem Staatsministerium vom 25. September 1889 — verordnet:

§. 1. Die Genossenschaftsregister werden von den Amtsgerichten geführt.

§. 2. Ueber persönliche Anmeldungen sind Protokolle aufzunehmen.

§. 3. Auf jede Anmeldung, Anzeige, Erklärung, Einreichung zum Genossenschaftsregister oder zur Liste der Genossen ist vom Richter Verfügung zu erlassen. Wird eine Eintragung in das Register oder in die Liste verfügt, so ist das Einzutragende vom Richter wörtlich in die Akten niederzulegen.

Die Eintragungen in das Register und in die Liste sind unter steter Aufsicht des Richters durch den Gerichtsschreiber oder einen zu dessen Vertretung befugten Gerichtsschreibereibediensteten zu besorgen.

§. 4. Die Registerakten (Bestimmungen §. 13) sind mit fortlaufenden, in jedem Aktenbande von vorn anfangenden Seitenzahlen zu versehen.

In den Registerakten wie in den Listenakten (Bestimmungen §. 24 Absatz 4) sind die Ordnungszahl und der Tag der Eintragung jeder eine solche anordnenden Verfügung beizusetzen.

§. 5. Die Genossenschaftsregister sind nach dem anliegenden Formulare 1 in besonderen Bänden zu führen.

Die eingetragenen Genossenschaften erhalten Ordnungszahlen, welche in jedem Registerbande neu beginnen. Sollte ungeachtet der Vorschrift des §. 12 a. E. der „Bestimmungen" der für eine Genossenschaft bestimmte Raum erschöpft sein, so ist für weitere Eintragungen die Genossenschaft unter einer neuen Ordnungszahl wieder einzutragen. Der neue Eintrag, in welchen aus dem früheren nur die Firma herüber genommen wird, erhält die Ueberschrift „Fortsetzung aus Ordnungszahl . . . . des Bandes . . . .", und am Schlusse des früheren Eintrages wird auf diese Fortsetzung unter Angabe ihrer Ordnungszahl hingewiesen.

In der zweiten Spalte des Registers ist der Tag der Eintragung anzugeben und auf die Verfügung, durch welche die Eintragung angeordnet ist, unter Bezeichnung des Bandes und der Seite der Akten zu verweisen.

In die dritte Spalte des Registers ist die Firma mit einem der in §. 2 des Gesetzes vorgeschriebenen Zusätze und der Sitz der Genossenschaft sowie das Vorhandensein und der Sitz der Zweigniederlassung einzutragen.

In die vierte Spalte kommen die in den „Bestimmungen" §. 15 Absatz 2, §§ 16—22 bezeichneten Angaben, soweit nicht schon in Spalte 3 enthalten.

In die fünfte Spalte sind die vorgeschriebenen Verweisungen auf andere Einträge und solche Bemerkungen aufzunehmen, welche sich nicht füglich in eine andere Spalte eignen.

§. 6. Bei den Eintragungen in das Genossenschaftsregister und in die Liste der Genossen ist auf eine saubere, leicht lesbare Schrift besondere Sorgfalt zu verwenden. Firmen und andere Namen sind mit einer in die Augen fallenden Schrift zu schreiben. Ausstreichungen, Radirungen, Ueberschreibungen und Einschaltungen sind zu vermeiden, Irrthümer durch besondere Beurkundungen zu berichtigen.

Jeder Eintrag wird durch einen Querstrich abgeschlossen. Weitere Eintragungen, ausgenommen Verweisungen, dürfen nicht in eine leer gebliebene Spalte des abgeschlossenen Raumes geschrieben werden.

§. 7. Zum Genossenschaftsregister und zu jeder über 100 Namen aufweisenden Genossenliste sind auf die einschlägigen Ordnungszahlen des Registers hinweisende, stets auf dem neuesten Stande zu haltende alphabetische Namensverzeichnisse nach den anliegenden Formularen 2 und 3 zu führen.

§. 8. Die Amtsgerichte haben von Amtswegen darüber zu wachen, daß die in §. 152 des Gesetzes bezeichneten Vorschriften sowie diejenige des §. 56 des Gesetzes über Mittheilung des Verbandsstatuts und der Verzeichnisse der dem Verbande angehörigen Genossenschaften an das Gericht befolgt werden.

§. 9. Der Gemeindevorsteher (Bürgermeister) und die Polizeibehörde dürfen Unterschriften gemäß §. 8 Absatz 2 der Bestimmungen nur dann beglaubigen, wenn ihnen derjenige, dessen Unterschrift beglaubigt werden soll, bekannt oder dessen Nämlichkeit (Identität) nachgewiesen ist und dieser in Gegenwart des beglaubigenden Beamten entweder die Urkunde eigenhändig unterzeichnet oder die bereits darauf befindliche Unterschrift als die seinige anerkennt und diese Anerkennung unterschriftlich bestätigt.

Die Beglaubigung muß das Vorhandensein dieser Erfordernisse ausdrücken und ist mindestens zu einem Theile auf die Urkunde selbst zu schreiben, von dem beglaubigenden Beamten unter Beifügung von Ort, Jahr und Tag der Fertigung zu unterzeichnen und zu besiegeln.

Für die Beglaubigung ist eine Gebühr von 20 Pf. beim Bürgermeister, von 50 Pf. beim Bezirksamte zu entrichten.

§. 10. Auf Grund des §. 171 Absatz 2 des Reichsgesetzes vom 1. Mai 1889, betreffend die Erwerbs- und Wirthschaftsgenossenschaften, werden die in §§ 45, 56, 57 und 59 des Gesetzes vorgesehenen behördlichen Befugnisse den nachstehenden Behörden zugewiesen:

1. diejenigen der Staatsbehörde im Sinne des §. 45 und der höheren Verwaltungsbehörde im Sinne des §. 59 Absatz 3 den Bezirksämtern, in deren Bezirk die Genossenschaft ihren Sitz hat;
2. diejenigen der höheren Verwaltungsbehörde im Sinne der §§. 56 und 57 den Landeskommissären, beziehungsweise dem Ministerium des Innern, falls der Bezirk des Genossenschaftsverbandes sich über den Dienstkreis eines Landeskommissärs hinaus erstreckt.

§. 11. Die gemäß §. 79 Absatz 2 des Gesetzes zu treffende Entscheidung über die Auflösung einer Genossenschaft wird dem Bezirksrath des Bezirks, in welchem die Genossenschaft ihren Sitz hat, als Verwaltungsbehörde übertragen.

Gegen die Entscheidung desselben findet die Klage an den Verwaltungsgerichtshof nach Maßgabe der §§. 4 und 41 des Gesetzes vom 14. Juni 1884, die Verwaltungsrechtspflege betreffend, statt, welche binnen einer Nothfrist von 14 Tagen einzureichen ist.

§. 12. Die Verordnungen vom 4. Mai 1870 (Gesetzes- und Verordnungsblatt Seite 416 ff.), 31. Dezember 1870 (Gesetzes- und Verordnungsblatt Seite 763) und 7. Juni 1884 (Gesetzes- nnd Verordnungsblatt Seite 196) werden aufgehoben.

§. 13. Diese Verordnung tritt am 1. Oktober 1889 in Kraft.

Karlsruhe, den 27. September 1889.

Großherzogliches Ministerium der Justiz, des Kultus und Unterrichts.	Großherzogliches Ministerium des Innern.
Nokk.	Turban.

Vdt. Böhm.

Der Raumersparniß wegen geben wir nachfolgend nur den gedruckten Inhalt der 6 Seiten umfassenden drei Formulare.

1) Auf der ersten Seite des Formulars 1. des Genossenschaftsregisters (§ 5) steht Folgendes:

Großherzoglich Badisches Amtsgericht ....

Genossenschaftsregister.

(Reichsgesetz, betreffend die Erwerbs- und Wirthschaftsgenossenschaften, vom 1. Mai 1889, Reichsgesetzblatt Seite 55 ff.)

Band ....

Gegenwärtiger Band enthält .... Seiten.

.... den ..... ten .... 18.......

Großh. Amtsgericht.

....

Auf der zweiten Seite folgen die fünf Spalten, die in § 5 beschrieben sind.

2) Auf der ersten Seite des Formulars „Namensverzeichniß zum Genossenschaftsregister" steht Folgendes mit den entsprechenden Zwischenräumen:

Großherzoglich Badisches Amtsgericht ....

Namensverzeichniß zum Genossenschaftsregister.

Anleitung.

Dies Namensverzeichniß zerfällt in soviel Abtheilungen als Gemeinden mit Genossenschaftssitz im Gerichtsbezirke vorhanden sind.

Auf der zweiten Seite mit der Ueberschrift „Gemeinde ...." folgt das Formular mit drei Spalten a) Firma der Genossenschaft b) Register, Band, Nr., Seite c) Bemerkungen.

3) Auf der ersten Seite des Formulars 2. „Namensverzeichniß zur Liste der Genossen" ist Folgendes gedruckt:

Großherzoglich Badisches Amtsgericht ....

Namensverzeichniß zur Liste der Genossen

für ....

Anleitung.

1. Für jeden Buchstaben ist mindestens eine Seite vorzusehen.
2. Frauen sind sowohl unter dem Namen ihrer Männer als ihrem Mädchennamen, jedesmal unter Beifügung des anderen Namens einzutragen.

Auf der zweiten Seite mit der Ueberschrift A. befindet sich das Formular mit sechs Spalten: Des Genossen Zuname, Vorname, Beruf, Wohnort; Genossenliste Nr.; Bemerkungen.

VI. Hessen.

Verordnung, die Ausführung des Reichsgesetzes vom 1. Mai 1889 über die Erwerbs- und Wirthschafts-Genossenschaften betreffend. Vom 6. Juni 1889.

(Nr. 12 des Großherzoglich Hessischen Regierungsblattes, ausgegeben zu Darmstadt, den 20. Juni 1889, Seite 69 u. 70.)

Zur Ausführung des § 171 Absatz 2 des oben bezeichneten Reichsgesetzes wird mit Allerhöchster Genehmigung Seiner Königlichen Hoheit des Großherzogs hiermit verordnet, wie folgt:

§ 1. Als Staatsbehörde im Sinne des § 45, sowie als höhere Verwaltungsbehörde im Sinne der §§ 56, 57 und 59 des Reichsgesetzes gelten die Kreisämter.

§ 2. Die Entscheidung über die Auflösung einer Genossenschaft nach Maßgabe des § 79 des Reichsgesetzes steht dem Provinzialausschuß zu.

Für das Verfahren des Provinzialausschusses, sowie für das im Falle eines Rekurses gegen die Entscheidung des Provinzialausschusses in der höheren Instanz einzuhaltende Verfahren gelten dieselben Bestimmungen, welche das Gesetz vom 12. Juni 1874, die innere Verwaltung und die Vertretung der Kreise und Provinzen betreffend, bezüglich der Zurücknahme einer Genehmigung zum Gewerbebetrieb — insbesondere in den Artikeln 98 Nr. 2 pos. 1, 110, 111 Absatz 3 und 112 Absatz 3 — enthält.

Darmstadt, am 6. Juni 1889.

Großherzogliches Ministerium des Innern und der Justiz.
Finger.

Lorbacher.

VII. Mecklenburg-Schwerin.

Verordnung zur Ausführung des Reichsgesetzes vom 1. Mai 1889, betreffend die Erwerbs- und Wirthschaftsgenossenschaften.

(Nr. 25 des Regierungs-Blattes für das Großherzogthum Mecklenburg-Schwerin, ausgegeben Schwerin 30. September 1889 Seite 149—153.)

(Nr. 17.) **Friedrich Franz**, von Gottes Gnaden Großherzog von Mecklenburg, Fürst zu Wenden, Schwerin und Ratzeburg, auch Graf zu Schwerin, der Lande Rostock und Stargard Herr &c.

Wir verordnen nach hausvertragsmäßiger Communication mit Seiner Königlichen Hoheit dem Großherzoge von Mecklenburg-Strelitz und nach verfassungsmäßiger Berathung mit Unseren getreuen Ständen zur Ausführung des Reichsgesetzes vom 1sten Mai 1889, betreffend die Erwerbs- und Wirthschaftsgenossenschaften, was folgt:

I. Einrichtung des Genossenschaftsregisters.

§. 1. Zu dem Genossenschaftsregister ist dauerhaftes Papier in Großfolio zu verwenden. Es ist mit einem haltbaren Einbande zu versehen und so zu paginiren, daß zwei neben einander stehende Seiten ein Blatt bilden.

Der Gerichtsschreiber hat die Zahl dieser Blätter auf dem Titelblatte des Registers unter seiner Unterschrift zu bemerken.

Wächst das Genossenschafsregister auf mehrere Bände, so ist die in dem ersten Bande begonnene Zählung der Blätter in den folgenden Bänden fortzuführen und die Zahl der in jedem späteren Bande enthaltenen Blätter ebenfalls auf dem Titelblatte wie vorstehend in den betreffenden Ziffern zu vermerken. Zugleich ist auf dem Titelblatte des ersten Bandes die Zahl der Blätter jedes folgenden Bandes in gleicher Weise nachzutragen.

§. 2. Das Genossenschaftsregister wird nach dem beigedruckten Formular in Anlage A. geführt.

§. 3. Die Firma der Genossenschaft wird in die zweite Columne, der Sitz derselben in die dritte Columne, die übrigen einzutragenden Bestimmungen des Statuts in die vierte Columne des für die betreffende Genossenschaft bestimmten Blattes eingetragen.

§. 4. In die vierte Columne sind ferner einzutragen:

1) die jeweiligen Mitglieder des Vorstandes der Genossenschaft;
2) die Errichtung und Aufhebung einer Zweigniederlassung;
3) die Auflösung der Genossenschaft;
4) die Eröffnung des Concurses über die Genossenschaft, sowie die Aufhebung oder Einstellung desselben;
5) die nach der Auflösung eintretenden Liquidatoren, sowie die Bestimmung über die Form ihrer Willenserklärungen.

§. 5. Nach erfolgter Eintragung eintretende Veränderungen sind in der Columne nachzutragen, in welche sie ihrem Gegenstande nach gehören.

§. 6. Ist im Laufe der Zeit der für die Eintragung einer Genossenschaft gelassene Raum so erschöpft worden, daß er keine weiteren Nachtragungen mehr gestattet, so wird der noch gültige Inhalt der gesammten Eintragungen mit einer neuen Firmen-Nummer, unter Verweisung auf das alte Blatt, auf ein neues Blatt übertragen, daß dies geschehen, unter Verweisung auf das letztere, auf dem alten Blatt und die neue Nummer in dem von dem Gerichtsschreiber nach Maßgabe des §. 7 zu führenden alphabetischen Verzeichnisse bemerkt und die alte Nummer roth unterstrichen.

§. 7. Der Gerichtsschreiber hat zu dem Genossenschaftsregister ein nach den Firmen geordnetes alphabetisches Verzeichniß der darin eingetragenen Genossenschaften unter Bezugnahme auf die Nummer im Register zu führen.

Ist das Erlöschen einer Genossenschaft in das Register eingetragen, so ist in dem alphabetischen Verzeichnisse die erloschene Firma roth zu unterstreichen.

II. Gerichtskosten.

§. 8. Insoweit nicht der §. 151 des Gesetzes vom 1sten Mai 1889 und die revidirte Verordnung zur Ausführung des Gerichtskostengesetzes vom 14ten Januar 1886 (Reg.-Bl. von 1886, No. 2) Abschnitt 2 und 3, abweichende Bestimmungen enthalten, sind für das gerichtliche Verfahren auf Grund des Gesetzes vom 1sten Mai 1889 Gebühren nach Maßgabe der für die Amtsgerichte in Sachen der nichtstreitigen Gerichtsbarkeit normirenden Gebührentaxe zu erheben, jedoch mit folgenden Abweichungen:

1) Keine Gebühren werden erhoben für die Aufnahme der zum Zwecke der Eintragung in das Genossenschaftsregister beziehungsweise in die Liste der Genossen persönlich erklärten Anmeldungen, sowie der vor dem Gerichte persönlich vollzogenen Zeichnungen und Unterschriften.
2) Keine Gebühren werden erhoben für die Gestattung der Einsicht des Registers, der Liste der Genossen und der bezüglichen Actenstücke.
3) Für die Ertheilung einer Bescheinigung aus dem Genossenschaftsregister und der Liste der Genossen wird eine Gebühr von 2 Mark erhoben.
4) Auf das Verfahren nach Maßgabe des §. 60, Absatz 2 des Gesetzes findet die Vorschrift des §. 38, Nr. 1 des Gerichtskostengesetzes Anwendung.

III. Allgemeine Bestimmungen.

§. 9. In Betreff des Erwerbes von Eigenthum und anderen dinglichen Rechten an Grundstücken durch eine Genossenschaft, sowie in Betreff der Eintragungen auf den Namen einer Genossenschaft in die Grund- und Hypothekenbücher normiren die Bestimmungen der Verordnung zur Publication des Allgemeinen Deutschen Handelsgesetzbuches vom 28sten December 1863 (Reg.-Bl. 1864, No. 4) §. 26, Abs. 1 und 2 und §. 27, Abs. 1 bis 3, sowie der Verordnung vom 22sten Mai 1876 (Reg.-Bl. von 1876, No. 14).

§. 10. Unter der Bezeichnung „Centralbehörde" — §. 55 des Gesetzes —, „Staatsbehörde" — §. 45 daselbst — und „höhere Verwaltungsbehörde" — §§. 56, 57, 59 und 79 daselbst — ist das Ministerium des Innern zu verstehen. In dem Falle des §. 79 des Gesetzes hat bis auf Weiteres das Ministerium des Innern die Sache der von ihm committirten Gewerbe-Commission als einer collegialen Behörde zur Behandlung in erster Instanz zu überweisen und seinerseits eventuell den Recursbescheid zu erlassen.

§. 11. Die gegenwärtige Verordnung tritt mit dem Gesetz vom 1sten Mai 1889, betreffend die Erwerbs- und Wirthschaftsgenossenschaften, in Kraft. Gleichzeitig treten die Verordnung vom 2ten Januar 1869 zur Ausführung des Gesetzes, betreffend die privatrechtliche Stellung der Erwerbs- und Wirthschaftsgenossenschaften (Reg.-Bl. von 1869, No. 2), sowie die Verordnung vom 18ten April 1874, betreffend die Eintragung der Gesellschaftsverträge 2c. (Reg.-Bl. von 1874, No. 13), insoweit sie sich auf Genossenschaften bezieht, außer Kraft. Die nach Maßgabe der Vorschriften der erstgedachten Verordnung angelegten Register sind jedoch fortzuführen.

Gegeben durch Unser Staats-Ministerium, Schwerin am 25sten September 1889.

Friedrich Franz.

A. v. Bülow. Buchka. v. Bülow.

1.	2.	3.	4.
Laufende Nummer.	Firma der Genossenschaft.	Sitz der Genossenschaft.	Rechtsverhältnisse der Genossenschaft.

VIII. Sachsen-Weimar.

Ministerial-Bekanntmachungen.

(Nr. 29 des Regierungsblattes für das Großherzogthum Sachsen-Weimar-Eisenach, ausgegeben Weimar, den 14. September 1889, Seite 189 u. 190.)

In Ausführung des Reichsgesetzes vom 1. Mai 1889, betreffend die Erwerbs- und Wirthschaftsgenossenschaften, wird hiermit Folgendes bestimmt:

I. (Zu § 171 Absatz 2 des Gesetzes.) Unter der Bezeichnung Staatsbehörde im § 45 des Gesetzes ist das Großherzogliche Amtsgericht, sowie der Großherzogliche Bezirksdirektor zu verstehen; als höhere Verwaltungsbehörde im Sinne der §§ 56, 57, 59 des Gesetzes gilt der Großherzogliche Bezirksdirektor; die im § 79 Absatz 2 des Gesetzes der höheren Verwaltungsbehörde zugewiesene Entscheidung erfolgt in erster Instanz durch den Bezirksausschuß.

II. (Zu § 147 des Gesetzes.) Die Eintragungen in das Genossenschaftsregister hat das Amtsgericht außer durch den Reichsanzeiger durch die Weimarische Zeitung, hinsichtlich größerer Genossenschaften nebendem auch durch ein drittes öffentliches Blatt, welches vom Amtsgericht bestimmt wird, bekannt zu machen. Die im § 147 des Gesetzes verbunden mit Artikel 14 Absatz 1 des Handelsgesetzbuchs vorgeschriebene Bekanntmachung wird von den Präsidenten der Landgerichte, von jedem für die zu seinem Sprengel gehörigen Großherzoglichen Amtsgerichte, alljährlich im Monat Dezember durch die Weimarische Zeitung erlassen.

Weimar, den 30. August 1889.

Großherzoglich Sächsisches Staats-Ministerium.
Stichling.

IX. Mecklenburg-Strelitz.

Verordnung zur Ausführung des Reichsgesetzes vom 1. Mai 1889, betr. die Erwerbs- und Wirthschaftsgenossenschaften.

(Nr. 36 des Großherzoglich Mecklenburg-Strelitzischen offiziellen Anzeigers für Gesetzgebung und Staatsverwaltung, ausgegeben Neustrelitz, den 22. Oktober 1889 Seite 217 bis 221.)

Friedrich Wilhelm, von Gottes Gnaden Großherzog von Mecklenburg, Fürst zu Wenden, Schwerin und Ratzeburg, auch Graf zu Schwerin, der Lande Rostock und Stargard Herr ꝛc. ꝛc.

Wir verordnen nach hausvertragsmäßiger Communication mit Seiner Königlichen Hoheit dem Großherzoge von Mecklenburg-Schwerin und nach verfassungsmäßiger Berathung mit Unseren getreuen Ständen zur Ausführung des Reichsgesetzes vom 1. Mai 1889, betreffend die Erwerbs- und Wirthschaftsgenossenschaften, was folgt:

I. §§. 1 bis 7, II. §. 8 sind wörtlich übereinstimmend mit den gleichen §§. in der Verordnung des Großherzogthums Mecklenburg-Schwerin vom 25. September 1889, s. oben zu VII.

III. Allgemeine Bestimmungen.

§. 9. In Betreff des Erwerbes von Eigenthum und anderen dinglichen Rechten an Grundstücken durch eine Genossenschaft, sowie in Betreff der Eintragungen auf den Namen einer Genossenschaft in die Grund- und Hypothekenbücher normiren die Bestimmungen der Verordnung zur Publication des Allgemeinen Deutschen Handelsgesetzbuches vom 28. December 1863 (Offic. Anz. 1864, Nr. 2) §. 26, Abs. 1 und 2 und §. 27, Abs. 1 bis 3, sowie der Verordnung vom 22. Mai 1876 (Offic. Anz. 1876, Nr. 16).

§. 10. Unter der Bezeichnung „Centralbehörde" — §. 55 des Gesetzes —, „Staatsbehörde" — §. 45 daselbst — und „höhere Verwaltungsbehörde" — §§. 56, 57, 59 und 79 daselbst — ist Unsere Landesregierung zu verstehen. In dem Falle des §. 79 des Gesetzes hat bis auf Weiteres Unsere Landesregierung die Sache der von ihr committirten Gewerbe-Commission als einer collegialen Behörde zur Behandlung in erster Instanz zu überweisen und ihrerseits eventuell den Recursbescheid zu erlassen.

§. 11. Die gegenwärtige Verordnung tritt mit dem Gesetz vom 1. Mai 1889, betreffend die Erwerbs- und Wirthschaftsgenossenschaften, in Kraft. Gleichzeitig treten die Verordnung vom 2. Januar 1869 zur Ausführung des Gesetzes, betreffend die privatrechtliche Stellung der Erwerbs- und Wirthschaftsgenossenschaften (Offic. Anz. von 1869, Nr. 2), sowie die Verordnung vom 18. April 1874, betreffend die Eintragung der Gesellschaftsverträge 2c., (Offic. Anz. von 1874 Nr. 12), insoweit sie sich auf Genossenschaften bezieht, außer Kraft. Die nach Maßgabe der Vorschriften der erstgedachten Verordnung angelegten Register sind jedoch fortzuführen.

Urkundlich unter Unserer Höchsteigenhändigen Unterschrift und beigedrucktem Großherzoglichen Insiegel.

Gegeben Ostende, den 25. September 1889.

(L. S.) **Friedrich Wilhelm, G. H. v. M.**

F. v. Dewitz.

— Das beigefügte Formular A. stimmt ebenfalls genau mit dem Mecklenburgisch-Schwerinschen zu VII. —

X. Oldenburg.

Nr. 38. Bekanntmachung des Staatsministeriums für das Großherzogthum, betreffend die Ausführung des Reichsgesetzes vom 1. Mai 1889, betreffend die Erwerbs- und Wirthschaftsgenossenschaften.

(Aus Band XXIX Stück 20 des Gesetzblattes für das Herzogthum Oldenburg, ausgegeben den 17. Oktober 1889, Seite 154 und 155.)

Zur Ausführung des Reichsgesetzes vom 1. Mai 1889, betreffend die Erwerbs- und Wirthschaftsgenossenschaften (Reichs-Gesetzblatt Seite 55), wird auf Grund des §. 171 Absatz 2 desselben Folgendes bestimmt:

1. Im Herzogthum Oldenburg sind zu verstehen:
   a) unter der Bezeichnung „Staatsbehörde": das Staatsministerium, Departement des Innern, sowie die Aemter und die Stadtmagistrate der Städte erster Klasse;
   b) unter der Bezeichnung „höhere Verwaltungsbehörde": in den Fällen der §§. 56 und 57 des Reichsgesetzes das Staatsministerium, Departement des Innern, und in den Fällen des §. 59 Absatz 3 daselbst die Aemter und die Stadtmagistrate der Städte erster Klasse.

2. In den Fürstenthümern Lübeck und Birkenfeld gelten als „Staatsbehörde" im Sinne des §. 45 des Reichsgesetzes und als „höhere Verwaltungsbehörde" im Sinne der §§. 56, 57 und 59 des Reichsgesetzes die Regierungen.

3. Die Entscheidung in erster Instanz in den Fällen des §. 79 des Reichsgesetzes erfolgt im Herzogthum durch die im Staatsministerium, Departement des Innern, bestehende Abtheilung für Gewerbesachen (Art. 16 der Verordnung vom 14. Januar 1884, betreffend die Ausführung der Gewerbeordnung für das Deutsche Reich) und in den Fürstenthümern durch die Regierungen.

Oldenburg, den 14. Oktober 1889.

Staatsministerium.

Ruhstrat.

Calmeyer-Schmedes.

XI. Braunschweig.

Verordnung zur Ausführung des Reichsgesetzes vom 1. Mai d. J., betreffend die Erwerbs- und Wirthschaftsgenossenschaften (R. G. Bl. S. 55). d. d. **Blankenburg, den 29. August 1889.**

(Nr. 39 der Gesetz- und Verordnungs-Sammlung, ausgegeben Braunschweig, den 5. September 1889, S. 215.)

Von Gottes Gnaden, Wir, **Albrecht**, Prinz von Preußen ꝛc., Regent des Herzogthums Braunschweig,

verordnen hiermit auf Grund des §. 171 Absatz 2 des Reichsgesetzes vom 1. Mai d. J., betreffend die Erwerbs- und Wirthschaftsgenossenschaften, (R. G. Bl. S. 55) was folgt:

Einziger Paragraph:

Unter der Bezeichnung Staatsbehörde (§. 45) und höhere Verwaltungsbehörde (§§. 56, 57, 59) ist die betreffende Herzogliche Kreis-Direction, in der Stadt Braunschweig die Herzogliche Polizei-Direction zu verstehen.

Die nach §. 79 durch die höhere Verwaltungsbehörde abzugebende Entscheidung erfolgt von der betreffenden collegialen Gewerbebehörde (Verordnung vom 15. September 1869 Nr. 73).

Alle, die es angeht, haben sich hiernach zu achten.

Urkundlich Unserer eigenhändigen Unterschrift und beigedruckten Herzoglichen Geheime-Canzlei-Siegels.

Blankenburg, den 29. August 1889.

(L. S.) Albrecht, Prinz von Preußen.

Hartwieg.

XII. Sachsen-Meiningen.

Nr. 66 Ausschreiben des Herzoglichen Staatsministeriums, Abtheilung des Innern, vom 11. Oktober 1889, betreffend die Ausführung des Reichsgesetzes vom 1. Mai 1889, die Erwerbs und Wirthschaftsgenossenschaften betr.

(Aus Nr. 165 des Regierungsblattes für das Herzogthum Sachsen-Meiningen vom 18. Oktober 1889, Seite 885 und 886.)

Mit höchster Genehmigung Seiner Hoheit des Herzogs wird auf Grund des §. 171 des Reichsgesetzes vom 1. Mai 1889, betreffend die Erwerbs- und Wirthschaftsgenossenschaften bestimmt:

Unter „Staatsbehörde" im Sinne des §. 45 a. a. O. sind die Herzogl. Landräthe, untere „höhere Verwaltungsbehörde" (§§. 56, 57, 59, 79 des genannten Gesetzes), sowie unter „Centralbehörde" (§§. 55 und 58 des genannten Gesetzes) ist die unterzeichnete Stelle zu verstehen.

Meiningen, den 11. Oktober 1889.

Herzogliches Staatsministerium, Abtheilung des Innern.
M. v. Butler, kraft Auftrags.

XIII. Sachsen-Altenburg.

28. Verordnung des Herzoglichen Gesammt-Ministeriums, die Ausführung des Reichsgesetzes vom 1. Mai 1889 über die Erwerbs- und Wirthschaftsgenossenschaften betreffend, vom 3. September 1889.

(Publizirt in Nr. 108 des Amts- und Nachrichtsblattes vom 9. September 1889.) — Stück X 1889 der Herzogl. Sachsen-Altenburgischen Gesetzsammlung, ausgegeben den 11. September 1889, Seite 112. —

Zur Ausführung des Reichsgesetzes, betreffend die Erwerbs- und Wirthschaftsgenossenschaften vom 1. Mai 1889 (RGBl. 1889 S. 55 ff.) wird auf Grund des § 171 Abs. 2 daselbst, bezw. mit Höchster Genehmigung Seiner Hoheit des Herzogs, Folgendes bestimmt:

1) Als Staatsbehörde im Sinne des § 45, sowie als höhere Verwaltungsbehörde im Sinne der §§ 56, 57 und 59 des Reichsgesetzes hat das Herzogliche Ministerium, Abtheilung des Innern, zu gelten.

2) Als Verwaltungsstreitverfahren im Sinne des § 79 Abs. 2 des Reichsgesetzes kommt das durch das Gesetz über den unbestimmten summarischen Prozeß vom 7. April 1823 (GS. 1823 S. 51 ff.) geordnete Verfahren unter Berücksichtigung der durch die Prozeßnovelle vom 14. Oktober 1852 (GS. 1852 S. 185 ff.) gegebenen Abänderungen dieses Gesetzes analog den Vorschriften in § 9 der Verordnung vom 3. Juni 1871 (GS. 1871 S. 73) zur Anwendung.

Für die erstinstanzlichen Entscheidungen auf Grund des § 79 Abs. 1 des Reichsgesetzes ist diejenige untere Verwaltungsbehörde zuständig, in deren Bezirke die Genossenschaft ihren Sitz hat.

Erscheint die Auflösung einer Genossenschaft auf Grund des § 79 Abs. 1 des Reichsgesetzes im öffentlichen Interesse erforderlich, so kann vom Herzoglichen Gesammtministerium zur Betreibung des Auflösungsverfahrens ein Kommissar bestellt werden. Derselbe hat die nach dem Verfahren dem Kläger (Imploranten) obliegenden Funktionen wahrzunehmen.

Altenburg, am 3. September 1889.

Herzoglich Sächsisches Gesammt-Ministerium.
v. Leipziger.

XIV. Sachsen Coburg-Gotha.

Verordnung zur Ausführung des Reichsgesetzes vom 1. Mai 1889, betreffend die Erwerbs- und Wirthschaftsgenossenschaften — Reichsgesetzblatt von 1889, Nr. 11, S. 55 —, vom 18. September 1889.

(Nr. 19 Gesetzsammlung für das Herzogthum Gotha, ausgegeben den 28. September 1889, S. 71. Gesetzsammlung für das Herzogthum Coburg Nr. 1127, ausgegeben den 28. September 1889 S. 52 — Nr. 525 der gemeinschaftlichen Gesetzsammlung für die Herzogthümer Coburg und Gotha —).

Auf Höchsten Befehl wird zur Ausführung des Reichsgesetzes vom 1. Mai 1889, betreffend die Erwerbs- und Wirthschaftsgenossenschaften — Reichsgesetzblatt von 1889, Nr. 11, S. 55 — verordnet, was folgt:

§ 1. Unter der Bezeichnung „Staatsbehörde" (§ 45 des Gesetzes) und „höhere Verwaltungsbehörde" (§§ 56, 57, 59, 79 des Gesetzes) sind hinsichtlich der dem Staatsministerium direct unterstellten Städte die betreffenden Stadträthe (Magisträte) und hinsichtlich der Landgemeinden das vorgesetzte Landrathsamt zu verstehen.

§ 2. Die Functionen der „Centralbehörde" (§ 55 des Gesetzes) werden von dem Staatsministerium — der Abtheilung zu Coburg bezw. der Abtheilung zu Gotha — wahrgenommen.

Gotha, den 18. September 1889.

Herzogl. S. Staatsministerium.
von Bonin.

XV Anhalt.

Ministerial-Verordnung zur Ausführung des Reichsgesetzes vom 1. Mai 1889, betreffend die Erwerbs- und Wirthschaftsgenossenschaften.

(Gesetzsammlung für das Herzogthum Anhalt Bd. XIII S. 319 Nr. 817, öffentlich bekannt gemacht und ausgegeben am 20. Dezember 1889.)

In Ausführung des §. 171 Absatz 2 des Reichsgesetzes vom 1. Mai 1889, betreffend die Erwerbs- und Wirthschaftsgenossenschaften, wird hierdurch verordnet, was folgt:

§. 1. Unter der Bezeichnung „Staatsbehörde" (§. 45) und „höhere Verwaltungsbehörde" (§§. 56, 57 u. 59 des Reichsgesetzes) ist die Regierung, Abtheilung des Innern, zu verstehen.

§. 2. Das Verfahren und die Zuständigkeit der Behörden bei Auflösung einer Genossenschaft im Falle des §. 79 des Reichsgesetzes wird durch Gesetz geregelt.

Dessau, den 12. Dezember 1889.

Herzoglich Anhaltisches Staats-Ministerium.
(gez.) v. Krosigk.

XVI. Schwarzburg-Sondershausen.

Ministerial-Verordnung, die Ausführung des Reichsgesetzes über die Erwerbs- und Wirthschaftsgenossenschaften vom 1. Mai 1889 betreffend. Vom 29. Juli 1889.

(15. Stück der Gesetzsammlung für das Fürstenthum Schwarzburg-Sondershausen, ausgegeben am 17. August 1889, S. 51.)

Mit Höchstlandesherrlicher Genehmigung bestimmen wir in Ausführung des §. 171 Absatz 2 des Reichsgesetzes vom 1. Mai 1889, betreffend die Erwerbs- und Wirthschaftsgenossenschaften, hierdurch Folgendes:

Es sollen im Sinne des angeführten Reichsgesetzes gelten:

1. als „Staatsbehörde" (§. 45) der Fürstliche Landrath,
2. als „höhere Verwaltungsbehörde"
   a. in den Fällen der §§. 56, 57 und 59 des Reichsgesetzes der Fürstl. Landrath,
   b im Falle des §. 79 der Bezirksausschuß, gegen dessen Entscheidung Recurs an das Ministerium, Abtheilung des Innern, zusteht.

Sondershausen, den 29. Juli 1889.

(L. S.) Fürstl. Schwarzburg. Ministerium.
Petersen.

XVII. Schwarzburg-Rudolstadt.

Ausführungs-Verordnung vom 19. August 1889 zu dem Reichsgesetze, betreffend die Erwerbs- und Wirthschaftsgenossenschaften vom 1. Mai 1889.

(6. Stück vom Jahre 1889 der Gesetzsammlung für das Fürstenthum Schwarzburg-Rudolstadt, ausgegeben in Rudolstadt am 22. September 1889, Seite 37).

Zur Ausführung des §. 171 Abs. 2 des Reichsgesetzes, betreffend die Erwerbs- und Wirthschaftsgenossenschaften, vom 1. Mai 1889 (R.-G.-Bl. S. 55) wird mit Genehmigung Seiner Durchlaucht des Fürsten Folgendes bestimmt:

§ 1. Die Befugniß der Staatsbehörde in §. 45 des Reichsgesetzes steht den Gerichten und den Landrathsämtern zu.

§ 2. Als „höhere Verwaltungsbehörde" in den Fällen der §§. 56. 57. 59. 79 gilt das Landrathsamt.

§ 3. Zentralbehörde (§. 55) ist die Verwaltungsabtheilung des Ministeriums.

Rudolstadt, den 19. August 1889.

Fürstlich Schwarzburg. Ministerium.
v. Starck.

XVIII. Waldeck.

Bekanntmachung, betreffend die Ausführung des Reichsgesetzes vom 1. Mai 1889 über die Erwerbs- und Wirthschafts-Genossenschaften.

Aus Nr. 13 des Fürstlich Waldeckischen Regierungs-Blattes, ausgegeben den 20. August 1889, Seite 29.)

Zur Ausführung des §. 171 Abs. 2 des vorbezeichneten Reichsgesetzes Reichsgesetzblatt Seite 93) wird bestimmt:

1) Als Staatsbehörde im Sinne des §. 45 sowie als höhere Verwaltungsbehörde im Sinne der §§. 56, 57 und 59 des Reichsgesetzes gelten die Kreisamtmänner.
2) Die Entscheidung über die Auflösung einer Genossenschaft nach Maßgabe des §. 79 des Reichsgesetzes erfolgt durch das Landesdirektorium.
3) Für das dabei zu beobachtende Verfahren finden die Bestimmungen unter E Nr. 54 bis 59 einschließlich der Anweisung zur Ausführung der Gewerbe-Ordnung vom 30. September 1869 (Regierungsblatt Seite 161 und 162) entsprechende Anwendung.
4) Im Verfahren erwachsende baare Auslagen fallen, sofern die Auflösung ausgesprochen wird, der Genossenschaft, andernfalls der Staatskasse zur Last.

Arolsen den 16. August 1889.

Der Landesdirektor.
von Saldern.

XIX. Reuß ältere Linie.

19. Regierungs-Verordnung vom 4. August 1889, Ausführungsbestimmungen zu dem Reichsgesetz, betreffend die Erwerbs- und Wirthschaftsgenossenschaften, vom 1. Mai 1889 enthaltend.

(Nr. 4 der Gesetzsammlung für das Fürstenthum Reuß älterer Linie, ausgegeben am 27. August 1889, Seite 44).

Mit Höchster Genehmigung Serenissimi wird in Ausführung des am 1. Oktober dieses Jahres in Kraft tretenden Reichsgesetzes vom 1. Mai 1889, die Erwerbs- und Wirthschaftsgenossenschaften betreffend, verordnet:

Als Staats- bezüglich höhere Verwaltungsbehörde im Sinne der §§. 45, 56, 57, 59 des citirten Reichsgesetzes ist Fürstliches Landrathsamt anzusehen, während für den Fall des §. 79 Abs. 2 desselben Gesetzes der Landesausschuß als höhere Verwaltungsbehörde bezeichnet wird.

Gegen die Entscheidungen des Landesausschusses ist Rekurs an die Landesregierung zulässig, welche übrigens als Centralbehörde im Sinne des Gesetzes gilt.

Auf das Verfahren nach §. 79 des Reichsgesetzes finden außer den Vorschriften in §§. 20, 21 der Gewerbeordnung die Bestimmungen des Art. II der Landesherrlichen Verordnung vom 27. September 1869 entsprechende Anwendung.

Greiz, den 4. August 1889.

Fürstlich Reuß-Plauische Landesregierung.
Dr. Mortag.

Saupe.

XX. Reuß jüngere Linie.

Ministerial-Bekanntmachung vom 2. August 1889, zur Ausführung des Gesetzes, betreffend die Erwerbs- und Wirthschaftsgenossenschaften, vom 1. Mai 1889.

(Nr. 32 des Amts- und Verordnungsblattes für das Fürstenthum Reuß jüngerer Linie, ausgegeben Gera den 7. August 1889, S. 229.)

Zur Ausführung der Bestimmung in §. 171 des Gesetzes, betreffend die Erwerbs- und Wirthschaftsgenossenschaften, vom 1. Mai 1889 (Reichsgesetzbl. S. 55) wird andurch folgendes zur öffentlichen Kenntniß gebracht.

1. Unter „Staatsbehörde" im §. 45 sind die Gerichtsbehörden, sowie die Fürstlichen Landrathsämter zu verstehen.

2. Als „höhere Verwaltungsbehörde" in den §§. 56. 57. 59 wird das betreffende Fürstliche Landrathsamt bezeichnet.

3. Als „Zentralbehörde" in §. 55 gilt das Fürstliche Ministerium, Abtheilung für das Innere.

Gera, den 2. August 1889.

Fürstl. Reuß-Pl. Ministerium.
Dr. E. v. Beulwitz.

Dr. Winkler.

XXI. Schaumburg-Lippe.

A. (46.) Verordnung, betr. die Uebertragung weiterer Geschäfte an die Abtheilung der Landesregierung für Gewerbe- und Gemeinde-Angelegenheiten.

Vom 30. Juli 1889.

(Aus Nr. 10 Jahrgang 1889 Bd. XVI. der Schaumburg-Lippischen Landesverordnungen, ausgegeben 7. August 1889, Seite 153).

Wir **Adolph Georg**, von Gottes Gnaden Regierender Fürst zu Schaumburg-Lippe, Edler Herr zur Lippe, Graf zu Sternberg und Schwalenberg 2c 2c.

übertragen hiermit der durch Unsere Verordnung vom 23. August 1884 (L.-V. Bd XIV. Seite 424) bestellten Abtheilung Unserer Landesregierung für Gewerbe- und Gemeinde-Angelegenheiten die in den §§. 56, 57, 59 und 79 des Reichsgesetzes, betreffend die Erwerbs- und Wirthschaftsgenossenschaften, vom 1. Mai 1889 (Reichsgesetzblatt Seite 55 fl.) der höheren Verwaltungsbehörde überwiesenen Obliegenheiten und Geschäfte.

Gegeben Bückeburg, den 30. Juli 1889.

(L. S.) **Adolf Georg.**

Spring.

B. (47.) Allgemeine Verfügung zur Ausführung des Reichsgesetzes, betreffend die Erwerbs- und Wirthschaftsgenossenschaften, vom 1. Mai 1889.

— Vom 31. Juli 1889. —

(Aus der gleichen Nummer der Schaumburg-Lippischen Landesverordnungen wie a. S. 154.)

Auf Grund des §. 171 Abs. 2 des Reichsgesetzes, betreffend die Erwerbs- und Wirthschaftsgenossenschaften, vom 1. Mai 1889 (Reichsgesetzblatt Seite 55 fl.) wird Folgendes bestimmt:

Im Sinne des gedachten Reichsgesetzes sind zu verstehen:

1. unter „Staatsbehörde" (§. 45)
   die Fürstlichen Landrathsämter und die Magisträte,
2. unter „höhere Verwaltungsbehörde" (§§. 56, 57, 59 und 79)
   die Landesregierung, Abtheilung für Gewerbe- und Gemeinde-Angelegenheiten (cf. Landesherrliche Verordnung vom 30. Juli d. Js.)

Die Rekursinstanz gegen die in Gemäßheit des §. 79 des Reichsgesetzes abgegebenen Entscheidungen der vorstehend gedachten Abtheilung der Landesregierung ist die Landesregierung.

Bückeburg, den 31. Juli 1889.

Fürstlich Schaumburg-Lippische Landesregierung.

Spring.

XXII. Fürstenthum Lippe.

Fehlt.

XXIII. Lübeck.

Bekanntmachung, betreffend die Ausführung des Gesetzes über die Erwerbs- und Wirthschaftsgenossenschaften vom 1. Mai 1889.

(Veröffentlicht am 13. September 1889.)

(Nr. 25 der Sammlung der Lübeckischen Verordnungen und Bekanntmachungen.)

Auf Grund des §. 171, Absatz 2 des Gesetzes, betreffend die Erwerbs- und Wirthschaftsgenossenschaften, vom 1. Mai 1889 (Reichsgesetzbl. S. 55) bringt der Senat hierdurch zur öffentlichen Kenntniß, daß die Wahrnehmungen der Staatsbehörde (§. 45 des Gesetzes), sowie der höheren Verwaltungsbehörde (§§. 56, 47, 59, 79 daselbst) dem Stadt- und Landamte übertragen worden sind.

In den Fällen des §. 79 ist der Rekurs gegen die Entscheidung der höheren Verwaltungsbehörde an den Senat zu richten.

Gegeben Lübeck, in der Versammlung des Senates, am 11. September 1889.

Hasse Dr., Secretarius.

XXIV. Bremen.

XLII. Verordnung, betreffend die Zuständigkeit der Behörden nach dem Reichsgesetz vom 1. Mai 1889, betreffend die Erwerbs- und Wirthschaftsgenossenschaften. Vom 12. Oktober 1889.

(Nr. 30 des Gesetzblattes der Freien Hansestadt Bremen, ausgegeben am 12. Oktober 1889, Seite 177.)

Zur Ausführung des Reichsgesetzes vom 1. Mai 1889, betreffend die Erwerbs- und Wirthschaftsgenossenschaften, verordnet der Senat:

Die zufolge §. 45 der Staatsbehörde und die zufolge §§. 56, 57, 59 und 79 der höheren Verwaltungsbehörde zustehenden Geschäfte werden für die Stadt Bremen der Polizeidirektion, für das Landgebiet dem Landherrn, für die Hafenstädte dem Senatskommissar für die Hafenstädte überwiesen.

Beschlossen Bremen in der Versammlung des Senats am 8. und bekannt gemacht am 12. Oktober 1889.

XXV. Hamburg.

Bekanntmachung des Senats, betreffend die Ausführung des Reichsgesetzes über die Erwerbs- und Wirthschaftsgenossenschaften vom 1. Mai 1889.

(Aus Nr. 100 des Amtsblattes der freien und Hansestadt Hamburg, ausgegeben den 15. September 1889, Seite 405.)

Zur Ausführung des Reichsgesetzes über die Erwerbs- und Wirthschaftsgenossenschaften vom 1. Mai 1889 hat der Senat auf Grund §. 171 dieses Gesetzes die nachfolgende Anordnung getroffen, welche hierdurch zur öffentlichen Kenntniß gebracht wird:

Die der Staatsbehörde in §. 45 und die der höheren Verwaltungsbehörde in den §§. 56, 57, 59, 79 des Gesetzes übertragenen Obliegenheiten werden von der Polizei-Behörde wahrgenommen. Auf Grund §. 79 Absatz 2 des Gesetzes erhobene Rekurse sind an die Senats-Sektion für Gewerbe-Rekurssachen zu richten.

Gegeben in der Versammlung des Senats, Hamburg, den 13. September 1889.

XVI. Elsaß-Lothringen.

Bekanntmachung zur Ausführung des §. 171 Abs. 2 des Reichsgesetzes, betreffend die Erwerbs- und Wirthschaftsgenossenschaften, vom 1. Mai 1889.

(Aus Nr. 42 des Central- und Bezirks-Amtsblattes für Elsaß-Lothringen, ausgegeben Straßburg den 5. Oktober.)

Gemäß §. 171 Abs. 2 des Reichsgesetzes, betreffend die Erwerbs- und Wirthschaftsgenossenschaften, vom 1. Mai 1889 (Reichsgesetzbl. S. 55), wird Folgendes bestimmt:

1. Unter der Bezeichnung „Staatsbehörde" im Sinne des vorbezeichneten Gesetzes ist der Kreisdirektor, in den Stadtkreisen der Polizeidirektor zu verstehen.
2. Unter der Bezeichnung „höhere Verwaltungsbehörden" sind die Bezirkspräsidenten zu verstehen.

Straßburg, den 28. September 1889.

Ministerium für Elsaß-Lothringen. Abtheilung des Innern.

I. D. 5130. Der Unterstaatssekretär **von Köller.**

Nachtrag.

Berichtigungen, Ergänzungen, Druck- und Schreibfehler.*)

*Seite 3 Z. 10 von unten lies 1889 statt 1879.

Seite 13 Z. 2 von unten l. dieser statt diesen.

Seite 18 zu § 3 Erläut. 5. Die zusätzliche Bezeichnung „eingetragene Genossenschaft mit unbeschränkter Haftpflicht" u. s. w. darf nicht abgekürzt werden, wie aus der Bezugnahme auf § 2 und dem Fehlen einer diese Abkürzung gestattenden Bestimmung folgt (anderer Ansicht Pröbst, Genossenschaftsgesetz S. 31).

Seite 26 zu § 6 Erläut. 5. Sehr viele Registerrichter haben bei den Veröffentlichungen, die seit 1. Oktober 1889 auf Grund des Gesetzes vom 1. Mai 1889 im deutschen Reichsanzeiger über Statutänderungen oder über Statuten neu entstehender Genossenschaften geschehen, durchaus übersehen, daß nicht der Zweck der Genossenschaft, sondern der Gegenstand des Unternehmens zu veröffentlichen ist (§ 12 S. 76), oder sie halten irrigerweise beides für identisch. Viele Beispiele von diesen, wie von andern Fehlern der Veröffentlichungen sind in den fortlaufenden Aufsätzen „Vermischtes aus dem deutschen Reichsanzeiger" in den Bl.f.G. (1889 Nr. 42, 43, 45 bis 50, 52, 1890 Nr. 1 bis 3) von L. Parisius aufgeführt und besprochen.

Seite 28 Z. 19 von unten l. Eingehens statt Einziehens.

Seite 28 zu § 6 Erläut. 8. Der zweite Absatz: „Die Berufung" u. s. w. gehört als zweiter Absatz unter die Erläuterung 7.

Seite 36 zu § 7 Nr. 2 Erläut. 5. Das Statut kann die regelmäßigen Einzahlungen auch derart bestimmen, daß ein Genosse keine größeren Einzahlungen als die vorgeschriebenen leisten darf. Immer aber muß die Möglichkeit jedem Genossen bleiben, den Betrag des Geschäftsantheils zu erreichen und sei es auch nur durch Stehenlassen der Dividende, denn Geschäftsantheil ist begriffsmäßig derjenige Betrag, bis zu welchem eine Betheiligung mit Einlagen möglich sein muß.

*) Die mit einem Stern * versehenen Berichtigungen betreffen Druckfehler, die in dem sonst unveränderten zweiten Abdruck bereits berichtigt sind.

Seite 37 Z. 17 von oben l. § 16 Abs. 2 statt § 12.

Seite 38 zu § 7 Erläut. 8 nach Abs. 2. Das Beispiel einer Genossenschaft mit Geschäftsantheilen zum Betrage von einer Mark bietet der landwirthschaftliche Konsumverein Wardenberg (Amtsger. Oldenburg), s. Bl.f.G. 1889 S. 475.

Seite 46 zu § 8 Erläut. 5. Geringere als einfache Stimmenmehrheit darf für keinen Beschluß der Generalversammlung im Statut vorgeschrieben werden. — So selbstverständlich dies ist, soll doch das Gegentheil sogar von Registerrichtern als zulässig erklärt sein!

Seite 49. Es muß in der letzten Zeile heißen „ob eine Darlehnsgewährung an Nichtmitglieder vorliegt“.

Seite 68 zu § 9 Erläut. 4. Mitglieder einer Korporation oder Handelsgesellschaft, welche Mitglied der Genossenschaft ist, können in deren Vorstand oder Aufsichtsrath nur gewählt werden, wenn sie Genossen werden.

Seite 79 zu § 12 Erläut. 3. Ueber die unerhörte Verschwendung von Insertionskosten, die sehr viele Registergerichte in den Veröffentlichungen von Eintragungen auf Grund des neuen Gesetzes seit 1. Oktober 1889 betreiben, finden sich zahlreiche Beläge in den oben erwähnten Aufsätzen von Parisius in Bl.f.G. 1889 und 1890. Man möchte meinen, daß es bald kaum noch eine Statutbestimmung gäbe, die nicht irgend ein deutscher Registerrichter, entgegen dem Gesetz, in den Registerblättern veröffentlichte. Wenn die Genossenschaften auch Weitschweifigkeit in den Inseraten zu bezahlen sich nicht weigern können, so brauchen sie doch keinesfalls die Insertionskosten für Mittheilungen zu bezahlen, die nach dem Gesetz nicht veröffentlicht werden sollen.

Seite 80 zu § 13 Erläut. 3 Z. 17 von unten ist das Wort „**nicht**“ ausgelassen; es muß heißen: „die Genossenschaft kann **nicht** ihre Löschung beantragen“. Außerdem muß es in Zeile 14 und Zeile 15 von unten „**Auflösung**“ statt „Löschung“ heißen.

Seite 83 Z. 1 von unten l. § 27 **Erl.** 4 statt § 24.

Seite 85 (Anmerkung) Z. 13 von unten l. „**Landwirthe, Gärtner**“ statt Landwirthsgärtner, auch ist Zeile 12 von unten das Fragezeichen zu streichen.

Seite 87 Zeile 1 von unten l. **Genossenschaften** statt Genossenschaft.

Seite 91 zu § 15 Erläut. 2. Ueber den Erwerb der Mitgliedschaft Handlungsunfähiger s. S. 184.

Seite 92 zu § 15 Erläut. 4 Z. 6 von oben ist das Wort „nicht“ ausgefallen. Es muß heißen: Aber es schien „**auch nicht**“ erforderlich .. statt auch erforderlich.

* **Seite** 94 Z. 7 von oben l. **zulässig** statt zulpssig.

Seite 97 Z. 7 von oben l. **A.B.** statt A.E.

Seite 97. Das Beispiel in der Anmerkung paßt insofern nicht, als die Aenderungen von Geschäftsantheilen nicht zu veröffentlichen sind.

Seite 110 Zeile 15 von unten sind die Worte „**vgl. Einleitung**“ zu streichen.

Seite 123 zu § 22 Abs. II nach 5. „Geschuldete Einzahlung" ist diejenige, zu welcher der Genosse verpflichtet ist. Der Genosse kann auch zu verschiedenen Zeiten fällige Einzahlungen im Voraus leisten, und Mangels einer entgegenstehenden statutarischen Bestimmung oder Uebereinkunft wird, wenn ein Mitglied eine größere als die ihm statutarisch obliegende Einzahlung leistet, angenommen werden müssen, daß er eine Verrechnung auf später fällige Einzahlungen beabsichtigte.

Seite 137 Z. 23 von oben l. **Menden** statt Minden.

Seite 145 zu § 28 Erläut. 4. Die Anmeldung von Neu- und Wiederwahlen hat erst mit dem Beginn des Amtes (A.V. § 17) zu erfolgen, das heißt nach dem Amtsantritt bezw. nach dem Ablauf der Wahlperiode.

Seite 149 Zeile 1 von unten l. „**finden gegen**" statt „sind genegen".

Seite 157 Zeile 9 von oben l. **wurden** statt würden.

Seite 158. Im Text des § 34 ist der erste Absatz durch ein falsches Komma, statt eines Punktes entstellt. Er muß lauten:

> Der Aufsichtsrath besteht, sofern nicht das Statut eine höhere Zahl festsetzt, aus drei von der Generalversammlung zu wählenden Mitgliedern. Die zu einer Beschlußfassung erforderliche Zahl ist durch das Statut zu bestimmen.

* **Seite 159** Z. 6 von oben (Text des § 34) lies **Viertheilen** statt Biertheilen.

Seite 159 zu § 34 Erläut. 1. Die für sich bestehende Vorschrift im zweiten Satz des ersten Absatzes (s. vorstehend), daß das Statut die zu einer Beschlußfassung erforderliche Zahl festsetzen soll, ist S. 159 irrthümlicherweise auf die Generalversammlung bezogen. Diese Vorschrift findet sich erst in dem II. dem Reichstage vorgelegten Gesetzentwurfe und bezieht sich auf die Beschlußfassung in dem Aufsichtsrathe. Sie ist vollkommen berechtigt. „Die beim Mangel einer diesbezüglichen Bestimmung sich ergebenden Zweifel und Mißstände machen eine ausdrückliche Feststellung dieses Punktes dringend wünschenswerth." (Begr. II 79.) Demnach sind in der Erläuterung 1 die Sätze: „Das Statut soll die „zu einer Beschlußfassung" der Generalversammlung . . . jeder Gewählte muß also mehr als die Hälfte der Stimmen erhalten" zu streichen.

Seite 185 zu § 41 Erläut. 8 (zum Schluß). Bevollmächtigter kann sowohl ein Genosse wie ein Nichtgenosse werden. Vgl. Nr. 2 Bl.f.G. 1890 S. 13–15 Aufsätze von Pröbst und Schenck.

***Seite 186 § 42 Text Z. 4** muß es **den** statt dem heißen.

Seite 188 zu § 43 Abs. 1 Erläut. 2. Die Festsetzung des „geringeren Theils" der Genossen kann auch in einer absoluten Zahl bestehen. Wird jedoch diese Zahl in Folge Verringerung der Mitgliederzahl geringer als der zehnte Theil derselben, so tritt an ihre Stelle die gesetzliche Bestimmung, daß der zehnte Theil der Mitglieder die in § 43 bezeichneten Rechte hat.

Seite 189 Z. 4 von oben l. 237 statt 337.

Seite 189 zu § 43 Erläut. 5 Z. 12 von oben l. „**Die Berufung** selbst“ ... statt „Die Form der Berufung selbst“ ...

Seite 190 Z. 21 von oben l. **vorgeschrieben** statt erfolgt.

Seite 190 zu § 44 Abs. I Erläut. 1. Eine „Woche“ ist die Frist, welche von dem Tage der Bekanntmachung bis zu demjenigen Tage läuft, welcher durch seine Benennung jenem Tage entspricht. Die Generalversammlung kann erst nach diesem Tage abgehalten werden.

Seite 192 zu § 45 Erläut. 1. „Wenn solche Protokolle in Gemäßheit des Genossenschaftsgesetzes in das dafür bestimmte Protokollbuch eingetragen sind, und wenn zugleich in den Vereinsstatuten eine gewisse Form für deren Errichtung vorgeschrieben und diese Form gewahrt ist, so erlangen sie damit zufolge vertragsmäßiger Unterwerfung der Vereinsgenossen unter das Statut eine erhöhte Beweiskraft. Sie erbringen alsdann den Mitgliedern der Genossenschaft gegenüber so lange vollen Beweis für die Wahrheit und Vollständigkeit der darin enthaltenen Beurkundungen, bis deren Unrichtigkeit oder Unvollständigkeit im Wege der Gegenbeweisführung dargelegt wird“ (R.G Entsch. VIII 12). Es handelte sich um die im Protokoll beurkundete Ordnungsmäßigkeit der Berufung.

Seite 194 zu § 46 Abs. I Erläut. 1. Ueber die Abschreibung von Geschäftsguthaben zur Deckung von Verlusten kann nur die Generalversammlung beschließen.

Seite 201 zu § 49 Abs. 2 Erläut. 1. Die Versäumniß der Wahrnehmung der Klage-Voraussetzungen schließt nicht aus, daß die Gesetz- oder Statutenwidrigkeit des Beschlusses im Wege der Einrede geltend gemacht wird.

Seite 208 Z. 15 von unten l. § 55 **und** § 57 statt §§ 53 und 55.

Seite 209 Z. 20 von oben l. **stehende** statt stehenden.

Seite 210 Z. 17 von oben l. **den Gerichten** statt dem Gericht.

Seite 214 Z. 30 von oben l. § 54 I a statt § 59 I a.

Seite 216 Z. 14 und Z. 26 von oben lies § 57 statt § 55.

Seite 232 zu § 65 Erläut. 1. Unter „Bezirk“ kann nach dem Wortlaute und vor allem nach der Entstehungsgeschichte des § 65 nicht das deutsche Reich verstanden werden. Mit der Bestimmung des § 65 hat nur der Einrichtung der Raiffeisenschen Darlehnskassen, ihren Geschäftsbetrieb auf kleine Gebiete (Gemeinde oder Pfarrei) einzuschränken, durch „gesetzliche Anerkennung“ Rechnung getragen werden sollen (Begr. II 56). Es widerspricht auch dem Sprachgebrauch, das Territorium eines großen Reiches als „Bezirk“ zu bezeichnen.

Seite 233 zu § 65 Erläut. 6. „Schriftlich erklären“ schließt aus, daß die Erklärung im Wege der öffentlichen Zustellung erfolgt, weil etwa der neue Wohnsitz des Genossen nicht bekannt ist.

Seite 236 zu § 66 Abs. III Erläut. 6. Das Unterlassen dieser Benachrichtigung ist auf die Verjährung des Geschäftsguthabens (§ 72) ohne Einfluß.

Seite 240 zu § 68 Erläut. 1 zu Abs. I. Nach § 68 und § 75 ist in die Liste die das Ausscheiden begründende Thatsache und der aus den Urkunden hervorgehende Jahresschluß einzutragen. Dies ist nicht so zu verstehen, daß der Jahresschluß in der betreffenden Urkunde (A.V. § 28) angegeben sein muß. Der Jahresschluß muß nur aus den Urkunden hervorgehen, nöthigenfalls unter Zuhülfenahme von Gesetz und Statut. So z. B. braucht im Ausschließungsbeschluß nicht der Zeitpunkt angegeben zu sein, zu welchem die Mitgliedschaft endigt, da nach § 66 des Gesetzes ein Genosse nur „zum Schlusse des Geschäftsjahres ... ausgeschlossen werden kann", und das Geschäftsjahr sich aus dem Statut ergiebt. Findet der Richter eine Unrichtigkeit oder Unrechtmäßigkeit der einzutragenden Thatsachen, so kann er die Eintragung ablehnen.

Seite 245 Zeile 15 von oben sind hinter „dritten Abschnitt" einzuschieben die Worte „**des § 39 des Ges. von 1868**".

Seite 248 zu § 71 Erläut. 7. Das Geschäftsguthaben fällt auch bei bestehender Mitgliedschaft als bedingte Forderung in die Konkursmasse (§ 1 R.K.O.), und kann vom Konkursverwalter unbeschadet etwaiger Ansprüche der Genossenschaft oder Dritter auf dasselbe verwerthet werden. Die Beendigung der Mitgliedschaft kann der Konkursverwalter nur in Gemäßheit § 64 des Gesetzes herbeiführen.

Seite 258 zu § 76 Erläut. 6 Zeile 6 von unten sind die Worte „Warum denn nicht auch die Todesanzeige in der Zeitung?"*) zu streichen und dafür zu setzen „— auch die von Angehörigen des Verstorbenen in einer Zeitung veröffentlichte Todesanzeige".

Seite 270 zu § 79. Die bei dem Inkrafttreten des Gesetzes anhängigen Rechtsstreitigkeiten sind vor den ordentlichen Gerichten zu Ende zu führen, da es an einer Bestimmung im Gesetze fehlt, welche das neue Gesetz auf diese Sachen für anwendbar erklärt (vgl. § 8 Einf.Ges. zur Strafprozeß-Ordnung, § 18 Einf.Ges. zur Civilprozeß-Ordnung).

Die allgemeine Vorschrift des § 154 ist hierauf ohne Einfluß. Ganz offenbar ist bei §§ 154 ff. an die Anwendbarkeit des § 77 auf rechtshängige Sachen nicht gedacht, denn sonst wäre jedenfalls eine Uebergangsbestimmung getroffen. In der Begr. I 421, II 144 heißt es: „Soweit für die erste Zeit nach dem Inkrafttreten des neuen Gesetzes die Anwendung einzelner Bestimmungen desselben auf die bestehenden Genossenschaften gewisser Modifikationen bedarf, ist in § 140 bis § 147 (jetzt § 156 bis § 163) das Nöthige vorgesehen." Daß auch in diesem Punkte eine Modifikation nothwendig gewesen wäre, steht doch außer Zweifel, da sonst das Gericht, bei dem der Prozeß anhängig ist, durch Ansetzung eines Termines vor oder nach dem 1. Oktober es in seiner Macht hätte, zur Entscheidung in der Sache oder zur Unzuständigkeit zu kommen. Nach § 235 C.P.O. haben aber auch ferner beide Parteien mit der Rechtshängigkeit ein wohlerworbenes Recht auf die Entscheidung vor dem Prozeßgericht erlangt. § 235 Nr. 2 C.P.O. lautet: „Die Rechtshängigkeit hat folgende Wirkungen .. 2. Die Zuständigkeit des Prozeßgerichts wird durch eine Veränderung der sie begründenden Umstände nicht berührt." Die Veränderung der Zuständigkeit der Gerichte gehört zu diesen Umständen, es ist im Gesetze nicht begründet, einen Unterschied zu machen zwischen Veränderung der örtlichen oder sachlichen Zuständigkeit und Veränderung in der Zuständigkeit der Gerichte überhaupt. Wohlerworbene Rechte kann ein neues Gesetz ohne ausdrückliche Bestimmung nicht treffen.

Die Frage ist praktisch geworden in Sachen des Ackerbau- und Kreditvereins Pinschin (vgl. S. 269), indem das Oberlandesgericht zu Marienwerder durch Urtheil vom 19. November 1889 das Urtheil des Landgerichts zu Danzig vom 16. Mai 1889 aufgehoben und die Unzuständigkeit der ordentlichen Gerichte ausgesprochen hat, weil § 79 des Gesetzes vom 1. Mai 1889 zur Anwendung komme. Hätte das Gericht den Termin **vor** dem 1. Oktober angesetzt, was ja in seiner Macht stand, so hätte es nach jenen Gründen zur Sache entscheiden müssen..! — Allerdings ein merkwürdiger Ausgang eines wunderbaren Prozesses.

Seite 271 zu § 80 **Abs. II**. Der Vorstand, nicht das Gericht hat „durch die für die Bekanntmachungen der Genossenschaft bestimmten Blätter“, also durch diejenigen Blätter, in welchen die von der Genossenschaft ausgehenden Bekanntmachungen erfolgen (§ 6 Nr. 4), diese dreimaligen Aufforderungen zu erlassen. Nicht weniger als 6 Amtsgerichte (Rendsburg, Burgdorf, Osnabrück, Leutkirch, Schopfheim, Worms) haben in dem letzten Vierteljahr 1889 solche Aufforderungen in Betreff aufgelöster Genossenschaften durch den Reichsanzeiger, d. h. durch die Registergerichtsblätter (§ 147) erlassen. (Vgl. die Nachweise von Parisius a. a. O. in Bl.f.G. 1869 S. 472 ff, 484, 489, 1890 S. 21). Diese Aufforderungen sind wirkungslos. Der Vorstand wird dadurch von der ihm in § 80 Abs. II auferlegten Verpflichtung nicht entbunden. Er darf vor Ablauf eines Jahres seit dem Tage, an welchem „die Aufforderung der Gläubiger in den hierzu bestimmten Blättern zum dritten Male erfolgt ist“, nichts von dem Vermögen vertheilen (§ 88). Für jene irrthümlichen Bekanntmachungen der Gerichte haben die Genossenschaften Insertionskosten nicht zu tragen.

Seite 272 zu § 81 Erläut. 1. Die Liquidation ist die nothwendige Folge der Auflösung. Es verstößt wider das Gesetz und ist wirkungslos, wenn Registerrichter zugleich mit der Auflösung öffentlich bekannt machen, daß wegen Mangels eines gemeinschaftlichen Vermögens, eines zu liquidirenden Geschäfts, einer zu liquidirenden Masse u. s. w. keine Liquidation nöthig sei. (Vgl. die von Parisius a. a. O. in Bl.f.G. gerügten Veröffentlichungen mehrerer Amtsgerichte, namentlich Rüdesheim — 1889 S. 458 — und Bonn 1889 S. 508, 1890 S. 21.)

Seite 276 zu § 85 Abs. I. Auf eine aufgelöste Genossenschaft kommen die Bestimmungen des Abschnitts IV über die Revision nicht zur Anwendung. Es folgt dies aus § 85, wo auf diesen Abschnitt nicht Bezug genommen ist, und aus den Zwecken der Revisionseinrichtung. (Anderer Ansicht Pröbst, Genossenschaftsgesetz S. 272.)

Seite 280 zu § 88 Abs. I. Die einjährige Frist für die Vertheilung des Vereinsvermögens bezieht sich auch auf die Auszahlung der Geschäftsguthaben.

Seite 337 zu § 126 Erläut. 4.

4. Etwa die Mehrzahl der Bekanntmachungen von Eintragungen neuer Genossenschaften mit beschränkter Haftpflicht im letzten Vierteljahr 1889 weist Verstöße gegen § 125 auf. Nur die Haftsumme und nichts weiter als die Haftsumme und eventuell die höchste Zahl der zugelassenen Geschäftsantheile (§ 128) sind zu veröffentlichen. Statt dessen unterließen z. B. die Veröffentlichung der Haftsumme ganz, die Amtsgerichte Köln bei der Spar- und Kreditbank Köln (Freih von Broich'sches Muster), Eutin bei dem Kreditverein Eutin, Meppen bei der Molkereigenossenschaft Felsen, Münster bei der Molkereigenossenschaft Appelhülsen, Saarbrücken beim Merchweiler Konsumverein, das Landgericht Neuberg bei der ersten bayrischen Obst- und Gemüsedörranstalt zu Gundelfingen. Vom Casseler Beamtenwohnungsverein theilt das Amtsgericht mit, daß die Genossen nur bis zur Höhe ihres Geschäftsantheils haften. Unklar sind die Bestimmungen bei der Baugenossenschaft Eigenes Heim in Berlin (Amtsgericht Berlin I) und bei der Falkenberger Molkereigenossenschaft (Amtsgericht Liebenwerda). Gegen das Gesetz verstoßen die veröffentlichten Bestimmungen bei fast allen Kreditvereinen nach dem Freih. v. Broich'schen Muster. Bei der Kreditgenossenschaft für Elsaß-Lothringen (Amtsgericht Straßburg) fehlt jede Zahlenangabe, jeder Genosse soll mit den von ihm gezeichneten Geschäftsantheilen und außerdem mit dem doppelten Betrage derselben haften. Die gesetzwidrige Haft „mit dem von ihm erworbenen (gezeichneten) Geschäftsantheil und außerdem bis"... oder „mit seinem Antheil und außerdem bis" haben der deutsche Kreditverein zu Berlin (Berlin I), die Märkische Spar- und Leihgenossenschaft (Berlin I), die Spar- und Leihbank Niederbarnim (Berlin II), die Freiburger Volksbank (Freiburg in Schlesien), die Wittenberger Spar- und Leihbank (Wittenberg) und die deutsche Zentralgenossenschaft (Berlin I). Vgl. die Aufsätze in den Bl.f.G. Nr. 42, 43, 45 - 50, 52 1889; Nr. 1, 2, 3 1890 von Parisius.

Seite 339 zu § 128 Erläut. 4. Das Statut kann auch die einzelnen Genossen verpflichten, unter gewissen Voraussetzungen, insbesondere bei stärkerer Betheiligung am gemeinschaftlichen Geschäft mehrere Geschäftsantheile zu erwerben. Eine Bestimmung aber, wie „Jeder Genosse hat mindestens drei Geschäftsantheile zu übernehmen" (Bl.f.G. 1890 S. 7), ist unzulässig. — Die Herabsetzung der mehreren Geschäftsantheile muß ebenso wie die Herabsetzung des Geschäftsantheils behandelt werden.

Seite 350 zu § 137 Erläut. 2. Die durch die Umwandlung erforderlichen Statutenänderungen können im Laufe des Jahres vorgenommen werden.

Wandelt sich eine Genossenschaft mit unbeschränkter Haftpflicht oder unbeschränkter Nachschußpflicht in eine solche mit beschränkter Haftpflicht um und führt mehrere Geschäftsantheile ein, von denen jeder hinter dem bisherigen einzigen Geschäftsantheil zurückbleibt, so liegt hierin eine Herabsetzung des Geschäftsantheils und müssen hierfür die Vorschriften des § 22 des Gesetzes beobachtet werden.

Die Anmeldung des Umwandlungsbeschlusses zur Eintragung in das Genossenschafsregister darf nicht vor Ablauf des in § 88 Abs. 1 bezeichneten Jahres erfolgen, und bis zum Ablauf dieses Jahres können sich die Gläubiger melden. Das Gesetz setzt für die Meldung keine besondere Frist. Pröbst, Genossenschaftsgesetz S. 359 will der Genossenschaft das Recht geben, die Frist für die Meldung der Gläubiger beliebig kurz zu bestimmen. Dies ist nicht richtig. Welchen Zweck soll denn die einjährige Frist zur Anmeldung des Umwandlungsbeschlusses haben? Diese Frist ist allein im Interesse und zum Schutz der Gläubiger gegeben. Wäre in der Aufforderung an die Gläubiger, sich zu melden, eine Frist von der Genossenschaft gesetzt, so müßte, wenn dieselbe kürzer als das Jahr des § 88 des Gesetzes ist, jedenfalls die beantragte Eintragung der Umwandlung abgelehnt werden.

Das Gleiche gilt für die Herabsetzung des Geschäftsantheils (§ 22) und der Haftsumme (§ 127).

Ueber die sog. Umwandlung von Genossenschaften in Aktiengesellschaften und deren Folgen s. Nr. 46 Bl.f.G. von 1889.

Seite 351 (zu § 137 Erläut. 4) Zeile 12 von oben l. „**Endlich ist gleichzeitig anzumelden bei einer Umwandlung**“ u. s. w. statt Endlich bei einer.

Seite 351 zu § 137 Erläut.

6. Ungesetzliche Umwandlungen. Die Umwandlung einer vor dem 1. Oktober 1889 bestandenen Eing. Gen. in eine Genossenschaft mit unbeschränkter Nachschußpflicht oder mit beschränkter Haftpflicht kann auf keinem andern Wege erfolgen. Es kann daher eine derartige Umwandlung frühestens, wenn der Beschluß Anfang Oktober 1889 gefaßt ist (ein vor dem 1. Oktober gefaßter Beschluß würde ungültig sein) und im Oktober 1889 die dreimaligen Bekanntmachungen geschehen, mit deren letzter die einjährige Frist beginnt — erst im November 1890 eingetragen werden. Im Laufe des letzten Vierteljahrs 1889 haben aber, wie aus den Veröffentlichungen im Reichsanzeiger hervorgeht, sechs Registergerichte Umwandlungen von Genossenschaften eingetragen und bekannt gemacht. Diese Eintragungen sind null und nichtig und müssen von Amtswegen rückgängig gemacht werden. Dies haben nach den zu vergleichenden, in Bl.f.G. a. a. O. von Parisius gemachten Nachweisungen auch zwei von den sechs Gerichten gethan. Rückgängig gemacht sind Umwandlungen des Obstzuchtvereins Au und des Konsumvereins Hammerau in Genossenschaften mit beschränkter Haftpflicht (Landgericht Traunstein, Bl.f.G. 1889 S. 439, 440, 568) und des Mittelheimer Spar- und Darlehnskassenvereins in eine G. mit unbeschränkter Nachschußpflicht (Amtsgericht Rüdesheim Bl.f.G. 1889 S. 474 und 1890 Nr. 2). Noch nicht rückgängig gemacht waren bis 10. Januar die Umwandlungen des Konsum- und Sparvereins zu Volkartshausen (Amtsericht Stockach a. a. O. S. 448), des Konsumvereins für Obergrua und Umgegend (Amtsgericht Nossen S. 473), der Brieger Molkereigenossenschaft*) (Amtsgericht Brieg, vgl. Bl.f.G. 1890 S. 7) in Genossenschaften

*) Wie unbekannt diesem Registerrichter die Bestimmungen über Ge-

mit beschränkter Haftpflicht, und der Spar- und Kreditbank Mansfeld (Amtsgericht Eisleben, vgl. Bl.f.G. 1889 S. 489) in eine G. mit unbeschränkter Nachschußpflicht.

Seite 364 Zeile 10 von unten l. **veröffentlicht warden** statt erfolgen.

Seite 365 zu § 147. Nachträglich können wir berichten, daß für das letzte Vierteljahr anscheinend nur eine Minderheit von Registerrichtern von der Vorschrift in Betreff der kleineren Genossenschaften Gebrauch gemacht hat, wenigstens waren von entsprechenden Bekanntmachungen im Reichsanzeiger nur wenige zu lesen. In Betreff der Bekanntmachungen, die im Monat Dezember für das Jahr 1890 zu erlassen waren, führt Parisius in den Bl.f.G. 1889 Nr. 52, 1890 Nr. 1 bis 3 263 Registergerichte namentlich auf, die nach den Bekanntmachungen im Reichsanzeiger bis 31. Dezember für alle Genossenschaften — ohne die kleineren auszunehmen — neben dem Reichsanzeiger noch 2, 3, 4, ja 5 Blätter zu den Veröffentlichungen der Eintragungen bestimmt hatten.

Seite 372 zu § 154. Genossenschaften, welche vor dem 1. Oktober ihre Auflösung beschlossen haben und deren Liquidation sich über diesen Zeitpunkt hinaus erstreckt, unterstehen von diesem Tage ab dem neuen Gesetze. Zwar fehlt eine ausdrückliche Bestimmung hierüber, doch folgt dies als die Absicht des Gesetzes aus § 158, dessen Vorschrift über die Anzahl der Liquidatoren sich nur auf bereits aufgelöste Genossenschaften beziehen kann, und aus § 161, der gleichfalls am 1. Oktober aufgelöste Genossenschaften behandelt und die Bestimmungen des neuen Gesetzes auf diese anwendet.

Seite 375 Zeile 4 von unten l. **1886** statt 1888.

Seite 378 Zeile 13 von unten l. **ist** statt sind.

Seite 382 Zeile 1 von oben l. **§ 163** statt § 164.

Seite 384 zu § 166. Der klaren Bestimmung des Gesetzes, wonach das Aufgebot im Berichtigungsverfahren auf Kosten der Gesellschaft in den für die Bekanntmachungen der Genossenschaft — wie die A.V. vom 11. Juli 1889 in § 37 noch besonders hervorhebt — im Statut derselben bestimmten Blättern erfolgen muß, ist von einer sehr großen Anzahl Gerichte entgegengehandelt, indem sie das Aufgebot im Reichsanzeiger und vermuthlich auch in den andern Genossenschaftsregisterblättern erließen. Nach den Zusammenstellungen von Parisius in Bl.f.G. ist bis 10. Januar 1890 das Aufgebot in Betreff **840** Genossenschaften von mehreren hundert Registerrichtern in unrichtigen Blättern erlassen. Eine solche Bekanntmachung ist völlig wirkungslos. Die nach § 168 des Gesetzes daran geknüpfte Rechtsfolge, daß nach Ablauf der Ausschlußfrist für die Mitgliedschaft am Tage des Inkrafttretens des Gesetzes und für das Ausscheiden in Folge vorher ge-

---

nossenschaften mit beschränkter Haftpflicht waren, ergeben folgende Sätze der Bekanntmachung: „Der Geschäftsantheil eines jeden Mitgliedes beträgt 200 Mk. Ein Genosse darf mehrere, jedoch höchstens 100 Geschäftsantheile übernehmen. Jeder Genosse haftet mit dem von ihm erworbenen Geschäftsantheile, also in äußerster Höhe bis auf 20000 Mk, und außerdem haftet der Genosse für nichts weiter Jeder Genosse hat mindestens drei Geschäftsantheile zu übernehmen."

schehener Aufkündigung oder Ausschließung der Inhalt der Liste maßgebend ist, kann nur eintreten, wenn die Bekanntmachung in den durch das Gesetz dazu bestimmten Blättern erfolgt ist. Mit Recht hat der Anwalt Schenck deshalb in den Bl.f.G. 1889 Nr. 50 die Vorstände und Aufsichtsräthe der Genossenschaften seines Verbandes darauf aufmerksam gemacht, daß zu ihren Obliegenheiten gehört, dafür zu sorgen, daß die in den §§ 165 und 168 des Gesetzes erforderte allgemeine Aufforderung in rechtswirksamer Weise öffentlich bekannt gemacht wird, und daß die Mitglieder vom Vorstand und Aufsichtsrath wegen des der Genossenschaft durch Verletzung dieser Obliegenheit erwachsenden Schadens persönlich und solidarisch verantwortlich gemacht werden können. Mit Recht ersuchte Schenck namentlich die Vorstände überall, wo die öffentliche Bekanntmachung der allgemeinen Aufforderung nicht in den nach der Bestimmung in § 166 des Gesetzes vorgeschriebenen Blättern erfolgt ist, bei dem Gericht die Bekanntmachung in diesen Blättern zu beantragen, und überall, wo einer Genossenschaft für die öffentliche Bekanntmachung in einem anderen als den in § 166 des Gesetzes vorgeschriebenen Blättern Kosten eingefordert werden, die Zahlung dieser Kosten zu verweigern, und wenn danach von der Beitreibung der Kosten nicht abgestanden wird, Beschwerde gegen die ungerechtfertigte Kostenanforderung zu erheben.

Sachregister.

Die Zahlen beziehen sich auf die Seiten, die römischen auf die Seiten der Einleitung. —

B.

H.

L.

M.

N.

S.

20. **Gesetze, betreffend die Krankenversicherung der Arbeiter.** Von E. von Woedtke. Dritte Auflage. 1 Mark 20 Pf.
21. **Die Konsulargesetzgebung des Deutschen Reiches.** Von Dr. Philipp Zorn. 4 Mark.
22. **Patentgesetz. Gesetz über Muster und Modellschutz. Gesetz über Markenschutz.** Von T. Ph. Berger. Zweite Auflage. 1 Mark.
23. **Unfallversicherungsgesetz** vom 6. Juli 1884 und **Gesetz über die Ausdehnung der Unfall- und Krankenversicherung** vom 28. Mai 1885. Von E. von Woedtke. Dritte Auflage. 2 Mark.
24. **Reichsgesetz, betreffend die Kommanditgesellschaften auf Aktien und die Aktiengesellschaften.** Von H. Keyßner und Dr. H. V. Simon. Dritte Auflage. (In Vorbereitung.)
25. **Das Deutsche Reichsgesetz wegen Erhebung der Brausteuer** vom 31. Mai 1872. Von E. Bertho. 1 Mark 60 Pf.
26. **Die Reichsgesetzgebung über Münz- und Bankwesen, Papiergeld, Prämienpapiere und Reichsanleihen.** Von Dr. R. Koch. Zweite Auflage. (Im Druck.)
27. **Die Gesetzgebung, betreffend das Gesundheitswesen im Deutschen Reich.** Von Dr. jur. C. Goesch und Dr. med. J. Karsten. 1 Mark 60 Pf.
28. **Gesetz, betreffend die Unfallversicherung der bei Bauten beschäftigten Personen** vom 11. Juli 1887. Von Leo Mugdan. 1 Mark 25 Pf.
29. **Reichsgesetz, betreffend die Erwerbs- und Wirthschafts-Genossenschaften.** Vom 1. Mai 1889. Von Ludolf Parisius. Dritte unveränderte Ausgabe. 1 Mark 25 Pf.
30. **Reichsgesetz, betreffend die Invaliditäts- und Altersversicherung.** Vom 22. Juni 1889. Von E. von Woedtke. 2 Mark.

B. Preußische Gesetze.

1. **Die Verfassungs-Urkunde für den Preußischen Staat.** Von Dr. Adolf Arndt. Zweite Auflage. 2 Mark.
2. **Beamten-Gesetzgebung, Preußische.** Enthaltend die wichtigsten Beamtengesetze in Preußen. Mit kurzen Anmerkungen, einem chronologischen Verzeichniß der abgedruckten Gesetze 2c. Von C. Pfafferoth. Zweite Auflage. 1 Mark 50 Pf.
3. **Das Preußische Gesetz, betreffend die Zwangsvollstreckung in das unbewegliche Vermögen** vom 13. Juli 1883 und allen Nebengesetzen. Von Dr. J. Krech und Dr. O. Fischer. Zweite Auflage. 1 Mark.
4. **Die Preußischen Gesetze, betreffend das Notariat** in den Landestheilen des gemeinen Rechts und des Landrechts. Von Dr. Kühne und R. Sydow. 1 Mark 20 Pf.
5. **Das Gesetz vom 24. April 1854** (betreffend die außereheliche Schwängerung) und die daneben geltenden Bestimmungen des Allg. Landrechts nebst den dazu ergangenen Präjudikaten, der Litteratur 2c. Von Dr. jur. H. Schulze. 75 Pf.
6. **Die Preußischen Ausführungsgesetze und Verordnungen zu den Reichsjustizgesetzen.** Von R. Sydow. 2. Auflage. 2 Mark.
7. **Allgemeine Gerichtsordnung für die Preußischen Staaten vom 6. Juli 1793 und Preußische Konkursordnung vom 8. Mai 1855.** Von F. Vierhaus. 2 Mark 50 Pf.
8. **Die Vormundschafts-Ordnung vom 5. Juli 1875,** nebst den dazu erlassenen Nebengesetzen und allgemeinen Verfügungen. Von Max Schultzenstein. 1 Mark 20 Pf.
9. **Die Preußische Grundbuchgesetzgebung.** Von Prof. Dr. O. Fischer. 1 Mark 20 Pf.

G. Pätz'sche Buchdr. (Lippert & Co.), Naumburg a/S.

Kolibri 360 GmbH
Ferdinand-Jühlke-Straße 7
99095 Erfurt, Deutschland
produktsicherheit@kolibri360.de